"十二五"国家重点图书出版规划项目

21世纪普通高等教育法学精品教材

国际经济法

（第五版）

◆ 主　编　王传丽

◆ 撰稿人（以撰写章节先后为序）

王传丽　李　巍　杨　帆

祁　欢　范晓波　兰　兰

戴　龙　史晓丽

中国政法大学出版社

2015 · 北京

图书在版编目（CIP）数据

国际经济法/王传丽主编. —5版. —北京：中国政法大学出版社，2015.8
ISBN 978-7-5620-6187-8

Ⅰ.①国…　Ⅱ.①王…　Ⅲ.①国际经济法　Ⅳ.①D996

中国版本图书馆CIP数据核字(2015)第174267号

出版者　中国政法大学出版社
地　址　北京市海淀区西土城路25号
邮　箱　fadapress@163.com
网　址　http://www.cuplpress.com（网络实名：中国政法大学出版社）
电　话　010-58908435(第一编辑部)　58908334(邮购部)
承　印　固安华明印业有限公司
开　本　720mm×960mm　1/16
印　张　33.25
字　数　690千字
版　次　2015年8月第5版
印　次　2016年7月第3次印刷
印　数　9001-17000
定　价　56.00元

作者简介

王传丽 女，法学博士，中国政法大学国际法学院前院长，教授，博士生导师，中国政法大学国际经济法研究中心主任。美国纽约哥伦比亚大学法学院访问学者。兼任中国国际经济法学会副会长，ICSID 调解员，国务院反垄断委员会专家咨询组成员，中国国际经济贸易仲裁委员会仲裁员等。主要研究方向为国际经济法、国际贸易法。专著和主编成果主要有：《涉外经济合同的法律效力》、《补贴与反补贴措施协定条文释义》、《国际技术贸易法》、《国际贸易法——货物贸易法》、《国际贸易法——政府管理贸易的法律制度》、《国际贸易法——知识产权的国际保护》、《国际经济法》、《国际贸易法》、《中国合同法》等。发表的主要论文包括：《欧洲法院司法独立性对欧洲一体化的贡献》、《中韩双边贸易协定构想》、《WTO 农业协定与农产品贸易规则执行评价》、《中国东盟自由贸易区争端解决机制探讨》、《跨国公司的社会责任》、《两岸四地法院判决承认和执行的若干法律问题》、《国际经济法与公共利益》、《WTO 协议与司法审查》、《改革开放与国际经济法的发展》、《市场准入与反不正当竞争》、《与贸易有关的知识产权问题——商标权与灰色市场》、《划拨的法律问题》、《WTO 争端解决机制——兼评贸易报复》、《中国反倾销法的回顾与前瞻》、《WTO——一个自给自足的法律体系——兼评两岸四地经贸关系的新发展》、《反垄断法与公平竞争主体》等。主持的科研项目包括：《国家哲学社科基金项目——WTO 与国际劳工核心标准权利研究》、《教育部博士点基金项目——WTO 农产品协议与农产品贸易规则》、《商务部：美国贸易促进法律措施研究》等。

史晓丽 女，法学博士，中国政法大学教授，国际法学院国际经济法研究所所长，中国政法大学国际经济法研究中心副主任，中美富布莱特项目访问学者。兼任北京国际法学会常务理事，中国国际经济法学会理事，中国法学会 WTO 研究会常务理事。主要研究方向为国际经济法、国际贸易法、国际投资法。主要著作包括：《WTO 规则与中国外贸管理制度》、《国际贸易法——政府管理贸易的法律制度》、《国际贸易法——知识产权的国际保护》、《国际经济法》、《国际贸易法》、《中国合同法》等。发表的主要论文包括：《中国与东盟自由贸易协定贸易救济制度探析》、《NAFTA 双边保障措施及对中国的借鉴》、《区域贸易协定中的场所选择条款》、《从加拿大对华反补贴案件看中国应对反补贴之道》、《卡尔沃条款与拉美国家》、《从一起国际航空货物快递延误赔偿案谈国际航空货物运输承运人与托运人的责任》等。

李　巍　男，法学硕士，中国政法大学教授，加拿大不列颠哥伦比亚大学法学院访问学者。兼任中国法学会 WTO 研究会常务理事，北京市国际法学会常务理事。主要研究方向为国际经济法、国际贸易法。主要著作包括：《联合国国际货物销售合同公约评释》、《国际贸易法——政府管理贸易的法律制度》、《国际经济法》、《国际贸易法》等。发表的主要论文包括：《公司社会责任的范围——法律历史与现实》、《国际货物销售风险转移探讨》、《WTO 法与中国经济的可持续发展》、《美国关税法 337 条款剖析》、《若干国际货物销售合同争议案讨论》等。

范晓波　女，法学博士，国际法学院教授。主要研究方向为国际经济法、国际金融法、海商法。参与《国际金融法》、《海商法》、《国际经济法》等多部教材的编写。发表的主要论文包括：《论银行担保欺诈及其救济》、《上市公司要约收购中的信息披露》、《网络银行发展中的法律问题》、《WTO 框架下的金融开放规则》、《金融开放须重适度原则》、《多边投资协议谈判应注意的问题》等。

兰　兰　女，法学硕士，中国政法大学副教授。主要研究方向为国际经济法、国际税法、国际金融法。参与《国际经济法》、《国际金融法》、《国际经济法案例分析》等多部著作的编写。发表的主要论文包括：《论网络经济中的跨国所得分类规则》、《预提税方案对解决电子商务征税的意义》、《在新经济下税收管辖权法律问题研究》、《经济全球化的电子商务与税收管辖权》等。

杨 帆 女，法学博士，中国政法大学副教授，国际经济法研究所副所长。主要研究方向为国际经济法、国际技术转让法。参与《国际经济法》、《国际技术贸易法》、《网络电子商务中的知识产权》等多部著作和教材的编写。发表的主要论文包括：《谈工业产权的保护对象》、《数字网络时代的版权国际保护》、《论生物技术对知识产权国际保护的影响》、《从两起案例看WTO的知识产权争端解决机制》等。

祁 欢 女，法学博士，中国政法大学副教授，国际经济法研究所所长。“中法欧洲法培训项目”访问学者并获法国巴黎一大第三阶段学位。主要研究方向为国际经济法、国际投资法、海商法、欧盟竞争法。参与《国际经济法》、《国际投资法》、《海商法》、《中国合同法》等多部教材的编写。发表的主要论文包括：《欧共体竞争法适用共同利益服务原则的实践》、《从欧盟竞争法看中国的反垄断法》、《WTO与多边环境协议（MEAs）关系中的条约法问题》、《完善中国的政府采购制度参与国际竞争》、《BOT方式及其法律问题初探》等。

戴 龙 男，法学博士，中国政法大学副教授。主要研究方向为国际竞争法、WTO法律制度、国际经济法。主要著作包括：《中国法学教育的路径选择探析》、《日本防止串通投标的法律制度探析》、《全球化时代的日本法学教育与发展》、《日本反垄断法实施中的竞争政策和产业政策》、《日本反垄断法的域外管辖及对我国的借鉴价值》、《我国反垄断法关于行政性垄断规制的制度选择》等。日文著作包括：《中国における独占禁止法・政策に関する考察——行政独占規制を中心として》、《中国における独占禁止法立法の現状》、《中国独占禁止法——法律解釈と実施現状》、《中国独占禁止法の企業結合規制》、《最近の事件から見る中国の企業結合規制》等。

出版说明

“十二五”国家重点图书出版规划项目是由国家新闻出版总署组织出版的国家级重点图书。列入该规划项目的各类选题，是经严格审查选定的，代表了当今中国图书出版的最高水平。

中国政法大学出版社作为国家良好出版社，有幸入选承担规划项目中系列法学教材的出版，这是一项光荣而艰巨的时代任务。

本系列教材的出版，凝结了众多知名法学家多年来的理论研究成果，全面而系统地反映了现今法学教学研究的最高水准。它以法学“基本概念、基本原理、基本知识”为主要内容，既注重本学科领域的基础理论和发展动态，又注重理论联系实际以满足读者对象的多层次需要；既追求教材的理论深度与学术价值，又追求教材在体系、风格、逻辑上的一致性。它以灵活多样的体例形式阐释教材内容，既推动了法学教材的多样化发展，又加强了教材对读者学习方法与兴趣的正确引导。它的出版也是中国政法大学出版社多年来对法学教材深入研究与探索的职业体现。

中国政法大学出版社长期以来始终以法学教材的品质建设为首任，我们坚信，“十二五”国家重点图书出版规划项目定能以其独具特色的高文化含量与创新性意识，成为集权威性和品牌价值于一身的优秀法学教材。

中国政法大学出版社

第五版说明

1994年，本书作者在中国政法大学出版社出版了第一本《国际经济法》教材（当时称《国际经济法教程》），用于本科生教学。10年后即2003年，该教材进行了第一次修订，除主编外，作者发生了很大变化。其后，作者又于2010年、2012年对该教材进行了两次修订，并使其成为21世纪普通高等教育法学精品教材。目前的这部教材是在2012年第四版的基础上，根据先前教材的使用经验修改而成。本教材主要反映近年来与中国密切相关的国际经济法理论和实践的新发展和新变化，主要有以下几方面：

1. 第一章“导论”部分增加了关于国有企业作为国际经济法主体涉及的法律问题。随着经济全球化的发展，许多国家特别是转型经济体国家的国有企业在竞争中的规模和实力不断发展壮大，许多国有企业已成为积极参与国际竞争的跨国公司。国有企业参与国际竞争引发了国际社会的广泛关注。此次修改中，介绍并分析了将国有企业作为国际经济法主体产生的法律问题。

2. 第二章“国际货物买卖法”部分总结了我国国际货物买卖法的立法与司法实践，分析了国际货物买卖合同中中国法的适用。

3. 第五章在WTO贸易规则领域增加了WTO多哈回合谈判以来产生的唯一成果——《贸易便利协议》的介绍；增加了GATT 1994与其他WTO货物贸易协议的关系以及对安全例外展开阐述；在WTO调整货物贸易的其他专项协议中增加了对《农业协定》、《信息技术产品协定》以及《政府采购协议》的论述。

4. 新增加第六章“区域与双边自由贸易协定新发展”，以反映国际经济法在该领域的新发展和新变化。近年来，区域与双边贸易协定在规模和范围上的扩张，已远远超出传统国际贸易法的范围。中国的实践为区域与双边贸易协定的发展做出了贡献。

5. 第七章中“知识产权国际保护”部分新增加了知识产权国际保护的新发展，主要介绍联合国《反假冒贸易协定》（ACTA）和跨太平洋伙伴关系协议（TPP）的知识产权政策。

6. 第八章“国际投资法”部分，介绍了主权财富基金及晚近国际投资协定的新发展。

7. 第九章“国际金融法”部分，增加了对国际贷款协议的共同条款，如陈述与保证条款、先决条件条款、约定事项条款、违约事件条款以及对《巴塞尔资本协议 III》的介绍和分析。

8. 第十章“国际税法”部分，在有关国际逃避税的国内法防范方面增加了美国《海外账户遵从纳税法案》以及中国签署的《国际税收互助公约》的相关内容。

9. 第十一章在“国际竞争法”方面新增加了对我国反垄断法实践的综述。

10. 第十二章在“国际商事争议的解决”方面，结合我国 2011 年 4 月实施的《涉外民事关系法律适用法》，重新调整了相关内容。

此外，为体现内容的关联性并突出重点，本书对个别章节顺序进行了调整。对本书的参考书目与每章后的相关思考题进行了更新。为减少失误，对教材中表述不清楚、不完整、不准确的文字和内容进行了一次全面梳理。

本书作者为中国政法大学长期主讲国际经济法课程的教授与副教授，其具体分工是：

王传丽：第一章至第四章、第六章；

李　巍：第五章；

杨　帆：第七章；

祁　欢：第八章；

范晓波：第九章；

兰　兰：第十章；

戴　龙：第十一章；

史晓丽：第十二章。

本书作者在编写过程中力求全面、准确地阐述国际经济法的理论和实践，特别注意增加有关中国的法律与实践。由于水平和能力所限，不当之处，敬请同行及读者指正。

王传丽

2015 年 6 月

目 录

第一章
导　　论

✣学习目的与要求

国际经济法是一个独立的法律部门。它随着国际经济关系的发展而产生，并随着国际经济关系的发展而发展。本章主要介绍国际经济法总论的内容。学生应掌握国际经济法的概念和渊源、国际经济法的主体等基本内容，了解国际经济法的发展动向和基本原则。

第一节　经济全球化、国家竞争力与国际经济法

经济全球化是近些年经常提到的术语。国际货币基金组织（IMF）认为，经济全球化是“通过贸易、资金流动、技术涌现、信息网络和文化交流，世界范围的经济高速融合。亦即世界范围内各国成长中的经济通过正在增长中的大量与多样的商品劳务的广泛输出，国际资金的流动，技术被更快捷地传播，而形成的相互依赖的现象”。经济全球化不仅促进了各国之间的相互依赖，也促进了各国法律制度的趋同。因此，研究经济全球化的发展趋势对于完善国际经济法律制度至关重要。[1]

一、经济全球化与国际经济法

（一）经济全球化

经济全球化（globalization）是指商品、技术、信息、服务、资本、人员等生产要素跨国、跨地区的流动。这种流动把全世界连接成为一个统一的大市场，各国在这一大市场中发挥自己的比较优势，从而实现资源在世界范围的优化配置。它是科学技术（特别是信息技术）的发展、市场力量以及国际分工的扩大和深化、国家之间相互依赖和紧密合作的产物。经济全球化是一个开放的、动态的历史过程，随着世界经济的发展、变化而不断地扩展和深入。但是，经济全球化不是一个孤立的现

〔1〕 国际货币基金组织：《世界经济展望（1997 年 5 月）》，中国金融出版社 1997 年版，第 45 页。

象，它是全球化总体趋势的一个组成部分，并受其他方面因素的制约和影响。[1]

概括而言，经济全球化具有如下特征：

1. 市场全球化。市场全球化意味着：①由于各国市场体制的建立，国内市场与国际市场联成一体，形成了一个开放式的全球市场经济体制，通行的是价值规律和竞争原则。②较少的贸易壁垒和市场力的解放，使得货物、资本、技术、信息、服务以及人员的跨越边界的流动成为可能，并且得到空前发展。据 WTO 发布的《2013 年世界贸易报告》称，2012 全球贸易总额（包括服务贸易）已达四十多万亿美元。其中，出口额 18.3 万亿（包括服务贸易额 4.4 万亿），进口额 18.6 万亿（服务贸易额 4.1 万亿）。联合国贸易与发展委员会发布的《2013 年世界投资报告》称，2012 年全球外国直接投资达 1.4 万亿美元。③全球电子网络和信息技术的发展，标志着世界经济进入了一个新时代。它不但为全球经济的发展提供了一个没有国界的虚拟大市场，而且成为推动经济全球化的有力工具。

2. 生产和消费全球化。跨国公司已成为全球化经济活动的主体。根据联合国贸易发展委员会的统计，世界各国的跨国公司已超过 5 万家，它们在世界的子公司有四十多万家，跨国公司对外直接投资的存量则在 3.5 万亿美元以上。跨国公司控制世界生产总量的 40% 左右，有些跨国公司的年产值甚至比一些中小国家一年的国民生产总值还多。它们占有世界贸易总量的一半以上，跨国公司的内部贸易占世界贸易的 2/3。它们还占有世界技术贸易的 80%，并支持着大多数私人企业的研究和发展

---

[1] 按照赫尔德的观点，全球化是指当代社会生活所有方面在世界范围内的相互联系的不断扩大、深化和加速。准确地说，其是指一个（或者一组）体现了社会关系和交易的空间组织变革的过程——可以根据它们的广度、强度、速度以及影响来加以衡量——产生了跨大陆或者区域间的流动和活动交往以及权力实施的网络。其内容包括从文化到犯罪、从金融到精神的各方面，可以细分为政治全球化、军事全球化、文化全球化、贸易全球化、金融全球化、跨国公司的生产全球化、环境全球化、人员流动的全球化等。按照人们对全球化概念的不同理解，可以大致分为三派：极端全球主义者（Hyperglobalizers）、怀疑论者和变革论者（Transformationalists）。三派的争论主要集中在全球化的概念、动力、社会经济影响、对国家权力和治理的影响以及全球化历史轨迹五个方面。赫尔德等人把全球化的形态的历史分析与 6 个发达国家（美、英、瑞、法、德、日）的命运联系在一起，从横向与纵向对比中论述了全球化对主权国家的影响。赫尔德等人指出，全球化对社会产生了两种完全相反的作用：它在分裂的同时也在推动着整合；在产生合作的同时也在引发着冲突；在实现普遍化的同时也在推动着特殊化。因此，全球变革的轨迹在很大程度上是不确定的。参见 [英] 戴维·赫尔德等：《全球大变革：全球化时代的政治、经济和文化》，杨雪冬等译，社会科学文献出版社 2001 年版，第 2~14 页。此外，有关全球化的参考书见 [德] 赫尔穆特·施密特等：《全球化与道德重建》，柴方国译，社会科学文献出版社 2001 年版；王洛林、余永定主编：《世界经济黄皮书——2000~2001 年：世界经济形势分析与预测》，社会科学文献出版社 2001 年版；杨来科等编著：《地域的陷落：知识经济与经济全球化》，广东旅游出版社 1999 年版；[德] 汉斯-彼得·马丁、哈拉尔特·舒曼：《全球化陷阱：对民主和福利的进攻》，张世鹏等译，中央编译出版社 2001 年版；李惠斌主编：《全球化与公民社会》，广西师范大学出版社 2003 年版；韩德强：《碰撞：全球化陷阱与中国现实选择》，经济管理出版社 2000 年版；萧琛：《全球网络经济》，华夏出版社 1998 年版。

（R&D）。在全球贸易、投资、金融、技术（包括军事技术）以及全球文化中，跨国公司起着重要的作用。跨国公司的跨国生产和提供的服务活动，促进了人员的跨国界流动以及消费的全球化。

3. 经济全球化与地区内部的生产要素的流动（包括本土的、国家的、区域性的）相辅相成。地区内经济的发展促进经济全球化，经济全球化带动和促进地区经济的发展，它们之间是一种复合的相互促进的关系，而不是对立的。正如赫尔德所说，一方面，区域化过程推动着并且补充着全球化的深入，在此方面，经济区域化（如欧盟）并不是贸易和生产全球化的障碍，而是推动力；另一方面，这样的过程如果没有鼓励解全球化（deglobalization）的过程，那么也能够限制全球化。然而，没有理由认为本土化或区域化与全球化是对立或矛盾的关系。[1]

4. 经济全球化促进了经济活动中统一行为规则的出现。各国经济贸易政策和法律在矛盾中求得协调。全球性、区域性多边经济组织（前者如国际货币基金组织、世界银行、巴塞尔委员会、世界贸易组织，后者如欧盟、东盟、亚太经合组织等）制定的规则维护着国际经济、贸易和金融秩序的正常运转。

（二）经济全球化对国际经济法的影响

经济全球化促进了调整跨国经济交往的各种法律规范的丰富和发展。主要表现在：

1. 丰富了国际经济法的内容。经济全球化对国际经济法内容的影响主要体现在如下方面：

（1）信息技术和电子网络技术的发展，使电子商务成为未来经济发展的重要形式，由此促进调整电子商务的法律规范的发展。电子商务是基于互联网，以交易双方为主体，以银行电子支付和结算为手段，以客户数据为依托的一种全新的商务模式。传统的合同法、证据法、税法、司法管辖权和法律适用问题应如何适应电子商务模式，是立法和司法部门面临的新问题。此外，还出现了电子商务（或网络经济）本身特有的问题，如网络安全问题、网上知识产权的保护、网络服务商的责任问题、网上资金划拨和结算、网上仲裁等。为规范电子商务问题，联合国国际贸易法委员会分别于1996年、2001年、2005年分别通过了《电子商务示范法》、《电子签名示范法》和《国际合同使用电子通信公约》。1996年底，世界贸易组织达成了便于电子商务发展的第一个国际协议《信息技术协议》；1998年5月，世界贸易组织的132个成员方签署了《关于电子商务的宣言》。

---

〔1〕［英］戴维·赫尔德等：《全球大变革：全球化时代的政治、经济和文化》，杨雪冬等译，社会科学文献出版社2001年版，第23页。赫尔德认为，本土化指特定地方的流动和网络的加强；国家化是社会关系和交易在有固定领土边界的框架内发展的过程；区域化指在国家或社会的功能性或地缘性团体之间进行和存在的众多交易、流动、网络及其交往；国际化指任何地方的两个进行多个民族国家之间的交往和相互联系的模式。而当代全球化则指世界经济中主要地区之间的贸易和金融流动，而这些地区内部的流动包括本土的、国家的及区域性的。

（2）生物技术和基因工程在造福人类的同时，也带来了一些负面效应，促使各国及国际社会制定相关法律，预防其在跨境转移中可能产生的危害与灾难。针对转基因食品和农产品的污染与安全问题，2001 年 1 月，由联合国《生物多样性公约》秘书处发起的生物安全问题国际会议在加拿大蒙特利尔召开，与会国家代表达成了生物安全议定书，议定书的适用范围包括由现代生物技术产生的，拟作田间和商品生产的转基因活生物体的越境转移。2000 年 5 月 15 日 ~26 日，《“生物多样性公约”的卡塔赫纳生物安全议定书》（以下简称《卡塔赫纳生物安全议定书》）在内罗毕开放签字，并已经于 2003 年 9 月 11 日生效。区域性组织如欧盟委员会于 2000 年 1 月宣布成立“欧洲食品独立权力机构”，以保障欧盟境内的食品安全，同时发表了欧盟《食品安全白皮书》，推出了一项食品安全计划。

（3）金融全球化与 20 世纪 90 年代以来频繁发生的金融危机，使国际社会意识到加强国际金融监管的重要性。巴塞尔银行监管委员会制定了一系列具有代表性的金融监管文件（统称《巴塞尔文件集》）。其中，最著名的有《关于统一国际银行资本、衡量和资本标准》以及《巴塞尔核心原则》。在国际证券市场监管方面，1974 年成立的证监会国际组织（IOSCO）于 1994 年在东京年会上通过了《关于遵守证监会国际组织相互合作协助最高标准的基本原则义务的决定》；1995 年 7 月，巴黎年会上通过了关于期权和期货市场监管机构相互合作的《温莎宣言》。在国际银行监管方面，建立了关于国际银行资本充足率原则（不低于 8%）、国际银行信用管理原则（包括信用风险管理、大额贷款披露制度和利率风险监管）以及国际银行监管的核心原则。2008 年美国次贷危机引发全球性金融危机，暴露了旧国际金融秩序的问题。为避免在未来金融危机中受到货币不稳定的影响，2012 年金砖五国（BRICS）提出建立金砖国家开发银行（New Development Bank）。2014 年 7 月 15 日，金砖五国领导人在巴西福塔莱萨举行第六次会晤，签署《福塔莱萨宣言》，正式设立金砖国家开发银行和应急储备基金。[1] 值得注意的是，金砖国家开发银行是第一个由发展中国家设立并主导的多边开发银行，它标志着发展中国家的经济合作机制迈出了实质性的一步，将使发展中国家（首先是新兴市场国家）在国际事务中发挥更大的作用，在国际规则的制定中获得更大的话语权。此外，金砖开发银行和应急储备基金的设立，不但可为金砖五国自身的长远发展提供资金，还可帮助更多的发展中国家获得利息较低的长期贷款，逐渐建立起发展中国家帮助发展中国家的机制，成为用发展中国家发展的思路和方式去扶持、帮助发展中国家的创举。在某种程度上，将改变现有

〔1〕 金砖五国指巴西、俄罗斯、印度、中国、南非五国。根据协议，金砖国家开发银行的初始资本为 1000 亿美元，由巴西、俄罗斯、印度、中国、南非五国平均出资。五国享有同等的份额和决策权。金砖五国将先期投资 500 亿美元作为启动基金。金砖国家开发银行总部设在上海，行长实行轮值制，任期 5 年，印度为首任轮值国。银行的代表董事会将由五个国家派出财政部长或者央行行长担任。俄罗斯是首任代表董事会主席。金砖国家应急储备基金规模 1000 亿美元，其中，中国出资 410 亿美元，巴西、俄罗斯、印度分别出资 180 亿美元，南非出资 50 亿美元。

的不公正、不合理的国际金融秩序。

（4）知识产权的国际保护。自19世纪以来，国际社会就在致力于签订保护知识产权方面的国际公约和协定。随着计算机和网络技术的应用、经济全球化及信息在网络中的即时传播，知识产权保护在国际经济交往中显得格外重要。20世纪90年代以来，国家之间有关知识产权保护方面的争议剧增，且有演变成国家之间的贸易战的可能。1989年《关于集成电路的知识产权条约》、1996年在日内瓦签订的《世界知识产权组织版权条约》以及《世界知识产权组织表演和录音制品条约》、世界贸易组织《与贸易有关的知识产权协定》等，极大地提高了知识产权国际保护标准并丰富了知识产权国际保护的内容。

（5）经济全球化在促进社会财富极大增加的同时，给人类的生态环境造成了极大的损害。二氧化碳排放形成的温室效应，导致频繁发生灾难性气候变化。能源和生态环境问题引发全球正在进行一场"低碳经济"的变革。国际社会认识到环境问题不再仅仅是环境领域的问题，而是涉及改变人类的生活方式、生产方式与消费方式，涉及子孙后代的关于人类可持续发展的根本问题。2005年《京都议定书》生效后建立起来的发达国家的强制减排和发展中国家的清洁发展机制（CDM）不但开辟了新的产品和市场，而且因碳交易形成了一系列新的市场标准和规则。

2. 促进国际经济法的趋同性和多元化发展。国际经济法的趋同性和多元化主要表现在如下方面：

（1）法律的趋同性发展。经济全球化促进调整国际经济领域法律规范的统一。正如赫尔德指出的，发展着的全球市场意味着需要有共同的规则来管理市场。现代经济活动的复杂性要求有一系列详细的共同法规和政策来使全球市场发挥功能。[1]

因此，经济全球化可以说在五个方面促进着国际经济法在公法和私法领域的法律和政策的统一：

第一，促使全球多边经济贸易体制下法律和政策的协调和统一。典型代表如国际货币基金组织和世界贸易组织的一揽子协议、联合国国际货物销售合同公约以及知识产权国际保护的近三十个公约和协议等。

第二，促进区域多边经贸法律和政策的协调和统一。如欧盟的有关指令和法律、美加墨自由贸易区协议、亚太经合组织的有关文件等。

第三，促进新的国际商业惯例的形成。例如，在电子商务领域的示范法，国际商事合同通则，国际销售示范合同以及前述在电子商务、碳交易以及金融监管领域大量出现的行业自律规则等。

第四，各国国内法的不断完善并逐步与国际规范保持一致。从历史的发展过程来看，各国的国内法与国际公约、国际商业惯例的发展并不同步。由于政治、经济、

---

〔1〕［英］戴维·赫尔德等：《全球大变革：全球化时代的政治、经济和文化》，杨雪冬等译，社会科学文献出版社2001年版，第246～247页。

文化等诸方面的原因，各国国内法限于各国地理边界之内，处于相对孤立的状态，彼此之间存在着较大的差异。但是，经济全球化的进程推动着各国法律的趋同过程，并使之在许多基本概念和大的原则方面、在实体和程序方面、在解决争议的手段方面逐渐趋向一致。在法律上出现了求大同、存小异并且逐步和国际公约、国际商业惯例保持一致的局面。

第五，形成了一套比较完整的解决国际经济贸易争议的机制。传统的只由国内法院处理私人之间经贸纠纷的方式越来越多地被更为灵活的选择性争议解决方式 ADR（alternative dispute resolution）取代。[1]

在处理私人和国家之间的争议方面，在世界银行内部产生了根据《解决国家与他国国民间投资争端公约》设立的解决国际投资争端国际中心（ICSID）。在解决国家之间的经贸争端方面，有世界贸易组织解决争端机制等。此外，还有在区域贸易集团内设立的争端解决机制，如欧盟法院、北美自由贸易区争端解决机制等。这些争端解决机制对有关国际公约、国际商业惯例及国内法的贯彻和执行，起到了监督和保证的重要作用。

（2）法律的多元化发展。经济全球化在促进国际经济贸易法律规范统一的同时，刺激了法律的多元化或多样化发展。特别是 WTO 成立之后，在一片法律趋同性的欢呼声中，新一轮法律多元化和区域化发展的浪潮正在席卷全球。法律多元化发展主要表现在：①WTO 促进了各国国内法的发展。世界贸易组织成立后，其成员纷纷按照 WTO 的要求，在国内或颁布新法或修改旧法或废除与 WTO 不相一致的法律法规，建立起有利于执行 WTO 规则的执行体系和监督体系。②促进两国之间或区域集团之间签订双边条约，安排谈判以解决两国或区域集团之间共同感兴趣的问题。围绕 WTO 多边贸易谈判，国家之间、区域集团之间的关系空前活跃，通过双边谈判解决问题蔚然成风。③同 WTO 多边贸易体系相呼应，许多区域性经济一体化安排在深度和广度上得到进一步发展，扩大成员、拓宽经济合作领域，促使大量新的多边国际条约出现。经济全球化促进新的全球或区域合作以解决在 WTO 中尚不能解决的问题。[2] ④促进新的国际商业惯例出现。借助经济一体化的东风，在传统经济领域之外，诸如电子商务、碳交易等高科技领域，形成新的国际商业惯例。

在全球法律多元化发展中，双边和区域性多边一体化安排显得格外突出。根据

---

〔1〕 关于 ADR（即选择性解决争议方法），实践中有两种观点：一种观点认为，ADR 指当事人之间约定的除诉讼以外的解决争议的方法，如仲裁、调解、民间诉讼（mini-trial）等；另一种观点认为，ADR 包括除诉讼和仲裁以外的任何解决争议方式。本书此处取第二种观点。

〔2〕 2000 年拟订的《卡塔赫纳生物安全议定书》是一个限制转基因食品出口的条约。截至 2005 年 5 月 18 日，已有 119 个国家和经济一体化组织（欧盟）批准加入或核准议定书，成为议定书缔约国。我国于 2000 年签署、2005 年 4 月 27 日批准该议定书，成为其第 120 个缔约国。议定书的目标是保证转基因生物及其产品的安全性，尽量减少其潜在的对生物多样性和人体健康可能造成的损害，在缺乏足够科学依据的情况下，可对他国试图入境的转基因生物及产品采取严格的限制与禁入措施。

WTO 的统计，截至 2013 年 7 月 31 日，向 GATT/WTO 通报的区域贸易协定已达 575 个，其中已经生效的有 379 个。在三百多个区域贸易协定中，双边自由贸易协定约占 90%。所涉 170 多个国家和地区中，不少国家和地区参加一个以上区域或双边自由贸易协定。在亚洲，顺应经济全球化和区域经济一体化发展的两大趋势，中国为建立亚洲自由贸易区，为建立持久发展的一国四地经贸关系，正在构建稳固的基础。在"一个中国"的前提下，在与港、澳签订 CEPA 之后，大陆又与台湾签署了《海峡两岸经济合作框架协议（ECFA）》（2010 年 6 月 29 日）。中国在积极推动"一国四地"自由贸易区建立的同时，继续推动与东盟 10 +1 模式、10 +6 模式（RCEP）[1]，以及与金砖国家、亚欧会议合作模式的发展。"一个中国"在 WTO 内占有四个席位，如果在 WTO 外组成一个自由贸易区，以区域内的经济自由化推动区域外及 WTO 体系内的贸易自由化发展，这将是中国对于亚洲、对于全人类、对世界持久的和平与安全所做的贡献。

经济全球化之所以带来这些新现象，其原因可以归纳总结为：

第一，主权国家的主导作用。经济全球化在促进世界各国经济贸易法律、政策协调统一的同时，促进法律多元化的发展。以 WTO 规则为例，全世界几乎没有哪个国家同意 WTO 规则在本国国内直接实施，大多是通过立法转化将 WTO 的权利义务转化为国内法予以实施。就国内法院来说，他们执行的是国内法而不是国际法。WTO 在建立起统一的国际贸易规则的同时，丰富了各国国内法的内容，并在国家承担国际义务的条件下，实际上全面地强化了一国国内立法、执法和司法系统及其相关措施。

第二，经济全球化给国际社会带来日益增多的复杂问题。妥善解决这些问题是对现有国际组织的组织机构和习惯规则提出的挑战。除了进一步完善或及时修改现有的多边机制外，所有这些新问题的解决只能通过国内立法或通过国家之间签订新的双边条约或区域性条约或新的全球多边条约的途径加以解决。改变旧机制不是一朝一夕或轻而易举能够实现的。作为替代，最简便且高效的方法显然应当是通过签订新的双边或区域协定来完成。[2]

第三，科学技术的飞速发展提出许多新的法律问题。实践证明，不是所有的问题都必须通过国内立法或国家之间签订条约来解决。通过民间机构、行业协会等非政府组织制定的一些自律性或示范性规则，往往可以成功解决许多棘手问题。民间

---

〔1〕 RCEP 是《区域全面经济伙伴关系协定》（Regional Comprehensive Economic Partnership）的缩写。2011 年由东盟十国发起，邀请中国、日本、韩国、澳大利亚、新西兰和印度参加，简称东盟"10 + 6"。

〔2〕 在美国，曾经有人在惊呼，区域性多边或双边自由贸易协定不符合美国的最大利益。美国应结束促进区域贸易集团的做法，重振雄风，恢复第二次世界大战后作为世界贸易领袖的地位。目前，新一轮区域和双边自由贸易协定的谈判正在美国的大力推动下进行。See Gordon, Bernard K., "A High - Risk Trade Policy", *Foreign Affairs*, Vol. 82, No. 4, July ~ August 2003, pp. 105 ~ 118.

机构或非政府组织（NGO）在促进新的国际商业规则和惯例的形成中发挥的作用正在得到国际社会的广泛重视。

经济全球化发展好比是在法律趋同性和法律多元化两条轨道上奔驰的火车，缺少任何一条轨道都可能导致翻车。全球法律发展的趋同性与多元性，如同一枚硬币的两个方面，你中有我、我中有你，相互依存、共同发展。国际经济法体系形成的历史就是在法律的趋同性、统一性与差异性、多样性的相互作用、相互渗透、相互促进与相互制约的过程中形成和发展起来的。

二、国家竞争力与国际经济法

经济全球化的发展加剧了国家之间的竞争。货物、资本、服务、技术、人员、信息的全球自由流动，生产、销售、消费的全球化，加速了全球统一大市场的形成。无论是发达国家、发展中国家还是最不发达国家都感受到了这种全球化带来的震荡和危机感，尤其是全球化对一国经济发展的影响。如何振兴经济，增强一国竞争力？这是一个国家政、企、学界，乃至每一个人都在思考的问题。是走市场经济之路，靠市场自发的力量而自由放任？还是强化政府干预，靠国家的垄断力量，强化国家参与和干预经济的力量？还是两者相结合，市场加政府干预？究竟什么是整治经济衰退、振兴国力的灵丹妙药？要回答这个问题，首先需要搞清楚什么是国家竞争力？美国哈佛大学经济学教授米歇尔·E. 波特（Michael E. Porter）[1] 在传统经济学观点的基础上，提出了他的“钻石理论”。按照他的观点，一国的国家竞争力是由其人民的生活水平决定的。“在国家层面上，竞争力的唯一意义是国家生产力。”国家经济的基本目标是提高人民的生活水平。人民生活水平的提高，有赖于企业不断提升和创造符合时代需求的生产力。因此，归根结底是企业而不是国家是提升国家竞争力的重要力量。而企业生产力的提高必须凭借提高产品（服务）品质、增加产品（服务）特性、改进产品（服务）技术和提高生产效率等方式实现。企业之间的竞争形成产业分工，产业分工有利于提高生产力，由此形成产业聚群。他提出，产业是研究国家竞争力的基本单位。一个国家的成功并非来自某一项产业的成功，而是来自纵横交织的产业聚群。[2]

企业的低层次竞争优势，体现在对特殊资源的优势（如地理位置、丰富的自然

---

〔1〕 米歇尔·E. 波特（Micheal E. Porter），美国哈佛大学商学院教授，里根时代曾受聘担任“产业竞争力委员会”（Commission on Industrial Competitiveness）委员，是世界各地领导企业咨商请益的知名顾问。葡萄牙、哥伦比亚、新西兰等国政府曾聘其为官员授课。其专著《竞争策略》（*Competitive Strategy*）、《竞争优势》（*Competitive Advantage*）被公认为国际探讨竞争力的经典著作。《国家竞争优势》（*The Competitive Advantage of Nations*）是其于20世纪90年代初完成的具有重大影响的关于竞争力的又一力作。该书通过剖析全球具有竞争优势的10国领导产业的发展脉络，分析了国家与企业的关系，书中提出的观点和结论对一个国家和企业决策者极具深刻的思考价值和启发力。

〔2〕 ［美］Michael E. Porter：《国家竞争优势》（上），李明轩、邱如美译，天下远见出版公司1996年版，第108页。

资源等）和成本优势（如廉价原材料、廉价劳动力，由一般技术、设备、方法形成的规模生产等）；高层次的竞争优势则体现在对高新技术的所有权（即自有知识产权）、产品及服务的差异性、取得高新技术的能力以及全球服务和客户网络、信誉等方面的优势。具有高层次竞争优势的企业不但有不断投资、研发的能力，而且有向世界挑战的能力，由此形成有国际竞争力的全球化产业。

在这个过程中，国家起什么作用呢？波特花费了 4 年时间详细考察了美、英、德、日、瑞典、瑞士、韩国、新加坡、丹麦、意大利等 10 国的产业兴衰和国家所起的作用。他的结论是：企业的竞争优势与国家环境息息相关。国家随企业兴旺而兴旺，产业一旦获益，国家成为最终受益者；企业一旦停止自我提升，该国国力开始走下坡路。政府既可以是产业发展的助力，也可以成为产业发展的障碍。“经济的衰落可以靠政府决策来改变”，但“政府本身并不能帮企业创造竞争优势，它的效果在强化、加速产业的竞争优势”。即政府只起推波助澜的作用：①国家可以自身的环境条件用国家政策引导企业的发展方向。国家是企业最基本的竞争优势，它创造并延续企业的竞争条件。其不但影响企业策略，而且是创造并持续生产与技术发展的核心。②在国内，政府的角色是干预和放任的平衡。面对国内市场的激烈竞争，政府应采取更为公平和超然的立场，帮助企业克服惰性和依赖保护的心态，不断激发企业的创新能力。③政府可采用关税、非关税、政府采购等方式推动企业的投资形式（集中式、分散式投资形式）。④政府可用教育、补贴、资金市场政策、税收、法律与规范等手段干预市场。⑤对于企业而言，虽然市场是不分国内、国外的，但研究表明，每个国家“社会与政治的历史背景，整个社会的价值观，会影响到产业的竞争优势”。强劲的良性国内市场竞争与随之而来的长期竞争优势，是外国竞争者无法复制的。⑥如果一国能将它的文化、经营方式和规范输出国外，则更加有利于该国服务业的国际竞争。⑦跨国公司的据点优势来自于所在国据点（特别是母国据点）的优势和战略意义。波特认为，评估一国的产业优势不仅限于它的生产出口能力，还取决于跨国公司是否以母国为发展基地。跨国公司一方面应当对母国有责任感，另一方面应当将在国外的竞争优势转化为母国的竞争优势。

波特认为，国际竞争优势的衡量标准是企业能对多国进行实际而持续的出口贸易，或在母国发展资产与技术并借以进行海外投资。两者皆为衡量国际成功的必备条件。波特的“钻石理论”的创新之处在于：①与亚当·斯密、大卫·李嘉图不同，波特认为，许多产业现象不能用生产因素的比较利益来解释，特别是技术的演进足以帮助企业用以弥补一国资源的不足。全球化更使得企业可以结束依赖一国资源的局面，可以放弃低成本和政府补贴而在全球范围内向追求技术、效率、效能的方向发展。俄林的功绩在于他承认了政府的作用，政府可以通过政策工具的干预，全面或局部地改变生产因素的优势。波特则更进一步揭示了企业和政府之间的关系。②波特的理论不是静态的竞争理论，而是一种不断进化的竞争理论。其“钻石理论”中的各因素是彼此关联互动的。其结果是，企业（国家）可以由低级竞争优势向高级竞争优势发展，也可由高级竞争优势转向低级竞争优势。历史上号称“日不落”的大英帝国可以瞬间衰落，没有资源的战败小国日本在战后却可以迅速崛起。③“钻石理论”的各因素还受到政府和机会的影响。但波特并未将其纳入到这个体系中去。他认为，政府的作用不是决定性的。没有企业的基本因素，仅有政府的作用也是徒劳无益，更何况政府的作用可正亦可负。④波特“钻石理论”建立起的竞争优势理论，将传统的“比较利益”的观点提升到“国家”竞争优势的层面。不断的“技术进步”和“创新”是这一理论的核心。

波特的“国家竞争优势”理论或称“钻石理论”对国际经济法的研究有诸多的启发意义：

1. 国际经济法应进一步加强对国际市场主体——跨国公司及其行为规范的研究。跨国公司的出现是国际分工和国际经济发展的需要，也是企业发展的一种战略。企业是国家竞争力的重要力量，跨国公司是企业聚群的一种重要形式。国际经济法研究跨越国境的经济关系，首先是研究企业跨越国境的经济行为。在经济全球化的条件下，企业的活动，不仅指其在本土从事的跨越国境的经济活动，更重要的是大量跨国公司之间及其内部的关联活动。这些活动，你中有我、我中有你，其中部分具有受国内法调整的普遍意义，但其特殊性却是国内法中不存在的。

2. 在国内法中，公司法研究本国企业的内部关系，合同法研究企业之间的契约关系。波特的“钻石理论”给我们的启发是，一个国家的竞争力取决于企业群的竞争力。研究企业不能忽视研究企业与企业群的关系，以及行业与行业之间、横向与纵向之间、上游和下游之间的关系。在经济全球化的形势下，国际经济法更要重视和加强研究企业、产业、产业聚群及产业上下游之间因相互影响而产生的复杂法律问题。企业的生命力、竞争力在于创新。法律、法治的生命力也在于不断地创新。不论是立法、执法、司法，都应适应企业发展和创新活动的需要，保护企业创新的持续热情和动力。

3. 加强对国家干预经济理论的法理和利弊研究。现今世界各国，通过国家参与和干预经济的方法提升国家竞争力已是不争的事实。特别是当全球经济低迷时，保护主义的幽灵会四处飘荡。发达国家作为世界经济发展的既得利益者，对于正在奋起发展经济的广大发展中国家设下了层层壁垒，甚至不惜动用武力来维护自己的既得利益。强权仍在主导着世界的政治和经济格局。作为正在不断完善市场经济体制的中国，政府对经济的参与和干预是必要的，也是不可缺少的。

但是，波特理论告诉我们，政府对经济的干预不是决定性的，其效果可以是正的，也可以是负的，即政府的干预应是有限度的，是必需的、合理的，其负面效应应是最小的。国际经济法研究应当从理论和实践的结合上回答，为什么以及在什么条件下，政府对经济的参与和干预是必要的？在经济全球化条件下，哪些行业应是由政府垄断的行业，哪些是政府不应介入而只适合放任由私人从事的领域？国营及国有企业的经济活动应受哪些法律约束？政府干预经济的行为应受哪些法律约束？

怎样做才能将国家干预的负面影响减至最小？波特的理论启发我们：国际经济法研究可以提供予以借鉴的各国在经济发展和法治建设中的成功经验以及各国经济发展和法治建设中失败的或不成功的教训。

第二节 国际经济法概述

一、国际经济法的概念与调整范围

国际经济法是调整国际经济活动和国际经济关系的法律规范的总和，即调整国际经济交往中关于商品、技术、资本、服务在流通结算、信贷、税收等领域跨越国境流通中的法律规范和法律制度的总称，是一个独立的法律部门。

国际经济法的调整范围包括：①有关国际贸易的法律制度与规范；②有关国际投资的法律制度与规范；③有关国际货币与金融的法律制度与规范；④有关国际税收的法律制度；⑤有关国际组织及其交往的法律与制度；⑥有关国际经济争议解决的法律与制度。

二、国际经济法的渊源

按照塞尔蒙德的观点，法律渊源（fontes juris）有两种不同的含义：①指主权国家适用的法律规则；②这些规则的来源。[1] 在这两种含义上归纳起来，国际经济法的渊源有：

1. 国际条约。国际条约包括双边和多边条约。这是国家在经济交往中，利益相互冲突和一致的产物。国家之间通过签订双边和多边协定建立和协调各国之间在某一经济领域的法律关系，制定统一的行为规则。例如，调整国际货物买卖合同关系的《联合国国际货物销售合同公约》，协调各国贸易政策和法规的《关税与贸易总协定》，调整海上货物运输关系的《海牙规则》、《海牙—维斯比规则》、《汉堡规则》、《国际班轮公会行为守则公约》以及调整知识产权国际保护的《巴黎公约》、《世界版权公约》等。这些双边和多边协议为加强行业自律、建立和巩固正常的国际经济秩序起着重要的作用，是国际经济法的重要渊源。

2. 国际商业惯例。各国、各行业、各地区的商人们在长期的国际经济交往过程中形成了一套习惯做法，这些习惯做法逐渐为世界上多数国家所承认、采用，并形成不成文的规则、准则，有些甚至逐渐被一些国际组织加以整理编纂，成为供各国、各行业选择适用的普遍规则、标准合同等。

例如，金融机构之间的“君子协定”，国际商会制定的《国际贸易术语解释通则》、《跟单信用证统一惯例》，伦敦保险业协会的《海上运输货物保险条款》，国际

---

〔1〕 萨尔蒙德：《法理学》，1975年版，第133页；［英］施米托夫：《国际贸易法文选》，赵秀文译，中国大百科全书出版社1993年版，第136页。

咨询工程师联合会的《土木工程（国际）合同条件》等。这些商业惯例为简化交易程序，节省时间、人力、物力、财力，减少纠纷等起了很大的作用，因此在国际经济活动中得到广泛应用，是国际经济法的重要渊源之一。

3. 国内法。各国的国内立法（或一国国内立法中的涉外部分）包括成文法和判例法，是国际经济法的渊源之一。国内立法以主权国家为基础，在国际经济交往中，各国及当事人都以相互尊重国家主权、尊重对方国家的法律制度为基础。当我们承认国际公约和国际商业惯例作为国际经济法的渊源时，不得不承认各国国内法也是国际经济法的重要渊源。因为主权国家不是孤立地存在于世界上的，各国的经济交往和扩大必然导致出现各国国内法的相互抵触和相互影响，产生制定指导各国行动的共同原则和行为准则的要求。这些共同原则和准则不是从天上掉下来的，也不是立法者头脑中固有的，而是扎根于各国国内法之中并为各国认可和遵守的共同行为准则。离开了国内法的实践，国际条约和国际商业惯例就是无源之水、无本之木；离开了主权国家的认可和执行，国际公约和国际商业惯例也将是一纸空文或无的放矢；凡是没有形成国际条约和国际商业惯例的领域，仍旧是国内法在指导着各国当事人的行动。

4. 国际组织决议。许多重要的国际组织如联合国、世界贸易组织、国际货币基金组织、世界银行等的决议和规定，已成为国际经济法的一般原则。例如，在国际贸易方面，世界贸易组织的“无条件最惠国待遇”已成为指导国家间经济贸易活动的基本原则。1962 年联合国大会通过的《关于天然资源之永久主权宣言》确认了各国对天然财富与资源的永久主权；提出了以国家安全、公共利益为目的的国有化、征用的合法性以及将有关争端尽量诉诸国内管辖的原则。1971 年，77 国集团通过的《利马宣言和行动纲领》提出了发展中国家有充分参与改革世界贸易和货币制度的磋商和决策的权利等原则。这些原则经 1974 年联合国大会通过的《建立新的国际经济秩序及行动纲领》和《各国经济权利和义务宪章》得到进一步确认和具体化。这些决议和主张已成为发展中国家和发达国家之间发展贸易、投资关系的基本准则。因此，国际组织（特别是第二次世界大战后成立的国际组织）的决议成为国际经济法的重要渊源。

三、国际经济法的产生和发展

国际经济法的产生是伴随着第二次世界大战以后出现的一个新的法律部门——经济法而出现的。“奠定经济法的哲学思想是经济的可操纵主义。即家长式统治的国家可以通过公共利益限制当事人的‘意思自治’这一思想。”在此基础上产生的凯恩斯经济理论主张国家对经济、工业以及金融事务进行全面干预。这表现在：

1. 第二次世界大战期间，战时的经济政策以及战后为恢复经济，国家不得不放弃传统的对经济的“自由放任”，转而进行全面控制和干预，继而出现了如外汇管理制度、进出口许可证制度、配额制度、高科技出口的管制制度等制度。

2. 从 19 世纪起，西方各国相继确立了股份有限公司制度，在经济上加速了资本和生产的进一步集中和垄断，出现了民间自治的卡特尔，继而发展成为跨越国境的国际卡特尔。在此背景下，出现了如证券交易和管理法、反托拉斯法、投资法等法律规范。

3. 经济交往的扩大，资产阶级政权与垄断资本相结合，一方面加深了国家之间的相互依赖和合作，另一方面由于跨国公司代表的国家竞争力导致了国家之间利益的矛盾和冲突。为了缓和这种冲突，调整各国之间的经济关系，国家之间签订了大量的双边协定、多边协定。例如，避免双重征税协定、投资保护协定、贸易与支付协定、保护工业产权的巴黎公约、联合国国际货物销售合同公约、关税与贸易总协定等。第二次世界大战后，统一法运动的发展达到高峰，这正是对国家之间利益相互冲突而又相互依赖、相互合作关系的反映。

4. 加强国家间经济合作的需要，导致了各种形式的跨国家、跨地区、跨行业的国际经济组织的建立。如世界银行、国际货币基金组织、石油输出国组织、欧洲经济共同体、安第斯条约组织、亚太经合组织以及世界贸易组织等。

5. 第二次世界大战以后，出现了许多社会主义国家。随着20世纪60年代民族解放运动的兴起，又诞生了许多新国家。在政治经济发展过程中，这些国家积极投入了要求改变旧的国际经济秩序、建立新的国际经济秩序的斗争，出现了反映和维护第三世界国家经济利益的新的法律原则和制度。例如，联合国的经济权利宪章和行动纲领、针对发展中国家的普遍优惠制的建立、对跨国公司和技术转让中限制性商业做法的监督和管理等。

6. 物质发展和文明的进步，使得第二次世界大战后，各国政府对生态环境和劳工福利问题更加重视和关注。出于对消费者、中小工商业者、小投资者、劳工和雇员利益的保护，出现了消费者权益保护法、促进中小企业发展法、环境保护法等。

7. 随着第二次世界大战后科学技术的迅猛发展，高精尖技术（如航空航天技术、生物技术）国防以及有关公用事业（如交通、能源、广播、电讯、网络、邮政等）部门的发展，不但需要国家在人力、物力、财力上大力扶持和鼓励，而且需要国家直接参与经营管理，甚至垄断。因此，国际经济法的产生和发展是第二次世界大战后世界经济大发展的产物，是货物、资本、技术、信息、人员、服务等在跨越国境的经济活动中的复杂性和多样性的反映。

第三节 国际经济法的主体

一、国际经济法的一般主体

根据我国《对外贸易法》的规定，中国的自然人、法人和其他经济组织在履行了法律规定的备案登记手续后，即具有对外签署国际货物买卖合同的能力。

1. 自然人。自然人作为一般的民事关系主体，其权利能力自出生之日产生，至死亡之日终止。根据各国的法律规定，凡智力正常的成年人，均具有完全的民事行为能力，如其定居国外，则其行为能力可以适用定居国法律。在国际经济交往中，自然人可以从事各种国际经济贸易活动，但由于个人受物力、财力所限，因此，自然人在国际经济贸易领域发挥的作用有限。

2. 法人。法人是依法成立，拥有必要的组织机构和独立的财产，能以自己的名义享有民事权利和承担义务，能以自己的名义起诉、应诉的组织。法人的民事权利和民事行为能力，从法人成立时产生，至法人终止时消灭，其内容和范围由有关的国内法和法人章程确定。法人代表代表法人从事各种民事活动。在我国，从事国际经济贸易活动的公司、企业和其他经济组织，多以法人的形式出现，经在工商行政管理部门登记，确定中国法人资格。作为营利性法人，只能在核准登记的经营范围内从事经营活动。非依照我国法律规定设立的外国法人或经济组织，其权利能力和行为能力根据其本国法确定。在不违反我国法律和公共秩序的情况下，可以自由地在我国从事各种经营活动。

随着国有企业在国际经济活动（特别是在国际贸易与国际投资领域）日趋活跃并成为一支不可小视的力量，围绕国有企业的作用及其影响产生的法律问题引起了国际社会的关注。[1]

目前，许多国家，无论是发达国家还是发展中国家，或出于保障民生的需要，或出于技术创新或国家安全等社会、政治、经济、战略利益的需要，在其不同行业中都存在着数量、规模不等的国有企业[2]。这些国有企业在构建一国 GDP、就业以及市场资本主义中占有重要的部分。[3] 在西方发达国家，国有企业传统上多关注于国内市场与国内竞争[4]。资本主义世界经济危机的发生特别是 20 世纪 80 年代末至 90 年代爆发的全球性金融危机，迫使各国都采取了许多政府干预经济包括（如对银行）采取国有化的措施。在一些新兴经济体，国有企业参与国际经济活动，被称为

---

〔1〕 2013 年 4 月 5 日，OECD 发布了题为“国有企业：贸易效果及政策意涵”的贸易政策报告（“State-Owned Enterprises：Trade Effects and Policy Implications”，*Trade Policy Papers*，No. 147，2013. 4. 5）报告称根据福布斯（Forbes@ Global 2000）统计，在全球前 2000 家最大的公开发行公司（public companies）中，有 204 个公司为国有企业，这些国有企业于 2010～2011 年间，在全球 37 个国家间遍布 35 个行业中，创造了约为 3. 6 兆美元之营业额，其中大部分此类国有企业来自于新兴经济体国家。

〔2〕 经济学理论认为国有企业产生于市场失灵而导致的国家干预。主要有 natural monopoly，public goods，merit goods and externalities。关于国有企业治理的比较研究参见《2006 年 OECD 报告》。

〔3〕 *OECD Guidelines on Corporate Governance of State-Owned Enterprises*，2005，p. 9，序言。

〔4〕 OECD working party of the committee：state-owned enterprises：trade effects and policy implications（2013），*OECD policy paper*，No. 147，by Przemyslaw Kowalski，Max Buge ，Monika Sztajerowska and Matias Egeland，p. 9.

“国家资本主义的崛起”。[1] 针对国有企业对国际市场竞争的影响展开调查和研究成为21世纪以OECD为代表的发达国家的一个热门课题。[2]

所谓国有企业（state-owned enterprise，SOEs），也称国有公司（state-owned corporation）[3]，是指国家通过全部、多数或少数所有权对企业实行实质性控制[4]的公司。在一些国家的法律中，指“由国家控制或者所有的并且受到国内公法（domestic public law）规制的企业”，即除了所有权与控制之外，国有企业受特别法规制。[5] 在美国与澳大利亚自由贸易区协定中，国有企业不仅指由中央政府控制或所有的企

---

〔1〕 2012年1月“The Economist”的大标题“The rise of state capitalism – the spread of a new business in the emerging world will cause increasing problems”引自2013年3月22日OECD working party of the committee：state-owned enterprises：trade effects and policy implications，*OECD policy paper*，No. 147，by Przemyslaw Kowalski，Max Buge ，Monika Sztajerowska and Matias Egeland，p. 9.

〔2〕 系统且卓有成效的研究当属经济合作与发展组织（简称OECD）。从2002年起步至2005年以后各个委员会发布的一系列有关国有企业的指南和报告主要有：《2005年国有企业公司治理指南》（OECD Guidelines on Corporate Governance of SOEs），《2011年公司治理工作报告：竞争中立与国有企业：挑战与政策选择》（A. Capobianco and H. Christiansen，“Competitive Neutrality and State-Owned Enterprises：Challenges and Policy Options”，*OECD Corporate Governance Working Papers*，No. 1，OECD Publishing），《2012年竞争中立：构建公私企业公平竞争平台》（*Competitive Neutrality：Maintaining a Level Playing Field between Public and Private Business*），《2013年贸易委员会发布的政策报告：国有企业：贸易效果与政策内涵》（OECD working party of the committee：state-owned enterprises：trade effects and policy implications，*OECD policy paper*，No. 147，by Przemyslaw Kowalski，Max Buge ，Monika Sztajerowska and Matias Egeland），此外还有“Corporate Governance of State-Owned Enterprises：A Survey of OECD Countries”，OECD，2005，以及“Privatising State-Owned Enterprise，An Overview of Policies and Practices in OECD Countries”，OECD，2003，等等。这些关于国有企业治理的指南和报告的目的和特点可以归纳如下：①以OECD 2004年的公司治理准则为基础，公司治理的一般准则适用于国有企业；②鉴于国有企业的特殊性，为成员国完善国有企业治理建立国际标准；③报告提出的措施属于建议性的、非强制性的；④不影响各国的私有化措施和进程；⑤促进OECD国家与非OECD国家开展国际合作。

〔3〕 也有学者视public sector business等同于国有企业。参见A. Capobianco and H. Christiansen（2011），“Competitive Neutrality and State-Owned Enterprises：Challenges and Policy Options”，*OECD Corporate Governance Working Papers*，No. 1，OECD Publishing，p. 4. 在WTO/GATT 1947第17条中，从事进出口的国有公司称“国有贸易公司”。

〔4〕 the term “SOEs” refers to enterprises where the state has significant control，through full，majority，or significant minority ownership. 见《OECD 2005年国有企业治理指南》第11页。1992年《美式双边投资保护协定范本》中给国有企业定义：“一方通过所有者权益控制或者所有的企业。” [an enterprise（company）owned，or controlled through ownership interests，by a party.]

〔5〕 OECD研究认为从国有企业治理的法律形式来看，大多数采取与政府分离的私人的有限责任公司形式，适用公司法调整；有些虽然与政府分离，但由专门的公法调整，仍属于公共机构，如在奥地利、瑞士、瑞典、法国、韩国等。*OECD Comparative Report on Corporate Governance of State-Owned Enterprises*，since 2005，第24~25页。

业，还包括地方政府控制或所有的企业。[1] 在我国法律中，没有国有企业的定义。[2] 有学者认为，国有企业指国家拥有或控股的企业。[3] 不涉及控制问题。除了定义的不统一外，国有企业的复杂性还在于：实践中，国有企业的行为在经政府授权的情况下，可以视同政府或公共机构（public body）的行为。[4] 此外，尽管各国都承认国有企业在国内存在的合理性，但是随着国有企业越来越多地参与国际市场竞争，并且多集中于一些战略或基础行业，在一些国家"国有企业作为在国外市场实现战略目标（商业或非商业）之工具，而此种行為可能造成反竞争之效果"[5]。由于国有企业的市场行为可能产生反竞争效果，而导致公、私企业不公平竞争的主要来源是出自政府的管理行为[6]，因此，在全球经济一体化的国际市场中，如何确保政府在其规范公私企业的国际经济贸易管理行为中的公平与不歧视？如何矫正和规制国有企业扭曲贸易的行为？这些都成为国际经济法研究的新课题。

---

〔1〕《美澳自贸区协定》第1.2条。

〔2〕《中华人民共和国公司法》第二章第四节第65条对国有独资公司作出特别规定："国有独资公司的设立和组织机构，适用本节规定；本节没有规定的，适用本章第一节、第二节的规定。本法所称国有独资公司，是指国家单独出资、由国务院或者地方人民政府授权本级人民政府国有资产监督管理机构履行出资人职责的有限责任公司。"第66条规定："国有独资公司章程由国有资产监督管理机构制定，或者由董事会制订报国有资产监督管理机构批准。"

〔3〕参见张玉卿主编：《WTO法律大辞典》，法律出版社2006年版，第302页，李成钢撰写。

〔4〕2011年3月11日，中国诉美国反倾销和反补贴措施案（WT/DS379/AB/R）中，上诉机构支持了中方关于国有企业只有在经政府授权行使政府职能时，才能被视为"公共机构"的主张；驳回美方关于国有企业受政府所有或控制，即为公共机构的主张。Appellate Body Report, US Anti-Dumping and Countervailing Duties, para. 310～317。上诉机构维持了专家小组将我国"国有商业银行"认定为公共机构的裁定。关于"授权"的含义，在1992年《美式投资协定范本》第I.1（G）中规定：立法机关授权，政府命令、指令或者其他形式的授予国有企业或垄断行业的授权行为，或者其他委托国有企业或垄断行业行使政府的权力的行为。2004年范本将"授权"含义扩大，除包括上述含义外，还包括授予个人行使政府权力的行为。在DS379案中，上诉机构认为，政府对某实体持有多数股权的事实，并不能证明政府对该实体的行为实施了有意义的控制（meaningful control），更不能证明政府对其授予了职权（para. 318）。

〔5〕《OECD 2011年报告》详细分析了与私企相比，国有企业在国际竞争中从国家获得的好处，第5～6页。所谓由政府授予之利益，其种类可概括为下列7项：①直接补贴；②融资优惠与信用担保；③优惠的法规待遇；④免除适用反竞争法或破产法的相关规定；⑤通过控制股权以实行反竞争或专断的价格订定策略；⑥其他具进攻性的价格策略；⑦取得资讯的优势地位。载《OECD 2013年报告》第15页。

国有企业商业活动扩展迅速之原因，有下列4项：①本国政府通过授予利益之方式，使国有企业于竞争条件上优于外国公司；②通过法规松绑及租税减免之方式，诱使提供公共服务之国有企业扩大其经营版图，不考虑其是否符合商业利益；③在国际贸易中，扩大经营版图之目的，未必皆系为达到一定程度之经济规模，例如，针对能够彰显本国国旗或国徽之运输工具，经常因为国家为展现该国能与国际市场接轨之正面形象，而大力补贴国有企业；④援助经营不善之国有企业。

〔6〕国家既是市场经济的管理者，又通过国有企业参与市场竞争，成为国有企业的利益相关者（stakeholder）。

2005 年，OECD 发布了《国有企业公司治理指南》（OECD Guidelines on Corporate Governance of SOEs），试图为 OECD 国家和非 OECD 国家的国有企业治理设立一个国际标准（international benchmark）[1]。2011 年，OECD 发布《公司治理工作文件》（Corporate Governance Working Papers）[2]，第一次提出竞争中立框架（Competitive neutrality framework）[3]。所谓竞争中立（Competitive neutrality），是指任何经济实体不得仅仅因为所有权（ownership）而取得优势或劣势（advantages or disadvantages）。该文件不仅为国有企业与私营企业在国际贸易中构建了公平的竞争平台，并且为监督政府政策制定者、识别和消除（identify and eliminate）国有企业可能享有的好处（advantages）建立了一种法治机制[4]。该研究成果提出的法治和透明度要求对中国国有企业的进一步改革无疑具有一定的借鉴意义。

3. 国际组织。大多数国际组织（包括各种类型的国际经济组织）都有自己的组织机构和章程；有固定的资产和资金来源；在一定的范围和领域内承担一定的权利义务，有独立承担法律诉讼的能力。有些国际组织甚至享有外交特权和豁免。因此，国际组织在国际法和国内法上具有法人资格是没有问题的。

国际组织和国家之间，国际组织之间，国际组织和法人、跨国公司之间，都具有签订协议的能力，有接管、买卖财产的能力，有进行法律诉讼的能力。在国际经

---

[1] OECD Guidelines on Corporate Governance of State-Owned Enterprises（2005），2005 年指南适用于：①以法律形式组建的国有企业（即政企分离、从事商业活动：其大部分收入来自买卖和收费）。The Guidelines are primarily oriented to state-owned enterprises using a distinct legal form（i. e. , separate from the public administration）and having a commercial activity（i. e. , with the bulk of their income coming from sales and fees）, whether or not they pursue a public policy objective as well. ②由于公司治理不同，指南对上市公司与非上市公司，全资国有、多数股权的国有与少数股权的国有企业加以区分并且适用于它们的子公司。These SOEs may be in competitive or in non-competitive sectors of the economy. When necessary, the Guidelines distinguish between listed and non-listed SOEs, or between wholly owned, majority and minority owned SOEs since the corporate governance issues are somewhat different in each case. The Guidelines can also be applied to the subsidiaries of these aforementioned entities, whether listed or not.

[2] A. Capobianco and H. Christiansen（2011）, "Competitive Neutrality and State-Owned Enterprises: Challenges and Policy Options", *OECD Corporate Governance Working Papers*, No. 1, OECD Publishing.

[3]《1983 年美国的双边投资协定范本》中，设立了国有企业与私营企业平等竞争的条款。第 II（6）条。"The Party recognize that, consistent with paragraphs 1 and 2 of this Article, conditions of competitive equality should be maintained where investments owned or controlled by a Party or its agencies or instrumentalities are in competition, within the territory of such Party, with privately owned or controlled investments of nationals or companies of the other Party. In such situations, the privately owned or controlled investments shall receive treatment which is equivalent with regard to any special economic advantage accorded the governmentally owned or controlled investments." 其后，美国在与一些国家如美国与孟加拉国订立的双边投资协定中都纳入了这一条款。

[4] 详细内容参见 A. Capobianco and H. Christiansen（2011）, "Competitive Neutrality and State-Owned Enterprises: Challenges and Policy Options", *OECD Corporate Governance Working Papers*, No. 1, OECD Publishing.

济活动中，国际组织在贸易、投资、信贷、服务等领域表现得非常活跃。有些国际组织和国际经济组织的决议、规定、原则、其制定的标准合同已成为国际经济活动中各国遵守的原则和准则，成为国际经济法重要的法律渊源之一。有些国际组织（如欧盟）甚至具有超国家的职能，其指令和决议不但约束各成员国政府，而且可以直接适用于成员国的自然人和法人。

4. 国家。国家是一个特殊的民事主体。作为主权的最高代表和象征，国家可以自己的名义从事各种国际、国内的经济活动，签订各种合同、条约和协议，并以国库的全部资产承担责任。然而，国家又不同于一般的民事主体，表现为它享有不可被剥夺的主权豁免权。所谓国家主权豁免，在国际经济法领域，主要指国家及国家财产的司法豁免。其含义是：未经国家同意，国家的主权行为和财产不受外国管辖和侵犯。国家不能作为被告在外国法院出庭、应诉；国家财产不能作为诉讼标的以及法院强制执行的对象。然而，为了适应国际交往的需要，国家可以通过一定方式宣布自愿放弃豁免权，以平等的民事主体资格从事各种经济活动。在这种情况下，由国家授权的负责人代表国家进行民事和经济活动。

除了直接从事各种经济活动之外，国家作为国际经济法主体，还具有其他主体所不具有的特殊职能，即对经济进行管理和监督的职能。这些行政性法律规范构成了国际经济法的重要内容。

二、跨国公司

跨国公司不是一个法律实体，其作为一个经济实体，在国际经济交往中起着重要的作用。跨国公司体系的历史就是一部全球经济体系演化史[1]，由跨国公司的母子公司之间、子公司之间的跨国经济交往形成的法律关系构成国际经济法研究的主要内容。

跨国公司（transnational corporation），又称多国公司（multinational corporation）、国际公司（international corporation）、世界公司（world corporation）等，其起源于工业革命前、殖民时代的海上贸易，是从事海上贩运和海盗的私人公司。跨国公司是随着国际分工以及国际贸易的发展而逐渐形成和发展起来的。17世纪的英国东印度公司是世界上最早出现的跨国经营公司。[2] 到20世纪初，跨国公司开始大量出现。目前，跨国公司的总产值已超过世界总产值的1/3，跨国公司内部及相互贸易占世界贸易的60%以上。跨国公司凭借其雄厚的财力、物力、人力优势和先进的技术和管理经验，在国际经济贸易活动中起着举足轻重的作用。

1. 跨国公司的概念与特征。联合国跨国公司委员会在1983年制定的《跨国公司行为守则（草案）》中将跨国公司定义为：“跨国公司系指一种企业，构成这种企业的实体分布于两个或两个以上的国家。而不论其法律形式和活动范围如何。各个实

〔1〕 贾晋京：“跨国公司演进史”，载《环球财经》2012年第11期。
〔2〕 1600年12月31日，英国女王伊丽莎白授予特许状，英国东印度公司宣告成立。

体通过一个或数个决策中心，在一个决策系统的统辖之下开展经营活动，彼此有着共同的战略并执行一致的政策。由于所有权关系或其他因素，各个实体相互联系，其中一个或数个实体，对其他实体的活动能施加相当大的影响，甚至还能分享其他实体的知识、资源，并为它们分担责任。”

跨国公司具有以下特征：

（1）经营活动具有跨国性。跨国公司通常以一个国家为基地设立母公司，同时又在其他一个或多个国家设立不同的实体，接受母公司的管理、控制和指挥，从事各种经营活动。

（2）具有全球性经营战略。跨国公司的母公司在制定经营方案时，通常从跨国公司的整体利益出发，制定其在全球范围内的生产、销售和经营策略。

（3）跨国公司由不同实体（通常包括母公司、子公司、分公司）组成。母公司具有核心决策权。跨国公司的经营战略由母公司制定并实施，母公司对跨国公司的其他实体拥有高度集中的管理权。有学者指出：“跨国公司的主要法律形式，是根据各种法律制度成立的多个公司的聚积，但受母公司的集中控制，因而构成一个单一经济体。”从跨国公司具有共同的商业目的、中央控制和内部一体化的活动等方面看，可以说，跨国公司具有企业的特征，是一个经济实体，但它并不是一个法律实体。[1]

（4）跨国公司内部实体之间具有相互联系性。跨国公司由设立于不同国家的若干实体组成，各实体之间存在着不同程度上的联系。尤其是母公司往往通过货物、资本、技术、服务的内部转移等多种方式对其海外子公司、分公司进行指挥、控制，从而实现利润在各实体之间的转移，达到跨国公司内部资源的合理配置，同时逃避或规避东道国的税收管辖、关税壁垒或非关税壁垒措施等。

（5）跨国公司利益与跨国公司营业地所在国利益之间的冲突性。跨国公司的营业所在地是指跨国公司的诸实体开展营业活动的母国及东道国。母国（home country）是指母公司所在国家；东道国是指母公司以外的其他实体所在的国家。发展中国家为了吸引外资，多设置了大量只针对外国资本的优惠措施。跨国公司一方面享受着这些优惠待遇，另一方面在实施追逐高额利润的跨国经营战略时不惜损害发展中国家的利益，因此，跨国公司与发展中国家东道国的矛盾往往会演变成发达国家与发展中国家之间的矛盾。

关于跨国公司与发展中国家东道国的矛盾，曾在联合国跨国公司中心资料分析司工作过的国际知名的发展经济学和跨国公司问题专家王念祖先生曾做过如下分析，他说：“第三世界对跨国公司抱有两种态度，一是寄托很深；二是有种种的顾虑。顾虑出自：①跨国公司多数为发达国家的公司，它们在发展中国家，会产生民族抗争的情绪，双方的观点不同，难免产生摩擦与冲突。②跨国公司经常利用其国际性组

---

[1] 余劲松：《跨国公司的法律问题研究》，中国政法大学出版社1989年版，第4～14页。

织企业、利用法律以营利‘摸鱼’。因此，许多第三世界国家提议要对跨国公司做有效的管制，包括国际性的管制，但跨国公司则认为干扰太多，无法发挥其作用。③跨国公司的势力比较强大，跨国公司的总经理去访问发展中国家时，俨如一国的元首。对此，发展中国家则觉得势单力薄，难以抗衡，常有相形见绌之感。④跨国公司经营的目的往往与发展中国家的目的相反，其手段也往往与发展中国家的惯例有矛盾。”〔1〕

在国际经济交往中，发展中国家与跨国公司的矛盾实际是控制与反控制的斗争，构成了国际经济法研究的重要内容。

2. 跨国公司的基本结构。实践中，跨国公司为了实现其不同的全球战略，在其海外实体的设置方式上有所不同。但是，大多数跨国公司采用以下基本结构：

（1）母公司（parent company），又称总公司，是指在其子公司中拥有多数股权或通过合约、协议等形式对子公司实际行使决定性控制权的公司。母公司一般是依照母国的法律规定设立的，其权利义务依照母国的法律和公司章程确定，具有独立的法律人格。

（2）子公司（affiliate company），是指被母公司拥有全部或多数股份或通过合约或协议等形式接受母公司控制的公司。子公司一般是根据东道国的法律设立的，具有法律上的独立人格，受东道国的法律管辖。子公司通常按照东道国的法律规定，可以采取有限责任公司、股份有限责任公司等企业组织形式。

（3）分支结构。海外分支结构是跨国公司的母公司在海外设立的机构，可分为办事机构和营业机构。分支结构一般没有独立的法律地位，不具有独立的法律人格。它具有母公司的国籍，属于母公司的增设部分，其行为由其母公司或总公司负责。

在跨国公司发展的早期，母公司主要通过拥有子公司的全部或多数股权的方式达到控制子公司的目的。随着投资方式的多样化和技术的发展，通过非股权投资（如许可协议、管理合同、销售合同等）也可以实现对子公司的控制。

3. 母公司对子公司的债务责任。在国际经济交往中，大多数公司都是有限责任公司，按照各国公司法的规定，作为独立法人，有限责任公司以其全部资产承担责任。但是，对于跨国公司，基于母子公司之间的关联性，母公司对子公司拥有控制权，当出现由于母公司的责任造成子公司丧失对外偿付能力或履行义务的能力时，为了保护债权人的利益，法律有时会允许“揭开公司面纱”（piercing the corporation's veil），即按照“公司法人人格否定”（disregard of corporate personality）的理论，由母公司为子公司的债务承担直接责任。

应当注意的是，“揭开公司面纱”理论是对传统公司法“独立法律主体承担独立责任”理论的例外规定或者说是一种补充，因此，实践中多数国家对“揭开公司面纱”都持非常谨慎的态度，对其使用严格加以限制。

---

〔1〕 王念祖编著：《发展经济与跨国公司》，中国对外经济贸易出版社1983年版，第70页。

关于“揭开公司面纱”理论的法律根据，常见的有：①代理理论；②子公司独立法律人格的滥用；③母公司投资不足；④母公司违反正当法律程序；⑤母子公司之间交易条件不公平、母子公司之间财产混同或不正当流动等。[1]

除了“揭开公司面纱”理论外，一些国家还通过制定公司集团法，将母公司对子公司承担责任的情况作出明确规定。

4. 对跨国公司的法律管制。

（1）联合国《跨国公司行动守则（草案）》。跨国公司凭借其雄厚的物力、财力、人力资源，基于其全球经营战略在国际经济交往中起着举足轻重的作用。其全球战略往往和其所在国家的经济发展战略不相符合，或对这些国家的经济发展产生不利影响，由此引发的矛盾导致各国积极要求对跨国公司的跨国经济活动进行法律规范。由于跨国公司由设在不同国家的实体组成，各国基于属人原则和属地原则对其进行管辖，因此，对于跨国公司的管制主要是通过国内法实现的。考虑到各国对跨国公司管制制度的差别，1974 年 12 月，联合国经济与社会理事会通过决议成立“跨国公司专门委员会”，拟定《跨国公司行动守则》，对跨国公司的母国及东道国有关跨国公司的管制制度予以统一规范。该项具体拟定工作从 1977 年开始。1982 年，起草工作组向跨国公司专门委员会第八次会议提交了《跨国公司行动守则（草案)》，1990 年提交联大第 45 次会议审议。由于对草案的内容和法律性质存在分歧，该草案至今尚未通过。随着经济全球化的深入发展，全球跨国投资迅猛增长，跨国公司的社会责任问题引起了越来越多国家的重视。《1994 年世界投资报告》规定了企业和跨国公司社会责任的最低标准，即“为社会提供利益，不具有故意伤害行为，如果产生了伤害，企业提供的利益必须足以抵消企业伤害行为带来的不利”。

（2）关于企业社会责任的 SA8000（Social Accountability 8000）。与国际标准化组织（ISO）制定的产品质量标准（ISO9000）、环境标准（ISO14000）不同，SA8000 是全球首个关于企业社会责任的标准。该标准的思想来源于国际劳工组织公约、国际人权公约以及关于儿童权利的联合国公约。制定 SA8000 的目的是规定企业（包括公司）应当承担的社会责任，即通过制定企业行为规范，确保企业的生产和服务符合社会道德标准。1997 年初，美国一家社团组织——经济优先领域委员会（Council on Economic Priorities，CEP）成立了经济优先领域委员会认可机构（Council on Economic Priorities Agency，CEPA），组织了专家咨询委员会（即美国国际社会责任咨询委员会）起草有关社会责任的标准，也就是 SA8000。人权和儿童权利组织、研究部门、社团代表、企业（跨国公司）、认证机构等都协助了该标准草案的制定。由 SA8000 体现的社会职责管理体系，要求供应商不但对产品质量、数量负责，还要对劳工权利负责。通过规范企业的道德行为，在使企业雇员获益的同时，使企业也获

---

[1] 参见王利明：“公司的有限责任制度的若干问题（下）”，载《政法论坛》1994 年第 3 期；朱慈蕴：“公司法人人格否认法理在母子公司中的运用”，载《法律科学》1998 年第 5 期。

得很多收益，如有助于提高企业知名度、提高生产率、提高效率、减少浪费、保证企业运行稳定、增加竞争优势、满足消费者需求、增加投资者信心等。

这个由民间机构制定的SA8000，既不是政府目标，也不受任何一个利益方或消费者控制。它是第一个可供审核的社会标准，或称首个道德规范国际标准，拥有真正独立的审核过程，是标准化在社会领域的一个重大突破。SA8000适用于全球所有行业的各种组织，凡希望证明自己忠实于社会责任标准的企业，可以接受非政府组织的劝告并参与对事实情况的验证、认证，如同符合国际质量标准ISO9000、ISO14000的认证一样。[1] 通过这种方法向全世界的用户和消费者证明其真实性、可靠性。随着经济全球化的深入发展、社会的进步、各国经济的发展和人民生活水平的不断提高，企业的社会形象越来越受到社会的关注，SA8000也越来越受到全世界的重视，自其公布以来，正逐步成为企业争取竞争优势的一种手段。

SA8000强调的是，企业生产的产品中不但含有经济价值，还包含重要的社会价值，其具体体现就是对劳工权利的尊重（特别是对工资、工时、工作条件的要求等方面）。在我国和一些发展中国家，企业的竞争优势大部分集中在具有较低的原材料和劳工成本的劳动密集型产业和产品，和SA8000标准的要求尚存在一定的差距。目前，欧美国家的跨国公司正逐步开始强制推行SA8000标准认证，将劳工权利与出口订单挂钩、与普惠制挂钩。据美国相关商会的调查，目前有50%以上的跨国公司和外资企业表示，如果SA8000实施，他们将重新考虑与中国企业签订采购合同。我国劳动密集型产品，如服装、制鞋、纺织、化工原料、玩具、家具、运动器材及日用五金等都已受到不同程度的影响。表现良好的企业获得了更多订单，部分企业由于没有改善，或被取消了供应商资格，或其产品被取消受惠资格。

SA8000包括标准和程序。其涉及的范围包括：①核心劳工标准，包括：雇佣童工；强迫性劳动；工人的结社自由和集体谈判权；歧视；惩戒性措施。②工时与工资，包括：工作时间；最低工资标准；职业健康与安全；管理体系；等等。认真研究、了解和遵守SA8000，尽快建立、完善我国相应立法，切实落实各项劳工核心标准措施是摆在各级政府和企业面前的迫在眉睫的任务。

第四节　国际经济法的基本原则

一、可持续发展原则

可持续发展是指人类的可持续发展，其中，经济的可持续发展是人类可持续发展的重要组成部分。国际社会对可持续发展从认识并接受其为基本原则经历了一段

〔1〕 值得注意的是，SA8000的认证费用不低。一个小企业单次认证的费用最少约为2万元；所获证书有效期3年，每半年复核一次。以3年为1个周期，一般企业的总认证费用约为20万元。

过程。从理论上首次提出可持续发展问题的当属1798年古典经济学家英国的一位牧师T. R. 马尔萨斯（T. R. Malthus）。其名著《人口论》（Essays on Population）深刻地分析了地球的资源及人口增长与经济增长之间存在的矛盾以及未来人类发展的黯淡前景。[1] 然而，科学技术的发展给西方带来经济高增长、高消费的黄金岁月，使人们产生了错觉，相信“技术是解决一切问题的灵丹妙药”[2]。

20世纪60年代，发展伦理学的先驱美国教授德尼·古莱（Denis Goulet）在考察和研究了世界各国（特别是拉丁美洲）的发展后，对于何谓“发展”进行了精辟的分析和论述。他认为国际上存在三种关于发展的观点或流派。第一种观点是把发展视同用总数衡量的经济增长，而把其他非经济因素放在次要地位。按照这种观点，发展通常以GDP和经济增长百分比来衡量。第二种观点认为“发展 = 经济增长 + 社会变革”。这是当今流行的观点。第三种观点则强调发展的道德价值观，其中心思想强调所有社会、所有团体和社会中的所有个人的质的改善，认为发展本身不过是为提升人性而采取的一种手段。[3]

面对人类不容乐观的未来，1972年著名的《增长的极限——罗马俱乐部关于人类困境的报告》问世并提出人类正面临生死存亡的选择。报告通过一个纯技术性的世界模型，就全球关切的五种主要趋势，即加速工业化、快速的人口增长、普遍的营养不良、不可再生资源的耗尽以及恶化的环境，分析了它们对世界未来100年的影响。这份报告模型主流是物质的，然而研究的结论却指出，需要在社会价值方面有基本的改变。[4] 针对人口、资源、环境、生态与经济增长之间存在的矛盾，报告第一次提出了“均衡增长”的概念，“均衡”意味着对立的力量之间的一种平衡或相等的状态。[5] 报告指出人类“在人口水平、社会和物质标准、个人自由，以及组成生活质量的其他因素之间，要有一系列的均衡”。[6] 报告批评了西方的价值观及其生

---

〔1〕“马氏的立场和理论，开启了对西方前途辩论的先河。”参见胡国亨：《独共南山守中国》，香港中文大学出版社1995年版，第5页。

〔2〕［美］丹尼斯·米都斯等：《增长的极限——罗马俱乐部关于人类困境的报告》，李宝恒译，吉林人民出版社1997年版，第146页。

〔3〕参见［美］德尼·古莱：《残酷的选择：发展理念与伦理价值》，高铦、高戈译，社会科学文献出版社2008年版，第2~4页；关于对发展的详细讨论，关于发展的不同意义的简要回顾参见其所著“That Third World”, *The Centre Magazine*, Vol. 1, No. 6 (September 1968), pp. 47 ~ 55.

〔4〕［美］丹尼斯·米都斯等：《增长的极限——罗马俱乐部关于人类困境的报告》，李宝恒译，吉林人民出版社1997年版，第145页。

〔5〕［美］丹尼斯·米都斯等：《增长的极限——罗马俱乐部关于人类困境的报告》，李宝恒译，吉林人民出版社1997年版，第132页。

〔6〕［美］丹尼斯·米都斯等：《增长的极限——罗马俱乐部关于人类困境的报告》，李宝恒译，吉林人民出版社1997年版，第147页。

活与生产方式，号召世界“需要一场思想上的哥白尼革命”，[1] 并认定“这样一种尝试需要全体人民的共同努力，而不管他们的文化、经济制度和发展水平怎样。但是，主要责任必须由比较发达的国家承担，不是因为这些国家具有远见和仁慈行为，而是因为这些国家仍然是传播增长的综合病症并使其继续发展的根源所在”。[2] 为此，拉美国家一向反对使用“发展”一词而选用“解放”一词，认为现时我们所称的“发展”其实是反发展、伪发展，是发展的异化。“解放”一词比“‘发展’更好地表达了人们希望有更具人性的生活条件的真正愿望”。“解放”一词揭示了经济发展、社会现代化、政治体制的建立和文化西方化给拉丁美洲带来的巨大的人性代价。关于“发展”与“解放”的讨论，[3] 毫无疑问，该报告全面奠定并预设了今天国际社会认可的可持续发展原则的理论基础和框架蓝图。

遗憾的是，或许因为这个报告是非官方的，或者因为其是学术性的，总之这个报告并未像它所讨论的问题的紧迫性和严重性那样引起国际社会的严重关注。20 世纪 80 ~ 90 年代由联合国及所属机构通过的众多宣言和纲领性文件，多是“文件写得好，实事干成的不多，雷声大，雨点小”（引自该书译者李宝恒先生语）。

“可持续发展”一词最早出现在官方的有关保护环境的国际文件中。1980 年，由联合国环境规划署提出的《世界保护大纲——为了可持续发展的生物资源保护》第一次明确使用了“可持续发展”的概念。1987 年，联合国世界环境与发展委员会提出《我们共同的未来》（布伦特伦报告）正式将环境与可持续发展问题挂钩并提出“可持续发展指的是既满足当代人的需要，又不对后代人满足其需要的能力构成危害的发展”，指出“人类必须改变目前的发展方式，走可持续发展的道路”。1992 年，联合国环境与发展大会通过《关于环境与发展的里约宣言》、《联合国气候变化框架公约》和《21 世纪议程》，正式否定了西方工业化以来“高生产、高消费、高污染”的生产方式、生活方式与发展模式，全面阐述了可持续发展原则的内涵：①宣言首先确立了可持续发展是人类的可持续发展。其原则 1 指出，人类处于普受关注的可持续发展问题的中心。他们应享有以与自然相和谐的方式过健康而富有生产成果的生活的权利。②实现代际公平和代内公平是可持续发展原则的条件。宣言指出，为了公平地满足今世后代在发展与环境方面的需要，求取发展的目标必须实现（原则 3）。为了缩短世界上大多数人生活水平上的差距和更好地满足他们的需要，所有国家和所有人都应在根除贫穷这一基本任务上进行合作，这是实现可持续发展的一项不可缺少的条件（原则 5）。③可持续发展是指各国经济的共同发展。宣言提出，各

[1] [美] 丹尼斯·米都斯等：《增长的极限——罗马俱乐部关于人类困境的报告》，李宝恒译，吉林人民出版社 1997 年版，第 152 页。

[2] [美] 丹尼斯·米都斯等：《增长的极限——罗马俱乐部关于人类困境的报告》，李宝恒译，吉林人民出版社 1997 年版，第 150 页。

[3] 参见 [美] 德尼·古莱：《残酷的选择：发展理念与伦理价值》，高铦、高戈译，社会科学文献出版社 2008 年版，第 4 ~ 11 页。

国应该合作促进一个支持性和开放的国际经济制度，这个制度将会导致所有国家实现经济增长和可持续的发展。为环境目的而采取的贸易政策措施不应该成为国际贸易中的一种任意或无理歧视的手段或是伪装的限制（原则 12）。④为实现可持续发展，发达国家需承担更多的责任。宣言要求各国应本着全球伙伴精神承担共同的但是又有差别的责任。鉴于发达国家给全球环境带来的压力，以及它们所掌握的技术和财力资源，它们在追求可持续发展的国际努力中负有责任（原则 7）。

《关于环境与发展的里约宣言》所阐述的可持续发展的思想已超出了纯粹环境保护和经济发展的范畴，涵盖了对世界各国和国际社会在经济、社会、人口、生态环境等多方面的内容和要求。可持续发展原则是总领人类社会发展的第一原则，也是各国及国际社会制定国际经济交往法律规范的基本原则。

1997 年，联合国气候变化框架公约国第三次会议最终在日本达成了具有法律约束力的《京都议定书》（2005 年 2 月正式生效），就发达国家和发展中国家联合减排引进了灵活的市场机制，明确提出了发达国家与发展中国家在减少二氧化碳等温室气体排放方面应承担的共同但有差别的责任。这是人类的发展观念发生实质性转变而采取的一次实际行动，标志着国际社会以可持续发展为目标进入“低碳经济”时代。

低碳经济时代，也被称为“第四次工业革命时代”，是指以新的能源生产技术和能源使用技术为先导，以低能耗、低污染、低排放的清洁能源代替煤炭、石油、天然气等高能耗、高污染、高排放传统能源的绿色革命。低碳经济不但是一场空前的技术革命，也是前所未有的产业结构和制度的创新。通常认为：1770 年瓦特发明蒸汽机开启了第一次工业革命时代，即机器动力时代；1880 年爱迪生发明电灯，人类进入第二次工业革命时代，即电力工业时代；1950 年，固态电子元件发明，人类进入第三次工业革命时代，即信息时代。目前，以低碳技术引领的时代被称为第四次工业革命时代。[1] 这种分类纯粹以技术为标准，是人类在气候危机和金融危机双重压力下，从传统的高碳经济向低碳经济寻找机遇所作的一次战略性转移。

20 世纪以来，不断恶化的自然环境，特别是 2008 年席卷全球的金融危机，再一次验证了在经济全球化下，以往的世界经济发展模式和旧国际经济秩序及其规则的不可持续性，迫使国际社会必须采取行动应对挑战。《增长的极限——罗马俱乐部关于人类困境的报告》说：“人类社会的未来进程，甚至人类社会的生存，也许就取决于世界对这些问题做出反应的速度和效率。”[2]

自第一次西方工业革命以来的旧的发展模式如今遭遇到了空前的挑战，已不可继续，坚持可持续发展原则已是不可逆转的人类的唯一选择，但任重道远，对此，

---

〔1〕 参见熊焰：《低碳之路——重新定义世界和我们的生活》，中国经济出版社 2010 年版，第 100 ~ 101 页。

〔2〕 ［美］丹尼斯·米都斯等：《增长的极限——罗马俱乐部关于人类困境的报告》，李宝恒译，吉林人民出版社 1997 年版，第 11 ~ 12 页。

发达国家责无旁贷。中国改革开放的总设计师邓小平说过，我们必须摆脱桎梏我们精神的枷锁。这个枷锁既包括封建的、也包括资本主义的精神枷锁，即摆脱自西方第一次工业革命以来禁锢发达国家尤其是广大发展中国家的包括西方的价值理念、政治制度以及生活方式等在内的精神枷锁，建立起一套适合各国乃至整个人类社会可持续发展的模式和理念。2007 年中共十七大报告正式提出："科学发展观，科学发展观的四个基本要点：第一要义是发展；核心是以人为本；基本要求是全面协调可持续；根本方法是统筹兼顾。"认为"科学发展和社会和谐是内在统一的。没有科学发展就没有社会和谐，没有社会和谐，也难以实现科学发展"。这是以胡锦涛同志为核心的党中央提出的执政新理念，也是理解中国发展和未来趋势的关键。"纯粹技术上的、经济上的或法律上的措施和手段的结合，不可能带来实质性的改善。全新的态度是需要使社会改变方向，向均衡的目标前进，而不是以往的那种增长"，[1] 使人类避免陷入在毫无价值的状态中生存。20 世纪 70 年代，中国顶住国际压力实行了计划生育政策；2007 年中国在《气候变化国家评估报告》中明确提出中国将走低碳经济的发展道路。这是中国作为世界上人口最多的发展中国家以可持续发展原则为国策并为人类可持续发展做出的最大贡献。

二、国家对天然财富与资源的永久主权原则

20 世纪 60 年代民族解放运动兴起，许多过去在帝国主义殖民统治下的殖民地、半殖民地国家取得了独立，建立了新的民族国家，成为联合国大家庭中的平等成员，并大大改变了国际力量的对比。新国家认识到只有取得经济上的独立才能稳固和真正实现政治上的独立。因此，改变以西方发达国家为中心的旧的国际经济秩序，建立国家不分大小、贫富一律平等的基础上的国际经济新秩序的呼声日益高涨。1962 年 12 月 14 日，联合国最早提出了关于国家对天然财富和资源的永久主权问题，大会通过的《关于国家对天然资源的永久主权宣言》集中反映了发展中国家的这一要求：承认天然财富和资源是国家和民族生存的物质基础；承认天然财富和资源的永久主权是民族自决权的一部分；确立了对于各国处置其财富与天然资源之自主权利应予以尊重的基本原则。

这一原则要求：①自然资源的勘查、开发、处置应符合各国自行认为在许可、限制或禁止方面应有的规则和条件；②外国资本的输入及收益应受现行国内法与国际法管辖并使受助国对天然财富与资源之主权绝对不受损害；③国有化、征收或征用应以公用事业、安全和国家利益为根据，并依照本国现行法及国际法给予适当的补偿；在发生争议时，首先由国内法管辖。

自然资源永久主权原则不但得到发展中国家的拥护，也得到发达国家的赞同，并且在 1974 年 5 月 1 日联合国大会通过的《建立新的国际经济秩序宣言》和《建立

[1] [美] 丹尼斯·米都斯等：《增长的极限——罗马俱乐部关于人类困境的报告》，李宝恒译，吉林人民出版社 1997 年版，第 149 页。

新的国际经济秩序的行动纲领》中得到进一步的体现。新秩序宣言提出了建立新国际经济秩序的20项原则，除了强调尊重国家主权平等、领土完整、不干涉内政，还重申了每一个国家对自己的天然资源和一切经济活动拥有充分的永久主权。为了保卫这些资源，每一个国家有权采取适合于本国情况的手段，对资源及其开发实行有效控制，包括实行国有化和把所有权转让给本国国民。任何一国不应遭受政治、经济及其他形式的胁迫，以致不能自由和充分地行使这一不容剥夺的权利。对于遭受外国占领、统治或种族隔离的国家，有权对因其自然资源遭受的剥削、消耗和损害要求偿还和充分补偿。国家有权对跨国公司采取有利于本国国民经济发展的措施，对它们进行限制和监督等。1974 年 12 月 12 日，联合国大会通过了《各国经济权利和义务宪章》，正式将自然资源的永久主权原则作为国家权利和义务的核心内容。

三、经济合作共谋发展原则

发展中国家的崛起，改变了世界力量的对比。第三世界国家不再是附属于发达国家并受其支配的被动力量。1974 年 5 月 1 日联大通过的《建立新的国际经济秩序宣言》正确地反映了这一力量对比的变化，指出 20 世纪 70 年代以来世界的变化说明了世界共同体的一切成员彼此相互依存的实际情况，发达国家的利益同发展中国家的利益彼此再也不能截然分开，发达国家的兴旺发达同发展中国家的成长进步息息相关；整个国际社会的繁荣昌盛取决于它的各个组成部分的繁荣昌盛。

人类发展史证明，人类最早的生存经验是合作而不是竞争。而按照传统的重商主义观点：自己吃亏，对方肯定占便宜；如果自己占便宜，对方一定吃亏。国际经济法确定国际合作共谋发展原则，抛弃了这种狭隘的利己观点，可谓拨乱反正，以历史的全新姿态，提出在发展方面，国际合作是一切国家义不容辞的目标和共同责任，要求国际大家庭的成员通过单独和集体的行动，为了全人类的共同利益和国际经济的可持续发展而在经济、贸易、财政及技术等方面相互合作，共同繁荣，反对武力和对抗，从而保证人类世世代代在和平和正义中稳步加速经济和社会发展。1974 年 12 月联大通过的《各国经济权利和义务宪章》正式将其作为发展国际经济关系的一个基本原则。

四、公平互利原则

公平互利原则也是 1974 年 12 月《各国经济权利和义务宪章》中提出的作为处理各国之间经济关系的指导原则。根据这一原则：①在国际经济合作的各个领域，发达国家应给发展中国家提供有利的外部条件；②发达国家在向发展中国家提供援助时，不应附加任何有损后者主权的条件；③发达国家向发展中国家施行、改进和扩大普遍的、非互惠的和非歧视的待遇；④在促进发展中国家取得现代科学技术时，要有利于促进发展中国家的技术转让和建立本国技术，并按照适合于发展中国家的经济方式进行。与平等互利相比，公平意味着把形式上的平等推向实质上的平等。可持续发展原则提出的代际公平和代内公平概念意味着没有正义为基础的公平不是公平。公平需要以社会正义为支撑，因此，公平互利原则的含义更为科学、合理。

第五节 国际经济法体系与研究方法

一、国际经济法体系

通过以上对国际经济法的概念与调整范围、产生与发展、主体与渊源的分析，可以看出，国际经济法是一个在第二次世界大战后新兴的独立的法律部门。它不再恪守传统的公法与私法、国际法与国内法的界限，而是按照国际经济关系发展的客观需要而形成的既包括“公法”规范又包括“私法”规范、既包括国内法规范又包括国际法规范的一个综合的法律体系。它以研究客观存在的跨国经济关系中的法律问题为对象，着重研究国际法规范与国内法规范两者之间的相互关系。

二、国际经济法的研究方法

1. 多侧面、全方位的综合研究方法。国际经济法主体的多样性和法律关系的复杂性决定其适用法律的多样性。因此，对于某一法律关系不但要研究本国法，还要研究交易对方以及有关各方国家的法律，研究与之有关的国际公约和国际惯例；不但要研究有关调整私人交易关系的法律，还要研究国家有关管理与控制经济方面的法律。

2. 比较的方法。比较的方法是在多侧面、全方位研究的基础上进行的。它是世界多元化的政治、经济、法律、文化制度的反映。在遵守联合国宪章的前提下，和平与发展是世界各国的宗旨和共同目标。在这个前提下，各国的政治、经济、法律、文化制度存在的差异应当得到尊重。应当看到，这些差异是各国、各民族在各自历史发展过程中形成的，是人类文化遗产的宝贵财富；同时也应当看到，人类为寻求共同语言和共同的行为准则已经做出了巨大努力。因此，在求大同、存小异的过程中，应比较各国法律之异同。辨析差异才能互相尊重各自的差异，而不是消灭这种差异，或是用少数人的标准强迫其他国家、其他民族服从少数强国的意志和标准，只有这样才能建立一个法治的国际大家庭正常的经济秩序。

3. 法学的研究方法和经济学的研究方法相结合。马克思主义认为，经济是基础，经济基础决定上层建筑，作为上层建筑的法律反过来对经济基础发挥影响作用。毛泽东在其著作中曾写道：人的正确思想是从哪里来的？不是从天上掉下来的，也不是自己头脑中固有的，而是从三大社会实践中产生的。因此，作为新中国的法律工作者，承担着一个艰巨的社会使命，那就是用法律为社会主义的经济建设服务。一部好的法律可以促进、保护经济的发展；一部不好的、脱离实际的法律不能促进、保护经济的发展，甚至可能起限制和阻碍经济发展的作用。

因此，法学家的作用不是简单地对法律条文、判例进行注释、说明、解释，而是要研究产生这种法律的经济现象，透过现象研究和说明为什么要制定这部法律？为什么要这样制定而不是那样制定法律？制定这样的法律对经济、对社会将产生什么样的效果和影响？国际经济法是在跨国经济关系的基础上产生的，因此，研究国际经济法就不能只停留在法律条文上，而要研究产生这种法律关系的各国乃至世界的经济背景。为此，法学家要懂得经济，学会用经济学的研究方法研究法律问题，研究如反托拉斯法、反倾销法、外汇管理法、外贸管理法、金融法、投资法等。经济学家设计出的经济模式并非完全适用于现实的市场模式，但可以用其表明法律的内在合理性，并帮助法学研究从中归纳出有效的、可适用的原则。曲线、数字、图表、公式等可以用于对法学现象进行研究、作量化处理，从对量的分析中得出说明本质的结论。经济学家对经济现象研究中的形象性、准确性、预见性和警示性如能在经济法学的研究中得到充分运用和发展，将使抽象的、静态的、呆板晦涩的法律条文以及法律现象的解释和说明也具有形象性、准确性、预见性和警示性，这样，作为上层建筑的法律才能真正发挥对经济发展的保护、促进和规范作用。

1. 谈谈经济全球化对国际经济法的影响。
2. 试述国际经济法的概念和范围。
3. 试述国际经济法的渊源。
4. 国际经济法的主体有哪些？
5. 试述跨国公司的法律地位和各实体的责任承担制度。
6. 试述国际经济法的基本原则。

第二章
国际货物买卖法

✣学习目的与要求

国际货物买卖法是国际经济法的核心内容。学生应掌握国际货物买卖合同认定的标准、国际货物买卖合同成立的条件、国际货物买卖合同的履行以及违约救济方法，了解电子商务涉及的法律问题，掌握国际货物买卖合同与中国法在实践中的适用。

第一节　国际货物买卖的法律

一、《联合国国际货物销售合同公约》

在国际货物买卖法方面，主要的国际公约有罗马国际统一私法协会编纂的1964年的两个海牙公约以及1980年联合国国际贸易法委员会制定的《国际货物销售合同公约》（CISG，本章以下简称公约）。该公约是在两个海牙公约的基础上合并而成，并于1980年3月在由62个国家代表参加的维也纳外交会议上正式通过。我国政府派代表以观察员身份参加了会议，并提出了补充和修改意见。按照公约第99条的规定，公约在有10个国家批准之日起12个月后生效。自1988年1月1日起，该公约对包括我国在内的11个成员国生效。截至2013年9月25日，参加和核准该公约的有80个国家和地区。

公约的宗旨是：以建立新的国际经济秩序为目标，在平等互利的基础上发展国际贸易，促进各国间的友好关系。其内容分四部分，共101条。第一部分是适用范围和总则，第二部分是合同的订立，第三部分是货物销售，第四部分是最后条款。

按其规定，公约适用于如下买卖：①营业地分处不同缔约国的当事人之间的货物买卖；②由国际私法规则导致适用某一缔约国法律的货物买卖。

所谓货物，各国法律有不同规定，通常指有形动产，包括尚待生产与制造的货物。公约用排除法列举了不适用公约的货物买卖。公约不适用于以下货物的销售：①购供私人、家人或家庭使用的货物的销售，除非卖方在订立合同前任何时候或订立合同时不知道而且没有理由知道这些货物是购供任何这种使用的；②经由拍卖的销售；③根据法律执行令状或其他令状的销售；④公债、股票、投资证券、流通票据或货币的销售；⑤船舶、船只、气垫船或飞机的销售；⑥电力的销售。公约也不适用于供应货物一方的绝大部分义务在于供应劳力或其他服务的合同。此外，供应尚待制造或生产的货物的合同应视为销售合同，除非订购货物的当事人保证供应这种制造或生产所需的大部分重要材料。

公约仅适用于合同的订立和买卖双方的权利、义务，而不涉及：①合同的效力，或其任何条款的效力或惯例的效力；②合同对所有权的影响；③货物对人身造成的伤亡或损害的产品责任问题。凡公约未涉及的问题，可依照双方业已同意的惯例或依据合同适用的国内法予以解决。因此，公约还不是一部完整的、全面的关于国际货物买卖的统一法。然而，就其灵活性及获得普遍接受的程度来说，其是任何一部国内法或国际商业惯例都不能比拟的。公约在合同法领域对各国成文法、判例法、法理学说以及国际商业惯例作了充分的比较分析，在此基础上提取出被普遍承认的原则和规则，以此来弥补国内法和国际惯例的不足。它的目的不是取代或调和各国国内法的规则，而是提出一套适合于国际贸易特殊要求的原则和办法以供买卖双方选择适用，以实现其序言中提出的建立国际经济新秩序“减少国际贸易的法律障碍，促进国际贸易的发展”的宗旨和目的。在充分考虑各国具有不同社会制度、经济制度和法律制度这一现实，以及对发达国家和发展中国家在对外贸易中的不同做法给予充分肯定等方面，公约较之其前身——两个海牙公约有了较大的改进。公约是近半个世纪以来国际贸易统一法运动的产物，反映了统一法运动的发展趋势，并对国际贸易产生了巨大影响。

我国在 1988 年核准加入该公约时，对其第 1 条第 1 款 b 项和第 11 条的规定作了保留。然而，根据我国于 1999 年施行的《合同法》的规定，合同可以任何方式（包括口头、书面或行为方式）订立，这和公约第 11 条的规定已无区别。“2013 年 1 月 16 日，根据我国《缔结条约程序法》及《公约》的相关规定，我国政府向联合国秘书处递交了撤回对《公约》第 11 条及与第 11 条内容有关规定所作保留的声明。”[1]根据我国司法实践，合同适用的法律，无论是当事人自由选择的法律，还是人民法院按照最密切联系原则确定的法律，都是指该国现行实体法，而不包括其冲突规范和程序法。自此，以我国当事人为一方订立的国际货物买卖合同，除非双方当事人特别说明，否则公约将自动予以适用。

二、国际货物买卖的国际商业惯例

（一）国际货物买卖惯例规则

除了国际公约外，各种民间组织也制定了许多标准规则和共同条件。这些标准规则和共同条件带有很大的随意性，由当事人选择予以适用。例如，《2000 年国际贸易术语解释通则》、《1932 年华沙—牛津规则》、《美国 1941 年对外贸易定义》、1997 年 6 月由国际商会国际惯例委员会通过的《国际销售示范合同》等，其中最有影响

---

〔1〕 该撤回于 2013 年 8 月 1 日开始生效。

并在实践中得到广泛使用的是国际商会编纂的《国际贸易术语解释通则》。

《国际贸易术语解释通则》是巴黎国际商会以国际贸易中应用最为广泛的国际惯例为基础，于1936年首次公布的具有国际性的解释通则。此后，该通则先后在1953年、1967年、1976年、1980年、1989年、1999年、2009年经过多次补充和修订。其目的在于：整理在全球化的国际贸易环境中对买卖双方使用的主要术语，提供一套国际性通用的解释，供从事国际商业的人们在这些术语因国家不同而有不同解释的情况下，能够选用确定而统一的解释。

所谓贸易术语，是以不同的交货地点为标准，用简短的概念或英文缩写字母表示交货地点、商品的价格构成、买卖双方在交易中的费用、责任与风险的划分。国际贸易术语是国际商业惯例的一种，当商人们在合同中明确选择某一贸易术语时，对当事人具有约束力。

2011年1月1日开始生效的《国际贸易术语解释通则® 2010》（International Rules for the Interpretation of Trade Terms，简称 Incoterms ® 2010）对11种贸易术语作了解释。

与《2000年国际贸易术语解释通则》相比，Incoterms ® 2010 所做重大修改如下：

1. 书写上的变化。新的《国际贸易术语解释通则》后面需加国际商会的注册商标®，表述为《国际贸易术语解释通则® 2010》（Incoterms ® 2010）。

2. 数量变化。由原来的13个贸易术语删减为11个。

3. 分类变化。原贸易术语按英文字母E、F、C、D分为四组。现在11个贸易术语被分为两类：适用于任何单一运输方式或多种运输方式的贸易术语7个以及仅适用于海运和内河水运的贸易术语4个，分别按E、F、C、D分组。

4. 主要的变化发生在D组，原有的5个贸易术语删除了4个，新增加2个。其他E、F、C组贸易术语基本不变。

5. 明确贸易术语既适用于国际贸易也适用于国内贸易。

《国际贸易术语解释通则® 2010》具有以下特点：

1. 每个贸易术语前增加了使用说明。使用说明不是贸易术语的组成部分，但有助于帮助当事人作出准确、高效、适当的选择。

2. 权利和义务的设置。《国际贸易术语解释通则® 2010》把买卖双方的权利和义务相对应，分作10项说明。规定卖方的10项义务为：①提供符合合同规定的货物和单据；②许可证、授权、安检通关和其他手续；③运输合同与保险合同；④交货；⑤风险转移；⑥费用划分；⑦通知买方；⑧交货凭证、运输单证或同等效力的电子记录或程序；⑨核查、包装及标记；⑩协助提供信息及相关费用。相对应的买方也有10项义务，其具体内容取决于卖方承担权利和义务的具体内容。

3. 电子单证。《国际贸易术语解释通则® 2010》明确规定，在卖方必须提供商业发票或合同可能要求的其他单证时，可以提供“同等作用的电子记录或程序”（an

equivalent electronic record or procedure)。

4. 明确了某些概念在《国际贸易术语解释通则® 2010》中的特定含义，如“承运人”(Carrier)、“交货”(Delivery)、“链式销售”(String)等。在《国际贸易术语解释通则® 2010》中，承运人特指签约承担运输责任的一方。交货指货物灭失与损坏的风险从卖方转移至买方的点。链式销售又称多层销售(multiple sales down a chain)，指商品交易中常见的，商品在运至销售终端过程中(即商品销售至最终用户前)被多次转卖形成销售链。

(二) 主要内容

1. 适用于任何单一运输方式或多种运输方式(any mode or modes of transport)的国际贸易术语有7个，分为E、F、C、D四组(EXW/FCA/CPT/CIP/DAT/DAP/DDP)。其主要内容如下：

(1) E组。包括一个贸易术语：EXW [全称Ex Works (named place)]，意思是工厂交货(指定地点)。使用这一贸易术语的合同中，卖方的责任最小。

卖方的责任是：①在其所在地(工厂或仓库)把货物交给买方处置，无需装货，即履行交货义务；②承担交货前的风险和费用；③自费向买方提交与货物有关的单证或相等的电子单证。

买方的责任是：①自备运输工具并负责装货，将货物运至预期的目的地；②承担卖方交货后的风险和费用；③自费办理出口和进口结关手续等。

当买方无力办理出口清关手续时，不宜选用这一贸易术语。

(2) F组。包括一个贸易术语：FCA [全称Free Carrier (named place)]，意思是货交承运人(指定地点)。

在FCA贸易术语中，卖方的责任是：①在出口国承运人所在地将货物交给承运人，履行自己的交货义务；②承担交货前的风险和费用；③自费办理货物的出口结关手续；④自费向买方提交与货物有关的单证或相等的电子单证。

买方的责任是：①自费办理货物运输和保险手续并支付费用；②承担卖方交货后的风险和费用；③自费办理货物的进口结关手续等。

选用FCA贸易术语时，应当注意的是：

第一，货物风险和费用的划分以卖方将货物交付买方指定的承运人的时间和地点作为界线。

第二，注意在FCA术语下，卖方的交货和装货义务：当卖方在其所在地交货时，卖方负责装货。卖方将货物装上买方指定的承运人提供的运输工具时，完成交货义务。当卖方在其他地方交货时，卖方不负责卸货。货物在卖方的车辆上尚未卸货，但做好卸货准备并交给买方指定的承运人或其他人处置时，卖方即完成交货义务。

(3) C组。包括两个贸易术语：CPT [全称Carriage Paid to (named place of destination)]，意思是运费付至(指定目的地)；CIP [全称Carriage, Insurance Paid to (named place of destination)]，意思是运费、保险费付至(指定目的地)。

在这两个贸易术语中，卖方的责任是：①自费签订或取得运输合同；②在 CIP 术语中，卖方还要自费签订或取得保险合同；③承担货交承运人以前的风险和费用；④自费办理货物出口结关手续；⑤向买方提交与货物有关的单据或相等的电子单证。

买方的责任是：①在 CPT 术语中自费签订保险合同；②承担货物提交承运人以后的风险和费用；③自费办理货物的进口结关手续。

值得注意的是：

第一，在 C 组这两个贸易术语中，卖方是在出口国承运人所在地履行交货义务，并承担交货前的风险和费用。但运费和/或保险费涵盖的是运输合同指定的目的地的全程运费和保险费。此外，卖方的费用中是否包括卖方的装货费和目的地的卸货费，须取决于运输合同的规定。

第二，卖方的通知义务。在 CPT 贸易术语中，未规定买方签订保险合同的义务。但实践中，买方为了自己的利益需要签订保险合同，因此，卖方在货交承运人后必须向买方发出已交货通知，以便买方投保或采取收取货物通常所需要的措施。

（4）D 组。包括三个贸易术语：DAT［全称 Delivered at Terminal（named terminal at port or place of destination）］，意思是运输终端交货（指定目的地港口或目的地运输终端）；DAP［全称 Delivered at Place（named place of destination）］，意思是目的地交货（指定目的地）；DDP［全称 Delivered Duty Paid（named place of destination）］，意思是完税后交货（指定目的地）。

在 D 组贸易术语中，卖方的责任是：①将货物运至约定的运输终端或目的地；②承担货物运至运输终端或目的地前的全部风险和费用；③自费办理货物出口结关手续，交纳出口关税及其他税、费；在 DDP 术语中，还要自费办理货物的进口结关手续，交纳进口关税或其他费用；④向买方提交与货物有关的单据或相等的电子单证。

买方的责任是：①承担货物在运输终端或目的地交付后的一切风险和费用；②在DAT 和 DAP 贸易术语中自费办理进口结关手续。

在 D 组中，需要注意的是：

第一，卖方在目的地指定运输终端（包括港口）交货意味着卖方需要承担将货物卸下运输工具，交买方处置，完成交货义务；目的地交货时，卖方无需承担卸货义务，但需做好卸货准备交买方处置，即完成交货义务。

第二，DDP 术语中卖方的责任最大。卖方需要自费办理出口和进口结关手续等，当卖方无力办理进口清关手续时，不宜选用这一贸易术语。

2. 仅适用于海运和内河水运的贸易术语（Sea and Inland Waterway Transport Only）有 4 个，分为 F、C 两组（FAS/FOB/CFR/CIF），其主要内容如下：

（1）F 组。贸易术语有两个：FAS［Free Alongside Ship（named port of shipment）］，意思是船边交货（指定装运港）；FOB［Free On Board（named port of Shipment）］，意思是船上交货（指定装运港）。

在F组贸易术语中，卖方的交货义务是：①在指定的装运港履行交货义务；②承担交货前的风险和费用；③自费办理货物的出口结关手续；④自费向买方提交与货物有关的单证或相等的电子单证。

买方的责任是：①自费办理货物运输和保险手续并支付费用；②承担卖方交货后的风险和费用；③自费办理货物的进口结关手续等。

在F组中应当注意的是：

第一，这两个贸易术语交货地点不同，因此风险和费用的划分不同：FAS是以卖方在指定装运港买方指定的船边（货置于码头上或驳船上）履行交货义务，此时风险和费用由卖方转移给买方；FOB则以装运港货物是否装到船上作为界线。

第二，FAS、FOB适用于海运和内河航运，如为集装箱运输，则应选用FCA贸易术语。

（2）C组。包括两个贸易术语：CFR［全称Cost and Freight（named port of destination）］，意思是成本加运费（指定目的港）；CIF［全称Cost，Insurance and Freight（named port of destination）］，意思是成本、保险费加运费（指定目的港）。

在C组贸易术语中，卖方的责任是：①卖方在指定的装运港履行交货义务；②承担在装运港货物装船前的风险和费用；③自费签订或取得运输合同；在CIF贸易术语中，卖方还要自费签订或取得保险合同；④自费办理货物出口及结关手续；⑤向买方提交与货物有关的单据或相等的电子单证。

买方的责任是：①在CFR术语中自费投保并支付保险费用；②承担在装运港货物装船以后的风险和费用；③自费办理货物进口的结关手续。

在C组中应当注意的是：

第一，在C组这两个贸易术语中，卖方是在出口国装运港履行交货义务，并承担货物装上船前的风险和费用。但运费和/或保险费涵盖的是运输合同指定的装运港至目的港全程的运费和保险费。此外，卖方的费用中是否包括卖方的装货费和目的港的卸货费，须取决于运输合同的规定。

第二，卖方的通知义务。在CFR贸易术语中，未规定买方签订保险合同的义务。实践中，买方为了自己的利益需要签订保险合同，因此，卖方在货物装船后必须向买方发出已装船通知，以便买方投保或采取收取货物通常所需要的措施。

第三，C组中，CFR和CIF贸易术语适用于海上或内河运输；如为集装箱运输，则应选择CPT或CIP。

此外，在采用海运和内河水运的4个贸易术语时，还需要注意的是：

（1）除FAS外，在FOB/CFR/CIF贸易术语中均取消了买卖双方的交货点、风险和费用的划分以装运港船舷作为界线的表述，代之以货物是否“装船”为界线。货物在装运港装到“船上”（on board）构成交货。

（2）在这4个贸易术语的卖方交货义务中，Incoterms® 2010特别增加了“取得”（procure）这个词。在卖方义务中增加“取得”（procure）这个词的还有CIP和

CPT这两个贸易术语，即卖方需签订或取得运输合同和/或保险合同。[1] 例如，如卖方将货物置于船边（船上）或以取得（procure）已经在船边（船上）交付货物的方式交货；卖方需签订运输合同或已取得（procure）一份这样的合同（CFR/CIF）；卖方必须自费取得（procure）保险合同（CIF）等，并明确此处使用的“取得”适用于商品贸易中常见的“多层销售”（链式销售 string sales）[2]。通过 Incoterms ® 2010的解释，这四个贸易术语中卖方的交货义务涵盖了国际货物买卖中常见的“在途货物”销售中的“交货”（即通过提交单据，如运输单据、保险单等，履行交货义务）Incoterms ® 2010引言对“链式销售”所作解释是：与特定产品的销售不同，在商品销售中，货物在运送至销售链终端的过程中常常被多次转卖。出现此种情况时，销售链中端的卖方实际上不运送货物，因为处于销售链始端的卖方已经安排了运输。因此，处于销售链中间的卖方不是以运送货物的方式，而是以“取得”货物的方式履行其对买方的义务。即以“取得运输中的货物”取代相关术语中提交货物的义务。关于“取得”（procure）一词在词典里的通常含义指“obtain. acquire”[3]。然而，这样的解释显示不出任何法律含义。在另一本美国词典中，“procure”被解释为“to get possession of: obtain by particular care and effort”，指“经过一番特别努力取得占有”。[4] 根据该词典，“possession”意思是“a. the act of having or taking into control; b. control or occupancy of property without regard to ownership”，意指：①对财产的控制；②与所有权无涉的控制或占有。当运输途中的货物发生转卖时，货物转卖的受让人（新的卖方）与新的买方之间进行的是单据的买卖。单据的占有和控制意味着其“取得”这样交付的货物。“procure”的这个解释和贸易术语中的含义在法律上是一致的，由此弥补了以往版本的《国际贸易术语解释通则》均未涉及“在途货物交货”的疏漏。

3.《国际贸易术语解释通则® 2010》进一步明确了以下问题：

（1）进出口手续。除 EXW 和 DDP 贸易术语以外，原则上由卖方办理货物的出口手续，交纳与出口有关的捐、税、费；买方办理货物的进口手续，交纳与进口有关的税和其他费用。

（2）检验费用。Incoterms ® 2010 明确规定，买方必须支付任何强制性装运（船）前检验费用，因为这种检验是为了买方自身的利益安排的。但卖方为履行其交货义务而实施的货物检验（如对货物质量、丈量、称重、点数）以及出口国有关机关强制进行的装运（船）前检验费用除外。

---

〔1〕见 Incoterms ® 2010 中 CIP 和 CPT 贸易术语的“使用说明”及有关卖方交货义务的规定。

〔2〕参见 Incoterms ® 2010 中这四个贸易术语的“使用说明”及有关卖方交货义务的规定。

〔3〕*The American Heritage Dictionary*, Houghton Mifflin Company, Boston, 1982, p. 988.

〔4〕*Webster's Ninth New Collegiate Dictionary*, Merriam-Webster Inc. Publishers, Springfield, Massachusetts, USA, 1988, p. 938.

（3）交货、风险和费用的转移。Incoterms ® 2010 吸收了《联合国国际货物销售合同公约》的规定，确定了在卖方交货后，货物灭失和损坏的风险以及费用负担，由卖方转移给买方。但这一原则的适用，要以双方都没有过失并且该货物已正式划归于合同项下为前提。其 11 个贸易术语的交货点可归纳为 5 个：①卖方所在地（EXW）；②承运人所在地（FCA/CIP/CPT/）；③目的地/运输终端（DAT/DAP/DDP）；④装运港船上（FOB/CIF/CFR）[1]；⑤装运港船边（FAS）。

（4）安全通关问题。9·11 事件之后，许多国家加强了货物安全通关的检查和要求。《国际贸易术语解释通则® 2010》特别增加了买卖各方之间完成安检通关并相互提供或协助提供通关所需信息的义务。

（5）Incoterms 的变体。在贸易实务中，当事人经常在国际贸易术语后面添加一些词语以额外增加双方当事人的义务。常见的有 EXW（装车）、FOB（平舱和理舱）等。《国际贸易术语解释通则》对如何解释这些添加词语的含义没有作出规定，当事人之间往往会因此而发生争议。为此，Incoterms ® 2010 在其引言中提醒双方当事人，应在其合同中对上述添加词语的含义作出明确的解释。[2]

值得注意的是，国际贸易术语解释通则只适用于有形货物买卖中买卖双方的权利和义务，不包括无形货物（如计算机软件）买卖的有关义务。[3] 此外，Incoterms ® 2010 生效后，并不意味着先前版本的《国际贸易术语解释通则》失效，它们仍旧可因国际货物买卖合同的当事人的选择而适用。

国际贸易术语是一个简式的标准化的国际货物买卖合同。它不但明确买卖合同的交货地点及价格构成，而且解决买卖双方在交易中的责任划分。例如，确定商品从启运地到目的地的运输、保险、单证的取得及其他手续问题由谁办理，费用由谁承担；确定货物风险转移的时间、地点等。贸易术语的标准化、规范化，简化了交易程序，节约了交易时间和费用，减少了贸易中的纠纷，对促进国际贸易的顺利发展起了很大的作用。

（三）常用的国际贸易术语

1. FOB。FOB 是 Free on Board（named port of shipment）的英文缩略语，意思是船上交货（指定装运港）。它是海上运输最早出现的国际贸易术语。

根据 Incoterms ® 2010，FOB 卖方的责任是：①提供符合合同规定的货物和单证

---

〔1〕 注意 Incoterms ® 2010 有两个不同表述。在其引言中，Incoterms ® 2010 写道：FOB/CFR/CIF 三个术语中省略了以船舷作为交货点的表述，取而代之的是货物置于“船上”时构成交货。在 CPT/CIP/CFR/CIF 四个术语的使用说明中写道：当使用这四个术语时，卖方按照所选择术语规定的方式将货物交付给承运人时，即完成其交货义务。后一种表述与前一种表述似乎存在矛盾。按照作者对《2000 年国际贸易术语解释通则》引言中“用语说明”18 的理解，如果当事方无意将货物置于船上履行交货义务，则不应选择 FOB/CIF/CFR。

〔2〕 参见 Incoterms ® 2010，Introduction.

〔3〕 参见 Incoterms 2000，Introduction 11，1.

或相等的电子单证；②自负费用及风险办理出口许可证及其他货物出口手续，交纳出口捐、税、费；③按照约定的时间、地点，依照港口惯例将货物装到买方指定的船上或以取得已在船上交付的货物的方式交货，并给买方以充分的通知；④承担在装运港交货以前的风险和费用。

FOB 买方的责任是：①支付货款并接受卖方提供的交货凭证或相等的电子单证；②自负费用及风险取得进口许可证，办理进口手续，交纳进口的各种捐、税、费；③自费租船并将船名、装货地点、时间给予卖方以充分通知；④承担在装运港交货以后的风险和费用。

使用 FOB 术语时应注意以下几个问题：

（1）通知问题。FOB 术语中涉及两个充分通知：一个是买方租船后，应将船名、装货时间、地点给予卖方以充分通知；另一个是卖方在货物装船时要给予买方以充分通知。在第一种情况下，如果买方未给予通知，或指定船只未按时到达，或未能按时受载货物，或比规定的时间提前停止装货，由此装运港产生的货物灭失或损失应由买方承担。在第二种情况下，由于货物的风险是在装船时由卖方转移给买方的，因此，卖方在货物装船时必须通知买方，以便买方投保，否则，由于卖方未给予充分通知而导致买方受到的损失应由卖方负责。

（2）注意各国对 FOB 贸易术语的不同解释。典型的是美国 1941 年修订的《对外贸易定义》。该定义把 FOB 术语分为六种。其中只有 FOB vessel（named port of shipment）（装运港船上交货）与国际商会规定的 FOB 术语的含义相类似。所以，在对美贸易中，如用 FOB 术语成交，则需要注明是采用国际商会编纂的《国际贸易术语解释通则》还是适用美国全国对外贸易协会编纂的《美国对外贸易定义》的 1941 年修订本，在采用后者时则需在 FOB 后面加上“vessel”（船舶）字样，以免引起误解。

2. CIF。CIF 是 Cost，Insurance and Freight（named port of destination）的英文缩略语，意思是成本、保险费加运费（指定目的港）。

根据《Incoterms ® 2010》，CIF 卖方的责任是：①提供符合合同规定的货物和单证或相等的电子单证。②自负风险和费用办理出口许可证及其他货物出口手续，并交纳出口捐、税、费。③自费订立或取得运输合同并将货物按惯常航线在指定日期装运至指定目的港，并支付运费。④自付费用订立或取得货物运输保险合同。如无明示的相反协议，按伦敦保险业协会《货物保险条款》投保海上运输的最低险别。⑤承担货物在装运港交货以前的风险。

CIF 买方的责任是：①支付货款并接受卖方提供的交货凭证或相等的电子单证；②自负费用和风险取得进口许可证，办理进口手续，缴纳进口的各种捐、税、费；③承担在装运港交货以后的风险；④承担交货后除跨境海上运输运费和保险费以外的费用。

使用 CIF 术语时应注意如下几个问题：

（1）在 CIF 术语中，替买方投保并支付保险费是卖方的一项义务。但是，当双方未就保险条款和投保险别加以约定时，卖方只负责按伦敦保险业协会《货物保险条款》投保海上运输的最低险别。买方如要投保其他险别或特种险，应在合同中说明并自负该项加保费用。

（2）缩略语后的港口名称是目的港名称，指明运输费和保险费的计算是从装运港至目的港全程的运输费和保险费，而不是指卖方的交货地点。和FOB一样，在CIF术语中，卖方的交货义务是在装运港将货物置于船上。

3. CFR。CFR是Cost and Freight（named port of destination）的英文缩略语，意思是成本加运费（指定目的港）。

CFR术语与CIF术语的不同体现在海上货物运输保险责任方面。在按CIF术语成交时，价格构成包括保险费，因此，卖方有义务投保国际海上货物运输风险并支付保险费用。而在CFR术语中，卖方则无此义务。其余关于交货地点、风险分界点等方面的责任，CFR与CIF术语相同。

在使用CFR术语时，应特别注意装船通知问题。在CFR合同中，买方要自行投保，因此，与FOB类似，卖方要给买方货物装船的充分通知，否则，由此造成买方漏保海上货物保险而引起的损失应由卖方承担。

4. FOB、CFR、CIF的异同。上述三种国际贸易术语的共同点在于：①交货地点都是在装运港口；②适用于海上运输或内河航运；③风险划分都是以装运港货物置于船上作为界线。

三者的区别在于：由于三者的价格构成不同，产生的与之相关的责仜和其他附属费用不同。

在使用这三种贸易术语时，应当注意如下问题：

（1）缩略语后面的港口名称。在FOB后面是装运港名称，在CIF和CFR后面是目的港名称。FOB的价格构成是货物在装运港交货前的费用，CIF和CFR中的保险费和运输费则是按从装运港到达目的港全程的保险费和运输费计算的。港口名称是为计算费用之便附加的，和交货地点无关。三种贸易术语的交货地点都是在装运港载货船上。

在我国外贸业务中，习惯把FOB称作离岸价格，把CIF称作到岸价格。仅从价格构成这一角度看，为了海关统计以及稽征关税等外贸业务的便利，这种称呼未尝不可。但从法律角度看，这种称呼是错误的。因为贸易术语本质上是一种货物买卖合同[1]，价格构成仅仅是贸易术语（合同）所包含内容的一部分，把CIF看成到岸价格不能表达CIF这个贸易术语中所包含的全部法律内容，在实践中会由于误解而造成不必要的损失。

（2）装船费和卸船费。在贸易术语中，装船费和卸船费应当由谁承担是一个不够明确的问题。为了避免有的贸易术语规定得不够明确而导致日后买卖双方之间发生争议，实践中通常采用以下方法加以解决：①卖方不负责装船费用，则可采用班

〔1〕 Tsakiroglou & Co. Ltd. v. Noblee Thorl G. m. b. H. House of Lords（1962）A. C. 93.

轮运输 FOB（Liner terms），即装卸由班轮负责，费用包括在运费内。②卖方负责装船费时，在 FOB 后面加上“理舱”FOB（stowed），则卖方承担包括理舱在内的装船费用，或者在 FOB 后面加上“平舱”FOB（trimmed），则卖方承担包括平舱费在内的装船费用。③按照港口惯例，装船费由卖方承担，卸船费由买方承担。为避免发生争议，Incoterms ® 2010 要求买卖双方对此问题在合同中明确加以规定。

三、国际货物买卖的国内立法

在资本主义各国，无论是大陆法系还是英美法系国家，调整货物买卖的法律只有一套，既适用于国内货物买卖也适用于国际货物买卖。作为一种商行为，就买卖货物而订立的合同特指在商人之间订立的货物买卖合同。根据美国《统一商法典》，所谓商人，是指从事某类货物交易业务或因职业关系或以其他方式表明其对交易所涉及的货物或做法具有专门知识或技能的人。

在大陆法系民商合一的国家，买卖法通常作为民法典的一部分在债篇中加以规定，如《瑞士债务法典》、《意大利民法典》、《土耳其民法典》、《泰国民法典》等。在民商分立的国家，除了民法典外，还制定单独的商法典，民法的一般规定适用于商法，商法典作为民法的特别法，针对商行为作出补充规定，如《法国民法典》、《法国商法典》、《日本民法》、《日本商法》等。《日本民法》在第三篇“债权”的第二节“契约”中就契约的成立、契约的效力、契约的解除作了规定；第三节“买卖”对总则、买卖的效力、买回作了规定。《日本商法》第三篇“商行为”，就属于商行为的买卖所涉及的特殊问题作了规定。

在英美法系国家，没有专门的民法典，除了以法院判例形成的普通法原则外，通过颁布单行法规的形式制定了货物买卖法。典型的如英国《1893 年货物买卖法》、《美国统一商法典》等。英国《1893 年货物买卖法》是资本主义国家最早的货物买卖法之一，是对英国法院数百年来判例的整理编纂而于 1894 年 2 月 20 日经议会通过施行的，之后经过多次修改补充，现行的是 1995 年 1 月 3 日生效的《1979 年货物买卖法》的 1995 年修订本。该法案分为契约的成立、契约的效力、契约的履行、未收货款的卖方对货物的权利、对违约的诉讼、补充，共 6 部分 62 条，囊括了货物买卖法的大部分领域，至今在英美法系国家的买卖法中仍具有重大影响。《美国统一商法典》（Uniform Commercial Code，UCC）是世界上最著名的法典之一，是在美国《1896 年统一票据法》、《1906 年统一买卖法》、《1933 年统一信托收据法》等 7 个成文法的单行法规的基础上，由美国法学会全国统一州法代表会议制定的，自 1952 年公布后经过几次修改，目前为多数州采纳的是 1994 年文本。与英国《1893 年货物买卖法》不同，《美国统一商法典》不是由美国联邦立法机关——国会通过的，而是由民间组织起草制定、供各州议会自由选用。目前，《统一商法典》已得到除路易斯安那州外的 49 个州议会通过。买卖法是在《统一商法典》的第二篇“买卖”之中，其内容包括：简称、解释原则和适用范围；合同的形式、订立和修改；当事方的一般义务和合同的解释；所有权、债权人和善意购买人；履约；违约、毁约和免责；救济，共计 7 章 104 条。凡买卖篇中没有涉及的问题，则需要适用普通法的一般原则。

新中国成立以来，我国还没有制定专门的商法典。有关货物买卖的法律在 1986 年颁布的《民法通则》中有原则性规定。[1] 此外，还制定了单独的《合同法》，当涉及国际货物买卖时，除了适用《民法通则》的原则外，适用《合同法》的有关规定。[2]

1988 年我国加入了《联合国国际货物销售合同公约》。我国从事对外贸易的公司、企业或其他经济组织在对外签订货物买卖合同时，还可以选择《联合国国际货物销售合同公约》作为该合同适用的法律。对于公约的未尽事项，仍要适用我国《民法通则》和《合同法》的有关规定。

值得注意的是，在各国的买卖法中，作为买卖的标的范围是十分广泛的。《法国民法典》规定，交易范围内的物品，除特别法禁止出让者外，均得为买卖的标的。《日本民法》中买卖标的可以包括动产、不动产、无形权利的交付。就货物买卖而言，英国《1893 年货物买卖法》[3] 专门将"货物"定义为凡指"金钱和权利动产(things in action)[4] 以外的一切动产，在苏格兰则指"除金钱以外的一切有形动

---

〔1〕 在此之前，我国在 1981 年通过了《中华人民共和国经济合同法》，1985 年通过了《中华人民共和国涉外经济合同法》。1999 年，上述两部法律被废止，由新颁布的《中华人民共和国合同法》取代。

〔2〕 1999 年 3 月 15 日第九届全国人民代表大会第二次会议通过了《中华人民共和国合同法》。根据该法第 428 条的规定，1999 年 10 月 1 日《合同法》实施后，1985 年颁布的《涉外经济合同法》废止。

〔3〕 参见《1979 年货物买卖法》（1995 年修订本）第 61 条的货物定义。

〔4〕 "Things in action" 在《布莱克法律词典》(Black's Law Dictionary) 中解释为 "A right to recover money or other personal property by a judicial proceeding." (*Black's Law Dictionary*, sixth edition, p. 1479.)（可直译为：通过司法程序索回金钱或其他动产的权利。）其含义等同于 "Chose in action"，即 "A thing in action: A right of bringing an action or right to recover a debt or money; Right of proceeding in a court of law to procure payment of sum of money, or right to recover a personal chattel or a sum of money by action; A personal right not reduced into possession, but recoverable by a suit at law; A right to personal things of which the owner has not the possession, but merely a right of action for their possession. The phrase includes all personal chattels which are not in possession; and all property in action which depends entirely on contracts express or implied; A right to receive or recover a debt, demand, or damages on a cause of action ex contractu or for a tort or omission of a duty; A right to recover by suit a personal chattel. Assignable rights of action ex contractu and perhaps ex delicto. Personalty to which the owner has a right of possession in future, or a right of immediate possession, wrongfully withheld."

本书采纳了《元照英美法词典》对 "chose in action" 的释意，即 "权利动产"。英美法律词汇常常难以找到合适的中文法律词汇与之相对应。"权利动产" 是权利还是动产？按照词典的意思，它是指权利，有时指动产。根据英国《1893 年货物买卖法》（1995 年修订本），"货物" 显然仅指动产，即除金钱及其他只能通过诉讼才能取得的金钱及动产以外的所有动产。"权利动产" 指并未实际占有，而只能通过诉讼才能取得金钱或其他动产的权利。与之相对应的是 "占有动产" (chose in possession)，即已由权利人实际占有的动产（参见薛波主编，潘汉典总审订：《元照英美法词典》，法律出版社 2003 年版，第 224 页）。为深入理解英美法中的 "things in action" 的概念，可参考 2006 年 10 月 13 日刊登在法史网上的徐震宇的 "英国法上的 '权利动产' 及其财产概念的特性" 一文。

产”。该名词还包括庄稼收益、人工种植的作物以及附着于或已经成为地产一部分而同意加以分离出售的物品。《美国统一商法典》中“货物”的概念与之相类似，指除作为支付手段的金钱、投资证券和权利动产（things in action）以外的所有特定于买卖合同项下的可以移动的物品（包括特别制造的货物）以及尚未出生的动物及幼仔，生长中的农作物和有关将与不动产分离之货物以及其他附着于不动产但已特定化的物品。因此，就货物买卖法而言，货物包括现货和期货，泛指一切有形动产。1999年3月15日颁布的《中华人民共和国合同法》第九章关于买卖合同的规定作出了与《法国民法典》相类似的规定，即非法律和行政法规禁止或限制转让的皆可作为买卖合同的标的[1]。

第二节 国际货物买卖合同

一、国际货物买卖合同国际性的判断标准

国际货物买卖合同与国内货物买卖合同毕竟不同，其区别在于前者具有国际性，或称“具有涉外因素”。何谓国际性，可以用许多标准来划分，例如，以当事人的国籍为标准；以当事人营业所在地为标准；以行为发生地为标准；以货物是否跨越国境为标准等。

公约以当事人营业地为标准，规定公约适用于“营业地分处不同国家的当事人之间订立的货物买卖合同”，当事人的国籍不予考虑。而我国原有的《涉外经济合同法》第2条规定，涉外经济合同是指中国企业或其他经济组织与外国企业和其他经济组织或者个人订立的经济合同。涉外性是以当事人的国籍为标准的。我国《合同法》第126条取消了“涉外经济合同”的概念，改用“涉外合同”，但对“涉外合同”未下定义。最高人民法院对“涉外民事关系”有个解释：凡民事关系的一方或者双方当事人是外国人、无国籍人、外国法人的；民事关系的标的物在外国领域内的；产生、变更或者消灭民事权利义务关系的法律变更发生在国外的，均为涉外民事关系[2]。

英国的《1893年货物买卖法》关于“国际货物买卖契约”的定义，除了要求缔结货物买卖契约的双方的营业处所分处于不同国家的领土之上外，还要求在缔约时，货物正在或将要从一国领土运往另一国领土；或如果构成要约和承诺的行为是在一个国家的领土内完成的，货物的交付则须在另一个国家的领土内履行。

---

〔1〕 我国《合同法》第132条第2款。

〔2〕 参见1988年1月26日《最高人民法院关于贯彻执行〈中华人民共和国民法通则〉若干问题的意见（试行）》第178条。

二、要约与承诺

（一）要约

要约是向一个或一个以上特定的人提出的订立合同的建议。一项有效的要约必须是：

1. 向一个或一个以上特定的人发出。这样，除非当事人有明示相反的规定，否则为了邀请对方向自己订货而发出的商品目录单、报价单以及一般的商业广告，因为不是向一个或一个以上的特定的人发出，因此不是要约，而是要约邀请。我国《合同法》第15条第2款规定，商业广告的内容符合要约规定的，视为要约。

2. 内容十分明确、肯定，一经对方接受，合同即能成立。根据公约的规定，一项确定的要约需要写明货物并明示或默示地规定数量和价格或规定如何确定数量和价格。如果要约中伴随有要约人的保留条件，则不能算有效的要约，只能算要约邀请，因为即使对方表示了承诺，合同仍然不能成立。

3. 要约于送达受约人时生效。这一点是不言而喻的，因为要约未送达受约人，或要约不是送达受约人的，受约人不知要约内容，当然无法表示承诺，即使从其他途径得知要约内容，其发出的承诺也是无效的。

（二）要约发出后可否撤回和撤销的问题

根据要约理论，要约送达受约人时生效。要约生效前的收回称为撤回；要约生效后的收回称为撤销。各国法律都承认要约发出后，只要尚未送达于受约人，要约人可随时使用更为快捷的方法将其追回。但在要约送达受约人后，是否可以撤销或变更其内容，大陆法系和英美法系则适用不同的原则。

公约规定，一项要约即使是不可撤销的，也可以撤回，只要撤回通知于要约送达受要约人之前或同时送达受要约人。在未订立合同之前，要约也可以撤销，但前提条件是撤销通知于受要约人发出承诺通知之前送达受约人[1]。

然而，公约采纳了大陆法系的信赖原则，规定了不能撤销要约的如下情况：①在合同成立前，写明或以其他方式表示要约是不可撤销的，则不能撤销；②受约人有理由信赖要约是不可撤销的，并本着这种信赖行事，该要约也不能撤销。

（三）承诺的效力

承诺是受约人对要约表示无条件接受的意思表示。一项有效的承诺必须满足以下条件：①承诺要由受要约人作出才产生效力；②与要约的条件保持一致；③承诺应在要约有效的时间内作出；④承诺必须通知要约人才产生效力。

承诺的生效时间在要约理论上是一个十分重要的问题。这是因为承诺生效的时间就是合同生效的时间，承诺生效的地点就是合同生效的地点。在日后解决争议时，对法院确定管辖权及适用法律问题具有重要的意义。各国在实践中，就承诺生效时间形成三种原则：①投邮生效原则；②送达生效原则；③了解生效原则。

---

〔1〕 参见公约第15条第2款。

目前，在国际货物买卖领域，各国在承诺生效时间上的分歧已通过公约得到解决。

公约第 18 条第 2 款规定，要约的承诺于表示同意的通知送达要约人时生效。所谓送达，是指送交要约人的营业地、通讯地址或惯常居所。按照同样的原则，撤回承诺的通知也于承诺送达要约人之前或同时生效[1]。

我国在外贸实践中的做法与公约的规定一致。但根据我国《合同法》第 33 条的规定，通过信件、数据电文等形式订立合同的，如一方要求签订确认书，则合同不是在收到承诺的函件、数据电文时成立，而是在确认书经双方签字后才能成立。

三、电子单证的法律问题

电子单证（EDI）产生于 20 世纪 60 年代末的欧美。经过二十多年的发展，EDI 在欧美的大公司中的使用已非常普遍。在国际贸易中，1990 年国际商会修订的《国际贸易术语解释通则》中已允许买卖双方用相等的电子单证取代提交纸单证。因此，用电子单证代替传统的纸单证已成为国际贸易的发展趋势，由电子单证带来的一系列法律问题也就成了法学研究中的一个新课题。[2]

（一）电子单证（EDI）概念

EDI 是 Electronic Data Enterchange 的英文缩写，翻译为电子数据交换，指当事人依照法律和协议用电子计算机对约定的信息和数据标准化、格式化，通过计算机网络进行交换和处理。1996 年联合国国际贸易法委员会第二十九届会议通过的《贸易法委员会电子商务示范法》将 EDI 定义为：按照商定的标准将信息结构化并在计算机之间进行电子传递。

根据统计，使用 EDI 处理商业单据，在准确、高效等方面，其优势是显而易见的：①提高交易速度。EDI 的使用使一项商业文件的传递在几秒钟之内即可实现。过去需要几天才能完成的清关手续，现在只要十几分钟即可完成，比人工速度提高 80% 且无需人工干预，全部自动处理。②降低成本。EDI 的使用可降低文件成本 44%，降低文件人工处理成本 38%。③减少失误。减少因人工制单错误或遗漏造成的损失达 40% 左右，竞争力提高 38% 左右。④提高安全性和保密程度。

（二）EDI 标准的国际化

EDI 的全球使用除有赖于计算机技术的发展外，还有赖于商业文件和行政事务处理数据的标准化、格式化、法制化，贸易数据交换的双方要采用统一的标准，才能使计算机能够加以识别和处理，才能实现信息的交换。目前，国际上通用的标准主要有两个：一个是 1985 年由联合国欧洲经济委员会和国际标准化组织共同开发的

---

〔1〕公约第 22、24 条。

〔2〕2003 年 8 月，美国海关对外公布了海关通关新规则，该规则规定，无论是空运、铁路、卡车还是船运，所有形式的承运人必须在进口货物到达美国之前、出口货物装运之前，以电子方式向美国海关申报货物数据，但不接受来自货主的申报。

《行政、商业和运输电子数据交换规则》（Electronic Data Interchange for Administration, Commerce and Transport，简称 UN/EDIFACT），1986 年正式作为国际 EDI 的通用标准公布；另一个是美国标准化协会制定的 ANS1 - X12（American National Standard Institute, X12），1992 年在其第四版标准制定后已不再继续发展，逐步向 EDIFACT 靠拢，并终将被后者取而代之。

我国自 1990 年开始从事 EDI 的研究、启用和推广工作，并采用了国际通用的 UN/EDIFACT 标准，1991 年成立了中国 EDIFACT 委员会，在促进 EDI 发展的同时，推动了其国际标准化工作，推动了计算机应用以及电子通讯网络的建立和发展。可以说，EDIFACT 是目前国际 EDI 应用的主要标准，它兼有欧洲标准和美国标准的灵活性和有效性，其广泛的应用性使其在全世界得到推广。

UN/EDIFACT 由一系列涉及电子数据交换的标准、指南和规则、目录及标准报文组成，主要分为以下两类：①指南和规则。包括：EDIFACT 应用级语法规则（ISO 9735）；EDIFACT 语法规则实施指南；EDIFACT 报文设计规则和指南。②目录。包括 EDIFACT 数据元（Data Element）目录；复合数据元目录；EDIFACT 数据段（Segment）目录；EDIFACT 代码表（Codes）和 EDIFACT 标准报文目录（Message）。掌握这些国际标准，对实施 EDI 十分重要。

（三）增值网络（Value Added Network）

在 EDI 通讯手段中，贸易双方大多要通过第三方网络提供中介服务，由于这种网络系统不但传送信息，还提供海关通关、商品检验、签证及原产地证、银行开证、运输、保险等增值服务，所以也被称为增值网络（Value Added Network，简称 VAN）。在采用 EDI 的交易中，除了 EDI 标准的国际化外，VAN 的服务也是不可缺少的。其主要作用在于：①向 EDI 用户提供电子邮箱及开启邮箱的专用密码；②向用户报告信息是否被接收及存在的问题；③对用户传递的信息进行加密和证实；④根据用户要求将电子单证转换成纸单证或将用户提供的不规范的信息翻译成国际通用的标准进行 EDI 通讯。其责任主要体现在以下几方面：①计算机网络系统的技术和管理责任；②网络系统对信息传递的保证；③对计算机网络系统中雇员欺诈与失误的责任承担；④对第三方责任的承担。

1992 年 2 月，在哥伦比亚卡塔赫纳召开了联合国贸易与发展会议第八届大会，171 个成员国出席并通过了“卡塔赫纳承诺”（The Cartagena Commitment），责成联合国贸易与发展会议实施全球贸易网点的任务，即全球贸易效率计划（Trade Efficiency Initiative）。其中一项任务就是在全球有关地区建立贸易网络，并将其联结成平行于 Internet 的全球贸易网络（GTPNet），制定全球贸易效率宣言，作为全球贸易原则。目前，这个网络系统已在全世界拥有一百多个贸易网点，分布在包括我国在内的一百多个国家和地区。1994 年 9 月 1 日，我国成立了第一个贸易网点即联合国贸易网点上海中心，为我国对外贸易走向世界发挥了积极作用。

（四）有关EDI的法律问题

电子数据交换系统在国际贸易中的普遍应用，给传统的贸易法律规定提出了新的问题，特别是在合同法和证据法领域。例如，在合同订立的问题上，关于要约与承诺的问题；合同成立时间与地点的确认问题；合同的书面形式；合同生效所必需的双方当事人签字、盖章问题等。在证据法方面，采用电子数据交换系统成立的合同，在仲裁或诉讼中能否作为证据使用，特别是对于英美法系来说，是对其传统证据法原则提出的挑战。按照证据法的分类，由计算机传送的信息形成的证据属于派生证据（Secondary Evidence），即证据产生于信息传输的中间环节而非在事实的直接作用下形成，传闻律（hear - say - rule）禁止使用派生信息认定事实，这一规则是英美传统证据法的基石之一。在英美法中，妨碍计算机信息作为证据的第二个障碍在于"最优证据规则"（Best Evidence Rule）。根据这一规则，向法院提供的证据应为书证原件。所谓原件，指原始的和在制作方法上保证具有同一性的同时制作的一份一样的文件。按照这一定义，由计算机传送的单证可从打印机中打出，因此可视同为书证原件。然而以计算机阅读形式存储的信息数据，由于易被修正而不留痕迹，致使法庭难以将之作为证据接受。此外，如单证的转让问题，以及由计算机网络担保中介服务中出现的网络责任问题、司法管辖权问题、法律适用问题等，都是EDI立法中碰到的棘手问题。

归纳起来，目前解决上述法律问题的途径有三条：

1. 国内立法。这是最直接而有效的方法，随着计算机技术的广泛应用，不少国家颁布了有关EDI的法律，如澳大利亚颁布了《计算机和证据法》、加拿大发布了《加拿大电子数据交换理事会协议》、美国发布了《美国律师协会协议》等。为适应电子商务的发展，我国《合同法》扩大了对"书面"的解释，将以EDI方式订立的合同也归在"书面"形式之中。《合同法》第10条规定：当事人订立合同，有书面形式、口头形式和其他形式。法律、行政法规规定采用书面形式的，应当采用书面形式。当事人约定采用书面形式的，应当采用书面形式。第11条规定，书面形式是指合同书、信件和数据电文（包括电报、电传、传真、电子数据交换和电子邮件）等可以有形地表现所载内容的形式。此外，我国还颁布了《中华人民共和国电子签名法》（以下简称《电子签名法》）。

2. 通讯协议。由于EDI所面临的法律问题毕竟是一个复杂且涉及多方面因素的问题，许多国家尚无此方面立法或面临对不适应EDI交易的现行立法进行修改和补充的问题。即使颁布了立法，也难以完整系统地解决适用于EDI交易中面临的诸多复杂情况。因此，由EDI用户之间通过订立通讯协议来弥补立法的空白，确定EDI用户应遵守的行动守则和通讯标准，确定有管辖权的法院或提交仲裁、适用的法律等，成了进行EDI不可缺少的条件。

3. 国际立法。与一般的国内贸易不同，国际贸易中EDI的应用是信息在国际间的传送。由此产生的法律障碍最终只能靠国际统一立法，如国家间签订国际公约或通过国际商业惯例来解决，目前已经生效的有：

（1）1987 年 9 月 22 日国际商会执行理事会第 51 届会议通过的《数据电传交换的统一行为守则》（Uniform Rules of Conduct for the Interchange of Data Teletransmission），主要是确立一个通讯协议的标准化格式。但由于不同用户之间的要求不同，因此，通讯协议中许多细节和形式问题要形成统一标准格式的构想难以实现。

（2）1989 年 11 月国际商会国际商业惯例委员会通过的《国际贸易术语解释通则》修订本。该通则于 1990 年 7 月 1 日生效。在此通则中明确规定，将 EDI 方式订立的合同视同具有书面形式的合同而为交易双方所接受。分别于 2000 年 1 月 1 日和 2011 年 1 月 1 日生效的《2000 年国际贸易术语解释通则》及《国际贸易术语解释通则® 2010》继承了这一条规定，可以用相等的电子单证代替纸单证。

（3）1993 年国际商会修订的 1994 年 1 月 1 日生效的《跟单信用证统一惯例》（UCP 500）。为了适应电脑制单的要求，UCP 500 第一次明确规定商业发票无需签署[1]。

此外，对于提供原件的要求，第 20 条 b 款规定，除信用证另有规定外，银行将对用电脑方式处理或表面上看是以此种方式处理的单据，作为正本（origin，即原件）来接受。对于需要签字（sign）的原件，该条规定，此种单据可以用手签（handwriting）、复制签字（Facsimile signature）、针孔穿签（perforated signature）、印章（stamp）、符号（symbol）或其他机械的、电子的方法来签发证实。除非信用证另有规定，信用证要求单据经证实、生效、合法化、签证、证明或类似要求时，单据上任何签字、符号、印章或标签只要在表面上看已满足这些要求，均可被接受[2]。

以上这些规定对消除 EDI 的法律障碍起到了积极作用。UCP 600 保留了上述规定。

（4）1990 年 6 月 29 日国际海事委员会第 34 届大会上通过了《国际海事委员会电子提单规则》，该规则共 11 条，比较全面地就电子提单所涉及的法律问题作出了明确的规定。

（5）1996 年联合国国际贸易法委员会第 29 届会议通过的《贸易法委员会电子商务示范法》，是一部真正全面适用于在商业活动方面使用的一项以数据电文为形式的任何种类的信息传送的 EDI 的统一法。该法共 17 条，就数据电文的法律承认，书面，签字，原件，数据电文的证据力，留存，合同的订立和有效性，当事各方对数据电文的承认，数据电文的归属，收讫的确认，收、发数据电文的时间和地点以及货物运输和运输单据等方面所涉及的问题都作了明确的规定。该示范法成为 EDI 国际统一立法的奠基石。

（6）联合国《电子签名示范法》。在《电子商务示范法》出台后，联合国贸法

---

〔1〕参见第 37 条 a 款（iii）项。

〔2〕参见第 20 条 d 款。

会开始制定电子签名领域的法律规范。在贸法会电子商务工作组第37次会议上，提出了“电子签名示范法”的草案，并在第38次会议上进一步完善。2001年，贸法会审议通过了《电子签名示范法》，该示范法对电子签名领域的基本问题都作出了规定，为各国制定电子签名法律提供了示范。

(7) 联合国《国际合同使用电子通讯公约》。该公约由联合国国际贸易法委员会在《电子商务示范法》和《电子签名示范法》的基础上主持制定，2005年11月23日通过，截至2009年8月底仍未生效。公约的宗旨是在对国际合同使用电子通信的情形中增强法律确定性和商业可预见性。公约处理的问题包括如何确定一方当事人在电子环境中的所在地；电子通信的收发时间和地点；使用自动信息系统订立合同以及确立电子通信和纸面文件（包括“原始”纸面文件）以及电子认证方法和手写签名功能上等同所使用的标准。

四、合同的形式与内容

（一）合同的形式

公约规定，买卖合同（包括其更改、终止，要约或承诺，或者其他条件的限制）可以用包括证人在内的任何方法证明。

考虑到某些发展中国家和社会主义国家合同法的不同规定，公约允许成员国在核准或加入时对第11条及其有关规定作出保留。我国原《涉外经济合同法》要求涉外经济合同的所有条款都必须是书面的。书面包括电报和电传。尽管这些条款不必载于同一份合同文件中。合同的附件是合同的组成部分，因此也必须具有书面形式。1999年3月15日颁布的合同法不再要求合同订立必须是书面形式，可以是口头形式或其他形式，同时扩大了对“书面”的解释，将以电子方式订立的合同也归在“书面”形式之中。我国《合同法》第10、11条。

在现代各国合同法制度中，合同的书面形式具有以下作用：①使合同具有确定性、公开性和告诫性；②是确定合同效力的实质条件；③证据的作用。

（二）合同的内容

买卖合同的内容一般由约首、正文与约尾三部分组成。约首包括合同的名称、编号、缔约日期、缔约地点、缔约双方的名称、地址及合同序言等。正文是合同的主体部分，包括各项交易条件及有关条款。约尾是合同的结束部分，包括合同的份数、附件、使用文字及其效力，合同生效日期与双方的签字等。

1. 货物的品质规格条款。在国际货物买卖合同中，货物的品质规格是合同的重要条件。如果卖方交付的货物品质与合同不符，买方有权拒收货物，可以解除合同并要求损害赔偿。

货物的品质规格是指商品所具有的内在质量与外观形态。在国际贸易中，商品的品质首先应符合合同的要求，对于某些由国家制定了品质标准的商品，如某些食品、药物的进出口，其品质还必须符合有关国家的规定。

品质规格条款的主要内容是：品名、规格和牌号。合同中规定品质规格条款的方法有两种：凭样品及凭文字与图样的方法。

2. 数量条款。国际货物买卖合同中的数量是指用一定的程度量衡表示出商品的重量、个数、长度、面积、容积等的量。某些国家的法律规定数量是合同的要件，交货数量与合同不符，买方可拒收货物。

数量条款的基本内容是：交货数量、计量单位与计量方法。制定数量条款时应注意明确计量单位和度量衡制度；注意订明数量的机动幅度（又称“溢短装条款”）并规定溢短装的计价方法。

3. 包装条款。包装是指为了有效地保护商品的数量完整与品质完好，把货物装进适当的容器。包装条款的主要内容是：包装方式、规格、包装材料、费用和运输标志。

货物包装是确定其与合同是否相符的内容之一。《联合国国际货物销售合同公约》第35条规定，卖方交付的货物必须与合同所规定的数量、质量和规格相符，并须按照合同所规定的方式装箱或包装。除双方当事人业已另有协议外，除非货物按照同类货物通用的方式装箱或包装，如果没有此种通用方式，则按照足以保全和保护货物的方式装箱或包装，否则即为与合同不符。因此，在合同中制定包装条款应十分慎重，主要应注意明确规定：包装的材料、造型和规格，包装与禁忌，以及国际上对运输标志的惯常做法与要求及其变化。

4. 价格条款。价格是指每一计量单位的货值。价格条款的主要内容有：每一计量单位的价格金额、计价货币、指定交货地点、贸易术语与商品的作价方法等。

在国际货物买卖中，合同作价通常采用以下方法：①短期交货合同，可采用固定价格，即由买卖双方商定的在合同有效期内不得变更的价格。②对长期交货合同，如大型成套设备、机器的买卖合同，为避免受商品国际市场价格变动的影响，可采用滑动价格，即买卖双方同意在合同中暂定价格，在交货时再根据行情及生产成本增减情况作相应的调整。③后定价格，即在合同中不规定商品的合同价格，只规定确定价格的时间和方法，例如，规定“以某年某月某日伦敦商品交易所价格计价”。④对分批交货合同，可采用部分固定价格、部分滑动价格的方法。对近期交货部分采用固定价格，对远期交货部分按交货时的行情或另行协议作价。为了防止商品价格受汇率波动的影响，在合同中可以增订外汇保值条款，明确规定在计价货币币值发生变动时，价格应作相应调整。

5. 装运条款。装运是指将货物装上运输工具。在一般情况下，装运与交货是两个概念。在FOB、CIF和CFR合同中，卖方只要按合同规定把货物装上船、取得提单就算履行了交货义务，提单签发日期即为交货日期，装货地点即为交货地点，所以，“装运”一词常被“交货”概念代替。装运条件也被称作交货条件，但在目的地交货时，装运则不等于交货。

装运条款的主要内容是：装运时间、运输方式、装运港与目的港、装运方式（分批、转船）及装运通知等。

6. 保险条款。国际货物买卖中的保险是指进、出口商按一定险别向保险公司投保并交纳保险费，以便当货物在运输过程中受到损失时，从保险人处得到经济补偿。

保险条款的主要内容包括：确定投保人及支付保险费，投保险别和保险金额。在国际货物买卖中，大部分是FOB、CIF和CFR合同，故保险责任、投保险别与费用的分担由当事人选用的贸易术语即可决定。在FOB和CFR合同中，为防止货物从仓库至装船前的损失得不到补偿，卖方应对货物装船前的损失进行投保。某些保险公司对某些商品、某些国别和地区有特殊规定，或者对投保人选择的险别有特殊要求，则要事先征得保险公司同意才能投保。

7. 支付条款。国际货物买卖中的支付是指用什么手段、在什么时间、地点、用什么方式支付货款及其从属费用。

支付条款的主要内容包括支付手段、支付方式、支付时间和地点。支付手段包括货币和汇票，主要是汇票。付款方式可分为两种：①双方不由银行提供信用，但通过银行代为办理的方式，如直接付款和托收；②银行提供信用，从银行得到信用保证和资金周转的便利，如信用证。无论采用哪种方式，都应考虑交易地区的贸易法令和习惯。支付时间不但涉及利息问题，而且对买卖双方尽快实现各自利益有重大关系。通常按交货（交单）与付款先后，可分为预付款、即期付款与延期付款。

8. 检验条款。商品检验指由商品检验机关对进出口商品的品质、数量、重量、包装、标记、产地、残损等进行查验分析与公证鉴定，并出具检验证明。商品检验的目的在于给买卖双方交接货物、支付货款及进行索赔提供依据，所以检验条款也被称为索赔条款。其主要内容包括：检验机构、检验权与复验权、检验与复验的时间与地点、检验标准与方法及检验证书。

（1）检验机构。在国际贸易中，进行商品检验的机构主要有：由国家设立的官方检验机构；由产品的生产或使用部门设立的检验机构；由私人或同业公会、协会开设的公证、鉴定行等。

（2）检验权与复验权。在国际货物买卖中，指谁有权决定货物的品质、数量是否符合合同的规定，作为卖方提交货物以及买方接受或拒收货物的法律依据。国际上通行的做法有三种：①以货物离岸时的品质，重量为准。这种做法显然对卖方有利。②以货物到岸时的品质、重量为准。这种做法显然对买方有利。③以装运港的商检证书作为议付货款的依据，货到目的港后，买方保留对货物再行检验的权利（即复验权），其检验结果作为买方是否接受货物并进行索赔的依据。这种做法符合买卖双方平等互利的原则，也是国际货物买卖中通行的做法。

（3）检验与复验的时间、地点及索赔。按照国际上通行的做法，检验的时间由买卖双方在合同中约定。这个期限也就是买方的索赔期限。按照国际惯例，FOB、CIF、CRF合同的复验地点在目的港；如目的地不是港口而是内地，或不适宜检验，则合同中应规定复验地点可延伸至内地；当货物有用一般检验方法不能查出的瑕疵时，复验地点应延伸至可以有效进行检验的地方。

（4）检验标准与方法。对同一种商品用不同的标准和方法检验，结果会大相径庭，所以，应在合同中明确规定该项产品所适用的检验标准和方法。在国际贸易实践中，通常采用以下方法：①按买卖双方商定的标准和方法；②按生产国标准及方法；③按进口国标准及方法；④按国际标准或国际习惯的标准和方法。随着经济全球化的深入发展和我国加入世界贸易组织，我国企业和行业组织应当积极参与制定我国的国家标准和尽量采用国际标准。

（5）商检证书。商检证书是商检机构出具的证明商品品质、数量等是否符合合同要求的书面文件。按照商品的性质及检验要求，商检证书主要有：品质检验证，重量检验证，卫生（健康）检疫、检验证，消费检验证，产地证，验残检验证以及根据某些国家的特殊法律或规定出具的特殊证书等。检验证书的法律效力如下：①它是货物进、出海关的凭证；②它是征收或减、免关税的必备证件；③它是买卖双方履行合同义务、交接、结算的有效凭证；④它是计算运费的凭证；⑤它是进行索赔、证明情况、明确责任的法律依据。

9. 不可抗力条款。不可抗力（force majeure, Act of God）是指合同订立以后发生的当事人订立合同时不能预见、不能避免、人力不可控制的意外事故，导致不能履约或不能如期履约。遭受不可抗力一方可由此免除责任，而对方无权要求赔偿。不可抗力条款的主要内容包括：不可抗力的含义、范围、引起的法律后果，以及双方的权利义务等。

就一般情况而言，不可抗力来自两个方面：自然条件和社会条件。前者包括水灾、旱灾、海啸、地震、飓风等；后者包括战争、暴动、罢工、政府禁令等。

具体来说，不可抗力事故应具备以下条件：①该事故是在合同订立以后发生的；②事故是双方不能预见的，但货币贬值、价格涨落是普通的商业风险，作为商人是可以预见的职业常识，因此不能算作不可抗力；③事故不是由任何一方的疏忽或过失引起的；④事故之发生是不可避免的且人力不能控制、不可抗拒的。

按照公约的规定，遭受不可抗力的一方可以解除合同或延迟履行合同，而不承担责任，只有当既有不可抗力因素，又存在当事人过失的情况下，当事人才承担相应的赔偿责任。解除合同还是延期履行合同取决于：①意外事故对履约的影响程度；②合同标的的性质；③意外事故与当事人未履行或未认真履行合同之间是否存在因果关系。

遭受不可抗力一方在事故发生后，要将事故的发生和自己的决定及时通知对方或在得到对方通知后，无论同意其意见与否，都应及时作出答复。我国《合同法》第118条规定，当事人一方因不可抗力不能履行合同的，应当及时通知对方，以减轻可能给对方造成的损失，并应当在合理期限内提供证明。

10. 仲裁条款，又称仲裁协议，是双方当事人愿意将其争议提交第三者进行裁决的意思表示。仲裁是国际贸易中解决争议时最常用的方法，并以双方订有仲裁协议为前提。仲裁条款的主要内容包括：仲裁机构、适用的仲裁程序规则、仲裁地点及裁决效力等。

11. 法律适用条款。国际货物买卖合同是在营业地分处不同国家的当事人之间订立的，由于各国政治、经济、法律制度不同，这样就产生了法律冲突与法律适用问题。当事人在合同中明确宣布合同适用何国法律的条款叫做法律适用条款或法律选择条款。根据当事人意思自治原则，各国都允许当事人通过合同自由选择合同适用的法律。这些法律可以是当事人的国内法（买方国家的法律或卖方国家的法律），也可以是第三国法律；可以是与合同有联系的，也可以是与合同并无联系的法律（有些国家不允许当事人选择与合同无联系的法律）；可以是国际公约，也可以是国际商业惯例。无论如何，当事人的自由选择必须是善意的、合法的，并不得与公共利益相违背。对于法律有强制规定的事项，适用法律的强制性规定。

在选择方法上可以有以下几种：①单一选择，即按照意思自治的原则，由当事人自由选择。在合同中明确指明合同适用某一国家的法律（本国的或外国的）作为合同的准据法。②多边选择，即规定整个合同受一种（国）法律管辖，特定条款受另一种（国）法律管辖。③无准据法，即当事人法。合同中规定，合同除受其本身条款约束外，不受任何国家的法律管辖，或由于某种原因，当事人在合同中未规定合同适用的法律。在这种情况下，法院通常为当事人寻求解决合同争议的准据法，特别是当某一特定法律很明显与该合同有“最密切联系”的时候。所谓最密切联系，通常是指给合同以实质性履行的一方国家的法律。在国际货物买卖中，通常卖方是给合同以实质履行的一方，因此，在双方未规定合同适用的法律时，按照与合同有“最密切联系”的原则，多适用卖方国家的法律。

第三节　卖方和买方的义务

一、卖方的义务

根据公约的规定，卖方应承担以下义务：按照合同和公约的规定提交货物及单据以转移货物所有权的义务；对货物承担担保义务。

（一）商品的转移与书证的交付

提交货物和单据是国际货物买卖中卖方的一项主要义务，包括卖方应在合同指定的时间和地点移交货物和单据。如果合同中对交货时间、地点未作规定，则应按照公约的规定办理。

1. 交货地点。

（1）卖方营业地。按照公约的规定，卖方没有义务在任何其他特定地点交付货款。一般情况下，卖方在自己的营业所在地向买方提交货物，买方自备运输工具将货物运走。公约规定，如果卖方有一个以上营业地，则以与合同及合同的履行关系最密切的营业地为其营业所在地；如果卖方没有营业地，则以其惯常居所为准。

（2）特定地点。如果合同指的是特定货物或是从特定存货中提取的，或将在某特定地点进行生产制造，则交货地点是该货物存放或生产的特定地点。

（3）货交第一承运人。当卖方的交货义务涉及运输时，卖方只要把货物交给第一承运人就算履行了交货义务。在国际贸易中，“涉及运输”是一个特有概念，特指那些以本人或其名义与托运人订立运输合同承担运输责任的承运人。当卖方有义务安排运输时，卖方和承运人签订必要的运输合同，并按照通常的运输条件，用适合具体情况的运输工具把货物运到指定的地点（即第一承运人所在地），在有约定的情况下，承担必要的保险义务。

目前，国际货物买卖已基本上实现了统一化、标准化、规范化。因此，各国进出口商利用贸易术语即可确定交货地点。

2. 交货时间。在一般情况下，卖方应按合同中双方约定的时间（确定的日期或期间）提交货物。如果合同中没有约定，则根据公约的规定，卖方应在订立合同后一段合理的时间内交货。所谓合理时间，按照一般的国际实践，是作为事实由法院根据货物的性质及合同的其他规定决定的。

3. 单据的交付。在国际货物买卖中，存在着两种交货方式：①实际交货，即卖方亲自把货物连同代表货物所有权的单据一起交到买方手中，完成货物所有权与占有权的同时转移；②象征性交货，即卖方只把代表货物所有权的证书（提单）交到买方手中，完成货物所有权的转移即为完成交货义务。因此，在国际货物买卖合同中，交付单据是卖方的一项十分重要的义务。根据公约的规定，卖方交付单据的义务具体包括：①卖方应保证单据的完整并符合合同及公约的规定；②应在合同约定的时间、地点交付单据。

（二）卖方的担保义务

根据公约的规定，卖方除了承担交货义务外，还应承担的第二个义务是保证提交的货物在各方面符合合同的规定，包括卖方对所交货物质量的保证与所有权的保证。

1. 瑕疵担保。瑕疵担保是指卖方对其所售货物的质量、特性或适用性承担的责任。公约规定，卖方提交的货物除了应符合合同的规定外，还应符合公约的如下要求：①货物适用于同一规格货物通常使用的目的；②货物适用在订立合同时买方明示或默示通知卖方的特定目的；③在凭样品或说明书的买卖中，货物要与样品和说明书相符；④卖方应按照同类货物通用的方式装箱或包装，如果没有通用的方式，则用足以保全和保护货物的方式装箱和包装，否则，根据各国法律与实践，卖方违反瑕疵担保不但要承担交货不符、违反合同的责任，如果因货物瑕疵导致人身伤亡和财产损失，当事人还要依法承担产品责任。

产品责任问题不在公约的调整范围之内。公约第5条规定，本公约不适用于卖方对于货物对任何人所造成的死亡或伤害的责任。目前国际上尚不存在统一的关于产品责任的国际公约，按照欧洲共同市场1985年7月通过的《产品责任法》的规定，自1988年7月20日起，该法将在欧洲共同市场所有成员国全面实施。

这种由货物瑕疵导致的产品责任问题只能依据各国国内法的相应规定解决。值得注意的是，在国际货物买卖中，各国法律都允许买卖双方在标准合同中通过订立合理的免责或限制责任条款以减轻或解除卖方依法承担的瑕疵担保义务。[1]

2. 追夺担保与权源保护。追夺担保也称所有权担保，是指卖方所提交的货物必须是第三者不能提出任何权利要求的货物。卖方应保证其所售货物的所有权不因存在买方所不知的瑕疵而被追夺。

根据公约的规定，其具体含义有三：①卖方应向买方担保他确实有权出售该货物。假如卖方将偷窃的东西卖给买方，则违反他对货物所有权担保的义务。②卖方应担保货物上不存在任何不为买方所知的留置权、抵押权等他人的权利要求。③卖方应向买方担保第三者对所提交的货物不得以侵权或其他类似理由提出合法要求。例如，卖方出售的货物及其使用不得侵犯第三者的专利权、商标权等。

当第三者根据工业或知识产权提出要求时，根据公约规定，需具备两个条件：①第三者的权利是依据买卖合同预期货物将要销往或使用的国家或地区的法律取得的。在这种情况下，如果卖方在订立合同时知道或不可能不知道第三者的权利存在，则要承担责任。[2] 假如卖方订约时，第三者的专利权尚未取得或未经公告；或者买方把货物运往合同预期销往或使用国以外的国家或地区，而卖方不知道依据该国或该地区法律，货物的销售或使用会侵犯他人权利，则不承担责任。②第三者的权利是根据买方营业所在地国家的法律取得的[3]。在这种情况下，不管货物销往哪个国家，也不管卖方是否知晓，卖方均要为侵犯第三者依据买方营业所在地国法律取得的专利权承担责任。

根据公约的规定，卖方的所有权担保责任在下列情况下得予免除，其损害由买方来承担：①买方同意在有第三方的权利或要求的条件下接受货物；②买方在订立合同时知道或不可能不知道第三者的知识产权主张和要求；③上述权利或要求的发生是由于卖方要遵照买方提供的技术图样、图案、程序或其他规格提供货物；④当买方收到第三者的权利要求时，要及时通知卖方，如怠于通知则免除卖方的所有权担保义务。

值得注意的是，公约并未指明何谓侵犯工业产权或知识产权的行为。这样在一国被视为侵犯工业产权的违法行为，在另一国可能被认为是合法的，非侵权行为。[4]

当双方发生争议时，只能由解决争议的法院依照国际私法规则指引或合同适用

---

〔1〕 关于标准合同和免责条款的法律效力，参见王传丽：《涉外经济合同的法律效力》，中国政法大学出版社1989年版，第213～227页。

〔2〕 参见公约第42条第1款a、b项。

〔3〕 参见公约第42条第1款a、b项。

〔4〕 王传丽："与贸易有关的知识产权问题——浅析商标权与灰色市场进口"，载《政法论坛》1995年第1期。

的国内法来处理。

二、买方的义务

根据公约的规定，买方有支付价金与接受商品的义务，若买方不履行义务则卖方可依法得到救济。

（一）支付价金的义务

公约第53条规定，若买方应根据合同和公约的规定履行支付价金的义务。支付价金的义务包括根据合同或任何法律和规章规定的步骤和手续，在约定的时间和地点支付货款。

1. 付款应履行的步骤和手续。按照一般的国际贸易实践，包括买方向银行申请信用证或银行付款保险、向政府主管部门申请进口许可证及所需外汇等。这些手续是买方付款的前提和保证，根据公约，完成这些步骤和手续都是买方的义务。

2. 付款地点。依照公约的规定，买方应在约定的付款地点付款。当合同中对付款地点未作规定时，买方应在下列地点付款：①卖方营业地；②在凭移交货物或凭单据付款时，则为提交货物或单据的地点。

3. 付款时间。买方应在合同约定的时间支付货款，如果合同中对付款时间未作规定，买方则应按公约的规定，在卖方提交货物单据的时间付款，无需卖方催告或办理任何手续。与普通法系国家的规定相一致，公约也把买方的付款义务与检验货物的权利联系在一起，规定买方在未有机会检验货物前，可以拒绝付款，但这一程序不得与双方议定的交货或支付程序相抵触。

（二）收取货物

按照公约的规定，买方收取货物的义务包括两项：①采取一切理应采取的行动以期卖方能提交货物；②接收货物。

第四节　违反合同的补救方法

一、卖方违约的补救方法

卖方违约是指卖方不交付货物或单据或交付延迟；交货不符合合同规定以及第三者对交付货物存在权利或权利主张。当发生以上违约行为时，公约给买方提供了以下救济方法：

（一）卖方实际履行

当卖方不履行合同义务时，买方可要求其实际履行合同义务，包括要求卖方提交符合合同规定的货物或对不符合规定的货物进行修理、更换或提交替代物等。买方并可通过法院强制手段强迫卖方履行以上义务。

根据公约的规定，实际履行应满足以下条件：①买方不得采取与这一要求相抵触的救济方法；②买方应给予卖方履行合同的宽限期；③当卖方交货不符时，只有这种不符构成根本违反合同（fundamental breach）时，买方才能要求提交替代物，而且应在发现交货不符时，将这一要求及时通知对方；④法院是否作出实际履行的判决依赖于该国国内法的规定。

（二）减少价金

当卖方交货不符合合同规定时，买方可要求减少价金。公约规定，不论价款是否已付，买方都可减低价格。减低价格应按实际交付的货物在交货时的价值与符合合同规定的货物在当时的价值两者之间的比例计算。

在下列情况下，买方丧失要求减少价金的权利：①如果卖方已对交货不符采取了补救办法；②买方拒绝了卖方对违约采取的补救办法或对卖方提出的补救办法未在合理时间内作出答复。

（三）宣告合同无效

根据公约规定，当卖方不履行合同或公约义务构成根本违反合同时，买方可以宣告合同无效。所谓根本违反合同，是指一方当事人违反合同的结果，使另一方蒙受损害，实际上剥夺了他根据合同规定有权期待得到的东西。具体包括以下三项内容：①卖方不交付货物、延迟交货或交货不符或所有权有瑕疵构成根本违反合同；②卖方声明他不在规定的时间内履行交货义务；③在买方给予的宽限期届满后仍不履行合同。

如果卖方已交货，买方则丧失宣告合同无效的权利，除非：①在延迟交货的情况下，买方在得知交货后的合理时间内宣布合同无效；②在交货不符的情况下，买方在检验货物后的合理时间内提出宣告合同无效；③在给予卖方作出履行合同或作出补救的宽限期届满或在拒绝接受卖方履行义务之后的合理时间内宣告合同无效。

根据公约规定，买方宣布合同无效的声明，只有在向卖方发出通知时才产生效力。

值得注意的是，当卖方交付的货物中有部分符合合同时，买方应接受符合规定的部分；只有当卖方完全不交货或不按合同规定交货构成根本违反合同时，才能宣布整个合同无效。当卖方交货数量大于合同规定数量时，买方有选择权，全部接受或拒绝多交部分。

（四）损害赔偿

根据公约的规定，买方享有要求损害赔偿的权利不因其行使采取其他救济办法的权利而丧失。也就是说，无论买方采用了实际履行并给予宽限期还是减少价金或宣告合同无效等救济方法，如果不足以弥补由于卖方违约造成的损失，买方仍可以继续要求损害赔偿。

二、买方违约的补救方法

买方违约包括买方不按合同规定支付货款和不按合同规定收取货物。在这种情况发生时，根据公约规定，卖方可选择以下救济方法：

（一）实际履行

公约第62条规定，卖方可要求买方支付价款、收取货物或履行其他义务。除非卖方已采取了与此项要求相抵触的救济方法。

在要求实际履行的过程中，如货物仍在卖方手中，则卖方有保全货物的义务；如果货物是易腐烂的或保全货物要支付不合理费用时，卖方可在通知买方后转售货物。在这种情况下，卖方只能要求损害赔偿，而不能再要求实际履行。根据公约的规定，实际履行的救济不影响卖方对由于买方延迟付款或接收货物蒙受的损失提出要求损害赔偿的权利。

（二）损害赔偿

实际履行可以达到买卖双方当初订立合同时预期的目的，但在买方违约并拒绝履行合同时，尽管卖方依公约可以要求实际履行，但法院能否作出实际履行的判决以及判决的执行等都是费时、费力的事情。在瞬息万变的国际市场上，卖方往往不愿冒着将货物长期留在自己手中的风险，特别是当货物易于腐烂或保存货物要支出较高费用的时候，卖方宁愿选择较为简便、快捷的办法处理货物，同时向买方要求损害赔偿。根据公约的规定，损失赔偿额应与买方违约给卖方造成的实际损失与可得利润相等，即赔偿额为合同价与转售额之间的差价。此外，卖方为保全货物支出的合理费用都可从转售额中予以扣除。

（三）宣告合同无效

根据公约的规定，在下列情况发生时，卖方可以宣布合同无效：①买方不履行其在合同或公约中的义务构成根本违反合同；②买方不在卖方给予的宽限期内履行合同；③买方声明不履行合同。

根据公约规定，如果买方已支付了价金，卖方则不能宣告合同无效，除非在得知买方履行义务前，宣布合同无效；或对于其他违反合同的事件，卖方在得知这种情况后的合理时间内宣布合同无效；或在给予买方的宽限期届满或在得知买方声明不履行合同的一段合理时间内宣布合同无效。

对于未收货款的卖方，在不同情况下可行使以下四种权利：①停止交货权；②留置权；③停运权；④再出售权。由此可见，在买方违约时，卖方的救济方法可分为两大类：一类是债权方面的救济方法，如实际履行、损害赔偿、宣告合同无效；另一类是物权方面的救济方法，这是英美法系中特有的。前者是针对当事人行使的；后者是卖方直接针对货物行使的。

三、先期违约的补救方法

先期违约是指在合同订立以后、履行期到来之前，一方表示拒绝履行合同的意图。先期违约可由违约方明确表示，或由对方从其行动中判断出来。例如，违约方在履行期到来之前即宣布拒绝履行合同，或被宣告破产，或丧失清偿债务的能力。

根据公约的规定，如果订立合同后，另一方当事人由于下列原因显然将不履行其大部分重要义务，一方当事人可以中止履行义务：①他履行义务的能力或他的信用有严重缺陷；②他在准备履行合同或履行合同中的行为。如果在履行合同日期前，明显看出一方当事人将根本违反合同，另一方当事人可以宣告合同无效。当另一方显然将不履行其大部分重要义务时，一方可以暂时中止合同的履行，即在买方有先期违约的情况下，卖方可以停止发货或对在途货物行使停运权；在卖方先期违约的情况下，买方停止付款。此外，当事人还应承担以下义务：①必须将自己中止或解除合同的决定立即通知对方；②当对方提供了履行合同的充分保证时，则应继续履行合同；③假如当事人一方没有另一方不能履行合同的确切证据而中止合同的履行，则应负违反合同的责任。

第五节　货物所有权与风险的转移

一、货物所有权的转移

在国际货物买卖中，货物所有权从何时起从卖方转移到买方是一个十分重要的问题。所谓货物买卖契约，就是指卖方将货物的所有权转移或同意转移给买方以换取价金的行为。在许多贸易争议中，通常只有先确定了货物的财产权归属问题，才能进而解决双方的具体权利义务问题。由于各国法律对所有权转移适用不同的原则和规定，因此，公约除了在卖方义务中规定了卖方的所有权担保义务之外，对货物所有权何时转移以及合同对所有权可能产生的影响等问题均未涉及。而由解决争议的法院或仲裁庭依照公约的一般原则（即国际商业惯例）或依照国际私法规定适用的国内法律来解决。

（一）国际贸易惯例的规定

在国际贸易惯例中，只有《1932 年华沙—牛津规则》明确规定了货物所有权转移的时间。按照该规则第 6 条的规定，在 CIF 合同中，除卖方依据法律对订售货物享有留置权、保留权或中止交货权外，货物所有权的转移时间是卖方将有关单据交买方掌握的时间，即卖方向买方交单的时间是货物所有权转移的时间，例如，工厂交货或目的地交货合同中，可以推定所有权是在货物交给买方或置于其控制之下的时间转移。此外，国际商会《国际销售示范合同》B 部 A7 款规定，如果双方当事人已经有效地同意保留所有权，则直至完全付清价款之前，或依照另外的约定，货物的所有权不发生转移。

（二）各国国内法的有关规定

1. 英国货物买卖法。英国《1893 年货物买卖法》（现为《1979 年货物买卖法》的 1995 年修订本），关于货物所有权转移时间的确定，取决于该买卖合同是特定物（specific goods）的买卖还是非特定物（uncertained goods）的买卖。

（1）非特定物买卖。通常是指仅凭说明书的买卖或期货买卖。按照该法第 16 条的规定，在货物未经特定化之前，所有权不发生转移。所谓特定化，是指将符合说明书的并处于可交付状态的货物无条件地划拨到合同项下的行为。所谓处于可交付状态，是指货物已经备妥，买方应根据合同提取。这种划拨可由卖方提出取得买方同意，也可由买方提出而取得卖方同意。这种同意可以是明示的，也可以是默示的；可以在货物划拨之前作出，也可以在货物划拨之后作出。当合同中规定，卖方需将货物交付给买方或承运人或其他受托人或保管人以便交付买方，而又未保留对货物的处置权时，则不论其是否为买方所指定，应被视为已无条件地将货物划拨到合同项下。[1]

（2）特定物买卖。在特定物的买卖中，所有权何时转移取决于缔约双方的意图。为了确定双方意图，除考虑合同条款、缔约双方行为以及合同的具体情况外，还要遵循以下原则[2]：①无保留条件地买卖处于可交付状态的特定物时，货物所有权在缔约时转移给买方。②当买方必须对货物有所作为才能使货物处于可交付状态时，如对货物进行修理更换，则财产权是在完成了这些工作并在买方收到有关通知时发生转移。③当货物已处于可交付状态，但卖方还必须对货物进行称重、丈量、检验或其他行为才能确定价金时，财产权应在以上行为都已完成，且买方收到有关通知时转移。④当货物附有“看货和试用后决定”（on approval）或“准许退剩货”（on sale or return）或其他类似条件交付买方时，所有权在下列时间转移：一是买方向卖方表示认可或接受，或采取其他接受该项交易的行为时；二是买方虽未向卖方表示认可或接受，但留下货物且未通知拒收。例如，合同中规定了退货时间，则在时限到期时所有权转移；合同中未规定退货时间，则在合理时间届满时，所有权发生转移。

2.《美国统一商法典》的规定。按照《美国统一商法典》的规定，货物在特定于合同项下之前，所有权不发生转移。除双方另有协议，特定化后的货物所有权在实际交付的时间和地点发生转移（2－401规定）。①当合同规定在目的地交货时，所有权在目的地由卖方提交货物时发生转移。②当合同规定卖方需将货物发送买方而无需送至目的地时，货物所有权在交付发运的时间和地点转移买方。③当不需移动货物即可交付时，如卖方需提交所有权凭证时，所有权在交付所有权凭证的时间和地点发生转移；在货物已特定化且不需提交所有权凭证时，所有权在订立合同时发生转移。无论有无正当理由，当买方以任何形式拒绝接受或保留货物时，或买方正当地撤销对货物的接受时，所有权重新转移给卖方，不构成一次买卖。

与英国货物买卖法的规定不同的是，根据《美国统一商法典》的规定，卖方所有权的保留只起到担保权益的作用。例如，在货物提交买方或发运的情况下，卖方保留提单只起到担保买方将来付款的作用，并不妨碍所有权的转移。

3.《法国民法典》的规定。根据《法国民法典》，货物所有权转移是在合同订立

---

〔1〕参见王传丽：“划拨的概念与法律意义”，载《政法论坛》2000年第2期。

〔2〕《英国货物买卖法》第18条规则1～4。

时发生转移。第1583条规定，当事人就标的及其价金相互同意时，即使标的尚未交付、价金尚未支付，买卖即告成立，而标的物的所有权亦于此时在法律上由卖方转移于买方。

在司法实践中，所有权的转移还可适用以下原则：①对于种类物的买卖，所有权是在对货物进行划拨后发生转移；②对于附条件的买卖，则在满足条件后所有权发生转移；③买卖双方在合同中自由约定所有权转移的时间。

4. 我国《民法通则》的规定。按照我国《民法通则》第72条第2款的规定："按照合同或者其他合法方式取得财产的，财产所有权从财产交付时起转移，法律另有规定或者当事人另有约定的除外。"我国《合同法》第133条也作了类似规定。

5.《德国民法典》的规定。与以上国家的做法均不相同，德国法认为货物所有权转移属于物权法范围，而买卖合同属于债权法范围，因此买卖合同解决不了物之所有权转移问题。需要买卖双方另就货物所有权转移问题达成合意。根据这一合意，货物所有权是在卖方将货物交付买方时发生转移；在卖方必须交付物权凭证的场合，卖方则通过提交物权凭证完成所有权转移。而不动产买卖的所有权转移则以完成登记的时间为准。

二、风险的转移

在国际货物买卖中，货物风险主要指货物在高温、水浸、火灾、严寒、盗窃或查封等非正常情况下发生的短少、变质或灭失等损失。划分风险的目的就是确定这些损失应当由谁承担。尽管在通常情况下，这些损失可以通过保险在经济上得到补偿，但仍有以下问题需要解决：①谁有资格向保险公司求偿；②在不属保险范围或当事人漏保情况下的风险分担问题；③对受损货物进行保全与救助的责任问题等。因此，在国际货物买卖中，风险分担对买卖双方是一个十分重要的问题。

（一）风险分担的原则

公约对于买卖双方风险的分担采用了以下原则：

1. 以交货时间确定风险的原则。与某些国家以所有权的转移时间作为风险转移时间的做法不同，公约采用了所有权与风险相分离的方法，确定了以交货时间作为风险转移时间的原则。公约第69条规定，从买方接收货物时起，风险转移于买方承担。

2. 过失划分的原则。从交货时间起，风险从卖方转移于买方。这一原则的适用有一个前提，即风险的转移是在卖方无违约行为的情况下。假若卖方发生违约行为，则上述原则不予适用。公约第66条规定，货物在风险转移到买方后遗失或损坏，买方仍需履行付款义务，除非这种遗失或损坏是由卖方的作为或不作为所致。

3. 国际惯例优先原则。在国际货物买卖实践中，对于货物风险的转移，一些惯例有自己明确的规定。公约第9条规定，双方当事人业已同意的任何惯例和他们之间确立的任何习惯做法，对双方当事人均有约束力。例如，根据《2000年国际贸易术语解释通则》，FOB、CIF、CFR合同的风险划分是以装运港船舷为界。卖方承担货物越过船舷前的风险，货物越过船舷后的风险由买方承担。如果当事人在合同中选择了这种贸易术语，那么国际贸易术语规定的风险分担原则优于公约的规定，即风险划分以船舷为界而不是在交付单据（即交货）的时候转移。

4. 划拨是风险发生转移的前提条件。根据公约的规定，货物在划拨合同项下前风险不发生转移。所谓划拨，又称特定化，是指对货物进行计量、包装、加上标记或以装运单据或向买方发通知等方式表明货物已归于合同项下。经过划拨的货物，卖方不得再随意进行提取、调换或挪作他用；当交货涉及运输时，公约第67条规定，风险于货交第一承运人时起转移到买方，但在货物未划拨至合同项下前不发生转移；在交货不涉及运输时，公约第69条规定，风险是在货物交由买方处置时发生转移，但当货物未划拨合同以前，不得视为已交给买方处置。

（二）风险转移的时间

按照以交货时间作为风险转移时间的原则，公约将交货分为以下几类：

1. 涉及运输的交货。前已提及，在国际贸易中，涉及运输是一个专有概念。涉及运输的交货又可分为两种情况：①卖方没有义务在指定地点交货，此时，风险于货交第一承运人时起转移给买方；②卖方必须在某一特定地点交货，此时风险以在该地点货交承运人时起转移给买方。由于公约采用的是所有权与风险转移分离的原则，因此，卖方保留控制货物处置权的单据，不影响风险的转移。

2. 在途货物的交货。对于在运输途中出售的货物，公约规定原则上从订立合同时起，风险转移到买方承担。假如卖方通过向买方转移运输单据作为交货依据，则从货物交付给签发载有运输合同的承运人时起，风险由买方承担。为了保护买方的利益，公约给出售在途货物的卖方施加了一项义务，即如果卖方在订立合同时已知道或理应知道货物已经损坏或遗失，如不将这一事实告知买方，则上述风险转移的原则不予适用。

3. 不涉及运输的交货。不涉及运输的交货也有两种情况：①在卖方营业地交货，此时，风险从买方接收货物时转移给买方；或在货物交买方处置但遭无理拒收时起转移给买方；②在卖方营业地以外地点交货，当交货时间已到，而买方知道货物已在该地点交他处置时，风险才开始转移给买方。所谓货物交买方处置，是指卖方已将货物划拨合同项下，完成交货的准备工作并向买方发出通知等一系列行为。卖方完成上述行为即为将货物已交买方处置。

值得注意的是英国对风险转移的划分。根据英国《1979年货物买卖法》（1995年修订本），货物风险表面上随财产权转移。根据该法第20条的规定，卖方应负责承担货物的风险，直至财产权转移给买方时止。根据这一规定，风险的转移是和所有权转移联系在一起的，所有权不发生转移，风险也不发生转移。假如卖方在货物装船后不把提单交给买方，那么在提单交给买方前的整个运输途中的风险都应由卖方负责。

第六节 国际货物买卖合同与中国法的适用

实践中，以中方为一方当事人订立的国际货物买卖合同适用中国法有以下情形：

1. 按照意思自治原则，双方当事人在合同中选择适用中国法。

2. 双方当事人选择合同适用《国际贸易术语解释通则》和（或）《国际货物买卖合同公约》作为合同的准据法。此时，对于贸易术语和公约的未尽事项，适用中国法；特别在后一种情况下，应注意公约与中国法同时适用时产生的问题。

适用国际货物买卖的中国法，主要包括我国《民法通则》、《合同法》（及其解释）、《电子签名法》以及2012年7月1日生效的《最高人民法院关于审理买卖合同纠纷案件适用法律问题的解释》（以下简称《解释》）[1]。对《公约》的未尽事项，《合同法》、《电子签名法》与《解释》在以下方面做了补充：

一、买卖合同的成立

（一）书面形式

1. 以提交单据确认合同成立。我国《合同法》和《公约》都认可合同成立可以无需书面形式，可以是口头或其他形式，包括以电子数据交换（EDI）方式订立合同。实践中，如果双方之间没有书面合同，一方以送货单、收货单、结算单、发票等主张存在买卖合同关系；或者一方提交的对账确认函、债权确认书等函件、凭证没有记载债权人名称，买卖合同当事人一方以此证明存在买卖合同关系的，应如何处理？《公约》和《合同法》都没有规定。《解释》对此作出了回应，其第1条明确规定，如果当事人之间没有书面合同，人民法院应当结合当事人之间的交易方式、交易习惯以及其他相关证据，对买卖合同是否成立作出认定。对第二种情况，人民法院应予支持，但有相反证据足以推翻的除外。实践中还存在当事人以实际提交货物（实际履行）这种方式主张存在买卖合同关系的，也应当比照《解释》的上述规定处理。

2. 电子方式订立合同。

（1）对电子交易合同做广义的解释。《公约》将以电子方式订立的合同视同书面合同，承认其效力，对合同成立的其他条件均不涉及。《合同法》第11条明确规定："书面形式是指合同书、信件和数据电文（包括电报、电传、传真、电子数据交换和

---

[1]《解释》对我国买卖合同法律适用的司法实践做了比较全面、细致的归纳和总结。《电子签名法》于2005年4月1日起实施。本节参考资料：最高人民法院编选组：《买卖合同司法解释适用手册》，人民法院出版社2012年版；最高人民法院编写组：《买卖合同司法解释适用解答》，人民法院出版社2012年版。

电子邮件）等可以有形地表现所载内容的形式[1]。”《电子签名法》第2条第2款规定：“所谓数据电文，是指以电子、光学、磁或者类似手段生成、发送、接收或者储存的信息。”凡是能够有形地表现所载内容，并可以随时调取查用的数据电文，视为符合法律、法规要求的书面形式。[2] 根据《电子签名法》第2条第1款的规定，所谓电子签名，是指数据电文中以电子形式所含、所附用于识别签名人身份并表明签名人认可其中内容的数据。

（2）电子交易合同的成立与效力。《公约》对此未作规定。《解释》和《电子签名法》对《合同法》的规定进行了细化。《解释》明确规定，电子交易合同的成立和生效需同时适用《合同法》与《电子签名法》的规定[3]。《电子签名法》第3条第2款规定，当事人约定使用电子签名、数据电文的文书，不得仅因为其采用电子签名、数据电文的形式而否定其法律效力。[4]

（二）《电子签名法》关于电子交易合同成立的特殊规则

1. 关于要约的发送与接受、时间与地点。除当事人另有约定，《电子签名法》将发件人的发送分为三种：①经发件人授权的发送；②发件人的信息系统自动发送的；③收件人按照发件人认可的方法对数据电文进行验证后结果相符的发送[5]。数据电文进入发件人控制之外的某个信息系统的时间，视为该数据电文的发送时间。收件人指定特定系统接收数据电文的，数据电文进入该特定系统的时间，视为该数据电文的接收时间；未指定特定系统接收数据电文的，数据电文进入收件人的任何系统

[1] 《解释》进一步明确了上述概念的含义。

[2] 《电子签名法》第4条规定：“能够有形地表现所载内容，并可以随时调取查用的数据电文视为符合法律、法规要求的书面形式。”第5条规定：“符合下列条件的数据电文，视为满足法律、法规规定的原件形式要求：①能够有效地表现所载内容并可供随时调取查用；②能够可靠地保证自最终形成时起，内容保持完整、未被更改。但是，在数据电文上增加背书以及数据交换、储存和显示过程中发生的形式变化不影响数据电文的完整性。”第6条规定：“符合下列条件的数据电文，视为满足法律、法规规定的文件保存要求：①能够有效地表现所载内容并可供随时调取查用；②数据电文的格式与其生成、发送或者接收时的格式相同，或者格式不相同但是能够准确表现原来生成、发送或者接收的内容；③能够识别数据电文的发件人、收件人以及发送、接收的时间。”

[3] 《解释》第4条规定：“人民法院在按照合同法的规定认定电子交易合同的成立及效力的同时，还应当适用电子签名法的相关规定。”

[4] 《电子签名法》第14条规定：“可靠的电子签名与手写签名或者盖章具有同等的法律效力。”关于可靠性的条件，《电子签名法》第13条规定：“电子签名同时符合下列条件的，视为可靠的电子签名：①电子签名制作数据用于电子签名时，属于电子签名人专有；②签署时电子签名制作数据仅由电子签名人控制；③签署后对电子签名的任何改动能够被发现；④签署后对数据电文内容和形式的任何改动能够被发现。当事人也可以选择使用符合其约定的可靠条件的电子签名。”此外，第7条规定：“数据电文不得仅因为其是以电子、光学、磁或者类似手段生成、发送、接收或者储存的而被拒绝作为证据使用。”第8条规定：“审查数据电文作为证据的真实性，应当考虑以下因素：①生成、储存或者传递数据电文方法的可靠性；②保持内容完整性方法的可靠性；③用以鉴别发件人方法的可靠性；④其他相关因素。”

[5] 《电子签名法》第9条第1款。

的首次时间，视为该数据电文的接收时间[1]。发件人和收件人的主营业地为数据电文的发送地点和接受地点。没有主营业地的，依其经常居住地点。

2. 承诺的发送与接收。《电子签名法》的上述规定也适用于承诺的发送与接收。

3. 承诺生效。《合同法》第25条规定，承诺生效时合同成立。如果当事人在订立合同之前约定要求签订确认书的，则电子合同不是在承诺到达时生效，而是在签订确认书时生效[2]。《电子签名法》第16条规定，电子签名需要第三方认证的，由依法设立的电子认证服务提供者提供认证服务。

二、买卖合同的效力

《公约》不涉及合同的效力问题。我国《合同法》第44条规定，依法成立的合同，自成立时生效。法律、行政法规规定应当办理批准、登记等手续生效的，依照其规定。根据《合同法》第45、46条的规定，当事人对合同的效力可以约定附条件和附期限。包括附生效条件、附解除条件、附生效期限、附终止期限。依照上述规定。如果当事人没有履行法律法规规定的手续或条件不成就时，合同无效。生效期限未到，合同不生效；终止期限届满，合同失效。此外，根据《合同法》第52、54、56、58、59条的规定，对于一方以欺诈、胁迫的手段订立的合同，损害国家利益；恶意串通，损害国家、集体或者第三人利益；以合法形式掩盖非法目的；损害社会公共利益；违反法律、行政法规强制性规定的合同无效。因重大误解订立的合同；在订立合同时显失公平的合同，经一方当事人请求，可以变更或撤销。无效或被撤销的合同自始没有法律约束力。合同部分无效，不影响其他部分效力的，其他部分仍然有效。合同被确认为无效或被撤销后，因该合同取得的财产，应当予以返还；不能返还或没有必要返还的，应当折价补偿。有过错的一方应当赔偿对方因此所受到的损失，双方都有过错的，应当各自承担相应的责任。当事人恶意串通，损害国家、集体或者第三人利益的，因此取得的财产收归国家所有或者返还集体、第三人。此外，根据《合同法》第48、51条的规定，对于行为人没有代理权、超越代理权或代理权终止后以被代理人名义订立的合同；无处分权的人处分他人财产的，经被代理人或经权利人追认后，该合同有效。

此外，《合同法》的司法解释与《解释》都认可多重买卖合同与出卖他人之物合同为有效合同。[3]

三、卖方的所有权担保义务

《公约》和《合同法》虽然都规定了卖方的所有权担保义务，但不涉及合同对所

---

〔1〕《电子签名法》第11条第1、2款。

〔2〕《合同法》第33条。《电子签名法》第16条。

〔3〕《最高人民法院关于适用〈中华人民共和国合同法〉若干问题的解释（二）》第15条规定："出卖人就同一标的物订立多重买卖合同，合同均不具有合同法第52条规定的无效情形，买受人因不能按照合同约定取得标的物所有权，请求追究出卖人违约责任的，人民法院应予支持。"《解释》第9条："出卖人就同一普通动产订立多重买卖合同，在买卖合同均有效的情况下……"

售货物所有权可能产生的影响。[1] 在国际货物买卖合同中，各种与货物买卖合同有关的单据可能对货物所有权产生不同效力的影响。例如，需要跨境海上运输的货物，其运输单据（如提单）往往代表货物的所有权。谁持有提单即被视为拥有该货物的所有权。此外，贸易商通常不是买卖合同的最终用户，货物在长途运输过程中，单据通过背书可以进行多次转让，因此，国际货物买卖常常被称为单据的买卖。单据上的瑕疵也可能对货物所有权或其有无产生影响；在期货交易中，卖方在订立合同时，货物的所有权可能尚不存在或尚不明确。在上述情况下，合同与所售货物的所有权并无必然联系。《公约》和《合同法》对于出售货物的卖方何时拥有货物所有权的时间节点并未提出要求。实践中，买卖双方很容易就卖方货物所有权之有无或是否违反所有权担保义务发生争议。《解释》从中国的司法实践出发，排除买方以卖方在订立合同时没有所有权和处分权主张合同无效的主张，其第3条明确规定："当事人一方以出卖人在缔约时对标的物没有所有权或者处分权为由主张合同无效的，人民法院不予支持。出卖人因未取得所有权或者处分权致使标的物所有权不能转移，买受人要求出卖人承担违约责任或者要求解除合同并主张损害赔偿的，人民法院应予支持。"

四、标的物交付和所有权转移

1. 电子信息产品的交付。《公约》和《合同法》都不适用于无形财产的买卖。《解释》专门对电子信息产品的交付作出特别规定，填补了《公约》与《合同法》的空白。《解释》第5条规定："标的物为无需以有形载体交付的电子信息产品，当事人对交付方式约定不明确，且依照合同法第61条的规定[2]仍不能确定的，买受人收到约定的电子信息产品或者权利凭证即为交付。"

2. 所有权转移。《公约》不涉及所有权的转移。货物买卖合同就是卖方将货物所有权转移或同意转移以换取价金的约定。确定所有权转移的关键在于确定转移发生的时间，实践中，货物所有权的转移因实际交货与象征性交货而有所区别。《民法通则》和《合同法》明确规定，除非法律另有规定或双方当事人另有约定，标的物的所有权自标的物交付时发生转移[3]。《合同法》第135条规定："出卖人应履行向买受人交付标的物或者交付提取标的物的单证，并转移标的物所有权的义务。"《解释》针对多重买卖作了特别规定，其第9条第1项规定，先行受领交付的买受人请求确认所有权已经转移的，人民法院应予支持。

---

[1] 《公约》第4条b款。此外，公约第42条规定，卖方所交付的货物必须是第三方不能根据工业产权或其他知识产权主张任何权利或要求的货物。《合同法》第132条第1款规定："出卖的标的物，应当属于出卖人所有或者出卖人有权处分。"第150条规定："出卖人就交付的标的物，负有保证第三人不得向买受人主张任何权利的义务，但法律另有规定的除外。"

[2] 《合同法》第61条规定，合同生效后，当事人就质量、价款或者报酬、履行地点等内容没有约定或者约定不明确的，可以协定补充；不能达成补充协议的，按照合同有关条款或者交易习惯确定。

[3] 《民法通则》第72条第2款。《合同法》第133条。

3. 所有权保留。《公约》不涉及此问题。《解释》第35条规定，当事人约定所有权保留，在标的物所有权转移前，买受人有下列情形之一，对出卖人造成损害，出卖人主张取回标的物的，人民法院应予支持：①未按约定支付价款的；②未按约定完成特定条件的；③将标的物出卖、出质或者作出其他不当处分的。取回的标的物价值显著减少，出卖人要求买受人赔偿损失的，人民法院应予支持。[1]

五、买卖合同中某些条款的效力

这也是《公约》不涉及的问题。我国《合同法》第53条规定，合同中订有造成对方人身伤害或者因故意或重大过失造成对方财产损失的免责条款无效。《合同法》第57条规定，合同无效、被撤销或终止，不影响合同中独立存在的有关解决争议方法的条款的效力。[2]《解释》进一步对合同中的某些条款的内容如合同的履行条款、违约条款、风险转移条款、检验条款等进行了细化。

1. 合同的履行和违约。

（1）合同的履行。《解释》中解决了多重买卖合同的履行顺序问题。《解释》第9条规定，出卖人就同一普通动产订立多重买卖合同，在买卖合同均有效的情况下，买受人均要求实际履行合同的，应当按照以下情形分别处理：①先行受领交付的买受人请求确认所有权已经转移的，人民法院应予支持；②均未受领交付，先行支付价款的买受人请求出卖人履行交付标的物等合同义务的，人民法院应予支持；③均未受领交付，也未支付价款，依法成立在先合同的买受人请求出卖人履行交付标的物等合同义务的，人民法院应予支持。

（2）缔约过程中的违约。《公约》对此没有明确规定。实践中，一方当事人在缔约过程中的不诚实行为可能给对方造成很大的损失。按照诚信原则，有过错的一方理应对诚信一方提供补偿。我国《合同法》第42条规定，假借订立合同，恶意进行磋商；故意隐瞒与订立合同有关的重要事实或提供虚假情况以及其他违背诚实信用原则的行为，给对方造成损失的，应当承担损害赔偿责任。第43条规定，当事人在订立合同过程中知悉的商业秘密，无论合同是否成立，不得泄露或不正当地使用。泄露或不正当地使用给对方造成损失的，应当承担赔偿责任。《解释》第2条则进一步明确规定，当事人签订认购书、订购书、预订书、意向书、备忘录等预约合同，约定在将来一定期限内订立买卖合同，一方不履行订立买卖合同的义务，对方请求其承担预约合同违约责任或者要求解除预约合同并主张损害赔偿的，人民法院应予支持。

（3）“根本违约”与“不能实现合同目的”。《公约》中所称“根本违约”，是指

---

[1] 《解释》第36条规定，买受人已经支付标的物总价款的75%以上，出卖人主张取回标的物的，人民法院不予支持。在第35条第1款第3项情形下，第三人依据《物权法》第106条的规定已经善意取得标的物所有权或者其他物权，出卖人主张取回标的物的，人民法院不予支持。

[2] 《合同法》第98条规定，合同的权利义务终止，不影响合同中结算和清理条款的效力。

买卖方不履行其在合同或本公约中的任何义务，等于根本违反合同，此时双方可以宣告合同无效。[1]《合同法》第94、167条第1款规定了6种解除合同的条件：①因不可抗力致使不能实现合同目的；②在履行期届满之前，当事人一方明确表示或者以自己的行为表明不履行主要债务；③当事人一方延迟履行主要债务，经催告后在合理期间内仍未履行；④一方当事人延迟履行债务或者有其他违约行为致使不能实现合同目的；⑤双方约定的合同解除条件成就；⑥分期付款的买卖合同的买受人未支付到期价款的金额达到全部价款的1/5的。[2] 上述解除合同的条件都可被视为不能实现合同的目的，可以要求解除合同。《公约》中的“根本违约”强调双方或一方存在违约行为；《合同法》规定的“不能实现合同的目的”，其原因包括违约行为与非违约行为所致。除第1、5种情况与违约无关，其他与《公约》的规定基本相同。

2. 标的物风险负担与检验。

（1）风险负担。《公约》规定货物风险转移需以货物划拨为前提。《合同法》对此没有规定。《解释》填补了这一空白，区分了种类物与特定物。《解释》第14条规定，当事人对风险负担没有约定，标的物为种类物，出卖人未以装运单据、加盖标记、通知买受人等可识别的方式清楚地将标的物特定于买卖合同，买受人主张不负担标的物毁损、灭失的风险的，人民法院应予支持。

（2）标的物检验。①认可送货单、确认单的证明力。《解释》第15条规定：“当事人对标的物的检验期间未作约定，买受人签收的送货单、确认单等载明标的物数量、型号、规格的，人民法院应当根据合同法第157条的规定，认定买受人已对数量和外观瑕疵进行了检验，但有相反证据足以推翻的除外。”②检验标准。《解释》第16条规定：“出卖人依照买受人的指示向第三人交付标的物，出卖人和买受人之间约定的检验标准与买受人和第三人之间约定的检验标准不一致的，人民法院应当根据合同法第64条的规定，以出卖人和买受人之间约定的检验标准为标的物的检验标准。”③合理的检验期间。《解释》第17条规定：“人民法院具体认定合同法第158条第2款规定的‘合理期间’时，应当综合当事人之间的交易性质、交易目的、交易方式、交易习惯、标的物的种类、数量、性质、安装和使用情况、瑕疵的性质、买受人应尽的合理注意义务、检验方法和难易程度、买受人或者检验人所处的具体环境、自身技能以及其他合理因素，依据诚实信用原则进行判断。”《解释》第18条第2款规定：“约定的检验期间或者质量保证期间短于法律、行政法规规定的检验期间或者质量保证期间的，人民法院应当以法律、行政法规规定的检验期间或者质量

[1]《公约》第49、64条。包括卖方完全不交货或不按照合同规定交付货物；买方不付款或不收货，或声称即使给予宽限期也不付款或不收货。《公约》第46条第2款规定，如果卖方所交货物与合同约定不符，买方只有在此种不符合合同情形构成根本违反合同时，才可以要求提交替代货物，该要求应与货物不符的通知同时提出，或在该项通知发出后的一段合理时间内提出。

[2]《解释》第38条规定：“合同法第167条第1款规定的‘分期付款’，系指买受人将应付的总价款在一定期间内至少分3次向出卖人支付。”

保证期间为准。”

3. 违约金条款。《解释》细化了有关违约金的支付的规定。《解释》第24条第3、4款规定：“买卖合同约定逾期付款违约金，但对账单、还款协议等未涉及逾期付款责任，出卖人根据对账单、还款协议等主张欠款时请求买受人依约支付逾期付款违约金的，人民法院应予支持，但对账单、还款协议等明确载有本金及逾期付款利息数额或者已经变更买卖合同中关于本金、利息等约定内容的除外。买卖合同没有约定逾期付款违约金或者该违约金的计算方法，出卖人以买受人违约为由主张赔偿逾期付款损失的，人民法院可以中国人民银行同期同类人民币贷款基准利率为基础，参照逾期罚息利率标准计算。”

4. 其他条款。《解释》对合同中的分期付款条款、凭样品和说明书的买卖条款以及试用买卖条款等作出了明确细致的规定。

（1）分期付款的概念与效力。《解释》第38条规定：“合同法第167条第1款规定的‘分期付款’，系指买受人将应付的总价款在一定期间内至少分3次向出卖人支付。分期付款买卖合同的约定违反合同法第167条第1款的规定，损害买受人利益，买受人主张该约定无效的，人民法院应予支持。”〔1〕分期付款买卖合同约定出卖人在解除合同时可以扣留已受领价金，出卖人扣留的金额超过标的物使用费以及标的物受损赔偿额，买受人请求返还超过部分的，人民法院应予支持。如果当事人对标的物的使用费没有约定的，人民法院可以参照当地同类标的物的租金标准确定。〔2〕

（2）凭样品和说明书的买卖。实践中，双方当事人经常因为样品与说明书存在的不一致发生争议。为此，《解释》第40条明确规定：“合同约定的样品质量与文字说明不一致且发生纠纷时当事人不能达成合意，样品封存后外观和内在品质没有发生变化的，人民法院应当以样品为准；外观和内在品质发生变化，或者当事人对是否发生变化有争议而又无法查明的，人民法院应当以文字说明为准。”

（3）试用买卖。《解释》第41、42条明确了试用买卖与非试用买卖的界限。第41条规定，除合同另有约定，试用买卖的买受人在试用期内已经支付一部分价款的，人民法院应当认定买受人同意购买。在试用期内，买受人对标的物实施了出卖、出租、设定担保物权等非试用行为的，人民法院应当认定买受人同意购买。第42条规定：“买卖合同存在下列约定内容之一的，不属于试用买卖。买受人主张属于试用买卖的，人民法院不予支持：①约定标的物经过试用或者检验符合一定要求时，买受人应当购买标的物；②约定第三人经试验对标的物认可时，买受人应当购买标的物；③约定买受人在一定期间内可以调换标的物；④约定买受人在一定期间内可以退还

---

〔1〕《合同法》第167条规定：“分期付款的买受人未支付到期价款的金额达到全部价款的1/5的，出卖人可以要求买受人全部支付价款或解除合同。出卖人解除合同的，可以向买受人要求支付该标的物的使用费。”

〔2〕《解释》第39条。

标的物。[1]

此外，在《公约》与中国法同时适用时，还需要注意以下几点不同：

1. 买卖合同法律规范的性质。《公约》是一部专门规范国际货物买卖合同的法律，其性质是软法，供当事人选择适用。在适用时，允许当事人加以修改变更；我国没有专门的货物买卖法。货物买卖合同由《合同法》的分则加以调整。《合同法》是调整合同双方当事人权利义务的法律规范，属于强制性法律规范。其总则部分规定了合同法的基本原则，分则部分规定了包括货物买卖合同在内的7类合同。其中，货物买卖合同是指出卖人转移标的物的所有权于买受人，买受人支付价款的合同。这个概念与各国国内法的概念是一致的[2]。

2. 买卖合同的主体：商人。《公约》限定双方当事人是从事国际货物买卖的商人；中国没有商法，对合同双方当事人的贸易商（公司）身份未加限定，这也是目前为止中国法中尚未明确的问题。实践中适用《公约》时需要了解，商人之间订立的买卖合同与普通民事合同（包括一方为消费者的消费者合同和双方都是自然人之间的普通交易合同）之间因商人身份需承担责任的差别。例如，各国有专门立法，如《消费者权益保护法》为消费者提供更大的保护；商人是以盈利为目的、以经商为职业的人，因此法律要求其承担普通商业风险是正当且合乎情理的；商人必须具备一定的专业知识和基本的专业服务技能。实践中，他们不但要为产品和服务质量承担责任，而且要为知识和技能的欠缺承担责任。由于当事人是贸易商且大多不是最终用户，实践中法律会有一些特别考虑（例如，某些单据可以用来代表货物的所有权；交单即为交货；货物买卖通常被称为单据的买卖；等等）。判断订立合同时当事人知道或理应知道、是否可预见时等，是以推定当事人是贸易商，而不是普通自然人或消费者的身份来衡量的。

3. 买卖合同种类：国际货物买卖。关于国际性，《公约》第1条第1款规定，公约适用于营业地在不同国家当事人之间订立的货物销售合同：如果这些国家是缔约国；或如果国际私法规则导致适用某一缔约国的法律。我国《合同法》没有区分国内货物买卖合同和国际货物买卖合同。《民法通则》也没有以营业地分处不同国家来界定"国际性"，采用的是"涉外民事关系"的概念，是指民事关系的一方或者双方当事人是外国人、无国籍人、外国法人；民事关系的标的物在外国领域内；产生、变更或消灭民事权利义务关系的法律事实发生在国外。该涉外民事关系的概念显然比《公约》关于"国际性"的界定更为宽泛。《公约》第1条第3款规定，在确定本公约适用时，当事人的国籍和当事人或合同的民事或商业性质，应不予考虑。这是因为国际上存在着民商分立和民商合一两种不同的法律体系。《公约》作为两大法系

---

〔1〕《解释》第43条规定，试用买卖的当事人没有约定使用费或者约定不明确，出卖人主张买受人支付使用费的，人民法院不予支持。

〔2〕公约对何谓"国际货物买卖合同"只界定了国际、货物，对何谓买卖合同未下定义。

妥协的产物，不考虑各国国内法是如何区分商事合同与民事合同的。《公约》第2条（a）规定，《公约》不适用于购供私人、家人或家庭使用的货物销售。实际上排除了普通自然人之间的民事合同和消费者合同。我国《合同法》对此未加以区分。

此外，《公约》不适用于主要以提供劳力或其他服务为主的劳务合同，也不适用由买方提供大部分重要材料进行生产和制造的来料加工合同。

4. 买卖合同标的：货物。除了限定“国际性”及买卖合同的类别外，《公约》用排除法对货物做了限定，排除无形财产，例如，电力的销售[1]；银行进行的货币、流通票据或证券市场进行的股票、公债、投资证券的销售；飞机、船舶、气垫船的销售。归纳起来，《公约》适用的货物买卖是跨越国境的有形动产的买卖，包括期货与现货；我国《合同法》买卖合同对货物未加限制。《合同法》采用的是概括式立法，货物指“法律、行政法规禁止或限制转让的标的物”[2]之外的一切动产和不动产买卖。

5. 买卖合同订立方式：《公约》只适用于以要约、承诺方式订立的合同；不适用于以拍卖方式以及依照法律执行令状或其他令状的销售。我国《合同法》分则对买卖合同与拍卖合同分别加以规定。

6. 合同内容：《公约》未对合同内容作出完整全面的规定。其不涉及：合同的效力、合同某一条款的效力、惯例的效力、合同对所有权的影响等。产品责任也是《公约》不涉及的问题。《公约》第5条规定，本公约不适用于卖方对于货物对任何人所造成的死亡或伤害的责任。通常适用各国《产品责任法》的规定。对于这些公约不涉及的事项，都通过适用中国法加以补充的。

本章思考题

1. 试述《联合国国际货物销售合同公约》的适用范围。
2. 试述《国际贸易术语解释通则®2010》的主要内容和特点。
3. 试述FOB、CIF、CFR术语的异同。
4. 试述《联合国国际货物销售合同公约》关于国际货物买卖合同成立的规定。
5. 试述国际货物买卖合同的主要内容。
6. 试述《联合国国际货物销售合同公约》关于国际货物买卖合同中卖方和买方义务的规定。
7. 试述违约救济方法有哪些，各自如何适用。
8. 试述货物所有权转移的理论。

---

〔1〕《解释》第5条规定的“电子信息产品”也属于无形财产。此外，《解释》第10条对《公约》不涉及的特殊动产（如船舶、航空器等）进行多重买卖的顺序进行了解释。

〔2〕《合同法》第132条第2款。

9. 试述《联合国国际货物销售合同公约》中关于货物风险转移原则和时间的规定。

10. 试述国际货物买卖合同中中国法的适用。

第三章 国际货物运输与保险法

✢学习目的与要求

国际货物运输法是调整货物跨越国境运输的法律规范的总和。包括国际海上货物运输法、国际航空货物运输法、国际陆上货物运输法和国际多式联运法律制度等。国际货物运输保险法是指调整跨境运输货物保险关系的法律规范的总和。学生在该章的学习中应掌握国际货物运输承运人应承担的责任、保险人应承担的责任。

第一节 国际海上货物运输法

国际海上货物运输量大、价格便宜、安全便利，故在国际货物运输中占有显著位置。海上货物运输是通过合同进行的。海上货物运输合同是指承运人收取运费，承担由海上将货物从一国港口运往另一港口订立的合同。国际海上货物运输主要分为班轮运输和租船运输两种形式，其中，班轮运输也称为提单运输。

一、班轮运输

班轮运输是指在固定的航线上，以既定的港口顺序，按照事先公布的船期表航行的海上运输方式。班轮运输适合于货流稳定、货种多、批量小的杂货运输。班轮运输具有如下特点：①班轮承运人和托运人之间不签订专门的运输合同，而是仅按船公司签发的提单处理运输中的有关问题；②班轮承运人通常要求托运人送货至承运人指定的码头仓库交货，收货人在承运人指定的码头仓库提货；③班轮承运人负责包括装、卸货物及理舱在内的作业，并负责全部费用；④班轮运输一般有固定港口、固定航线、固定开航时间，不计滞期费、速遣费，班轮运费相对比较稳定。由于提单在班轮运输中的重要作用，班轮运输有时也称提单运输。

（一）提单（Bill of Lading）

提单适用于散杂货定期班轮运输，是国际海上货物运输中最广泛适用的一种合同形式。目前，国际上已生效的调整班轮运输的国际公约有4个：《海牙规则》、《维斯比规则》、《汉堡规则》和《鹿特丹规则》。我国不是这些公约的成员国，但1993年7月1日开始实施的《中华人民共和国海商法》关于海上货物运输的规定是以

《海牙规则》、《维斯比规则》为基础，适当吸收了《汉堡规则》的某些规定。因此，这三个公约对全面了解国际海上货物运输法律制度具有重要意义。

提单是一种用以证明海上运输合同和货物已由承运人接管或装船，以及承运人保证凭以交付货物的单据。

根据这一定义，提单的作用有三项：①提单是托运人与承运人之间订有运输合同的凭证。在班轮运输中，当托运人与承运人之间已事先就货物运输订有货运协议（如订舱单、托运单），提单是双方运输合同的证明；如事先无货运协议，则提单就是双方订立的运输合同。当托运人把提单通过背书转让给第三人（如收货人），则在承运人和第三者之间，提单就是承运人和收货人之间的运输合同。②提单是承运人从托运人处收到货物的凭证。在班轮运输中，有权签发提单的是承运人（船长或其代理人），托运人将货物交给承运人后，承运人签发提单，证明承运人按提单上所列内容收到了货物，日后按提单所载内容向收货人交付货物。③提单是代表货物权利的凭证。Document of Title to Goods，中文习惯译作货物所有权凭证，但其实际含义更广，包括任何提单、码头仓单、仓库管理人的证明、交货授权书或命令，以及在普通业务运作中对货物占有或控制的任何其他文件，或任何以背书或支付方式授权或旨在以这种方式出示的文件。文件的占有人能以这种方式转让或接收货物的文件。其基本特征是权利随着单据走（the right travels with the document）。[1]

承运人在收到货物并签发提单之后，负有在目的地只向提单持有人交付货物的义务。谁持有提单，谁就有权提取货物。作为权利凭证，提单可以进行买卖和自由转让。

（二）提单的种类

1. 以货物是否装船，分为已装船提单（Shipped B/L 或 on Board B/L）和收货待运提单（Received for Shipment B/L）。前者指在货物装船以后，承运人签发的载明船名及装船日期的提单。后者主要适用于集装箱运输，是承运人在收取货物以后，实际装船之前签发的表明货物已收管待运的提单。

2. 以提单上是否有批注，分为清洁提单（Clean B/L）和不清洁提单（Unclean B/L 或 Foul B/L）。前者指单据上无明显的声明货物及（或）包装有缺陷的附加条文或批注者。后者指附有该类附加条款或批注的提单。根据《跟单信用证统一惯例》的规定，除非信用证明确规定可以接受者外，银行拒绝接受不清洁提单。此外，不清洁提单也难以作为物权凭证自由转让。在国际贸易实践中，银行或买方或提单的受让人只接受已装船清洁提单。

3. 按收货人抬头，分为记名提单（Straight B/L）、不记名提单（Open B/L）和指示提单（Order B/L）。记名提单指托运人指定特定人为收货人的提单。这种提单不

---

〔1〕 See R. Goode, Commercial Law, *Penguin Books*, 1995, 2nd ed., p. 55. 参见英国《1889 年代理商法》、《1979 年货物买卖法》第 61 条的定义。

能通过背书方式转让，故也称作“不可转让提单”。不记名提单指托运人不具体指定收货人的提单，在收货人一栏只填写“交与持票人”（To bearer）字样，故又称作“空白提单”。这种提单不经背书即可转让，凡持票人均可提取货物，因此在国际贸易中因风险太大而很少使用。指示提单指托运人在收货人栏内填写“凭指示”（To order）或“凭某人指示”（To order of …）字样的提单。指示提单通过背书可以转让，故又称“可转让提单”，在国际贸易中得到普遍使用。

4. 按运输方式，分为直达提单（Direct B/L）、转船提单或联运提单（Transhipment B/L或Through B/L）和多式联运单据（或提单）或联合运输单据（Combined transport document or B/L或Multimodal transport document or B/L）。直达提单是承运人签发的，货物直接从装运港运往目的港的提单。转船提单和联运提单在本质上并无不同，转船提单指允许货物中途换船的提单；联运提单指货物由海运和另一种或两种以上不同方式（如海陆、海空、海陆空等方式）运输签发的提单。转船或联运提单均是由船公司签发的并承担全程责任，因此在性质上两者并无不同。值得注意的是，联运提单与联合运输单证或多式联运单证的关系：相同之处在于两者都使用至少两种不同的运输方式，将货物从一国运往另一国；不同之处则在于联运提单的签发人一定是船公司或其代理人，而后者虽是由联合运输经营人签发的，但它并不一定是船公司。如该联合运输经营人是船公司或代理人，并注明货物于某日已装船，则可用联合运输提单代替联运提单。

5. 按运费支付的时间，分为运费预付提单（Freight prepaid B/L）和运费到付提单（Freight payable at destination B/L）。前者指托运人在装货港提交货物时即支付运费，承运人在提单中载明“运费付讫”，在CIF和CFR合同中要求运费预付提单。后者指货物到达目的地，托运人或收货人支付运费，提单上载明“运费到付”。

6. 租船提单。租船项下的提单称为租船提单。其性质和作用因租船人的身份不同而异：当租船人运送的是自己的货物时，船东签发的提单起证据的作用，提单要服从租船合同的约束。租船人（即托运人）与船东（承运人）双方的权利义务以租船合同为准。当租船人以承运人的身份接受第三者即托运人的货物并签发自己的提单时，其性质和班轮运输提单一样，提单适用《海牙规则》的规定。承运人与托运人、提单持有人、收货人的权利义务以提单为准，但船东与租船人的权利义务以租船合同为准。

（三）承运人和托运人的权利义务

承运人和托运人的权利义务由当事人双方在提单中明确加以规定，根据《海牙规则》的规定，将其主要内容分述如下：

1. 承运人的责任。《海牙规则》第3条规定了承运人必须履行的最低限度责任：①承运人须在开航前和开航时恪尽职责使船舶适航。其具体含义有：在开航前与开航时船舶适于航行；船员的配备、船舶装备和供应适当；船舶要适合货物的安全运送和保管。②适当和谨慎地装载、搬运、配载、运送、保管、照料和卸载所运货物。

根据该规则规定，凡是在合同中约定解除或减轻承运人依《海牙规则》应承担的上述责任义务的条款一律无效。

2. 承运人的责任豁免。《海牙规则》实行的是承运人的不完全过失责任。其第4条第2款和第4款列举了18种情况下免除承运人依法承担的责任，它们是：①承运人对船长、船员、领航员或承运人的其他受雇人在驾驶船舶或管理船舶中的过失；②非承运人过失发生的火灾；③海难；④天灾，海上或其他可航水域的危险或意外事故；⑤战争；⑥公敌行为；⑦政府或主管部门的行为；⑧检疫限制、扣押；⑨罢工；⑩暴动和骚乱；⑪海上救助或企图救助人命或财产；⑫托运人、货物所有人或其代理人的行为；⑬货物的自然特性或固有缺陷；⑭货物包装不良；⑮唛头不清，不当；⑯经谨慎处理仍未发现的船舶潜在缺陷；⑰非承运人或其受雇人、代理人实际过失或私谋造成的其他原因；⑱合理绕航。

根据《海牙规则》第5条的规定，承运人可以在提单中明确规定放弃某项权利的豁免或加重自己的责任和义务。

3. 承运人的责任期间和诉讼时效。按照《海牙规则》第1条e款的规定，承运人的责任是从货物装上船起，至卸下船止的整个期间。当使用船上吊杆装卸货物时，指从装货时吊钩受力开始至货物卸下船脱离吊钩为止的整个期间，即实行“钩到钩原则”；当使用岸上吊杆装卸时，则货物从装运港越过船舷时起至卸货港越过船舷为止的整个期间，即实行“舷到舷原则”。

按照《海牙规则》第3条第6款的规定，货物自卸货港交货前或交货时，收货人应将货物的灭失和损害的一般情况以书面方式通知承运人；在损害不明显时，该通知应在交货之日起3天之内提交；如在交货时，承运人和收货人已对货物进行联合检验或检查，则无需再提交书面通知；无论在何种情况下，从货物交付日或应交付日起，托运人或收货人应就货物的灭失或损坏情况在1年内提起诉讼，否则免除承运人依照《海牙规则》应当承担的一切责任。

4. 托运人责任。《海牙规则》第3条第5、6款规定了托运人的两项责任：①保证义务。托运人在托运货物时应妥善包装，并保证货物装船时所提供的货物品名、标志、包数或件数、重量或体积的正确性。②通知义务。托运人托运危险货物，应按照有关海上危险货物运输的规定妥善包装，做出危险品标志的标签，并将其正式名称、性质及应当采取的预防措施通知承运人。

（四）关于提单运输的国际公约

《海牙规则》、《维斯比规则》和《汉堡规则》是目前已经生效的调整海上班轮运输的三个国际公约。此外，联合国国际贸易法委员会还制定了《鹿特丹规则》。

1. 《海牙规则》（Hague Rules）。《海牙规则》全称《1924年统一提单的若干法律规则的国际公约》，1924年8月25日订立于布鲁塞尔，1931年6月2日起生效。《海牙规则》共有16条，主要规定了承运人的最低限度责任与义务、权利与豁免、责任起讫、最低赔偿限额、托运人义务以及索赔与诉讼时效等。我国没有加入该公约，但在我国1993年7月1日实施的《海商法》和我国航运公司制定的提单中吸纳了《海牙规则》中关于承运人责任和豁免的规定。

2. 《维斯比规则》(Visby Rules)。《维斯比规则》全称为《修改统一提单的若干法律规则的国际公约的议定书》，1968年2月23日签订于布鲁塞尔，1977年6月23日起生效。《维斯比规则》对《海牙规则》的修改主要包括以下几方面：

(1) 适用范围。《海牙规则》适用于在任何缔约国所签发的一切提单，《维斯比规则》改为公约适用于两个国家港口之间有关的货物运输的每一份提单，如果提单在一个缔约国签发，或从一个缔约国的港口启运，或提单或由提单证明的运输合同中规定，该提单（或合同）受《海牙规则》约束，或受《海牙规则》生效的国内立法的约束，而不考虑船舶、承运人、托运人、收货人或任何其他有关人员的国籍如何。

(2) 提单的证据力。《海牙规则》规定，承运人向托运人签发提单是承运人收到该提单中所载货物的初步证据（Prima Facie evidence），根据这一规则，承运人有权提出反证否定提单所载内容的真实性，这对托运人来讲没有不公平之处，因为货物是托运人提交的，提单所载内容是托运人填写的。但这对于善意的提单的受让人来说，则可能是不公平的。有鉴于此，《维斯比规则》明确规定，当提单已经转给善意行事的第三者时，与此相反的证据不予接受。也就是说，在存在善意第三者的情况下，提单对于善意的受让人来说，则是最终证据。

(3) 责任限制。《海牙规则》的规定比较简略，其第4条第5款规定承运人或船舶在任何情况下对货物或与货物有关的灭失或损害，每件或每一计费单位是100英镑，除非当事人在提单中注明了更高价值。

《维斯比规则》在内容上作了较大的扩充和修改：①承运人的责任限制和抗辩理由，适用于就运输合同所涉及的有关货物的灭失或损害对承运人所提起的任何诉讼，不论该诉讼是以合同为根据还是以侵权行为为根据。②承运人的这种责任限制和抗辩理由，同样适用于承运人的雇佣人员和代理人（如果该雇佣人员或代理人不是独立的缔约人）。即认可了所谓喜马拉雅条款的合法性。[1] ③赔偿金额从原来的100英镑改为双重限额，每件或每一单位为10 000金法郎，或按灭失或损坏的货物毛重每

---

〔1〕 喜马拉雅条款（Himalayas clause）来自“阿德勒诉狄克逊”（Adler v. Dickson）一案［（1995）1 Q. B. 158］。该案中，阿德勒夫人是一名游客，在搭乘P&O公司的一艘名为喜马拉雅号的游轮时，于下船时因船梯断裂而摔伤，由于阿德勒夫人持有的船票上载有承运人的疏忽免责条款，故阿德勒夫人转而以侵权行为对船长和水手提起诉讼。船长和水手认为作为船公司的雇员，他们有权享受船票上关于承运人免责的规定。法院判决认为，船票上的免责条款是船公司和乘客之间签订的，有权援引该条款的只能是该契约的当事人。作为船公司的雇佣人员无权享受不是由他签订的合同中免责条款的权利，结果是阿德勒夫人胜诉。以后，船公司为了避免此类事件的发生，在合同中增加此喜马拉雅条款，规定承运人的免责和限制赔偿金额的权利，同样适用于雇佣人员和代理人。《海牙规则》和《汉堡规则》都承认了喜马拉雅条款的合法性。

公斤30金法郎。(一金法郎是纯度为千分之九百的黄金65.5毫克),以较高者为限。④拼装货的计算。《维斯比规则》增加了对用集装箱、托盘或类似的装运器具拼装时赔偿金额的计算,规定提单中如载明装在这种装运器具中的件数或单位数,则按所记载的件数或单位数计算,否则,整个集装箱或托盘视为一件。

(4)诉讼时效。《海牙规则》规定的诉讼时效为1年,从货物交付或应付之日起算。《维斯比规则》除坚持《海牙规则》的1年时效外,规定经双方同意可以延长,即使1年期满后,承运人仍有不少于3个月的时间向第三者追偿。

(5)核能损害责任。《海牙规则》对此未作规定,《维斯比规则》有所规定,即该规则不影响任何国际公约或国内法有关对核能损害责任的各项规定。

《维斯比规则》对《海牙规则》的修改并没有解决《海牙规则》中权益失衡这一本质问题,关于承运人的责任和豁免、责任起讫、托运人义务等问题均未作实质性改变。

我国未加入《维斯比规则》,但《维斯比规则》中关于提单对善意第三者的最终证据作用的规定[1]、承运人的责任限制和赔偿额的规定、适用其代理人及雇员的规定[2]、拼装货的计算[3],以及诉讼时效的修改等均在我国《海商法》的有关规定中得到反映[4]。

3.《汉堡规则》(Hamburg Rules)。《汉堡规则》全称《1978年联合国海上货物运输公约》,1978年3月于汉堡会议上通过,1992年11月1日起生效。

《汉堡规则》按照船方和货方合理分担风险的原则,适当加重了承运人的责任,使双方权利义务趋于合理、平等。其主要内容包括以下几方面:

(1)适用范围。与《海牙—维斯比规则》相比,《汉堡规则》的适用范围更为明确,它规定《汉堡规则》适用于两个国家之间的所有海上货物运输合同,如果:①装货港位于一个缔约国内;②预订卸货港或实际卸货港位于一个缔约国内;③提单或证明海上运输合同的其他单据是在一个缔约国内签发的;④提单或证明海上运输合同的其他单据中规定,公约的各项规定或实施公约的各国国内立法,对提单有约束力;⑤依租船合同签发的提单,如果该提单约束承运人和不是租船人的提单持有人之间的关系。

(2)增加实际承运人的概念。实际承运人指接受承运人委托执行货物运输或部分运输的任何人。《汉堡规则》所有关于承运人责任的规定,不但适用于承运人的代

---

[1] 参见我国《海商法》第77条。

[2] 参见我国《海商法》第58条。

[3] 我国《海商法》第56条规定,承运人的赔偿限额为每件或每个货运单位666.67计算单位,或按毛重计算,每公斤为2计算单位,以两者较高者为准。其计算结果与《维斯比规则》的规定相当。同时,《海商法》第57条增加了对延迟交货的赔偿金额的规定,为迟延交货的运费数额。

[4] 我国《海商法》第257条规定,就海上货物运输向承运人要求赔偿的请求权,诉讼时效1年,但不得延长。

理人、雇员，也同样适用于受其委托的实际承运人。

（3）货物。《海牙规则》中货物的概念不包括舱面货或集装箱装运的货物以及活动物。《汉堡规则》规定，承运人只有与托运人达成协议或符合特定的贸易习惯或为法规或条例要求时，才能在舱面载运货物，否则要对舱面货发生的损失负赔偿责任。对于活动物，只要承运人证明是按托运人对该动物作出的指示办事，则对货物的灭失、损坏或延误运货造成的损失视为运输固有的特殊风险而不承担责任。

（4）关于清洁提单的规定。《海牙规则》规定，承运人在签发提单时应注明货物的表面状况，但是，承运人、船长或承运人的代理人，不一定必须将任何货物的唛头、号码、数量或重量标明或标示在提单上，如果他有合理根据怀疑提单不能正确代表实际收到的货物，或无适当方法进行核对的话。按照这一规定，一张由承运人签发的所谓表面状况良好的提单，实际上并不意味着是一张清洁提单，因为承运人的怀疑或无法核对的事项并没有如实反映在提单的批注当中。为了避免或减少由此产生的争议，《汉堡规则》明确规定，如果承运人或代其签发提单的其他人，确知或有合理的根据怀疑，提单所载有关货物的一般性质、主要唛头、包数或件数、重量或数量等项目没有准确地表示实际接管的货物，或者无适当的方法来核对这些项目，则承运人或上述其他人必须在提单上作出保留，注明不符之处、怀疑根据或无适当核对方法。与《海牙规则》不同，《汉堡规则》虽然要求承运人必须在提单上注明货物的表面状况，但如果承运人未在提单上批注货物的外表状况，则视为已在提单上注明货物的外表状况良好。

（5）承运人责任起讫。《汉堡规则》将《海牙规则》规定的钩至钩、舷至舷，扩展为自承运人接管货物时起至货交收货人为止，货物在承运人掌管之下的整个期间。

（6）承运人赔偿责任基础。《汉堡规则》将《海牙规则》中承运人的不完全过失责任改为承运人的推定完全过失责任制。即除非承运人证明他本人及代理人或所雇佣人员为避免事故的发生及其后果已采取了一切合理要求的措施，否则承运人对在其掌管货物期间因货物灭失、损坏及延误交货所造成的损失负赔偿责任。如果承运人将运输全部或部分委托给实际承运人履行时，承运人仍需对全程运输负责，如双方都有责任，则在此限度内负连带责任。

（7）提高赔偿金额。《汉堡规则》将承运人的最低赔偿金额在《海牙规则》和《维斯比规则》规定的基础上提高到每件或每一货运单位 835 计账单位或相当于毛重每公斤 2.5 计账单位的金额，以较高者为限。所谓计账单位，是指国际货币基金组织规定的特别提款权，以此避免原来采用单一货币所带来的汇率波动风险。

（8）增加对于延迟交货赔偿的规定。《汉堡规则》对于承运人延迟交货时的赔偿作出了明确规定，即以相当于该延迟交付货物应付运费的 2.5 倍为限，但不得超过海上运输合同中规定的应付运费总额。所谓延误交货，是指货物未能在明确议定的时间内，或在没有此项议定时按照具体情况对一个勤勉的承运人未能在合理要求的时间内，在合同规定的卸货港交货，构成延迟交货。

（9）保函。在国际海上货物运输实践中，托运人为取得清洁提单向承运人出具承担赔偿责任的保函的做法，一直被司法实践认为是一种欺诈行为而无效。但实践中，这一做法却因为实用、简便而经常为当事人采纳作为紧急情况下的一种变通做法。如何正视这一问题并找出合理的解决办法，是《汉堡规则》的又一贡献。《汉堡规则》将保函合法化，规定托运人为取得清洁提单而向承运人出具承担赔偿责任的保函在托运人和承运人之间有效，但对提单受让人、包括任何收货人在内的第三方无效。在发生欺诈行为的情况下（无论是托运人或承运人欺诈），承运人均需承担损害赔偿责任，并且不能享受公约规定的责任限制的利益。

（10）索赔与诉讼时效。《汉堡规则》将《海牙规则》和《维斯比规则》规定的1年时效改为2年，并经接到索赔要求人的声明，可以多次延长。

收货人应在收到货物次日，将损失书面通知承运人；如货物损失属非显而易见的，则在收货后连续15日内，迟延交货应在收货后连续60天内将书面通知送交承运人，否则收货人丧失索赔的权利。

（11）管辖权。《汉堡规则》增加了关于管辖权的规定。原告就货物运输案件的法律程序，可就法院地做如下选择：①被告主营业所在地或惯常居所；②合同订立地，且合同是通过被告在该地的营业所、分支机构或代理机构订立的；③装货港或卸货港；④海上运输合同中指定的其他地点。

我国不是《汉堡规则》的缔约国，我国《海商法》的规定中采纳了《汉堡规则》关于货物、实际承运人、清洁提单、延迟交货的概念[1]，并对承运人责任期间进一步具体化，承运人对集装箱装运的货物的责任期间，是从装运港接收货物时起至卸货港交付货物时止，货物处于承运人掌管之下的全部期间；对非集装箱装运的货物，承运人的责任期间是从货物装上船时起至卸下船时止，货物处于承运人掌管之下的全部期间。[2]

4.《鹿特丹规则》（Rotterdam Rules）。随着世界经济的发展，传统的国际货物运输方式发生了很大变化，货物集装箱化和门到门运输非常普及，但是上述三个公约不仅在承运人责任制度上不够统一，也不能解决门到门运输的承运人责任问题。联合国国际贸易法委员会从1996年开始委托国际海事协会（CMI）起草国际运输公约，CMI在2001年向联合国贸法会提交了草案。CMI最初提交的草案框架很大，将门到门的所有运输方式的调整都包括在内。经过审议，草案调整的范围缩小到仅包括国际海上运输加上两港（即装运港和卸货港），向内陆延伸的运输则不包括在内，而是由相应的国际公约调整。

2008年12月11日，联合国大会第63届会议通过了《联合国全程或部分海上国

---

〔1〕 参见我国《海商法》第42、75、76、50条的规定。

〔2〕 参见我国《海商法》第46条。

际货物运输合同公约》（UN Convention on the Contracts of International Carriage of Goods Wholly or Partly by Sea，简称《鹿特丹规则》），目前还没有生效。该规则确立了管辖托运人、承运人和发货人在含有国际海上运程的门到门运输合同下所享权利和所承担义务的统一现代法律制度。规则借鉴了先前各项与海上国际货物运输有关的公约，特别是《海牙规则》及其各项议定书（《维斯比规则》）以及《汉堡规则》并成为其替代文书。《鹿特丹规则》提供了一个法律框架，其中考虑到了自先前那些公约通过以来在海运中发生的许多技术和商业发展情况以及整合和更新现有公约的必要性，包括集装箱化运输的增长、对单一合同下门到门运输的渴望，以及电子运输单证的编制。《鹿特丹规则》为托运人和承运人提供了一种有约束力的普遍制度，以支持可能涉及其他运输方式的海运合同的运作。

《鹿特丹规则》共有 18 章 96 条，分别规定了：总则，适用范围，电子运输记录，承运人的义务，承运人对灭失、损坏或迟延所负的赔偿责任，托运人对承运人的义务，运输单证和电子运输记录，货物交付，控制方的权利，权利转让，赔偿责任限额，时效，管辖权，仲裁，合同条款的有效性，公约不管辖的事项及最后条款。

与先前的海运国际公约相比，《鹿特丹规则》最大的变化是对承运人规定了更加严格的责任，具体内容如下：

（1）适用范围扩大。①《鹿特丹规则》首次确立了“海运加其他”（海运区段以及海运前后其他运输方式的区段）的法律制度。“海运加其他”将公约的适用范围扩大到传统的海上区段以外的其他领域，包括与海上运输连接的陆上运输、铁路、公路、内河水上运输甚至是航空运输。但值得注意的是，该规则原则上适用于海上运输，如果货物运输合同在涵盖了海上运输的同时还包括其他非海上运输阶段，而且货物是在其他运输区段发生损失，在这种情况下，如果该运输区段有强制适用的国际公约，就适用相关的国际公约。但如果该运输区段没有强制性的国际公约，就要适用《鹿特丹规则》的规定。②适用范围扩大到港口经营人。《海牙规则》和《维斯比规则》的责任主体是承运人，《汉堡规则》将承运人分为缔约承运人和实际承运人。《鹿特丹规则》的责任主体除了承运人之外，还包括履约方和海运履约方。承运人是与托运人订立运输合同之人。履约方是指承运人以外的，履行或承诺履行承运人在运输合同下有关货物接收、装载、操作、积载、运输、照料、卸载或交付的任何义务之人，以该人直接或间接在承运人的要求、监督或控制下行事为限。“海运履约方”是指凡在货物到达船舶装货港至货物离开船舶卸货港期间履行或承诺履行承运人任何义务的履约方。内陆承运人仅在履行或承诺履行其完全在港区范围内的服务时方为海运履约方。从上述规定可以看出，海运履约方包括港口经营人以及为货物提供运输服务的各方。在港内提供服务的公路、驳船运输等都属于海运履约方。港口经营人与海运承运人具有同样的地位。

（2）加重了承运人的责任。具体体现在：①取消了“承运人的航海过失免责”条款，海运承运人承担完全过失责任。②扩大了承运人对船舶的适航义务，从“开航前和开航当时”扩展到“全航程”。③承运人对货物的责任期间，自承运人或履约方为运输而接收货物时开始，至货物交付时终止。④提高了赔偿限额。承运人所负赔偿责任的限额，按照索赔或争议所涉货物的件数或其他货运单位计算，每件或每个其他货运单位875个计算单位，或按照索赔或争议所涉货物的毛重计算，每公斤3个计算单位，以两者中较高限额为限，但货物价值已经由托运人申报且在合同事项中载明的，或承运人与托运人已另行约定高于该条规定赔偿责任限额的，不在此列。对迟延造成经济损失的赔偿责任限额，相当于迟交货物应付运费2.5倍的数额，但赔付总额不得超过所涉货物全损时的赔偿限额。

（3）明确了电子运输记录的效力。与先前的海运公约不同，《鹿特丹规则》确认了电子运输记录的法律效力，并将电子运输记录分为可转让与不可转让电子运输记录。

（4）明确了托运人的义务。《鹿特丹规则》基于对等、平衡原则，参照承运人的责任规定，明确了托运人和“单证托运人”的义务和赔偿责任。托运人是与承运人订立运输合同之人。单证托运人，则是指托运人以外的，同意在运输单证或电子运输记录中记名为“托运人”的人，享有与托运人同样的权利与义务。

（5）为便于解决国际贸易中容易产生的一些与运输相关的问题，《鹿特丹规则》增加了有关控制权和权利转让等方面的规定。

（6）专门为批量合同（Volume contract）作出特别规定。《鹿特丹规则》第80条允许当事人在批量合同中增加或减少公约规定的权利、义务和赔偿责任。所谓批量合同，是指在约定期间内分批转运特定数量货物的运输合同。货物数量可以是最低数量、最高数量或一定范围的量。公约赋予批量合同当事人如此大的合同自由，合法规避公约的义务和责任，这对于其他合同当事人，特别是小货主，显然是不公平的。

二、租船合同

在国际海上货物运输中，除了采用定期班轮运输外，还采用不定期航线的租船运输。班轮运输用提单调整承运人和托运人之间的关系，租船运输通过租船运输合同调整出租人和承租人之间的关系。

租船运输合同是指船舶出租人按一定条件将船舶全部或部分出租给承租人进行货物运输的合同。分为航次租船合同与定期租船合同。

（一）航次租船合同

航次租船合同在租船运输中得到广泛应用。它是为完成特定航次运输，由船舶出租人向承租人提供船舶或船舶的部分舱位装运约定的货物从一港运至另一港，由承租人支付约定运费的合同。航次租船合同多以标准格式出现，常见的有：波罗的海国际航运公会（The Baltic and International Maritime Conference，BIMCO）制定的《统一杂货租船合同》（Uniform General Charter），简称“金康”合同（Gencon）；《澳大利亚谷物租船合同》（Chamber of Shipping Australian Grain Charter），简称“奥斯特拉尔”（Austral）等。

按照我国《海商法》的规定，航次租船合同的主要内容包括：出租人和承租人的名称、船名、船籍、载货重量、容积、货名、装货港和目的港，受载期限、装卸期限、运费、滞期费、速遣费及其他有关事项。

1. 出租人责任。根据我国《海商法》第94条的规定，出租人的责任与提单运输中承运人的责任相同。此外，出租人应在规定的卸货港卸货，出租人违反约定使承租人蒙受损失时，应负赔偿责任。

2. 承租人责任主要有：①承租人应提供约定的货物，经出租人同意可更换货物，此由对出租人造成不利时，出租人有权拒绝或解除合同；②承租人可将租用的船舶转租第三者，但其原合同权利义务不变；③承租人有解约权。根据我国《海商法》第96、97条的规定，承租人在出租人未在约定的受载期限内提供船舶，或出租人提供或更换的船舶不符合合同的约定时，有解除合同的权利。

3. 提单。根据我国《海商法》第95条的规定，依照航次租船合同运输货物签发的提单，当提单持有人是非承租人时，承运人与该持单人之间的权利义务关系适用提单的约定。当提单中载明适用航次租船合同条款时，则适用航次租船合同条款。

值得注意的是，除出租人的责任外，我国《海商法》中有关当事人的权利义务规定，仅在航次合同中没有约定或者没有不同约定时，才适用于航次租船合同的出租人和承租人。

（二）定期租船合同

定期租船合同是指出租人在一定期限内把配备船员的船舶出租给承租人供其按约定的用途使用的书面协议。在定期租船合同中，出租人出租整个船舶，承租人按月或按日支付租金。国际上常见的定期租船标准合同有：纽约物产交易所（New York Produce Exchange，简称NYPE）制定的《定期租船合同》（Time Charter），波罗的海国际航运公会（BIMCO）制定的《统一定期租船合同》（Uniform Time Charter）以及我国租船公司制定的《中外定期租船合同》（Sino Time Charter）等。

根据我国《海商法》第130条的规定，定期租船合同的内容主要包括：出租人和承租人的名称、船名、船籍、船级、吨位、容积、船速、燃料消耗、航区、用途、租船期间、交船和还船的时间、地点以及条件、租金及其支付，以及其他有关事项。

1. 出租人保证条款。①船舶适航。出租人保证船舶在整个租期内适航且适于约定用途。②出租人应在约定的时间交付船舶，如违反约定给承租人造成损失，承租人有权要求损害赔偿并解除合同。

2. 承租人责任。①承租人保证船舶在约定的航区内的安全港口或地点之间从事约定的海上运输。②保证船舶用于运输约定的货物。③承租人可将租用的船舶转租，但其原合同的权利义务不受影响。④合同期内，船舶进行海难救助的，承租人有权获得扣除救助费用、损失赔偿、船员应得部分及其他费用后的救助款项的一半。⑤按合同约定支付租金。承租人违反约定时，出租人有权解除合同，要求损害赔偿并对船上属承租人的货物和财产以及转租船舶的收入享有留置权。⑥还船。承租人按约定向出租人还船时，要使船舶处于出租人交船时相同的良好状态。超期还船时，承租人应按照合同约定的租金率支付租金，市场租金率高于合同租金率时，按市场租金率支付租金。

第二节　国际航空货物运输法

一、有关国际航空货物运输的国际公约

随着国际航空事业的发展，航空运输方式在国际贸易中得到日益广泛的使用。航空货物运输快捷、方便、卫生、安全，特别适于运送鲜活商品、易碎易损和贵重物品。目前，调整国际航空货物运输关系的国际公约主要有：

1. 《统一国际航空运输某些规则的公约》，简称《华沙公约》，1929 年在华沙签订，1933 年 2 月 13 日起生效。我国于 1958 年加入该公约。

2. 《修改 1929 年统一国际航空运输某些规则的公约的议定书》，简称《海牙议定书》，签订于 1955 年 9 月，1963 年 8 月 1 日起生效。我国于 1975 年加入该议定书。

3. 《统一非缔约承运人所办国际航空运输某些规则以补充华沙公约的公约》，简称《瓜达拉哈拉公约》，签订于 1961 年，1964 年 5 月 1 日起生效。我国未加入该公约。

4. 《蒙特利尔公约》。1999 年《蒙特利尔公约》产生之前的华沙公约体系被称为旧的华沙公约体系，其每个文件均是独立的条约。但这些条约的参加国不完全相同，加之先前几次的修改补充不仅没有实现国际航空运输规则的进一步统一，反而使得《华沙公约》原本确立的统一航空承运人责任制度陷入严重混乱。有鉴于此，在 1975 年的蒙特利尔外交会议上，一些国家建议国际民航组织起草一个合并所有华沙公约体系文件的统一文本，改变承运人责任制度混乱的状态。1999 年 5 月 10 日，国际民航组织在加拿大的蒙特利尔召开由国际民航组织的成员国和主要航空运输组织及一个非成员国参加的航空法国际会议的外交大会，5 月 28 日通过了新公约——《统一国际航空运输某些规则的公约》（与《华沙公约》同名，Convention for the Unification of Certain Rules for International Carriage by Air），简称 1999 年《蒙特利尔公约》（Montreal Convention），公约于 2003 年 11 月 4 日起生效。我国于 2005 年 2 月 28 日批准了该公约。

《蒙特利尔公约》共有 57 条，包括如下 7 章内容：总则；关于旅客、行李与货物运输的凭证和当事方的责任；承运人的责任和赔偿损害的范围；联合运输；非立约承运人进行的运输；其他规定和最后条款。公约适用于国际运输。国际运输是指根据当事人的约定，不论在运输中有无间断或者转运，其出发地点和目的地点是在两个缔约国的领土内，或者在一个缔约国的领土内，而在另一国的领土内有一个约

定的经停地点的任何运输。

与旧的华沙公约体系相比，1999年《蒙特利尔公约》在国际航空货物运输方面具有如下特点：

（1）关于货物运输的凭证和当事方的责任更加详细。1999年《蒙特利尔公约》第二章专门规定了关于货物运输的凭证和当事方的责任问题，但远比《华沙公约》第二章的规定更加详细具体。该章主要吸收了《蒙特利尔第4号议定书》和《危地马拉议定书》的相关内容，并加以完善。该章主要规定如下：①承运人除可提交传统的纸质单证外，也可以用任何其他保存客票资料的方法或任何保存所作运输的记录的方法代替交给客票或航空货运单，并出具书面说明或货物收据，作为签订合同、接受承运标的与运输条件的证明。②《华沙公约》和《海牙议定书》规定了惩罚性的条款，即承运人不交客票或行李票、航空货运单而承运，客票或行李票、航空货运单没有载明受《华沙公约》或《海牙议定书》约束的条款，承运人无权援用公约中的免除或限制责任。1999年《蒙特利尔公约》取消了该惩罚性的条款。③在航空货运单或货物收据的内容方面，要求载明托运货物的性质与重量，但取消了载明受《华沙公约》或《海牙议定书》约束的条款的要求，同时还规定承运人必要时可要求托运人提交说明货物性质的证件。④托运人和承运人的签字可以印刷或盖章，同时还取消了承运人应该在货物装入航空器之前签字的要求。

（2）对承运人责任制度和赔偿损害的范围进行修改。在货物毁灭、遗失或损坏方面，1999年《蒙特利尔公约》基本上采用了《蒙特利尔第4号议定书》的规定，即实行严格责任。对于因货物有毁灭、遗失或损坏而产生的损失，只要造成损失的事件是在航空运输期间发生的，承运人就应当承担责任。但是，承运人证明货物毁灭、遗失或损坏是由于下列一个或几个原因造成的，承运人不承担责任：货物的固有缺陷、质量或瑕疵；货物非由承运人或其受雇人或代理人包装，包装有缺陷；战争或武装冲突行为；公共当局对货物入境、出境、过境所实施的行为。

在货物运输中造成毁灭、遗失或损坏或延误的，1999年《蒙特利尔公约》仍实行限额赔偿，即以每公斤17个特别提款权为限，除非交运货物时特别申报其价值。

（3）货物延误的限额赔偿。1999年《蒙特利尔公约》规定，货物在航空运输中因延误引起的损失，承运人应当承担责任。但是，承运人证明本人及其受雇人或代理人为避免损失的发生，已经采取一切可合理要求的措施或不可能采取此种措施的，承运人不承担责任。由此可见，1999年《蒙特利尔公约》对货物在航空运输中因延误引起的损失仍都实行推定过失责任制和限制责任制度。

（4）关于赔偿限额例外的引用。由于《华沙公约》第25条有关责任限制的例外表述不清，提供了避开限额规定的借口，因此，1999年《蒙特利尔公约》取消了“有意和不良行为”的提法，而是具体规定如能够证明损失是承运人或其受雇人或代理人有意造成或知道很可能造成损失而不顾后果的行为或不行为引起的，关于客运延误、行李与货物的赔偿限额规定不适用。

（5）禁止惩罚性或其他非补偿性的损害赔偿。1999 年《蒙特利尔公约》第 29 条规定，在任何旅客、行李或货物的损害赔偿和延误赔偿诉讼中，均不得判处惩罚性、惩戒性或其他非补偿性的损害赔偿。制定该条规定的目的旨在防止以惩罚、惩戒等理由突破责任限额。

（6）增加了仲裁条款。1999 年《蒙特利尔公约》规定，货物运输合同的当事人可以约定，有关公约中的承运人责任所发生的任何争议通过仲裁解决。仲裁协议应该以书面形式订立。

（7）1999 年《蒙特利尔公约》与旧华沙公约体系文件的关系。为厘清 1999 年《蒙特利尔公约》与旧华沙公约体系文件的关系，1999 年《蒙特利尔公约》规定，在下列条件下，该公约优先于国际航空货物运输适用的任何规则：①在 1999 年《蒙特利尔公约》当事国间进行的国际航空运输，并且当事国都是 1929 年《华沙公约》、1955 年《海牙议定书》、1961 年《瓜达拉哈拉公约》、1971 年《危地马拉议定书》、1975 年四个《蒙特利尔议定书》的缔约方；②在 1999 年《蒙特利尔公约》一个当事国进行，而该当事国是上述公约中一个或几个文件的缔约国。

二、《蒙特利尔公约》下的国际航空货物运输规则

国际航空货物运输通常是由托运人（或货主）与承运人通过签订货物运输合同进行的。鉴于我国已加入《蒙特利尔公约》（以下本节简称《公约》），因此，该公约关于国际航空运输的规则至关重要。

（一）航空货运单

根据《公约》的规定，承运人有权要求托运人填写航空货运单并对多包货物要求分别填写货运单。任何保存将要履行的运输记录的其他方法都可以用来代替出具航空货运单。因此，只要能起到识别货物并能获得履行运输记录的方法（包括纸质单证和电子单证、货物收据等）都可以起到航空货运单的作用。

货运单一式三份，一份经托运人签字后交承运人；第二份附在货物上，由托运人和承运人签字后交收货人；第三份由承运人在收货后签字交托运人。《海牙议定书》改为承运人在货物装机以前签字。承运人和托运人的签字可以印刷或盖章。货运单是双方订立合同、接受货物和承运条件以及记载货物重量、尺寸、包装、件数等的书面凭证；作为货物的权利凭证，不可转让。但《海牙议定书》允许填发可以流通的航空货运单。

航空货运单或货物收据的主要内容有三项：①起运地和目的地。②经停地点。如启运地和目的地是在一个当事国的领土内，而在另一国领土内有一个或几个约定的经停地点，则至少要标示出一个经停地点。在必要时，经停地点可以由承运人加以变更，但不得使该运输丧失其国际性。按照《公约》的规定，所谓国际航空运输，是指出发地和目的地分处两个缔约国境内，或在一个缔约国领土内但在另一缔约国或非缔约国内有经停地点。在后一种情况下，如承运人将经停地点变更为也在启运地和目的地所在国领土内，则该运输就会丧失国际性。有鉴于此，《海牙议定书》取消了承运人的这一权利。③货物重量。根据《公约》第9条的规定，即使未遵守上述关于货运单规定的，也不影响运输合同的存在或有效，该运输合同受公约规则的约束包括有关责任限制的约束。

根据《公约》的规定，如果承运人接受了货物但未填写货运单，则承运人无权援引关于免除或限制承运人责任的规定。

（二）托运人责任

根据《公约》的规定，托运人承担如下责任：①托运人对货运单上关于货物的各项说明和声明的正确性及由于延误、不合规定、不完备，给承运人及其代理人造成的损失承担责任。②托运人在履行运输合同所规定的一切义务的情况下，有权在启运地、目的地将货物提回或在途中经停时终止运输，或将货物运交非货运单上指定的收货人，并偿付由此产生的费用，同时不得使承运人或其他托运人遭受损失。③托运人需提供各种必要资料以便完成货交收货人前的海关、税务或其他公共当局手续，并将有关证件附货运单交给承运人并承担因资料或证件缺乏、不足或不合规定给承运人造成的损失。

（三）承运人的责任与免责

根据《公约》的规定，承运人的责任如下：

1. 承运人对航空运输期间发生的货损、货物灭失、延误承担责任。《公约》第18条规定，对于因货物毁灭、遗失或者损坏而产生的损失，只要造成损失的事件是在航空运输期间发生的，承运人就应当承担责任。所谓航空运输期间，指货物在承运人掌管之下的期间，不论在航空站内、还是在航空器上对于因货物毁灭、遗失或者损坏而产生的损失，只要造成损失的事件是在航空运输期间发生的，承运人就应当承担责任。上述航空站外降落的任何地点，不包括航空站外任何陆运、海运或河运。但如果这种运输是为了履行空运合同，是为了装货、交货或转运，则也视为航空期间。

但是，《公约》还规定，承运人证明货物的毁灭、遗失或者损坏是由于下列一个或者几个原因造成的，在此范围内承运人不承担责任：①货物的固有缺陷、质量或者瑕疵；②承运人或者其受雇人、代理人以外的人包装货物的，货物包装不良；③战争行为或者武装冲突；④公共当局实施的与货物入境、出境或者过境有关的行为。《公约》还规定，货物在航空运输中因延误引起的损失，承运人应当承担责任。但是，承运人证明本人及其受雇人和代理人为了避免损失的发生，已经采取一切可合理要求的措施或者不可能采取此种措施的，承运人不对因延误引起的损失承担责任。

2. 限额赔偿。承运人对货物损失的赔偿责任以每公斤17个特别提款权为限。如托运人在交货时特别声明货物价值，并交纳了必要的附加费，则承运人的赔偿额以所声明的价值为限。作为部分灭失、损坏和延误的赔偿重量仅限于该包件或数包件的总重量。

当货物损失是由索赔人或权利受让人的过失或其他不当作为、不作为引起或助成，则依其程度全部或部分免除承运人的责任。

《公约》中规定的承运人免责和损害赔偿限额是一个最低标准，任何超出公约免责范围并规定更低赔偿金额的合同条款，一律无效。

当货物的损坏和灭失是由于承运人及其代理人和受雇人员故意的不良行为引起时，承运人则无权援引公约关于免责和限制责任的规定。

有关损害赔偿的诉讼，不管是基于本公约、合同、侵权还是其他任何理由，均不得给予惩罚性、惩戒性或任何其他非补偿性的损害赔偿。

（四）索赔与诉讼时效

收货人在发现货损时，最迟应在收货后 14 天内提出异议；如发生延误，最迟应在收货后 21 天内提出异议。异议要以书面方式提出。除非承运人有诈欺行为，否则超过规定期限，收货人不能对承运人起诉。有关赔偿的诉讼，应在航空器到达目的地之日起 2 年内提出，否则丧失要求损害赔偿的权利。

诉讼地点由原告选择，可以是承运人住所地、主要营业所在地、目的地或合同订立地的法院。

根据《公约》的规定，由几个连续承运人办理的航空运输，第一承运人和每一段运输的承运人要对托运人和收货人负连带责任。

第三节 国际铁路货物运输法

国际铁路货物运输法是调整国际铁路货物运输的法律规范的总称。国际铁路货物运输是指由两个或两个以上国家铁路部门承担的货物运输。铁路运输不受气候影响，连续性强，载货量比空运大，速度比海运快，风险较海运、空运都小。国际铁路运输主要适用内陆接壤国家之间的货物运输。我国除东南沿海地区外，均利用地缘优势与周边国家开展了广泛的经济贸易合作。世界上最大的一条国际铁路运输线——欧亚大陆桥运输横贯我国，东起连云港，西至新疆阿拉山口，可穿越独联体各国，直通西亚到欧洲鹿特丹。随着我国“一路一带”全方位的对外开放，国际铁路货物运输在我国对外经济贸易中大有可为。

一、国际铁路货物运输公约

目前，关于国际铁路货物运输的公约有两个：《国际货约》和《国际货协》。

1. 《国际货约》（CIM），全称《关于铁路货物运输的国际公约》，1961 年在伯尔尼签字，1975 年 1 月 1 日生效。其成员国包括了主要的欧洲国家，如法国、德国、比利时、意大利、瑞典、瑞士、西班牙及东欧各国，此外还有西亚的伊朗、伊拉克、叙利亚，西北非的阿尔及利亚、摩洛哥、突尼斯等，共 28 国。

2. 《国际货协》（CMIC），全称《国际铁路货物联合运输协定》，1951 年在华沙订立。我国于 1953 年加入。1974 年 7 月 1 日生效的修订本，其成员国主要是苏联、东欧，加上我国、蒙古、朝鲜、越南，共计12国。1990年原民主德国与联邦德国合并，民主德国退出《国际货协》。此后，捷克斯洛伐克、匈牙利、罗马尼亚相继退出，但仍承认《国际货协》的规定。1991年，苏联解体，15个加盟共和国各自独立。除亚美尼亚未加入《国际货协》外，其余独联体国家都加入了《国际货协》，再加上阿尔巴尼亚、波兰、保加利亚、中国、越南、朝鲜、蒙古、伊朗，共22国。

《国际货协》成员国中的东欧国家又是《国际货约》的成员国，这样《国际货协》国家的进出口货物可以通过铁路转运到《国际货约》的成员国，这为沟通国际铁路货物运输提供了更为有利的条件。我国是《国际货协》的成员国，凡经由铁路运输的进出口货物均按《国际货协》的规定办理。

二、《国际货协》

《国际货协》对铁路、发货人、收货人都具有约束力。协定不适用于下列情况的货物运输：①发站和到站在同一国境内，而用发送国的列车只通过另一国家过境运送时；②两国车站间用发送国或到达国列车通过第三国过境运送时；③两邻国车站间全程都用某一方铁路的列车，并按照这一铁路的国内规章办理货物运送时。

《国际货协》主要规定了如下内容：

（一）合同的订立

《国际货协》第6、7条规定，发货人在托运货物的同时，应对每批货物按规定的格式填写运单和运单副本，由发货人签字后向始发站提出。从始发站在运单和运单副本上加盖印戳时起，运输合同即告成立。

运单是铁路收取货物、承运货物的凭证，也是在终点站向收货人核收运杂费用和点交货物的依据。与提单及航运单不同，运单作为货物权利凭证不能转让。运单副本在加盖印戳后退还发货人，并成为买卖双方结清货款的主要单据。

（二）托运人的权利义务

根据《国际货协》的规定，托运人承担以下义务：

1. 如实申报。

2. 文件完整。

3. 货物的交付和拒收。托运人在填写运单的同时要提交全部货物并付清运费和有关费用。提交的货物可以是整车，也可以是零担，但不得属于下列货物：①邮政专运物品；②炸弹、炸药和军火；③属于《国际货协》附件（四）中所列的危险物品；④重量不足10公斤的零担货物。凡属于金、银、白金制品、宝石、贵重毛皮、电影片、画、雕像、古董、艺术制品和特种光学仪器等贵重物品，均应声明其价值。

货物到达终点时，发货人有权凭单领取货物。当运单项下货物的毁损导致全部或部分货物不能按原用途使用时，有权拒收货物，并按规定向承运人提出索赔。即使运单中所载货物短少、毁损，也应按运单向承运人支付全部运费。

4. 运送费用的支付和计算。运送费用包括货物的运费、押运人的乘车费、杂费及与运送有关的其他费用。按照《国际货协》第13条和第15条的规定：①发送国铁路的运送费用，按发送国的国内运价计算，在始发站由发货人支付。②到达国铁路的运送费用，按到达国铁路的国内运价计算，在终点站由收货人支付。③如货物始发站和到达的终点站属于两个相邻国家且无须经由第三国过境运输，且两国间订有直通运价规程时，则按运输合同订立日有效的直通运价规程计算。④如货物需经第三国过境运输时，过境铁路的运输费应按运输合同订立日有效的国际货协《关于统一过境运价规程的协约》（简称《统一货价》）[1] 的规定计算，可由始发站向发货人核收，也可由到达站向收货人核收。但如按《统一货价》的规定，各过境铁路运送费必须由发货人支付时，则不得将该项费用转由收货人支付。

对于各国铁路之间的清算办法，按照《国际货协》第 31 条的规定，原则上每一铁路在承运或交付货物时向发货人或收货人按合同规定核收运费和其他费用之后，必须向参加这次运输业务的各铁路支付各该铁路应得部分的运送费用。

5. 变更合同。按照《国际货协》的规定，发货人和收货人在填写变更申请书后，有权在协定允许的范围内对运输合同做必要的变更。发货人有权：①在始发站将货物领回；②变更到站；③变更收货人；④将货物运还始发站。收货人有权：①在到达国范围内变更货物的到达站；②变更收货人。

但无论是发货人还是收货人，都只能各自对合同变更一次，并且在变更合同时不得将一批货物分开办理，同时，变更合同的当事人要对因变更合同产生的费用和损失负责。

（三）承运人的权利义务

1. 承运人的责任期间。根据《国际货协》的规定，从签发运单时起至终点交付货物时止为承运人的责任期间。在此期间，承运人对货物因逾期以及全部或部分灭失、毁损造成的损失负赔偿责任。

2. 核查运单和货物。铁路有权检查发货人在运单中所记载的事项是否正确，并在海关和其他规章有规定的情况下，或为保证途中行车安全和货物完整，在途中检查货物的内容。

3. 执行或拒绝变更合同。根据《国际货协》的规定，在下列情况下，铁路承运人有权拒绝托运人（发货人或收货人）变更运输合同或延缓执行这种变更：①执行变更的铁路车站在收到变更申请发站或到站的通知后无法执行；②与参加运送的铁路所属国家现行的法令和规章相抵触；③违反铁路营运管理；④在变更到站的情况下，货物价值不能抵偿运到新指定到达站的一切费用。

---

[1] 《统一货价》是参加《关于统一过境运价规程的协约》的成员国之间关于办理联运货物的手续和各种运杂费计算以及罚款的规章。过去从属于《国际货协》。鉴于东欧变化，1991 年 6 月 27 日，由保加利亚、中国、朝鲜、蒙古、罗马尼亚和苏联的铁路部门在波兰华沙对原《统一货价》进行修订、补充。同年 7 月 1 日，新《统一货价》施行。根据规定，《统一货价》不再从属于《国际货协》而具有独立的法律地位，其费率也由原卢布改为以瑞士法郎计价。我国铁路自 1991 年 9 月 1 日起实施上述规定。

当铁路承运人按托运人指示变更运输合同时，有权按有关规定核收变更运输合同后发生的各项运杂费用。

4. 连带责任。按《国际货协》第21条的规定，按运单承运货物的铁路，应负责完成货物的全程运输，直到在到达站交付货物时为止。每一继续运送货物的铁路，自接收附有运单的货物时起，即认为参加这项运输合同并因此而承担义务。

5. 免责。根据《国际货协》第22条的规定，在下列情况发生时，免除承运人责任：①铁路不能预防和不能消除的情况；②因货物的特殊自然性质引起的自燃、损坏、生锈、内部腐坏及类似结果；③由于发货或收货人过失或要求而不能归咎于铁路者；④因发货人或收货人装、卸车原因造成；⑤由发送铁路规章许可，使用敞车类货箱运送货物；⑥由于发货人或收货人的货物押运人未采取保证货物完整的必要措施；⑦由于承运时无法发现的容器或包装缺点；⑧发货人用不正确、不确切或不完全的名称托运违禁品；⑨发货人在托运时需按特定条件承运货物时，未按本协定规定办理；⑩货物在规定标准内的途耗。

根据情况推定，当货损发生可归责于上述第1项和第3项原因时，由铁路负责；发生可归责于除第1、3项以外原因时，则只要收货人或发货人不能证明是由于其他原因引起时，即应认为是由于这些原因造成的。

6. 留置权。为了保证核收运输合同项下的一切费用，铁路当局对货物可行使留置权。留置权的效力，依货物交付地国家的法令和规章的规定。

7. 赔偿限额。根据《国际货协》第22条的规定，铁路对货物损失的赔偿金额在任何情况下，不得超过货物全部灭失时的金额。当货物遭受损坏时，铁路赔付额应与货价减损金额相当。当货物全部或部分灭失时，赔偿额按外国售货者在账单上所开列的价格计算；如发货人对货物价格另有声明时，按声明的价格给予赔偿。当逾期交货时，铁路应以所收运费为基础，按逾期长短，向收货人支付规定的逾罚金。逾期不超过总运到期限的1/10时，支付相当于运费的6%的罚款；逾期超过总运到期限的4/10时，应支付相当于运费30%的罚款等。

（四）赔偿请求与诉讼时效

《国际货协》第28条规定，发货人和收货人有权根据运输合同提出赔偿请求，赔偿请求可以书面方式由发货人向发送站提出，或由收货人向收货站提出，并附上相应的根据、注明款额。

铁路自有关当事人向其提出索赔请求之日起，必须在180天内审查该项请求并予以答复。发货人或收货人在请求得不到答复或满足时，有权向受理赔偿请求的铁路所属国家的法院提起诉讼。

根据《国际货协》第30条的规定，有关当事人依据运输合同向铁路提出的赔偿请求和诉讼，以及铁路对发货人和收货人关于支付运送费用、罚款和赔偿损失的要求和诉讼，应在9个月期间内提出；关于货物运到逾期的赔偿请求和诉讼，应在2个月期间内提出。其具体诉讼时效起算日如下：①关于货物毁损或部分灭失以及运到逾期的赔偿，自货物交付之日起算；②关于货物全部灭失的赔偿，自货物运到期限届满后30天起算；③关于补充运费、杂费、罚款的要求，或关于退还此项款额的赔偿请求，或纠正错算运费的要求，应自付款之日起算；如未付款时，应自交货之日起算；④关于支付变卖货物的余款的要求，自变卖货物之日起算；⑤在其他所有情况下，自确定赔偿请求成立之日起算。时效期间已过的赔偿请求和要求，不得以诉讼形式提出。

第四节　国际货物多式联运法律制度

一、国际货物多式联运的特点及其法律问题

随着国际贸易中越来越多地使用集装箱运送货物，出现了一种新的运输方式——货物的多式联运。它是以至少两种不同的运输方式将货物从一国接管货物的地点运至另一国境内指定交付货物的地点。与传统的单一运输方式相比，集装箱多式联运，特别是在成组运输的情况下，大大简化和加速了货物的装卸、搬运程序，运输服务可以从过去的港至港一直延伸到门至门，减少货损货差，减少成本和费用，为国际贸易提供了一个更为理想、畅通、安全、经济、便利的运输方式。

与此同时，多式联运提出了许多新的法律问题：①货物风险的划分。包括买卖双方之间如何确定风险转移以及在若干不同的承运人之间如何确定货物损失的分担。②法律适用问题。对传统的单一运输方式，国际上都已有相应的国际公约来调整有关当事人之间的关系。例如，海运适用《海牙规则》中的有关规定，空运适用《华沙公约》、《海牙议定书》、《蒙特利尔公约》，铁路运输有《国际货协》的规定等。这些公约对承运人的责任、免责、赔偿限额等各有不同的规定。在多式联运中，由于货物是装在集装箱中运输，有时难以确定货物损失究竟发生在联运中的哪一个区段，于是出现了适用哪种运输方式的公约来确定承运人的责任和赔偿金额的问题。③运输单据的性质问题。根据《海牙规则》，海运提单不但是运输合同的凭证，还可作为货物的权利凭证进行转让。但《华沙公约》、《蒙特利尔公约》和《国际货协》规定空运单和铁路运单不具有权利凭证的性质，只起运输合同凭证的作用。《海牙议定书》对《华沙公约》作了修改，规定航空货运单可以作成可转让的。当多式联运中包括海运、空运和（或）陆运时，联运单据是否可以具有货物权利凭证的性质和作用？④承运人和货主的关系问题。在单一运输方式中，运输合同确定了承运人和货主之间的关系。在多式联运中，有多式联运的经营人（简称联运人）和某一运输区段的实际承运人。当发生索赔案件时，发货人或收货人应向谁索赔？或是可以向两者中任何一方索赔？

二、《联合国国际货物多式联运公约》

为了解决上述法律问题，国际社会做出了各种努力。1980年5月，在联合国贸

易与发展会议的主持下，制定并通过了《联合国国际货物多式联运公约》（简称《联运公约》）。我国在会议最后文件上签了字。根据该《公约》的规定，公约在30个国家的政府签字但无须批准、接受或认可，或者向保管人交存批准书、接受书、认可书或加入书后12个月生效。该公约目前尚未生效。

《联运公约》规定了如下内容：

（一）国际多式联运定义

《联运公约》第1条规定，国际多式联运是指按照多式联运合同，以至少两种不同的运输方式，由多式联运经营人将货物从一国境内接管货物的地点运至另一国境内指定交付货物的地点。为履行单一方式运输合同而进行的该合同所规定的货物接送业务，不视为国际多式联运。

（二）多式联运单据

多式联运单据是证明多式联运合同及多式联运经营人接管货物并按合同条款提交货物的证据。根据《联运公约》的规定，多式联运单据依发货人的选择可作成可转让单据或不可转让单据。实践中，只有单据的签发人承担全程责任时，才有可能作成可转让的单据。此时，多式联运单据具有货物权利凭证的性质和作用。在作成可转让单据时，应列明按指示或向持票人交付。凭指示交付，经背书方可转让；向持票人交付，无需背书即可转让。当签发一份以上可转让多式联运单据正本时，应注明正本份数。收货人只有提交可转让多式联运单据才能提取货物。多式联运经营人按其中一份正本交货后，即履行了交货义务，如签发副本，则应注明“不可转让副本”字样。如签发不可转让多式联运单据，则应指明记名的收货人。多式联运承运人将货物交给不可转让单据所指明的记名收货人才算履行了交货义务。

《联运公约》第8条规定了多式联运单据的15项内容：①货物品类、标志、危险特征的声明，包数或件数，毛重；②货物的外表状况；③多式联运经营人的名称与主要营业地；④发货人名称；⑤收货人名称；⑥多式联运经营人接管货物的时间、地点；⑦交货地点；⑧交货日期或期间；⑨联运单据可转让或不可转让的声明；⑩联运单据签发的时间、地点；⑪联运经营人或其授权人的签字；⑫每种运输方式的运费，用于支付的货币、运费，由收货人支付的声明等；⑬航线、转运方式和转运地点；⑭关于多式联运遵守本公约规定的声明；⑮双方商定的其他事项。根据《联运公约》规定，以上一项或数项内容之缺乏，不影响单据作为多式联运单据的性质。

如果多式联运经营人及其代表知道或有合理根据怀疑多式联运单据所列货物品类、标志、包件数和数量、重量等没有准确地表明实际接管货物的状况，或无适当方法进行核对，经营人应在单据上作出保留，注明不符之处及怀疑根据或无适当核对方法。如不加批注，则视为他已在多式联运单据上注明货物外表状况良好。

多式联运单据的签发，并不排斥在必要的时候按照适用的国际公约或国家法律签发同国际多式联运所涉及的运输或其他服务有关的其他单据，但这种单据的签发不得影响多式联运单据的法律性质。

（三）联运经营人的赔偿责任

根据《联运公约》的规定，联运经营人是指其本人或通过其代表订立多式联运合同之人。他不是发货人的代理人，也不是参加多式联运的承运人的代理人。作为多式联运合同的原主，负有履行合同的责任。

1. 责任期间。《联运公约》对多式联运实行的是联运经营人的全程统一责任制，即自其接管货物之日起，到交付货物时为止的整个期间承担责任。当收货人无理拒收货物时，则按照合同或交货地点适用的法律或特定行业惯例，将货物置于收货人支配之下，或交给依交货地点适用的法律或规章必须向其交付的当局或其他第三方。

2. 赔偿范围与责任限制。根据《联运公约》确定的推定过失或疏忽原则，多式联运经营人对在其掌管货物期间内发生的货物灭失、损坏和延迟交付引起的损失承担赔偿责任。所谓延迟交付，指未在约定的时间里交货或未在根据具体情况对一个勤奋的多式联运经营人所能合理要求的时间内交付。当确定的交货日届满后连续90天内未交货，则视为货物已经灭失。

多式联运经营人应对其受雇人或代理人在其受雇范围内行事的行为或不行为，以及为履行多式联运合同而使用其服务的任何其他人的行为或不行为，视同他本人的行为或不行为一样，承担赔偿责任，除非联运经营人能证明其本人、受雇人或代理人为避免事故的发生及其后果已采取了一切所能合理要求的措施。

《联运公约》规定了对货物灭失和损坏的赔偿责任，限制为每件920记账单位或按毛重每公斤不超过2.75记账单位，以较高者为准。如多式联运中，不包括海运或内河运输，则按毛重每公斤8.33记账单位计算。所谓记账单位，是指国际货币基金组织规定的特别提款权。对延迟交货的损害赔偿为相当于对延迟交付的货物应付运费的2.5倍，但不得超过联运合同规定的应付运费的总额。

如果能确切知道货物的灭失或损坏发生于多式联运的某一特定阶段，而这一阶段适用的一项国际公约或强制性国家法律规定的赔偿限额高于适用《联运公约》规定的赔偿限额，则多式联运经营人的赔偿限额由适用该特定区段的国际公约或国家强制性法律规定予以确定。

如经证明货物的灭失、损坏或延迟交付是由于多式联运经营人有意造成或明知可能造成而毫不在意的行为或不行为所引起的，或多式联运经营人意图诈骗，在多式联运单据上列入有关货物的不实资料，或漏列有关货物品类标志、件数、重量及货物外表状况，则联运经营人无权享受《联运公约》规定的赔偿责任限制的利益，并需负责赔偿包括收货人在内的第三方因依赖该多式联运单据所载明的货物状况行事而遭受的任何损失、损坏或费用。

如货物灭失、损坏或延迟交付是由于多式联运经营人、其受雇人或代理人等的过失与疏忽与其他原因相结合而产生的，则多式联运经营人仅就自己及其受雇人、代理人等的过失或疏忽部分承担责任，但必须证明其他原因造成的灭失、损坏和延迟交货部分。

未经发货人告之，而多式联运的经营人又无从得知危险货物特性时，多式联运经营人可视情况需要，随时将货物卸下、销毁或使其无害而无须承担赔偿责任。

（四）发货人的赔偿责任

1. 保证责任。在多式联运经营人接管货物时，发货人应视为已向多式联运经营人保证他在联运单据中所提供的货物品类、标志、件数、重量、数量及危险特性的陈述准确无误；并应对违反这项保证造成的损失负赔偿责任。

2. 凡因发货人或其受雇人或代理人在受雇范围内行事时的过失或疏忽给联运经营人造成损失，发货人应负赔偿责任。

3. 运送危险品的特殊规则。发货人将危险品交多式联运经营人时，应告之危险品的危险特性，必要时应告之应采取的预防措施，否则要对多式联运经营人因运送这类货物遭受的损失负赔偿责任。

（五）索赔与诉讼

1. 通知义务。

（1）收货人的通知。收货人在收货的次一工作日应将货损、灭失情况的书面通知送交多式联运经营人。如货损灭失不明显时，则在收货后连续 6 日内提出书面通知。如在收货时，当事人各方已进行了联合调查和检验，则无须再提交书面通知。对于延迟交货，收货人应在交货后 60 天内由联运经营人提交书面通知，否则联运经营人对延迟交货造成的损失不承担责任。

（2）多式联运经营人的通知。多式联运经营人应在损失发生后 90 天内，或在提交货物后 90 天内（以较迟者为准），将损失通知递交发货人。

2. 时效。任何争议在 2 年期间内未提起诉讼或提交仲裁，则失去时效。但在货物交付后 6 个月内，或货物未交付时，在应交付之日后 6 个月没有提出书面索赔通知，则诉讼在此期限届满后失去时效。诉讼时效可由受索赔人在索赔期间内向索赔人提出书面声明以延长。

与《多式联运公约》的规定不同，我国《海商法》所指“多式联运合同”是指多式联运经营人以两种以上的不同运输方式（其中一种是海上运输方式）负责将货物从接收地运至目的地交付收货人，并收取全程运费的合同。但其在承担责任期间和承担责任方式上与《联运公约》的规定是一致的，即多式联运经营人对多式联运货物的责任期间，自接收货物时起至交付货物时止，并对全程运输负责。但多式联运经营人也可与参与联运的各区段承运人另以合同约定相互之间的责任，但这种约定不得影响多式联运经营人对全程运输应承担的责任。在损害赔偿额方面，我国《海商法》规定，在损失发生在多式联运的某一区段时，多式联运承运人的赔偿责任和责任限额，适用调整该区段运输方式的有关法律规定；运输区段不能确定时，则依照本法关于海上运输合同中承运人赔偿责任和责任限额的规定负赔偿责任。[1]

---

〔1〕 参见我国《海商法》第 102～106 条。

第五节　国际货物运输保险法

国际上没有统一的货物运输保险法。实践中，保险人与被保险人的权利义务是由各国国内法和当事人双方订立的保险合同确定的。国际货物保险合同是指进出口商对进出口货物按照一定的险别向保险公司投保，交纳保险费，当货物在国际运输途中遇到风险时，由保险公司对进出口商遭受保险事故造成货物的损失和产生的责任负责赔偿。

一、国际货物运输保险合同

（一）合同的订立

国际货物运输保险合同属于财产保险合同的一种。在英美国家，保险合同由投保人通过保险经纪人（Insurance Broker）作为代理人才能订立。保险经纪人出具承保单，保险公司在承保单上签字，合同即告成立。保险经纪人交纳保险费并从保险公司收取佣金。如投保人不交保险费，则不能从保险经纪人手中得到保险单。在我国，投保人可以直接向保险公司投保。由投保人提出保险要求，经保险人同意承保，并就货物运输保险条款达成协议后，合同成立。[1] 保险人应及时向被保险人签发保险单或其他保险单证。保险合同主要包括以下内容：保险人与被保险人名称；货物名称；货物价值；保险金额；保险责任和除外责任；保险期间；保险费。[2] 此外，还需列明运输工具、运输路线、投保险别等。

（二）承保风险与损失

1. 承保的风险。国际货物运输中会遇到各种意外事故，这些意外事故具体可分为以下几种：①自然灾害，指与运输有关的海啸、地震、飓风、雷电等恶劣气候和自然灾害。②意外事故，指与运输有关的如触礁、颠覆、碰撞、失踪等意外事故。③外来风险，指由如偷窃、受潮、串味、钩损、沾污等外来原因，以及由战争、暴动、罢工等造成的货物损失、灭失的特殊原因。

2. 赔偿的损失。由这些原因造成的货物损失可分为两类：货物本身遭受的全部损失和部分损失，以及为营救货物支出的费用。

（1）全部损失，包括实际全损和推定全损。所谓实际全损，是指货物全部灭失或因受损而失去原有用途，或被保险人已无可挽回地丧失了保险标的。推定全损是指货物受损后对货物的修理费用加上续运到目的地的费用超过其运到后的价值。

对于实际全损，保险人给予赔偿。对推定全损，由被保险人选择：按实际全损进行索赔，则必须向保险人发出委付通知（Notice of abandonment）；否则按部分损失

---

〔1〕参见我国《海商法》第221条。

〔2〕参见我国《海商法》第217条。

进行索赔。

（2）部分损失，即除了全部损失以外的一切损失。在海上货物运输保险中，分为共同海损、单独海损和单独费用。

共同海损指海上运输中，船舶、货物遭到共同危险，船方为了共同安全，有意和合理地做出特别牺牲或支出的特别费用。对于共同海损所做牺牲和支出的费用，用获救船舶、货物、运费获救后的价值按比例在所有与之有利害关系的受益人之间进行分摊，因此共同海损属于部分损失。保险公司对共同海损牺牲和费用以及共同海损分摊都给予赔偿。

单独海损是指货物因承保风险引起的不属于共同海损的部分损失。单独海损造成的损失只能由受损方自己承担，是否能从保险公司得到补偿取决于当事人投保的险别及保险单的条款是如何制定的。

单独费用是为了防止货物遭受承保风险造成的损失或灭失而支出的费用。由于保险单上通常都载有“诉讼与营救条款”（Sue and Labour Clause），因此单独费用都能从保险公司得到补偿。

（三）代位与委付

代位指当货物损失是由第三者的过失或疏忽而引起时，保险公司向被保险人支付保险赔偿后，享有取代被保险人向第三者进行索赔的权利。在赔付部分损失的情况下，如果保险公司的追偿所得大于赔付给被保险人的金额，则多出部分应返还给被保险人。在赔付全部损失的情况下，保险公司取得代位权的同时，还取得残存货物的所有权。即使残存的货值大于保险公司的赔付额，超出部分仍归保险公司所有。

委付指在推定全损的情况下，被保险人把残存货物的所有权转让给保险公司，请求取得全部保险金额。委付是被保险人的单方行为，保险公司没有必须接受委付的义务。但委付一经接受则不能撤回。接受委付后，保险公司取得残存货物的所有权，当损失由第三者的过失引起时，同时取得向有过失的第三方代位追偿的权利。如追偿额超过保险公司的赔付额，也不必将超出部分退还被保险人。

有时保险公司为了尽快解除保险合同，可以宣布放弃代位求偿或委付权而赔偿全部保险金额。

（四）保险单种类

与海上货物运输保险有关的保险单主要有以下几种：

1. 定值保险单，指载明保险标的的保险单。通常为货物的 CIF 或 CIP 价加上 10% 的买方预期利润。

2. 航程保险单，指以一次或多次航程为期限的保险单。

3. 流动保险单，指保险人与被保险人就总的承保条件，如承保风险、费率、总保险金额、承保期限等事先予以约定，细节留待以后商定的保单。根据流动保单，被保险人按承保期间内可能启运的货物价值预交保险存款（premium deposit），在每批需要承保的货物装运后通知保险人，保险单自动生效，每批货值从货物的总价值中扣除，直至保险总额用完，保险合同终止。

4. 预约保险单，又称开口保单，与流动保单类似，只是在保单中未规定保险总金额。承保货物一经启运，被保险人通知保险人后，保单自动生效。合同终止取决于被保险人和保险人之间的约定。

5. 重复保险单，指被保险人在同一保险期间内与数个保险人，就同一保险利益、同一保险事故分别订立数个保险合同。重复保险金额的总额不得超过保险标的价值。

6. 保险凭证是一种简式保险合同，通常仅载有正式保险单正面的条款，如被保险人名称、保险货物名称、运输工具种类与名称、投保险别、保险期限、保险金额等，而对保险单背面有关保险人和被保险人权利义务的条款则不予登载。在当事人采用流动保单或预约保单投保时，被保险人得不到正式保单，只能得到保险凭证。

（五）保险责任起讫

按照一般的国际实践，承保人的责任起讫是从被保险货物运离保险单所载明的启运地仓库或储存处开始运输时起，至该货物到达保险单所载目的地收货人的最后仓库或储存处，或被保险人用作分配、分派或非正常运输的其他储存处所为止，即通常所称的“仓至仓条款”。如未抵达上述仓库或储存处所，则以货物抵达最后卸载地后满 60 天为止（在航空运输中，是在货物卸离飞机后满 30 天为止）。如在上述 60 天内（航空运输是在 30 天内），货物被运至保单所载目的地以外的地点，则保险责任从货物开始转运时终止。

（六）被保险人义务

被保险人通常需承担以下义务：①如实申报。被保险人或投保人在填写保单时，必须对货物、货物性质、价格等重要事实如实申报，否则保险人可以解除合同，并对保险标的发生的损失不予赔偿。②及时提货。被保险货物抵达保单所载目的地，被保险人应及时提货。③保全货物。对遭受承保范围内危险的货物，应迅速采取合理措施，减少或防止货物损失。④通知。当获悉航线改变或发现保单所载货物的运输工具、航程有遗漏或错误时，被保险人应立即通知保险人，在必要时需另加保费，保险单继续有效。⑤索赔。当发现货物遭受损失时，应立即向保单上所载明的检验、理赔代理人申请检验，并向承运人、受托人或海关、港务当局索取货损、货差证明，并以书面方式提出索赔。在向保险人提出索赔时，要提供保险单正本、提单、发票、装箱单、磅码单、货损货差证明等有关单据和凭证。

（七）索赔期限

从被保险货物在最后卸载港全部卸离运输工具后起算，最多不超过 2 年。

二、国际海上货物运输保险条款

国际海上货物运输保险条款常用的是伦敦保险业协会制定的货物保险条款，我国对外贸易运输中除上述条款外，还经常使用中国人民保险公司制定的海洋运输货物保险条款。

（一）中国人民保险公司海洋运输货物保险条款

中国人民保险公司海洋运输货物保险条款分一般保险条款和特殊保险条款。一般保险条款包括三种基本险别：平安险、水渍险和一切险；特殊保险条款包括一般附加险、特别附加险和特殊附加险。

1. 平安险（Free From Particular Average），原意为“单独海损不赔”。承保被保险货物由于恶劣气候、雷电、海啸、地震、洪水等自然灾害造成的整批货物的全损；运输工具搁浅触礁、沉没、互撞以及失火、爆炸等意外事故造成的货物全部或部分损失；运输工具在发生上述意外事故前后又在海上遭受恶劣气候等自然灾害造成的部分损失；装卸时，一件或数件货物落海造成的全部或部分损失；被保险人为抢救货物支出的合理费用等。

平安险是三种基本险别中保险人责任最小的一种。

2. 水渍险（With Particular Average），原意为“单独海损负责”。除承保平安险的各项责任外，还负责被保险货物由于恶劣气候等自然灾害造成的部分损失。

3. 一切险（All Risks），除承保平安险和水渍险的各项损失外，还承保由于外来原因招致的全部或部分损失。所谓外来原因，是指由一般附加险承担的损失，而不包括特别附加险和特殊附加险。

一般附加险有11种，包括：①偷窃、提货不着险；②淡水雨淋险；③短量险；④混杂、沾污险；⑤渗漏险；⑥碰损、破碎险；⑦串味险；⑧受潮受热险；⑨钩损险；⑩包装破裂险；⑪锈损险等。一般附加险不能单独投保，它们全部包括在一切险之中，或是投保人在投保了平安险或水渍险后，根据需要加保其中一种或几种险别。

特别附加险有7种：包括：①交货不到险；②进口关税险；③舱面险；④拒收险；⑤黄曲霉险；⑥出口货物到香港（九龙）或澳门存仓火险责任扩展险；⑦卖方利益险。

特殊附加险有3种：战争险、战争险的附加费用和罢工险。

特别附加险和特殊附加险在投保人向保险公司提出申请后，经特别同意，在投保了基本险后可以加保。

（二）伦敦保险业协会货物保险条款

目前通用的是1983年4月1日起使用的货物保险条款，共有6种，同中国人民保险公司的货物保险条款相比，主要有以下不同：

1. 用英文字母A、B、C表示原来的一切险、水渍险和平安险，避免了过去因险别名称含义不清且与承保范围不符产生的误解，消除了原险别之间的交叉与重叠。

2. 增加了承保陆上风险的规定，如B、C条款承保由于陆上运输工具的颠翻、出轨、碰撞引起的货损以及湖水、河水侵入船舶造成的损害。

3. 独立投保的保险条款。协会货物保险条款除A、B、C条款外，还有协会战争险条款、罢工险条款、恶意损害险条款，均可独立投保，或在投保了A、B、C条款后加保。

三、国际陆上货物运输保险

中国保险条款中的陆上货物运输保险条款（火车、汽车）规定了责任范围、除外责任、责任起讫、被保险人义务、索赔期限五部分。

（一）承保范围

中国保险条款中的陆上货物运输保险条款规定了陆运险和陆运一切险两个险种。

1. 陆运险。其承保范围包括：①被保险货物在运输途中遭受暴风、雷电、洪水、地震等自然灾害。②运输工具遭受碰撞、倾覆、出轨，或在驳运过程中因驳运工具遭受搁浅、沉没，或由于遭受隧道坍塌、崖崩或失火、爆炸等意外事故所遭受的全部或部分损失。③被保险人对遭受承保范围内危险的货物采取抢救、防止或减少货损的措施而支付的合理费用，但以不超过该批被救货物的保险金额为限。

2. 陆运一切险。其承保范围除包括上述陆运险的责任外，还负责承保被保险货物在运输途中由于外来原因所致的全部或部分损失。

（二）责任期间

陆运货物保险条款规定了“仓至仓”责任，包括正常运输过程中的陆上和与其有关的水上驳运在内。如货物未抵达目的地仓库或储存处所，则以被保险货物运抵最后卸货的车站满60天为止。

（三）被保险人义务

1. 被保险货物运抵目的地以后，被保险人应及时提货，当发现保险货物遭受任何损失，应立即向保险单上所载明的检验、理赔代理人申请检验。如发现被保险货物整件短少或有明显残损痕迹，应即向承运人、受托人或有关当局索取货损货差证明。如货损货差是由于承运人、受托人或有关方面责任造成的，则应以书面方式向他们提出索赔，必要时须取得延长时效的认证。

2. 对遭受承保责任内危险的货物，被保险人应迅速采取合理的抢救措施，防止或减少货物的损失。

3. 在向保险人索赔时，须提供下列单证：保险单正本、运单、发票、装箱单、磅码单、货损货差证明、检验报告及索赔清单。当涉及第三者责任时，还须提供向第三者追偿的有关函电及其他必要单证或文件。

（四）除外责任

根据陆运货物保险条款的规定，保险公司对由于下列原因造成的货物损失，不负赔偿责任：①被保险人的故意行为或过失造成的损失；②属于发货人责任引起的损失；③在保险责任开始前，被保险货物存在的品质不良或数量短差造成的损失；④被保险货物的自然损耗、本质缺陷、特性以及市价跌落、运输延误造成的损失和费用；⑤陆上运输货物战争险条款和货物运输罢工险条款规定的责任范围和除外责任。

（五）索赔期限

索赔时效自被保险货物在最后目的地车站全部卸离车辆后起计算，最多不超过2年。

四、国际航空货物运输保险

中国保险条款中的航空运输货物保险条款规定了责任范围、除外责任、责任起讫、被保险人义务、索赔期限五部分。

（一）承保范围

航空运输货物保险分为航空运输险和航空运输一切险两种：

1. 航空运输险。其承保范围为：①被保险货物在运输途中遭受雷电、火灾、爆炸或由于飞机遭受恶劣气候或其他危难事故而被抛弃，或由于飞机遭受碰撞、倾覆、坠落或失踪等意外事故所造成的全部或部分损失。②被保险人对遭受承保范围内危险的货物采取抢救、防止或减少货损的措施而支出的合理费用，但以不超过该批被救货物的保险金额为限。

2. 航空运输一切险。除包括上述航空货物运输险的责任外，还负责被保险货物由于外来原因所致的全部或部分损失。

（二）责任期间

1. 航空运输货物保险条款负“仓至仓”责任，自被保险货物运离保险单所载明起运地仓库或储存处所开始运输时生效，包括正常运输过程中的运输工具在内，直至该货物到达保险单所载明目的地收货人的最后仓库或储存处所或被保险人用作分配、分派或非正常运输的其他储存处所为止。如未抵达上述仓库或储存处所，则以被保险货物在最后卸载地卸离飞机后满30天为止。如在上述30天内，被保险的货物需转送到非保险单所载明的目的地时，则以该项货物开始运转时终止。

2. 由于被保险人无法控制的运输延迟、绕航、被迫卸货、重新装载、转载或承运人适用运输合同赋予的权限所做的任何航行上的变更或终止运输合同，致使被保险货物运到非保险单所载目的地时，在被保险人及时将所获知的情况通知保险人，并在必要时加付保险费的情况下，保险单继续有效，并按下列规定终止：①被保险货物如在非保单所载目的地出售，保险责任至交货时为止。但无论如何，均以被保险货物在卸载地全部卸离飞机后满30天为止。②被保险货物如在上述30天期限内继续运往保单所载原目的地或其他目的地时，保险责任仍按“仓至仓”的规定终止。

关于除外责任，被保险人义务以及索赔期限的规定与陆上运输货物保险条款相同。

五、国际货物多式联运保险

我国对于国际联运货物保险尚无单独的保险条款。实践中，通常采取按各个承保区段分别计算的办法处理。

本章思考题

1. 简述提单的概念和作用。
2. 简述提单的种类。
3. 有关提单的国际公约有哪些?
4. 请比较提单运输国际公约在承运人责任制度上的异同。
5. 简述《鹿特丹规则》的特点。
6. 简述租船合同的类型和特点。
7. 规范国际航空运输的国际公约有哪些?
8. 简述国际航空货物运输承运人的责任制度。
9. 规范国际铁路运输的国际公约有哪些?
10. 简述国际铁路货物运输承运人的责任制度。
11. 简述《国际货物多式联运公约》关于多式联运经营人责任的规定。
12. 简述国际海上货物运输保险承保的风险有哪些。
13. 简述委付的特点。
14. 简述代位求偿权的特点和目的。
15. 简述国际海上货物运输保险的主要险别及其承保范围。
16. 简述其他国际货物运输方式下的保险险别。

第四章
国际货物贸易支付

✣学习目的与要求

国际贸易支付是国际贸易的一个重要环节。它是指在买卖双方之间对货款及其附属费用的计价结算以及支付方式和手段。学生在该章的学习中应掌握国际贸易结算工具的类型及其特点、国际贸易支付方式各自的特点和应注意的问题。

第一节　国际支付工具

国际贸易中主要的支付工具是货币与金融票据，主要是汇票。货币用于计价结算，汇票主要用于作为支付工具。

一、货币

各国货币名称不同，代表的价值也不同，因此在国际贸易中如何选择用于计价结算的货币是一个十分重要的问题。为了防止货币市场价值的波动造成的损失以及由于货币的不能自由兑换带来的损失，通常在国际贸易中要选择币值比较稳定且可以自由兑换、自由流通的货币，如美元、日元、欧元、英镑等。在我国，中国银行每天公布的外汇牌价共有22种。

二、汇票

在国际贸易实践中，买卖双方并不直接用货币进行支付，而是用汇票进行支付。

汇票（Bill of Exchange）在国际贸易中，是出口方开给进口方的要求其在见票或见票后的一定时间内无条件支付一定金额的书面命令。

在国际贸易中，常见的汇票有两类：①即期汇票和远期汇票。即期汇票是持票人向付款人提示汇票时，付款人见票后立即付款的汇票；远期汇票是指在见票后一定期限或特定日期付款的汇票。②光票和跟单汇票。前者指不附带任何单据的汇票；后者指汇票的承兑或付款要以附有代表货物所有权的单据为条件的汇票。

汇票上通常需记载以下内容：①汇票上要写有“汇票”字样；②无条件支付一定金额（通常即指货款金额）的命令；③付款人姓名或商号名称；④受款人或其指定人的名称；⑤出票日期及地点；⑥汇票到期日或付款日；⑦汇票到期付款地点；

⑧出票人签名。按1930年《关于汇票与本票的日内瓦公约》对汇票的形式和内容的要求，上述记载事项缺一不可。相对而言，英美法系对汇票的要求比较灵活。在国际贸易中，如果是根据合同或信用证的要求签发的汇票，则其内容不但要符合公约或国内法的要求，还要符合买卖合同以及信用证的要求。

第二节　国际结算方式

国际贸易的支付方式主要分为两大类、三种：一类是收付双方不由银行提供信用，但通过银行办理的方式，如买方直接付款和银行托收。另一类是由银行提供信用，收付双方从银行得到信用保证和资金融通的便利，如信用证。虽然三种方式基本上都要通过银行，但银行在各种方式中所起的作用不一。在三种支付方式中，汇付和托收这两种支付方式都是由买卖双方根据买卖合同互相提供信用，属于商业信用。而信用证属于银行信用，因此其最为常用。

此外，从资金的流向与支付工具的传递方向上，可以将支付方式分为顺汇和逆汇两种方法。①顺汇是指资金的流动方向与支付工具的传递方向相同。汇付方式采用的是顺汇方法。②逆汇是指资金的流转方向与支付工具的传递方向相反，托收方式以及信用证方式采用的是逆汇方法。随着国际贸易的发展，出现了由保理商提供的国际保理业务。国际保理可以为出口商提供集出口资金融通、账务处理、收取应收款及买方信用担保为一体的综合性服务。

一、汇付

（一）汇付的概念和当事人

汇付（remittance）也称买方直接付款（direct payment by buyers），是指付款人通过银行将款项汇交收款人。在国际贸易中如采用汇付，通常是由买方按合同规定的条件和时间（如预付货款或货到付款或凭单付款）通过银行将货款汇交卖方。汇付属于商业信用。

1. 汇付涉及如下当事人：①汇款人（remitter），在国际贸易中为买方。②汇出行（remitting bank），通常是买方委托汇出汇款的银行，通常为买方所在地银行。③汇入行（paying bank），汇出行的代理行，通常为卖方所在地银行。④收款人（payee），在国际贸易中为卖方。其中，付款人与汇出行之间订有支付合约关系，汇出行与汇入行之间订有代理支付合约关系。

2. 汇付采用顺汇法。在办理汇付业务时，汇款人应向汇出行填交汇款申请书，汇出行有义务根据汇款申请书的指示向汇入行发出付款书；汇入行收到汇款委托书后，有义务向收款人解付货款。但汇出行和汇入行对不属于自身过失而造成的损失（如付款委托书在邮递途中遗失或延误等致使收款人无法或延期收到货款）不承担责任，而且汇出行对汇入行工作上的过失也不承担责任。

3. 汇付手续简便、费用低廉。但汇付风险较大。因为以汇付方式结算，可以是货到付款，也可以是预付货款。如果是货到付款，卖方向买方提供信用并融通资金。而预付货款则是买方向卖方提供信用并融通资金。不论哪一种方式，风险和资金负担都集中在一方。在贸易实践中，汇付一般只用来支付订金、货款尾数、佣金等项费用，不是一种主要的结算方式。

（二）汇付方式

汇付根据汇出行向汇入行发出汇款委托的方式可分为三种形式：

1. 电汇（telegraphic transfer，T/T）。电汇是指汇出行接受汇款人委托后，以电传方式将付款委托通知收款人当地的汇入行，委托它将一定金额的款项解付给指定的收款人。电汇因其交款迅速，在汇付方式中使用最广。但因银行利用在途资金的时间短，所以电汇的费用较高。

2. 信汇（mail transfer，M/T）。信汇是指汇出行接受汇款人委托后，以向汇入行航寄付款委托的方式将付款委托通知收款人当地的汇入行，委托它将一定金额的款项解付给指定的收款人。信汇汇款速度比电汇慢。因信汇方式人工手续较多，目前一些银行已不再办理信汇业务。

3. 票汇（demand draft，D/D）。票汇是以银行即期汇票为支付工具的一种汇付方式。由汇出行应汇款人的申请，开立以其代理行或账户行为付款人，列明汇款人所指定的收款人名称的银行即期汇票，交由汇款人自行寄给收款人，由收款人凭票向汇票上的付款人（银行）取款。

（三）付款时间

汇付可以是见单付款或交单付现。①见单付款是指卖方在发运货物之后，将有关装运单据寄交买方，买方在收到单据后按合同规定汇付货款。这种方法显然不利于卖方，如果买方在收到单据后拒不付款或拖延付款，卖方就要承担钱货两空的风险。②交单付现则要求买方在付款时才能得到装运单据。当卖方对买方的信誉和资信能力不了解或认为有问题时，一般会在合同中规定交单付现。

二、托收

（一）托收的概念和法律规范

根据《托收统一规则》第2条的规定，托收是指银行依据所收到的指示处理金融单据和商业单据，以便取得付款和/或承兑，或凭以付款或承兑交单，或按照其他条款和条件交单。简单而言，国际贸易中的托收（collection）是指卖方以买方为付款人开立汇票，委托银行代其向买方收取货款的一种结算方式。值得注意的是，银行在托收过程中严格地限于作为代理人按照托收指示行事，它对付款人能否支付代收款项不承担任何责任。因此，从信用性质上说，托收与汇付方式一样，属于商业信用，而不是银行信用。

为规范银行托收业务，国际商会于1958年草拟了《商业单据托收统一规则》（Uniform Rules on the Collection of Commercial Paper），1967年进行了修订。1978年根据国际贸易的发展变化再次修订，并改名为《托收统一规则》（Uniform Rules for Collections）（第322号出版物），1979年1月1日起实施。1995年又对该规则进行修订，在国际商会第522号出版物上出版（简称URC 522），并于1996年1月1日起实施。该规则有26条、7个部分：总则和定义、托收的形式和结构、提示的形式、义务和责任、付款、利息及手续费和费用、其他条款。

《托收统一规则》是对国际惯例的总结，具有国际惯例的效力，即只有在当事人自愿采用或没有明示排除时，才对当事人有法律的拘束力。目前，它已经得到各国银行的广泛承认和使用。除这一国际惯例外，许多国家都制定了有关支付方面的法律，即使当事人选择了《托收统一规则》，也不得违背国内法中的强制规定（如外汇管制规定等），这一原则也为《托收统一规则》所承认。该规则规定，根据外国法律或惯例对银行规定的义务和责任，委托人应受约束并负赔偿的责任；以付款地国以外的货币（外国货币）支付时，该项外国货币应能够依照托收指示书规定立即汇出；关于光票托收的部分付款，仅在付款地现行法律准许部分付款的限度和条件下才可以接受。特别重要的是，该规则“总则和定义”A款规定，除非规则与一国、一州或地方不得违反的法律规定相抵触，否则规则适用于一切没有明示同意排除适用的当事人。实际上，《托收统一规则》的制定充分考虑了国际支付的特点和需要。

（二）托收的种类

《托收统一规则》将托收分为光票托收和跟单托收。

1. 光票托收（clean collection）。光票托收是指不附有商业单据的金融单据项下的托收。在光票托收中，买方付款或承兑后可能不能获得货物或代表货物所有权的单据，所以甚少采用，通常只用于收取货款尾数、佣金、样品费等项费用。

2. 跟单托收（documentary collection）。跟单托收是指附有商业单据的金融单据项下的托收，或者不附有金融单据的商业单据项下的托收。金融单据（financial documents）是指汇票、本票、支票或其他类似的可用于取得款项支付的凭证；商业单据（commercial documents）是指发票、运输单据、所有权文件或其他类似的文件，或者不属于金融单据的任何其他单据。国际贸易中货款的支付，可以采用跟单托收的方式。每一笔具体交易是采用光票托收还是跟单托收，跟单托收须附具什么单据，或哪些款项用跟单托收，哪些款项用光票托收，概由当事人在买卖合同中约定并由卖方填于付款指示书中。

根据《托收统一规则》和国际贸易支付的实践，跟单托收根据交单条件的不同又可分为付款交单和承兑交单两种。《托收统一规则》规定，委托人（卖方）在托收指示书中应载明是付款交单还是承兑交单，否则银行按付款交单处理。

（1）付款交单（Documents against Payment，D/P）。付款交单是指付款人（买方）在向代收行支付了货款后才能取得商业单据的托收。

付款交单可分为即期付款交单和远期付款交单。即期付款交单（D/P at sight）指如果收款人（卖方）出具的是即期汇票，付款人（买方）于见票时立即付款后即获得商业单据的托收；远期付款交单（D/A at - days sight）指收款人（卖方）出具远期汇票，付款人先承兑，于到期日时再付款赎单的托收。

在远期付款交单的条件下，买方在承兑汇票后、付清货款前，是不能取得商业单据的。因此，如果汇票的到期日晚于货物运抵目的地的日期，买方就必须设法在汇票的到期日之前拿到装运单据，以便及时提取到货物。在这种情况下，有些国家的银行往往允许买方在承兑远期汇票后，凭信托收据（trust receipt）借出装运单据去提货，待远期汇票到期时再付还货款。所谓信托收据，是由买方向银行出具的表示愿意以银行的受托人（trustee）的身份代银行保管和处理货物，并承认货物的所有权属于银行，出售货物后所得的货款亦应交给银行或代收行暂为保管的一种书面文件。

通过这种办法，买方在付款之前就可以取得货物，并可及时转售货物获得利润，然后再用出售所得于汇票到期日偿付汇票金额，以达到通融资金的目的。凭信托收据借单据的办法，通常是进口地的代收行自行做主对买方给予资金通融方便，与卖方无关，在这种情况下，代收行必须承担汇票到期付款的责任，如果买方到期因某种原因而不能或不愿付款，则付款的责任转移到了代收行身上。如果卖方在托收指示书中指示银行允许买方预借单据提货，则日后买方拒付的风险由卖方自己承担。在采取这种办法时，卖方所承担的收汇风险同承兑交单类似，因此，除非买方是信用可靠的老客户，卖方一般不轻易采取这种做法。

（2）承兑交单（Documents against Acceptance，D/A）。承兑交单是指付款人（买方）承兑汇票后即可获得商业单据，于汇票到期日再付款。因为只有远期汇票才需办理承兑手续，所以承兑交单方式只适用于远期汇票的托收。

在付款交单和承兑交单两种方式中，承兑交单对卖方的风险更大，卖方甚至可能钱货两空。这些风险是：买方虽有偿付能力，但不讲信用拒不付款；买方于到期日或之前被宣告破产或开始破产程序；买方出售货物后携款潜逃，不知下落；即使货物的所有权尚在买方手中，但卖方需要对他提起诉讼，从而冒败诉和增加额外费用的风险。在付款交单时，如果买方不付款，至少卖方手中还掌握着代表货物所有权的提单等票据，可以通过处理货物减少损失，这一点要优于承兑交单。但即使如此，如果买方真的拒不付款赎单，由于货物已运往国外，托收行通常又不负责提货、存仓、保管和转售等事宜，卖方往往需要指定一名“需要时的代理人”代为处理货物，这就需要支出一笔额外费用，如果货物在国外找不到买主，还要把它运回本国，支付本不用支付的运费、滞期费、仓储费。除此之外，还可能因拖延时日而冒货物市价跌落的风险等。

由上述可知，无论是付款交单还是承兑交单，卖方都冒着一定的风险，但由于它对买方较为有利，例如，买方不必像申请开立信用证那样向银行交纳开证押金，银行费用比较低廉等，所以这种支付方式对促进出口成交还是有一定作用的。

（三）托收的有关当事人及其权利义务

根据《托收统一规则》第3条的规定，托收的关系人有委托人、托收行、代收行、提示行、付款人。

1. 委托人（Principle），即委托银行办理托收业务之人。在国际贸易支付中即国际货物买卖合同的卖方。

2. 托收行（Remitting Bank），即受委托人的委托办理托收业务的银行。国际贸易支付中通常是卖方营业所在地的银行。

3. 代收行/提示行（Collecting Bank/Presenting Bank），代收行即托收行以外参与办理托收指示的任何银行。根据《托收统一规则》的规定，委托人可以指定代收行，如无指定，则代收行可以是托收行或其他银行视情况而选择的在付款或承兑所在国家的任何银行。在国际贸易支付中，代收行通常是买方营业所在地的银行。

提示行（如果有的话）是向付款人做出提示的代收行，一般由托收行指定，也可由代收行自行指定。

4. 付款人（Payer），即根据托收指示书向其做出提示的人。在国际贸易支付中，通常是国际货物买卖合同的买方，亦即卖方所出具汇票的受票人（付款人）。

委托人和托收行之间是委托代理关系；托收行与代收行、提示行之间也是代理关系。代理关系的基础是托收指示书（collection instruction）。委托人所有送往托收的单据必须附有一项完整和明确的托收指示书。银行只根据该托收指示中的命令行事。除非托收指示中另有授权，银行将不理会来自除了他所收到托收的有关人/银行以外的任何有关人/银行的任何指令。

托收指示包括下述各项内容：①接受托收的银行详情，包括全称、邮政和SWIFT地址、电传、电话和传真号码。②委托人的详情，包括全称、邮政地址或者办理提示的场所以及（如果有的话）电传、电话和传真号码。③付款人的详情，包括全称、邮政地址或者办理提示的场所以及（如果有的话）电传、电话和传真号码。④提示银行（如有的话）的详情，包括全称、邮政地址以及（如果有的话）电传和传真号码。⑤待托收的金额和货币。⑥所附单据清单和每份单据的份数。⑦凭以取得付款和/或承兑和条件和条款；凭以交付单据的条件：付款和/或承兑；其他条件和条款。发出托收指示一方有责任确保单据的交付条件表述清楚、明确，否则银行对由此产生的任何后果不负责任。⑧待收取的手续费，并表明是否可以放弃。⑨待收取的利息（如有的话），并表明是否可以放弃，包括：利率、计息期、计息基础（例如一年按360天，还是365天）。⑩付款方法和付款通知的形式。对于在不付款、不承兑和/或不遵从其他指示时如何处理的指示。

此外，托收指示应载明付款人或提示地的完整地址。如果地址不完整或有错误，代收银行可以试图确定正确的地址，但对此不承担任何义务和责任。代收银行对因提供的地址不全或有误所造成的任何延误将不承担责任或对其负责。托收指示还应当表明要求付款人完成任何行为的确切期限。

由于上述当事人之间存在代理关系，他们的权利义务关系受代理法的一般原则的支配。即委托人应补偿代理人的开支，向其支付报酬；而代理人亦应尽职尽责完成代理事务并不得越权。这两个原则在《托收统一规则》中都得到了体现，该规则第1条规定："银行应以善意和合理的谨慎行事。"其"总则和定义"C中规定："银行只被允许按照托收指示书中的规定和根据本规则行事。如由于某种原因，某一银行不能执行它所收到的托收指示书的规定时，必须立即通知发出托收指示书的一方。"如果代理人违反了上述原则，则应赔偿由此给委托人造成的损失。

除上述原则之外，《托收统一规则》还规定了托收行对委托人，代收行对托收行负有完成下列具体代理行为的义务：①及时提示的义务。遇有即期汇票应毫无延误地作付款提示；对远期汇票则必须不迟于规定的到期日作付款提示。当远期汇票必须承兑时，应毫无延误地作承兑提示。②保证单据（包括汇票和装运单据）与托收指示书的表面一致。银行必须核实所收到的单据在表面上与托收指示书所列一致，如发现任何单据有遗漏，应立即通知发出指示书的一方。③收到的款项在扣除必要的手续费和其他费用后必须按照指示书的规定无迟延地解交本人。④无延误地通知托收结果，包括付款、承兑、拒绝承兑或拒绝付款、拒付的理由。

从以上委托人与托收行、托收行与代收行的关系可以看出，托收的一个重要特点是：银行的地位严格地限于作为代理人，它对货款能否支付不承担任何义务或责任。因此，从信用性质上说，托收属于商业信用而不是银行信用，卖方能否收回货款全赖于买方的信誉如何。

（四）银行的免责

为了加强和突出银行的上述地位，《托收统一规则》规定了以下银行不承担责任的情况，包括：

1. 对被指示方行为的免责。如前所述，托收行是委托人的代理人，代收行又是托收行的代理人，根据代理法的一般原则，在委托人与代收行之间不存在合同关系。《托收统一规则》（URC 522）第11条规定了对以下被指示方行为的免责：①为使委托人的指示得以实现，托收行使用其他银行的服务，其风险与费用由委托人承担；②即使托收行主动选择了其他银行办理业务，如该行所转递的指示未被执行，托收行不承担任何责任；③指示他方提供服务的指示方，应受到外国法律或惯例所加于被指示方的一切义务和责任的制约，并对被指示方因履行该义务所承担的责任和费用负偿付之责。上述规定明确了委托人应承担托收后果的情形以及托收行对提示行的行为后果的责任。根据上述规定，尽管委托人与代收行没有直接的合同关系，但代收行的行为后果由委托人承担。

2. 对单据有效性免责。银行只需核实单据在表面上与托收指示书一致，除此之外，没有进一步检验单据的义务。代收行对承兑人签名的真实性或签名人是否有签署承兑的权限概不负责。

3. 对货物免责。除非事先征得银行同意，货物不应直接运交银行或以银行为收货人，否则银行无义务提取货物。银行对于跟单托收项下的货物无义务采取任何措施。然而，无论是否得到指示，如银行对货物采取了保护措施，它们不对货物的状况负责，也不对任何受委托看管和保护货物的第三者的行为和不行为负责，但代收行应立即就采取的措施发出通知。

4. 对翻译与通讯中的延误免责。银行对由于任何通知、信件或单据在寄送途中发生延误或失落所造成的一切后果，或对电报、电传、电子传送系统在传送中发生延误、残缺和其他错误，或对专门性术语在翻译上和解释上的错误，概不承担义务或责任。

5. 不可抗力免责。银行对由于天灾、暴动、骚乱、叛乱、战争或银行本身无法控制的任何其他原因，或对由于罢工或停工致使银行营业间断所造成的一切后果，概不承担义务和责任。

6. 对单据遭拒付免责。在汇票被拒绝承兑或拒绝付款时，若托收指示书上无特别指示，银行没有作出拒绝证书的义务。

三、银行信用证

（一）信用证概述（letter of credit）

1. 有关信用证的法律和惯例。信用证（Letter of Credit，简写 L/C）是商业习惯的产物，而不是法律的创设物，因此各国基本上没有专门调整信用证的法律。只有在《美国统一商法典》中专设一编（第五编）对信用证作了规定。遇有争议，法院只是根据合同法、代理法的一般原则以及银行界的习惯做法对具体争议作出判决，留下的判例不仅分散而且不成套。总之，有关信用证的法律规范，在各国当前的立法中基本上还是空白，主要靠各个银行自订的格式信用证条款和国际商业习惯调整。

根据信用证项下的汇票是否附有货运单据，可将信用证划分为跟单信用证（documentary letter of credit，L/C）及光票信用证（Clean L/C）。鉴于跟单信用证在国际贸易中已经得到广泛的使用，为了统一各国对跟单信用证条款的解释，明确各有关当事人的权利、义务，国际商会于 1930 年制定了《跟单信用证统一惯例》（Uniform Customs and Practice for Documentary Credit，UCP），供各国银行和银行公会自愿采用。UCP 曾于 1951 年、1962 年、1967 年、1974 年、1983 年、1993 年和 2006 年作过 7 次修改。现在使用的是 2007 年 7 月 1 日生效的修订本，通称为国际商会第 600 号出版物。UCP 600 的条文编排参照了 ISP 98 的格式，对 UCP 500 的 49 个条款进行了大幅度的调整及增删，变成现在的 39 条。第 1 ~ 5 条为总则部分，包括 UCP 的适用范围、定义条款、解释规则、信用证的独立性等；第 6 ~ 13 条明确了有关信用证的开立、修改、各当事人的关系与责任等问题；第 14 ~ 16 条是关于单据的审核标准、单证相符或不符的处理的规定；第 17 ~ 28 条属单据条款，包括商业发票、运输单据、保险单据等；第 29 ~ 32 条规定了有关款项支取的问题；第 33 ~ 37 条属银行的免责条款；第 38 条是关于可转让信用证的规定；第 39 条是关于款项让渡的规定。UCP 600 适用于包括备用信用证在内的跟单信用证。

2. 信用证的概念。UCP 600 最大的变化之一是取消了“可撤销信用证”。因此，UCP 600 第 2 条规定：“信用证意指一项约定，无论其如何命名或描述，该约定不可撤销并因此构成开证行对于相符提示予以兑付的确定承诺。”

信用证方式与托收方式的最大区别是：在信用证方式中，银行有条件地承担了支付货款的责任，卖方能否收到货款以银行信用为基础，而不是依赖于买方的商业信用，而一般来说，银行信用比商业信用要可靠得多，所以卖方更有保证收到货款；而在托收方式中，银行只是代理人，他们对货款的支付与否不承担任何责任，卖方只能以买方的商业信用作为其货款的基础，所以卖方所承担的风险较大，尤其是在承兑交单方式下。正因为如此，信用证方式在国际贸易中比托收方式更为常用。

（二）信用证内容

按照国际商会《跟单信用证统一惯例》（600 号）的规定，信用证主要有以下条款：①信用证当事人；②信用证种类、号码；③信用证金额；④汇票条款；⑤装运条款；⑥单据条款；⑦开证行保证付款条款；⑧交单日期；⑨信用证转让条款；⑩信用证有效期限；⑪其他条款。

（三）信用证当事人及其权利义务

1. 信用证的当事人。信用证的基本当事人有四个：开证申请人、开证行、通知行和信用证受益人。

（1）开证申请人。开证申请人即向银行申请开立信用证之人。一般是进口商。根据买卖双方订立的买卖合同，银行开出信用证后，开证人享有验单、退单的权利以及凭单付款的义务，并且要对银行因服从外国法律和习惯蒙受的损失负责。

（2）开证行。开证行是接受开证人委托开立信用证之银行。银行接受进口方申请后，应及时、正确地开立信用证，并要对信用证受益人承担凭单付款的义务。开证行一经验单付款后，不得向受益人追索。当开证申请人无力付款时，有权出售单据或货物以补偿垫款，不足部分可向开证申请人追偿。

（3）通知行。通知行是接受开证行委托，把信用证通知受益人的银行。作为开证行的代理人，通知行凭开证行的指示通知受益人并核实信用证的真实性，并不承担议付或付款的义务。

（4）受益人。受益人即有权享受信用证利益的人，一般为出口商或中间商。受益人在收到信用证时，如发现与合同不符，有权要求对方修改信用证或拒绝接受；接受信用证后，则有按信用证要求装货、备单的义务以及凭单要求付款的权利。受益人提交单据后，如开证行倒闭或拒付时，其有权向进口方提出付款要求。

2. 银行的责任。在信用证方式中，银行的责任如下：①开证行、通知行都对单据的形式、完整性、正确性、真伪及法律效力概不负责；②对单据中有关货物的论述、数量、重量、品质、状况、包装、交付价值或存在概不负责；③对发货人、收货人、承运人、保险人等的信誉、行为或不行为、清偿或执行能力、资信情况概不负责；④信用证是根据买卖合同开出的，但信用证开出以后就成了独立于买卖合同的另一个交易关系。银行只对信用证负责。只要卖方提交了符合信用证规定的单据，在单单一致、单证一致的条件下，银行承担无条件付款的义务。对于买卖合同订立后发生的修改、变更或撤销，除非通知银行改证，否则银行只按信用证的内容办事。

此外，银行对由于通知、信件或单据在传递过程中的迟误、遗失造成的后果，或电报、电传中失误、残缺、专门术语翻译或解释上的错误等概不负责；对由于天灾、骚乱、战争、罢工、停工及其他不可抗力造成的后果概不负责。

（四）信用证的种类

根据不同的标准可将信用证作不同的分类。

1. 可撤销和不可撤销信用证（revocable L/C 和 irrevocable L/C）。

（1）可撤销信用证，是开证行在有关银行根据该信用证办理付款、承兑或者议付之前，或者（如果是迟期付款信用证）在有关银行接受符合信用证规定的单据之前，开证行可以无需事先通知受益人而修改或取消的信用证。由此可见，可撤销信用证对受益人获得货款没有保障，因此在国际贸易中很少使用。UCP 500 允许开立不可撤销信用证，但 UCP 600 取消了这一类型。根据 UCP 600，信用证是不可撤销的，即使信用证中对此未作指示也是如此。

（2）不可撤销信用证，系指在信用证有效期内，不经开证行、保兑行（如已保兑）和受益人同意不得修改或撤销的信用证。根据不可撤销的信用证，只要受益人按信用证规定的条款提供符合信用证规定的单据，开证行就必须付款、议付或承兑，或保证付款、议付或承兑。不可撤销信用证对受益人收款比较有保障，在国际贸易中使用最为广泛。

如果各方同意修改信用证，自发出信用证修改书之时起，开证行就不可撤销地受其发出修改通知的约束。保兑行可选择将其保兑承诺扩展至修改内容，且自其通知该修改之时起，不可撤销地受该修改的约束，也可仅将修改通知受益人而不对其加具保兑，但必须不延误地将此情况通知开证行和受益人。在受益人向通知修改的银行表示接受该修改内容之前，原信用证（或包含先前已被接受修改的信用证）的条款和条件对受益人仍然有效。受益人应发出接受或拒绝接受修改的通知。如受益人未提供上述通知，当其提交至被指定银行或开证行的单据与信用证以及尚未表示接受的修改的要求一致时，则该事实即视为受益人已作出接受修改的通知，并从此时起，该信用证已被修改。通知修改的银行应当通知向其发出修改书的银行任何有关接受或拒绝接受修改的通知。部分接受修改将被视为拒绝接受修改的通知。

需要注意的是，根据 UCP 的精神和英国的判例法，“不可撤销”系指任何当事人不得单方面撤销（受益人当然不会撤销）和修改，尤其是开证行、保兑行和开证申请人不得撤销和修改。在英国 1975 年 Discount Records Ltd. v. Barclays Bank Ltd. 一案中，原告是不可撤销信用证的开证申请人，其以收到的货物不符合同规定，卖方有诈欺行为为由向法院申请禁令，请求禁止被告根据信用证向卖方付款。法院以诈欺查无实据，仅仅是货物与合同不符，不足以发出禁令而驳回了原告的请求。从这个案件中可以看出，不可撤销信用证对买方有时会带来不利，特别是卖方的货物质量与合同不符时。

2. 保兑信用证和不保兑的信用证（confirmed L/C 和 unconfirmed L/C）。保兑信用证是指开证行开出的信用证又经另一家银行保证对符合信用证条款的单据履行付款义务的信用证。没有经过保兑的信用证叫做不保兑的信用证。保兑信用证必然同时是不可撤销信用证，但不可撤销信用证未必是保兑的信用证。

保兑行承担与不可撤销信用证开证行同样的第一性义务，即负责付款、承兑和议付或保证付款、承兑和议付。自为信用证加具保兑之时起，保兑行即不可撤销地受到兑付或者议付责任的约束。保兑行保证向对于相符提示已经予以兑付或者议付并将单据寄往开证行的另一家被指定银行进行偿付。无论另一家被指定银行是否于到期日前已经对相符提示予以预付或者购买，对于承兑或延期付款信用证项下相符提示的金额的偿付于到期日进行。保兑行偿付另一家被指定银行的承诺独立于保兑行对于受益人的承诺。如开证行授权或要求另一家银行对信用证加具保兑，而该银行不准备照办时，它必须不延误地告知开证行并仍可通知此份未经加具保兑的信用证。

倘若规定的单据被提交至保兑行或者任何其他被指定银行并构成相符提示，保兑行必须：①兑付，如果信用证适用于：由保兑行即期付款、延期付款或者承兑；由另一家被指定银行即期付款而该被指定银行未予付款；由另一家被指定银行延期付款而该被指定银行未承担其延期付款承诺，或者虽已承担延期付款承诺但到期未予付款；由另一家被指定银行承兑而该被指定银行未予承兑以其为付款人的汇票，或者虽已承兑以其为付款人的汇票但到期未予付款；由另一家被指定银行议付而该被指定银行未予议付。②若信用证由保兑行议付，无追索权地议付。保兑行在履行上述义务后，有权从开证行获得补偿和/或收取佣金。

3. 可转让信用证与不可转让信用证（Transferable L/C 和 Non - transferable L/C）。根据 UCP 600 第 38 条的规定，转让信用证意指明确表明其“可以转让”的信用证。转让信用证（Transferable L/C）经转让银行办理转让后，可供第二受益人使用。第一受益人可以在其提出转让申请时，表明可在信用证被转让的地点，在原信用证的到期日之前（包括到期日），向第二受益人予以兑付或议付。

（1）转让银行。转让银行意指办理信用证转让的被指定银行；在适用于任何银行的信用证中，转让银行是由开证行特别授权并办理转让信用证的银行。开证行也可担任转让银行。银行无办理转让信用证的义务，除非该银行明确同意其转让范围和转让方式。

（2）转让金额。根据受益人（第一受益人）的请求，转让信用证可以被全部或部分地转让给其他受益人（第二受益人）。倘若信用证允许分批付款或分批装运，信用证可以被部分地转让给一个以上的第二受益人。第二受益人不得要求将信用证转让给任何次序位居其后的其他受益人。第一受益人不属于此类其他受益人之列。

（3）修改的通知。任何有关转让的申请必须指明是否以及在何种条件下可以将修改通知第二受益人。转让信用证必须明确指明这些条件。如果信用证被转让给一个以上的第二受益人，其中一个或多个第二受益人拒绝接受某个信用证修改并不影响其他第二受益人接受修改。对于接受修改的第二受益人而言，信用证已做相应的修改；对于拒绝接受修改的第二受益人而言，该转让信用证仍未被修改。

（4）转载。转让信用证必须准确转载原证的条款及条件，包括保兑（如有），但下列项目除外：信用证金额、信用证规定的任何单价、到期日、单据提示期限、最迟装运日期或规定的装运期间。以上任何一项或全部均可减少或缩短；必须投保的保险金额的投保比例可以增加，以满足原信用证或本惯例规定的投保金额；可以用第一受益人的名称替换原信用证中申请人的名称。如果原信用证特别要求开证申请人名称应在除发票以外的任何单据中出现时，则转让信用证必须反映出该项要求。

（5）单据替换。第一受益人有权以自己的发票和汇票（如有）替换第二受益人的发票和汇票（如有），其金额不得超过原信用证的金额。在如此办理单据替换时，第一受益人可在原信用证项下支取自己发票与第二受益人发票之间产生的差额（如有）。如果第一受益人应当提交其自己的发票和汇票（如有），但却未能在收到第一次要求时照办；或第一受益人提交的发票导致了第二受益人提示的单据中本不存在的不符点，而其未能在收到第一次要求时予以修正，则转让银行有权将其从第二受益人处收到的单据向开证行提示，并不再对第一受益人负责。

（6）提示。由第二受益人或代表第二受益人提交的单据必须向转让银行提示。

（7）转让费用。除非转让时另有约定，所有因办理转让而产生的费用（诸如佣金、手续费、成本或开支）必须由第一受益人支付。

不可转让信用证（Non - transferable L/C）是指受益人不能将信用证的权利转让给他人的信用证。

信用证未表明可转让，并不影响受益人根据所适用的法律规定将其在该信用证项下有权获得的款项让渡与他人的权利。

值得注意的是，信用证的转让不等于买卖合同亦随之转让，因此如果第二受益人不履行合同，第一受益人仍须对其与买方签订的买卖合同负责。

4. 循环信用证和非循环信用证（Revolving L/C 和 Non - revolving L/C）。循环信用证是指信用证准许受益人在每次规定的金额使用后，能够重新恢复至原金额再度使用，直至达到规定的使用次数或总金额限度为止。

循环信用证适用于一些定期分批均衡供应、分批结汇的长年供货合同。使用这种信用证，对卖方来说可以减少按每批交货逐批催证、审证的手续，并可以获得收回货款的保证；对买方来说则可以减少逐笔开证的手续和费用。内地对港澳地区的某些供货合同，往往采用循环信用证付款。

凡信用证所列的金额不可循环使用者，为非循环信用证（Non - Revolving L/C）。在实务中，一般的信用证都属非循环信用证。

循环信用证按“时间”循环依次可分为：①自动式循环信用证（Automatic Revolving）。每期用完一定金额，不需等待开证行的通知，即可自动恢复到原金额。

②非自动循环信用证（Non-automatic Revolving）或通知循环信用证（Notice Revolving）。每期用完一定金额后，必须等待开证行通知到达，信用证才能恢复到原金额使用。③半自动循环信用证，也称定期循环信用证（Periodic Revolving）。即每次用完一定金额后若干天内，开证行未提出停止循环使用的通知，自第×天起即可自动恢复至原金额。也就是说，受益人于装货议付后，必须经过一定期间方可恢复原金额再度使用。定期循环依契约的规定，可按月、按季循环使用，故也称半自动循环（Semi-automatic Revolving）。

循环信用证按“金额”循环可分为：①积累循环信用证（Cumulative Revolving），指上期未使用之余额可转入下期使用。②非积累循环信用证（Non-cumulative Revolving），指本期尚未使用的余额，不能转入下期使用。不能转入下期使用的尚未使用的余额视为过期、放弃和作废的金额处理，故称非积累循环。

5. 付款信用证、承兑信用证和议付信用证。根据 UCP 600 的规定，信用证必须规定它是否适用于即期付款、延期付款、承兑抑或议付。

（1）付款信用证。付款信用证（Payment L/C）是受益人在提交单据以及出具或不出具汇票后即可获得货款的信用证。如果信用证系不可撤销，则开证行根据付款信用证承担自己付款或保证指定的付款行付款的义务。付款信用证又可依据付款的时间分为即期付款信用证（交单即付款）和远期付款信用证（交单后根据信用证规定的日期付款）。

第一，即期付款信用证（Sight Payment L/C）是开证行或付款行在收到符合信用证规定的汇票或单据后，立即履行付款责任的信用证。由于即期信用证可使受益人通过银行付款或议付及时取得货款，因而在国际贸易结算中被广泛使用。即期信用证一般要求出具汇票，汇票的付款人是银行，但由于信用证有时规定无需开立汇票，所以凡是凭单据立即付款的信用证，都是即期付款信用证。

第二，远期付款信用证是指开证行或付款行在收到远期汇票或单据后，在规定期限内付款的信用证，其主要作用是便利进口商资金融通。远期信用证又可分为银行承兑信用证（Acceptance L/C）和延期付款信用证（Deferred Payment L/C）。延期付款信用证是受益人提示符合信用证规定的单据后，在规定期限内，由指定银行履行付款责任的信用证。延期付款信用证的特点一是板期，即受益人交单时即已确定付款到期日；二是远期付款不需汇票。由于不需要提供汇票的做法有效地规避了印花税，使得延期付款信用证曾在欧洲十分流行。

（2）承兑信用证。承兑信用证（Acceptance L/C）系指受益人在银行或他人承兑其出具的汇票后即交单的信用证。如信用证系不可撤销，那么根据该种信用证，开证行将承担下列义务：①承兑以自己为付款人的汇票并到期付款；②保证以开证申请人或其他人为付款人的汇票得到承兑和到期付款。当然，只有在受益人开立远期汇票时，这种信用证才能实现。

（3）议付信用证。议付信用证（Negotiation L/C）系指受益人开立汇票（即期或远期汇票）并附单据，将跟单汇票卖给信用证规定的议付行或（在信用证允许时）卖给任何银行从而获得货款。当然银行在贴现汇票时一般会对汇票金额打折扣。如果议付信用证又系不可撤销信用证，则开证行承担下列责任：照付汇票金额，并对出票人及/或善意持票人无追索权；或规定的议付行不议付时承担上述之付款义务。

议付需由议付行对汇票和（或）单据付出对价。只审单据而不支付对价，不能构成议付。议付信用证又可分为公开议付信用证和限制议付信用证。①公开议付信用证（Open Negotiation L/C），又称自由议付信用证（Freely Negotiation L/C），是指开证行对愿意办理议付的任何银行作公开议付邀请和普遍付款承诺的信用证，即任何银行均可按信用证条款自由议付信用证。②限制议付信用证（Restricted Negotiation L/C），是指开证银行指定某一银行或开证行自己进行议付的信用证。两种议付信用证的到期地点都在议付行所在地。信用证经议付后，如因故不能向开证行索得票款，议付行有权对受益人行使追索权。

6. 即期信用证、远期信用证和假远期信用证。

（1）即期信用证（Sight L/C），指开证行或付款行在收到符合信用证规定的跟单汇票或装运单据后，立即履行付款义务的信用证。

（2）远期信用证（Usance L/C），指开证行或付款行在收到信用证规定的单据后，在规定期限内履行付款义务的信用证。

（3）假远期信用证（Usance L/C Payable at sight），指信用证规定受益人开立远期汇票，由付款行负责贴现，并规定一切利息和费用由开证人承担。这种信用证表面上看是远期信用证，但出口人可以即期收到全部货款，实际上仍属即期收款，但对进口人来说，要承担承兑费和贴现费。因此，这种信用证又称为买方远期信用证（Buyer's Usance L/C）或“假远期信用证”。进口商开立假远期信用证可以套用付款行的资金，并可摆脱某些进口国外汇管制法上的限制。

假远期信用证与远期信用证的区别在于：①开证基础不同。假远期信用证以即期付款的贸易合同为基础；而远期信用证以远期付款的贸易合同为基础。②信用证条款不同。假远期信用证中有“假远期”条款；而远期信用证中只有利息由谁负担条款。③利息的负担者不同。假远期信用证的贴现利息由进口商负担；而远期信用证的贴现利息由出口商负担。④收汇时间不同。假远期信用证的受益人能够即期收汇；而远期信用证要等汇票到期后才能收汇。

7. 对开信用证。对开信用证（Reciprocal L/C）是指两张信用证申请人互以对方为受益人而开立的信用证。两张信用证的金额相等或大体相等，可同时互开，也可以先后开立。对开信用证多用于易货贸易或来料加工和补偿贸易业务。

在生效时间方面，有两种情况：①同时生效的对开信用证，即一方开出的信用证虽已为对方所接受，但暂不生效，等另一方开来回头信用证被该证受益人接受时，通知对方银行两证同时生效；②分别生效的对开信用证，即一方开出的信用证被受益人接受后随即生效，无需等待另一方开来回头信用证。

对开信用证的特点是：双方必须承担购买对方货物的义务，一方的出口必须以另一方的进口为条件，互相联系、互相制约，而且两证金额要相等或大致相等；第一张信用证的受益人（出口人）和开证人（进口人）就是第二张信用证的开证人（进口人）和受益人（出口人），两方地位刚好对调，第一张信用证的通知行通常就是第二张信用证的开证行，反过来也是一样。

8. 对背信用证。对背信用证（Back to back L/C）又称转开信用证，指受益人要求原证的通知行或其他银行以原证为基础，另开一张内容相似的新信用证，对背信用证的开证行只能根据不可撤销信用证来开立。对背信用证的开立通常是中间商转售他人货物，或两国不能直接办理进出口贸易时通过第三者以此种办法来沟通贸易。原信用证的金额（单价）应高于对背信用证的金额（单价），对背信用证的装运期应早于原信用证的规定。

9. 预支信用证。预支信用证（Anticipatory L/C，Prepaid L/C）是指开证行授权代付行（通知行）向受益人预付信用证金额的全部或一部分，由开证行保证偿还并负担利息，即开证行付款在前，受益人交单在后，与远期信用证相反。预支信用证凭出口人的光票付款，也有要求受益人附一份负责补交信用证规定单据的说明书，当货运单据交到后，付款行在付给剩余货款时，将扣除预支货款的利息。

预支信用证分为全部预支和部分预支两种：①全部预支信用证（Clean Payment L/C）是指仅凭受益人提交的光票预支全部货款，实际上等于预付货款，也有的要求受益人在凭光票预取货款时，须附交一份负责补交货运单据的声明书；②部分预支信用证是指凭受益人提交的光票和以后补交装运单据的声明书预支部分货款，待货物装运后，货运单据交到银行再付清余款。但预支货款要扣除利息。为醒目起见，预支信用证的预支条款常用红字打出，故也称为“红条款信用证”（Red Clause L/C），但现在使用的预支信用证的预支条款并非都用红字打出，即使用黑字打出，同样也能起到红条款信用证的作用。

10. 备用信用证（Standby L/C）。

（1）备用信用证的概念。备用信用证是第二次世界大战后在美国首先发展起来的一种信用工具，又称商业票据信用证、担保信用证。备用信用证是指开证行根据开证申请人的请求，对受益人开立的承诺承担某项义务的凭证。即开证行保证在开证申请人未能履行其义务时，受益人只要提交备用信用证规定的单据（如提交开证申请人没有履行其义务的证明），即可取得开证行的偿付。备用信用证实质上是银行担保，属于银行信用。对受益人来说是备用于开证人违约时，取得补偿的一种方式。

（2）有关备用信用证的法律规范。在 UCP 500 和 UCP 600 中，信用证的概念中包含备用信用证，但是 UCP 对备用信用证不能完全适用，也不适合。即使最不复杂的备用信用证（只要求提供一张汇票），都有 UCP 中未涉及的问题。更复杂的备用信用证（诸如涉及期限较长、自动展期、要求转让、请求受益人为另一受益人作出其自身承诺等），就需要更加专门的行为规则。为此，国际商会于 1998 年在第 590 号出版物上发布了《国际备用证惯例》（International Standby Practices，ISP，以下简称ISP98），于1999年1月1日生效。ISP 98有前言和如下10条内容：总则；义务；提示；审核；单据的通知、排除和处理；转让、让渡及法定转让；撤销；偿付义务；时间安排；联合开证/共享。ISP 98旨在适用于备用信用证（包括履约、金融和直接付款备用信用证）或其他类似承诺，无论如何命名和描述，用于国内或国际，都可通过明确的援引而使其受ISP规则的约束。

适用ISP的承诺简称“备用证”（standby）。《国际备用证惯例》具有如下特点：①适用于备用信用证和类似承诺；②适用于国内和国际备用证；③明确援引ISP 98；④承认电子交单；⑤优于UCP 500；⑥扩大了开证人的范围，开证人不局限于银行。

此外，联合国于1995年12月11日还通过了《联合国独立担保和备用信用证公约》（United Nations Convention on Independent Guarantees and Stand－by Letters of Credit）。该公约共有7章、27条，规定了适用范围、保证、保证的独立性、保证的国际性等。目前，有8个缔约方，中国没有加入该公约。公约旨在促进使用独立担保和备用信用证，尤其是在传统上只使用其中一种票证的情况下。公约还牢固地确认了独立担保和备用信用证的共同基本原则和共有特点。

（3）备用信用证的特点。备用信用证实质上是银行担保，开证银行保证在主债务人（可以是买方也可以是卖方）不履行其义务时，即由该银行付款。银行在付款时也要求受益人提交某种单据，通常是表明主债务人（开证申请人）没有履行其义务的单据或文件。

备用信用证同一般商业信用证相比较，具有以下特点：

第一，一般商业信用证主要涉及买卖合同货款的支付，开证银行仅在受益人（卖方）提交有关单据证明他已经履行买卖合同时，才支付信用证项下的货款；备用信用证则是在受益人提供单证证明债务人（开证申请人）没有履行基础交易中的义务时，开证银行才支付信用证项下的款项。

第二，在正常情况下，当采用一般商业信用证时，开证银行是期待并愿意按信用证规定对受益人开出的汇票及单据付款的，因为这表明开证申请人和受益人之间的交易（如买卖合同）正在正常地进行（如卖方已履行交货义务并取得装运单据）；但是备用信用证的开证银行则并不希望按该信用证的规定对受益人开出的汇票及提供的单证付款，因为这表明开证申请人和受益人之间的交易出了问题。在前一种情况下，开证申请人一般亦希望开证行对受益人所提供的、符合信用证要求的单据付款，以便取得单据项下的货物，从而使买卖交易的最终目的得以实现；但在后一种情况下，备用信用证的开证申请人则总是力图否认自己有违约行为，设法让开证银行拒绝对受益人付款。

第三，在进出口业务中，一般商业信用证都是以买方为开证申请人，以卖方为受益人；但在使用备用信用证时，情况则有所不同，开证申请人和受益人既可以是卖方，也可以是买方。

(4) 备用信用证与银行独立保函。备用信用证在性质上与银行保函（Letter of Guarantee，L/G）相类似，它主要用于借款保证、投标保证、履约保证、赊购保证等。由于美国法律不允许银行为其客户提供银行保函，因此，美国的银行就用开立备用信用证的办法来代替保函。但是，近年来，美国等一些国家已开始把备用信用证用于保证买卖合同项下货款的支付，其目的是减轻一般商业信用证所要求的审查单证的麻烦和费用。其做法是：由买方通过银行向卖方开出相等于发票金额的备用信用证，卖方发货后，即直接把发票寄交买方，如买方按发票付款，该信用证就备而不用。如果买方不按发票支付货款，卖方就可以根据备用信用证的规定，开立相当于发票金额的汇票，并附具一份证明买方未按发票付款的文件，要求开证银行付款。这样银行就不必费时去审查各种商业单据，银行费用也会相应降低。

银行保函又称保证书，是指银行、保险公司、担保公司或担保人应申请人的请求，向受益人开立的一种书面信用担保凭证，保证在申请人未能按双方协议履行其责任或义务时，由担保人代其履行一定金额、一定时限范围内的某种支付或经济赔偿责任。银行保函是由银行开立的承担付款责任的一种担保凭证，银行根据保函的规定承担绝对付款责任。银行保函大多属于“见索即付”（无条件保函），是不可撤销的文件。银行保函的当事人有：委托人（要求银行开立保证书的一方）、受益人（收到保证书并凭以向银行索偿的一方）、担保人（保函的开立人）。

国际商会曾于1992年在第458号出版物上发布了《见索即付保函统一规则》（Uniform Rules for Demand Guarantees，URDG）。该规则未涉及备用信用证术语，但在技术上包含备用信用证，ICC建议沿用UCP。根据URDG 458的规定，保函通常载明：有关当事人（名称与地址）；开立保函的依据；担保金额和金额递减条款；要求付款的条件。

银行保函按用途可分为：①投标保证书。其是指银行、保险公司或其他保证人向招标人承诺，当申请人（投标人）不履行其投标所产生的义务时，保证人应在规定的金额限度内向受益人付款。②履约保证书。保证人承诺，如果担保申请人（承包人）不履行他与受益人（业主）之间订立的合同时，应由保证人在约定的金额限度内向受益人付款。此保证书除应用于国际工程承包业务外，同样适用于货物的进出口交易。③还款保证书。其是指银行、保险公司或其他保证人承诺：如申请人不履行他与受益人订立的合同的义务，不将受益人预付、支付的款项退还或还款给受益人，银行则向受益人退还或支付款项。还款保证书除在工程承包项目中使用外，也适用于货物进出口、劳务合作和技术贸易等业务。

（五）信用证交易中的欺诈行为

如前所述，信用证独立于买卖合同或其他合同的交易，这些合同虽然是开立信用证的基础，但银行却与这些合同无关，也不受其约束。在信用证业务中，银行所关心的是卖方所提交的单据是否与信用证要求相符，而不是卖方所提交的货物是否与买卖合同的要求相符，那是买卖双方的事情，应由买卖双方根据买卖合同的规定来解决，而不应当影响银行按信用证规定付款的义务。这是一项公认的原则，也是信用证赖以存在的基石。如果让信用证受其基础合同的左右，允许买方（开证申请人）以卖方违反买卖合同为理由阻止银行按信用证规定付款，信用证就将失去其存在的价值，卖方也将失去收回货款的保障。

但是，近年来，由于在国际贸易中不断发生欺诈案件，如伪造提单、以假货充真货等，使上述信用证独立的原则受到巨大的威胁。如果固守原则，不允许有任何例外，在遇到卖方有欺诈行为时，银行如果仍按单据在表面上与信用证相符即予付款，买方将会遭受严重的损失。有鉴于此，有些国家的法律和判例认为，在承认信用证独立于基础合同的同时，也应允许有例外，即主张信用证欺诈例外（fraud exception）。如果受益人（卖方）确有欺诈行为，买方可以要求法院颁发禁令（injunction），禁止银行对信用证付款。在这个问题上，美国的法律和判例具有代表性。

UCP 在这方面未作规定。UCP 强调，只要受益人所提交的单据符合信用证的要求，开证行就必须付款，这一精神贯彻于惯例的许多规定中（第 3 条、第 4 条、第 15 条等）。UCP 400 在前言中指出："我们应该注意目前存在的欺诈这个主要问题，清楚地认识到欺诈的起因首先是由于商业一方与一个无赖签订合约，但是跟单信用证只是为商业交易办理付款，它不可能当'警察'来控制欺诈的发生。"UCP 500 和 UCP 600 维持这一基本精神不变。此原则的目的在于维护银行的利益，使银行不致卷入因买卖双方的基础交易引起的纠纷。但其客观后果是让开证申请人（买方）承担可能遭受受益人（卖方）欺骗的风险。实践中，买方为了减少这种风险，在使用信用证方式付款时往往在信用证中规定，卖方必须提交一份由信誉卓著的商品检验机构出具的品质、数量检验报告，作为银行议付货款的单据之一，这种做法对防止卖方诈欺有一定的作用。

最早将欺诈（fraud）概念引入到信用证交易中的当属美国 1925 年的 Maurice O' Meara v. National Park Bank 一案。[1] 在该案中，卡多佐（Cardozo）法官指出："我不同意这种观点，即如果（开证）银行作出进行调查的选择，并通过调查发现所提交的货物并不真正是单据所描述的货物，银行可以在有过失的卖方的迫使下支付货款，而将他对欺诈行为已经知情置于不顾。"卡多佐的观点第一次向传统的信用证独立原则提出挑战，他认为，当（单据中的）虚假陈述在支付前被发现时，卖方不得

〔1〕 该案实际上是一个涉及新闻纸质量的案件，卖方向银行提交了符合信用证条款的单据要求付款，但银行却根据买方的请求，以卖方所交的新闻纸的拉力与信用证规定的规格不相符合为理由拒绝付款。卖方在纽约法院对银行提起诉讼，认为信用证并没有要求银行检验货物的质量。法院判决卖方胜诉，认为信用证并没有要求银行检验货物的质量，并在判决中指出，银行根本无权要求对纸张进行拉力试验，亦无权对纸张进行检验，除非信用证本身对此作了具体规定。法院认为，按照信用证法律的一般原则，法院基于买卖双方就买卖合同所产生的争议而禁止开证行向卖方付款，是不适宜的。

威胁银行以取得货款。[1]

美国法院以卖方欺诈为理由，下令禁止银行拒绝按信用证向卖方付款的典型案例是 Sztejn v. J. Henry Schroder Banking Corp (1941) 一案。该案涉及一笔猪鬃交易，买卖合同规定以信用证凭单付款。卖方所交的货物不是猪鬃，而是垃圾、废纸和牛毛。纽约州最高法院根据买方的请求，下令禁止银行对卖方按信用证开出的汇票及单据付款。法院在判决中指出："如果卖方确有诈欺行为，即他所交付的货物不仅仅质量低劣，而且是一文不值的垃圾，且银行在付款之前已经获悉了这种诈欺行为，那么，让银行拒绝付款是不为苛刻的。"法院在区别前案与本案的不同之处时强调指出，本案的关键之处在于它所涉及的不是货物的质量问题，而是卖方所装运的根本不是货物，只是一文不值的垃圾。这个案例开创了法院下令禁止银行按信用证要求向卖方付款的先河。其后，在 1968 ~ 1984 年间，美国法院先后在几个案件中均以卖方有欺诈行为为理由，作出了禁止银行按信用证向卖方付款的决定。这是根据衡平法原则所采取的一种救济方法。

美国法院的上述判例表明，美国法院已经把信用证同它的基础交易挂起钩来，只要法院发现卖方在基础交易（买卖合同）中有欺诈行为，即可下令禁止银行按信用证付款。

《美国统一商法典》采纳了上述判例所确立的法律原则，它一方面承认信用证独立于其基础交易的原则，但同时也承认有例外，欺诈行为即属于例外（fraud exception）。按照该法 5 - 114（1）的规定，开证行必须按符合信用证条款开出的汇票或单据付款，而不管货物或单据是否与开证申请人和受益人之间的基础买卖合同相符。这项规定肯定了信用证独立于基础合同的原则。

但该法典第 5 - 114（2）又规定，除另有约定外，如果各项单据在表面上看起来都符合信用证条款，但其中一份必要的单据在表面上不符合它在转让物权凭证时所作出的保证，或者是伪造的，或者是带有欺诈性的，或者在交易中有欺诈行为，则：①如果要求付款的人是汇票的正当持票人，则开证行必须对其汇票付款（不包括出票人）；②在其他情况下，尽管开证申请人已经把欺诈、伪造或其他在单据表面上没有显露出来的瑕疵通知了开证行，开证行如出于诚信仍可对信用证项下的汇票付款，但有管辖权的法院可以禁止开证行付款。

按照这项规定，当开证行已获悉受益人有欺诈行为的时候，它只要根据诚信原则办事，即可自行决定是否对受益人开出的汇票或单据付款。如果开证行诚信地认为应予付款，则即使在付款后证实受益人确有诈欺行为，开证行也不承担责任，开证申请人仍须付还开证行按信用证支付的款项；但如果开证行诚信地认为应予拒付，则在拒付后如查明受益人并无诈欺行为，则开证行要对其错误拒付一事负责，而且

---

[1] Maurice O'Meara v. National Park Bank，239，N. Y. 386，146N. E. 636 (1925)。由于卡多佐的观点与信用证独立原则相悖，故而未能得到法庭的支持和认同。

会使自己的信誉受到损害。此外，如果法院确认受益人有欺诈行为，亦可下令禁止开证行付款。然而，《美国统一商法典》对"伪造、欺诈、交易中的欺诈"都没有下定义，在法律界也有不同的理解。

《美国统一商法典》1994年修订本第5-109条对原第5-114条作了修订。归纳起来，值得注意的有以下几点：①欺诈行为必须属于文件（单据）欺诈，或必须是受益人针对开证人或开证申请人所为。[1] ②欺诈必须是实质性的（material）。为此，法院必须对"实质性"的含义加以界定，即对单据的购买人来说，该单据的欺诈是实质性的；或该欺诈行为对参与基础合同的各当事人来说是严重的（significant）。③开证人的拒付规定是任择性的，而非开证人的义务。

允许开证行在卖方有欺诈行为时拒付这一法律原则目前尚没有被国际惯例和众多国家所接受。这一原则本身对防止和矫正欺诈的作用亦是有限的。开证行除非在极端的情况下（如买方破产将无法交款赎单）才会自行决定拒付以免自己承担经济和信誉受损的风险；法院下禁令亦仅能适用于银行尚没有承兑、付款（远期付款信用证和承兑信用证）的情形，且这一规定不能对抗正当持票人。因此，目前尚没有行之有效地对付欺诈的法律办法，买方应该对卖方的资信多做了解以防自己受损。

（六）中国关于信用证的规定

自1984年10月1日国际商会《跟单信用证统一惯例》（400号）生效，我国开始正式采用这一国际商业惯例。在我国各银行开出的信用证都加列"本信用证服从《跟单信用证统一惯例》的管辖"字样。

20世纪80年代末，以信用证欺诈为由，当事人向法院申请诉讼保全、冻结开证行信用证项下货款的案件不断出现。1989年6月，最高人民法院在关于印发《全国沿海地区涉外涉港澳经济审判工作座谈会纪要》的通知中，对冻结信用证项下货款问题作了专门指示。通知指出：信用证交易和买卖合同属于两个不同的法律关系。在一般情况下，不要因为涉外买卖合同发生纠纷，轻易冻结中国银行所开信用证下货款，否则会影响中国银行的信誉。根据国际国内的实践经验，如有充分证据证明卖方是利用签订合同进行欺诈，而中国银行在合理的时间内尚未对外付款，在这种情况下，人民法院可以根据买方的请求，冻结信用证项下货款。在远期信用证情况下，如中国银行已承兑了汇票，中国银行在信用证上的责任已变为票据上的无条件付款责任，人民法院就不应加以冻结。上述指示具有司法解释的性质，指出了在信用证欺诈情况下银行止付的三个原则：①坚持信用证的独立性；②承认欺诈例外；③欺诈例外不可滥用。这些原则符合国际商业惯例的要求，也和其他国家的司法实践相符合。上述司法解释对于法院处理信用证欺诈案件起了重要作用。

上述司法解释经过试行后，存在很多问题。2005年11月14日，最高人民法院又发布了《关于审理信用证纠纷案件若干问题的规定》（自2006年1月1日起施

---

〔1〕 Cromuell v. Commerce & Energy Bank, 464 So. 2d. 721 (La. 1985).

行）。该规定根据我国法律，并参照国际商会《跟单信用证统一惯例》等相关国际惯例，结合审判实践制定。该规定共有18条，主要规定了以下内容：

1. 规范范围。开证申请人与开证行之间因申请开立信用证而产生的欠款纠纷，委托人和受托人之间因委托开立信用证产生的纠纷，担保人为申请开立信用证或者委托开立信用证提供担保而产生的纠纷，以及信用证项下融资产生的纠纷，适用该规定。信用证纠纷案件是指在信用证开立、通知、修改、撤销、保兑、议付、偿付等环节产生的纠纷。[1]

2. 法律适用。人民法院审理信用证纠纷案件时，当事人约定适用相关国际惯例或者其他规定的，从其约定；当事人没有约定的，适用国际商会《跟单信用证统一惯例》或者其他相关国际惯例。[2] 开证申请人与开证行之间因申请开立信用证而产生的欠款纠纷、委托人和受托人之间因委托开立信用证产生的纠纷、担保人为申请开立信用证或者委托开立信用证提供担保而产生的纠纷以及信用证项下融资产生的纠纷，应当适用中国相关法律。涉外合同当事人对法律适用另有约定的除外。[3]

3. 信用证欺诈例外。开证行在作出付款、承兑或者履行信用证项下其他义务的承诺后，只要单据与信用证条款、单据与单据之间在表面上相符，开证行应当履行在信用证规定的期限内付款的义务。当事人以开证申请人与受益人之间的基础交易提出抗辩的，人民法院不予支持，但存在信用证欺诈时例外。[4]

凡有下列情形之一的，应当认定存在信用证欺诈：①受益人伪造单据或者提交记载内容虚假的单据；②受益人恶意不交付货物或者交付的货物无价值；③受益人和开证申请人或者其他第三方串通提交假单据，而没有真实的基础交易；④其他进行信用证欺诈的情形。[5] 开证申请人、开证行或者其他利害关系人发现有信用证欺诈情形，并认为将会给其造成难以弥补的损害时，可以向有管辖权的人民法院申请中止支付信用证项下的款项。[6]

人民法院认定存在信用证欺诈的，应当裁定中止支付或者判决终止支付信用证项下款项，但有下列情形之一的除外：①开证行的指定人、授权人已按照开证行的指令善意地进行了付款；②开证行或者其指定人、授权人已对信用证项下票据善意地作出了承兑；③保兑行善意地履行了付款义务；④议付行善意地进行了议付。[7]

当事人在起诉前申请中止支付信用证项下款项符合下列条件的，人民法院应予受理：①受理申请的人民法院对该信用证纠纷案件享有管辖权；②申请人提供的证

---

[1] 《最高人民法院关于审理信用证纠纷案件若干问题的规定》第1条。
[2] 《最高人民法院关于审理信用证纠纷案件若干问题的规定》第2条。
[3] 《最高人民法院关于审理信用证纠纷案件若干问题的规定》第3、4条。
[4] 《最高人民法院关于审理信用证纠纷案件若干问题的规定》第5条。
[5] 《最高人民法院关于审理信用证纠纷案件若干问题的规定》第8条。
[6] 《最高人民法院关于审理信用证纠纷案件若干问题的规定》第9条。
[7] 《最高人民法院关于审理信用证纠纷案件若干问题的规定》第10条。

据材料证明存在该规定第 8 条的情形；③如不采取中止支付信用证项下款项的措施，将会使申请人的合法权益受到难以弥补的损害；④申请人提供了可靠、充分的担保；⑤不存在该规定第 10 条的情形。当事人在诉讼中申请中止支付信用证项下款项的，应当符合第 2、3、4、5 项规定的条件。[1]

人民法院接受中止支付信用证项下款项申请后，必须在 48 小时内作出裁定；裁定中止支付的，应当立即开始执行。人民法院作出中止支付信用证项下款项的裁定，应当列明申请人、被申请人和第三人。[2]

当事人对人民法院作出中止支付信用证项下款项的裁定有异议的，可以在裁定书送达之日起 10 日内向上一级人民法院申请复议。上一级人民法院应当自收到复议申请之日起 10 日内作出裁定。复议期间，不停止原裁定的执行。[3]

人民法院在审理信用证欺诈案件过程中，必要时可以将信用证纠纷与基础交易纠纷一并审理。当事人以基础交易欺诈为由起诉的，可以将与案件有关的开证行、议付行或者其他信用证法律关系的利害关系人列为第三人；第三人可以申请参加诉讼，人民法院也可以通知第三人参加诉讼。[4]

人民法院通过实体审理，认定构成信用证欺诈并且不存在第 10 条（信用证欺诈）的情形的，应当判决终止支付信用证项下的款项。[5]

4. 单据审查。人民法院在审理信用证纠纷案件中涉及单证审查的，应当根据当事人约定适用的相关国际惯例或者其他规定进行；当事人没有约定的，应当按照国际商会《跟单信用证统一惯例》以及国际商会确定的相关标准，认定单据与信用证条款、单据与单据之间是否在表面上相符。信用证项下单据与信用证条款之间、单据与单据之间在表面上不完全一致，但并不导致相互之间产生歧义的，不应认定为不符点。[6]

开证行有独立审查单据的权利和义务，有权自行作出单据与信用证条款、单据与单据之间是否在表面上相符的决定，并自行决定接受或者拒绝接受单据与信用证条款、单据与单据之间的不符点。开证行发现信用证项下存在不符点后，可以自行决定是否联系开证申请人接受不符点。开证申请人决定是否接受不符点，并不影响开证行最终决定是否接受不符点。开证行和开证申请人另有约定的除外。开证行向受益人明确表示接受不符点的，应当承担付款责任。开证行拒绝接受不符点时，受益人以开证申请人已接受不符点为由要求开证行承担信用证项下付款责任的，人民

[1] 《最高人民法院关于审理信用证纠纷案件若干问题的规定》第 11 条。
[2] 《最高人民法院关于审理信用证纠纷案件若干问题的规定》第 12 条。
[3] 《最高人民法院关于审理信用证纠纷案件若干问题的规定》第 13 条。
[4] 《最高人民法院关于审理信用证纠纷案件若干问题的规定》第 14 条。
[5] 《最高人民法院关于审理信用证纠纷案件若干问题的规定》第 15 条。
[6] 《最高人民法院关于审理信用证纠纷案件若干问题的规定》第 6 条。

法院不予支持。[1]

5. 保证人责任。保证人以开证行或者开证申请人接受不符点未征得其同意为由请求免除保证责任的，人民法院不予支持。保证合同另有约定的除外。[2]

开证申请人与开证行对信用证进行修改未征得保证人同意的，保证人只在原保证合同约定的或者法律规定的期间和范围内承担保证责任，保证合同另有约定的除外。[3]

1. 简述国际贸易支付的工具有哪些。
2. 简述汇票及其法律制度。
3. 简述汇付制度。
4. 简述托收的概念和类型。
5. 简述托收当事人的责任。
6. 简述信用证的概念和特点。
7. 简述信用证的类型。
8. 简述信用证当事人的责任。
9. 简述我国对信用证欺诈的认定和处理方式。

---

〔1〕《最高人民法院关于审理信用证纠纷案件若干问题的规定》第7条。

〔2〕《最高人民法院关于审理信用证纠纷案件若干问题的规定》第16条。

〔3〕《最高人民法院关于审理信用证纠纷案件若干问题的规定》第17条。

第五章
世界贸易组织多边贸易体制

✣学习目的与要求

世界贸易组织是世界上重要的国际经济组织之一。学生应了解 WTO 的法律地位、宗旨和职能，WTO 法律制度的效力、整体状况和最新进展。掌握 WTO 主要货物贸易规则的内容、适用范围，服务贸易总协定的主要内容、适用范围。同时，学生应学会运用 WTO 主要货物贸易规则和服务贸易规则认识、分析和解决实际问题。

第一节　世界贸易组织与世界贸易组织法

一、世界贸易组织产生及其法律地位

（一）世界贸易组织的产生

1994 年 4 月 15 日，参加关贸总协定乌拉圭回合谈判的 124 个国家和欧共体代表签署了包括《马拉卡什建立世界贸易组织协议》（简称“WTO 协议”）在内的“最后文件”，历时 8 年的关贸总协定乌拉圭回合谈判圆满结束。根据文件安排，世界贸易组织（WTO）于 1995 年 1 月 1 日正式成立，[1] 它所管辖的框架协议正式生效。世界贸易组织是在组织上取代关贸总协定，协调和约束各成员贸易政策、法规和措施的政府间国际组织。WTO 既是一个负责协调当今国际贸易关系的伞形国际机构体系，也代表着一整套管理和调整国际贸易关系的国际条约体系（WTO 法）。不论在机构体系和法律制度上，WTO 都是对其前身关贸总协定的继承和发展。

关税与贸易总协定（General Agreement on Tariff and Trade，简称 GATT）是指第二次世界大战结束后，由美国、英国、法国等 23 个国家的政府间缔结的旨在降低关税、减少贸易壁垒的有关关税和贸易政策的多边国际协定，以及在协定运作中逐渐形成的一个事实上的国际组织。缔结《关税与贸易总协定》（GATT）是美欧西方国家建立全面开放的战后国际经济计划的一部分。在 1944 年 7 月于美国新罕布尔州的布雷顿森林召开的联合国货币与金融会议（布雷顿森林会议）上，会议的参加者承

---

〔1〕 截至 2014 年 6 月，WTO 成员达到 160 个国家和地区。

认有必要建立除国际货币基金组织和国际复兴开发银行之外的调整国际贸易的机构，扭转贸易保护主义和歧视性贸易政策的不利影响。筹办国际贸易组织的任务由刚刚建立起的联合国经济与社会理事会承担起来。1947 年 11 月 11 日，有 56 个国家的代表参加的“联合国贸易与就业会议”在哈瓦那召开，会上讨论了由美国代表提出的《国际贸易组织宪章草案》，后来获得通过，定名为《国际贸易组织宪章》(《哈瓦那宪章》)。但由于美国国会拒绝批准这一文件，其他国家也持观望态度，该宪章未能生效，国际贸易组织没有成立。

考虑到《国际贸易组织宪章》批准生效需要较长一段时间，各国政府又急于解决高关税问题，在 1947 年 4 月联合国经社理事会于日内瓦召开的贸易与就业会议第二次筹委会上，在讨论宪章草案的同时，美国、英国、法国等 23 个国家根据会议安排进行了关税减让谈判，最后达成了 123 项双边关税减让协议，涉及 5 万种商品。谈判后，一个称为关税与贸易协定委员会的机构把这些减税协议与《国际贸易组织宪章草案》中关于贸易政策的部分合并，汇编成单一文本，称为《关税与贸易总协定》。1947 年 10 月 30 日，日内瓦第二次筹委会结束，23 个国家签署了关贸总协定，该协定因未符合法定条件没有正式生效。不久，美国联合英国、法国、比利时、荷兰、卢森堡、澳大利亚、加拿大 8 个国家签署了《临时适用议定书》，宣布总协定自 1948 年 1 月 1 日起在 8 国范围内临时生效，同时宣布总协定是为解决战后各国贸易和关税问题的临时协定，目的是使各国尽快享受削减关税的好处，在《国际贸易组织宪章》生效后，关贸总协定就成为该宪章的一部分由后者代替前者。后由于《国际贸易组织宪章》未能生效，关贸总协定就成为事实上代替国际贸易组织宪章的文件，一直适用到世界贸易组织成立。

关贸总协定是临时生效的国际协定，实际上是由缔约方政府签署的关于贸易问题的多边行政协议，法律地位较低，也不是正式国际组织。但是其四十多年的运行颇具活力，保证了全球绝大部分国际贸易在该体制内完成，在减让关税、消除贸易障碍方面取得巨大成功。GATT 主要通过其主持的谈判活动实现这一目标，包括多边谈判和加入谈判等。GATT 进行过 8 个回合的谈判，每次都取得不同成果，其中，乌拉圭回合（第 8 回合）谈判具有重要意义，它不仅在更广泛的经贸领域（农产品、纺织品、服务贸易）达成开放市场的协议，同时在多边贸易机构改革方面取得历史性成就。乌拉圭回合谈判最重要的成果是通过了《马拉卡什建立世界贸易组织协议》，这一协议被认为是自《联合国宪章》产生以来的影响世界的最重要的国际协议，根据协议建立了管理多边贸易的正式国际组织——世界贸易组织，使当初《哈瓦那宪章》勾画的理想变成了现实。世界贸易组织伞状的机构体系内还包括一个经过法制化更新的争端解决机构和贸易政策评审机构，正如 WTO 总干事雷纳托·鲁杰罗所述，“如果不提及争端解决机制，任何对 WTO 成就的评论都是不完整的。争端解决机构是多边贸易体制的中心支柱，是 WTO 对全球经济稳定作出的最独特的贡献”。[1] 这两个机构的建立将有助于防止和解决国际贸易争议，促进全部框架协议的贯彻实施。世界贸易组织将与世界银行和国际货币基金组织共同构成支撑世界经济的三大支柱。谈判达成的《服务贸易总协定》、《与贸易有关的知识产权协议》、《与贸易有关的投资措施协议》是超出原 GATT 范围的新协议，扩大了多边贸易规则调整范围，弥补了 GATT 调整货物贸易的单一性的不足，有助于 WTO 成员在新的国际经济关系中权利义务平衡。

世界贸易组织到 2015 年已经成立 20 年，目前的 160 名成员占接近 98% 的全球贸易额，这一期间 WTO 贸易谈判最重要的进展是在第 9 次巴厘部长会议上通过了《贸易便利协议》和其他决议文件，近期还争取免除更多信息技术产品和环境产品贸易关税，如果谈判成功以及《贸易便利协议》生效，将进一步刺激全球经济增长。正如现任 WTO 总干事阿泽维多所述：“过去 20 年，WTO 帮助促进了全球贸易增长，解决了大量贸易争端，帮助发展中国家融入全球贸易体系。WTO 是反对贸易保护主义的堡垒，其在应对 2008 年金融危机的政策措施方面的价值显而易见，相比保护主义面对先前这场危机中表现的惊慌失措，WTO 应对危机的贸易政策相当平静和克制，在全球经济比以往任何时候都相互联系的今天，没有 WTO 的世界难以想象。”[2]

（二）世界贸易组织机构体系、法律地位

WTO 是政府间国际组织，其成员是主权国家和在对外贸易方面有充分自主权的单独关税领土的政府，[3] WTO 组织的谈判、议事活动和争议解决都由这些政府的代表参与，除政府代表以外的任何个人、工商企业和非政府组织无权参加其活动，只有少数专家可在 WTO 内由非政府代表组成的机构从事公务。按照 WTO 协议的规定，世界贸易组织设有部长级会议、总理事会、专门理事会、委员会、总干事、秘书处等机构。

1. 部长级会议。部长级会议是世界贸易组织最高决策机构。由 WTO 所有成员的代表组成，至少每 2 年召开一次会议。部长级会议的职能是履行世界贸易组织的职能，并为此采取必要行动；根据其成员的请求，在符合 WTO 协议和多边贸易协议决策程序的特别要求情况下，有权对多边贸易协议中的任何事项作出决定。

2. 总理事会。总理事会为 WTO 常设执行机构，在两届部长级会议之间主持

---

〔1〕 参见世界贸易组织秘书处编：《贸易走向未来》，张江波、索必成译，法律出版社 1999 年版，第 68 页。

〔2〕 Azevedo, WTO Marks 20 Years of Helping Boost Trade Growth. See, http: //www. wto. org/english/news_ e/news15_ e/dgra_ 01jan15_ e. htm，2015 年 7 月 17 日访问。

〔3〕《马拉卡什建立世界贸易组织协议》解释性说明指出，本协定和多边贸易协定中使用的“国家”一词应理解为包括任何 WTO 单独关税区成员。对单独关税区成员，本协定和多边贸易协定中的“国家”一词应理解为与它们有关。GATT 第 24. 2 条指出，就本协定而言，一关税领土应理解为一任何领土，其在与其他领土之间的贸易的实质部分中保留单独关税和其他贸易法规。

WTO日常工作，履行部长会议的职能，批准各委员会的决议。总理事会也是WTO争端解决机构和贸易政策评审机构，它们根据不同的职权范围召开会议，在履行各自职能时由各自的主席领导，适用各自的规则程序。上述三个机构由所有成员的代表组成，向部长级会议负责和报告工作。

3. 分理事会。总理事会下设三个分理事会协助其工作，负责监督协议的实施。货物贸易理事会监督GATT（1994年）及相关协议的运作；服务贸易理事会负责《服务贸易总协定》的实施；与贸易有关的知识产权理事会负责TRIPs协议的执行。分理事会成员资格向WTO所有成员的代表开放，并按履行职务的需要召开会议。

4. 专门委员会、工作组。WTO设有两类专门委员会和工作组，分别由相应的机构授权履行职能。第一类是由总理事会以及根据部长会议决议设立的委员会或工作机构，履行WTO协议及总理事会授予的职能；第二类是由分理事会设立的委员会或工作机构，负责监督各自管理的协议实施。各专门委员会成员资格向所有WTO成员代表开放。

5. 总干事和秘书处。世界贸易组织下设秘书处，由部长会议任命的总干事和若干副总干事领导。总干事的职责和任职条件由部长会议制定的规则确定。总干事是世界贸易组织规则的监护人，通过对成员施加影响，促进规则的遵守和实施；他也是调停人和行政主管，帮助解决成员之间的争议；负责秘书处的工作，主持各种谈判；总干事根据规则决定工作人员资格（设在瑞士日内瓦的WTO秘书处现有约500名不同国籍雇员）。秘书处的职责是为WTO各代表机构（理事会、委员会、工作组）进行谈判争议解决和执行协议提供行政和技术支持；为发展中国家（特别是最不发达国家）提供技术援助；处理成员的加入谈判，为准备加入的国家提供咨询。秘书处下设总干事办公室和与WTO各机构、各专门委员会对应的工作部门（共24个司），以支持、协助WTO各部门的工作。

与联合国有关下属机构不同的是，WTO沿用GATT传统，是全体成员导向（member - driven）的国际组织。WTO部长会议、理事会、各委员会都由各成员代表组成，所有成员代表都有权参加这些机构的活动和决策（争端解决专家组和上诉机构、诸边贸易协定委员会除外）；成员代表决定WTO的谈判议题、程序和最终成果。部长会议和总理事会表决采用一成员一票制，不采取加权投票制。成员导向的决策方式有一定的民主性，却产生难以达成协议的困难。《马拉卡什建立世界贸易组织协议》第9条第1款规定，WTO将沿用关贸总协定以协商一致决策的惯例。[1] 协商一

〔1〕 在这一条的注释中说明：“协商一致（Consensus）是指在作出决定的会议上，如果出席会议的成员没有一个对所作出决议提出正式反对意见，决议机构被认为以协商一致的方式对提交审议的事项作出了决定。”赵维田教授认为：“Consensus”译为“共识”更贴切。这一程序的规则是：只要在决策会议上没有人正式反对，就算达成共识，缺席、弃权、沉默均不妨碍达成共识。而采取沉默态度对那些决议事项与之关系不大，不想以明确表态开罪别国的小国更可取，这也是对大国经济实力的尊重。参见赵维田：《世界贸易组织（WTO）的法律制度》，吉林人民出版社2000年版，第446页。

致是 GATT 及其他国际组织的主要决策方式，也是 WTO 部长会议和总理事会的主要决策方式。除此之外，“WTO 协议”规定某些事项应以 WTO 成员投票表决决定：①部长会议和总理事会有权根据分理事会的建议解释 WTO 协议的所属多边贸易协定，对协议条款的解释需经 WTO 成员 3/4 多数通过。②前述协议的一般条款修改以 2/3 多数票通过，某些重要条款如“最惠国待遇”的修改需经全体成员通过才有效。③豁免某成员 WTO 义务需经 3/4 多数票通过。部长会议和总理事会表决采用一成员一票制，不采取加权投票制。同时，“WTO 协议”作出了类似于 GATT 第 30 条的规定，即 WTO 成员保留接受世界贸易组织批准的新义务的权利（第 10 条）。

在法律地位上，世界贸易组织是与 GATT 有实质区别的永久性的正式国际组织，它依法成立，是如同主权国家一样的国际法主体，具有法律人格（Legal Personality）。世界贸易组织成立后取代了关贸总协定这个临时的非正式组织的地位，成了唯一的调整多边贸易关系的国际机构。但是，世界贸易组织与国际货币基金组织和世界银行不同，它不是联合国的下属机构，它将与这两个机构有效合作，共同协调国际经济关系。世界贸易组织是统一的多边贸易管理机构，调整比 GATT 更广泛的经贸关系领域。世界贸易组织具有健全的机构体系和更广泛的代表性。以部长会议为核心、总理事会为主干的伞形机构体系将有效保证协议的贯彻和职能活动的开展，特别是争端解决机构对其成员有实质上的约束作用，通过准司法性的争端解决程序和交叉报复手段保证所管辖的争议及时解决，所作出的裁决和建议有效执行。另 方面，世贸组织在机构和人员上与 GATT 也存在组织上的联系。

（三）世界贸易组织宗旨、职能

世界贸易组织及其前身关贸总协定是建立在市场经济制度和西方自由贸易理论基础上的。自由贸易理论主张国家不限制或较少地限制对外贸易，应允许商品自由进出口，不给本国生产商和出口商特权与优惠，也不严格限制外国商品进口。英国古典经济学家亚当·斯密和大卫·李嘉图是自由贸易理论的奠基人。亚当·斯密（1723～1790）提出了倡导自由贸易的绝对成本（利益）理论，认为各国在生产中都有特定的优势，包括自然条件优势和人民能力技能的优势，因能力不同会形成生产成本和生产率的巨大差异，一国生产某种商品所具有的较低成本和较高生产率就是绝对利益，各国应生产和出口那些具有绝对利益的商品而进口本国不具有绝对利益的商品，这样各自获得的商品总量都会增加，对贸易双方都有利。大卫·李嘉图（1772～1823）进一步提出了比较利益理论。他认为一个国家即使有两种以上具有绝对利益的产品，也要比较利益程度的不同，集中力量生产出口那些不利程度较小的商品，进口不利程度较高的商品，即“有利取其重，不利取其轻”。亚当·斯密描述的连接人性倾向与国家财富的基本模式是自利导致市场交换，导致进一步的分工，进而产生专业化、专长、技巧与发明，结果带来更多财富。由当代五位美国学者撰写的著作《发展经济学》对比较优势理论分析得出的一个重要结论就是：任何国家都能够从国际贸易中获得利益，包括任何商品世界的最高成本和最低成本的生产商，任何国家都因贸易而增加福利，因为世界市场提供了以相对较低价格购买一些商品的机会。[1] 同时，贸易要求合作，人们不可能依靠狭隘的自足取得成功，知识和资源分布世界各地，只有合作方能为我所用。贸易呼唤公平、自由、法治和开放社会，这样的社会能打开人们眼界，获得选择的机会和权利。

《马拉卡什建立世界贸易组织协议》规定了WTO宗旨、职能和组织机构、决策方式等事项。协议序言规定，世界贸易组织的宗旨是：①加强世界经济与贸易的联系与合作，以提高生活水平，保障充分就业，增加实际收入和有效需要，增加货物与服务的生产和贸易。同时，考虑到以可持续发展的方式，合理开发和利用世界资源，保护和维护环境。②通过实施切实有效的计划，以确保发展中国家在国际贸易增长中的份额，适应其经济发展需要。③通过互惠互利的协议安排，实质性地降低关税，减少其他贸易壁垒，在国际贸易中消除歧视待遇。④维持关贸总协定的基本原则，进一步完成关贸总协定的目标，发展一个综合的、更加有活力的、持久的多边贸易制度。世界贸易组织的宗旨在基本方面与GATT宗旨是一致的，但是又有所扩展。WTO宗旨新增的内容是：①扩大服务贸易；②采取措施保护和维护环境；③积极努力，确保发展中国家（特别是最不发达国家）的贸易份额；④建立综合的、更有活力的多边贸易制度。WTO将“提高人民生活水平，保障充分就业，增加实际收入和有效需求”、“保护和维护环境”作为基本目标，体现了以人为本、维护人权及可持续发展的核心价值。

“WTO协议”第3条规定了世界贸易组织的职能：①促进WTO各项宗旨的实现，监督与管理其统辖范围的各项协议与安排的实施运行，并为执行上述各项协议提供统一的机构框架；②为今后多边贸易谈判提供论坛和场所；③按一体化争端解决规则程序，解决各成员之间的贸易纠纷；④与国际货币基金组织和世界银行等相关国际组织合作，协调全球经济决策。

二、世界贸易组织管辖的框架协议

GATT乌拉圭回合谈判通过的最后文件形成了WTO调整多边国际贸易关系的法律框架。最后文件分为两部分：第一部分为《马拉卡什建立世界贸易组织协议》及其涵盖的多边和诸边贸易协议，它们构成多边贸易法律框架的主体；另一部分为乌拉圭回合部长级会议通过的宣言和决定，其内容主要是对第一部分多边贸易协定涉及的细节问题作补充性规定。乌拉圭回合达成的最后文件如下：

第一部分：《马拉卡什建立世界贸易组织协议》及其附件。

《马拉卡什建立世界贸易组织协议》。

附件1A：各项货物贸易多边协议。

1.《关税与贸易总协定1994》。

(1) 经修订的GATT 1947文本的各项条款。

---

[1] [美] 詹姆斯·巴克斯：《贸易与自由》，黄鹏等译，上海人民出版社2013年版，第106、124页。

（2）在 WTO 协议生效前，依据 GATT 1947 生效的下列文件的各条款：①关税减让的议定书和证明；②加入议定书（关于临时适用，临时适用的撤销，“祖父条款”除外）；③根据 GATT 1947 第 25 条授权作出的，在 1995 年 1 月 1 日仍有效的关于解除缔约方义务的决定；④GATT 1947 缔约方的其他决定。

（3）下列关于 GATT 条款的谅解：①关于 GATT 1994 年第 2 条 1（b）的解释；②关于 GATT 1994 第 17 条的解释；③关于 GATT 1994 国际收支平衡条款；④关于 GATT 1994 第 24 条的解释；⑤关于 GATT 1994 免除义务的规定；⑥关于 GATT 1994 第 28 条的解释。

（4）GATT 1994 马拉卡什议定书关于 GATT 1994 的解释性说明。

2. 《农业协定》。

3. 《实施卫生与植物卫生措施协议》。

4. 《纺织品服装协议》。

5. 《技术贸易壁垒协议》。

6. 《与贸易有关的投资措施协议》。

7. 《关于实施 GATT 1994 第 6 条的协议》。

8. 《关于实施 GATT 1994 第 7 条的协议》。

9. 《装船前检验协议》。

10. 《原产地规则协议》。

11. 《进口许可证手续协议》。

12. 《补贴和反补贴措施协议》。

13. 《保障措施协议》。

附件 1B：《服务贸易总协定》及其附件。

1. 《GATS 第二议定书》（金融服务）。

2. 《GATS 第三议定书》（自然人流动）。

3. 《GATS 第四议定书》（基础电信）。

4. 《GATS 第五议定书》（金融服务）。

附件 1C：《与贸易有关的知识产权协议》。

附件 2：《关于争端解决的规则和程序的谅解》。

附件 3：《贸易政策评审机制》。

附件 4：诸边贸易协定。

1. 《民用航空器协定》。

2. 《政府采购协定》。

第二部分：部长会议宣言和决议（略）。

在第一部分中，《马拉卡什建立世界贸易组织协议》是主协议，是多边贸易法律框架的核心。该协议兼具契约性和法规性。协议本身极少直接规范管理多边贸易关系的实质性规则，主要内容是对世界贸易组织的成立、宗旨、职能、机构设置、决策方式、成员权利义务（组织方面的）作出约定（契约性）。[1]

调整多边贸易关系、规范国际贸易竞争规则的实质规定体现在附属的多边和诸边协议以及其他谅解和决定中，它们作为主协议的附件列入其后（法规性）。附件中的协议文件既有实体法规则，也有程序法规则，按内容可分为五个部分：①货物贸易多边协定，包括13项独立协议，由GATT 1994和乌拉圭回合谈判达成的新协议组成（附件1A）；②《服务贸易总协定》（附件1B）；③《与贸易有关的知识产权协议》（附件1C）；④《关于争端解决的规则与程序的谅解》（附件2）、《贸易政策评审机制》（附件3）；⑤4项诸边贸易协定（附件4）。[2]

从整体上看，WTO规则仍然秉承了GATT自由贸易与市场开放原则、公平贸易（非歧视）原则和权利义务平衡可预见性原则的制度基础，只不过非歧视原则被创造性地引入《服务贸易总协定》和《与贸易有关的知识产权协议》，各自适用于不同的调整范围。自由贸易和利益平衡已扩大适用于包括农产品、纺织品服装贸易、服务贸易等更广泛的领域。WTO规则保持GATT高度灵活性特征，一般规则与具体承诺相结合，严格法律义务与道义义务相结合，基本原则和例外规定的有机结合在新协议及新的市场准入谈判结果中都有所体现。但是，WTO规则是正式的国际协议，通过健全的组织体系和准司法性的争端解决机制，WTO规则获得比GATT更大的强制性和约束力，实践证明，这一特点使WTO规则在当今全球治理中发挥独特作用。

世界贸易组织成员对WTO多边贸易协定采取“一揽子接受”方式，除诸边贸易协定可有选择地自愿参加外，“WTO协议”与附属于它的全部多边贸易协议、谅解是不可分割的组成部分，应一并加入，成员不得把其中任何单一的协议文件排除在外、拒绝接受。但是，在接受有关的多边协议时，经其他成员同意并在协议允许的范围内，可以对协议中某些条款作出保留（如GATS中允许的保留）。同时，“WTO协议”继承了GATT第10条和第13条的规定，允许成员保留批准WTO新的条约义务的权利（第10条）；允许成员在另一成员加入时不同意对它适用“WTO协议”和其他附属的多边贸易协议（第13条），这体现了契约自由原则。多边贸易协定的效力关系是：当“WTO协议”与其涵盖的多边贸易协议不符时，在不符的范围内，前者优先适用；当GATT 1994与其他多边协议不符时，后者优先适用。这种制度安排比原GATT规则体系更具有协调统一性。

---

〔1〕“WTO协议”中对多边贸易关系有直接影响的规则是第9条关于附件1多边贸易协定义务的豁免，第13条关于WTO成员间互不适用多边协议的规定。

〔2〕随着《农产品协议》的生效和实施，1997年WTO成员同意在当年底废止牛肉协议和奶制品协议，在WTO成立时生效的诸边协议仅剩2个。但是WTO《信息技术产品协议》于1997年4月1日生效，该协议也是诸边协议。

三、WTO 多哈回合谈判“早期收获”的协议成果

（一）WTO 多哈回合谈判

世界贸易组织结束了 GATT 主持阶段性回合谈判的惯例，它仍然是继续进行多边市场准入谈判的场所。2001 年 11 月在卡塔尔首都多哈举行的 WTO 第 4 次部长会议上，成员代表决定开启新的 WTO 多哈回合谈判。这轮谈判确定了 8 个领域、19 个议题。其中，农业国内支持、农产品和非农产品市场准入是谈判焦点。由于各方在这些焦点问题上分歧严重，谈判多次陷入僵局。后来成员代表们意识到，原有的“要么就所有问题达成协议，要么没有任何协议”这种一揽子承担达成协议的方式不现实，决定从原有议题中剥离出比较容易达成协议的问题进行谈判，取得“早期收获”，到 2012 年底，早期收获范围确定，这就是贸易便利化、某些农业议题、贸易与发展和后来“棉花四国”（贝宁、马里、乍得、布基纳法索）提出的棉花议题。

2013 年 12 月 3 日 ~7 日，在新任总干事巴西人罗伯特·阿泽维多主持下，世界贸易组织第九届部长级会议在印度尼西亚巴厘岛举行，会议结束时发表了《巴厘部长宣言》，就上述早期收获的议题达成“巴厘一揽子协定”，多哈回合谈判 12 年僵局终获历史性突破。“巴厘一揽子协定”是 WTO 成立 18 年来在改善全球贸易规则上取得的最重要成果，它包括 10 份文件，涉及简化海关及口岸通关程序、扩大发展中国家在农业支持和农产品出口方面的某些权利、协助最不发达国家发展贸易等内容，其中的《贸易便利协议》是唯一有约束力的全球贸易协定，如果这些协议文件如期获得批准生效，将为全球经济和贸易创造巨大效益。

（二）WTO 第 9 次巴厘部长会议通过的协议成果

2013 年 12 月 7 日，WTO 第 9 次巴厘岛部长会议通过了以下决定和谅解，调整有关领域的贸易问题。

1. 农业议题。《一般服务的部长决定》接受非洲国家和 33 国集团建议，将一些农业补贴项目纳入《农业协定》附件 2 作为绿箱补贴，不需要削减。这些补贴项目包括土地休耕、土壤保护和资源管理、旱灾管理和水灾控制、乡村就业项目、土地所有权确权和安置项目。

《出口竞争部长宣言》体现了发展中国家希望通过加入《贸易便利协议》的承诺换取发达国家减少农产品出口补贴承诺的意愿，但是最终没有就取消出口补贴达成有约束力的协议和承诺。

《关于〈农业协定〉第 2 条定义的农产品关税配额管理规定的谅解》（关税配额谅解）处理农产品进口国实行关税配额的调整问题，目的是保障实施已经达成的市场准入承诺。《农业协定》允许进口国实行关税配额调整农产品进口，即使超过配额限制的农产品也可以在征收较高关税的条件下允许进口。但是，许多进口国因配额分配不合理导致一些产品配额不能用尽，这样的关税配额形成贸易壁垒。文件要求成员增加配额分配、使用的透明度，公布和向进口许可程序委员会通知关税配额使用率（fill rate），建立符合本谅解的配额再分配体制。

《为粮食安全目的公共储备部长决定》决定建立临时机制，保证有关成员对一些国家实行的特定农业补贴暂时克制采取反措施。根据《农业协定》，政府用保护价格直接从农民收购粮食建立库存属于黄箱国内支持措施，应该进行约束和削减，协定第6.4条规定发展中国家成员提供这类支持只有在微量水平（不超过农业生产总值10%）才免除削减义务。33国集团于2012年提出建议修改《农业协定》，将为建立粮食库存这种有利于低收入农民的措施纳入绿箱补贴，不需要限制，另一些成员认为这样做将整体上削弱WTO对农业支持的纪律。作为妥协，部长会议决议达成临时机制：如果一发展中国家成员为实施保证粮食安全的公共储备计划，对主要粮食作物安全提供支持，其结果突破《农业协定》黄箱上限，有关的成员应该暂时克制向WTO争端解决机构提起申诉，在部长会议结束后为寻求永久解决方案继续工作。这一安排是与《农业协定》第13条类似的“和平条款”。

2. 贸易与发展议题。2013年12月7日WTO第9次巴厘岛部长会议通过了4项决定，调整发展中国家和最不发达国家的贸易与发展问题。

《最不发达国家优惠原产地规则部长决定》规定了适用于对最不发达国家给予单方面优惠项目的原产地规则，该决定是给惠国制定这方面原产地规则的原则指引，这一制度确保只有原产于最不发达国家的产品享有进口国给予的优惠。

《对最不发达国家服务和服务提供者提供优惠待遇的免责操作的部长决定》允许WTO成员对最不发达国家的服务和服务提供者给予差别的和更优惠待遇，以促进最不发达国家参与国际服务贸易，提高国际服务能力。这一安排弥补了现有GATT 1994第四部分及授权条款的不足，使最不发达国家依据GATT第四部分享有的单方面差别和更优惠待遇扩大适用到服务贸易领域。

《特殊和差别待遇监督机制部长决定》规定了对发展中国家特殊和差别待遇机制的范围、功能、运作和参考条件。决定在贸易与发展委员会设立专门机制负责监督发展中国家的特殊和差别待遇问题。

3. 棉花议题。《棉花部长会议决定》响应非洲沙哈拉“棉花四国”提出最新建议，承认棉花对许多发展中国家（特别是最不发达国家）经济的重要性，确认之前部长会议、总理事会通过的决议承诺和谈判成果，决定在农业谈判中努力地、迅速地、专门地处理棉花问题。[1]

（三）《贸易便利协议》

1. 谈判背景以及协议的形成。2013年12月7日，WTO巴厘第9次部长会议以

---

〔1〕“棉花四国”要求分两个阶段改革棉花贸易：①原产于最不发达国家的棉花进入发达国家市场和某些发展中国家市场时进口国应给予免除关税和配额待遇，不同意此项待遇的发展中国家成员应寻求改善这些产品的市场准入；②发达国家任何仍维持的对棉花的出口补贴应该立即取消。上述建议要求巴厘部长会议通过决议实施。但是巴厘部长会议没有就棉花问题达成有约束力的协议，《棉花部长会议决议》仅仅是部长们的宣示和妥协，棉花贸易的最终改革应与整体上的多哈回合农业谈判挂钩。

"意思一致"的方式通过《关于〈贸易便利协议〉部长决定》,《贸易便利协议》(Agreement on Trade Facilitation, TF 协议)作为附件列入其中,这是巴厘部长会议达成的唯一具有多边条约性质的国际协议,也是 WTO 建立 18 年以来通过的唯一多边协议。根据部长会议决议,TF 协议生效的进程是:总理事会于 2014 年 7 月 31 日之前召开会议,将 A 类国家承诺的清单列入 TF 协议附件;通过《修改议定书草案》并将 TF 协议纳入 WTO 框架协议附件 1A。[1]《修改议定书》通过之后,在 2015 年 7 月 31 日之前,供成员开放接受,并且根据《建立世界贸易组织协议》第 10 条第 3 款的程序批准生效。由于印度、古巴、玻利维亚、阿根廷、南非等国的反对,WTO 总理事会未能如期在 2014 年 7 月 31 前通过《贸易便利协议》。但是在 4 个月之后,该协议起死回生,印度和美国就粮食储备和补贴问题达成一致,总理事会于 2014 年 11 月 27 日通过了《贸易便利化协议议定书》,协议将在 WTO 成员履行国内批准程序之后正式生效,最终被纳入《马拉喀什建立世界贸易组织协议》附件 1A。

贸易便利是指通过简化海关手续和其他贸易程序促进货物更有效率地跨境流动。长期以来,不论发达国家还是发展中国家的对外贸易经营者都遭受大量贸易程序中的"繁文缛节"的困扰,即使信息技术有进步,自动文件提交并不常见,大量文件提交是重复性的或不能预知的,由于各国海关之间、经营者与政府之间缺乏合作沟通使这些问题加重。联合国贸发会统计,海关业务平均涉及 20~30 个不同部门的 40 个文件、200 个数据组合,其中,30% 的数据要求重复率至少 30 次,这些数据中的 60%~70% 至少要重新输入一次,[2] 在现代制造业实行"及时生产,及时交货"(just-in-time)的零库存环境下,贸易商需要对货物迅速的可预见的海关放行,繁重的通关手续严重阻碍采用这样现代化生产方式。随着全球关税削减,海关手续相符的成本许多情况下已经超过需支付的关税成本,全球大量中小企业其整体产值经常占 GDP 的 60%,却不能参与国际贸易,根源在于贸易中的繁文缛节而不是关税壁垒造成的成本压力。许多发展中国家还面临贸易能力建设问题,其海关、交通运输、信息技术等基础设施效率低,严重阻碍货物贸易和外国直接投资。

GATT 和 WTO 长期致力于解决贸易便利问题,许多 WTO 协议条款目的在于取消货物贸易关税和非关税贸易壁垒,提高法规和行政措施透明度,实现贸易自由。其中,与减少贸易繁文缛节、提高贸易便利有关的条款是 GATT 第 5 条(过境自由)、第 8 条(进出口规费和手续)、第 10 条(贸易法规的公布和实施)。就简化贸易手续

---

〔1〕《贸易便利协议》将以《修改议定书》这样的案文形式批准生效,这是指对 GATT 1994 第 5 条、第 8 条和第 10 条的修改,根据《马拉喀什建立世界贸易组织协议》第 10 条第 3 款,对附件 1A 和附件 1C 所列多边协定条款的修正,如其具有改变各成员权利义务性质,则经成员 2/3 多数接受后,应对接受修正的成员生效,并在此后对接受修正的每一其他成员自接受时起生效。

〔2〕参见 9th Ministerial Conference, Bali 2013, Brief Note: Trade Facilitation – Cutting "red – tape" at the border, at http://wto.org/englishi/thewto – e/minist – e/mc9 – e/brief – tradfa – e.htm. 2015 年 7 月 17 日访问。

而言，这些规则是零散和不全面的，其内容需要扩展和澄清；世界海关组织制定了一些简化海关手续和国家之间加强海关合作的条约，其中主要是1974年《简化和协调海关程序国际公约》（京都公约），其内容有助于澄清上述GATT条款，但需要将某些海关技术规范纳入WTO体制以增强其效力，TF协议作为WTO专项协议可以整合、解释和补充原有这些货物贸易规则。更重要的是，TF协议第一次将调整领域扩展到解决成员贸易能力、贸易基础设施建设这样的硬件问题，不限于传统的调整贸易政策、法规这样的软件问题，这是该协议的突出特点。

2. TF协议主要内容。协议分为两部分：第一部分共13条，规定了成员在透明度、便利海关和其他边境贸易程序方面的实质义务；第二部分共10节，规定了发展中国家和最不发达国家的差别待遇，他们实施协定义务的灵活性。协议的义务有三类：第一类是协议生效后对即对成员具有强制约束力的义务；第二类是在某些进一步的条件或承诺实现后即具有强制性的义务；第三类原本就是强烈期待实现的义务，属于“软法”。

（1）目的和宗旨。协议序言再次确认多哈部长会议宣言和总理事会关于制定TF协议的授权，协议的目的是澄清和完善GATT第5条、第8条和第10条的有关内容，促进货物包括转运的货物加速流动、清关和放行；承认发展中国家和最不发达国家在该领域能力建设方面需要援助和支持；承认成员之间在贸易便利和海关程序相符方面需要有效合作。

（2）透明度。第1~5条解释和补充GATT第10条，规定了类似于其他WTO协议的管理透明度要求，包括：迅速公布一般适用的法律法规和行政裁决；建立咨询点，答复政府、贸易商和其他有关当事人的问题；通知贸易便利委员会成员可获得上述信息的成员官方地址和互联网标准网址（URL）等。除此之外，提出了以下更高要求：①要求公布更广泛的与进出口手续和要求有关的信息，如表格、文件、关税和规费、原产地规则、罚则等。②成员有义务将进出口程序的说明、表格文件要求、联系地址在互联网公布使之能被获取和适时更新，在可行时，应以一种WTO正式语言公布进出口程序的说明。③成员与货物流通、清关放行有关的法律应在实行前尽早公布，并且给有关当事方适当机会评论这类拟适用的法律，成员应在境内提供边境机构与贸易商和相关经营者之间的定期协商。④成员应一次性对提交书面请求的申请者作出预裁决（advance ruling），[1] 该预裁决应在作出后的合理时间内对成员和申请人有约束。⑤进口货物如因为海关或其他当局检验被扣押，成员应迅速通知承运人和进口商。

（3）进出口规费。协议第6~10条对应解释和补充GATT第8条，规定了简化海关手续和限制边境收费（除进出口关税、国内税以外的）的规则。关于费用和规费

〔1〕 TF协议第3.9条定义：预裁决是一成员向申请人（进出口商或其代表）在申请的货物进口前提供的书面决定，该决定规定了货物进口时对有关关税分类和原产地和其他事项的处理。

作出以下规定：①成员应按照前述透明度要求公布这类费用和收费信息，成员应在公布和实施这类收费之间给予足够时间，在信息公布前不得收取这类费用。②重申所有规费和费用限制在等于提供服务所需成本以内或与专门进出口业务有关；如果费用仅对于与海关查验货物密切相关的服务收取，不得要求将这类收费与专门的进出口业务收费挂钩收取。③海关当局对违反海关法律的处罚应该依据事实和案情，做到“罚责相当”（第6.3.3条），对主动坦白违法事实成员应考虑减轻处罚。成员确保采取措施避免在核定与收取罚金、税款中产生利益冲突，避免产生对不适当核定与收取罚金的激励。

（4）货物清关与放行。协议第7条要求成员采取下列具体措施，便利货物通关放行：①设定程序，以便在货物到达前对进口文件和其他信息进行预审查，货物到达后加速放行；②建立电子支付关税和费用的程序；③将货物放行与海关收费分开，只要符合相关法律要求和提供适当担保，应允许在关税和海关费用最终确定前放行货物；④风险管理制度应将海关监控重点放在高风险货物，加速放行低风险货物，有选择地对人员和货物进行清关后的稽核；⑤利用世界海关组织的标准定期公布平均货物放行时间；⑥成员应对于符合标准的（如良好守法记录、内部管控记录和担保）授权运营商提供补充的贸易便利措施；⑦根据符合条件的申请，至少对于空运货物通关（与快递运营商有关）允许加速放行；⑧对易腐烂货物优先检验，在可行最短时间放行。

（5）简化进出口手续。协议第10条规定下列原则和具体措施，简化进出口手续和文件要求：①为最大限度减少进出口和过境手续的发生和复杂性，简化进出口和过境文件要求，考虑合法的政策目标和其他因素（诸如情况变化、有关的新信息和新商业做法、工艺技术的可获得性、国际最佳做法和相关方的投入），每一成员应审查这些手续和文件要求，确保其对于货物（特别是易腐货物）的迅速清关和放行是适当的；对于减少贸易商的时间消耗和相符成本是适当的；确保其所选择的措施在两个或更多可供选择的实施政策目标的措施中是最少贸易限制的措施；如属于不必要的，应确保其不再维持。②成员应尽力接受为履行进出口和过境手续要求的能确证的纸质或电子复印件。③鼓励成员采用国际标准作为制定货物进出口手续和过境手续的基础。④成员应努力建立和维持单一窗口，使贸易商能通过单一的报关点将货物进出口和过境所要求的文件提交受理的当局和机构。⑤成员不得要求使用与关税分类和海关估价有关的装船前检验。⑥自协议生效时起，成员不得在进出口或过境业务中推行强制性的使用海关经纪人。⑦成员应在其领土内实行共同的海关程序和统一的为货物清关放行目的的文件要求，但这并不阻止成员基于货物类型或性质、风险管理要求、进口免税、使用电子文档和监管以及符合SPS协议的方式实行有区别的海关程序和文件要求。⑧如果一成员的进口当局因货物不符合进口国卫生法规或技术法规而拒绝其进口，该成员应在符合法律要求条件下，允许进口商将货物再发运或退回出口商或其指定人。⑨成员应允许货物暂时免税进入关税领土，只要符合特殊目的并且在特定期间复出口，包括由对外或对内加工的货物免税进口和复出口。

(6) 边境机构合作。协议第8条授权成员确保海关和其他边境机构相互合作，协调行动以便利贸易。对有共同边境的成员之间，协调包括：工作日和工作时间；海关手续；共用设施的开发与共享；联合监控等方面。

(7) 过境自由。协议第11条题为过境自由，澄清和补充了GATT第5条，提出以下便利货物过境的原则和要求：①如果引起采纳相关法规和措施的情况和目标不复存在，或者已经变化的情况和目标能以更少贸易限制的方式处理，成员实施的任何与过境运输有关的法规和程序不得继续维持；成员不得以对货物过境运输构成隐蔽限制的方式适用这些法规和程序。②过境运输不应以收取任何与过境相关征收的规费为条件，除非对运输收费或其他收费与必要的过境管理费用或提供服务的成本相当。③成员不得寻求、采取或维持对过境运输的任何自愿性的限制或任何其他类似的措施，但这不损害与规制运输相关的并与WTO相符的现存和未来的国内法规、双边或多边安排。④每一成员给予经其他成员领土过境的产品的待遇不得低于其给予自其原产地直接运输到目的地而不需经过其他成员领土的产品的待遇。⑤如果可行，鼓励成员为货物过境运输提供单独的基础设施（如车道和泊位）。⑥与过境运输有关的手续和文件要求相对于查验货物和过境的必要性而言不得过于繁重。⑦一旦货物进入过境程序，并且被允许自一成员境内的发运地前行，不得使货物服从任何海关收费，也不得有不必要的延误和限制，直到货物在成员境内的目的地终结过境。⑧对转运货物，成员不得适用TBT协议中的技术法规和相符评估。⑨成员应允许和规定在货物到达前预先提交和审核过境文件和数据。⑩一旦货物过境运输抵达成员境内的海关办事处，在符合过境要求时应迅速办结过境业务。⑪如果一成员要求对过境运输货物以保证金或非现金的文件形式提供担保，该担保应仅限于保证对过境运输货物的要求得以实施；如该成员确定过境要求已经满足，担保应无延迟地发还。⑫成员应努力相互合作提高过境自由，这种配合与合作包括但不限于对收费、手续和法律要求、实际的过境业务制度方面的谅解。⑬每一成员应努力任命一国家过境协调人，使其他成员提出的所有有关过境业务良好运作的问题和建议得到处理。

(8) 发展中国家差别待遇。TF协议第二部分用新的措施强化发展中国家差别待遇，协议改变过去对发展中成员实施相关协议困难的敷衍态度，差别待遇不再简单地表现为给予发展中国家成员履行宽限期和执行协议的灵活性，而是要求发达成员给予发展中国家和最不发达国家成员强制性和整体性的关于贸易能力建设的支持，将发展中国家成员实施协议义务改为附条件义务的方式，只有当所附加的能力建设的条件满足，相关的协议义务才具有强制性。差别待遇不是一概授予发展中国家成员群体，而是以国家和国家、措施与措施都不同的个别承诺方式体现。在立法上，实施问题不再是协议完成后考虑的事项，而是作为成员承担的整体协议义务的一部分应事先考虑的事项。

协议第二部分规定对发展中国家和最不发达国家成员差别待遇，主要内容是：

（1）根据第二部分第2~4节，对于发展中国家和最不发达国家成员，TF协议条款分为A、B、C三类，由成员自行指定，不同类别的条款实施的时间和条件不同。属于A类条款，发展中国家成员在TF协议生效后应立即实施；最不发达国家成员在协议生效满一年后实施。属于B类条款，发展中国家和最不发达国家成员在协议生效后经过一段过渡期才实施，在协议生效后一年内（允许延期），每一发展中国家成员和最不发达成员应通知贸易便利委员会其指定的B类条款和相应标示的实施过渡期。属于C类条款发展中国家和最不发达国家成员在协议生效后经过一段过渡期才实施，并且要求发达国家成员提供关于能力建设的援助和支持[1]，在获得实施能力后才实施。在协议生效后一年内，每一发展中国家成员和最不发达国家成员应通知贸易便利委员会其指定的C类条款，（发展中国家成员在通知中应标示实施过渡期），通知还包括其所要求的为实施能力建设所需的援助和支持信息。在完成上述通知后18个月内，提供援助的成员和发展中国家成员、最不发达国家成员应通知贸易便利委员会有关提供援助和支持的进展和确定的实施日期。

（2）关于延长B类和C类条款实施期的早期警示机制。根据第二部分第五节，如果一发展中国家或最不发达国家成员考虑到在指定期限内实施其列明的B类和C类条款有困难而希望延长实施期限，它应通知贸易便利委员会，如果委员会没有准许延期或该成员自我评估其不能实施C类条款，该发展中国家或最不发达国家成员应通知贸易便利委员会，委员会应成立由贸易便利和能力建设专家组成的专家组，专家组在成立后120天内审查存在的问题，向委员会提出建议。

（3）对发展中国家实施TF协议的措施可能引起的争议，协议规定了适用WTO争端解决的宽限期。根据第二部分第八节，GATT 1994第22、23条和《关于争端解决规则和程序的谅解》在TF协议实施后2年宽限期内，不适用于针对一个发展中国家成员涉及任何其指定的A类条款的争议解决；在TF协议实施后6年宽限期内，不适用于对一个最不发达国家成员涉及任何其指定的A类条款的争议解决。对于一个最不发达国家成员实施的B类和C类条款，其实施后8年的宽限期内，GATT 1994第22、23条和《关于争端解决规则和程序的谅解》不适用于针对该最不发达国家成员有关这些条款的争端解决。尽管有以上宽限期规定，一成员在根据GATT 1994第22、23条对一最不发达国家成员提出协商请求前和争端解决各阶段，应对最不发达国家成员特殊情况给予特别考虑，成员对涉及最不发达国家成员根据《关于争端解决规则和程序的谅解》提起争议解决实行适当克制。

（4）WTO规则的法律效力及国内实施问题。在地域范围上，WTO规则适用于各成员的全部关税领土。正如《中国加入WTO议定书》所规定，WTO协议和中国加

---

〔1〕 根据TF协议注释，“能力建设的援助和支持”可采取技术、资金以及任何其他相互同意的援助方式提供。

入 WTO 的法律文件（议定书、报告书、加入决定）适用于中国的全部关税领土，包括边境贸易区、民族自治地方、经济特区、沿海开放城市、经济技术开发区及其他经济特区。[1]

WTO 多边贸易规则对于其成员的中央政府有直接的约束力。这种约束力的表现和基本要求是：中央政府应保证其贸易政策、法律、法规和行政措施的透明度；应保证其贸易政策、法律和行政措施与多边贸易规则及该成员承担的 WTO 义务相符；如果出现不符情况，应通过国内程序改正。但是，WTO 法并没有规定各成员应以何种国内措施履行其在 WTO 中的义务，各成员可以采取与其传统和政治体制相适应的方式实施协议。从中国履行义务的实践看，中国是以“转化”的方式，即将 WTO 协议及中国加入 WTO 承诺转化为国内政策、法律和措施，通过立法、行政和司法等方式执行该协议。另一突出特点是，党和国家政策在执行 WTO 协议中发挥独特作用。《马拉卡什建立世界贸易组织协议》没有关于各成员对成员境内其他地方政府或非政府组织的行为承担责任的一般规定，某些具体协议，其中主要是 GATT 1994 第 24 条第 12 款及《服务贸易总协定》第 1 条规定了地方政府应承担的遵守协定义务，要求中央政府对 WTO 协议的实施负全部责任，各成员应采取一切可能的适当措施确保其境内的地区、地方政府和当局及非政府组织履行其责任与义务。这意味着一成员境内地方当局采取的影响 GATT 及其他协议实施的措施同样可以成为有利害关系的另一成员向世界贸易组织提出争议解决的理由。

一般情况下，世界贸易组织规则对各成员境内的自然人、法人没有直接的约束力，自然人和法人既不能直接参加 WTO 的活动，也不得参与 WTO 的争议解决，因为他们不是条约这种国际法的主体。更重要的是，WTO 规则创设的权利义务基本上是由政府承担的，所调整的法律关系主体是各成员的政府，尽管政府实施 WTO 规则的结果可以产生私人的权利义务，这些权利义务是国内法的权利义务，它不是 WTO 规则直接授予个人的，而是间接地经由各成员政府履行条约义务创立的。

WTO 规则是成员境内私人某些经济权利的重要来源。并且不排除在某些国家，WTO 规则具有直接效力，公民可以直接援用 WTO 规则起诉成员政府，主张依据 WTO 规则应享有的权利。[2] 这些权利蕴涵在 WTO 协议及涵盖的多边协议条款中，有些可以从出口国政府获得，有些可以从进口其产品或服务的进口国当局获得。例如，进口商有权要求政府在规定时间内发放进口许可证；要求海关接受其正确的申报货价；向政府主管当局申诉，就外国倾销产品展开调查；出口商有权获得出口产

---

〔1〕 参见《中国加入 WTO 议定书》第 2 条 A 款第 1 项。

〔2〕 1973 年，意大利 Manifattura Lane Marzotto 公司起诉意大利财政部，认为其收取的“行政服务费”违反了 GATT 第 3 条第 1 款 B 项，被告辩称 GATT 规则无直接效力，因意大利议会没有通过实施立法，米兰初审法院判决支持被告，但上诉法院推翻初审判决，裁决被告的行为非法。该案见于［美］雷·奥古斯特：《国际商法》，高等教育出版社 2002 年版，第 370 页。

品间接税的退还，有权要求进口国非歧视地对待其出口商品。WTO 规则因其所属国家和地区的政府接受，成为国内法的一部分，是相互开展经贸活动的准则，也改善了市场准入条件，提高了工商企业进入外国市场的预见性、安全性和稳定性。

第二节　GATT 1994 基本原则及其例外规定

一、GATT 1994 与 WTO 货物贸易协议

最早产生于 1947 年的 GATT 文本称“GATT 1947”，在以后四十多年间，这一文本经过多次更新补充，增加了一些解释性说明，乌拉圭回合谈判再次修订补充了 GATT 条款，经过这次更新的 GATT 文本称“GATT 1994”。WTO 成立后，“GATT 1947”已经不复存在，其全部条款被并入 GATT 1994。[1] 从法理上看，GATT 1994 包含一项核心的准用性规范，第 1 节宣布 GATT 1994 包括 GATT 1947 各项条款、WTO 各协议生效前对 GATT 1947 文本的历次修改补充，但不包括加入议定书。可见它没有直接规定调整成员货物贸易的具体规则，而规定采用其他文件中的具体规则调整权利义务。以下叙述的 GATT 1994 基本原则和相关条款是指被并入 GATT 1947 的相应条款。

WTO 多边货物贸易协议是不同于 GATT 的正式国际条约，由 GATT 1994 及其他独立协议构成。GATT 1994 虽然吸收了通过临时适用议定书生效的 GATT 1947 文本，但是其范围已不同于 GATT 1947。GATT 1947 的后续协议，特别是东京回合谈判达成的 9 个协议守则都属于广义的 GATT，而 GATT 1994 不包括这些守则和协议，后者独立出来，成为与 GATT 1994 并行的单独货物贸易协议；GATT 1994 也不包括作为 GATT 1947 组成部分的临时适用议定书，后者已被取消；另外，乌拉圭回合谈判达成了 6 个修改 GATT 条款的谅解，它们也是 GATT 1994 的组成部分。

WTO 协议及其涵盖的多边货物贸易协议在以下方面超越和补充了 GATT 1947：①建立了农产品和纺织品贸易规则，将这些长期游离于 GATT 之外的产品交易纳入多边贸易规则调整范围。②新的《保障措施协议》加强了采取保障措施纪律，明确禁止成员实施“灰色区域”措施。③GATT 第 25 条允许缔约方在特殊情况下经批准解除某些义务，WTO 协议第 9 条规定严格程序约束其成员行使这一权利，防止滥用这一条来逃避义务。④GATT 1947《临时适用议定书》被取消后，允许成员保留一些不符措施的“祖父条款”随之取消，自 WTO 协议生效时起，除非经世贸组织批准许可，各成员应确保其国内法与多边贸易规则相符合，不得保留与 WTO 规则相抵触的国内规则。⑤东京回合谈判达成的诸边贸易协议成为与 GATT 平行的多边协议，此举强化了对非关税措施的约束，也促进了多边贸易规则的统一性和有效性。

---

〔1〕 GATT 1994 的内容见前述关于世界贸易组织乌拉圭回合谈判达成的框架协议的说明。

二、GATT 1994 基本原则

GATT 1994 的基本原则主要有最惠国待遇原则、国民待遇原则、削减和约束关税原则、禁止实行数量限制原则。此外还有透明度、多边主义（实行多边互惠，由多边机构解决争议）等重要原则，这些基本原则也是可直接援用的具体规则。GATT 基本原则奠定了多边货物贸易规则的制度基础，WTO 其他专项协议也规定了这样一些基本原则，根据各自调整范围具体阐述了这些基本原则的含义。

（一）最惠国待遇原则

GATT 最惠国待遇原则（Most Favoured Nation Treatment，简称 MFN）在调整范围和适用范围上不同于国际经济交往中一般最惠国待遇原则，也不同于 WTO 服务贸易总协定与贸易有关的知识产权协议阐述的最惠国待遇原则。GATT 第 1 条规定："在对进出口货物征收的关税和费用方面或与进出口有关的关税和费用方面；在对进出口货物国际支付转移所征收的关税和费用方面；在征收上述关税和费用的方法方面；在与进出口货物相联系的规章手续方面以及在本协定第 3 条第 2 款及第 4 款所述事项方面，缔约方给予原产于或运往任何其他国家的任何产品的利益、优惠、特权或豁免应当立即无条件地给予原产于或运往所有其他缔约方领土的类似的产品。"

最惠国待遇是多边贸易体制的基石，其并不像字面所说给某国家最好待遇，而是仅仅要求对所有其他国家的待遇一视同仁。GATT 最惠国待遇原则的本质是要求一成员将给予另一国家（包括 GATT 成员和非成员）在进出口货物方面的好处相应地给予所有其他成员类似的进出口货物，不得在贸易伙伴之间造成对进出口货物的歧视待遇。给惠主体是成员政府，给惠对象是"原产于或运往所有其他成员领土的类似产品"，由于 GATT 最惠国待遇是给予原产于和运往所有其他成员的进出口货物，原产地规则对于执行这一原则有重要作用。给惠标准是等同于给其他国家的相应产品的待遇。给惠方面包括：①在征收进出口关税方面；②在征收与进出口有关的各种费用方面；③征收上述税费的方法；④与进出口有关的规章手续；⑤进口货物的国内税费，影响进口货物销售的法律、规章和要求；⑥例外条款中允许实施数量限制的行政管理措施（如配额分配方式）。根据 GATT 第 1 条的表述，最惠国待遇原则既适用于影响货物进出口的边境措施，也适用于影响货物在进口国销售的进口国当局执行国内税和国内规章方面的措施。

除适用范围的特点外，GATT 最惠国待遇原则还具有多边化、制度化、无条件的特点。

（二）国民待遇原则

GATT 第 3 条规定了国民待遇原则（National Treatment，简称 NT），其含义是：一成员的产品输入到另一成员境内时，进口方不应直接或间接地对该产品征收高于本国相同或类似产品的国内税和国内费用，以及在执行国内规章方面实行差别待遇。国民待遇原则是 GATT 非歧视原则的重要组成部分，它强调成员应给予外国进口产品公平竞争环境，一旦外国产品进口后，不应在国内税和国内规章的执行上实行内外有别，歧视外国产品，保护本国产品。

GATT 第 3 条包含了三条基本规则：①一成员领土的产品输入到另一成员时，不能以任何直接或间接的方式对进口产品征收高于对本国同类产品征收的国内税和国内费用（第 2 款第 1 句）；②一成员领土的产品输入到另一成员领土时，在关于产品的国内销售、标价出售、分销、购买、运输、分配或使用的全部法令、条例、规章方面所享有的待遇，不应低于同类的本国产品所享有的待遇（第 4 款）；③国内税和国内费用，影响产品在国内销售、标价出售、分销、购买、运输、分配或使用的法令、条例和规定，以及对产品的混合、加工或使用的国内数量限制条例，在对进口产品或本国产品实施时，不应用来对国内生产提供保护（第 1 款、第 2 款第 2 句）。

从适用范围看，GATT 国民待遇原则的给惠对象是在进口国销售的原产于另一成员的类似产品；给惠标准是在征税方面“不高于”对本国相同或类似产品征收的国内税费，在执法方面不歧视外国类似产品，不保护本国类似产品；给惠方面仅适用于进口国对进口产品采取的不合理的国内税和国内规章方面的措施，要求进口产品一旦被征收关税和其他通关费用入境后，就应与国内产品享有同等待遇，否则就会抵消关税减让的好处，使之在进口国国内市场处于不利的竞争地位。比如，一般地要求境内企业把进口产品与一定数量的本地产品混合加工、使用，否则就对进口产品或加工后的产品课税，这使外国产品处于不利的竞争条件，就属于 GATT 第 3 条第 5 款禁止的情况。国内税是与产品进口无关的税费，它既对国内产品征收，也对进口产品征收，如增值税、销售税、消费税等；国内规章方面的措施是指可能影响产品在进口国销售的涉及产品标准的法律，对侵权产品、违禁产品管制方面的法律以及税收法律实施中所采取的措施。

国民待遇原则不适用于边境措施（如海关对进出境货物征收关税、海关估价和征税手续、进出口商品检验、许可证手续），有关边境措施的不歧视规则体现在 GATT 第 13 条非歧视地实施数量限制规则中，国民待遇原则只有在产品进入进口国市场后才可适用。但这并不意味着违反国民待遇原则对尚未进口的产品就没有影响，对进入国内市场的外国产品的销售实行限制也间接地限制了该产品进口量。

国民待遇原则不适用于投资措施（少数与贸易有关的投资措施除外）。各国投资立法中普遍存在对外国投资的一些歧视性限制条件，如特别的审批程序或公司形式要求、市场进入领域限制、投资者资格要求、当地股权或最低注册资本要求、经营权和经营活动限制，这些规定与外国直接投资的市场准入和经营相联系，并不直接针对在国内销售的进口产品，所以 GATT 国民待遇原则对其不适用。但是，乌拉圭回合谈判达成的 TRIMS 协议调整某些对货物贸易起扭曲和限制作用的投资措施，如当地含量要求、出口实绩要求，即把外国投资企业必须购买东道国一定数量产品或出口一定数量产品作为批准外国投资进入或在境内经营的条件，这类措施规定相当于给本国产品特殊保护、歧视同类的外国产品，[1] 既违反 GATT 国民待遇原则，也违反 TRIMS 协定。

GATT 国民待遇原则不适用于出口产品，如果本国境内的外国企业或其他企业出口某种产品，有关部门在征收出口关税外，又实行歧视性收费，这个问题不属于 GATT 国民待遇原则调整，而应由第 11 条数量限制的一般取消或第 13 条非歧视地实施数量限制调整。

涉及 GATT 国民待遇原则的争议是 GATT 和 WTO 成立以来，成员之间发生最多的争议。专家小组在“日本—酒精饮料”案的裁决显示，国民待遇原则的第 1 项规则和第 2 项规则的适用应严格限于相同或类似产品，即只有当进口国在相同或类似的进口产品和国内产品之间实行了对进口产品国内税和国内规章的歧视待遇时，才可适用这两项规则。GATT 并没有提出确定“相同或类似产品”的统一标准，大多数专家小组的裁决援用 1970 年 GATT 工作组关于“边境税收调整”案报告中提出的标准，主要考虑产品在海关税则目录或关税分类表中是否属同一类，除此以外，还可考虑以下因素：①它们在物理上的相似性；②在市场上消费者品味和习惯（是否认为它们在商业上是可以替换的）；③它们的最终用途是否相同。GATT 专家组坚持在个案基础上确定相同性，而不是提出普遍适用的统一标准。国民待遇原则的第 3 项规则广泛适用于与进口产品相互竞争的产品和替代产品，这意味着即使国内产品与争议中的进口产品属于不同的产品，但属于与进口产品“直接竞争”的类似产品或“替代”产品，如果对该进口产品征收了高于这种国内产品的国内税费或者在国内规章方面的措施歧视了进口产品而对国内产品提供保护，则违反了国民待遇原则第 3 项规则。[2]

（三）逐步削减关税和约束关税原则

关贸总协定把“希望达成互惠互利协议，导致大幅度地削减关税和其他贸易障碍”作为其基本目标。根据 GATT 第 28 条附加的阐述，逐步削减关税是指通过互惠互利的谈判，大幅度降低关税和其他进出口费用水平，特别是降低使少量进口都受

---

〔1〕 一般认为 GTAA 国民待遇原则和最惠国待遇原则不适用于各国制定的投资措施，但对此学界颇有争议。甚至 GATT 专家小组在 1983 年审理美国提交的涉及加拿大投资措施申诉案中，也认为加拿大外资审查局要求外国投资者必须购买一定数量的本国原料违反国民待遇原则。在乌拉圭谈判中，发展中国家反对美国代表主张的把 GATT 这两项原则适用于外国投资措施，作为妥协，缔约方达成了只对少量与贸易有关的投资措施加以限制的“TRIMS”。

〔2〕 1997 年 6 月，WTO 上诉机构作出支持专家小组关于加拿大对进口的分版期刊税费规定违反了 GATT 第 3 条的裁决。分版期刊（split - run）是指内容上与本国版本相同，但在某外国出版发行时，刊登该国商业广告或商业宣传内容的期刊。本案中，美国指控加拿大对在加国发行的美国分版期刊适用较高的消费税和邮政费率，违反了 GATT 第 3 条第 2 款第 1 句。而专家小组认为加拿大的做法违反了 GATT 第 3 条第 2 款第 2 句规则（即前述第三项规则），因为分版期刊是与加国内期刊不同的产品，属于与加国内期刊直接竞争或相互替代的产品。加拿大《消费税法》对分版期刊税费的规定和邮政当局资费规定违反 GATT 第 3 条第 2 款和第 4 款，是对国内生产者提供保护。

阻碍的高关税，以发展国际贸易。GATT 本身并没有强制要求其成员把关税降到或约束在某种水平，而是要求缔约方之间通过谈判达成相互满意的削减关税和非关税障碍的协议（包括关税减让表等文件），以此达到降低关税和其他贸易障碍的目的。事实上，GATT 乌拉圭回合谈判在削减关税特别是农产品关税方面取得重要成果，WTO 成立后，有关成员于 1997 年达成诸边的《信息技术产品协议》，将近 300 个税号的信息技术产品关税实现零关税。[1]

支配减让谈判的基本原则是互惠互利的原则，一成员欲改善进入另一成员市场的状况，它就必须自身减让关税和取消其他贸易限制并且使另一成员认识到其所作出的减让或让步使它有利可图，或与它们作出的关税减让和让步的价值相当。每一次关税减让谈判的结果都可能使 WTO 成员关税减让表的内容发生变化，不过除非新的关税减让表规定废止先前的减让，否则先前的减让依然有效。

关税约束是指每一成员通过谈判达成的削减关税和其他贸易障碍的承诺载入减让表中，形成有法律约束力的义务，各成员不得随意实施超过减让表水平的关税率或增加其他税费。GATT 关税约束方式有削减后约束、现状约束和上限约束。GATT 第 28 条规定，关税减让表有效期一般为 3 年，3 年届满时可就修改或撤销减让重新谈判。

（四）一般禁止实行数量限制原则

数量限制是国家禁止商品进出口或对进出口的商品数额进行限制的各种法律和行政措施，如配额、许可制度等。与关税、政府补贴等措施不同，数量限制常表现为政府直接干预对外贸易。GATT 创始人倡导自由贸易，希望减少直至取消国际贸易障碍，但是，他们也认识到这个目标的实现不能一蹴而就，在相当长的时期内，允许缔约方采取一些保护措施是一种现实的选择。在可行的各种保护措施中（关税、海关手续、数量限制、补贴），GATT 宁愿缔约方采取关税措施。因为关税是透明的、相对稳定，执行时易于监督；而数量限制具有隐蔽性、随机性，防不胜防。关税措施在最惠国待遇原则指导下可保证非歧视地适用，数量限制因行政自由裁量很容易被歧视地适用。因此，GATT 主要缔约方坚决反对数量限制。[2]

GATT 一般禁止实行数量限制原则由第 11 条和第 13 条组成。第 11 条体现了普遍禁止实行数量限制的原则精神，要求除关税、国内税和反倾销、反补贴税及其他合法税费外，一切对进出口的数量限制形式，包括经由国家垄断或专控商品贸易的限制都应该普遍禁止。第 13 条体现了非歧视地实行数量限制。强调各成员在 WTO 规则允许的例外情况下，对进出口贸易实行禁止或限制时，也必须遵守最惠国待遇原则

---

〔1〕 见本章第 3 节《信息技术产品协议》。

〔2〕 为筹备国际贸易组织宪章，1946 年在伦敦召开了联合国贸易就业会议，会上美国代表表明了其对数量限制憎恶的立场，认为它是“国际商业罪恶的典型”（the Incarnation of International Commercial E-vil）。

和国民待遇原则。“力争使该产品的贸易分配尽可能接近于若无该限制时各缔约方预期可得到的份额。”

GATT一般禁止数量限制原则的含义可概括如下：①普遍禁止数量限制，任何成员不得对其他成员产品进口和本国产品出口实行禁止或限制，不论是采取配额、许可证还是其他措施；②允许各成员采取一定的保护本国工业或其他产业的措施，这种保护应运用关税和国内税手续，并尽可能维持在较低的合理的水平，而不应采取数量限制；③在GATT允许的特定情况下，各成员可以对某些产品进出口实行一定数量限制，但是这样限制应在非歧视的基础上实施，使相关产品的贸易分配与若无此限制时其他成员预期可得到的配额接近。

一般禁止实行数量限制原则是通过边境措施实施的，它是对尚未进出口的货物以明显的或隐蔽的方式实施禁止或限制，对已经进口的货物实行歧视性禁止或销售限制属于国民待遇原则调整范围，不属于一般禁止数量限制原则调整范围。然而，对已经进口的货物采取歧视性限制措施也能起到限制进口数量的作用。政府采用进出口许可证和配额方式是明显的数量限制，数量限制还可采取“其他的”隐蔽的方式实行，如对进口货物适用歧视性产品质量标准、卫生标准和环境标准，对货物通关设置阻碍等。

（五）保持权利义务平衡原则

GATT保持权利义务平衡原则的含义是：各成员在贸易谈判中做出的让步、承诺，交换各自的减让，构成国际贸易及国际收支的大体平衡。成员间每一次通过谈判达成的协议和减让承诺形成有约束力的义务，在此基础上形成的权利义务平衡应该保持。任何有实质利益的其他成员可以合理期待，基于这种平衡产生的利益和让步不应受到抵消和损伤，如果损害发生，应给予补偿。GATT 1994中序言的规定，第28条严格的修改减让表程序规定，第23条关于非违法之诉制度，都体现了这一原则。

三、GATT 1994 例外条款

GATT例外条款是关于在特定情况下，允许WTO成员背离GATT一般原则和规则的某些规定。WTO规则中设置例外条款的目的是：①在解除贸易限制，实现自由贸易与保护国内市场、保护国家安全等不同价值目标上进行协调与平衡；②使WTO法适应不断变化的复杂的社会情况；③使WTO成员不必采取粗暴的破坏WTO体制的方式缓解解除贸易限制带来的压力，实现其他与WTO不抵触的政策目标，保持WTO的有效性、多边性、普遍性。在适用范围上，有的是GATT所有规则的例外，引用此项例外采取行动可以不受所有GATT原则和规则的约束；有的属于GATT某项具体规则的例外，引用此项例外采取行动可以背离某项规则。多数例外规定适用所有成员，而有的例外是发展中国家享有的。同时，GATT例外规定还应该与“WTO协议”中的例外规定（第10条、第13条）结合起来理解。以下是GATT 1994主要的例外条款：

（一）第 20 条一般例外

一般例外是适用于整个 GATT 规则的例外，属于公共安全秩序的保留，也是 GATT 与人权保护相联系的条款。一般例外也见于《服务贸易总协定》、《与贸易有关的知识产权协议》，但是其表述与 GATT 第 20 条略有不同。此外，《技术贸易壁垒协议》与《动植物卫生检疫措施协议》是 GATT 第 20 条一般例外的进一步阐述补充，应结合起来理解。

GATT 第 20 条第 1 款规定：在遵守此类措施的实施不在情形相同的国家之间构成任意的或不合理的歧视手段或构成对国际贸易的变相限制的要求的前提下，本协定的任何规定不得解释为阻止任何成员采取或实施以下措施：为保护公共道德所必需的措施（a 项）；为保护人类、动物或植物生命或健康所必需的措施（b 项）；与黄金或白银进出口有关的措施（c 项）；为保证与本协定无抵触的法律、法规得到遵守所必需的措施（包括与海关执法、知识产权保护、反垄断、反欺诈有关的措施）（d 项）；与监狱囚犯产品有关的措施（e 项）；为保护具有艺术、历史或考古价值的国宝所采取的措施（f 项）；与保护可能用竭的天然资源有关的措施，如此类措施与限制国内生产或消费一同实施（g 项）；为履行任何政府间商品协定下的义务而采取的措施（h 项）；……[1]

在 WTO 争议解决中，涉及 GATT 第 20 条的争议案有相当数量，因其条款表述概括，其适用范围不够明确，直到 20 世纪 90 年代 GATT 专家组对"泰国香烟案"和"墨西哥金枪鱼案"作出裁决后，在一定程度上澄清了其适用范围。[2] 综合这两起案件专家小组裁决得出以下结论：①第 20 条 b 项仅适用于进口国采取的卫生措施，即在进口产品不符合进口国人类、动植物卫生标准时，该国可援用此项规定阻止产品进口，它不适用于产品本身合格，只是其加工方法违反进口国某些标准的进口产品，不能因为某一产品的生产方式不符合进口国规则就加以进口限制，这就是关于产品"加工与生产方法"标准问题的争论[3]（参考墨西哥"金枪鱼案"）。②第 20 条 g 项为保护可能用竭的天然资源采取的措施与 b 项一样不可域外适用，一国只能以保护本国资源环境为理由限制产品进出口，不能以保护别国或全球资源环境为由限

---

〔1〕 第 i、j 项略去。

〔2〕 GATT 1991 年作出裁决的"墨西哥金枪鱼案"起因于美国依据本国《海洋哺乳动物保护法》，以保护可能被误杀的海豚为名，禁止墨西哥在东太平洋用围网捕捞的金枪鱼进口，这项禁令同样适用于为墨西哥捕捞的金枪鱼从事中间加工装罐服务的有关其他国家。除非他们能证明达到了美国法律规定的海豚保护标准。墨西哥认为美国违反了 GATT 第 1、3、11 条，因为从其他地区捕获的金枪鱼可以在美国市场销售；美方则以 GATT 第 20 条 b 项和 g 项作辩解。"泰国香烟案"起因于泰国以美国香烟含有不明化学物和致瘾物，使泰国政府控制吸烟危害的努力受挫为由，禁止美国香烟进口，泰国也以 GATT 第 20 条 1 款 b 项辩解。

〔3〕 产品加工与生产方法标准（即"process and production methods 标准"或"PPMs 标准"）是指将产品生产和加工方式纳入产品标准，并按此标准区分不同产品，以鼓励对环境友好的方式生产的产品进口销售。

制进出口。在“墨西哥金枪鱼案”中，专家小组强调GATT规则不允许为了将国内法强加于另一国而采取贸易限制，这样做会损害多边贸易体制的生存，不仅国内可以运用环境、健康和社会政策理由任意限制进口，而且还要将自己的标准强加于别国。但是，在DSB上诉机构审理的“美国虾及虾制品进口禁令”案中，对GATT第20条作出了有利于环境的解释，认为：海龟属于“可用竭的自然资源”（不限于矿物，无生命物）；《美国环境法》第609条服务于GATT第20条g项的目的（环境法可域外适用）；但美国的措施构成不合理歧视。[1]该案证明在WTO框架内贸易与环境可以协调。③第20条中所述“为……必需的措施”是最少贸易限制的措施，如果存在任何可替代的方式，进口国就不得采取贸易限制。“泰国香烟案”专家小组认为，有各种与GATT相符的措施可以为泰国政府采用来实施其控制吸烟计划，泰国准许国内香烟销售却禁止外国香烟进口与GATT不符，不在“必需措施”之列。同时，“必需措施”也是依据有关人类动植物卫生国际标准或科学证据所采取的措施。④第20条既适用于影响货物进出口的边境措施，也适用于影响货物在进口国销售的进口国执行国内规章方面的措施。

在WTO争端解决历史上，几乎没有成员援用GATT一般例外主张免责获胜的先例。诸多判例形成这一例外规则适用的以下要求：①援引例外的成员应本着最大善意，说明其采取的贸易措施属于GATT第20条列举的例外政策目标范围，争议的贸易措施与声称的政策目标有直接因果联系；②该成员应证明其贸易限制对于取得第20条例外某项政策目标是“必需的”，必需性测试是第20条a、b、d、j项辩解的特殊要求，对于争议的贸易措施与这些例外中规定的政策目标之间提出了更高的联系和更细致的评估要求，提出辩解的成员不仅要说明贸易措施与政策目标有直接关系，还要证明这些措施对于取得例外中的政策目标不可缺少，并且实质上是有效的；③最少贸易限制原则，这是必需性测试的进一步要求，要考虑是否有可获得的替代措施能够实现相应的政策目标，并且这类措施较少与WTO抵触，较少贸易限制，如果有替代措施而没有采用，就说明争议的贸易措施不是必需的；④应符合第20条引言中的非歧视要求。以上标准按次序适用，成员方的抗辩没能通过前3项测试，就没有必要再考虑是否满足最后一项测试要求。

（二）安全例外

WTO安全例外条款是允许成员为维护国家基本安全利益而采取行动，免除WTO相关协议义务的“免责条款”。援用这类条款的成员可以背离WTO相关协议，暂停实行其根据条约所承担的某些义务。安全例外规定能够使缔约国在履行条约义务的同时，保留维护本国重大安全利益的权利，在条约制定和履行中发挥着“安全阀”的作用，对条约的履行和广泛参加有重要意义。合理运用这一贸易工具应该在维护自由开放贸易体制与维护成员基本安全利益这两个目标之间寻求平衡，长远看，贸

---

〔1〕 朱榄叶编著：《世界贸易组织国际贸易纠纷案例评析》，法律出版社2000年版，第183～190页。

易自由、市场开放是国家安全的根本保障，经济繁荣和国民福祉永远是防止国家基本安全利益免受外来威胁的稳定机制，这又与成员间自由、开放、和谐的贸易关系紧密相连，约翰·杰克逊提醒我们，“重要的是牢记第二次世界大战后布雷顿体系及其暗含的经济构架核心的政策目标是制止战争和军事冲突”〔1〕，正是WTO能使我们用法庭上的沉闷法律而不是用战争来和平解决贸易争端。

GATT第21条安全例外规定：“本协议的任何规定不得解释为：（a）要求任何成员提供其认为如披露则会违背其基本安全利益的任何信息；或（b）阻止任何成员采取其认为对保护其基本安全利益所必需的任何行动：①与裂变和聚变物质或衍生这些物质的物质有关的行动；②与武器、弹药和作战物资的贸易有关的行动以及与此类贸易所运输的直接或间接供应军事机构的其他货物或物资有关的行动；③战时或国际关系中的其他紧急情况下采取的行动；或（c）阻止任何成员为履行其在《联合国宪章》项下的维护国际和平与安全的义务而采取的任何行动。”除此之外，WTO其他专项协定也有与之类似的规定，它们是GATS第14条之二、TRIPs协议第73条、TRIMS协议第3条、TBT协议第2条、《政府采购协议》（2012年）第3.1条。

GATT第21条的意图是授权成员以维护其基本安全利益为理由，采取某些背离GATT原则的例外措施：一方面是常态化的不披露敏感信息和对核物资、军用物资的自主管理措施；另一方面是非常态化的对别国经济制裁措施。根据第21条b项之一，成员采取的“与裂变和聚变物质或衍生这些物质的物质有关的行动”不受GATT约束，核裂变物质（铀、钚）与核聚变物质（氘、氚）及其原料都有放射性，任何国家都不会承诺自由交易这类物质，而是严格控制以防止核扩散与核威胁。b项之二允许成员不受WTO规则限制地采取与军用物资有关的行动，包括与武器、弹药、作战物资贸易有关的行动，与供应军事机关的货物和物资有关的行动，成员采取这类行动是常态化的，不受b项之三中“战时”、“国际关系紧急状态”的限制。与军用物资有关的行动既可以是主动贸易行动；也可以是被动地对这类贸易的限制，贸易和贸易限制既可作为“战时”、“国际关系紧急状态”时对别国的制裁手段；也可作为平时维护自身安全利益和经济利益的手段。GATT安全例外条款并不是阻止成员之间军用物资交易，GATS第14条之二也不是为了阻止成员之间相互为对方的军事机构提供服务,〔2〕而是说这类每年都发生的国际交易不受WTO管辖。安全例外也适用于“军民两用产品”，世界市场交易的所有货物都可能用于军事目的，冷战时期，巴黎统筹委员会将许多“军民两用物资”纳入出口限制清单引起争议，这类产品很难划分军用或民用界限。考虑第21条目的和WTO整体目标，纳入b项之二中的货物首先应属于军用，军用物资无可争议，对“军民两用物资”应考虑是否具有与战争和军

---

〔1〕詹姆斯·巴克斯：《贸易与自由》，黄鹏等译，上海人民出版社2013年版，第118页。

〔2〕WTO《服务贸易总协定》关于安全例外的第14条之二中，与GATT第21条b项之（ii）对应的规定是“与直接间接为供应军事机关所提供服务有关的行动”。

事活动有关的因素，严格界定。这不仅要评估货物本身，还要评估具体“交易”，在考虑当事人身份、交易背景、市场环境等因素基础上，判断买主是否将交易物资用于军事，是否交易与军用性质有关。以上评估方法也适用于判断一项服务是否属于“直接间接为供应军事机关所提供服务”，确定采取《服务贸易总协定》允许的安全例外措施。

GATT 第 21 条安全例外还允许成员在战时和国际关系紧急情况下实施贸易制裁等措施，依据联合国决议实施制裁。就动用经济制裁缓解安全危机而言，GATT 第 21 条仅仅是对成员面临实际的政治和安全危机提供救济，不是对假想的和虚构的安全危机提供救济，尤其不是对经济上的危机和困难提供救济，应该将其与商业上的免责区分开来。历史上几乎所有涉及 GATT 第 21 条的争议案件都是因损害成员基本安全利益的事由和相应制裁引发的，安全危机事件涉及成员的政治、国防、领土安全，境内国民生命安全和国际和平安全。这提供了界定安全例外适用范围最重要的尺度。

GATT 第 21 条安全例外授予成员更大的免责自由，与 GATT 第 20 条一般例外相比，适用安全例外不需要受类似 GATT 第 20 条中引言的非歧视原则限制。更重要的是，第 20 条中有多处“必需的”限制，确立和适用更客观的可测试、可审查的标准；而在第 21 条中有两处“其认为……必需的”提法，设定了可以由引用者一方进行主观判断和决策的权利。“其认为”的提法被理解为授予成员为维护基本安全利益采取行动的“自决权”，一旦成员满足采取行动的基本条件，就不再进一步限制成员为维护基本安全利益采取行动的选择权。在 GATT 和 WTO 历史上，仅有少量涉及 GATT 第 21 条安全例外的争议案件发生，在这较少的案例中，只有四例进入 GATT 争端解决层面，被提请专家组解决。目前没有一例形成有约束力的 GATT 或 WTO 专家组裁决，[1] 这给解释安全例外的含义带来困难。

但是，学界就 GATT 安全例外适用已经形成以下共识：①第 21 条授予成员的自决权不是任意性的和不受限制的，援用第 21 条首先要本着国际法的善意原则，并且受约文本身规定的适用范围限制。②援用第 21 条要受约文本身规定的客观情况和条件限制，第 21 条内容共 3 项，其中，a 项授予成员被动的不披露其认为有可能违背基本安全利益的信息权，较少限制条件，b 项授权成员采取其认为对保护其基本安全

---

〔1〕 在 1995 年 WTO 成立之前，共有 8 例有影响的此类案件，即：捷克斯洛伐克诉美国出口限制案（1949）、加纳对新入关的葡萄牙贸易限制案（1961）、美国对古巴贸易禁运（1968）、联邦德国对冰岛鲜鱼进口限制（1974）、瑞典对鞋类进口配额案（1975）欧共体及其伙伴国对阿根廷贸易制裁案（1982）、美国对尼加拉瓜贸易禁运案（1985）、欧共体对南斯拉夫贸易制裁取消 GSP 案（1991）。WTO 成立后发生 2 起此类案件：欧共体与美国关于对古巴制裁法案（霍尔姆斯伯顿法）的争议（1996）、沙特入世谈判中维持某些产品贸易限制案（1995），没有一例被提请 WTO 争端解决。目前发生的因俄罗斯入侵克里米亚半岛引起欧美对俄贸易制裁和反报也涉及安全例外。See，World Trade Organization，Guide to GATT law and Practice：Analytical Index，600 - 605（1994），available at www. wto. org/english/res_ e/booksp_ e/gatt_ ai_ e/art21_ e. doc. 2015 年 7 月 17 日访问。

利益所必需的任何行动，是主动行为权，所以提出三方面客观条件限制，援引第21条应该符合其中的限制条件。③援用第21条应该受过去六十多年WTO成员形成的适用惯例限制，实践表明：成员同意安全例外应当被善意地用于维护成员基本安全利益，而不是被用于经济目的和贸易保护，成员对运用这一特权一直保持克制。④安全例外引起的争议具有WTO可诉性，争端解决机构有权接受成员请求，就争议是否属于安全例外范围做出裁决。

（三）最惠国待遇的例外

1. 关税同盟和自由贸易区的规定。GATT第24条规定，本协定的各项规定不得阻止各成员在其领土之间建立关税同盟或自由贸易区，或阻止为形成关税同盟和自由贸易区所必需的临时协定。这意味着WTO成员之间如果建立了关税同盟或自由贸易区，或为此达成临时协定，其内部成员之间相互给予的各项协议优惠不必按照最惠国待遇原则给予关税同盟或自由贸易区以外的其他成员，对其他成员应该维持原有的最惠国待遇。

自由贸易区、关税同盟等是国际经济一体化由低级向高级发展的不同组织形式。自由贸易区是两个以上的关税领土组成的贸易集团，其内部实现了货物、服务等方面贸易自由，但集团对外没有共同的关税和贸易政策，其成员在与第三国的关系上保持独立。关税同盟是以一个关税领土代替两个以上的关税领土，同盟内部实现货物等方面贸易自由，对外实行单一关税和贸易政策。目前，主要的地区贸易集团是北美自由贸易区、东盟自由贸易区、欧盟等。第24条例外规则还适用于第三类型的临时协定，它属于向自由区或关税同盟的过渡阶段。

GATT允许建立地区一体化安排是考虑这种安排有利于促进贸易自由和贸易增长。尽管在制度设计之初预见到可能的“贸易转移”等消极后果，但在自由贸易区、关税同盟内“实质所有贸易上取消关税和其他贸易法规限制”（第24条第8款）的情况下，贸易自由和增长带来的好处应该大于可能的消极后果。为防止产生消极的结果，GATT第24条对地区性自由贸易安排作出重要限制：①地区安排的成员间必须取消实质上所有产品贸易的关税和其他限制性贸易法规；②参与同盟或自由贸易区或临时协定的成员对贸易集团以外的其他WTO成员实施的关税和贸易法规措施不得高于或严于地区集团成立以前的水平；③一成员决定加入关税同盟或自由贸易区，或缔结临时协定，应迅速通知货物贸易理事会，由其进行审议，如经审议认为临时协定不可能在合理期限内形成自由贸易区，应不得维持临时协定。

在WTO成立时，地区贸易集团的数量达八十多个，[1] 其成员加入的动机也多样化，包括为减轻美国单边贸易措施的压力等；地区贸易集团的功能也向贸易以外的方面延伸（形成政治军事伙伴）。尽管有GATT第24条中的限制性规定，GATT也从来没有拒绝一个类似的自由化安排。有鉴于此，乌拉圭回合谈判达成《关于GATT

---

〔1〕［美］John H. Jackson：《关贸总协定和世贸组织的法理》，高等教育出版社2002年版，第106页。

第24条解释谅解》，主要内容是：重申关税同盟、自由贸易区成立必须与GATT第24条规定保持一致，货物贸易理事会有权审议加入此类地区集团的报告，并提出建议；在实施第24条过程产生的任何事项可以寻求WTO争端解决；临时协定的合理持续时间是10年。

2. 对发展中国家差别和更优惠待遇。这是指GATT第18条、第4部分和授权条款的规定。根据这些规定形成后来各种对发展中国家单方面优惠安排和其他南南合作计划。

（1）GATT第18条。这一条题为政府对经济发展的援助，中心思想是发展中国家有更多的自由使用数量限制及其他限制措施保护其幼稚工业和国际收支平衡。由于采取这些措施仍需要WTO相关机构批准，根据这一条采取的例外较少适用。

（2）GATT第四部分。这一部分题为贸易与发展，由第36条（原则目的）、第37条（承诺义务）、第38条（联合行动）三部分构成，目的是通过采取缔约方联合行动和发达国家缔约方单独行动，促进发展中国家经济发展。根据这一部分安排，GATT及WTO设立贸易与发展委员会。第四部分扩大了发展中国家初级产品和工业品的市场准入机会，其最重要的影响就是首次承认经济上处于不同发展水平的发达国家和发展中国家的划分，提出了发达国家和发展中国家之间的贸易谈判中实行某种非互惠（non-reciprocity）的待遇，即发达国家给予发展中国家的关税减让时，他们不应期望发展中国家作出同样减让。它为以后发达国家单方面实施对发展中国家优惠安排（如洛美协议、加勒比盆地安排）和减让关税提供了法律依据，也影响到后来对发展中国家差别的更优惠待遇扩展到其他WTO领域。

（3）授权条款。1979年东京回合谈判结束时，GATT缔约方通过一项决议，题为《对发展中国家差别和更优惠待遇、互惠和更全面参与的决定》，因为其内容主要是授权发达国家可以背离最惠国待遇原则，给予发展中国家缔约方差别的和更优惠待遇，也因为它不是一项强制性义务，该项决议通称“授权条款”。主要内容是授权发达国家缔约方可以背离最惠国待遇原则，给予发展中国家差别和更优惠待遇，而不必将这种待遇给予其他缔约方，并且给予发展中国家缔约方差别的更优惠待遇适用于以下领域：①按普惠制给予发展中国家产品优惠关税待遇；②在多边贸易谈判中达成的非关税壁垒协议中规定差别的更优惠待遇；③发展中国家之间缔结的相互给予优惠关税或减免非关税措施的区域性或全球性安排；④对最不发达国家的特殊待遇；并且确定普惠制毕业原则。

（4）“普惠制”安排。普惠制即普遍优惠制（General system of preference），是发达国家对于来自发展中国家的某些产品给予的普遍的、非歧视的、非互惠的关税优惠制度。GATT授权条款通过后，发达国家建立了“普惠制”，通过给惠方案来实施，给惠方案中包括受惠国地区、给惠产品、减税幅度、保护措施、原产地规则等。由于目前发达国家进口产品平均关税很低，降低了普惠制的优惠意义。

3. 边境贸易的例外。GATT第24条第3款a项规定，本协定的规定不得解释为阻止任何成员方为便利边境贸易而给予毗连国家的优惠。

4. 合法的歧视待遇。GATT 最惠国待遇原则并不阻止各成员依据相关协议采取反倾销和反补贴措施；也不阻止各成员依据一般例外和安全例外规则采取行动。

（四）国民待遇例外

GATT 国民待遇原则不适用于政府采购。一成员可以要求本国中央和地方政府从事公共采购时在本国货与外国货、本国供应商与外国供应商的选择上实行差别待遇，即使外国供应商提供了较优惠产品，该成员政府也可优先从本国供应商处购买。但是 GATT 没有明确规定最惠国待遇原则不适用于政府采购，GATT 第 17 条第 1 款、第 2 款的规定仅限于国营贸易企业从事为政府采购目的的进口时不受最惠国待遇约束。一国不应允许国内采购实体在从事政府采购时对外国相同产品及供应商实行差别待遇。现实是重要的政府采购由 WTO《政府采购协议》调整，它使这个诸边协议成员之间在政府采购方面相互给予的待遇优于非成员。

另外，国民待遇原则不妨碍政府对国内生产者给予特殊补贴，这项例外应在 WTO《补贴与反补贴协议》约束之下实施。

（五）一般禁止实行数量限制的例外

1. 普遍禁止的例外。根据 GATT 第 11 条的规定，为下列目的实行的数量限制不在普遍禁止之列：①为防止或减轻出口国食品或其他必需品的紧急匮乏而采取的暂时禁止或限制出口；②进出口的禁止与限制是为了实施国际贸易中初级产品分类定级和市场销售标准或规章所必需者；③对任何形式的农渔产品实行进口限制，如果这种限制是为执行政府下列措施必需者：其一，限制相同国内产品允许产销的数量，或者如果相同国内产品产量不大，限制能直接代替进口产品的本国产品允许产销数量；其二，以无偿或低于市场价格的办法将过剩产品给国内一些消费团体，以消除国内相同产品的暂过剩；其三，限制生产全部或主要直接依赖进口原料而生产的动物产品的数量，如果本国生产的那种原料微不足道。

2. 为保障国际收支实施的进口数量限制。GATT 第 12 条第 1 款规定，虽有第 11 条第 1 款的规定，任何缔约方得为保障其对外金融地位和国际收支，限制进口商品的数量或价格。此外，GATT 第 18 条专门授权发展中国家在面临国际收支困难条件下可以实施数量限制。为防止缔约方不适当地运用这项例外实行贸易保护，乌拉圭回合谈判通过《为国际收支而采取贸易措施的宣言》和 GATT 1994《关于国际收支平衡条款的谅解》完善了实行这项例外措施的程序。其中，最重要的内容是：援引第 12 条以保障国际收支为由实施数量限制应与 GATT 国际收支限制委员会进行磋商，接受其审查，委员会将审查结果报告货物贸易理事会后，由其作出结论，有关成员必须执行；另一方面，实行进口限制的成员应与国际货币基金组织进行磋商，由该组织判定其是否面临货币储备严重下降或货币储备很低的困难，接受其监督。第 12 条第 1 款的限制较多，GATT 成员较少适用。

3. 保障条款及 WTO《保障措施协议》（参见本章相关部分）。

第三节 其他 WTO 调整货物贸易的专项协议

以下介绍的 WTO 专项货物贸易协议中，《反倾销协议》、《反补贴协议》、《保障措施协议》在国内法上称为贸易救济措施协议，约束各成员采取的反倾销、反补贴措施和保障措施，防止各成员不适当地运用贸易救济措施限制进口。《农业协定》是首次全面规范各成员农产品市场准入的多边协议，其与《信息技术产品协定》一样，都是调整某类产品或产业，但后者是 WTO 成立后达成的新的诸边协议。《技术贸易壁垒协议》（TBT 协议）和《实施卫生与植物卫生措施协议》（SPS 协议）是与标准有关的措施协议，是 GATT 第 20 条的进一步阐述补充，目的是约束各成员采取的与实施标准有关的进口限制措施，防止所采取的措施构成不必要的贸易障碍。《政府采购协议》解决一成员进入另一成员政府采购市场、规范政府采购中的隐蔽的和歧视性做法，已经引起中国国内业界关注。

一、WTO《关于实施关贸总协定 1994 第 6 条的协定》（《反倾销协议》）

（一）范围和法律渊源

倾销是出口商以低于正常价格向进口国出口和销售产品。它分为长期倾销、短期倾销和偶然性倾销，其中，前两种具有不正当竞争性，扭曲了产品价格和正常竞争机制，给进口国相关产业造成影响和损害，各国通常依据国内反倾销法和救济程序采取反倾销措施。由于各国反倾销制度不同，采取反倾销的条件程序也不同，反倾销措施的滥用成为贸易保护主义工具。

WTO 反倾销规则来源于两个基本文件：《1994 年关税与贸易总协定》1994 第 6 条规定和《关于实施关贸总协定 1994 第 6 条的决定》（《反倾销协议》），这两个文件主要规范 WTO 成员对倾销产品进口的反应，使这种被允许的进口限制和管制措施在公平合理的基础上实施，不至于构成对正常国际贸易的障碍。但是协议并不直接约束外国企业出口倾销产品行为，协议没有任何约束企业倾销的规则，也没有禁止企业倾销，只是说这类行为应该“谴责”。协议生效后，各成员的国内反倾销法和反倾销措施不得与之相抵触，否则受损害的一方可以提请 WTO 争端解决机构解决争议。

（二）反倾销实体规则

1. 倾销的构成要件。GATT 第 6 条规定，缔约方认识到，用倾销手段将一国产品以低于正常价格办法引入另一国商业，如果因此对一缔约方领土内已经建立的产业造成实质性损害或实质性损害威胁，或实质上阻碍某一国内产业新建，则该倾销应予以谴责。这说明 WTO 协议允许各成员采取限制措施的倾销行为应具备以下构成要件：①产品以低于正常价格或低于成本出口销售；②该倾销产品给进口国生产相同或类似产品的生产部门造成实质性损害或实质性损害威胁，或者阻碍国内工业的新建；③国内损害与倾销产品进口有因果关系。只有符合以上条件的倾销行为，协议才允许 WTO 成员采取反倾销措施。

2. 倾销及损害的认定。倾销是一种价格违规行为，是企业低于正常价格出口和销售产品，认定企业是否存在倾销应该先确定被调查产品的正常价格和实际出口价格，再将两者比对得出是否有倾销的结论。

（1）确定被调查产品的正常价格。认定正常价格的标准应依次参考：①正常贸易中被调查产品在出口国国内供消费的可比价格（国内价格）；②如果被调查产品没有在出口国销售或销售量低，应参考与该产品同类产品出口到一适当第三国的可比价格（第三国价格）；如果该价格不具有代表性，应以被调查产品的结构价格作为正常价格参考依据，这是指被调查产品在原产国的生产成本加合理的管理成本、销售费用和利润确定（结构价格）。

（2）确定出口价格。这是正常贸易中进口商购买倾销商品实际支付的价格。

（3）出口价格与正常价格比较。协议规定出口价格与正常价格应进行公平比较的原则，即应基于相同价格水平（通常为出厂价水平），用尽可能相同时间内发生的交易进行比较，并考虑每一个具体案件影响价格可比性的差异。比较方法是：①用加权平均的正常价格与所有可比交易的加权平均出口价格比较；②用每笔交易的正常价格与每笔交易的出口价格进行比较。经比较后，如发现产品出口价格低于正常价格即存在倾销，两者的差额为倾销幅度。

（4）损害及其与倾销的因果关系。确定倾销产品给进口国相关工业造成实质性损害或实质性损害威胁应考虑以下因素：倾销产品进口数量；倾销产品的进口价格以及对国内相同或类似产品价格的影响；对国内工业和国内生产者的影响，例如，生产、销售或价格下降，库存增加，有亏损情况，失业率上升，等等。根据反倾销协议，一成员只有经调查认定国内产业损害是倾销产品进口引起的，才可以采取反措施。在确定损害与倾销产品进口的因果关系时，应特别注意排除非倾销因素对国内产业损害的影响。

（三）程序规则

1. 立案调查。这一阶段涉及以下义务：①立案标准。协议要求立案时，进口国主管当局严格审查申诉人的资格，了解国内生产商对一项申诉支持或反对的程度，符合协议的立案标准是支持申诉的生产商必须占提出支持或反对的生产商所代表的产品总量的50%以上；无论如何，支持申诉的生产商所代表的产量至少应占该产业总量的25%。②公告通知义务。一旦决定立案调查时，进口国主管当局应立即公告与调查有关事项，通知有利害关系的进出口厂商和出口国政府，调查采用问卷调查和实地考察方式。③证据、辩护协商。被诉方收到调查通知后，至少应给予30天时间准备回答，主管机关应给所有各方见面和答辩的机会。主管当局有权要求各方提供资料和证据，拒不提供资料，可依据最佳可得信息制度，在现有可获得资料基础上作出初裁或终裁。④期限及微量倾销处理。调查应在1年内完成，无论如何，调查发起后至作出终裁的期间不应超过18个月。如果主管当局不足以认定存在倾销或虽有倾销但倾销幅度不超过2%或者来自某一国家的倾销产品进口量不超过进口国相同产品进口总量的3%，则应该停止调查。[1]

2. 初裁、临时措施与价格承诺。《反倾销协议》没有规定作出初裁的时限，应理解为自立案调查之日起1年内的一个合理时间。如果主管当局作出出口商倾销商品的肯定性初裁，它应该公告初裁决定，并可以采取临时性反倾销措施，即向进口商征收临时附加税或保证金。采取临时措施的条件是：①应在不早于公告立案60天后采取；②进口国主管当局已作出关于倾销和损害存在的肯定性初裁；③主管当局认为采取临时措施对防止在调查期间发生损害是必要的。临时措施最长适用期间不超过6个月。肯定性初裁作出后，被控倾销的出口商可以申请与进口国主管当局在双方自愿基础上签订价格承诺协议，由出口商承诺修订出口商品价格和消除工业损害，进口国主管当局接受了承诺，应停止调查。

3. 终裁、征收反倾销税。进口国若作出出口商对其倾销产品的肯定性终裁，它应该公告并可以采取征收反倾销税的措施。反倾销税是进口国对于来自外国的倾销产品征收的一种进口附加税，目的是阻止倾销产品进口和消除倾销造成的损害。反倾销税应在非歧视基础上针对所有经查明存在倾销并造成损害的某税号的进口产品征收，纳税人是进口倾销产品的进口商，出口商不得直接间接代替进口商缴纳。在执行税率时，应采用经调查认定的个别出口企业的个别税率；反倾销税率不得高于倾销幅度，倾销幅度是被控产品的正常价格与实际进口价格之间的差额，差额越大，倾销幅度越大。反倾销税应自作出终裁之日起对进入消费领域的被控倾销进口产品征收，必要时也可以自采取临时措施起征收（追溯征收），征税期限通常是5年。到期后应进行复审以决定是否继续征收。GATT 1994 第6条第5款特别强调，在任何成员领土的产品进口至任何其他成员领土时，不得同时征收反倾销税和反补贴税以补偿倾销或出口补贴所造成的相同情况。

4. 行政复审和司法审查。行政复审是反倾销调查机构对已经发生法律效力的反倾销裁决实施情况进行审查，以决定是否继续采取反倾销措施。行政复审的实质条件是与征税相关的客观形势发生变化，包括：倾销情况变化；损害情况变化；汇率变化。反倾销税应该仅在抵消倾销造成损害所必需的时间和限度内实施（第11.1条），因为客观情况变化引起倾销及损害状况发生变化，就需要对有关行政裁决进行审查，就是否继续征税做必要调整。行政复审需依据法定程序发起，既可以由反倾销调查机构自行发起；也可以因利害关系方申请发起。反倾销协议规定成员应建立以下三种类型的行政复审类型：①日落复审（11.3条），是指反倾销税征税5年期满前，主管机构主动发起或利害关系方请求发起行政复审，确定期满后是否继续征税。但复审期间到复审结果产生前可继续征税，并且根据11.3条，如复审确定，停止征

[1] 除非倾销产品进口量不足3%的成员，合计超过该进口成员同类进口产品总量的7%（《反倾销协议》第5.8条）。

税有可能导致倾销和损害继续或再度发生，也可继续征税。所以，5 年期限是理论上的，是首次征税期限，实际可能继续延长。②期中复审（11.2 条），是指自反倾销措施实施一段合理时间后，由主管机构主动发起或利害关系方请求发起行政复审，决定是否因客观情况变化可以取消或改变征税。③新出口商复审（9.5 条），是指对当初没有立案调查，但在主管机构征收反倾销税期间出现的被调查国家的新出口商进行审查，决定是否对其出口的被调查产品征收反倾销税。

司法审查，是国内司法机关对行政机关采取反倾销措施行政行为的司法审查。通过利害关系方提起国内行政诉讼程序进行。

（四）非市场经济国家倾销产品的特殊规则

WTO《反倾销协议》重申 GATT 1947 第 6 条注释及补充规定，“在进口产品来自贸易被完全或实质垄断的国家，且所有国内价格均由国家确定的情况下，进行价格比较可能存在特殊困难，这时进口方可能认为与此类国家的国内价格进行严格比较不一定适当”。据此，一些国家针对原产于“非市场经济体制国家”的进口产品采取了歧视性的反倾销措施，表现在选用所谓“替代国价格”作为认定正常价格的依据；在确定反倾销税额时实行所有被控企业单一税率，而不是按这些企业的出口价格分别裁定。《中国加入 WTO 议定书》第 15 条规定，某一 WTO 成员在中国加入 WTO 15 年的过渡时期内，仍可对原产于中国的被调查产品采用替代国价格作为认定正常价格的标准。然而，只要中国被调查企业提出足够证据证明其产品是在市场条件下生产和销售，该 WTO 成员在进行价格比较时应采用中国企业提供的价格或成本。在中国加入 WTO 的 15 年过渡时期后，WTO 成员不得对原产于中国的产品采用替代国标准。

二、WTO《补贴与反补贴措施协议》

补贴是政府向境内的补贴接受者提供任何形式的财政资助、奖励或价格支持。补贴是政府行为，这一点与倾销有实质不同。接受补贴的实体，通常是生产企业或销售公司，并且在国际贸易中受到责难的补贴具有专项性，补贴接受者是个别企业和行业。虽然一些国家将补贴作为政府实现其经济政策的工具，但是在国际贸易中，补贴被认为是一种不公平竞争行为。因为补贴使受补贴的生产者享受了不公平竞争优势，扭曲了它的真实竞争地位；另一方面，补贴也扭曲了国际贸易。农产品的补贴和进口壁垒抬高了国内产品价格，刺激了过量生产，过剩的农产品在补贴刺激下，低价向国际市场出售，造成国际市场过剩，而没有能力进行补贴的国家的农民深受其害。当代各国国内法和 WTO 规则都普遍地管制对贸易有扭曲限制作用的补贴行为，这种管制分两个途径：①依据国内贸易法，对来源于另一国家的补贴产品进口进行立案调查，在查明补贴产品进口及损害后果的基础上，采取征收反补贴税的贸易救济措施；②运用 WTO 争端解决机制，受补贴产品损害的成员可以请求与补贴成员政府寻求协商及 DSB 的裁决，以消除补贴及其影响。

WTO 反补贴法由两个部分组成：①来源于 GATT 1994 第 6 条和第 16 条的规定；

②GATT 乌拉圭回合谈判达成的《补贴与反补贴措施协议》（SCM 协议），它作为货物贸易多边协议要求所有 WTO 成员遵守。以下是 WTO《补贴与反补贴措施协议》（SCM 协议）的主要内容：

（一）协议的适用范围

WTO《补贴与反补贴措施协议》（以下简称《反补贴协议》）是对 GATT 1994 第 6 条、第 16 条关于反补贴协议规定的统一解释和进一步阐述、补充。《反补贴协议》规定了一成员依据国内法采取反补贴措施或者依据 WTO 法针对另一成员发起反补贴争议解决应遵守的实体法规则和程序法规则，要求各成员一律遵守。该协议与 GATT 1994 相关规定都是调整 WTO 成员采取补贴与反补贴措施的有约束力的规则，根据《马拉喀什建立世界贸易组织协定》附件 1A 的解释性说明，当反补贴协议与 GATT 相关规定冲突时，前者优先适用。但是，关于农产品的补贴和支持问题由 WTO《农业协定》调整，《反补贴协议》与《农业协定》是一般法和特别法关系，《反补贴协议》中的某些重要实体法规则（第 3 条关于禁止性补贴的规定，第 5 条关于可申诉补贴的规定）和程序法规则（第 4、6、7 条）不适用于农产品补贴和成员间的争端解决，其他一些规则主要是第 1、2 条的定义，专项性的标准以及第 5 部分反补贴措施应该同样适用于农产品补贴以及依据国内法发起的贸易救济程序。与反倾销协议不同，反补贴协议既约束 WTO 成员政府的补贴行为，也约束成员政府对另一成员补贴产品进口的反应。协议规定了控制成员政府采取补贴做法的多边纪律；也规范一成员政府针对另一成员补贴产品进口采取的单边行动。

（二）补贴的定义

《反补贴协议》共 11 个部分、32 个条款和 7 个附件。新协议远远超出了 GATT 第 6 条、第 16 条的规定，后两者仅对非初级产品出口补贴规定了有效的纪律。反补贴协议首次在多边体制内界定了补贴的定义和构成要件，运用交通信号灯的方法区分了不同类型的补贴。《反补贴协议》第 1 条将补贴定义为：一成员领土内存在的由政府或任何公共机构提供的财政资助或者任何形式的收入或价格支持以及因此授予补贴接受者一项利益。第 1 条第 2 款还规定，以上定义的补贴只有在属于专项性补贴时，才应受到本协议有关规定的约束。

《反补贴协议》第 1 条列举了政府或公共机构提供财政资助的以下表现：①涉及资金的直接转移（如赠款、贷款和投股）、潜在的资金或债务的直接转移（如贷款担保）的政府做法；②放弃或未征收在其他情况下应征收的政府税收（如税收抵免之类的财政鼓励）；③政府提供除一般基础设施外的货物和服务或购买货物；④政府向一筹资机构付款，或委托或指示一私营机构履行以上①～③项列举的一种或多种通常应属于政府的职能，且此种做法与政府通常采用的做法并无实质差别。协议在上述第 2 项注释中特别指出，按照 GATT 第 16 条注释和本协议附件 1 至附件 3 的规定，对出口产品免征其同类产品供国内消费时所负担的关税或国内税，或免除此类关税或国内税不超过增加的数量不得视为一种补贴。

以上定义说明，GATT 及反补贴协议管制的补贴做法应具备以下要件：

1. 补贴是政府或任何公共机构提供的财政资助或对收入和价格支持，用于鼓励某类产品的生产和销售。实施补贴的主体是成员政府，包括中央政府或地方政府，主体也包括政府委托其代行政府职能的私人或公共机构。与政府无关的其他私人或团体（如环境组织等）提供的资助不属于补贴。补贴接受者应为实行补贴的政府管辖范围内的企业、产业或特定地区（第 2.1 条）。补贴的方式是提供不同形式的财政资助或收入和价格支持，财政资助是资金直接或间接地授予或转移给补贴接受者；收入价格支持并不涉及政府转让资金，而是通过政府实行政策性的价格管制调控，使消费者支付超过正常市场价格的垄断性高价，达到政府补贴生产者的目的。

2. 补贴应该使补贴接受者获得某种利益（benefit），这是衡量补贴存在的另一个重要的测试标准。不论政府资助或价格支持都要使补贴接受者获得在正常的商业条件或生产条件下不能获得的实际利益，如果虽然有政府提供的贷款或对贷款的担保，接受贷款或担保的实体并没有获得超出一般商业条件的利益，这也不能算是补贴。

3. 补贴在法律上或事实上具有专向性（specificity）。多边规则管制的补贴是在一国资源分配中造成扭曲的补贴，普遍性的非专向性的补贴被认为不会造成这种扭曲，不应该加以限制。《反补贴协议》第 2 条指出以下四种类型的补贴具有专项性：①企业专向性。②产业专向性。③地区专向性。④禁止性补贴注定属于专向性补贴。凡法律、法规或政策规定给予上述专门企业、行业、地区的补贴具有法律上的专向性；如果没有法律规定，但实施中具有专向性，这是事实上的专向性。

（三）补贴分类

反补贴协议用信号灯办法，将补贴分为禁止性补贴（红灯）、可申诉的补贴（黄灯）和不可申诉的补贴（绿灯）。属于禁止性补贴在法律上被禁止，即成员不得在政策和法律法规中规定允许实施这类补贴；属于可申诉的补贴法律上不禁止，成员的政策法律中可以规定实施这类补贴，但是如果这类补贴实施的结果给其他成员造成损害或不利影响，受影响成员可提出申诉，可以采取反措施；属于不可申诉的补贴不仅被允许实施，通常也不应该采取反措施。

1. 禁止性补贴。《反补贴协议》第 3 条第 1 款规定一成员不得给予或维持以下补贴：①在法律上或事实上视出口实绩为唯一条件或多种其他条件之一而给予的补贴，包括附件 1 所示例的 12 种补贴行为；②视使用国产货物而非进口的货物的情况为唯一条件或多种其他条件之一而给予的补贴。其中，第 1 项补贴属于出口补贴，既可以是法律上的，基于法律或其他规范性文件的规定判断；也可以是事实上的，根据事实情况判断。但是，仅仅将补贴给予出口企业这一事实本身并不构成出口补贴，还要符合第 1 条补贴定义所规定的要件，补贴应该是政府给予的财政资助，是根据出口实绩给予的资助，并且使受补贴者获得利益，而出口补贴本身就是专向性的，符合专向性标准。第 2 项补贴属于进口替代补贴，这类补贴通常给予生产和使用替代进口产品的企业。

2. 可申诉的补贴。可申诉补贴又称“黄灯补贴”，它是那些不是一律被禁止实施，却又不能自动免除被质疑或申诉的补贴，是否属于这类补贴不仅要依据补贴的定义来判定，还要根据补贴所造成的损害后果来判定。根据《反补贴协议》第5条的规定，可申诉的补贴是协议第1条规定和列举的任何种类的补贴，并且对其他成员利益造成以下不利影响（adverse effect）。“不利影响”是指：①损害另一成员国内产业；②使其他成员在GATT 1994第2条下直接或间接获得的利益丧失或减损，特别是在GATT 1994第2条下约束减让的利益丧失或减损；③严重侵害（prejudice）另一成员的利益。

3. 不可申诉的补贴。不可申诉的补贴是“绿灯补贴”，《反补贴协议》第8条规定了两大类不可申诉的补贴：①不具专向性的补贴；②符合特定要求的专向性补贴，包括企业研究和开发补贴，贫困地区补贴和环保补贴。根据《反补贴协议》的规定，第8条和第9条关于不可申诉补贴的规定只在反补贴协议生效之日起5年内适用，5年期满前180天由反补贴委员会审议该项规定适用的情况，决定是否继续适用。当此事项在1999年被审议时，委员会没有一致同意其恢复使用，因此，协议第8条和第9条关于不可申诉补贴的规定自1999年12月31日起停止适用。

（四）成员间反补贴多边争端解决程序

针对一成员禁止性和可申诉补贴做法，《反补贴协议》第4条和第7条规定了另一成员采取WTO多边争端解决的特殊程序，《关于争端解决的规则和程序的谅解》作为一般法同时适用，两者冲突时以前者为准。其中，针对禁止性补贴（第7条关于可申诉补贴程序略）除了适用DSU一般程序外，其多边争端解决程序有以下特点：①在磋商阶段，一成员只要有理由认为另一成员正在给予或维持一禁止性补贴，即可请求与另一成员协商。申诉方不需要证明有国内损害，只要提交说明，列出补贴证据即可。②在专家组审理阶段，设立常设专家组（PGE），由其审议和决定所涉补贴是否属于禁止性补贴，向专家报告其结论，常设专家组报告有强制性，专家小组必须接受。③在执行阶段，如所涉补贴属于禁止性补贴，专家组应建议实行补贴成员立即撤销该补贴。如在指定时间内DSB建议未被遵守，DSB应授权起诉方采取反措施。④加速时限安排。第4条规定协商阶段的时限是30天（比较DSU 60天）；专家组审理为90天；上诉机构审理为30~60天。

（五）反补贴国内救济程序

除前述关于多边争端解决程序外，《反补贴协议》第5部分规定了一成员针对另一成员补贴行为采取单边国内救济措施的规则，虽然这两种程序可平行适用，但最终采取的反措施只能是一种。第5部分程序与反倾销协议规定的立案调查、初裁和终裁程序类似，但有以下特点：①不论另一成员采取何种补贴，一成员只有在另一成员的补贴产品进口并造成国内类似产业损害时才可发起国内救济程序。②邀请磋商是发起调查方的重要义务，主管当局在接受国内企业申请后，最迟应在调查前邀请可能的被调查成员进行磋商，以澄清事实，寻求满意解决。③此项救济程序中，价格承诺有两种形式：一是出口商同意修改价格；二是出口方政府同意取消补贴或其他消除不利影响的措施。

反补贴税是为抵消对产品的补贴而征收的特别关税。应按照补贴接受者所获得的补贴利益计算补贴金额和反补贴税额。反补贴税不得超过经认定存在的补贴金额。

（六）发展中国家特殊待遇

《反补贴协议》将发展中国家分为三类：第一类是由联合国确定的48个最不发达国家；第二类是附件7列举的20个（不包括中国）人均GDP不足1000美元的发展中国家；第三类是其他发展中国家。协议同时规定：第一类国家可无限期使用出口补贴，在WTO成立8年内可保留进口替代补贴；第二类国家在人均GDP达到1000美元前可继续使用出口补贴，在WTO成立5年内可保留进口替代补贴；第三类国家在WTO成立8年内可保留出口补贴，5年内可保留进口替代补贴，这期间内应逐步取消。上述允许维持的补贴仍是可申诉的。

三、保障措施及WTO《保障措施协定》

（一）定义及法律渊源

保障措施是指当一成员发生了不能预见的情况以及因承担关税减让义务造成进口产品大量增加，以至于对该成员境内生产同类产品的产业造成严重损害或严重损害威胁，该成员可以实施临时性进口限制措施，以保护国内相关产业。这项授权来源于GATT第19条规定，该条款被称为保障条款。

保障措施是WTO允许成员采取的在符合例外情况下的数量限制措施，其法律基础是国际法的“情势变迁”原则。同时，保障措施是自由贸易的“安全阀”，“如果没有自由贸易，我们就无须保障措施”。[1] GATT规则承认，因为关税减让等市场准入条件分阶段实施，某些国家可能在短期内难以适应新的进口竞争环境，在自由竞争导致大量增加的进口货物有可能摧毁国内产业的情况下，必须给进口成员中止实施减让的调整、缓冲机会，实现产业结构合理化和技术创新以适应新的竞争环境，这样自由贸易才符合国内利益，也有助于缓解国内保护主义压力。

首先，保障条款的设立有助于多边贸易体制的健康发展，使WTO成员以合法、柔和的方式缓解因市场开放带来的竞争压力。从法律性质看，保障措施是在国内产业遭受严重损害的紧急情况下允许采取的例外救济措施，“保障措施是只有在紧急情况下可采取的特殊（extraordinary）救济措施”。其次，保障措施是针对正常的公平进口采取的措施，这与反倾销和反补贴措施有实质不同。最后，援用GATT第19条实施的保障措施既可以提高关税也可以实行数量限制，它属于关税减让和禁止实行数量限制的例外，是自由贸易原则的例外。

GATT保障条款实施的初期产生以下问题：①一些国家采取“选择性保障措施”，

---

〔1〕 John Jackson, *The World Trade System: Law and Policy of Internatinal Economic Relations*, MIT press, 1989, p. 153.

进口限制有选择地针对来自某国的应该设限商品，而不是来自所有国家的设限商品；②某些进口国抛开 GATT 而与出口国进行双边谈判，说服其签订“自愿出口限制”和“有秩序的销售安排”协议，要求出口国把某些敏感商品的出口限制在协议规定的配额内，名义上双方自愿，实际上出口国迫不得已，这些都是歧视性进口限制的灰色区域措施，违背 GATT 最惠国待遇原则和禁止实施数量限制原则；③GATT 第 19 条仅有 3 款模糊规定，不能有效规范这一例外措施的实施。为解决这些问题，乌拉圭回合谈判达成《保障措施协定》，明确了采取保障措施的条件和程序规则。关于 GATT 1994 与 WTO《保障措施协定》的关系，有成员曾认为后者替代了前者，因此 GATT 第 19 条中规定的采取保障措施的条件（指关于“因不能预见的情况……”）不再适用。但是在 DSB 上诉机构审理的“阿根廷对鞋类进口产品采取保障措施”案中，上诉机构明确指出，GATT 第 19 条与《保障措施协定》都是货物贸易协议的有机组成部分，“它们平等适用并对所有成员有平等的效力”。[1] 以下问题结合这两个文件阐述。

（二）采取保障措施的条件

GATT 第 19 条题为“对某些产品进口的紧急措施”，第 1 款 a 项规定：“如因不能预见的情况和缔约方在本协定项下负担包括关税减让在内的义务影响，进口至该缔约方领土的产品数量增加如此之大，以至于对该领土内同类产品或直接竞争产品的国内生产者造成严重损害或严重损害威胁，则该缔约方有权在防止或补救此种损害所必需的时间和限度内，对该产品全部或部分中止义务或撤销或修改减让。”《保障措施协议》第 2 条第 1 款规定：“一成员只有在根据下列规定确定正在进口至其领土的一产品的数量与国内生产相比绝对或相对增加，且对生产同类或直接竞争产品的产业造成严重损害或严重损害威胁，方可对该产品实施保障措施。”综上所述，一成员采取保障措施应符合以下要求：

1. 发生了不能预见的情况。这是指突然增加的进口量之大以及对国内造成的损害后果是关税减让谈判时无法合理预见的；也意味着因为出现了关税减让谈判时无法预见的新情况使进口大量增加。

2. 进口产品数量近期内急剧增加。进口增加包括绝对增加和相对增加（相对于进口国国内产量）。在上诉机构审理的“阿根廷对鞋类进口产品采取保障措施”案中，上诉机构指出，一项调查仅仅证明今年的进口产品多于去年或者 5 年前是不够的，“正在进口”意味增加的进口必须是突然的和最近的。“《保障措施协议》第 2. 1 条和 GATT 第 19. 1 条 a 项规定的措辞共同要求增加的进口必须是足够近期、足够突然、足够急剧和足够大，无论是质还是量的方面，将导致严重损害或严重损害威胁。”[2]

---

〔1〕 黄东黎：《国际贸易法学》，法律出版社 2004 年版，第 456 页。

〔2〕 黄东黎：《国际贸易法学》，法律出版社 2004 年版，第 450 ~ 451 页。

3. 严重损害或严重损害威胁。这是指大量增加的进口给国内生产类似产品或直接竞争性产品的生产企业造成严重损害或损害威胁。“严重损害”是指对某一国内产业状况的整体的重大减损（《保障措施协议》第4.1条a项），“严重损害威胁”是指相关的事实表明前述的实质损害状况明显迫近，即将发生，应考虑销售水平、产量、生产率、设备利用率、利润和亏损及就业的变化。

4. 进口数量增加与国内相关产业的损害有因果关系。属于其他因素造成国内产业损害不得归因于增加了进口。

（三）保障措施的实施

1. 救济方式。保障措施可以是增加关税和实行数量限制，临时保障措施应为增加关税。不论何种方式都不应超过防止严重损害必要的程度。如实行数量限制，该限制不应低于有代表性的最近3年平均进口水平；如实行国别配额，应与有关国家就配额分配达成协议，否则按这些国家最近一段时间在进口国进口总量中所占比例分配。

2. 时间限制。保障措施是临时性的，不应超过弥补损失所需的合理时间限度，协定规定一般期限是4年，延长不超过8年（发展中国家为10年），期满后应恢复到原来水平。协议禁止对同一产品间隔不足2年重新采取保障措施。

3. 非歧视地实施保障措施。协定规定“保障措施应针对正在进口的产品实施，而不考虑其来源”（第2.2条）。WTO成员应遵守最惠国待遇原则，非歧视地实施保障措施，它适用于来自所有国家的同类进口产品，而不应带有选择性。在特殊情况下，允许成员背离最惠国待遇原则，对一个或几个供应国采取保障行动，但进口国应与保障委员会协商，经批准后方可实施。协议要求现有的“灰色区域”措施必须在4年内（1999年1月1日前）逐步取消（纺织品除外），成员政府承诺不寻求采取或维持任何自愿出口限制有秩序地销售安排或其他类似措施，不得鼓励或支持非政府机构的公私企业采取类似措施。

4. 贸易损失补偿。采取保障措施的成员应给予那些利益受到保障措施不利影响的出口成员充分补偿，它可以在其他产品进口或贸易方面作出与出口成员所受损失相当的减让。若进口成员与遭受不利影响的出口成员不能就补偿达成协议，后者可采取相应的报复措施。但协定第8.3条规定，如果保障措施符合协议规定，而且保障措施是由于来自出口方产品进口数量的绝对增长引起的，出口方需要在进口国采取保障措施3年后才能采取同样的报复措施。

5. 发展中国家特殊待遇。协议要求进口国对来自发展中国家的产品采取保障措施应符合以下条件：来自一发展中国家某产品的进口量超过进口国该产品进口总量的3%；或进口份额低于3%的（若干）发展中国家进口量之和超过进口国该产品进口总量的9%。

（四）采取保障措施的程序

1. 立案和调查。《保障措施协议》第3.1条概括地规定，进口当局采取保障措施应根据以往制定的程序进行调查和公开后方可实施保障措施。主管当局必须公布一份报告把调查结果公布于众，并安排听证会，使进出口商和其他利害关系方有机会提供证据，陈述意见，进口国主管当局必须提出证据，说明保障措施是否符合公共利益。但这方面程序规定很概括，也没有关于立案标准的要求。

2. 通知。拟采取保障措施的进口成员应通知保障措施委员会对某种产品发起调查的程序和理由，主管部门作出的关于进口造成严重损害或损害威胁的调查结果，关于采取或延长实施保障措施的决定，同时应提交有关证据材料。

3. 协商。拟采取保障措施的成员应提供适当机会与有利害关系的成员进行协商，共同审议有关证据和事实材料，对拟采取的措施交换看法，尽可能达成协议，避免采取保障措施。因采取保障措施引起争议，有关成员可以提请WTO争端解决机构裁决。

4. 临时措施。在紧急情况下，如果迟延会造成难以弥补的损失，进口成员可不经磋商采取临时保障措施，主管机构只能在有明确证据表明进口激增已经或正在造成严重损害或严重损害威胁的情况下才可采取临时保障措施，临时措施只能增加关税，期限不得超过200天，此期限计入总的保障措施期限。

《中国加入WTO议定书》第16条关于一般产品特殊保障条款规定：在中国加入WTO之后12年的过渡期内，如果原产于中国的某些产品进入任何其他成员领土，其增长的数量对该成员国内同类产品或直接竞争产品造成威胁或市场扰乱，该成员可与中国协商要求限制该产品进口，如协商不成，该成员可单独对原产于中国的某进口产品在必需的范围内实行限制。

四、《农业协定》与《信息技术产品协定》

（一）《农业协定》

农产品市场开放涉及广泛的经济和社会政策，面临巨大阻力，早在20世纪50年代，美国援引GATT第25条豁免义务条款免除农产品进口方面的GATT义务，其他国家也跟进效仿，农产品事实上游离GATT约束之外。[1] 现今WTO成员间这一领域的市场开放争议、谈判中的讨价还价在GATT时代、在WTO论坛和多哈回合谈判一直延续。乌拉圭回合谈判达成《农业协定》表明这是一次最成功的谈判结果，协定结束了农产品贸易脱离多边贸易规则管辖的历史（美国的豁免义务已经失效），其规定的农产品贸易自由化措施将为全球这一领域市场开放奠定制度基础。同时，协定考虑农业产业的特殊性、成员间的差别作出许多灵活安排，允许成员维持某些对农业和农产品贸易扭曲做法。协议的主要内容是：

1. 通过边境措施控制进口。各成员对农产品进口限制关税化，取消数量限制和其他税收限制。具体做法是：将数量限制和其他措施影响价格的程度（体现为产品进口国国内价格与国际市场平均价格的差价）折算成等量关税，再加到已有的固定

---

〔1〕 参见王传丽主编：《国际贸易法》，法律出版社2012年版，第468页。

关税上，其结果虽然大幅度提高了农产品进口关税（有的税号产品达350%），却减少了随意性限制，使贸易更加透明。协议允许成员对某些农产品不实行关税化，但服从于严格限制条件。

2. 约束并削减农产品关税。各成员承诺约束农产品关税化形成的新关税和其他关税，使之不得再提高。各方按一定百分比削减关税约束的农产品，发达国家和过渡经济国家承诺平均削减36%的关税，在6年内完成；发展中国家平均削减24%，在10年内完成。每一农产品关税至少削减10%（发达国家为15%）。最不发达国家可以不削减关税，但应承担约束义务。

3. 承担现行市场准入和最低市场准入。现有的WTO成员通过特殊安排给来自某些国家的农产品进口优惠应保持，使之不受关税化之后的高关税影响，进口方应通过关税配额承担这一部分市场准入。各成员对于过去没有进口或很少进口的某些农产品必须作出最低市场准入承诺（在承诺表中列出），承诺进口量最初为国内消费量的3%（以1986~1988年消费总量为基准），以后增至5%，进口方以关税配额承担这一部分市场准入，配额内产品进口关税不得高于约束关税的32%。

4. 按百分比从价值上和数量上削减一定比例的出口补贴。根据协定第9.2条，自协议生效起6年内，逐步减少对农产品出口补贴，发达国家用于农产品出口补贴的预算开支最终维持在基期水平的64%（减少36%的补贴金额）；享受出口补贴的农产品数量应维持在基期水平的79%（削减21%）。发展中国家这两方面的数值是76%（削减额为24%）和86%（削减额为14%）。

5. 按一定百分比削减国内支持水平。协定将除了出口补贴之外的其他各种形式的对农业的国内补贴定义为“国内支持”和“综合支持量（total aggregate measures of support“AMS”），分类规制。允许各成员对农产品实行某些种类的国内补贴，即绿箱补贴，[1] 这是指协定附件2允许的补贴，包括政府提供的农业科研、病虫害控制、基础设施和粮食安全、灾害救济等服务，帮助农民进行农业结构调整的援助，环境及区域援助计划中的直接支付等6个方面。除此以外的国内补贴应在测算综合支持量的基础上，按基准期水平逐步削减，这是指协定第3条、第6条及其附件规制的黄箱补贴，是政府有利于国内生产者的各种对农产品或农业投入提供的价格支持。各成员以1986~1988年间国内支持总水平为基准，发达国家在6年内削减总量支持的20%，发展中国家在10年内削减总量支持的13.33%。但是，给予某项特定或非特定的农产品的补贴额不超过该产品总产值的5%（发展中国家这一数值为10%）可不计入总量支持中，免除削减义务，这是允许实施的微量农产品补贴。另外，根据限产计划（如休耕）按固定面积和产量给予的补贴，或按基准期生产水平85%以下

---

〔1〕 在WTO术语中，根据补贴对经济和贸易的扭曲效果用不同交通信号灯颜色加以区别，绿箱（green box）是允许实施的补贴；黄箱（amber box）是对贸易有扭曲效果的应逐步减少的补贴；红箱（red box）是禁止实施的补贴。

给予的补贴也无需削减（协定第6.5条），这是所谓的“蓝箱”补贴。《农业协定》没有规定《补贴与反补贴协议》意义上的禁止性补贴（红箱补贴），只是要求成员不得实施超过减让表削减承诺的国内支持和出口补贴（第3条）。

6. “和平条款”。[1] 协议第13条题为“适当克制”，将附件2所述补贴定义为不可诉补贴，要求成员不得对这类补贴提出违反协议或非违反协议的诉讼。对于成员实施完全符合《农业协定》第6条范围的黄箱补贴，应免征反补贴税，除非依据《补贴与反补贴措施协议》确定存在损害或损害威胁，受影响成员对此应该克制发起国内反补贴调查，也免于根据《补贴与反补贴措施协议》第5条、第6条提起WTO争端解决。对符合协定第五部分的出口补贴，只有补贴进口造成损害或损害威胁方可征收反补贴税，但成员在发起这类反补贴调查方面应表现克制。对这类出口补贴免于根据《补贴与反补贴措施协议》第5条、第6条提起WTO争端解决。

（二）《信息技术产品协定》

1996世界贸易组织在新加坡召开第一次部长级会议通过了29个成员签署的《关于信息技术产品贸易的部长级会议宣言》（Ministerial Declaration on Information Technology Products），即《信息技术产品协议》（简称《信息技术协议》或ITA），[2] 该协议于1997年4月1日如期生效，WTO建立了相应的“扩大信息技术产品贸易参加方委员会”负责监督ITA的实施。[3] 2003年4月24日，WTO扩大信息技术产品贸易参加方委员会第35次会议同意接受中国成为ITA的第43个参加方。截至2014年11月，ITA共有52个参加方，代表80个WTO成员（欧盟28个成员计为1个参加方），其IT产品贸易额占全球这类产品贸易额的97%。

《信息技术产品协议》是WTO成立后达成的新协议，属于后WTO的诸边协议，不要求所有成员参加，任何WTO成员和正处于加入WTO进程的国家或单独关税区可申请加入，在提交关税减让表、约束产品清单等文件并获得协议原有参加方的审

---

[1] 第13条题为“适当克制”被称为和平条款，意味成员间达成和平协议，对《农业协定》实施期间有关的补贴做法不提出贸易救济调查和启动WTO争端解决。

[2] 多数WTO有约束力的协议采用“协定”、“谅解”、“部长决定”这样的文件形式，少数有约束力的协议文件采用“部长宣言”（Ministerial Declaration）形式，一般适用与解决较单一性的或专门问题，例如ITA只是一个信息产品的关税削减机制。许多部长宣言没有规定实质性义务，较少约束性，例如巴厘早期收获的一些成果。

[3] ITA29个创始参加方是：澳大利亚、加拿大、欧盟（代表15个成员）、中国香港、冰岛、印度尼西亚、日本、韩国、挪威、新加坡、中国台北、瑞士（包括列支敦士登）、土耳其、美国。协议规定在1997年4月1日前供开放签字，必须占全球信息产品贸易90%份额的成员加入才生效。而原有29个成员仅代表全球贸易额83%，但是在新加坡部长会议结束不久，有十多个成员加入和递交减让表，该协议如期生效。

议通过后，成为参加方（participant）[1]。与原有诸边协议不同的是，参加方的协议义务对所有 WTO 成员均适用，按最惠国待遇实施，这样，非 ITA 成员也可获得 ITA 成员对协议下产品的减让利益（允许“免费搭乘”）。协议包括引言、正文 4 个条款和 1 个附件，规定了协议调整的信息技术产品的范围、关税减让义务和步骤，以及扩大产品范围的进一步谈判等内容。其主要内容是：

1. 宗旨和协议适用的 IT 产品范围。成员认识到信息技术进步对全球经济增长和人民福利的积极贡献，信息技术产品贸易对信息产业发展和全球经济发展的关键作用。签订 ITA 的目的是取得最大限度的信息技术产品贸易自由；促进信息产业发展和在全球范围的持续性技术进步；实现 WTO 确立的提高生活水平、保障充分就业、促进相关货物的生产和贸易的宗旨。协议要求每一成员以提高信息技术产品市场准入机会的方式改善国内贸易体制（第 1 节）。附件题为“步骤（modalities）及产品范围”，其中的两个附表以正面列明的方式规定了协议涵盖的 IT 产品范围，共有三百多个税则号产品。附表 A 是按《商品名称及编码协调制度》（HS）分类的产品税则号清单，其中，第 1 节列出的主要是计算机及其零部件产品、电信产品；第 2 节列出的是半导体生产和测试设备及零部件。附表 B 是正面列明的按其他方法分类的新产品清单，包括自动数据处理器等计算机设备、扬声器、网络设备和显示器等，但是不包括电视和高清电视。附表 B 对于这些原有 HS 分类表中没有包含的产品做了具体描述，各参加方根据产品描述确定这些产品各自的编码。

2. 关税削减。ITA 协议的核心内容是确立参加方达成的在乌拉圭协议成果之外的对某些 IT 产品实行零关税的关税减让机制。协议第 2 节指出：对列入协议附件中附表 A 和附表 B 的所有产品，“每一成员应依据本宣言附件中规定的步骤约束和取消所有关税和 GATT 1994 第 2 条第 1 款 b 项意义上的其他税费（ODCs）”。参加方承诺自 1997 年协定生效时起，按照协定规定的步骤分四个阶段均等削减关税（每个阶段下调进口关税 25%），最终于 2000 年将协定下的所有信息技术产品关税降为零；在 1997 年 7 月 1 日前取消所有 GATT 1994 第 2 条第 1 款 b 项意义上与货物进口有关的其他税费（ODCs）。协议体现以下减让关税原则：①参加方的承诺必须涵盖协议所列全部产品，对于产品范围不存在例外，但对于敏感产品，可以延长减税实施期；②前述所有产品必须削减至零关税并受约束；③与货物进口有关的其他税费（ODCs）削减为零并受约束；④参加方削减关税及其他税费的承诺并入其 GATT 1994 所附减让表中。附件第 1 节规定，每一参加方应将协议第 2 节规定的关税减让措施并入其 GATT 1994 关税减让表和境内的公开的关税税则。每一非 WTO 成员参加方应在自主基础上实施其关税减让措施，并在完成加入程序后，将这些减让措施并入其货

[1] ITA 附件第 9 条指出：“参加方”这一术语是指那些不迟于 1997 年 3 月 1 日前提交了附件第 2 节规定的文件（该文件包括详细说明如何处理减让表中的关税和附表 B 的产品清单）的 WTO 成员和正处于加入进程的国家的单独关税区。

物市场准入减让表。

3. 非关税壁垒。信息技术产品协议的法律效果仅仅是要求参加方约束和取消某些信息产品的关税和其他税费，其义务属于关税措施，各方的减让表承诺构成 GATT 1994 第 28 条范围的减让表修改，是 GATT 组成部分[1]。协议范围的信息产品贸易仍受 GATT 1994 一般原则、规则和所有例外约束。协议没有就减少信息技术产品贸易非关税壁垒作特别规定，附件第 3 节仅仅提出参加方定期召开会议“就信息技术产品贸易中的非关税壁垒问题进行协商，该协商不得损害 WTO 协议下的各项权利和义务”。因此，只能适用其他 WTO 约束非关税措施的专项协议解决这类产品贸易中的非关税壁垒问题，其中主要是《技术性贸易壁垒协议》、《海关估价协议》、《原产地规则协议》，特别是 WTO 规范贸易救济措施的《反倾销协议》、《反补贴协议》、《保障措施协议》同样适用于协议下的产品贸易。

4. 扩大产品范围的未来谈判。协议附件第 3 节规定：参加方应该在货物贸易理事会支持下定期召开会议，审查列入附表中的产品范围，在考虑技术发展、实施关税减让的实践或 HS 商品命名的变化等因素后，通过意思一致的表决决定是否修改附表，纳入另外一些产品。2012 年，参加方开始了扩大 ITA 约束产品范围的谈判。2014 年底，中美两国元首在北京 APEC 会议期间就尽快恢复和结束《信息技术协定》扩大产品范围谈判达成双边共识，新协议成果将补充另外两百多种产品，包括新一代通讯、数码和媒体设备。其交易涉及约 1.4 万亿美元全球贸易额，超过汽车产品贸易，是服装贸易额的 3 倍。

5. 争端解决。协议附件第 6 节指出：“参加方理解 GATT 第 23 条适于处理一 WTO 成员参加方因为另一 WTO 成员参加方的任何措施，不论该措施是否与总协定条款抵触，而造成该参加方通过实施本宣言获得的利益直接或间接地丧失或减损。”第 7 节要求每一参加方对任何其他参加方提出的有关前述理解事项的协商请求应该给予同情和考虑，但此项协商不得损害 WTO 协议下的权利和义务。说明参加方之间因执行 ITA 引起的争议，可诉诸 GATT 第 23 条和 DSU 规定的争议解决程序，甚至可提起“非违反之诉”。

五、《技术贸易壁垒协议》(TBT 协议)

(一) 宗旨、定义和适用范围

各国为了提高产品质量、保护本国消费者利益、保护人类动植物的生命安全和健康，都要制定和实施某些技术法规和产品标准。随着人民生活水平的提高和相关技术的进步，各国采纳的技术规章和产品标准越来越复杂，这些规章和产品标准的

[1] GATT 1994 第 2.7 条指出，本协定所附减让表特此成为本协定第一部分（第 1 条，第 2 条）的组成部分。

不适当运用正在背离合法目的，变成阻止进口、保护国内企业的工具。[1] 除了它的积极作用外，标准、技术法规对贸易可能的不利影响表现在：①没有经过进口国评估程序的外国产品可能被认为不符合进口国强制性技术标准或卫生标准而被阻止进口。②对有些企业而言，执行不同的自愿性标准体系不仅要支付同样的相符成本，而且有的标准难以达到，这样的产品即使进口也不会有好的销售业绩。③由于各国的经济发展水平和自然环境不同，其技术法规产品标准的要求、合格评定程序也不同。任何外国产品进入进口国市场都需要重复评估和检测，需要满足相关的包装说明和标签要求以及标准和证书要求，会给制造商和销售商带来巨大的评估成本。因此，多边贸易体制一直把上述标准带来的问题作为重要的非关税壁垒加以调控。

TBT 协议的主要目的就是确保技术法规和产品标准的实施不会给国际贸易造成不必要的障碍，不会对情况相同的国家造成不合理的歧视；不得阻止其他成员在适当程度内采用技术规章和标准措施，以保护人民、动植物生命健康，保护环境，保证出口产品质量，防止欺诈行为；鼓励采纳国际标准和合格评定程序。这三方面基本目标体现了采取适当的与标准有关的措施与促进贸易便利的平衡。

协议适用于各成员可能影响国际贸易的关于技术法规、产品标准的制定和实施方面的权利和义务。附件 1 规定，技术法规是规定产品性能或与之相关的工艺和生产方法，包括适用的管理规定在内的要求强制遵守的文件。该文件也包括或专门适用于产品、产品工艺或生产方法的专门术语、符号、包装、标记或标签要求。产品标准是指经公认的机构批准的，规定供通用或反复使用的规则、指南或规定产品性能，或与之有关的工艺和生产方法的不要求强制遵守的文件。标准也包括或专门适用于产品、产品的工艺或生产方法的专门术语、符号、包装、标记或标签要求。附件 1 给出的定义说明，技术法规和产品标准这两类文件有所区别：①在制定文件的主体方面，前者由国家授权机构颁布；后者由公认的标准化机构批准和认可。②从内容上看，前者是规定产品性能或与产品性能相关的工艺和生产方法，显然，非与产品性能相关的工艺和生产方法要求（Non－product Related Process and Production Methods，NPR－PPMS 标准）包括包装、标签和标志要求，不属于 TBT 协议调整的技术法规范围；而对于后者，虽然许多评论认为也排除 NPR－PPMS 标准，但至少从字面上解释似乎没有完全排除。③前者具有强制性；后者不具有强制性。

明确区分技术法规与标准有重要意义，因为 TBT 协议关于各成员在采纳和实施技术法规方面应承担的义务严于采纳标准方面措施的义务，在采纳技术法规方面要受“最少贸易限制”和依据国际标准的双重测试。而采纳志愿性标准仅要求成员政府符合附件 3 良好行为规范。还应看到，目前广泛存在的由民间机构推行的生态标

---

[1] 据经合组织统计，不同的国内市场制定的不同技术标准和规章要求，加上为与之相符而支付的检验和证书成本占企业总生产成本的 2%～10% 之间。参见 Shevry M. Stephenson，“Mutual Recognition and its Role in Trade Facilitation”，*Journal of World Trade*，33（2），1999，p. 144.

志计划（Eco－labelling Scheme）因不属于技术法规，不受协议严格管辖。但是这并不意味着非与产品性能有关的生产或工艺方法要求或标签要求不受 WTO 协议调整，如果志愿性的表明非与产品性能有关的生产或加工方法的生态标志制度由政府管理，或虽由私人管理而由政府干预，这种制度实行的结果可能违反 GATT 第 1 条、第 11 条、第 3 条第 4 款或可能引起非违法之诉。笔者认为，许多这类生态标志计划应纳入产品标准范围由 TBT 协议调整。

协议第 1.3 条规定，所有产品，包括工业产品和农产品，均应遵守本协定的规定。但是为政府采购目的所提出的采购规格不受 TBT 协议约束而受政府采购协议约束。属于 SPS 协议附件 A 定义的卫生与植物卫生措施也不由 TBT 协议调整。

（二）成员政府在制定、采用、实施技术法规方面的主要义务

1. 第 2 条第 1 款规定，各成员在技术法规的制定和实施方面给予从任一成员领土进口的产品的优惠待遇不低于给予国内类似产品和其他国家类似产品的优惠待遇（国民待遇和最惠国待遇）。国民待遇和非歧视待遇义务已经扩大适用于合格评定程序（第 5 条）。

2. 各成员确保技术法规的制定、采纳和实施不应给国际贸易带来不必要的障碍。为此，技术规章对贸易的限制不应超过为实现合理目标必需的范围，并考虑这些合理目标未实现所带来的风险。如果技术法规采用的有关情况或目标不存在，则不应维持此类技术法规。这些目标是指：国家安全要求；防止欺诈行为；保护人类、动植物生命健康；保护环境（第 2 条第 2 款）。这里提到的“必需范围”和“不必要的障碍”与 GATT 第 20 条相关要求是一致的。即该技术法规措施是为实现合法目的必需的；该技术法规措施是最少贸易限制的；该技术法规措施一般情况下不能超过国际标准所要求的（第 2 条第 3 款）；以上要求也适用于关于技术法规相符的合格评定程序。而不符合这些要求的技术法规措施就不是必需的，可能构成对国际贸易不必要的障碍。

3. 只要适当，各成员应按照产品性能而不是按照其设计或描述特征来制定技术法规（第 2.8 条）。这也是为防止技术法规措施构成不必要障碍。

4. 如果有关的国际标准已经存在或即将拟就，各成员应以国际标准为基础制定技术法规，除非由于环境、气候及其他方面的原因不适宜采用国际标准。一成员在制定、采用和实施技术法规可能对另一成员产生重要影响时，应另一成员请求，须说明该技术法规的合理性（第 2 条第 5 款）。基于合法目的并与国际标准相符的技术法规应初步推定未对国际贸易构成不必要的障碍。各成员应积极参与国际标准化组织和其他国际标准化组织的工作（第 2 条第 4 款）。[1]

---

〔1〕 目前最重要的国际标准化组织是国际电工委员会（IEC）、国际电信联盟（IIU）和国际标准化组织（ISO），前两个是专业化组织；ISO 是综合的标准化组织，有 115 个成员国。ISO 与 IEC 是私人的非政府组织，成员由缔约国的标准化机构组成。

5. 透明度。各成员应确保立即公布已经采用的所有技术法规或以其他方式使有关成员获得这些技术法规，并熟悉它们。若拟议中的技术法规与国际标准有实质不同，并对其他成员有重大影响，该成员应提前公布技术法规的内容，使其他成员熟悉（第2条）。各成员应建立关于技术规章和产品标准方面的信息中心或咨询点(Enquiry Point)，接受其他成员有关的咨询，对其他成员关于技术规章、产品标准、合格评定程序方面的询问应依据协议作出满意答复（第10条第1款、第3款）。在与标准有关的活动方面，各成员保持其法规、批准程序的透明度至关重要，国际贸易中的许多问题是由于缺少这方面信息沟通造成的。

6. 为了促进贸易便利，协议还要求各成员应积极考虑接受与其等同的其他成员的技术法规（尽管这些法规与他们自己的不同），只要这些法规能充分满足自己的规章目标（第2条第7款）。

（三）地方政府、非政府机构在制定、采用和实施技术法规方面的义务

根据TBT协议第3条的规定，协议第2条要求中央政府履行的在制定采纳和实施技术法规方面的各项义务除个别应由中央政府履行的通知义务外，都适用于成员领土内的地方政府和有关的非政府组织。各成员不得要求或鼓励其领土内的地方政府或非政府组织以与第2条义务不一致的方式行事的措施（第3.4条）。在本协定下，各成员对遵守第2条的规定负全责（第3.5条）。

（四）关于标准的制定、采纳和适用的良好行为守则

TBT协议第4条规定了各成员制定、采纳产品标准方面的义务，主要针对成员各类标准化机构，特别是第一次为私人的标准机构制定了《良好行为守则》，使它们的活动与多边贸易法律相符合。TBT协议第4条规定，中央政府的标准化机构有义务接受和遵守《良好行为守则》，即该守则对其有强制实施的效力；但是对非政府的标准化机构以及地方政府的标准化机构，不要求强制执行守则，这些机构可以自愿采纳，尽管协议要求WTO成员采取合理措施确保这些机构接受和遵守该守则。《良好行为守则》规定的主要义务是，标准化机构应确保在标准的制定、采纳或实施方面给予与其他成员相类似的产品国民待遇、最惠国待遇。

（五）合格评定制度

为保护消费者利益，各国都制定了复杂的产品标准和技术法规，外国产品要进入这些国家市场通常要履行一定的表明符合某种产品标准要求的合格评定程序(Conformity Assessment Procedures)。TBT协议将各类合格评估活动纳入其管辖范围。协议第5条和第6条规定了中央政府对其境内主管的各标准机构实行的合格评估活动应履行的义务，核心义务是要求国内合格评估程序的制定、采纳和适用方面给予外国供应商类似产品的市场准入条件不得低于国内同类产品或其他国家同类产品及供应商的条件。此外，还包括与前述良好行为守则和政府一般义务规定类似的透明度，与国际标准相符，尽量减少贸易限制等义务规定。这些义务规定对中央政府的评定机构是强制性的，对于地方政府和非政府评定机构无法律约束力。但协议第7条规

定中央政府有义务确保地方政府和非政府的合格评定机构遵守协议第5条和第6条规定的各项义务。

关于合格评定程序的另一重要内容是协议第6条鼓励各成员之间通过事先谈判和磋商，建立多边相互承认或双边相互承认合格评定程序、评定结果的机制，使进口产品在经过出口国合格评定程序检验和评定后，其结果得到进口国的自动承认，不需要重新评定，这是实现各成员之间贸易便利的重要途径。协议第6条第1款规定："各成员保证在可能时接受其他成员合格评定程序的评定结果，即使那些程序与自己的不同，只要那些程序提供的符合相应技术法规或标准的保证与自己的相当。"第3款规定："鼓励各成员应其他成员请求参加谈判，以达成双边承认合格评定程序评定结果的协议。各成员可以要求此类协议满足第6条第1款的标准要求，并使之因可能方便有关产品贸易而令双方满意。"

六、《实施卫生与植物卫生措施协议》（SPS协议）

SPS协议的目的是规范成员实施的与动植物卫生、食品卫生标准有关的措施；另一重要目的是确保《农业协定》达成的市场准入得以落实，该协定第14条强调成员实施SPS协议的承诺。

（一）定义和范围

SPS协议适用于可能直接、间接影响国际贸易的卫生与植物卫生措施，各成员应依据本协议的规定制定和适用这些措施（第1.1条）。符合本协定的措施应被视为符合GATT有关规定的措施（第2.4条）。但协议不影响各成员在TBT协议下的权利，在适用范围上，TBT协议规范各成员采取产品标准、技术法规方面的措施；SPS协议规范各成员采取卫生标准和法规方面的措施，一项与标准有关的措施应首先考虑是否属于SPS协议调整范围，如不属于其范围，应由TBT协议调整。

根据SPS协议附件A的规定，卫生与植物卫生措施是指各成员用于以下目的的措施：①保护成员领土内的动植物生命或健康免受虫害、病害、带病有机体（organisms）或致病有机体侵入、生长或传播的风险；②保护成员领土内的人类、动植物生命或健康免受食品、饮料、饲料中的添加剂、污染物、霉素、致病有机体产生的风险；③保护成员领土内的人类生命或健康免受由动植物或其产品携带的病害或虫害侵入、生长、传播的风险；④防止或控制成员领土内因虫害侵入、生长、传播造成的其他损害。上述措施可表现为：食品生产加工方法；用于食品生产的使用、包装和标签要求；杀虫剂、除草剂、肥料的使用要求；关于动物饲养的规则。此外，还包括所有相关法律法规和规章要求和程序，特别是最终产品标准、加工和生产方法；检测、检验、证书和批准程序；检疫处理（包括运输动植物的相关要求）；统计方法、取样程序、风险评估方法、直接与食品安全有关的包装和标签要求等规定。

（二）基本权利义务

1. 各成员采取适宜卫生措施的权利。SPS协议第2条规定了各成员卫生措施方面的基本权利义务，其他条款又对这些权利义务作了详细说明，总的意图是在允许政府采取合法措施保护公共健康与阻止隐蔽的贸易保护之间建立一种平衡。协议规定各成员在不与本协议相抵触的情况下，有权采取为保护人类、动植物生命健康所必需的卫生措施（第2条第1款）；如有科学理由和经过风险评估，也可采取比国际标准更高的“适宜的”保护措施（第3条第3款）。在相关的科学证据不充分的情况下，一成员还可以根据可得到的有关国际组织和其他成员采取卫生措施的信息采取临时的卫生措施（第5条第7款）。

2. 卫生措施的科学性原则。SPS协议第2条第2款要求：“各成员应保证其卫生措施仅在为保护人类、动植物生命健康所必需的限度内实施，并且根据科学原理，如无充分科学依据则不应再维持。”这项规定是检验一项卫生措施WTO法合法性的根本标准。它意味着任何卫生措施都应有科学依据，除第5.7条规定的情况外，没有科学依据的卫生措施是不适当的措施；如果出现异议，采取卫生措施的成员负举证责任，证明其卫生措施的科学合理性；而符合国际标准的卫生措施是符合科学性的初步证明。这里所指的“必需措施”是“符合国际标准、准则或建议”的措施或者是经过风险评估与科学证据证明为“适宜的”措施（第3条第2款、第5条）。

3. 非歧视地实施卫生措施。各成员确保他们的卫生措施的适用不得构成在情况相同或类似的成员之间，包括他们自己的领土和其他成员之间的武断的不合理的歧视以及对国际贸易的隐蔽限制（第2条第3款）。旨在获得适宜的卫生保护水平，防止对人类、动植物生命健康的威胁，各成员应避免武断地或无正当理由地区别他认为在不同情况下的保护水平，如果这种区别导致歧视或对国际贸易的隐蔽限制（第5条第5款）。SPS协议没有像TBT协议那样正面阐述国民待遇原则和最惠国待遇原则，这意味着只要不在情况相同的成员间构成不合理歧视就允许实行差别待遇，由于在气候、病虫害状况等方面成员间有很大不同，对来自不同成员产品实行相同的卫生措施不总是适宜的。

（三）卫生措施的协调

卫生措施的协调包括一成员的境内卫生措施与国际标准的协调和与其他成员标准之间的协调。

1. SPS协议规定，为尽可能在广泛的基础上协调卫生措施，各成员应将其卫生措施基于现存国际标准、准则或建议来订立，只要存在这些国际标准。卫生措施符合国际标准、准则或建议应被视为保护人类、动植物生命健康所必需的，并被推定为与本协议及GATT有关条款相符合（第3条第1款、第2款）。这意味着符合国际标准的产品取得了GATT合法性的初步证据，进口方若否定国际标准的有效性，以更高的标准来阻止该产品进口，他应当证明其高标准的合理性，即要提出科学证据或经过风险评估（第5条第8款）。SPS协议确定的国际标准是营养标准委员会、动物流行病国际局、国际植物保护公约框架规定的标准。

2. 国际标准的例外，SPS协议规定，如果有科学理由或根据第5条风险评估程序，某成员认为其确立的保护水平是适当的，该成员可以采纳和维持比依据国际标准应取得的更高水平的卫生保护措施。尽管这样，所采取的措施不应与本协议其他条款相抵触（第3条第3款）。此外，协议关于风险评估的规定主要针对没有采纳国际标准的措施。

3. 接受“等同（Equivalence）”卫生措施。SPS协议第4条要求成员接受其他成员“等同”的卫生保护措施，如果这种措施取得了相同的保护水平，尽管这些措施与自己的或其他成员的措施不同。但出口成员对“等同”措施有证明责任，它应该给进口方检验、测试、审查机会。这项规定与透明度一样，体现了贸易便利原则，其重要意义是承认不同的产品标准，生产方式和检验程序可以取得相同的卫生保护水平，对于进口国因为某出口国卫生标准与其存在微小差异而拒绝其农产品进口的情况不失为一种补救。

（四）风险评估和适当的保护水平

1. 风险评估。SPS协议第5.1条规定，各成员应确保其采取的卫生措施基于一种与其所处环境相适应的对人类、动植物生命健康风险的评估，并参考有关国际组织发展的评估技术。根据附件A定义，风险评估是指评估按照可能适用的卫生措施，虫害、病害在进口成员领土内侵入、生长、传播的可能性，以及相关的生物学后果；或评估食品、饮料、饲料中存在的添加剂、污染物、毒素、致病有机体对人类或动物健康所产生的潜在不利影响。协议没有就具体的评估技术和方法作出说明，仅要求考虑以下因素：可获得的科学证据；相关的加工生产方法；有关的检测、检验、取样方法；特殊的疾病、虫害蔓延流行的情况；无疾病虫害区的存在；相关的生态和环境条件；检疫处理或其他处理方式。

协议实施的实践表明：首先，风险评估的实质是评价病虫害、有毒物进入、生长、传播的现实可能性和所采取卫生措施的必要性，这两方面都应符合第2.2条的科学性原则，否则所做的评估不符合附件A定义要求。其次，任何卫生措施的采用都应经过风险评估，特别是那些与国际标准不符的措施。最后，风险评估既是程序要求，也是实体要求，未经风险评估的卫生措施，其WTO合法性难以成立，而虽经风险评估，却没有满足“最低限的科学客观性标准”的卫生措施，其WTO合法性也不能成立。[1]

2. 承认无病疫区和低病疫区。各成员应确保其卫生措施适应某一地区的卫生特点，这个地区可以是货物原产地或目的地的一个国家、一国的一部分或几个国家组成的地区。在评估该地区卫生特点时，要特别考虑病疫或虫害流行程度，消除或控制这些病害的计划存在。各成员应承认无虫害或病疫区的概念，以及低虫害或病疫区的概念，确定这种地区应考虑诸如地理生态以及疫病监管的情况，及卫生控制措施的有效性（第6条第1、2款）。有了这一规定，进口国不应再阻止来自无病害区

---

〔1〕 See Gavin Goh, “Tipping the Apple Cart: The Limits of Sciense and Law in the SPS Agreement after Japan - Apples”, *Journal of World Trade*, 40 (4), 2006, p. 664.

的产品进口，只要出口方提供其产品产地仍处于无病疫区的证据。

3. 临时措施。SPS 协议允许 WTO 成员在科学证据不充分的情况下，有条件地对货物进出口采取临时措施，这是基于环境法中的“预防原则”授予各成员的权利。根据 SPS 协议第 5 条第 7 款的规定，采取这种临时卫生措施的条件是存在着进口产品可能危害人类、动植物生命安全的科学信息；这些信息提供的证据尚不充分；应根据现有措施采取适当的卫生措施；应在合理时间内审查临时措施的必要性。

（五）透明度

SPS 协议要求按照附录 B 的条款，各成员通知他们卫生措施的变化，提供有关他们卫生措施的情况。附录 B 规定了与 TBT 协议类似的透明度要求，包括：及时公布有关的卫生标准方面的法规；建立咨询点，及时答复其他成员的咨询；采取与国际标准不同的标准时，应及时通知其他成员。

七、《政府采购协议》

（一）新修订的《政府采购协议》

政府采购是全球最重要的经济贸易份额，几乎所有国家的政府及其控制的机构都是货物与服务的大买主，其采购供自用的货物和服务量约占国民生产总值的 10% ~ 15%，长期以来，政府采购的公开竞争仅限于国内范围，不对外国开放，在严格的贸易保护政策下，外国供应商欲进入一国政府采购市场将受到该国歧视性政策措施阻碍，目的是使政府采购的货物与服务由本国供应商供应。例如，购买本国货政策，国内含量要求，不适当地排除外国投标，或对外国投标者实行差别待遇，采购惯例缺乏透明度，等等。

GATT 1947 将政府采购货物排除在外，第 3. 8 条明确规定国民待遇义务不适用于政府采购。从 20 世纪 60 年代起，经合组织发起制定多边政府采购协议，以保证外国供应商公平进入他国政府采购市场，其结果是在 GATT 东京回合谈判中达成了《政府采购协议》（GPA 协议）。该协议有 1988 年版本和乌拉圭回合之后的 1994 年版本。按照既定安排，GPA 成员于 1999 年发起新的修改协议谈判，此次 GPA 修订单独进行，不属于多哈谈判议程。2006 年，各方就修订文本达成初步协议。2012 年 3 月 30 日，成员部长正式通过了新修订的《政府采购协议》（以下简称新 GPA），2014 年 4 月 6 日，GPA 2012 正式生效。[1] 与原有协议相比，新 GPA 在以下方面改善了原有协议：①提高了市场准入水平，特别是将部分国防货物和服务纳入约束；②强化对采购腐败的规制，增加了对政府采购“廉正（integrity）和可预见性”要求；③完善了

〔1〕 2012 GPA 生效的条件是 2/3 签署文件的成员批准修改议定书。当以色列于 2014 年 3 月 7 日批准了修改议定书之后，协议符合生效条件。协议首先对先批准议定书的 10 个成员生效，它们是列兹敦士登、挪威、加拿大、中国台北、美国、中国香港、欧盟、冰岛、新加坡、以色列。新协议于 2014 年 4 月 16 日对日本生效。这些成员之间适用已经提交的新的采购承诺表，对于尚没有批准新协议的成员，仍适用原有采购承诺清单。原 GPA 共 43 个成员（包括欧盟 28 个成员），另有包括中国在内的 10 个成员已经申请加入。

透明度要求，增加了成员需要公布的政府采购信息；④采购技术的现代化，包括电子采购的规则；⑤为便于发展中国家参与，规定了完善的灵活性的过渡措施。

新 GPA 主协议规定了调整所有参加方政府采购待遇的一般原则和规则。另有 4 个按国别列表的附录是主协议的组成部分：附录 1 含 7 个按国别列表的附件，以正面列举方式，规定了每一参加方中央、次中央、采购实体、采购门槛价、某些采购标的范围，以特别说明（note）的方式规定的例外条件。附录 2 按国别列表方式列明参加方用来公布政府采购法律、司法和行政裁决和其他采购程序要求信息的电子媒体和文件媒体的清单。附录 3 列明参加方用来公布政府采购的通知、每年采购计划、合格供应商清单和授予合同通知的电子媒体和文件媒体清单。[1] 附录 4 列明每一参加方公布每年政府采购统计的官方网址。

（二）新 GPA 的主要内容

1. 协议宗旨。根据序言，制定政府采购协议考虑以下目标和宗旨：①为政府采购建立多边框架，扩大国际贸易自由；②政府采购货物、服务的措施不得具有歧视性，或保护国内供应商及其货物或服务；③政府采购制度的廉正和可预见性对成员资源管理、经济有效运行、多边体制发挥作用至关重要性；④政府采购措施透明度以及以透明公正的方式实施采购行为的重要性；⑤鼓励使用电子工具；⑥鼓励成员特别是发展中国家成员加入本协议。

2. 市场准入。新 GPA 在以下几方面改善和扩大了市场准入：①明确了义务范围。协议仅仅适用于附件中列明的政府实体的采购、适用列明的货物和服务范围，对没有列出的实体和某些货物、服务不适用。为此，所有成员都以正面列举方式列明受约束的采购实体和门槛价，附录 1 中前 3 个附件分别列明成员受约束的中央采购实体、次中央采购实体、公用事业实体（其他政府实体）的详细清单和采购合同门槛价。其中，中央采购实体货物和服务采购门槛价为 13 万 SDR，建筑服务为 500 万 SDR；次中央政府和公用事业实体采购门槛价也大体统一，其中，建筑服务门槛价一般为 500 万 SDR，比原协议的 700 万 SDR 有所降低。[2] 附件 4 和附件 5 分别列明各成员受约束的货物和服务范围，附件 6 列出成员建筑服务约束范围。②参加方普遍增加了受约束的政府采购实体和公用事业实体，特别是次中央实体，实现统一的约

---

〔1〕 见新 GPA 第 7 条。

〔2〕 次中央政府货物和服务采购门槛价：加拿大、美国 35.5 万 SDR；欧盟、挪威、亚美尼亚、日本、韩国、我国台湾地区为 20 万 SDR 。以上实体建筑服务门槛价加拿大、欧盟、挪威、美国、新加坡、日本、我国台湾地区为 500 万 SDR，但韩国为 1500 万 SDR，以色列规定在协议生效前 6 年为 850 万，之后为 500 万。其他实体货物和服务采购门槛价一般为 40 万 SDR（美国部分机构为 25 万），加拿大为 35.5 万，以色列为 35 万。建筑服务一般为 500 万 SDR（日本、韩国为 1500 万）。

束水平。[1] 如前述，三级采购实体的门槛价大体统一，协定义务在主要的10个成员中统一适用，实现全面的互惠和非歧视待遇。[2] ③成员首次将国防部门某些受约束货物和服务采购清单正面列出，扩大了约束范围。

3. 透明度。公共采购资源有稀缺性，采购程序的效率性是每项采购制度首要考虑的因素，公开、透明、非歧视的采购是取得采购价值的最佳工具，它可以充分利用供应商之间的竞争，也是实现新协议防止腐败目标的保证。透明度原则是许多WTO协议规定的基本原则，也是新GPA核心原则。第4.4条指出，“一采购实体应该以透明和公正方式实施协议涵盖的采购”。狭义上，GPA协议的透明度原则要求成员能公布政府采购法律和程序，使其他成员能公开获得政府采购招投标信息和关于中标结果的信息，这是政府采购市场开放的要求，也是另一成员供应商进入成员采购市场的保证，因此，透明度是市场准入的首要支撑，政府采购缺乏透明本身就是贸易壁垒。同时，透明度也是落实非歧视原则、消除采购歧视的重要工具，因为不透明总是掩盖歧视行为。新GPA还将透明度义务与反腐败和避免利益冲突联系起来（见下述）。协议提出以下透明度要求：①成员应迅速公布影响政府采购的任何法律、规章、司法判决、行政裁决、标准的采购合同条款和有关的采购程序，应其他成员请求对以上文件给予解释；成员应通过附录1~附录4，公布可获得以上信息的电子或纸质媒体、网址（新GPA协议第6条）。②采购实体招标活动应符合透明度要求，对协议包括的采购，采购实体应通过附录3列明的适合纸质和电子媒体公布意图采购的通知，该通知应以一种WTO正式语言公布概要，使之可以免费获得。③新GPA协议第9条要求成员公开一项采购对供应商的资格要求，对被拒绝参与采购的供应商应说明拒绝理由。④新GPA协议第16条要求迅速公布中标信息，通知供应商授予合同决定；如有请求，应向没有中标的供应商说明没有选择它的原因、中标方投标的相对优势。在不迟于授予合同后72天，在附录3列出的媒体中公布有关中标供应商的信息，申明合同项下产品或服务的性质、数量；采购实体和合同中标者的名称、地址；所授予合同的价值；应其他成员请求，采购实体应迅速提供对于确定其采购行为是否公平公正所必需的信息，包括成功投标的优势和特征。

4. 防止腐败。新GPA首次将防止腐败、廉政与可预见性作为重要目标和宗旨，通过规范政府采购制度服务于更广泛的维护社会公共利益，实现良好国家治理的目的。协议两次提到“防止腐败”，即承认良好的腐败治理与良好运作的采购制度密切相关。序言第6段强调保持政府采购制度、措施的透明度，遵守《联合国反腐败公

---

〔1〕 据统计，修订后的GPA成员预计每年获得800亿~1000亿美元商业价值的市场准入，增加的市场准入机会源于更多采购实体纳入协议约束，以及新的服务和国防领域采购活动被纳入约束。See *WTO News Items*, 7 April 2014, Revised WTO Agreement on Government Procurement Enters into Force. http://www.wto.org/english/news-14/e/gpro-07apr14-e.htm

〔2〕 这10个成员是美国、欧盟、加拿大、日本、新加坡、韩国、中国香港、“中国台北”（台、澎、马祖、金门单独关税区）、亚美尼亚、以色列。

约》等国际文件，“以公正、透明、避免利益冲突和腐败做法的方式实施采购”的重要性。新GPA协议第4.4（c）条作为一般原则指出：“一采购实体应该以透明和公正方式实施协议涵盖的采购，在采用诸如公开招标、选择性招标、有限招标的方法时应与本协议相符；应避免利益冲突；防止腐败做法。”另外，在招投标运作中也有防止腐败要求。新GPA协议第8.4条允许一成员（包括其采购实体）如有足够证据，可以供应商有职业不端行为或商业廉政（integrity）上有不良表现为由，拒绝其参与投标。新GPA协议第15条关于标书处理和授予合同，规定“一采购实体应该依据能保证采购过程公平、公正，并对投标保密的程序接收、开启和处理投标书”。

5. 非歧视原则（最惠国待遇和国民待遇）。非歧视原则有宏观和微观两方面的规范要求：新GPA协议第4.1条规定：“对于与本协议包括的政府采购活动有关的任何措施，每一成员，包括其采购实体，应立即无条件地给予任何其他成员的货物、服务以及提供任何成员货物和服务的其他成员的供应商的待遇不低于该成员（包括其采购实体）：①给予本国货物、服务和供应商的待遇；②给予任何其他成员货物、服务和供应商的待遇。”这是国民待遇原则和最惠国待遇原则在政府采购领域的具体表述，是宏观的非歧视待遇。协议还禁止基于股权成分或供货来源的不同在国内供应商和国外供应商之间造成歧视，新GPA协议第4.2条规定：“对于本协议包括的政府采购活动有关的任何措施，一成员，包括其采购实体：①不得基于与外国公司的附属关系程度或外国拥有所有权的程度给予在当地设立的供应商的待遇低于其给予在另一地方设立的供应商的待遇；②不得因在当地设立的供应商为特定采购所供应的货物或服务是任何其他成员的货物或服务而歧视该供应商。”依据上述原则，除非美国在承诺清单中作出保留，否则《购买美国货法》中的对外国供应商的歧视性“优惠差价”制度将违反新的GPA，该制度允许政府采购遇有本国产品与外国产品竞争时给美国货以6%～12%的优惠差价（即在外国供应商报价上加计6%的差价）。以上规定对于《购买美国货法》中关于联邦机构不得把采购合同给外国公民或外国公民控制的公司的歧视性做法也具有针对性。

协议中许多关于公平、公正的具体要求将非歧视原则扩展到微观水平和技术方面。主要有：①一成员及其采购实体不得寻求、考虑、强加任何补偿要求（offsets）。原协议中第16条的这项规定仅约束采购实体的具体采购行为，新GPA协议第4.6条中的这项禁令作为一般原则，对协议所有成员及其采购实体都有约束（宏观和微观方面）。②如使用电子方式，采购实体应确保使用的信息技术系统和软件容易获得并与其他一般可得的技术系统兼容，同时，应维护该系统确保其对请求参与和投标完好（第4.3条）。③确定供应商参与投标资格时，不得要求供应商之前已经被成员采购实体授予过合同（第8.2条）。④鼓励成员间在采购资格审查和程序方面进行协调，减少差异；如实行供应商在册登记制度，应协调登记标准（9.2条）。⑤对欲采购货物技术规格的要求应依据功能和效用而非设计或描述特征（第10.2条）。⑥如给予投标人更正表格中非故意错误机会，采购实体应给予所有参加投标供应商相同机会（第15.3条）。

6. 运作条款。新GPA协议第9～13条规定了为保证政府采购公平性、高效和便利的程序规则，协议在第1条定义中规定三种招标采购方式，即公开招标、选择性招标和限制性招标。公开招标是任何有兴趣的供应商均可参加投标；选择性招标要经过对潜在供应商进行挑选，只有被确认为具备必要资格的供应商才被采购实体邀请投标；限制性招标是指在特殊情况下，仅与确定好的某家供应商谈判和签订合同。新GPA协议第9条规定实行选择性招标的规则，要求采购实体维持供应商登记制度，须持有一份可多次利用（multi-use）的合格供应商名单，定期公布。限制性招标容易造成不公平竞争，其适用受严格限制，协议规定只有在符合列明的8个方面的限制条件下可以实行限制性招标（第13条）。

7. 国内审查程序质疑程序。新GPA将原协议第20条规定的"投标质疑程序"扩展为更完善的"国内审查程序"，第18.4条要求每一成员应建立或指定至少一个独立于供应商的行政或司法机构接受和审查源于本协议采购的质疑，以确保审查机构的决定服从于司法审查。新GPA协议第18.7条还要求成员建立能提供迅速临时措施的程序，该临时措施可以中止采购程序。通过该机构和程序，供应商可以质疑一项违反协议的行为；或在其根据国内法无权提出直接质疑时，对该成员不符合实施本协议的措施提出质疑。如经过审查认定采购实体违反协议义务时，审查机构应作出决定，包括中止采购过程，以及时纠正违反采购规则和程序的做法，对受损失供应商赔偿。对供应商所受损失的补偿，限于其准备投标和提出质疑的成本。国内审查程序是受影响的供应商对采购实体违反GPA协议（主要是微观的歧视）寻求救济的行政或准司法程序。对于成员政府实施的违反GPA行为（宏观的立法上的歧视），受影响成员可诉诸WTO争端解决。

8. 争议解决程序。新GPA协议第20条规定了成员间因实施新GPA引起的多边争议解决程序。一成员就另一成员不能履行新GPA义务的措施造成利益丧失或减损，可以请求与之协商，直至请求WTO争端解决机构裁决；另一成员实施的措施即使与新GPA不抵触，如果仍造成某成员的利益损伤，该成员也可以请求WTO争端解决机构审理和解决。《关于争端解决的规则和程序的谅解》适用新GPA协议下的争议解决，但是其第22条第3款关于授权胜诉方中止减让，实行交叉报复的规定不适用于新GPA协议。GPA作为复边协议，其争议解决有独立性，任何GPA范围内的争议解决不得导致中止其他WTO协议的市场准入和减让义务；反过来，成员间因WTO货物或服务贸易协议引起的争议也不得导致中止履行在新GPA协议下的减让义务。

第四节 《服务贸易总协定》

一、国际服务贸易

《服务贸易总协定》(GATS) 没有提供“服务”的定义。笔者认为，服务是活的劳动，它是由服务提供者凭借体力、智力和技能，借助一定的工具、设施和手段，在服务接受者参与下完成某种活动，以直接满足服务接受者需要的过程。这与制造产品、最终凝结在产品中的物化劳动有实质区别。货物交易是实物交易，其价值和归属都是确定的和透明的，“而服务交易本质是无形利益的授予”。[1]

国际服务贸易是各种类型服务的跨国交易，关贸总协定秘书处曾列出当今国际服务贸易达150多种，WTO秘书处提供以下12类服务部门和分部门，这也是国家具体承诺表的部门划分：①商业服务（包括法律、会计师等职业服务、计算机有关的服务、研发服务、租赁服务等分部门)；②通讯服务（包括邮递、电信、视听传播等分部门)；③建筑及相关工程师服务；④分销服务（批发、零售、佣金代理等)；⑤教育服务（包括小学、中学、大学各类教育)；⑥环境服务（污水处理、垃圾处理等)；⑦金融服务（保险、银行及其他金融服务)；⑧健康和相关的社会服务（医院及其他的健康服务)；⑨旅游或与之相关的服务（酒店、餐饮、旅行社服务)；⑩健身、文化、体育服务（包括图书馆、剧院、马戏团、博物馆等服务)；⑪运输服务（海运、内河运输、空运、公路运输、铁路运输、管道运输)；⑫其他服务。以上是按部门划分的国际服务贸易类别。除此之外，GATS还根据其调整需要提出四种服务贸易类型（见下文)。

二、《服务贸易总协定》的主要内容

GATS是与关贸总协定平行的独立的多边贸易协定，也是WTO调整新领域的协议，[2] 其全部内容可分为三部分：第一部分是框架协议，规定了国际服务贸易一般概念、原则和规则、成员国基本权利和义务，是GATS的主体和实质部分；第二部分是各成员提交的服务贸易国家具体承诺表，具有法律上的约束力；第三部分是框架协议的8个附件，规定了某些重要服务贸易部门的多边自由化规则，它们是GATS不可分割的组成部分。《服务贸易总协定》已被列入WTO所管辖的框架协议的附件1，要求WTO成员一体接受。

以下介绍的GATS框架协议由6个部分39条组成，规定适用于影响服务贸易所

---

〔1〕 See Thomas L Brewer, Philip Raworth, *International Regulation of Trade in Services*, Oceana Publication, 2006, p. 1.

〔2〕 GATS、TRIPs协议和TRIMS协议都是乌拉圭回合谈判达成的调整新领域的协议，后两个文件在本书其他相关章节阐述。

有措施的一般概念、原则和规则。框架协议所规定的义务分为两类：一类是一般性义务，适用于各成员所有服务贸易部门及国际服务贸易做法，不论其是否属于各成员在国家具体承诺表中列出的范围；另一类是具体承诺的义务，主要是国民待遇和市场准入，这类义务性规定仅适用于各成员在国家具体承诺表中列出的项目和领域，并在所列明的条件范围内适用，对于未列明的服务贸易部门和服务贸易做法不适用，这是《服务贸易总协定》的一个重要特点。框架协议还体现了多边服务贸易渐进自由化，表现在不要求各成员在批准协议时按照统一的标准立即全面开放市场，允许成员通过具体承诺自主决定市场开放水平；通过既定议程（built-in agenda）条款（如第13.2条、第15条）安排后续的专门服务领域的谈判，继续扩大开放市场；尊重成员间服务贸易不同发展水平，给予发展中国家服务市场开放更大灵活性；规定了较多的不同类型的例外条款。但GATS渐进自由化安排是为了实现整体上更高水平的市场开放目的。

（一）范围与定义

GATS第1条规定："本协定适用于各成员影响服务贸易的措施。"第1.3条b项指出，"服务"包括任何部门的任何服务，但是在行使政府职权时所提供的服务除外。协议第1.3条c项进一步解释，"行使政府职权时提供的服务"是指不以商业为基础，也不与一个或多个服务提供者相互竞争的服务提供。前者是指服务提供者不考虑盈利和资金回报；关于是否存在相互竞争的其他服务提供者，应分析特定地区的市场态势，看有无相同或类似的以及可替代的服务提供。WTO没有指定哪些服务部门属于这类服务，应依据个案分析确定。不过前述服务业的部门划分显然排除公用事业服务（水、电、气的供应），又考虑到GATS第8条关于垄断和专营服务提供的规定，至少某些政府和公共机构提供的垄断服务不在例外范围。

依据GATS空运服务附件，GATS不适用于航空运输开业权和与开业权有关的服务。开业权是指以有偿或租用等方式往返于一成员领土或在该领土上经营运载乘客、货物和邮件的定期和不定期服务的权利。但是，GATS适用于航空器的修理和保养服务、空运服务的销售和营销、计算机预订系统服务。

依据GATS自然人流动附件第2条，本协定不适用于影响寻求进入一成员就业市场的自然人的措施，不适用于涉及公民身份、永久居住或就业的措施，不得阻止一成员对自然人进入其领土或暂住进行管理的措施。

各成员影响服务贸易的措施是指影响服务贸易的法律、法规、行政行为、行政程序等任何措施，包括中央、地区、地方政府和当局所采取的措施；代表中央、地区、地方政府和当局行使权力的非政府组织所采取的措施。[1] 协定强调："为了履行本协定项下的责任与义务，各成员应采取一切可能的适当措施确保其境内的地区、地方政府和当局及非政府团体履行其责任与义务。"

---

〔1〕 参见GATS第28条C项的解释。

《服务贸易总协定》第 1 条按照提供服务时服务提供者和消费者所在的领土界线，提出了协定适用的四种服务贸易类型：过境交付、境外消费、商业存在、自然人存在。[1]

1. 过境交付是指服务提供者自一成员领土向任何其他成员领土提供服务。在此模式下，服务在一国生产或提供，在另一国被消费。这种隔地交易没有服务交易参加者的流动，但是有资金、物资或信息的流动。过去唯一的这种服务提供方式是国际货物运输，当代由于技术进步，出现了 IT 和商业方法跨境外包服务（international outsourcing of IT and business process service）、跨境高等教育服务、保险金融服务、咨询服务等新兴产业，许多曾经需要面对面才能提供的服务已经被这种服务提供方式取代。

2. 境外消费是指在一成员领土内的服务提供者向任何其他成员的服务消费者提供服务。在此模式下，服务接受者访问服务提供者的国家并接受其提供的服务，然后再返回母国，包括跨境旅游、就医，也包括运输工具境外维修保养。

3. 商业存在是指一国服务提供者通过在任何其他成员领土内设立的商业存在提供服务。在此模式下，服务提供者将其设在外国商业存在的服务提供给外国或第三国的服务接受者。例如，服务提供者在境外设立的银行、保险公司、运输公司或咨询公司等分支机构。美国曾经不承认美国公司在国外的附属机构提供的服务是国际服务交易，但 GATS 将此类服务作为国际服务模式加以规范。不过，如甲国个人或公司永久性地离开所属国到乙国另立商业实体，这属于母国基地改变，在乙国提供服务是国内服务交易。

4. 自然人存在是指一成员服务提供者通过在任何其他成员领土内的自然人存在提供服务，即服务提供者以自然人入境方式在服务接受者所在地国家或第三国向服务接受者提供服务。例如，教师、工程师、医生等职业工作者单独或受雇于母国服务提供者向境外接受者提供服务。

以上四种类型中，第一种类型服务提供者和接受者均在各自领土；第二种类型是服务消费者进入服务提供者领土接受后者的服务，这两种是简单的服务提供；第三种和第四种是服务提供者进入服务接受者的领土通过商业存在或自然人存在提供服务。有的服务只能采用特定一种模式，如旅游服务；而医疗、顾问服务等可选择多种服务提供模式。

实施 GATS 同样需要确定一项服务的来源地，这与货物贸易的原产地问题同等重要。基于服务贸易的特殊性，GATS 按照服务贸易的不同类型提供了确定一项服务来源的不同标准。根据协议第 28 条定义中对“另一成员的服务”的解释，属于跨境交付和境外消费两种模式，另一成员的服务是指“自另一成员领土内或在另一成员领土内提供的服务”。对于海运服务，是指船旗国和船东所属国所提供的服务。上述两

---

〔1〕 这四种类型的提法源于 GATS 国家具体承诺表。

种服务提供模式中，服务来源地依据服务提供者提供服务时所处的领土界限判定，实质是服务提供者所处的地理方位因素判断问题。而对于商业存在和自然人存在模式，另一成员的服务是指“另一成员服务提供者所提供的服务”。服务的来源地按服务提供者身份归属来判定，实质上是服务提供者身份判断问题，就是看服务提供者是否属于另一成员的自然人、法人或另一成员的商业存在。根据第 28 条 M 项的规定，另一成员的自然人是指具有另一成员国民（国籍）身份或（在涉及单独关税区时）具有另一成员永久居民身份的人。另一成员的法人是指根据另一成员法律设立的任何经营实体（包括各类公司、基金、合伙或协会），并且在另一成员或其他成员领土内从事实质性业务活动。了解认定另一成员法人的标准，有助于我们确认属于另一成员法人的商业存在。在通过商业存在提供服务的条件下，另一成员的商业存在是指由另一成员自然人或法人拥有或控制的商业存在。此处的“拥有”，是指实际拥有股本超过 50%；此处的“控制”，是指拥有任命大多数董事或以其他合法方式指导其活动的权利。

（二）最惠国待遇（MFN）

GATS 第 2 条规定：“每一成员应该立即地无条件地给予任何其他成员的服务和服务提供者不低于它给予任何其他国家类似的服务和服务提供者的待遇。”最惠国待遇是适用于所有成员的一般义务，既适用于各成员具体承诺的领域，也适用于没有承诺的领域（GATS 不适用的范围除外）。但是与 GATT 最惠国待遇相比，GATS 这一原则有如下特点：

1. 从适用范围看，给惠对象是“其他成员的服务和服务提供者”；给惠的标准是“不低于”给予其他国家（包括 WTO 成员和非成员）类似服务和提供者的待遇。最惠国待遇处理一成员对不同的外国服务或服务提供者之间的关系，这首先应该符合国际公法关于最惠国待遇的一般标准，对源自不同成员的服务和服务提供者平等相待，将给予其他国家服务和服务提供者的待遇平等地给予所有其他成员，不得在其他成员之间有歧视或差别待遇。对其他成员之间的相同待遇是 GATS 最惠国待遇原则的应有含义。同时，“不低于”的待遇标准暗示一成员可以给另一成员比给予其他国家服务或服务提供者更好待遇（优惠可能超出具体承诺水平或普遍给予其他国家的水平），条件是该成员就相关具体服务部门开放作出最惠国待遇的保留。同时，作出 MFN 保留的成员不得援用这项例外给予另一成员低于其在国家具体承诺表中承诺给予的待遇水平（第 16 条及注释），即不得免除其在市场准入和国民待遇方面承诺履行的最低义务。允许成员作出最惠国待遇保留，体现了 GATS 渐进自由化特点。

2. GATS 最惠国待遇具有普遍性，它意味着：①每一成员应把它在国家具体承诺表中承诺的待遇水平非歧视地适用于所有其他成员，应给予其他成员的服务和服务提供者不低于其在国家承诺表中承诺的待遇标准；②对于未作出具体承诺的领域，每一成员应把它给予其他国家服务和服务提供者的优惠待遇及豁免立即无条件地给予任何其他成员类似的服务及服务提供者。

3. GATS 最惠国待遇具有实质意义，因为它与各成员关于市场准入、国民待遇的具体承诺挂钩，结果形成了一套受到约束的最低市场准入标准，并且在最惠国待遇基础上普遍实施，这使 MFN 不至于空洞无物。

4. GATS 最惠国待遇原则有更大的灵活性，它允许各成员采取三种类型的例外措施：

第一类是自选的例外（self-selective exemptions），成员可以援引第 2 条第 2 款规定，就国家具体承诺表中某一部门的市场开放作出最惠国待遇的保留（祖父条款保留），条件是作为创始成员应在 GATS 生效前将这种保留列入 GATS 第 2 条例外附件，同时经过 WTO 的审查和批准。[1] 按附件规定，各方作出的保留原则上不得维持自协定生效起超过 10 年，但事实上各方列出的保留许多是无限期的。

第二类是普遍的永久性的例外，经过一定的通知程序和服从 WTO 审查，成员可以在特定情况下引用。应该注意，这类例外规定不仅对最惠国待遇条款适用，对其他条款也适用，是所有 GATS 义务的例外。包括：①边境服务交易例外，GATS 的规定不阻止任何成员对相邻国家授予或给予优惠，以便利仅限于毗连边境地区的当地生产和消费的服务交换（第 2.3 条）。②GATS 规定不阻碍成员间达成或签订服务贸易自由化的协议，条件是这种协议涵盖众多服务部门；并且在成员之间取消了违反 GATS 第 17 条国民待遇的实质上所有的歧视；不得对一体化协定以外的成员提高相应的服务贸易壁垒（第 5 条）。③GATS 关于自然人流动的附件规定，其不适用于影响自然人进入另一成员就业市场的措施，不适用于涉及永久性的公民身份、居住和就业的措施；不得阻止一成员实施对自然人进入其领土或暂住进行管理的措施，包括保护其边境完整和保证自然人有序跨境流动必需的措施，只要此类措施不至于使成员根据具体承诺条件所获利益丧失或减损；不适用于涉及公民权、居留权及永久性受雇。④一般例外，第 14 条规定，在此类措施的实施不在情况相同的国家之间构成任意或不合理歧视手段或构成对国际贸易的变相限制要求前提下，本协定的任何规定不得解释为阻止各成员采取为保护公共道德和社会秩序所必需的措施；[2] 为保护人类、动植物生命健康所必需的措施；为使与本协定不抵触的法律法规得到遵守所必需的措施；为公平有效征收直接税采取的与第 17 条不一致的措施；为避免双重征税等所采取的与第 2 条不一致的措施。⑤安全例外，GATS 安全例外的规定与 GATT 第 21 条规定相似，但是与 GATT 第 21 条 b 项之二对应的规定是“与直接间接为供应军事机关所提供服务有关的行动”，同时增加的第 2 款要求根据 b 项和 c 项采取的措

---

[1] 在 WTO 协议生效前，世界贸易组织收到 61 份这样的例外清单，其中，美国在海运、民用航空服务、基础电信、金融服务都作了保留，事实上在这些核心领域在美国的具体承诺表中未作任何承诺。欧盟、加拿大、澳大利亚在文化工业部门未作任何承诺，作了广泛的 MFN 保留。

[2] GATS 第 14 条注释指出，只有在社会某根本利益受到真正和足够严重威胁时，方可援引公共秩序例外。

施应该通知服务贸易理事会。⑥航空运输开业权例外，本协定不适用航空运输开业权及与行使开业权直接有关的服务（关于航空服务附件）。

第三类是针对某些具体条款的例外规定，如第 13 条题为“政府采购”规定，第 2 条（最惠国待遇）及第 16 条（市场准入）、第 17 条（国民待遇）都不适用于管理政府机构为政府目的而购买服务的法律、法规要求。

（三）透明度

作为一般性义务，第 3 条规定各成员应迅速（至少在措施实施前）公布影响本协定实施的所有法律、法规和做法，包括国际协议。每年应把所采用的新法规或对现有法律的修改通知其他成员。每一成员应设立一个或更多的咨询点，应其他成员请求回答有关询问。第 3 条附则还对可能损害公共利益或合法商业利益的秘密资料的公布作出限制，规定不得要求成员披露秘密信息，如果这种披露阻碍法律实施或对公共利益有不利影响。

（四）国内管制与国际支付转移

GATS 承认各成员政府对本国服务贸易的管理权，允许各成员实施有关的国内法规和措施，履行其 GATS 义务。这些法规涉及许可和授权程序、基于审慎原则的资本要求、技术法规和税法要求、资格和证书要求等，这些管理措施带有公共政策性。GATS 第 6 条要求各成员对已作出具体承诺的部门，应确保影响服务贸易的法规和措施以合理、客观公正的方式实施，使之在确保市场准入的适当条件下适用，不致构成对服务贸易不必要的障碍，或事实上导致取消其作出的具体承诺。GATS 第 11 条要求一成员不得对与具体承诺有关的经常项目交易支付进行限制。即不得通过限制外汇汇出，使成员关于市场准入和国民待遇的具体承诺落空，除非符合国际收支平衡例外。

在受影响的服务提供者请求下，成员应提供切实可行的司法、仲裁或行政手段或程序，迅速审查这些措施，并作出公正决定和适当补偿，但是这并不要求一成员以不符合宪法的方式来实行。

（五）资格承认与协调

GATS 第 7 条规定一成员可以承认另一成员就教育程度、经验、任职资格条件所颁发的许可证或证明。这种承认不要求按最惠国待遇原则自动给予其他成员，这是 GATS 最惠国待遇适用的较温和的领域。但协定要求一成员应给予其他有利害关系的成员充分机会，以谈判加入此类协定或安排；或证明其国内的资格许可应得到承认。在采用标准和准则方面或承认许可证、证明方面，不应造成国家间歧视或限制服务贸易的借口。资格承认涉及职业服务提供，在这方面，GATS 允许各成员对境内职业服务提供者保留本国公民资格这一条件限制。

（六）垄断及限制性商业惯例

GATS 第 8 条题为“垄断及专项服务提供者”，规范各成员政府拥有的或实行垄断服务的企业，核心内容是允许各成员建立和维持国家垄断服务，但是特别要求各成员确保其境内垄断服务提供者在提供垄断服务方面，不得采取与无条件最惠国待遇要求和透明度要求不相一致的行动。第9条题为“限制性商业做法”，约束除政府垄断以外的民间企业之间存在的限制性商业做法，规定一成员就另一成员要求取消这类限制性商业做法请求磋商应给予同情和考虑。GATS体制的重要漏洞是缺乏关于反竞争行为的控制措施。GATS既没有针对服务贸易的反倾销规定，也没有对政府补贴作出限制，一成员如果遭受来自外国政府补贴的伤害，只能与该国政府协商，请求给予“同情或考虑”。迄今为止，GATS仍缺乏保障条款，一国由于服务贸易市场开放造成国内有关行业损害，只能援引第12条国际收支平衡的例外或在金融领域援用审慎例外进行限制。

各成员不同的国内竞争规则影响服务贸易的开放水平，有关方面呼吁在WTO框架内制定统一的多边反垄断法（包括反对限制性商业惯例）。目前，这方面的重要进展是一个私人工作组于1993年7月向GATT递交了一份《国际反垄断法》草案（DIAT），设想把它作为GATT或WTO的诸边贸易协定。从历史上看，GATT 1947缺乏这方面规定是因为起草者假定各国已具备了这些制度，而《哈瓦那宪章》第5章也有这方面规定，由于该宪章的夭折才导致了今天的缺陷。

（七）市场准入

GATS第16条规定：对于通过第1条确认的服务提供方式实现的市场准入，每一成员对任何其他成员的服务和服务提供者给予的待遇不应低于其在国家具体承诺表中所同意和列明的条款、限制和条件。一成员除了在具体承诺表中确定的以外，不得在境内维持或采用各种对服务业进入的数量限制措施。[1] 与国际货物贸易的市场进入不同，国际服务贸易中，市场准入本身就是需要谈判才能取得的权利。GATS实行逐步的、有保留的市场准入，该项义务属具体承诺义务，各成员采用正面列明的方式确定一国开放服务业的范围，各自仅对承诺清单中列明的部门、分部门并根据其中列明的限制条件承担市场准入义务，除此以外无开放市场义务。但是这并不意味成员境内服务业市场开放仅维持在GATS中承诺的水平，成员可以根据自身情况，按自主决定的步骤主动开放市场，并按照最惠国待遇原则将新的开放举措适用于所有其他成员。例如，中国在加入WTO近20年之后，采取了某些主动开放市场的措施，将于2015年起实施的《中华人民共和国外资银行管理条例》从三方面放宽外资银行进入中国的限制：①免除外资银行设立分支机构强制性交存1亿元运营资金要求；②免除开办外资银行需现行设立代表处的限制；③放宽外资银行经营人民币业务条件。

GATS第16条说明，成员应按照协定规定的4种方式进入另一成员服务市场。一

---

〔1〕 市场准入限制实质上是限制外国服务提供者在东道国提供服务的能力。GATS第16条列举了6种数量限制方式，包括：限制服务提供者的数量；限制服务交易额和资产额；限制服务业务总数或产出量；限制服务提供者的雇员数量；对服务提供者公司形式要求；对外国服务提供者实行股权限制。

成员在加入 WTO 时关于服务贸易的具体承诺是其应该保持的最低外国市场进入水平，成员对其他成员进入其服务业市场不应低于这个承诺水平。GATS 国家具体承诺表（National Specific Commitments Schedules）把各成员服务贸易具体承诺分为两大类：一类是总体承诺（Horizontal Commitments），亦称“水平承诺”，涵盖所有服务贸易部门；另一类是部门承诺（Sector Specific Commitments），仅涉及个别部门或分部门。两类承诺表都记录了各成员对市场准入的限制和对国民待遇原则的限制，并且各项限制都是按服务贸易四种提供方式作了区分。各成员的承诺分为无条件限制（在表中填 NONE）、有条件限制和非约束（UNBOUND）三种。第一种属于充分承诺，成员承担了相关服务领域市场准入或国民待遇的约束性义务，不得采取任何与市场准入和国民待遇义务不符的限制；第二种属于有限承诺，该成员应详细说明某服务领域将保留哪些与市场准入国民待遇不符的措施，它只能采取列明的限制条件；第三种属于无承诺，表明该成员保留原有的与市场准入国民待遇不符的措施，也保留采取新的限制的权利。限制条件既可以是非歧视性的，也可以是歧视性的，比如规定“许可只授予 5 家新进入的外国银行”或“只有 10 家新建的本地或外国银行被授予许可”。不论如何，这些限制表明各成员在市场准入与国民待遇方面的最低保证而不是最高配额，一国准许设立 5 家外国银行意味着它可以发给超过 5 家的许可，但不能低于这个标准。

各成员关于市场准入和国民待遇的具体承诺是 GATS 的核心内容，总协定的影响很大程度上取决于各方所作的承诺，在总体承诺中，发达国家没有对外国服务提供者建立商业存在加以特别限制而由较宽松的一般投资政策法律调整，但是对于自然人流动加以严格限制，承诺允许的自然人进入仅限于与东道国商业存在有关的人员在公司内部调动和短期商业访问。

应注意到，GATS 规定的某些普遍的永久性例外条款同样适用于市场准入与国民待遇这两项具体承诺义务。这些例外包括毗邻成员之间边境地区服务贸易例外（第 2 条第 3 款）；经济一体化和贸易自由化安排的例外（第 5 条）；一般例外（第 14 条）；安全例外（第 14 条之二）。国际收支平衡的例外仅适用于具体承诺的义务，GATS 第 12 条指出，如发生严重国际收支和对外财政困难或其威胁，一成员可对其已经作出具体承诺的服务贸易（包括与此类承诺有关的交易的支付和转移）采取或维持限制。在实施此类限制时，不得在成员之间造成歧视。程序上应通知理事会，并与国际收支限制委员会进行磋商，接受国际货币基金组织对磋商成员国际收支状况评估，评估结果应作为是否允许援用该例外的依据。

（八）国民待遇

GATS 第 17 条规定，各成员应在国家承诺表中所述的服务部门或分部门中，并且在遵守其中所述的任何条件和资格前提下，给予其他成员的服务和服务提供者不低于它给予本国同类服务和服务提供者的待遇。同市场准入义务一样，国民待遇也是各成员具体承诺的义务，要求各成员按具体承诺表列举的部门范围、限制条件给外国服务和服务提供者国民待遇，确保其不受服务进口国国内法、国内措施的歧视待遇。对具体承诺表没有列明的部门、分部门或有关成员明确表示非约束的部门，该成员无义务给予其他成员这类服务和服务提供者国民待遇。

国民待遇处理外国服务和服务提供者与本国服务和服务提供者的关系，GATS 第 17 条所述“国民待遇”的标准也是“不低于”给予本国国民的待遇。如果一成员允许外国进入境内某项服务业市场并作出给予国民待遇的承诺，它首先应符合国际公法关于国民待遇的一般标准，使外国服务和服务提供者服从于与东道国国民一样的法律管辖和待遇规定，取消针对外国服务提供者基于外国人身份的法律上的歧视措施，而一旦发生这样的歧视，GATS 的全部要求就是改变这些法律或行政措施，使得在法律上外国人的待遇与本国国民待遇等同，这种一般情况下的相同待遇是“不低于”给予本国国民待遇的应有之义。但是，GATS 关于国民待遇的表述没有模仿关贸总协定的相关规定，宣布将给予本国服务和服务提供者的待遇也给予外国服务和服务提供者（相同待遇），这是因为与货物贸易的待遇相比，服务贸易的待遇具有“名实不符”的特点，有时法律上给予外国服务提供者与本国服务提供者相同的待遇，其结果恰恰造成事实上的不公平；相反，有时法律上的区别对待，恰恰在事实上或结果上是公平的。仅仅符合一般国际法的国民待遇标准还不能保证对外国服务或服务提供者的公平待遇。比如，东道国关于设立银行的最低注册资本的要求，对本国银行没有什么问题，而对那些欲进入东道国开业的外资银行则意味着要双重出资（除母国基地出资外的又一份出资）；类似问题还有要求外国保险公司提供保险准备金，要求外国服务提供者必须取得和东道国国民一样的学历资格、职业资格证书、培训经验等。正是考虑到这些情况，GATS 第 17 条第 2 款允许一成员给予外国服务和服务提供者的国民待遇形式上可以不同，但实际上不低于本国国民，或对外国服务及服务提供者更有利。GATS 第 17 条所述“不低于”给予本国国民的待遇，是要求给外国服务或服务提供者相对于本国服务或服务提供者实质不差的待遇。

虽然有第 17.2 条原则规定，要取消形式上相同而事实上属于歧视的待遇相当困难，这意味着允许外国服务提供者拒绝接受非歧视性的东道国法律，这涉及更大的公共政策问题。因此，GATS 国民待遇原则很难扩大适用于取消事实上的歧视待遇。[1]

（九）争端解决及例外条款

服务贸易争端由服务贸易理事会负责，按世界贸易组织争端解决的规则和程序

---

〔1〕 但是也有学者认为 GATS 非歧视原则（最惠国待遇和国民待遇）既禁止法律上的歧视，也禁止事实上的歧视。See Apostolos Gkoutzinis, “International Trade in Banking Services and the Role of the WTO: Discussing the Legal Framework and Policy Objectives of the General Agreement on Trade in Services and the Current State of play in the Doha Round of Trade Negotiations”, *The International Lawyer*, 39 (4), 2005, pp. 899 ~ 900.

处理。GATS 第 23 条允许各成员提起“非违法之诉”，允许使用交叉报复手段制裁不执行裁决方。

第五节　世界贸易组织争端解决机制

WTO《关于争端解决规则与程序的谅解》（以下简称 DSU）由 27 条正文和 4 个附录组成，全面阐述了 WTO 争端解决的范围、原则和程序。新规则保留并继承了体现于 GATT 第 22、23 条中的原有的争端解决的核心内容，又是对 GATT 争端解决制度的全面修改、完善与更新。

一、DSU 适用的范围

DSU 第 1 条规定：“本谅解的规则和程序应适用于按照本谅解附录 1 所列各项协定的磋商和争端解决规定所提出的争议。本谅解的规则和程序还应适用于各成员间有关它们在《马拉喀什建立世界贸易组织协定》规定和本谅解规定下的权利和义务的磋商和争端解决，此类磋商和争端解决可单独进行，也可与任何其他适用的协定结合进行。”这说明 DSU 的规则和程序适用于除《贸易政策评审机制》以外的包括“WTO 协定”以及 DSU 本身在内的所有 WTO 框架协议实施引起的争议解决。具体包括成员方根据以下协议中的争议解决规定提出的争议解决：①《建立世界贸易组织协定》。②多边贸易协定，包括附件 1A：《多国货物贸易协定》，附件 1B：《服务贸易总协定》，附件 1C：《与贸易有关的知识产权协定》，附件 2：《关于争端解决规则与程序的谅解》。③诸边贸易协定，包括附件 4：《民用航空器协定》、《政府采购协定》。

除 DSU 规定的争议解决规则和程序以外，WTO 框架协议中许多单独协议本身也规定了争议解决程序，这些单独协议的争议解决条款已经列入 DSU 附录 2，在处理 DSU 争端解决程序与单独协议中的争议解决程序关系问题上，DSU 规定特别程序优先，强调 DSU 程序的适用应遵守附录 2 中单独协议所含的特殊的或附加规则程序，两者发生冲突时，应以附录 2 中特殊或附加程序为准；当一个争端解决涉及多个协定或协议，且这些协定或协议的争端解决规则和程序相互冲突时，当事方应在专家小组成立后 20 天内就适用的规则程序达成一致，或由 DSB 主席决定。

DSU 明确规定其适用于“成员之间”在 WTO 框架协议下的争端解决，争议解决的当事人或主体是 WTO 成员（包括主权国家成员和单独关税领土成员）。[1] 只有经 WTO 成员中央政府合法授权的代表才有资格作为 WTO 争端解决的当事人，提起和被

---

〔1〕《马拉卡什建立世界贸易组织协议》解释性说明指出，“本协议和多边贸易协定中使用的‘国家’一词应理解为包括任何 WTO 单独关税区成员。对于 WTO 单独关税区成员，如本协定和多边贸易协定中的措辞被冠以‘国家（的）’一词，则此措辞应理解为与该单独关税区有关，除非另有规定”。

提起WTO争议解决。WTO成员代表资格涉及两个方面的问题：①一国可否通过私人执业律师在专家组或者上诉机构面前陈述案件；②一国是否有权自主决定其代表成员资格。在欧共体关于香蕉进口和分销体制案中，上诉机构裁定批准被申诉方圣露西亚政府的请求，允许2名非圣露西亚政府雇员作为法律顾问参加听证会，认为WTO成员有权决定其代表团成员资格。[1]

另外，DSU的某些条款中还使用了“起诉方（Complainant）”、“被诉方（Respondent）”、“争端方（Disputant）”等概念，都是指作为WTO争端解决当事人的有关WTO成员。

二、WTO争端解决机制的原则和目标

WTO争端解决机制遵循以下原则：

（一）保护权利义务原则

根据DSU第3条第2~5款的规定，WTO争端解决机制是为多边贸易体制提供可靠性和可预见性的重要因素。争端解决机制用于保护DSU适用范围内所有WTO框架协议项下的权利义务，依据国际公法和惯例解释澄清这些协定项下的权利义务，争端解决机构的裁决不得增加或减少或修改这些权利义务。争端解决是为了保护WTO的有效运转以及保持各成员之间根据DSU适用协定达成的权利义务平衡。这一原则适用的结果是：WTO争端解决机构通过专家组和上诉机构裁决形成对WTO法的“先例”解释，发展了WTO法。

（二）一体化争议解决原则

DSU第23条规定，WTO成员在寻求纠正违反协定义务和纠正造成协定项下利益丧失或减损的情况时，应该援用并遵守DSU的规则和程序。除非通过依照DSU规则和程序进行的争议解决，各成员不得对违反义务已经发生、利益已经丧失或减损或适用协定的任何目标实现已受到妨碍作出确定。DSU第23条规定事实上确立了WTO争端解决机构对于成员之间因DSU适用范围内框架协议引起的争议解决实行强制管辖。属于适用协议项下的争议，WTO成员不得诉诸任何单边或未经授权的多边贸易体制以外的双边争议解决和报复制裁，只有经过WTO的争议解决才可以最终确定某一成员违反了协议项下的义务。

（三）协商原则

WTO成员“确认遵守迄今为止根据GATT 1947第22条和第23条实施的管理争端的原则，及在此进一步详述和修改的规则和程序”（DSU第3.1条）。协商原则作

---

〔1〕这一要求遭申诉方欧盟反对。圣卢西亚政府提出，根据国际惯例，国际组织无权干涉一国政府任命其代表团官员和成员的主权。此外，DSU及上诉机构工作程序都不涉及主权国家委派代表的资格问题。加拿大和牙买加政府也支持圣卢西亚政府的请求，认为成员代表团组成是成员内部的事务，专家组和上诉机构对成员授权代表人选进行审查是不恰当的。参见黄东黎：《国际贸易法学》，法律出版社2004年版，第91~93页。

为GATT争端解决的基本原则，为WTO争议解决所接受和继承，贯穿WTO争端解决始终。当事方可以在争端解决的任何一个程序阶段寻求磋商或第三方的斡旋、调解和调停；DSU强调在专家小组审理以前争议方必须经过协商，协商是争端解决的必经程序。WTO鼓励当事方通过协商达成相互满意的解决方案，务实的政治解决的优势为：①通过让步有可能迅速达成妥协，及时解除贸易制裁或制裁威胁，这对于讲求时效的进出口贸易尤为重要；②避免诉诸WTO争端解决的负面作用，包括控辩所需的巨大人力和经济成本、时间耗费，DSB审理期间的现状锁定（locks-in states）效应造成的贸易利益持续损失；③避免DSB裁决结果挑战更广泛的国内政策问题。[1]

（四）公平合法性原则

DSU试图确保争端解决的结果符合WTO规则，为了防止有实力的成员强迫弱小成员接受不公平的争议解决条件，DSU要求磋商、争议解决中正式提出的所有事项和解决办法，包括仲裁裁决，均与所适用的协定相一致，且不得使任何成员根据这些协定获得的利益丧失或减损，也不得妨碍这些适用协定任何目标的实现（第3条第5款）。

WTO争端解决机制的首要目的在于使争端得到积极的解决。争端各方均可接受且与适用协定相一致的解决办法无疑是首选办法（DSU第3条第7款），如不能达成这一解决方案，争端解决机制尽可能依次取得以下结果：①首要目标通常是保证撤销被认为与任何适用协定的规定不一致的有关措施。②违反协议的一方给受损害方提供补偿。提供补偿只能在立即撤销有关措施不可行时方可采取，并且是作为在撤销与协定不一致措施前可采取的临时措施。③争端解决机制的最后手段是允许一成员在歧视性的基础上针对另一成员中止实施适用协定项下的减让或其他义务，但是需经争端解决机构授权。争端解决的另一目的是通过解释现存WTO规则明确成员的权利义务，保护这些权利义务和预期利益。

三、WTO争端解决程序

世界贸易组织争端解决的基本程序包括磋商、专家小组审理、上诉机构审理、裁决的执行及监督。除基本程序外，当事方在自愿基础上，也可以采取仲裁、斡旋、调解和调停等方式解决争端。除非争端方另有协议，自DSB设立专家组之日起至DSB审议通过专家组报告或上诉机构报告之日为止的期限不得超过9个月；如提出上诉，不超过12个月。

（一）磋商；斡旋、调解和调停；仲裁

1. 磋商。磋商是争端解决的必经程序。DSU第4条指出：“每一成员对另一成员提出的有关在前者领土内采取的影响任何适用协定实施的措施的交涉给予积极考虑

---

〔1〕 See Gavin Goh, “Tripping the Apple Cart: The Limits of Science and Law in the SPS Agreement after Japan-Apples”, *Journal of World Trade*,, 40 (4) 2006, pp. 678 ~679.

并给予磋商机会。”被提出协商请求的成员应在10天内作出答复。如同意磋商，则磋商应在接到请求后30天内开始。如果被要求磋商方在接到磋商请求后10天内没有作出回应，或在收到磋商请求之后的30天内或相互同意的其他时间内未进行磋商，则要求进行磋商的成员可以直接向争端解决机构请求成立专家小组。如果在接到磋商请求之日后60天内磋商未能解决争端，要求磋商方也可以请求设立专家小组。在紧急情况下，有关成员应在接到请求之日后10天内进行磋商。如果在接到请求之日后20天内磋商未成，则申诉方可以请求成立专家小组。要求磋商的成员应向争端解决机构、有关理事会和委员会通知其磋商请求。磋商应保护且不得损害任何一方在争端解决后续程序中的权利。

如果第三方认为其与拟举行的磋商有实质性贸易利益关系，可在争端解决机构散发该磋商请求后10天内，将加入磋商的意愿通知各磋商成员和争端解决机构。若磋商成员认为该第三方要求参与磋商的理由充分，应允许其参加磋商。如加入磋商请求被拒绝，则第三方可向有关成员另行提出磋商要求。

2. 斡旋、调解和调停。斡旋、调解或调停是争端方经协商自愿采取的争议解决方式。争端方可随时请求进行斡旋、调解和调停，随时开始和终止。如争端当事方均认为已经开始的斡旋、调解和调停不能解决争端，则申诉方可以在该60天内请求设立专家组；如争端方同意，斡旋、调解和调停可在专家组程序进行的同时继续进行。当事方在斡旋、调解或调停中所持立场应予保密，且任何一方在争端解决后续程序中的权利不得受到损害。

3. 仲裁。DSU第25条规定，仲裁可以作为争端解决的另一种方式，适用于“解决涉及有关双方已明确界定的问题引起的争议”。如果争端当事方同意以仲裁方式解决争议，则可在共同指定仲裁员并议定相应的程序后，由仲裁员审理当事方提出的争端。经诉诸仲裁的各方同意，其他成员方可成为仲裁程序的一方。争端方应执行仲裁裁决。DSU第21条对执行建议和裁决的监督程序，第22条对补偿和中止减让程序在细节上做必要修改后应适用于仲裁裁决。

（二）专家小组审理

1. 专家小组成立。争议方向争端解决机构请求成立专家小组后，一旦此项请求被列入争端解决机构会议议程，专家组最迟应在这次会后的下一次争端解决机构会议上予以设立，除非在该会议上争端解决机构以“反向意思一致”的表决方式决定不设立专家组。争端解决机构应在当事方提出设立专家小组请求后15日内为此目的召开会议。专家小组被批准设立后，最迟应在此后30天内确定全部组成人员。

2. 专家小组的组成及职权。专家小组一般由3人组成，除非争端当事方同意专家小组改由5人组成。专家小组成员由秘书处根据其掌握的政府与非政府专家名单提出，除非由于无法控制的原因，争端方不得反对秘书处提名的专家小组人选。如果自决定设立专家组之日起20天内，争议当事方未能就专家小组人员组成达成一致，应争议方请求，WTO总干事在与有关方面磋商后任命合适的人选。如果争议涉及一发展中国家，如该发展中国家提出请求，专家小组中至少应有 1 名成员来自发展中国家的 WTO 成员。专家小组的职权是根据争议方所援用的协定或协议的规定，对争议方请求审议的事项作出评估，包括对案件事实、所援用协议的适当性和与适用协定的相符情况作出客观评估；协助争端解决机构提出建议或其他调查结果。专家小组应定期与争端各方协商，给它们充分的机会以形成双方满意的解决方案。

3. 专家小组工作程序。专家小组一旦设立，一般应在 6 个月内（紧急情况下 3 个月内）完成工作，并提交最终报告。特殊情况下通知争端解决机构，可以延长至 9 个月内提交最终报告。专家小组报告交争端解决机构散发给各成员 20 天后，争端解决机构才可考虑审议通过最后报告。在最后报告散发给各成员后 60 天内，除非争端当事方正式通知争端解决机构其上诉决定，或争端解决机构协商一致决定不通过该报告，否则该报告应在争端解决机构的会议上通过。

（三）上诉机构审理

DSU 第 17 条规定，争端解决机构设立常设上诉机构，受理对专家组最终报告的上诉。常设上诉机构由 7 人组成，通常由其中 3 人共同审理上诉案件，其成员由争端解决机构任命，任期 4 年，可连任一次。上诉机构只审理专家组报告所涉及的法律问题和专家组所作的法律解释，可以作出维持、修改或撤销专家组的结论。上诉机构审理期限为自上诉之日起到上诉机构散发其报告日为止一般不超过 60 天，特殊情况下最长不超过 90 天。争端解决机构应在上诉机构散发报告后 30 天内通过该报告，除非争端解决机构经协商一致决定不通过该报告。

（四）裁决的执行及其监督

专家组或上诉机构如认定争议方的某项措施与相关协议不符，应在专家小组报告或上诉机构报告中要求有关成员使其措施与相关协议相符，还可提出如何执行报告中建议的办法，专家组报告或上诉机构报告一经通过，其建议和裁决对当事各方有约束力，争端方应无条件接受。争端解决程序规定了以下三种执行报告的方式：

1. 实际履行。在专家小组或上诉机构报告通过后 30 天内举行的争端解决机构会议上，有关成员应将执行争端解决机构建议和裁决的意向通知该机构。该建议和裁决应迅速执行，如不能迅速执行，有关成员应确定一个合理的执行期限。合理执行期限可以经有关成员提议，由争端解决机构批准；或者在没有批准时采用争议各方在建议裁决作出后 45 天内经协商同意确定的期限；如不能协商确定，应该在建议裁决作出后 90 天内由仲裁裁决确定执行期限。

根据 DSU 第 21.5 条的规定，如果有关成员就被诉方是否执行了专家组报告中的建议和裁决以及此类执行措施是否与适用的协议相一致的问题存在分歧，当事方可以求助于原专家组，专家组应在 90 天内审理完毕，散发其报告。在日本对美国苹果进口限制案中，专家小组认定日本针对原产于美国的评估检疫和进口限制措施不符合 SPS 协议。作为执行专家组报告的行动，日本修改了检疫限制措施，美国又援用 DSU 第 21.5 条程序，请求专家组认定日本经修改的检疫限制措施仍不符合 SPS 协议，

2005年7月20日，专家组裁定支持美国的诉求。[1]

2. 补偿。如果被诉方的措施违反了WTO规则，而且没有在前述合理的期限内执行争端解决机构的建议和裁决，使争议的措施符合相关协议，则被诉方应申诉方请求，必须在合理期限届满前与申诉方进行谈判，以期形成双方可以接受的补偿。补偿是指被诉方在贸易机会、市场准入等方面给予申诉方相当于其所受损失的减让。补偿是临时措施，只在被诉方未能实际履行争端解决机构建议裁决时适用，且应与WTO有关协议保持一致。

3. 授权报复。如果争议方未能在合理期限届满后20天内就补偿问题达成一致，申诉方可以要求争端解决机构授权对被诉方进行报复，即中止履行应承担的给予被诉方贸易减让义务或其他义务。报复可分为同部门报复、跨部门报复和跨协议报复三种。争端解决机构应在合理期限届满后30天内给予相应授权，除非争端解决机构经协商一致拒绝授权。被诉方可以就报复水平的适当性提请WTO争端解决机构进行仲裁。报复措施是临时性的，只要出现以下任何一种情况，报复措施应终止：①被认定违反WTO协议的有关措施已被取消；②被诉方对申诉方所受的利益损失提供了解决方法；③争端当事方达成了相互满意的解决办法。

争端解决机构应监督已通过的建议和裁决的执行情况。在建议和裁决通过后，任何成员可随时向争端解决机构提出与执行有关的问题，以监督建议和裁决的执行。在确定了执行的合理期限6个月后，争端解决机构应将建议和裁决的执行问题列入会议议程进行审议，直至该问题解决。

（五）非违法之诉

GATT条款与一般国际条约的重要不同点是，它并不是把表面上与规则相符作为协议实施的根本目的和出发点，而是把协定项下的利益是否受到“丧失或减损”、是否妨碍条约的目的的实现作为出发点。“GATT争端解决机制的核心概念不是从违反总协定或其规定的义务出发，而是从更广泛意义上以剥夺了来自协定的利益，或损害了该协定总体或个别条款所追逐的目标为准。”[2] 按照GATT第23条第1款的规定，导致一成员在该协定项下的利益丧失或减损以及导致该协定任何目标的实现受到阻碍的情况有三种：①另一成员未能履行其在本协定项下的义务（即存在着违反协定义务的行为）；②另一成员实施的任何措施，不论该措施是否违反该协定；③存在任何其他情况。

其中第二种情况是指某成员并不违反协定规则或义务的行为引起另一成员协定利益丧失或减损，另一成员也可以据此指出的争议解决，这就是所谓“非违法之诉”。绝大部分WTO审理的争议属于第一和第二种情况引发的争议。非违法之诉的

---

〔1〕 See Gavin Goh, “Tripping the Apple Cart: The Limits of Science and Law in the SPS Agreement after Japan Apples”, *Journal of World Trade*, 40 (4), 2006, pp. 655 ~686.

〔2〕 赵维田：《世贸组织（WTO）的法律制度》，吉林人民出版社2000年版，第437页。

规则为 GATT 1994 所保留，直接适用于该协定实施引发的此类争议解决。

DSU 第 26 条第 1 款规定了 WTO 成员提起 GATT 第 23 条第 1 款第 6 项“非违法之诉”应遵守的以下规则：①起诉方应提供详细的正当理由，以支持任何就一项不与适用协定相抵触的措施而提出的起诉。②如一措施被认定造成有关适用协定项下的利益丧失或减损，或此项措施妨碍协定目标的实现，但并未违反该协定，则无义务撤销该措施。但在此种情况下，专家小组或上诉机构应建议有关成员作出使双方满意的调整。③尽管有第 21 条规定，但是应双方中任何一方的请求，第 21 条第 3 款所规定的仲裁可包括对利益丧失或减损程度的确定，也可建议达成双方满意的调整方法；此类建议不对争端各方有约束力。④尽管有第 21 条第 1 款的规定，补偿可以成为作为最后的争端解决办法的令人满意调整的一部分。“非违法之诉”也扩大适用于 WTO 管辖范围的其他某些协议。

1. 如何正确理解 WTO 的宗旨、职能、法律地位？

2. 为什么我们需要自由开放的贸易体制？中国对 WTO 的参与与中国基本国策是什么关系？

3. WTO 多哈谈判“早期收获成果”有哪些？《贸易便利协议》的主要内容和特点是什么？

4. 如何正确理解 WTO 规则的法律约束力？

5. GATT 最惠国待遇、国民待遇原则与 GATS 这类原则有何不同？与其他国际经济交往中的这类原则有何不同？

6. 如何正确理解 GATT 第 20 条一般例外和第 21 条安全例外？其适用范围和条件是什么？

7. 反倾销法与反补贴法在适用上有何不同？

8. WTO 规则对一成员采取反倾销、反补贴、保障措施提出哪些实体法和程序法要求？

9.《农业协定》和《信息技术产品协议》的主要内容和特点是什么？

10.《政府采购协议》的宗旨和适用范围是什么？与原有协议相比，新的《政府采购协议》有何特点？

11. 如何正确理解《服务贸易总协定》的适用范围、权利义务特点？

12. 如何正确理解《服务贸易总协定》的市场准入规则和非歧视原则？

13. WTO 争端解决的原则和主要程序步骤有哪些？

第六章 区域与双边自由贸易协定新发展

✣学习目的与要求

近年来，区域与双边贸易协定在规模和范围上的扩张，已远远超出传统国际贸易法的范围。本章主要反映在该领域的一些新发展和新变化，以及中国的实践为区域与双边贸易协定的发展做出的贡献。

第一节 区域贸易协定

区域贸易协定（Regional Trade Agreements，RTAs）的含义可以有广义和狭义之分：①广义理解是相对于WTO多边贸易协定而言的，泛指两个或两个以上国家（单独关税领土或国家集团）之间签订的自由贸易协定，包括双边与多边区域贸易协定；②狭义理解是指按照WTO对全球进行的11个区域的划分，区域贸易协定包括区域内自由贸易协定与跨区域自由贸易协定。前者是指某一区域内国家（或WTO成员）之间签订的贸易协定，后者指区域内成员与区域外成员签订的自由贸易协定。按WTO的分类标准，全球被分为北美地区、中美地区、南美地区、加勒比地区、欧洲地区、独联体地区、非洲地区、中东地区、西亚地区、东亚地区和大洋洲地区共11个经济地理区域。为阐述问题方便，本节采用广义理解。

按照一体化程度，在名称上，有的称自由贸易协定（FTA）、框架协议（framework）、安排（arrangement）等；有的称联盟或共同体等。有些区域贸易协定伴随有相应的组织机构支持，朝着贸易、经济一体化甚至更高层次的超国家组织形式发展，如欧共体（欧盟）。在GATT/WTO协定中，只提到关税同盟和自由贸易区协定。

一、区域贸易协定的合法性

区域性贸易协定或区域经济一体化的合法性来自《关税与贸易总协定》（以下简称GATT）第24条的权利。GATT第24条规定，GATT不妨碍关税联盟或自由贸易区或为成立关税联盟或自由贸易区而订立的临时协议的安排。按照第24条的解释，关税联盟是指联盟各组成区之间的大体上所有贸易或者原产于各该区产品的大体上所有贸易，取消了关税及其他限制性贸易规章（于必要时，为GATT第11、12、13、

14、15 和 20 条所准许者除外)，该联盟每个成员对非该联盟区的贸易，适用大体相同的关税及其他贸易规章。自由贸易区则指两个以上关税区的群体，其组成区方对原产于各该区产品的贸易，大体上取消了关税及其他限制性贸易规章（于必要时，为 GATT 第 11、12、13、14、15 和 20 条所准许者除外)。

1947 年 10 月 GATT 签署时，美英之间冲突的核心是英国坚持的英联邦帝国特惠制（Imperial Preference System)。这一明显的针对美国的歧视性的安排，与美国极力推崇的总协定不歧视原则显然是背道而驰的。作为妥协，美国在总协定第 1 条中表达了他对不歧视原则的坚定支持，同时在第 24 条中允许把帝国特惠制等作为一个例外存在。美国的退让，主要是出于政治上的考虑。即战后，美国需要一个稳定的欧洲，而这个目标的实现需要靠欧洲的经济一体化来推动。从经济上看，美国认为关税联盟是和总协定的多边主义，不歧视的目标相一致的。用美国在总协定的谈判官员克来尔·威尔克柯斯（Clair Wilcox）的话来说："关税联盟创立了一个广泛的贸易领域，取消了竞争的壁垒，使得资源得到更为经济的分配，由此增加了生产，提高了生活水平。——关税联盟在多边主义和不歧视的基础上，有助于扩大贸易。"[1]

经济学家从关税联盟的经济理论方面对其合理性进行的探讨，为关税联盟的合法性提供了理论基础。雅克布·维纳（Jacob Winen）在其 1950 年出版的《关税联盟问题》（The Customs Union Issue）一书中认为，数个国家或地区在结成关税联盟后，由于取消了内部关税，成员之间的相互进口增加，生产成本减少，产生出资源分配效率提高的生产利得和消费者福利增加的消费利得，从而使社会福利水准增加。这就是关税联盟的贸易创造效果（trade creation effect)。另一方面，在关税联盟成立后，成员国所得关税收入的一部分转给了外国的出口商。如成员国在联盟前是从价格较低的非联盟国进口，联盟后转为从价格较高的成员国进口，则进口总支出增加，社会福利水准下降，这就是关税联盟的贸易转移效果（trade diversion effect)。在不考虑其他因素的情况下，如贸易创造效果大于贸易转移效果，则关税联盟使成员国社会福利增加；反之，则联盟使成员国社会福利减少。因此，从关税联盟静态分析得出的结论是：同盟前，成员间关税水平越高，供需弹性越大，生产效率越高，则联盟后社会福利水准越有可能提高；而联盟与非联盟的进口需求弹性越低，贸易成本差异越小，联盟对外关税越低、参加联盟的国家越多，则贸易转移的损失越小。从关税联盟的动态效果来看，结成联盟后，联盟之间虽竞争程度加强，专业程度加深，但市场加大，投资机会增加，生产规模加大，而风险和不确定性降低，反而吸引更多联盟外国家投资设厂，加速了联盟内的技术进步和经济增长。而对发展中国家来说，结成联盟后，通过优惠性开放市场，在联盟内形成规模经济，从而减少生产成

---

[1] Jagdish Bhagwati, *The World Trading System at Risk*, 1991, p. 63.

本，提高竞争力。[1]

总之，无论从关税联盟的静态效果还是关税联盟的动态效果分析，以及从GATT第24条生效后半个世纪以来的实践证明，关税联盟对于联盟内成员的社会福利的改善做出了巨大贡献。而对于联盟外的国家来说，由于按照第24条的规定，对非成员的缔约方征收的关税及实行的其他贸易规章，大体上关税不得高于联盟成立前税率的总体水平。[2] 因此，至少可以推断，他们原来拥有的福利并未受到侵犯。

尽管就GATT第24条的本意来说，它要保留的是在内部实现大体上所有贸易（即100%）削除关税壁垒的关税联盟；此外，对于临时性安排应有一个时间表，否则等于事实上承认了低于100%的优惠安排。然而由于第24条是个妥协的产物，它本身的漏洞和缺陷实际上为不执行第24条的规定以及程序上的松弛打开了大门。[3] 自此以后，大大小小、形形色色一体化程度不同的双边与多边区域性安排此消彼长、层出不穷。其中，影响最大的多边区域安排主要有欧洲共同体（欧盟）、北美自由贸

---

〔1〕 雅格布·维纳对关税联盟经济理论的分析，参见欧阳勋、黄仁德：《国际贸易理论与政策》，三民书局1983年版，第426～441页，此外见Jagdish Bhagwani, *The World Trading System at Risk*, 1991, pp. 59～63. 该书提出贸易壁垒优先削减的理论。该理论由四套互相联系而又不同的分析方法组成，系统地阐述了关税联盟的合理性。

〔2〕 第24条第5款（a）（b）参见Murray kemp和Henry wan的分析，见：Jagdish Bhagwani, *The World Trading System at Risk*, 1991, pp. 60～61.

〔3〕 对GATT第24条的详细分析和评论，请参阅赵维田：《最惠国待遇与多边贸易体制》，中国社会科学出版社1996年版，第60～61页。关于欧洲煤钢联盟以及后来的欧共体罗马条约及其联系协定的合法性问题，在GATT成员中都发生过争议。有些争议不了了之，有些则以GATT的退让而结束。例如，GATT第25条缔约各方的联合行动第5款规定，经缔约方全体半数中的2/3多数批准，可以免除某一缔约方的义务，参见：Ralph H. Folsom, Michael wallace Gordon, John A. Spanogle Jr. *Int'l Business Transactions - A Problem Oriented Coursebook*, 3rd. 1995, West Publishing Co. p. 414. 在GATT历史上，理事会仅对4个区域贸易协定的审查形成不违反决定，对其他协定的审查或因资料不全，或因问题复杂等种种原因拖延，最终不了了之。

易区和亚洲及太平洋经济合作组织。这三个区域性组织的范围还有扩大的趋势。[1]此外，还有国家之间签署的大量双边贸易协定，世界经济一体化与区域多边、双边经济一体化，已构成20世纪90年代以来世界经济发展的两大趋势，形成了世纪之交国际经济法发展中最为引人瞩目的现象之一。

据WTO报告提供的数据表明，截至2013年7月31日，曾向世贸组织通报的自由贸易安排（FTAs）共有575个，其中379项已经生效。其中，双边贸易协定约占90%。所涉170多个国家和地区中，不少国家和地区参加一个以上区域或双边自由贸

---

〔1〕 欧共体（欧盟），除最初的6国外，1973年英国加入；1977年丹麦、爱尔兰加入；1981年希腊加入；1986年葡萄牙、西班牙加入；1990年东德、西德合并；1995年奥地利、瑞典、芬兰加入；2004年吸收中欧、东欧、地中海的爱沙尼亚、拉脱维亚、立陶宛、波兰、匈牙利、捷克、斯洛伐克、斯洛文尼亚、马耳他、塞浦路斯10国加入，共计25国；2007年保加利亚、罗马尼亚加入。2013年7月1日，克罗地亚正式加入欧盟。至2014年9月16日，成员共计28国。

在美洲，1994年1月1日，北美自由贸易区建立后，美国又积极扩大其在美洲的势力范围，同年12月，34个美洲国家首脑在弗罗里达迈阿密召开会议，商定在2005年建成美洲自由贸易区。但大多数经济基础脆弱、市场不完善、缺乏竞争力的拉美国家心怀疑虑，唯恐陷入灭顶之灾。由于拉美国家所持的谨慎态度，在1994年迈阿密会议以后，虽然进行了一系列的会谈，也取得了一定的成就，但至今美洲经济一体化并没有取得实质性的进展。

除北美自由贸易区协定外，1991年3月，阿根廷、巴西、巴拉圭、乌拉圭成立南锥共同体市场，1995年实现4国间共同市场关税削减54%。2011年11月22日，墨西哥与中美洲萨尔瓦多、洪都拉斯、危地马拉、尼加拉瓜、哥斯达黎加等5国在萨尔瓦多首都圣萨尔瓦多签署自由贸易协定，取代了现行的哥、尼、萨、危、洪与墨分别签署的自贸协定。

1989年，亚洲及太平洋经济合作组织（APEC，简称亚太经合组织）在澳大利亚堪培拉成立。这是一个开放性的推动贸易自由化的论坛性组织，最初成员12个。1997年，亚太经合组织在拥有了亚洲、太平洋地区21个成员之后，印度、巴基斯坦、蒙古、斯里兰卡、哥伦比亚、厄瓜多尔等也提出了加入申请。1991年10月，在“一个中国”和“区别主权国家和地区经济”原则的基础上，中国和“中国台北”、中国香港正式加入APEC。至2014年12月底，亚太经合组织21个国家和地区是：中国、“中国台北”、中国香港、泰国、马来西亚、印尼、新加坡、菲律宾、文莱、韩国、日本、澳大利亚、新西兰、美国、加拿大、智利、墨西哥、巴布亚新几内亚、秘鲁、俄罗斯、越南。此外，东南亚国家联盟（ASEAN）、太平洋经济合作理事会（PECC）和南太平洋论坛（SPF）是APEC的观察员。APEC按照全体成员协商一致原则接纳新成员。1997年，温哥华领导人会议宣布APEC进入十年巩固期，暂不接纳新成员。

易协定。其中，1/3是在1990~1994年间建立的。[1]

---

〔1〕在亚洲，除亚太经合组织外，还有1967年成立的东南亚联盟（Association of Southeast Asia Nations，ASEAN，简称东盟）前期多为政治合作，1976年第一次首脑会议后开展经济合作，其成员有新加坡、泰国、马来西亚、印尼、菲律宾、缅甸。1995年越南加入东盟，1997年文莱和老挝、1999年柬埔寨相继加入东盟，东盟扩大为10国。2001年1月1日，东盟自由贸易区正式启动。20世纪80年代，在世界经济普遍不景气的情况下，创造出东亚奇迹。东盟自由贸易区的目标是实现区域内贸易的零关税。现在东盟成员之间的贸易关税已从1993年的12.7%下降至目前的2.4%~3.5%。到2010年，东盟老六国已率先实现互免关税，2015年东盟所有成员实现贸易自由化。南亚区域合作联盟成员有印尼、巴基斯坦、斯里兰卡、尼伯尔、孟加拉国、不丹、马尔代夫，7国之间的优惠安排已于1995年12月生效。享受优惠安排的商品达750个项目、一千多种，该集团人口约12亿，但贸易额只占世界贸易额的3.2%。2004年2月8日，南亚和东南亚6国签署了自由贸易框架协议。按照该协议的规定，签字国的产品将分为"快行道"和"普通进度"两种。印度、斯里兰卡、泰国三个发展中国家在2009年6月30日前减免所有属于"快行道"产品的进口关税。缅甸、不丹、尼泊尔三个最不发达国家在2011年6月30日前对上述产品免除关税。对于列入"普通进度"的产品，印度、斯里兰卡、泰国在2012年6月30日前免除所有关税，缅甸、不丹、尼泊尔将在2017年6月30日前实现这一目标。从而在该区域实现贸易自由化。显示出发展中国家、最不发达国家在区域合作中团结一致的决心。

在非洲，除成立于60~70年代的东非共同体、中非共同体、西非共同体、马哥里布集团外，90年代，南部非洲发展共同体（Southern African Development Community，SADC）成立，其前身是1980年成立的"南部非洲发展协调会议"（Southern African Development Co-ordination Conference，SADCC）。1992年8月17日，南部非洲发展协调会议的成员国在纳米比亚首都温得和克（Windhoek）签署建立南部非洲发展共同体的条约、宣言和议定书三个文件，正式将该组织更名为南部非洲发展共同体。1996年8月，SADC各国签署贸易协议，2000年1月生效，目标是到2008年成立SADC自由贸易区。SADC成立宗旨为：在平等、互利和均衡的基础上，建立开放型经济，打破关税壁垒、促进贸易与投资以及货品和服务的自由往来、逐步统一关税和货币，最终实现区域经济整合。SADC是非洲最具发展潜力和地区合作水平相对较高的区域性组织，自成立以来，积极推动南部非洲地区经济之协调与发展。截至2014年8月，南部非洲发展共同体共有15个成员国，包括：南非、斯威士兰、马拉维、刚果（金）、安哥拉、津巴布韦、纳米比亚、塞舌尔、博茨瓦纳、莱索托、赞比亚、毛里求斯、莫桑比克、坦桑尼亚和马达加斯加（2005年8月加入）。1991年6月，非洲32国领导人签署了成立非洲经济共同体条约，规定在5年内建立区域性经济集团。1993年3月，沙特阿拉伯、科威特、巴林、卡塔尔、阿曼、阿联酋6国建立海湾合作委员会国家统一关税，进口货物在6国间自由流动的共同市场。1992年6月，黑海地区沿岸11国在伊斯坦布尔签署"黑海经济合作宣言"，正式成立黑海经济合作区，为商品、劳务、资金的自由流动创造条件。1985年，由伊朗、土耳其、巴基斯坦组成"经济合作组织"，1992年11月正式接纳乌兹别克斯坦、土库曼斯坦、吉尔吉斯斯坦、塔吉克斯坦、阿塞拜疆斯坦和阿富汗以及哈萨克斯坦成立穆斯林共同市场，逐步降低关税，消除贸易壁垒。

1995年，俄罗斯、白俄罗斯、哈萨克斯坦、乌克兰、塔吉克斯斯坦和吉尔吉斯斯坦6国签署关税同盟协议，并在此基础上成立了欧亚共同体。2010年1月1日，在欧亚共同体框架内成立了俄、白、哈三国关税同盟，并成立了一个超国家的关税同盟委员会。2014年5月29日，俄罗斯总统普京、哈萨克斯坦总统纳扎尔巴耶夫、白俄罗斯总统卢卡申科在阿斯塔纳签署了成立欧亚经济联盟的条约，后者自2015年元旦正式生效。较之目前的关税同盟，欧亚经济联盟统一关税政策和商品自由流通的贸易政策不变；三国分配统一关税收入的比例也没变：白俄罗斯4.7%，哈萨克斯坦7.33%，俄罗斯87.97%。但在确保商品、劳务、资金、劳动力自由流通的义务，并在包括能源、工业、农业、交通运输在内的关键性经济领域，三国将推行协调一致的政策。

1995 年 1 月 1 日成立的 WTO 标志着全球贸易以及与贸易有关的其他领域已纳入到全球多边贸易体制的轨道，而与之几乎同时出现的欧盟、北美自由贸易区、亚太经合组织三大区域集团以及大量的双边贸易协定则将区域经济纳入了与全球多边贸易体制并驾齐驱的区域性贸易体制的轨道，从而掀起了新一轮全球法律多元化、区域化、双边化发展的高潮。中国积极地投入到这股多边与区域、双边贸易安排的大潮中，为促进全球经济一体化以及亚太区域经济一体化发展做出了贡献。

二、区域经济一体化与多边贸易体制的关系

目前，三大区域贸易集团以及无数双边贸易集团的形成和二战后 GATT 1947 签字时存在的关税联盟、自由贸易区时的情形已大不相同。主要表现在以下几个方面：

1. 1947 年时的 GATT 与目前的 WTO 协议相比，前者与后者无论在内容和适用范围上均不可同日而语。同样，目前的区域集团也已不仅仅停留在关税联盟和货物自由贸易区的规模，各种一体化程度不同的区域集团自身的扩张也早已突破了传统的地理边界的局限，形成了跨洲、跨洋的区域集团。

2. 冷战前的各种区域集团多以国家的政治、军事、安全等因素为主，目前的区域集团以及双边贸易协定则多以国家之间的经贸关系为主，且由不同层次与不同经济发展水平的国家和地区组成，前者强调的是政治合作，后者强调的是经济上的互惠与互补。

3. 双边与多边区域经济的一体化发展反映了世界朝着多极化、多样化方向发展的大趋势，标志着世界政治、经济力量的重新分化和组合。在关贸总协定实施的近半个世纪里，世界经济飞速发展。WTO 的建立有效地推动了世界贸易的自由化，但是，事实证明 WTO 多边体制固有的局限性不能满足成员经济发展的需要。随着经济全球化发展带来的负面影响日益显现，发达国家与发展中国家之间的分歧日趋严重，WTO 多边谈判屡次受阻。随着各国之间竞争的加剧，保护主义不断加强，多边贸易体制不断遭受挑战，因此，发挥双边与多边区域的人力、资源、经济、技术优势，通过在资金、技术、劳务方面的合作，以取得比较利益，这与总协定以及世界贸易组织的多边贸易体系的宗旨是一致的。从国家之间相互依赖、共存共荣的观点出发，多边贸易体制与双边及多边区域性经济一体化之间的关系不应是互相排斥，而应是互惠互补、并行不悖的。由于目前双边及多边区域集团内成员多为世界贸易组织成员，如果区域内成员之间贸易自由化程度低于世界贸易组织，则因其违反世贸组织协议而为世贸组织所不容；而如果区域内成员之间贸易自由化程度高于多边贸易体制，由内部的开放推动外部的开放，由小区域的一体化扩展到更大区域的一体化，则最终将推动全球经济一体化进程，最终实现全球贸易的自由化。

当然，也应当看到，双边及多边区域安排原始的封闭性、排他性，必将导致区域内与区域外国家之间矛盾的加深、区域集团与区域集团之间矛盾的加深以及各区域集团内部之间矛盾的加深。这种不可避免的发展趋势往往与全球多边贸易体制的发展发生冲突，破坏多边贸易体制的纪律，削弱其宗旨和基本原则，对于区域经济一体化的这种消极、破坏作用的一面，则是我们需要时时提高警惕、予以防范的。

中国入世后，面对的是复杂、多变的国际经济贸易形势。需要审时度势，善于研究分析和借鉴发达国家和发展中国家的做法，积极投入到双边和区域经济合作中去。以发达国家中的美国为例，区域经济一体化构成了美国全球经济战略的一个重要组成部分。目前，三大区域贸易集团的形成，不是在战后美国经济发展的鼎盛时期，而是在美国的经济地位由强转弱的时期出现的，是在美国难以控制多边贸易体制的情况下，转而求助于区域集团中的优势以保住既得利益。美国擅长于打多边牌、双边牌和区域牌。多样手法，相互为用，互为补充，共同完成其称霸世界、继续占据世界经济主导地位的野心。多边牌参加游戏国家众多，利益往往相悖，美国时感难于驾驭，不能随心所欲，达成的协议多为流于空泛的形式。双边牌中，美国占有绝对优势地位，可谓随心所欲，无所不能。但如遇上像欧盟、日本这样势均力敌的对手，双方如均态度强硬，则游戏往往处于僵持状态，一旦发生冲突，两败俱伤，风险太大。区域牌，其优劣均处于多边牌与双边牌之间。区域集团内成员之间虽有利益冲突，但总的目标相对一致，比较容易达成较为务实的协议。因此，美国在关贸总协定乌拉圭回合长达 8 年之久的谈判过程中，一方面先与加拿大、后与墨西哥签订了美加墨自由贸易区协定，并积极致力于亚洲与太平洋经济合作组织的活动，同时，不失时机地先后与以色列、约旦、新加坡、智利等签署双边贸易协定。双边及区域性经济一体化是其保住既得利益且获取新的更为广阔的世界市场的有力工具。[1]

近年来，美国高调推进的 TPP 与 TTIP 谈判，再次印证了上述判断。冷战结束；多哈回合谈判的停滞不前；2008 年次贷危机引发的世界性经济危机；中国的和平崛起以及在亚洲经济一体化中日益增加的作用，这一切引起美国的担忧。区域经济一体化安排越来越被美国娴熟地用来作为实现其全球战略意图的工具。作为美国"重返亚洲"战略的一部分，2009 年美国正式宣布加入并主导了 P4（TPP）谈判。2013 年 6 月，美欧之间正式启动 TTIP 谈判。如果这两个谈判都终能达成协议，则意味着美国将重掌 21 世纪全球经济话语权。美国将通过 TTIP 控制欧洲，通过 TPP 控制太平洋两岸的亚洲、美洲和大洋洲。这些区域内原有的自由贸易协定，欧盟、NAFTA、东盟 10+1 或 APEC，都将被逐步虚化或成为空壳。TPP 和 TTIP 的所谓高标准将取 WTO 而代之，成为未来指导国际贸易、国际投资等重要经济活动的法律规则。

总之，自从 WTO 成立以后，在国际贸易领域，WTO 提出了各国贸易政策的最低

---

〔1〕 2004 年 2 月 8 日，美国和澳大利亚签署自由贸易协定，展示了两国之间的特殊关系。依据协议，双方将取消从对方进口的大部分工业产品、服务产品的关税。澳大利亚出口到美国的农产品 66% 将免除关税。美国将分阶段逐步增加进口澳大利亚的牛肉和奶制品。美国出口到澳大利亚的价值 4 亿美元的农产品将免除关税。美国的电信、电脑、能源、旅游等行业将在澳大利亚取得更大的市场准入。这是继 1988 年美国和加拿大签署自由贸易协定后，首次与一发达国家签署的自由贸易协定。

或基本标准，在此基础上出现的各种双边贸易协定、区域贸易协定以及各国的国内法不过是国家间继续进行国际合作的不同表现形式，其内容有的单一，有的复杂，其自由化程度有高有低，但其宗旨是一致的。因此，它们之间不再是相互排斥的关系，而是互补和相互促进的关系。事实证明，WTO 无法照顾到各国、各地区的经济发展、产业保护和人民生活水平提高的需要；面对瞬息万变的世界，也无法高效率地在短期内协商出各国共同的行为规则以及对过时的规则及时进行修正。在促进贸易自由的大前提下，各种双边、区域安排的出现是不以人的意志为转移的全球经济一体化发展的必然趋势。它们的出现只要能促进贸易自由化，能实现 WTO 对资源合理配置、提高人民生活水平的宗旨，就是合法的。他们对 WTO 多边贸易体制的发展起着促进和推动作用，而不是一种倒退或阻碍作用。国内立法、双边、区域多边和全球多边协定是世界各国之间存在多元政治、经济、文化等制度、利益和价值观存在趋同和差异的反映，趋同是相对的，差异是永存的。这也是作为自然界一部分的人类社会要符合自然界生物多样化发展的规律所需要的。

第二节　双边贸易协定的新发展

全球新一轮双边自由贸易协定高潮是从 20 世纪 80 年代末局部出现，90 年代末开始全球盛行。尤其是最近几年，双边贸易协定如雨后春笋般发展起来，以一种新的姿态再度扮演全球自由贸易的主角，并呈现出与以往不同的发展特点和趋势。[1]

一、双边贸易协定复兴的原因

（一）WTO 多边贸易体制面临新挑战

1. WTO 谈判进程受阻。贸易自由化的必然结果是经济全球化进程的加速发展，而全球化带来的负面影响和新问题日益增多。WTO 协调及谈判范围已从过去的关税措施、市场开放准入等，逐渐转向各种非关税措施如各种技术标准、环境要求等，但由于多边贸易体系不易协调，难以达成共识。1999 年，WTO 贸易部长在西雅图会议上试图启动新一轮全球多边贸易谈判的计划，曾因反全球化组织的强烈阻挠而夭折。反全球化浪潮在全球尤其是发达国家急剧蔓延，直接导致 WTO 多边贸易谈判的难度大大增加。在 WTO 多哈回合坎昆部长会议上，由于发展中国家和发达国家在农产品补贴问题上分歧严重，最终导致谈判破裂。毫无疑问，WTO 多边贸易谈判受阻，是双边自由贸易再度盛行的主要原因。

2. WTO 本身机制上的弊端。①实体内容方面。首先，GATT/WTO 作为一个自给

---

〔1〕郑先武：“‘双边’：自由贸易的新热点”，载《经济世界》2002 年第 10 期。

自足的（self－contained system）封闭的法律体系[1]，不可能包含国际贸易的所有内容。在乌拉圭回合谈判中，虽然对一些相关条款进行了修正，在内容上作出了很大的扩展，但是，面对经济全球化带来的贸易中的新问题，WTO需要与时俱进、不断完善和发展。其次，对于如全球环境的恶化、投资和竞争政策、劳工标准等问题缺乏有效的解决办法，限制了WTO的作用。②争端解决机制方面。如果遇到有关上述方面的纠纷，就会形成无法可依的局面。WTO争端解决程序复杂、繁琐，争端解决期限过长，有成为变相贸易壁垒的可能。[2] 而且，WTO争端解决机制的一个重要特点是它以强硬的经济制裁方式来保证其裁决得到执行，典型的是中止减让和交叉报复。当涉及发达国家对其他发达国家或者针对某些发展中国家实施，这样的经济制裁措施通常是有效的，可以带来很大的威慑力。但是，对于弱小的发展中国家，由于其经济实力与发达国家相去甚远，因此难以真正实行交叉报复。

（二）部分区域性多边自由贸易的进程受阻

经济全球化的发展，穷国与富国之间的差距拉大；经济发展水平差异及不同利益要求的制约，多边贸易体制在区域合作的层面上也不断遇到障碍。特别是在世界经济衰退背景下出现的新贸易保护主义和反全球化浪潮的影响下，区域多边自由贸易区计划在具体实施过程中也面临越来越多的困难。例如，目前世界第一大自由贸易区——北美自由贸易区，2002年5月21日，因双方谈判破裂，美国开始对从加拿大进口的软木征收27.2%的反倾销税，从而导致美、加软木贸易争端急剧升级。墨西哥也开始抱怨在加入北美自由贸易区后农牧业损失惨重。有些区域协定则因谈判争吵不休而无实质性进展，如前述"美洲自由贸易区协定"；更有一些因涉及谈判方敏感或核心利益，难以达成一致，如RCEP与TPP。欧盟东扩也给欧盟法的适用带来一系列复杂问题等。区域性多边自由贸易区所面临的困难，给双边自由贸易再度盛行带来了契机。

（三）各国重新调整自由贸易政策导向

贸易政策反映着一国国际竞争能力的强弱。经济发展处于强势者（包括国家和部门）多主张自由贸易，经济发展处于弱势者（包括国家和部门）多倾向贸易保护。世界贸易组织成立给各国运用贸易政策发展经济提供了多元化的平台。促使各国加快了调整贸易政策的步伐。世贸组织159个成员中的绝大多数都参加了一个以上的双边自由贸易协定[3]。2002年国际贸易统计显示，2001年世界货物贸易总量中有43%发生在各种自由贸易区之内。到2013年，参加双边贸易安排最多的国家是欧盟

---

〔1〕 王传丽："WTO：一个自给自足的法律体系——兼论一国四地经贸法律新发展"，载《国际经济法学刊》2004年第4期。

〔2〕 例如，美国201钢铁保障措施案历时22个月。虽然专家小组和上诉机构最终判决美国钢铁保障措施违反WTO规则，但美国已完成既定目标，虽败犹胜。

〔3〕 至2013年3月，参见http：//www.wto.org.com/.

（四十多个）、拉美国家的智利（参加了二十多个），参加最少的是亚洲国家，如中国、韩国等。

二、双边贸易协定发展的新特点

传统双边自由贸易协定大多从地缘政治、经济出发，由主权国家或具有超国家性质的区域集团（如欧盟）缔结，与旷日持久的WTO多边贸易谈判相比，它具有时间短、见效快的特点；与程序复杂且缺乏国家强制力的WTO多边贸易体制相比，双边自由贸易机制只有两个当事方，因而具有简便、易操作、约束力强的特点。

从20世纪末到21世纪初，双边贸易协定呈现出如下新特点：

1. 双边贸易协定数量急剧增加。根据世贸组织的统计，“截至2013年7月31日，曾向世贸组织通报的自由贸易安排（FTAs）共有575个。其中379项已经生效。其中双边贸易协定约占90%”。

从国别情况看，对于美国，1985年4月，美以自由贸易协定生效；1988年1月，美国和加拿大完成自由贸易协定的签署；2000年，美国与约旦达成双边自由贸易协定；2002年，美国国会给予总统谈判新的贸易协议的授权后，布什政府加速了与许多国家签订双边自由贸易协议的步伐；2003年5月，美国与新加坡达成双边自由贸易协定；2003年6月，美国与智利达成双边自由贸易协定；2004年3月，经过七轮谈判，美国与摩洛哥达成双边自由贸易协议；2004年4月，与澳大利亚签订了自由贸易协定。2007年4月，美国与韩国签署自贸协定。目前，美国正与新西兰和埃及的自由贸易协定进行协商。1997～2001年，欧盟相继与巴勒斯坦、突尼斯、南非、墨西哥、摩洛哥、以色列和智利分别签署双边自由贸易协定。2002年6月，欧盟和新加坡签署了自由贸易协议。在东亚地区，首先出现的是日本与新加坡签订的双边自由贸易协定。2002年，日本政府又先后与新西兰、墨西哥及几个非洲国家政府签署了双边自由贸易协定。接下来，日本将与之进行双边贸易谈判的国家还有古巴、以色列、泰国和韩国等。尽管韩国曾经是最反感双边贸易谈判的国家之一，继与美国、欧盟签署自贸协定后，正与中国、日本等进行双边贸易协定谈判。自2001年中国正式加入《曼谷协定》后，[1] 2002年11月4日，中国和东盟10国共同签署了《中华人民共和国与东南亚国家联盟全面经济合作框架协议》（简称东盟10+1）；2004年4月14日，新西兰政府正式承认中国已建立市场经济体系，2008年4月，中新两国签署自由贸易协定；2005年11月18日，中国与智利签署《中华人民共和国政府和智利共和国政府自由贸易协定》（简称《中智自由贸易协定》，2006年10月1日开始实施）。2006年11月24日，中国与巴基斯坦签署《中华人民共和国政府和巴基斯坦伊斯兰共和国政府自由贸易协定》（简称《中巴自由贸易协定》，2007年7月

---

[1] 2005年更名为《亚太贸易协定》。除中国外，成员有：孟加拉、印度、老挝、韩国和斯里兰卡。协定的目标是通过持续扩大亚太发展中成员国之间的贸易促进经济发展，采取互利的、与各国现在与将来发展和贸易需求相一致的贸易自由化措施，进一步加强国际经济合作。

1日起开始实施)。此后，中国与新加坡、秘鲁、哥斯达黎加、冰岛、瑞士签署自贸协定；中国内地与香港、澳门地区分别签署了《关于建立更紧密经贸关系的安排(CEPA)》、中国大陆与台湾地区签署《海峡两岸经济合作框架协议（ECFA)》。目前，中国已签署自贸协定13个〔1〕。正在谈判的自贸协定有7个〔2〕。这些协定的性质均为自由贸易协定而不是建立关税同盟的协定。

2. 双边贸易协定的新形式。目前多种形式的双边贸易协定大体可划分为以下三种类型：①传统的以国家为主体的两个缔约方，大部分双边协定属于此类。②以同一主权国家内的单独关税区为主体的双边贸易协定，即中国内地与香港、澳门分别签署的《更紧密经贸关系安排》(Closer Economic Partner Arrangement，CEPA)，中国大陆与台湾地区签署《海峡两岸经济合作框架协议（ECFA)》。这是属于中国特有的形式。③洲际、区域集团之间或区域集团与一国之间双边自由贸易区协定，如“中国—东盟”、“欧盟—拉美自由贸易区”、“欧盟—地中海自由贸易区”、“跨大西洋自由贸易区（TTIP)”等〔3〕。

3. 双边贸易协定的政治情结。一国的对外贸易政策总是和该国的经济利益和外交政策联系在一起的，由此形成了双边贸易协定固有的政治情结。近年来出现的双边贸易协定，其政治指向更为明确，而且从传统的地缘政治经济向着点菜单式的选择方式考虑。从美国对其双边自由贸易伙伴的选择中可以看出，其出于经济利益之外的考虑更为突出。美国选择的双边贸易伙伴通常都是“经济发达、政治开放”的所谓“民主国家”，如新加坡、智利、澳大利亚等。有分析人士指出，美国实际上是在“两手抓”，一手推进自由贸易，一手推行“美国式的民主”。〔4〕以美国与新加坡签订的双边自由贸易协定为例，它既是美国打入东亚阵营的策略之一，也是其对新

---

〔1〕其中不包括2013年7月10日新西兰—台澎金马单独关税区经济合作协议。

〔2〕分别是中韩、中国与海湾合作委员会（GCC)、中国—南部非洲关税同盟（包括南非、博茨瓦纳、纳米比亚、莱索托和斯威士兰5国)、中国与澳大利亚、中国与挪威、中日韩以及《区域全面经济伙伴关系协定（RCEP)》。

〔3〕“跨大西洋自由贸易区协定”(Transatlantic Free Trade Agreement，TFTA)，又称“跨大西洋贸易与投资伙伴协定”(Transatlantic Trade and Investment Partnership，TTIP)。20世纪70年代，美国曾提出在欧、美之间建立一个跨大西洋自由贸易区的设想，后因GATT谈判的顺利进行而终止。苏联解体后，如何构筑欧美之间新型伙伴关系成为双方共同关心的问题。1995年底，马德里会议上，美国与欧盟委员会签署了《跨大西洋新纲要》；1998年初，欧盟委员会提出了关于“新跨大西洋市场计划”。终因双方分歧较大而被搁置。2013年，在金融危机困扰下的欧美决心重启跨大西洋共同市场的谈判。2013年7月8日，美国和欧盟正式启动《跨大西洋贸易与投资伙伴协定》谈判。谈判设置了20个不同领域，覆盖了大多数行业。TTIP达成后将会是全世界规模最大的自由贸易协定。目前，欧美的国内生产总值约占全球的50%，贸易额约占30%。尽管TTIP谈判刚刚启动，但由于是世界两大经济体（涵盖28+1国）之间进行的谈判，因此，其达成后将对世界贸易产生巨大的影响。谈判预计在2015年完成。

〔4〕“品品美国的外贸政策”，参见http：//www.jjckb.com/.

坚定支持美国反恐和倒萨战争的褒奖。[1] 与澳大利亚签订的双边贸易协定，其政治意义也大于经济利益。[2]

4. 双边贸易协定调整范围的突破。近年来，新签定的双边贸易协定的最大特点就是在调整范围上对 WTO 协议有所突破。许多通过多边贸易谈判难以解决的棘手问题通过双边贸易协定得到解决。以美国与智利、与新加坡的自由贸易协定为例，劳工问题、环境问题、投资问题、竞争政策问题、争端解决问题等都一并纳入双边自由贸易协定，一方面推进了相关国家之间的贸易自由化，另一方面可为推行国内的贸易保护主义提供潜在的借口[3]。

三、双边贸易协定新发展的评价及前景展望

双边自由贸易协定与 WTO 及区域多边自由贸易协定二者目的的一致性决定了在双边自由贸易体制中解决的问题将来可能会走进 WTO 多边贸易体制，因为只有 WTO 才能最终解决全球性自由贸易问题。目前，高标准的美韩自贸协定已经生效，TTIP 谈判正在进行中。如果 TTIP 这个通常被认为是在同质性大于差异性的欧、美两大经济体之间进行的谈判能够先行一步，率先取得成功，则不失为对国际经济贸易自由化做出的贡献。

中国在加入 WTO 后，面对双边（区域）贸易协定发展的大潮，适时抓住这个机遇，在遵守 WTO 规则的前提下，自 2002 年起积极拓展双边和区域贸易，争取获得对自己最为有利的竞争条件。对于发达国家在双边（多边）谈判中提出的有关环境条款、劳工核心标准条款等，需要具体分析，看到其对提升我国产业竞争力和经济可持续发展有利的一面。为实现中华民族利益的最大化，必须适时做好准备，才能在日后的世界贸易竞争中处于有利地位。

第三节　21 世纪区域贸易协定新发展

21 世纪，引人注目的区域贸易协定主要有 RCEP 和 TPP。

一、RCEP

RCEP 是《区域全面经济伙伴关系协定》（Regional Comprehensive Economic Partnership）的缩写。2011 年由东盟十国发起，邀请中国、日本、韩国、澳大利亚、新

[1] 黄海波："超越 GATT/WTO：美国对外贸易法中双边主义的复兴"，载《天津市政法管理干部学院学报》2003 年第 4 期。

[2] 曹玖梅："美澳自由贸易协定并不甜蜜"，载《国际商报》2004 年 3 月 15 日。

[3] 对多边区域贸易协定 NAFTA、EU、APEC 以及双边贸易协定中国与东盟（10 + 1）、CEPA 的分析以及双边贸易协定中有关贸易与环境、贸易与劳工标准、贸易与投资问题、贸易与竞争政策问题、争端解决问题等的分析，参见王传丽主编：《国际贸易法》，中国政大学出版社 2015 年版，第 390 ~ 458 页。

西兰和印度参加（简称东盟“10+6”）[1]。

（一）RCEP背景

2002年，亚太经合组织（APEC）酝酿并提出建立亚太自由贸易区的设想，但缺乏具体行动。2008年，因美国次贷危机引发的全球性经济危机导致欧美国家经济低迷。相比之下，亚洲国家之间的经济交往与合作却呈现出勃勃生机。东盟国家意识到维护和增加亚洲经济活力的重要性。2011年2月26日，在内比都举行的第十八次东盟经济部长会议决定在亚洲国家之间达成一个综合性的自由贸易协议，并产生了建立区域全面经济伙伴关系（RCEP）的草案。2011年东盟峰会上，东盟十国领导人正式批准了RCEP。2012年8月底，东盟十国、中国、日本、韩国、印度、澳大利亚和新西兰的经济部长会议原则上同意RCEP。2013年初，RCEP启动谈判。2013年8月底召开的东盟与6国经济部长会议上达成了《RCEP谈判指导原则和目标》，预计2015年底完成谈判。

（二）RCEP的宗旨和内容

RCEP的目的是通过削减关税及非关税壁垒，建立16国统一市场。RCEP的谈判领域包括货物贸易、服务贸易、投资、经济技术合作、知识产权、竞争政策、争端解决机制等方面。涉及面虽然广泛，但以其自由化深度来衡量基本上还是属于符合WTO标准的一般自由贸易协定。目前，在市场准入自由化模式、关税减让模式、原产地规则、海关程序与贸易便利化、争端解决机制等方面，各方已达成初步共识。在货物、服务、投资及协议框架等问题上也取得了一定进展。但由于RCEP国家之间经济发展水平差距较大，各自都有自己的敏感行业和领域，因此，如期达成一致协定并非容易。RCEP现有16个成员方，人口约35亿，是世界最大的消费市场。RCEP的成功将对促进亚洲的区域经济一体化合作，促进成员国间相互开放市场具有重要意义。

二、TPP——21世纪高标准区域贸易协定

（一）从P4到TPP

1998年，亚洲经济危机以及随后亚太经合组织（APEC）的部门先行自愿自由化失败。一些成员开始探讨部分成员的先行自愿自由化，试图以此推动APEC“茂物宣言”目标的实现和更广泛的亚太地区的自由贸易合作。2002年10月，APEC墨西哥峰会期间，智利、新西兰、新加坡领导人开始了缔结自由贸易协定的首次谈判。2005年7月18日，三国签署了《跨太平洋战略经济伙伴协定》（Trans-Pacific Strategic Economic Partnership Partnership Agreement，TPSEPA），同年8月，文莱也作为创始成员签署了该协议。协议于2006年5月28日生效。由于初始加入协议的国家是4个，因此该协议又被称为《P4协议》，因其成员横跨太平洋两岸，因此也是第一个

---

〔1〕这6个国家都是之前与东盟已经签署了自由贸易协定的国家。东盟10国与这6个国家分别签署了5份自由协定，其中，澳大利亚和新西兰共同与东盟签署1份自贸协定。

多国参加的横跨太平洋的跨区域自由贸易协定。与 APEC 相比，P4 协议的亮点在于它的约束性。P4 进程从一开始就确定为是具有约束性的协议；此外，P4 协议具有开放性。P4 从一开始就面向 APEC 成员。P4 协议第 20.6 条准入（Accession）规定：基于协定成员方的同意，协定向任一 APEC 成员方或其他国家（any APEC Economy or other State）开放准入；与一般自由贸易协定一样，P4 具有渐进性和灵活性。P4 以部门的自由化为导向，在贸易自由化进程中允许产业的保留和例外，也不以一揽子实施为基础。由于 P4 协议的成员都是小国，因此，其在诞生之初并未受到太多关注。

（二）TPP

随着美国“重返亚洲”战略的实施，2008 年 9 月 22 日，美国高调宣布要全面参与 P4 协议，P4 大有可为的发展潜力开始受到关注。其后，澳大利亚、秘鲁及越南也分别表达了参加的意愿。2009 年 11 月 14 日，在新加坡召开的 APEC 领导人会议上，美国总统奥巴马明确表示美国将参加 P4 协议谈判。2010 年 3 月 15 日，上述 8 国代表的首轮谈判在澳大利亚墨尔本举行，这是《P4 协议》转变成为《跨太平洋伙伴协定》（Trans-Pacific Partnership Agreement，以下简称 TPP）的第一次正式谈判。与会代表就如何建立一个“面向 21 世纪的新型贸易协议”（new kind of trade agreement for the 21st century），并“把 TPP 扩大到亚太地区所有国家的目标”进行了讨论。此后，马来西亚、墨西哥、加拿大、日本、韩国等先后加入 TPP 谈判，目前参加谈判的国家有 13 国。预计在 2014 年底完成谈判。届时，TPP 将成为一个有 8 亿人口和占全球经济约 40% 的市场[1]。

P4 是小国之间经济合作与互补的协议。美国加入谈判之所以成为 P4 协议的转折点就在于，美国主导的 TPP 和 TTIP 一样，是一个美国式的所谓高标准的区域贸易协定。在美国主导下，TPP 成为反映美国价值观，以保护美国利益为核心，大国与小国、强国与弱国，在经济利益与政治考量之间进行博弈的战场。

从人们对于 TPP 和 RCEP 贸易自由化的期许来看，两者或许不在一个平面上，TPP 是一个 21 世纪的高标准自贸协定，RCEP 还停留在一个相对较低的标准上。但与 WTO 的贸易自由化标准相比，两者在范围的广度和自由化深度上无疑都大大前进了一步。这是值得肯定和赞许的。从 APEC 的角度来看，RCEP 是由东盟国家首次提出并以东盟为主导反映亚洲发展中国家利益的自由贸易协定；TPP 是美国主导的反映

---

〔1〕 关于 P4、TPP 与多哈回合谈判议题内容的比较及相关网址，参见张晓君、孙南翔：“多哈回合谈判困境与跨区域贸易协定的勃兴”，载《中国法学会 WTO 法研究会 2013 年年会论文集》，第 83 页。相关网址①多哈回合谈判议题：WTO. Subjects treated under the Doha Development Agenda, available at http：//www. wto. org/english/tratop_ e/dda_ e/dohasubjects_ e. htm；②P4 协定内容：WTO. Main topics Covered by Trans - Pacific Strategic Economic Partnership, available at http：//rtais. wto. org/UI/CRShowRTAIDCard. aspx？ rtaid =9；③TPP 协定谈判议题：Office of the United States Trade Representative ，Outlines of the Trans - Pacific Partnership Agreement, available at http：//www. ustr. gov/about - us/press - office/fact - sheets/2011/november/outlines - trans - pacific - partnership - agreement.

发达国家利益的自贸协定。由于TPP与RCEP的成员并不完全重合，还有一些既不在TPP又不在RCEP的亚洲成员，这在APEC成员内部，无形中削弱了亚洲国家在经济一体化过程中的凝聚力。

三、21世纪高标准区域贸易协定的特征

随着TPP谈判的日益深入，逐步向世界展示出其高标准区域贸易协定的框架和内容[1][2]：

1. 跨区域性。TPP成员跨区域空前之广，其谈判方来自欧洲、美洲、亚洲和大洋洲地区；其成员在国际贸易投资方面所含经济实力与包含159个成员[3]的WTO相比，毫不逊色。

2. 开放性。所谓“开放性”，是指在自由贸易协定（FTAs）中包含有“开放准入条款”（open accession provisions），规定其他国家加入协定的权利。一般来说，自由贸易协定都带有一定封闭性，不接受其他国家加入。只有少数自贸协定属于例外[4]。

3. 高标准。TPP、TTIP都被称为史上范围最广、更自由的贸易协定。其高标准体现在两方面：①议题覆盖面广；②标准设置高。

（1）覆盖面广体现在贸易领域和投资领域的全面覆盖。在贸易领域，除了谈判

---

〔1〕 目前，TPP协议正式文本还未正式公布。本章的介绍、分析和评价限于公开发表的文章和媒体的公开报道。不当之处，以正式公布的文本为准。参考文献见张乃根：“论WTO体制面临的挑战与中国的应对”（第1页）；张晓君、孙南翔：“多哈回合谈判困境与跨区域贸易协定的勃兴”（第69页）；陈胜、沈佩仪：“跨太平洋伙伴关系协议（TPP）对中国金融服务业的影响”（第471页）；高凛：“区域贸易协定与WTO多边贸易体制的冲突与协调”（第608页）；巩胜利：“TPP + TTIP + PSA中国困笄 —— 中国遭遇欧美日21世纪新贸易规则屏蔽 台湾香港融入初现端倪”（第628）；李蕊：“TPP知识产权规则解读——从TPP与TRIPs相比较的角度来解读TPP规则高在何处？”（第649页）；卢月、熊轩昱：“《跨太平洋战略经济伙伴关系协定（TPP）》对WTO的挑战及对中美双边投资协定的影响”（第657页）；黄志瑾：“国际投资协定多边化发展的困境”（第709页）；蔡从燕：“Trans-Pacific Partnership Negotiations and the Multilateralization of International Investment Law”（第804页），以上文章载《中国法学会WTO法研究会2013年年会论文集》。

〔2〕 除正处在谈判的TPP、TTIP外，2012年生效的美韩自贸协定以及正在谈判中的《服务贸易协定》（TISA），也被称为高标准自贸协定。《服务贸易协定》（Trade in Service Agreement，简称TISA）是由美国和澳大利亚在2012年倡议发起，拟在FTA框架内就服务贸易市场准入、贸易规则等问题进行谈判并达成高水平规则的国际协定。TISA如能最终达成，将对WTO《服务贸易总协定》（GATS）多边服务贸易体系产生重大冲击，对国际服务贸易规则的构建产生重大而深远的影响。目前，TISA谈判参与方总数已达22个，中国尚未参加TISA谈判。关于对TISA的介绍和分析，参见谢宝朝、宋锡祥：“《服务贸易协定》谈判与我国的应对策略”，载《中国法学会WTO法研究会2013年年会论文集》，第436~446页。

〔3〕 至2013年3月2日。

〔4〕 如北美自由贸易区协定、APEC成员之间达成的自贸协定等。TTP继承APEC传统，包含有开放准入条款。

议题与 WTO 多哈回合谈判基本重合外，[1] 还包括多哈回合谈判议题之外的内容，如投资、环境、竞争政策、服务与金融开放、劳工问题以及所谓 21 世纪的新议题，如新能源与电子商务、视听部门、网络的自由化、文化、食品标准（特别是转基因食品）、政府采购、航空运输等。

（2）标准设置高。TPP 协定要求成员提供更多更深层次的保护与承诺。在货物贸易方面，要求至 2015 年，全面取消关税，不设置例外；在投资与服务贸易开放方面，要求提供市场准入的负面清单以及准入前的国民待遇。[2] 实现在无差别待遇基础上的充分市场准入以及投资各个阶段的全面自由化；在竞争政策领域，强调保证国有企业与私有企业的公平竞争；在知识产权保护方面，扩大知识产权范围并要求提供更为长期严密的保护；在环境保护方面，将国际环境公约纳入自贸协定；等等[3]。

4. 美国利益优先。TPP（包括 TTIP）在贸易、投资自由化与便利化水平方面的高标准、全面覆盖，是积极主导谈判的美国的利益所在。其固然具有加速全球经济自由化、一体化的积极作用一面，但另一方面，不考虑各国的实际情况，特别是在经济和社会发展水平存在巨大差异的情况下，强求按照美国标准和速度实现一体化，是违背国家经济、社会发展规律和其他成员方意愿的。其消极作用会挫伤一些国家（特别是未参加谈判的发展中国家和最不发达国家）平等参与国际竞争的积极性，产生事与愿违、欲速则不达的效果。当然，如果 TPP 与 TTIP 成功实施，那么毫无疑问，从大西洋到太平洋两岸，21 世纪的国际经济秩序的话语权仍将牢牢掌控在美国手中。

5. 引发更多的未决问题 。高标准的 TPP（包括 TTIP）的实施可能导致 WTO 被边缘化，事实上将被取而代之。发展中国家期盼的多哈发展回合的目标被搁置一边。继之而来会引发更多的问题：未来将如何处理 TPP、TTIP 实施后与 WTO 成员之间的

---

〔1〕 多哈回合包括农业、服务、非农业产品的市场准入、贸易相关知识产权、贸易与投资的关系、贸易与竞争政策的互动、政府采购的透明度、贸易便利化、WTO 规则、争端解决谅解、贸易与环境、电子商务、小经济体、贸易与债务及金融、贸易与技术转让、技术合作与能力建设、最不发达国家、特殊与区别待遇等 18 项议题。

〔2〕 美国是负面清单的倡导者。在 NAFTA 中首次对服务贸易市场准入和国民待遇采用负面清单，在之后签署的 FTA 中，全部使用这一模式进行承诺。在美国通知 WTO 的一百多个 FTA 中，一半左右使用了负面清单。采用负面清单模式与美国签署 FTA 的 TISA 谈判方有 10 国：澳大利亚、加拿大、哥伦比亚、哥斯达黎加、以色列、墨西哥、秘鲁、智利、巴拿马和韩国。TISA 其余谈判方如欧盟等对外缔结 FTA 时，一般采用正面清单。2012 年，TISA 参与方就“混合模式”展开讨论，即在国民待遇承诺方面使用负面清单，在市场准入义务方面使用正面清单。参见谢宝朝、宋锡祥：“《服务贸易协定》谈判与我国的应对策略”，载《中国法学会 WTO 法研究会 2013 年年会论文集》，第 437 ~ 438 页。

〔3〕 参见戴云飞、苏喆：“TPP 与 WTO 的关系研究——以知识产权相关规定为分析视角”，载《中国法学会 WTO 法研究会 2013 年年会论文集》，第 636 页。

关系以及各国之间现有双边贸易协定以及区域安排之间的关系？两者并存还是由前者取代后者？如果并存，会出现两者规定之间存在大量不一致或冲突，如何进行协调？如果取代，包括美国在内的一些国家未必愿意放弃其在现有协定中已经取得的既得利益[1]。目前，TPP与TTIP还处在谈判阶段，利弊兼备，成功与失败的可能性并存。考虑到其成员诉求、利益的多样性，要在短期内达成高标准的一致性，其困难不可小觑。

就TPP而言，中国目前尚未加入谈判。作为正在发展中的世界第二大经济体，中国应当审时度势，适时做出自己的贡献。

本章思考题

1. 简述区域与双边自由贸易协定的合法性。
2. 简述区域与双边自由贸易协定与WTO多边贸易协定的关系。
3. 简述双边贸易协定发展的新特点。

〔1〕 例如，截至2011年11月，已通知WTO的FTA中，有90项以上的协议含有服务贸易开放承诺。开放的服务部门数量和承诺远超GATS，在跨境交付和商业存在两种服务提供模式上，WTO成员方在FTA中的平均开放水平超过GATS比例高达56%。参见谢宝朝、宋锡祥："《服务贸易协定》谈判与我国的应对策略"，载《中国法学会WTO法研究会2013年年会论文集》，第436页。

第七章
国际技术贸易法

✣学习目的与要求

现代的国际技术贸易严格地说应当被称为国际知识产权贸易，因为除了专利技术、专有技术等传统的交易对象外，大部分知识产权的客体，包括商标、计算机软件、集成电路布图设计、植物新品种、著作权等均已经成为国际技术贸易的对象。对国际知识产权贸易的法律调整包含了两个方面的内容，一个方面是对知识产权国际贸易行为的法律调整，其主要目的是平衡当事人之间的权利义务，以防止知识产权的供方滥用自己的优势地位；另一个方面是知识产权的国际法律保护，其产生的原因是知识产权客体无形性和知识产权严格地域性的冲突，知识产权客体的无形性使得知识产权极易被传播、流通到其他国家，而知识产权严格的地域性又使得知识产权在不同国家是否受到保护和受保护水平差异极大。因此，为了国际知识产权贸易的正常进行，知识产权的国际法律保护是必须的。目的是维护知识产权国际贸易的正常进行和发展。学生在学习时应掌握国际技术贸易的方式和重要的知识产权国际公约的主要内容以及知识产权国际保护的最新发展趋势。

第一节　国际技术贸易法律制度

一、国际技术贸易和国际技术贸易法

国际技术贸易是指跨越国境的有偿技术转让，技术贸易是否具有国际性与转让和受让双方的国籍无关，完全取决于转让技术是否“跨越国境”。将“跨越国境”作为技术贸易是否具有“国际性”的标准，这是国际上一致的看法。2001 年 10 月 31 日通过、2002 年 1 月 1 日施行的《中华人民共和国技术进出口管理条例》也作了相同规定。

我国 2001 年 10 月 31 通过、2002 年 1 月 1 日施行的《中华人民共和国技术进出口管理条例》第 2 条第 1 款规定：“本条例所称技术进出口，是指从中华人民共和国境外向中华人民共和国境内，或者从中华人民共和国境内向中华人民共和国境外，通过贸易、投资或者经济技术合作的方式转移技术的行为。”

除了将“跨越国境”作为确定技术贸易是否具有国际性的一致标准之外，在

“国际性”因素的确定上，以77国集团为代表的发展中国家与西方发达国家还存在着很大的分歧，分歧的焦点是：当事人双方定居于或设立于同一国家，但其中至少一方为外国实体的分公司、子公司、附属公司或在其他方式下直接地或间接地由外国实体所控制，而供方又未在技术受方国家发展所转让的技术，或当它作为转让外国拥有的技术的中间人时，彼此之间的技术贸易是否为国际技术贸易。对此，广大发展中国家持肯定态度，其目的是防止真正的技术转让方利用其设立于技术受方国家的附属公司实施转让行为，从而规避受方国家调整涉外技术贸易的法律法规，同时也为了将上述行为纳入将来可能生效的《国际技术转让行动守则》的适用范围之内。而基于完全相反的原因，发达国家则以上述情况不符合“跨越国境”的基本标准为由否认其为国际技术贸易。

国际技术贸易法是调整跨国技术有偿转让关系的法律规范的总和。它包括国际公约、国际商业惯例、国内判例、国际组织内部决议以及一国有关技术进出口的法律。

在国际公约方面，从20世纪70年代初开始，在发展中国家的强烈呼吁下，联合国贸易与发展会议开始着手进行国际技术转让方面的立法，并于1978年拟定了《联合国国际技术转让行动守则（草案）》交与会的成员讨论。由于发展中国家与发达国家在一些重要问题上分歧严重，草案至今未获正式通过。然而草案制定的本身就意味着国际技术贸易已引起各国普遍的重视，并为各国制定本国的相关法律及进一步进行双边或多边的国际性协作打下了良好的基础。《联合国国际技术转让行动守则（草案）》包括序言和九章内容。这九章分别是：定义和适用范围；目标和原则；国家对技术转让交易的管制；限制性惯例；当事人各方的责任和义务；对发展中国家的特殊待遇；国际协作；国际性体制机构；适用法律和争端的解决。

在我国，有关技术进出口的法规主要包括：①1985年5月24日发布，实施的《中华人民共和国技术引进合同管理条例》和1988年1月20日发布并施行的《中华人民共和国技术引进合同管理条例施行细则》。但是，该条例和施行细则已于2002年1月1日废止，被2002年10月31日通过、2002年1月1日施行的《中华人民共和国技术进出口管理条例》（以下简称《技术进出口管理条例》）取代。②1994年5月12日由第八届全国人民代表大会常务委员会第七次会议通过、2004年4月6日第十届全国人民代表大会常务委员会第八次会议修订的《中华人民共和国对外贸易法》（以下简称《对外贸易法》）。

除上述专门法规之外，我国颁布的《专利法》、《商标法》、《著作权法》、《反不正当竞争法》、《民法通则》、《合同法》、《计算机软件保护条例》等对技术贸易也有相应的规定。

二、国际许可贸易和国际许可协议

在国际技术贸易的实践中，转让技术所有权的情况很少，这是因为转让技术的所有权对于技术转让方日后利用转让出的技术很不方便，需要征得受让方的许可。

同时，受让技术所有权的一方虽然支付了高额转让费，但因为技术是存在于持有人头脑之中的，因此，技术转让人实际上仍事实拥有该转让技术，购买技术的一方并不能真正“买断”该项技术，所以，对于技术受让方来讲，受让技术使用权既可达到其经济目的，同时还可以支付比受让技术所有权少许多的转让费。基于上述原因，在国际技术贸易的实践中，绝大多数都只是转让技术的使用权。这种转让技术使用权的交易就是我们通常听说的国际许可贸易，而双方当事人为了完成这种交易签订的协议就是所谓的国际许可协议。

（一）国际许可协议的概念

国际许可协议（International License Contract）又叫国际许可合同，是指技术出让方将其技术使用权在一定条件下跨越国境地让渡给技术受让方，而由受让方支付使用费的合同。从法律的角度讲，许可协议实质是一种“授权”协议，即技术所有人或持有人授予（许可）技术受让方在特定的范围内利用其技术。因此，合同中提供技术的一方通常称为“许可方”（Licensor），接受技术的一方被称为“被许可方”（Licensee）。

许可贸易（License Trade）产生于资本主义经济体系高度发达的时期，是在各企业和国家之间进行科学技术交流的基础上发展起来的。20世纪60年代以来，国际许可贸易的规模迅速扩大，年平均增长率为15%，远远超过国际普通商品贸易的增长速度。[1] 从时间上看，尽管许可贸易比普通的商品贸易产生的时间要晚得多，但它对近代科学和新技术的开发与传播所起的推动作用却比普通商品贸易大得多。由于许可贸易在各国经济发展和科技进步中起着巨大的推动作用，因此，各国几乎无一例外地对技术引进和输出作出专门的法律规定。其中，美国在这方面的法律最为完善。我国的涉外许可贸易在1979年以后也有了迅猛发展，并相应地制定了一系列保护知识产权和规范技术进出口的法律和法规。

（二）国际许可协议的特征

和普通的国际货物买卖合同相比，国际许可协议具有如下显著的特征：

1. 转让的客体是无形的技术（更准确地说是知识产权）。

2. 转让方一般提供的是技术的使用权，而非所有权。

3. 具有较强的时间性。在国际许可贸易中，合同的时间即合同有效期往往是当事人双方谈判的焦点之一，许可方总希望有效期长一点，而被许可方则希望尽量短一点。其原因是国际许可协议通常采用提成或入门费加提成的计价与支付方式，合同的时间和价格成正比，合同有效期越长，提成费越多，合同的总价也就越高。这一点是许可协议与普通商品买卖合同最大的不同之处。

4. 具有明确的地域性。国际许可协议的种类很多，但无论是哪种许可协议，通常都要明确规定地域性条款，即被许可方在哪些地域范围内享有使用权、制造权和

〔1〕 孙晓民编著：《知识产权与技术贸易》，中国青年出版社1995年版，第81页。

合同产品的销售权。一般来说，地域范围越大，被许可方可能获得的收益就越多，但相应的合同价格也就越高，而被许可方总是希望以尽可能少的价格换取尽可能多的收益，因此，许可协议的地域范围通常就是平衡比较价格和预期利益的结果。

5. 有严格的法律性。其法律性体现在两个方面：①国际许可协议涉及的法律内容非常广泛。例如在我国，国际许可协议除涉及直接调整技术引进和出口的《技术进出口管理条例》外，还涉及《专利法》、《商标法》、《著作权法》、《反不正当竞争法》、《外商投资企业和外国企业所得税法》等部门法，这些法律都在某一方面调整着许可合同，违反任何一种法律的合同条款都是无效的。②世界上多数国家都对国际许可协议有程序上的要求，即合同的有效成立必须经过国家有关部门的批准或备案等。例如，根据我国有关法律的规定，属于限制进出口的技术引进合同和出口合同都必须经中华人民共和国对外贸易经济合作部（现更名为商务部）或其授权机关的批准后才能生效。

（三）国际许可协议的种类

在国际许可贸易中，依许可标的与范围的不同，可将国际许可协议进行不同的分类。

根据标的不同，国际许可协议可分为：①专利许可协议；②商标许可协议；③著作权许可协议（包括计算机软件许可协议）；④专有技术许可协议；⑤混合许可协议（亦称一揽子许可协议）。

根据许可协议许可适用的地域范围以及使用权范围的大小，可将其分为以下五种：

1. 独占许可协议（Exclusive License Contract），指在协议规定的时间和地域范围内，许可方授予被许可方技术的独占使用权，许可方不仅不能将该技术使用权另行转让给第三方，而且许可方自己也不能在该时间和地域范围内使用该项出让的技术。在独占许可协议中，被许可方所获得的权利最大，相应的，其支付的使用费也就越多。

2. 排他许可协议（又称独家或全权许可协议，Sole License Contract），指在协议规定的时间和地域范围内，被许可方对受让技术拥有排他的使用权，许可方不能将该项技术使用权另行转让给第三方，但许可方自己仍保留在该时间和地域范围内对该项技术的使用权。

3. 普通许可协议（亦称非独占许可协议，Simple or Nonexclusive License Contract），指在协议规定的时间和地域范围内，被许可方、许可方和第三方都可使用该项技术。通过这种协议，被许可方获得的权利最小，相应地，其支付的使用费也就越少。

4. 交叉许可协议（又称互换许可协议，Cross License Contract），指技术许可方和被许可方在协议中规定，将其各自的技术使用权相互交换，供对方使用。这种许可可以独占，也可以排他；可以有偿，也可以无偿。交叉许可协议常用于原发明的专利权人和派生发明的专利权人之间。

5. 分许可协议（也称为从属许可协议，Sub - License Contract），指被许可方将其从许可方处获得的技术使用权再转让给第三方的合同。订立分许可合同必须经原许可方同意或在原许可合同中有明确的规定。

三、国际许可协议的主要内容

国际许可协议的内容是指许可方和被许可方达成的规范双方权利和义务的合同条款。在许可贸易中，许可协议的内容是双方当事人履行合同以及解决合同纠纷的依据。国际许可协议根据转让标的的不同，其内容也不尽相同。下面先介绍各种许可协议一致的内容，再分述不同标的许可协议各自的特殊条款。

（一）不同标的许可协议的共有条款

通常情况下，国际许可协议都具备如下几项基本条款：①前言；②定义条款；③合同的范围条款；④价格与支付条款；⑤技术资料的交付条款；⑥技术服务条款；⑦考核和验收条款；⑧改进技术的归属和分享条款；⑨保证和索赔条款；⑩违约救济条款；⑪争议解决与法律适用条款；⑫合同的有效期和生效时间等。实践中，人们习惯将第1、2、4项条款称为商务性条款；第3、5~9项条款称为技术性条款；第10~12项条款称为法律性条款。

1. 合同的前言。前言是国际许可协议必不可少的开头语，它包括合同名称、合同号、签约时间、签约地点、当事人双方的基本情况以及鉴于条款。

鉴于条款（Whereas Clause）是指合同正文开始处用以说明双方交易意图和转让技术合法性的条款。例如，“鉴于出让方拥有某项制造技术和生产某项产品的实践经验”；“鉴于出让方能得到本国有关当局的许可，能够出让某项技术给受让方”；等等。鉴于条款不是可有可无的，这一条款不仅能说明双方的交易意图，其更主要的作用是要当事人双方（主要是许可方）在合同一开始就明确地作出某些法律上的保证，一旦发生纠纷，仲裁机构或法院可以根据这一条款判断责任归属。

2. 定义条款。在国际许可贸易中，由于当事人双方所在的国家、使用的语言和适用的法律不同，各方对同一词的解释和使用可能完全不一样。因此，为了避免在执行合同的过程中发生分歧，对一些关键性的重要词汇和各国法律以及习惯有不同理解的词汇，如“合同产品”、“技术资料”、“净销售价”、“提成率”、“投料试车”、“会计年度”等，需要在合同中首先给出明确的定义。另外，对有些名词术语，如合同工厂、许可方、被许可方等在合同中要反复多次使用而全称又很长的，为了简明扼要，有时也在定义条款中规定出简称。

3. 价格与支付条款。合同价格条款亦称使用费条款，是整个许可协议的核心。

在国际技术贸易实践中，转让方预测价格的着眼点是因转让技术而造成的市场损失或销售利润的损失，因此，其能接受的最低价格不能低于销售利润的损失。受让方预测价格的着眼点是使用该项技术所能产生的经济利益，因此，其能接受的最高价格不能超过引进技术产生利润的一定百分比（通常为25%）。通过谈判达成的技术转让费用通常高于转让方预测的最低价格，低于受让方预测的最高价格。在国际许可贸易的实践中，合同使用费的计算方式主要有以下三种：

第一种称为统包价格（Lumpsum Price）、固定价格或一次总算价格，是指在合同中一次算清一个明确的使用费数额，并在合同中固定下来，可由被许可方一次付清或分若干期付清。采用统包价格对被许可方来说风险最大，因此实践中使用不多。

第二种称为提成价格（Royalty Price）或滑动价格，是指在合同中规定，在项目建成投产后，按合同产品的产量、净销售额或利润（统称为提成基础）提取一定百分比（提成率）的费用作为使用费。

根据联合国贸发组织的统计数据，目前在国际许可协议中提成率多为产品净销售额的5%～10%之间。提成率有固定和滑动之分。前者在合同的有效期内是固定的；后者在合同有效期内将随着净销售额的增加或提成年限的推后而逐年降低。

所以，滑动提成率在实践中又常被称为递减提成率。与此相应，提成也分为固定提成（Fixed Royalty）和滑动提成（Sliding Royalty）。

此外，有的许可协议中还有最低提成和最高提成的规定。最低提成（Minimum Annual Royalty）是约定在一定的时期内，不论被许可方的生产销售情况如何，是否有盈利，都必须向许可方支付固定数额的最低提成费。最高提成（Maximum Royalty）是指双方约定在一定时期内，当提成费达到一定金额以后，即使作为提成基础的产量、净销售额或利润增加，提成费也不再增加。采用提成的计价方式，除提成率和提成基础外，还要明确规定提成期限，而且在专利、商标或著作权（包括计算机软件）许可协议中，提成期限不能超过这些知识产权的有效期。采用提成价格对被许可方最为有利。

第三种称为入门费（Initial Payment）加提成的价格或固定和提成相结合的价格，指在合同中规定，在合同生效后被许可方立即支付入门费，在项目投产后一定期限内支付提成费。入门费通常占合同总价的10%～20%，提成费占总价的80%～90%。这种计价方式综合了统包价格和提成价格的优势，风险由双方分担比较合理，因而成为最常用的计价方式。我国在对外技术贸易中也多采用此方式。

支付条款一般规定支付货币、汇款方式、付款单据、结算银行、支付的时间和地点等内容。在通常情况下，计价货币和支付货币相同，如不同应规定兑换率。汇款方式有电汇、信汇和票汇。付款单据包括商业发票、即期汇票、提单、银行保函等。支付时间或按分期付款，或按项目进度付款，或在技术资料交付后付大部分款项。采用统包价格时，可在技术资料交付后一次付清，或分期付清。采用提成价格时，可在合同工厂正式销售后支付。采用入门费加提成的价格时，入门费可一次或分期付清，提成费在性能保证期结束后按年支付。

4. 合同的范围条款。又称为合同的标的或授权条款，主要明确许可使用的对象、提供技术的途径、授权的性质以及被许可方行使使用权、制造权和销售权的时间和地域范围。

具体内容包括：技术的名称、规格和型号，生产的规模，产品的种类和质量；主要的经济技术指标，原材料的消耗定额；许可方提供的设计图纸和数据，生产工艺的资料和说明，技术使用的时间和地域范围、授权的性质等；如转让的是某种知识产权，还要列明权利获得的时间、批准的机关、编号、权利保护范围、保护时间和地区；如果被许可方需要许可方提供技术服务时，还要写清楚技术服务的项目和内容。

上述内容的细节和具体说明，如果需要还应列入合同的附件。

5. 技术资料的交付。在国际许可贸易中，技术资料的交付是非常重要的环节。许可方出让技术要靠技术资料来表达、说明和体现，被许可方获得技术要靠消化、理解和实践这些技术资料来实现。因此，技术资料是顺利完成许可贸易的媒介和桥梁。

实践中，技术资料交付条款通常包括以下内容：①技术资料的清单与份数。②技术资料交付的时间、方式及实际交付日的确定。技术资料交付的时间往往按被许可方的工程进度和计划安排，可一次性交付或分批交付。交付技术资料多用空运方式，即由许可方将技术资料运到被许可方指定的机场交付被许可方。实际交付日期以目的地机场印戳日期为准。③技术资料的风险分担。习惯做法是技术资料在抵达目的地机场时，风险转移给被许可方。一旦资料在空运前或空运途中丢失或损坏，许可方应负责补寄丢失或损坏的技术资料。④技术资料的包装。许可方交付的技术资料应有适合空运的包装，同时在包装上应标明合同号、收货人、目的地机场、唛头、件数等，包装内应附有技术资料清单。⑤交付技术资料的通知。一般在技术资料交付后的24小时内，许可方应以电报、电传等快捷的方式通知被许可方技术资料预计到达目的地机场的时间、班机号、合同号等内容，同时将空运单和技术资料清单航寄给被许可方。⑥技术资料使用的文字。一般来说，许可方都愿意使用本国文字，但被许可方不能轻率同意，而要根据自己的翻译能力选择适当的文字。⑦技术资料的验收。被许可方收到技术资料后，必须在规定时间内对资料进行清点，并检查清晰度以及是否齐全，如发现与协议规定不符，应在规定的期限内通知许可方补寄、重寄或更换。

6. 技术服务条款。技术服务通常包括设计和工程服务、管理服务以及技术人员培训服务等。技术服务是实现技术真正转让的重要程序，特别是技术人员的培训是使技术资料运用于实际操作的不可缺少的步骤。技术服务条款主要载明：许可方所派技术人员的性质及人数、担任的任务及工作量、服务时间、工作和生活条件、费用的划分和支付等。需要培训人员的，还应写明培训内容、方式、时间、地点和培训人数等。

7. 考核和验收条款。考核和验收指的是被许可方对按许可方提供的技术资料制造的产品是否符合许可协议规定的技术性能指标，有权进行考核和验收。其目的是保证被许可方能够掌握转让技术，实现预期的目标，主要内容包括：考核验收产品的型号、规格、数量；考核验收的内容、标准和方法、次数；考核验收的时间、地点、人员、仪器设备；考核验收结果的评定和处理；有关费用的分担；等等。

8. 改进技术的归属和分享。许可协议通常的期限都比较长，在协议的有效期内，许可方和被许可方都有可能对转让技术进行改进或发展。但改进或发展技术的权利归属，以及双方在什么样的条件下向对方提供改进或发展技术等问题，如果不在合同中预先规定，很容易在合同履行过程中出现矛盾分歧。实践中，很多许可方都认为，被许可方对转让技术的改进或发展是基于自己原有的技术，因此要求在合同中明确规定不允许被许可方改进发展技术或一切的改进发展技术都归许可方所有，但许多国家的法律却规定这种类型的条款属于限制性条款。[1]

9. 保证和索赔条款。国际许可贸易中的"保证"指的是许可方对其转让技术的合法性、可靠性和有效性所提供的保证，其目的旨在维护被许可方的合法权益。一般包括以下几项内容：①保证许可方是转让技术的合法所有人或持有人，并确实有权向被许可方转让。如在合同履行过程中出现第三方指控侵权，应由许可方负责与第三方交涉，并承担由此引起的一切法律和经济责任。②保证协议所涉及的知识产权（主要是专利）在协议有效期内是有效和合法的。③保证按协议规定的方式和时间交付技术资料，并保证技术资料的完整、清晰、准确、有效，如内容有误或不完整，有义务更换或补齐。④保证被许可方正确使用技术资料后能够生产出符合协议规定技术标准和性能的产品。⑤保证提供良好的技术服务。

当许可方未能履行上述保证时，即构成违约，应当承担违约责任。被许可方对违约行为有权提出索赔。在国际许可贸易中，索赔大多是罚款方式，主要有对技术资料迟交的罚款、产品达不到技术指标的罚款等，罚款的百分比由双方协商而定。有些情况下，保证与索赔条款也可规定被许可方应承担的保证责任，如保证机器设备符合合同约定、保证如期付款等。

10. 违约救济条款。这一条款主要规定违约行为的构成以及违约救济方法。常用的违约救济方法有实际履行、损害赔偿、解除合同、支付罚金等。

11. 争议解决与法律适用条款。国际许可贸易的实践中，争议解决的方式主要有协商、调解、仲裁和司法诉讼四种。采用哪种或哪几种争议解决方式由当事人双方协商确定；所适用的法律可以是许可方所在国家的法律，也可以是被许可方所在国家的法律，还可以是双方协商选择的其他法律，但大多数发展中国家规定应强制适用被许可方所在国法律。

12. 合同有效期和生效时间。国际许可协议的有效期有两种常用的约定方法：①不明确限定合同的有效期，只在有效期条款中规定当事人双方的权利和义务结束后合同自动失效，这是一种开口的办法，适用于那些难以规定时间的项目；②在合同中明确规定一个有效期，有效期满后，合同自动失效。

---

[1] 我国 2002 年的《技术进出口管理条例》也有类似的规定。

目前，多数国家都规定国际许可协议签订后要经政府的有关当局批准后才能生效。我国1985年开始施行的《技术引进合同管理条例》亦规定所有技术引进合同都必须经外经贸部或其授权的省、自治区、直辖市、沿海开放城市、经济特区和计划单列省辖市的对外经济贸易厅、委、局及其他管理机关审批后方能生效。但是，2002年1月1日开始施行的《技术进出口管理条例》在一定程度上放宽了限制，其将进出口技术分为自由进出口、限制进出口和禁止进出口三种。对于自由进出口技术实行登记制度，合同自依法成立时生效，登记不是合同生效的条件。对于限制进出口的技术则实行严格的许可制，在这类技术进出口前，有关当事人必须首先取得进出口许可意向书方能签订合同，而合同订立后也必须再经主管部门审批后才能生效。因此，对于限制进出口技术引进合同来说，技术进出口许可证颁发之日方为合同生效之日。

我国《对外贸易法》第16、17条对限制进出口和禁止进出口的技术种类作了原则性规定。除此之外，由国务院外经贸主管部门会同国务院有关部门，制定、调整并公布禁止或者限制进出口的技术目录。

（二）不同标的许可协议的特有内容

1. 专利许可协议的特有内容。除上述各种标的许可协议的共有内容外，专利许可协议通常还包括维持专利有效性，不得反控和使用专利标记等特有内容。实践中，这些内容一般都作为几个独立的条款出现在合同之中。

维持专利有效性条款是指在合同中规定许可方有义务按照法律规定缴纳专利年费（或专利维持费），以维持专利的有效性。如果因为许可方未缴纳专利年费而导致专利失效，专利许可协议将因此而解除，被许可方将不再支付专利许可费用。在有些专利许可协议中，专利有效性条款还包括要求许可方对其权利承担持续有效的保证，即如果该项专利被宣布无效，被许可方不仅有权宣布该许可协议无效，而且还有权向许可方索回已付的许可费。

不得反控条款（No-Challenge），又称权利不争条款，是指被许可方在获得了许可方的专利技术后，在整个合同有效期内，不得对该专利提出异议或进行无效诉讼。对不得反控条款的效力，不同国家的法律有不同的规定。一些发展中国家和少数发达国家（如美国），法律规定或通过司法实践确定这种条款属于限制性条款，理由是其内容违背了公共利益；少数国家（如德国）的法律明文规定此条款属于合法有效的条款；而绝大多数国家（包括我国）的法律对不得反控条款没有任何规定，即为默示许可，也就是说，被许可方是否有不得反控的义务，就看合同中是否订明了这一条款。

使用专利标记条款，一般要求被许可方在自己生产的专利产品上标明专利标记，其主要作用是警告他人不得仿造，否则构成侵权。在某些国家，专利标记的使用还可以作为专利侵权诉讼中的初步证据使用。

2. 商标许可协议的特有内容。商标许可协议的特有内容包括：使用商标的形式、明确许可方的质量监督权以及商标标识的管理等。

使用商标的形式实践中主要有以下四种供当事双方选择：①单独使用许可方的商标；②单独使用许可方的商标，同时注明生产国家和生产厂家；③使用联结商标，即将许可方商标和被许可方商标中有代表性的部分联结起来，组成一个新商标（如“FUDA”、“索华”）在被许可方所在国另行注册，其所有权属于被许可方；④使用双重商标，即将许可方的商标和被许可方的商标并列，如“上海—SANTANA”等。

质量监督条款是商标许可协议最具特色的条款。商标许可贸易使被许可方可以利用许可方有一定知名度的商标推销自己的产品，以获得经济效益。对许可方来说，一方面，通过商标许可可以获得使用费；但另一方面，他也要承担一旦被许可方商品质量低劣，自己商标信誉将受影响的风险。为把自己的风险降到最低，在商标许可协议中，许可方一般要求订入质量监督条款，即要求被许可方保证使用商标商品质量的一致性和符合合同规定的质量标准，许可方有权监督、检查被许可方的产品和原材料，有权到其工厂检查生产过程，有权要求其定期将产品样品送交许可方检查等。

商标标识的管理条款一般包括三项具体内容：①商标标识的获得。商标标识可以由许可方提供，但多数情况下由被许可方印制。例如，约定由被许可方印制，合同中应规定商标标识的式样、图形、色彩等，必要时应随附样品。②商标标识的使用。一般规定被许可方在首次出售载有许可方商标的产品前，应得到许可方的书面确认。不合格产品不得使用商标标识或不得销售，已经销售的许可方有义务追回。③合同终止后对商标标识的处理。通常规定合同终止时库存的尚未使用的商标标识，应当销毁或作价转让给许可方或其指定的第三方。在合同终止日前，被许可方已生产的产品，如载有该商标标识，应允许其继续销售，直到售完为止。

3. 著作权许可协议的特有内容。著作权许可协议又称为版权许可协议，其特有的内容主要有以下几项：

（1）许可使用作品方式条款对被许可方以何种方式利用作品进行约定。著作权是一种独立的知识产权，但其本身又包含了多项具体的权利内容，著作权所有人有权将其著作权中的一项或多项权利内容许可给他人使用（通常许可他人使用的仅为著作财产权中的内容）。许可使用作品的方式主要有复制、表演、播放、展览、发行、改编、摄制成电影或电视、录像、翻译、网络传播等。

（2）许可使用性质条款规定许可使用的权利是专有使用权还是非专有使用权。如属专有使用权，在合同有效期和约定的地域范围内，被许可方可以约定的方式独占地使用作品，包括著作权所有人在内的任何其他人不得以与之相同的方式使用同一作品。如属非专有使用权，被许可方还可以将同样的权利再许可给第三方使用。如合同中未规定许可使用性质，通常会认为被许可方取得的是非专有使用权。

计算机软件许可协议是著作权许可协议中的一种。计算机软件是指计算机程序以及解释和指导使用程序的文档的总和。它不同于传统的文学艺术作品，故而在许多国家的著作权法中受到特殊保护。1983 年，世界知识产权组织提出了《计算机软件保护条约》草案，旨在防止和制裁侵犯计算机软件所有人权利的行为。我国也于 1991 年 5 月 24 日发布了《计算机软件保护条例》，将其纳入著作权的保护范围。[1] 由于计算机软件的特殊性质，其许可协议与其他著作权许可协议有所不同。

实践中，计算机软件的许可主要包括使用许可和生产许可两种形式。前者允许被许可方使用由软盘、资料及说明书等组成的封装软件；后者允许被许可方复制并封装某一软件。无论哪种形式的软件许可，由于标的的特殊性，合同中都不可避免地出现一些特殊条款，如特殊的定义条款、对软件功能的叙述、对软件环境和软件性能的说明、对硬件环境的叙述以及特殊的检验验收标准、要求被许可方承担保密义务等。

由于计算机业的发展，计算机软件许可协议及其相关协议的种类繁多，如计算机硬件买卖合同与计算机软件许可协议相结合的合同、使用他人计算机合同、使用他人计算机存储数据的合同、硬件维修合同、软件服务合同、软件包的销售合同、第三方保存软件源代码合同、计算机系统交钥匙合同等。这些合同各有特色，需当事人对相关必备条款详细规定以减少或避免争议的发生。

4. 专有技术许可协议的特有内容。专有技术许可协议以转让专有技术的使用权为目的。由于专有技术的某些特性，使得专有技术的经济价值往往比专利技术高，因而专有技术使用权的转让日益重要，含有专有技术使用许可的协议在国际许可贸易中所占比例也越来越大。由于专有技术的特殊性，其许可协议也有许多特有的内容。

详细的合同范围条款和技术保证条款是专有技术许可协议中不可缺少的内容。专有技术不同于专利技术。专利技术是公开的技术，被许可方可以在技术引进之前通过公开的专利文献充分了解专利的内容，自行判定其实施后的技术效果，因此，单纯的专利许可协议是一种典型的“授权”合同，许可方只将其拥有的专利权授予被许可方使用，通常对于被许可方使用后的技术效果不负责任。因此，合同中涉及转让技术的具体内容非常简单，一般也没有专门的技术保证条款。

专有技术最为典型的特征是其具有客观秘密性，在许可协议订立之前，被许可方不可能了解该技术的全部内容，因而也不能准确判断实施后的技术效果及其掌握该技术的能力。因此，在专有技术许可协议中，合同范围条款中要详细描述转让技术的具体内容，必要时还有大量的说明书、流程图等作为合同的附件。此外，协议中往往有一专门的技术保证条款，由许可方对技术资料的完整、正确、清晰，技术服务和人员培训，相关设备的性能以及合同工厂的正常运行和合同产品的性能等事项作出保证。其中，对合同工厂的运行和合同产品性能的保证是最为核心的内容，如果缺少此项内容，对被许可方可能十分不利。

---

[1] 该条例于 2001 年 12 月 20 日修订，2002 年 1 月 1 日起施行。

同详细的合同范围以及技术保证条款一样，保密条款也是专有技术许可协议不可或缺的内容。专有技术之所以具有经济价值，其根本原因在于其不公开性，因此，专有技术的被许可方承担保守专有技术秘密的责任是签订许可协议的前提或先决条件，即使合同中没有明确规定也应承担相应责任。但是，为引起被许可方对保密责任的重视，大多数专有技术许可协议中仍专门规定保密条款。

关于有关当事人对专有技术承担的保密责任，我国2002年的《技术进出口管理条例》对此有原则性规定。《技术进出口管理条例》在第26条规定，技术进口合同的受让人、让与人应当在合同约定的保密范围和保密期限内，对让与人提供的技术中尚未公开的秘密部分承担保密义务。但是，在保密期限内，承担保密义务的一方在保密技术非因自己的原因被公开后，其承担的保密义务即予终止。

由于上述法定义务规定得非常笼统和抽象，因此，在专有技术许可协议中，通常还须订入内容详细具体的保密条款。该条款主要包括以下内容：规定有关处理专有技术秘密文件的标准；接触有关资料的人员范围；使用分包方式时，应事先征得许可方同意，且分包商也应承担保密义务；雇员和分包商违反保密义务的，视为被许可方违反保密义务；被许可方雇员在退休或离职后一定时间内应承担保密责任；等等。

此外，在协议达成前的谈判阶段，保密义务也至关重要，所以在谈判前，许可方往往要求与被许可方签订初期保密协议，其具体内容包括：①明确规定被许可方有义务对从许可方处获得的一切技术情报予以保密；②规定保密期限及被许可方的保密义务不因谈判的失败而解除；③规定一定数额的保证金，即要求被许可方在初期保密协议签订后立即向许可方支付一笔款项作为其履行保密义务的保证。在正式签订许可协议时，保证金将作为协议的预付款从合同总价中扣除。如果未能签订正式的许可协议，许可方须在规定的期限内退回保证金，但如果被许可方违反保密义务，许可方有权没收这笔保证金。

从理论上讲，保密条款是专有技术许可协议特有的条款，但在实践中，有一些名为专利许可协议却订立了保密条款的情况，这类合同通常属于如下两种情况：①已提出专利申请并获得专利申请号，但还未进入公告程序的技术转让。这种技术严格地说尚属于专有技术，但由于合同订立后可能很快会获得专利，并且为了获得更高的合同价格，许可方一般将这种技术作为专利技术转让。②已获权的专利技术中包含未公开的专有技术。实践中，某些发明者为了更充分地保护其发明，在申请专利时，将其中的核心部分不公开。因而被许可方在利用这一发明时，单凭专利文献中公开的技术资料并不能掌握和运用这一技术，还必须获得没有公布的专有技术，由此导致在专利许可合同中出现了保密条款。在上述两种情况中，保密条款予以保密的对象都不是已公开的专利技术，而是未公开的专有技术。

除上述特有条款外，大多数专有技术许可协议还规定，在协议终止后，被许可方仍有权使用许可方提供的专有技术，仍有权设计、制造、使用、销售和出口合同产品，而不构成侵权。这一条款旨在使被许可方不致在合同期满后突然失去在其原有领域中继续生产的机会。但要注意的是，目前各国对这一条款的合法性有不同规定。因此，在签订期满继续使用技术条款时，要注意不要和有关国家的法律规定相冲突。

在我国，根据 1985 年的《技术引进合同管理条例》及其实施细则，期满禁止被许可方使用专有技术的条款属于限制性条款。但 2002 年 1 月 1 日施行的《技术进出口管理条例》取消了这一限制性条款的规定。因此，合同期满，被许可方是否有权继续使用引进技术取决于双方的合同约定。

四、国际许可协议中的限制性商业条款

国际许可协议中的限制性商业条款（Restrictive Clauses）又称为限制性商业行为、限制性商业惯例、限制性贸易做法、违背公平贸易条款等。在我国，国际许可协议中的限制性条款是指在国际许可协议中由技术许可方向被许可方施加的法律所禁止的造成不合理限制的合同条款。这些条款或者直接影响市场竞争，或者对国际技术贸易尤其是对发展中国家引进技术及其经济发展造成不利影响。

值得注意的是，在专利、商标、著作权许可协议中，由于这些法定专有知识产权的行使或多或少地会在合同中表现为一定的垄断或限制，例如，限制技术使用的地域范围；商标许可协议中，许可方禁止被许可方在质量不合格产品上使用其商标；专利许可协议中强制被许可方使用专利标记条款；等等。这些限制是基于转让标的特殊性质的正当限制，因而不属于限制性商业条款的范畴。

（一）发达国家和发展中国家关于国际许可协议中限制性商业条款的分歧

发达国家用以调整和管制国际许可协议中限制性条款的法律主要是一般性法律，即这些国家的反垄断法。

美国的反垄断立法主要由 1890 年《谢尔曼法》（Sherman Law）、1914 年的《克莱顿法》（Clayton Act）和《联邦贸易委员会法案》（Federal Trade Commission Act）共同构成；欧盟的反垄断法则体现为其《罗马条约》第 85、86 条（合称为共同体竞争法）；日本的反垄断法则主要表现为 1947 年《关于禁止私人垄断和保护公平贸易法》。由于在发达国家，反垄断立法起步普遍较早，而国际许可贸易却是后来才发展起来的一种新的贸易形式，因此，国际许可协议中出现的限制性商业条款自然地被纳入到反垄断法的调整范围。同一般的货物贸易中的限制性做法一样，这些条款被禁止与否的标准仍然是看它是否妨碍了竞争、限制了自由贸易，这也就形成了发达国家判断国际许可协议中限制性商业条款的基本标准，即“竞争”标准。此外，由于技术贸易和货物贸易相比有它自己的特点，单纯适用“竞争”标准来判定限制性条款可能不合实际，因此，在发达国家中又形成了一种“合理规则”作为“竞争”标准的补充，即法律根据“竞争”标准规定一些不合理的限制性条款，但一项具体的合同条款是否真的“不合理”，必须当纠纷发生时由法院或仲裁机构加以确认。这种“竞争”标准与“合理规则”的配套使用，从法理上来说虽然具有科学性，但同

时也具有不确定性的缺点，这对保护合同当事人的权利是不利的。

与发达国家不同，广大的发展中国家主要是通过制定专门的技术转让法规、设立专门的行政机构对国际许可协议进行登记批准来控制各种限制性商业条款。发展中国家大多是20世纪中叶获得民族解放、实现政治独立的国家。这些国家在殖民统治时期，是各殖民者抢夺的市场，因而根本不可能有反垄断法存在。在获得民族解放和政治独立以后，这些国家为了迅速地发展经济，开始大量引进国外的资金和技术。但是在大量引进后不久，它们发现相当多的技术许可方在收取高额的许可费并把许多不公平、不合理的条款强加于本国技术引进方后，提供的技术却并不是先进的，有的甚至已落后不适用或会引起严重的环境污染等恶果。鉴于这种原因，从20世纪70年代起，各发展中国家纷纷开始干预技术引进，其最主要的手段就是制定颁布专门的技术转让法（其中多为技术引进法）和成立专门机构对许可协议进行管理。相应地，在判断什么是限制性商业条款上，发展中国家大多以“发展”为标准，即看这种条款是否会形成任何对许可方的依附关系而限制了技术引进方的生产和技术发展。在立法技巧上，发展中国家多使用列举的方法明确每一个限制性条款，同时给予主管机关一定的自由裁量权，即主管机关有权保留一些实际损害不大或者利大于弊的限制性商业条款。

由于在对国际许可协议限制性商业条款的调整上适用不同的标准，因此，发达国家和发展中国家在限制性条款问题上存在很大的分歧，这种分歧也成为从1978年10月16日就开始进行的《联合国国际技术转让行动守则》谈判至今没有正式结果的一个重要原因。

在国际技术贸易的实践中，必须搞清楚不同国家在限制性商业条款问题上的基本观点，根据交易的对象适当地调整协议内容，避开有关国家对限制性商业条款的禁止性规定，否则极有可能会影响协议的效力。

（二）我国对技术转让中限制性商业条款的法律管制

我国1985年5月24日国务院发布施行的《技术引进合同管理条例》和2001年10月31日通过、2002年1月1日施行的《技术进出口管理条例》都对限制性商业条款问题作了明确具体的规定。

1985年的《技术引进合同管理条例》明确列举为限制性商业条款的有如下9个条款：①要求受方接受同技术引进无关的附带条件，包括购买不需要的技术、技术服务、原材料、设备或产品；②限制受方自由选择从不同来源购买原材料、零部件或设备；③限制受方发展或改进所引进的技术；④限制受方从其他来源获得类似技术或与之竞争的同类技术；⑤双方交换改进技术的条件不对等；⑥限制受方利用引进技术生产产品的数量、品种或销售价格；⑦不合理的限制受方的销售渠道或出口市场；但属于下列情况之一的除外：供方已签订独占许可合同的国家和地区、供方已签订独家代理合同的国家和地区；⑧禁止受方在合同期满后，继续使用引进技术；⑨要求受方为不使用的或失效的专利支付报酬或承担义务。

2002 年 1 月 1 日施行的《技术进出口管理条例》规定在我国的技术进出口合同中不得含有下列限制性条款：①要求受让人接受并非技术进口必不可少的附带条件，包括购买非必需的技术、原材料、产品、设备或者服务；②要求受让人为专利权有效期限届满或者专利权被宣布无效的技术支付使用费或者承担相关义务；③限制受让人改进让与人提供的技术或者限制受让人使用所改进的技术；④限制受让人从其他来源获得与让与人提供的技术类似的技术或者与其竞争的技术；⑤不合理地限制受让人购买原材料、零部件、产品或者设备的渠道或者来源；⑥不合理地限制受让人产品的生产数量、品种或者销售价格；⑦不合理地限制受让人利用进口的技术生产产品的出口渠道。

与 1985 年的《技术引进合同管理条例》相比，2002 年的《技术进出口管理条例》明确地取消了两项限制性商业条款的规定：①“双方交换改进技术的条件不对等”；②“禁止受方在合同期满后，继续使用引进技术”。这两个条款被取消的原因都是因为其本身的不合理性，在这两个问题上都没有必要由国家法律进行限制，而应当尊重当事人的意思自治。

第二节　知识产权的国际保护

一、知识产权国际保护概述

知识产权的国际保护主要通过互惠保护、双边条约保护和多边（国际）公约保护三种途径实现。互惠保护是一种附条件的保护，其含义是指某一外国若承认并保护依本国法确认的知识产权，那么本国亦承认并保护依该外国法确认的知识产权。互惠保护主要为一些知识产权立法滞后或差异的国家采用。双边条约的保护是指双方通过签订双边协定的方式，相互保护对方的知识产权。此种保护方式在当代仍被广泛采用，如中国和美国就曾签订过三个涉及知识产权保护的双边协定。多边公约包括世界性公约和区域性公约（如欧洲专利公约、非洲专利合作条约等）两种，前者的适用范围没有区域限制，而且内容多系立法性的，规定各缔约国知识产权立法的最低水平，因此对知识产权国际保护影响最大；后者是为适应局部地区的特殊需要而产生，其对于协调区域内各国知识产权保护制度，维持相同的知识产权保护水平作用很大。多边（国际）公约是知识产权国际保护最主要的途径。

迄今为止，知识产权国际公约主要包括以下几类：

1. 为设立促进知识产权国际保护的政府间组织而签订的公约，即 1967 年签订、1970 年生效的《建立世界知识产权组织公约》。根据该公约于 1970 年建立的世界知识产权组织（WIPO），对协调各国知识产权立法、强化知识产权国际保护起到了极大的作用。我国于 1980 年 3 月 3 日递交了加入书，同年 6 月 3 日生效，成为世界知识产权组织的第 90 个成员国。这也是我国加入的第一个知识产权国际公约。

2. 涉及工业产权保护的公约。根据作用不同，这类公约具体又可分为三种：①实体性公约，即对成员国保护工业产权的基本原则和有关立法的最低水平提出要求。这类公约包括：1883年缔结、1884年生效的《保护工业产权巴黎公约》（我国于1985年3月加入），1989年签署但至今尚未生效的《关于集成电路知识产权条约》，1961年签署、1968年生效的《国际植物新品种公约》（我国于1999年4月加入），等等。②程序性公约，其作用是简化就同一客体多国申请工业产权所必经的烦琐的程序并降低有关费用。这类公约包括：1970年缔结、1978年生效的《专利合作条约》（我国于1994年1月加入），1891年缔结、1892年生效的《商标国际注册马德里协定》（我国于1989年10月加入），1977年缔结、1980年生效的《国际承认用于专利程序的微生物保存布达佩斯条约》（我国于1995年7月加入），等等。③管理性公约，其作用是制定各种工业产权客体的国际统一的分类标准，供各国参照使用。这类公约包括1971年签署、1975年生效的《国际专利分类斯特拉斯堡协定》（我国于1997年加入），1968年签署、1971年生效的《建立工业品外观设计国际分类洛迦诺协定》（我国于1998年加入），1957年签署、1961年生效的《为商标注册目的而使用的商品或服务的国际分类尼斯协定》（我国于1994年加入），等等。

3. 涉及著作权及著作邻接权保护的国际公约。由于各国对著作权提供保护普遍适用自动保护原则，因此有关著作权的国际公约多为实体性的。这类公约包括1886年签署、1887年生效的《保护文学艺术作品伯尔尼公约》（我国于1992年10月15日加入），1952年签署、1955年生效的《世界版权公约》（我国于1992年10月30日加入），1961年签署、1964年生效的《保护表演者、录音制品制作者和广播组织罗马公约》，1971年签署、1973年生效的《保护录音制品制作者防止未经授权复制其录音制品日内瓦公约》（我国于1993年4月30日加入），1996年签署但至今尚未生效的《世界知识产权组织版权条约》和《世界知识产权组织表演和录音制品条约》，等等。

4. 因国际贸易产生的知识产权国际保护协定，即1994年签署、1995年1月1日生效的《与贸易（包括冒牌货贸易）有关的知识产权协定》（TRIPs）。与以上单纯涉及工业产权或版权保护的公约不同，TRIPs涉及多种知识产权客体的保护，且规定了更高的保护水平。除此之外，TRIPs还对WTO各成员内部立法中知识产权的获得和维持程序、知识产权执法措施、透明度和成员之间知识产权争端的解决作出明确的规定，大大加强了公约的约束力。

在上述诸多知识产权国际公约中，目前影响最大的是《保护工业产权巴黎公约》、《保护文学和艺术作品伯尔尼公约》和《与贸易有关的知识产权协议》。

二、《保护工业产权巴黎公约》

《保护工业产权巴黎公约》（以下简称《巴黎公约》），于1883年3月20日在法国首都巴黎缔结，1884年7月7日正式生效。《巴黎公约》缔结后，曾先后于1900年、1911年、1925年、1934年、1958年和1967年进行了六次修改，目前绝大多数国家都适用1967年斯德哥尔摩会议通过的最后一次修订本。截至2011年8月31日，已有73个国家正式加入了《巴黎公约》。此外，按照《与贸易有关的知识产权协定》的规定，世界贸易组织的成员即使不是《巴黎公约》的缔约国，也必须遵守《巴黎公约》1967年文本的实质性规定，即公约第1~12条和第19条的规定。中国于1985年3月15日正式成为《巴黎公约》的成员国，根据中国政府的声明，对公约第28条（即有关争议提交国际法院解决）予以保留，并且自1997年7月1日起，公约也适用于中华人民共和国香港特别行政区。《巴黎公约》不仅是知识产权领域第一个世界性多边公约，而且也是成员国最为广泛、对其他世界性和地区性工业产权公约影响最大的公约。[1]

（一）《巴黎公约》的基本原则

概括来讲，《巴黎公约》的基本原则主要包括国民待遇原则、优先权原则、临时保护原则和独立性原则。

1. 国民待遇原则。《巴黎公约》原本就是为解决外国人在本国取得知识产权保护的问题而签订的，因此，国民待遇原则自然成为其首要的原则。该原则包含以下几方面的含义：

（1）享有国民待遇的主体，包括公约缔约国的国民和在一个缔约国领域内设有住所或真实有效的工商营业所的非缔约国国民。

（2）国民待遇原则的例外。各成员国在关于司法和行政程序、管辖以及选定送达地址或指定代理人的法律规定等方面，凡工业产权法有所要求的，可以明确地予以保留。

在实践中，最常见的要求是：外国申请人必须委派当地国家的一名代理人代理申请并指定送达文件的地址，以利于程序的进行。此外，在管辖权方面，可以在原告住所地或营业地所在国家的法院控告其他国家的国民等。

（3）《巴黎公约》对国民待遇原则的特别规定。《巴黎公约》在第2条第1款中规定："一切都不应损害本公约特别规定的权利。"这也就是说，外国人除了享受国民待遇外，还有权享受公约在最低保护标准中所特别规定的权利。

作为一个实体性公约，《巴黎公约》除规定工业产权保护的基本原则外，另一个重要的成就是对工业产权保护的某些问题规定了缔约国必须尊重的最低保护标准。这些最低标准在各成员国的效力按照各该国的宪法或宪法制度而有所不同。在那些承认有可能"自己执行"条约规定的国家（所谓"自己执行"，是指行政机关和司法机关可以无需国家立法的进一步干预，或者甚至可能不顾国家立法的不同规定而将公约的规定直接适用于当事人。我国即属于此种类），巴黎联盟其他国家的国民可以直接要求行政机关或司法机关适用公约最低保护标准；而在那些不接受条约规定

〔1〕 很多工业产权公约，如《专利合作条约》、《专利国际分类协定》、《商标国际注册马德里协定》等都只对《巴黎公约》的成员国开放。

自己执行性质的国家，就没有由行政机关或司法机关直接适用《巴黎公约》规定的可能性，但这些国家必须把这些最低保护标准纳入到它们的本国法（公约第25条），因此，这些最低保护标准便在国民待遇原则之内。

2. 优先权原则。《巴黎公约》的优先权原则体现在第4条，其具体含义包括：

（1）优先权原则适用的范围。《巴黎公约》的优先权原则并不是对一切工业产权均适用，它只适用于发明专利、实用新型、外观设计和商品商标。在我国，优先权原则还适用于服务商标。

（2）优先权原则适用的条件。已在一个成员国正式提出申请发明专利权、实用新型、外观设计或商标注册的人或其权利的合法继受人（继承人和受让人），在规定的期限内（发明专利和实用新型专利为12个月，外观设计专利和商标为6个月）享有在其他成员国提出申请的优先权。当然，优先权的获得不是自动的，需要申请人在其在后申请中提出优先权申请并提供有关证明文件。

根据实用新型申请取得优先权而在一个国家申请外观设计时，其优先权期限应与对外观设计规定的优先权期限一样；在一国根据发明专利申请优先权提出实用新型申请也是允许的，反之亦然，优先权期限以后一申请的期限为准。

（3）优先权原则的效力。其具体包括两方面内容：①在优先权期限内，每一个在后申请的申请日均为第一次申请的申请日（亦称为优先权日）；②在规定的申请优先权期限届满之前，任何后来在公约其他成员国内提出的申请，都不因在此期间内他人所作的任何行为而失效。

（4）多项优先权、部分优先权和分案申请。《巴黎公约》规定，在后申请可以要求享受一项优先权，但也可以要求享受多项优先权或部分优先权。

所谓多项优先权，是指在后申请中的发明含有几个权利要求，这几个权利要求分别以不同的在先申请中的技术方案为根据，要求各该申请的优先权只要符合发明的单一性条件（即一发明一专利原则）就是允许的。在这种情形下，在后申请的优先权期限，从最早的优先权日起算。但是，如果在后申请包含一个以上的发明，审批机关要求分案申请的，申请人可以将该申请分为若干申请，分案申请除可以保留原申请日外，享有优先权的，还可以保留优先权日。

所谓部分优先权，是指在后申请中加入了在先申请中所没有的、经过改进的技术内容，这些增加的新内容并不妨碍对在先申请中已有记载的内容要求享受优先权。这样在后申请中，其权利要求的内容在在先申请的全文中已有明确记载的，应享有优先权，其余权利要求的内容在在先申请中没有明确记载的则不能享有优先权，所以这是部分优先权。

3. 临时性保护原则。根据《巴黎公约》第11条的规定，缔约国应对在任何一个成员国内举办的或经官方承认的国际展览会上展出的商品中可以取得专利的发明、实用新型、外观设计和商标给予临时保护。如果展品所有人在临时保护期内申请了专利或商标注册，则申请案的优先权日不再从第一次提交申请案时起算，而从展品公开展出之日起算。这就是临时性保护原则的含义。

由于公约只原则性地提出临时性保护要求，但如何保护没有规定，因此，保护方式可以由成员国自由确定。实践中，各国采用的方式主要包括两种：一种是对于展出的商品中可能获得专利的发明、实用新型和外观设计，规定在一定期限内不丧失新颖性；另一种则是承认展出人的在先使用权，以对抗第三者可能得到的权利。

4. 专利商标保护的独立性原则。《巴黎公约》要求，关于外国人的专利申请或商标注册，应由各成员国根据本国法律作出决定，不应受原属国或其他任何国家就该申请作出的决定的影响 。

（二）《巴黎公约》对成员国知识产权保护的最低要求

《巴黎公约》明确要求成员国提供保护且规定有最低保护标准的工业产权客体包括：专利权、商标权、工业品外观设计、厂商名称、产地标志和反不正当竞争，其中，规定最为全面的是对专利权和商标权的保护要求。

1. 对专利权保护的最低标准。《巴黎公约》主要在七个方面对成员国对专利的保护提出要求，包括专利的独立性、发明人的署名权、法律禁止销售产品的专利性、进口不导致专利失效、方法专利权人对某些进口产品的权利、专利强制许可和国际运输工具上使用专利的问题。在此只具体解释较难理解的如下三个问题：

（1）法律禁止销售产品的专利性，即成员国不得以专利产品或依专利方法制造的产品的销售受到本国法律禁止或限制为理由，而拒绝授予专利或使专利无效。

这一规定是针对下面两种情形提出的：①一项发明与一种产品的制造有关，但这种产品因不符合缔约国法律规定的安全或质量要求而被禁止销售；②有关缔约国已经将这种制造或销售的垄断权或专属的特许权授予某个单位或组织，因而禁止他人制造或销售这种产品。但是，在上面两种情形下，拒绝授予专利或使专利无效都是不公正的。在第一种情形下，该项发明可能已经证明禁止销售该项产品的法律规定已过时；而在第二种情形下，由于垄断权的权利人可能会得到利用该项发明的契约性许可或强制许可，所以不授予专利权也是没有道理的。因此，《巴黎公约》才会强行规定法律禁止销售的产品仍然具有专利性。

（2）进口和专利的维持，即专利权人将在任何成员国内制造的物品输入到对该物品授予专利权的国家，不应导致该专利的取消（包括撤销和宣告无效）。

这一规定主要针对过去不少发展中国家对外国专利权人只进口专利产品而不在本国制造有抵触情绪而在法律中作出不利于外国专利权人的规定。不过，在目前世界经济、科技一体化和世界贸易自由化的进程加快、国际市场和国内市场逐步融为一体的情况下，由于进口专利产品而给予外国专利权人歧视待遇的情况已基本不可能，因而这项规定的作用也逐步减弱。

（3）方法专利权人对某些进口产品的权利，即当一种产品输入到对该产品的制造方法给予专利保护的成员国时，专利权所有人对该进口产品应享有进口国法律对该制造产品所给予的方法专利的一切权利。

目前，各国关于方法专利的效力有两种不同的规定，一种是规定方法专利的效力只包括方法本身的使用，不延伸及于依照该方法所获得的产品；另一种则规定方法专利的效力不仅包括方法本身的使用，而且还延伸及于依照该方法所直接获得的产品的使用、销售和进口。

我国1985年的《专利法》对方法专利权的规定为第一种，而1992年9月4日修正以后的《专利法》对方法专利权的规定为第二种。根据《巴黎公约》的上述规定，如果进口国的法律采取上述第一种规定，那么方法专利权人对进口的该产品不享有任何权利；如果进口国法律采用的是第二种规定，那么方法专利权人对依其专利方法直接获得的产品的使用、销售和进口享有专有权，未经其许可对该产品的使用、销售和进口构成侵权。

2. 对商标权保护的最低标准。《巴黎公约》对商标权保护的最低标准涉及商标注册、使用和转让等诸多问题。

（1）商标独立性原则的例外，即在本国正式注册的商标，除非属于下列情况之一，否则其他成员国应按照在其本国的原样接受申请并给予保护：①商标具有侵犯第三人在申请受理国的既得权利的性质的；②商标缺乏显著特征，或者商标完全是商品的说明或商品的通用名称的；③商标违反道德或公共秩序，尤其是具有欺骗公众性质的；④商标的式样虽不属于上述情况，但构成不正当竞争行为的；⑤申请注册的商标与其在本国注册的商标式样有实质性差别的。规定商标独立性的例外条款是因为商标所有人和公众的利益要求在相同的商品上使用同一个商标，即使这种商品在不同国家销售也一样。

（2）驰名商标的特殊保护。对于商标注册国或使用国主管机关认为一项商标构成已属享有公约利益的人所有并对该国驰名商标复制、仿造或翻译，用于相同或类似商品上，易于造成混乱者，应依职权或应当事人的请求，拒绝或取消注册，并禁止使用。自注册之日起至少5年内，应允许提出取消这种商标的要求，允许提出禁止使用的期限可由各成员国规定。对以不诚实手段取得注册或使用的商标提出取消注册或禁止使用的要求的，不应规定时间限制。

（3）成员国有义务拒绝将成员国的国徽、国旗和国家的其他徽记、各该国用以表明监督和保证的官方符号和检验印章，以及从徽章学的观点看来的任何仿制，用作商标或商标的组成部分予以注册，或使这种注册无效，并采取适当措施禁止使用。这些规定也适用于成员国参加的政府间组织的徽章、旗帜、其他徽记、缩写和名称。

（4）商品的性质和商标注册。《巴黎公约》规定，使用商标的商品的性质决不应成为该商标注册的障碍。

（5）如果成员国一个商标所有人的代理人或代表人，未经授权以自己的名义向一个或几个成员国申请注册该商标，商标所有人有权反对所申请的注册或要求取消注册，或者如果该国法律允许，可以要求将该注册转让给自己。此外，不论商标是否已提出申请或批准注册，商标所有人如果没有授权使用，他也有权反对其代理人或代表人使用其商标。

（6）注册商标的使用。如果在任何国家，注册商标的使用是强制的，在对商标所有人由于其商标未曾使用而取消其商标之前，必须给予适当的期间和机会，以便在几个国家使用其商标，并且只有有关人员不能证明其不使用有正当理由时，才可以取消注册。

（7）商标的转让。当依成员国法律，商标转让只有连同该商标所属厂商或牌号同时转让方为有效时，则只需将该厂商或牌号在该国有部分连带的被转让商标的商品在该国制造或销售的独占权一起转让给受让人，就认为其转让有效。如果受让人使用该商标事实上会引起公众对带有该商标的商品原产地、性质或重要品质等产生误解时，上述规定并不强使成员国承认该项商标转让为有效。

（8）保护集体商标的义务。如果社团的存在不违反其本国的法律，即使该社团没有工商营业所，各成员国也有义务按照自己规定的特别条件，接受该社团的申请，保护其所有的集体商标。各国自己规定的特别条件可以既适用于本国的集体商标，又适用于外国的集体商标。保护集体商标的条件可以涉及请求保护的社团的性质，也可以涉及集体商标本身的性质以及社团对正确使用该商标所提供的保证。成员国有权自由禁止集体商标的转让。如果集体商标违反公共利益，成员国可以拒绝给予保护。

（9）关于服务标记。成员国有保护服务标记的义务，但不要求各国对服务标记的注册作出规定。

三、《保护文学艺术作品伯尔尼公约》

《保护文学艺术作品伯尔尼公约》（以下简称《伯尔尼公约》）是著作权领域第一个世界性多边国际条约，也是至今影响最大的著作权公约。其于1886年9月9日在瑞士首都伯尔尼正式签订，此后曾进行8次修订，形成了1908年、1928年、1948年、1967年和1971年5个文本，其中，最近一次修订是在1979年10月2日，但仍被称为1971年巴黎文本，该修订文本也是成员国较多采用的文本。《伯尔尼公约》是开放性公约，截至2012年3月14日，缔约方总数为165个国家。此外，根据TRIPs协议第9条第1款的规定，世界贸易组织的成员即使不是《伯尔尼公约》的缔约国，也必须遵守《伯尔尼公约》1971年巴黎文本的实质性条款，即第1~21条及公约的附录，但非公约缔约国的世界贸易组织成员，不受《伯尔尼公约》第6条之二的精神权利条款的约束。

我国于1992年10月15日正式加入《伯尔尼公约》，适用公约1971年巴黎文本。根据中国政府的声明，自1997年7月1日起，该文本也适用于中华人民共和国香港特别行政区。

（一）《伯尔尼公约》的基本原则

国民待遇原则、自动保护原则和版权独立性原则是《伯尔尼公约》的三项基本原则。

1. 国民待遇原则。《伯尔尼公约》现行文本中关于国民待遇原则的规定，受《巴黎公约》的影响很大，其最终形成于1967年。国民待遇原则贯穿于《伯尔尼公约》的大部分实体条文中，又集中体现在公约第3、4条和第5条第1、3、4款中。

(1) 享受国民待遇的主体，包括以下五种：①公约成员国的国民，其作品无论是否已出版，均应在一切成员国中享有国民待遇。这是公约的“作者国籍标准”，又称为“人身标准”。②非公约成员国国民，其作品只要是首先在任何一个成员国出版，或在一个成员国或非成员国同时出版（30天之内），也应在一切成员国中享有国民待遇。这是公约的“作品国籍标准”，又称为“地理标准”。③非公约成员国的国民（包括难民和无国籍人）而在成员国中有惯常居所，也适用上述“人身标准”。④对于电影作品的作者来说，只要有关电影的制片人的总部或惯常居所在公约成员国中，其作者也依据上述“地理标准”享有国民待遇。⑤对于建筑作品及建筑物中的艺术作品（必须和该建筑物不可分）的作者来说，只要有关建筑物位于公约成员国地域内，其作者也依据上述“地理标准”享有国民待遇。

(2) 有关国民待遇的特殊规定。与《巴黎公约》相同，《伯尔尼公约》中所说的“国民待遇”包含两方面的含义：①享有公约各成员国依本国法现在给予和今后可能给予其本国国民的权利；②享有公约特别授予的权利，即公约提出的最低保护要求。

2. 自动保护原则。根据公约第5条第2款的规定，享有及行使依国民待遇所提供的有关权利时，不需要履行任何手续。按照这一原则，公约成员国国民及在成员国有惯常居所的其他人，在作品创作完成时即自动享有著作权；非成员国国民又在成员国无惯常居所者，其作品首先在成员国出版或在一个成员国和非成员国同时出版时即享有著作权。

作为自动保护原则的补充，公约第2条第2款允许成员国在国内法中保留“固定要求”，即版权的享有及行使虽不需要履行任何手续，但成员国仍然可以“将所有作品或任何特定种类的作品以某种物质形式固定下来”作为获得版权保护的前提。

“固定要求”与自动保护原则并不矛盾，因为这项要求仅仅使成员国可以通过国内法排除对某些类型作品（如口述作品或演艺作品等）的版权保护，而并不是要求履行任何手续。美国等美洲国家大多有“固定要求”的规定，我国版权法仅要求版权作品必须具有“可复制性”，而没有“固定要求”。

值得注意的是，虽然《伯尔尼公约》规定享有及行使著作权不需要履行任何手续，但事实上，现在仍有一些公约的成员国（如阿根廷、智利等），甚至是公约的发起国（如西班牙）要求登记或交存作品或要求加注标记，作为取得著作权的条件。那么，这些国家的做法是否违反了公约的规定呢？答案是否定的，因为公约并没有要求这些国家在加入公约后必须修改本国的登记制或在国内法中删除加注标记的条款，只要这些国家的上述手续只适用于其本国国民，而不适用于其他依据公约有权享有国民待遇的人，就不被认为是违反了公约的自动保护原则。

3. 版权独立性原则。公约第 5 条第 2 款规定，享有国民待遇的人在公约任何成员国所得到的著作权保护，不依赖于其作品在来源国受到的保护。在符合公约最低要求的前提下，该作者的权利受到保护的程度以及为保护作者权利而向其提供的司法救济方式等，均完全适用提供保护的那个成员国的法律。

版权独立性原则在实践中主要体现为如下三种情形：①公约成员国中，有些国家的版权法要求其国民的作品要履行一定的手续才能获得保护，那么有关作者在其他成员国要求版权保护时，其他国家不能因其本国要求履行手续而专门要求他们也履行手续；②对一位作者居住地和作品首次出版地都在某一成员国的作品，在该国若以某种方式利用作品不构成侵权，但在另一成员国以相同的方式利用却构成侵权，那么后一国不能因这种利用方式在作品来源国不视为侵权而拒绝受理有关的侵权诉讼；③不能因为作品来源国的保护水平低，其他成员国就降低对有关作品的保护水平。

（二）《伯尔尼公约》对成员国知识产权保护的最低要求

1. 保护客体。公约对成员国版权法必须保护的客体、可以选择予以保护的客体以及不应保护的客体均作了详尽的规定。

成员国必须保护的作品包括文学艺术作品、演绎作品以及实用艺术作品和工业品外观设计。文学艺术作品是指“文学、科学和艺术领域中的一切成果，不论其表现的方式或形式如何”。公约继而列举出了一个非穷尽列举式的受保护作品清单。所谓演绎作品，指的是对其他已存在的文学艺术作品进行翻译、改编、乐曲改编以及其他变动而形成的新作品。从性质上讲，演绎作品仍然属于文学艺术作品，只不过是经过再创造所形成的新的文学艺术作品而已。作为新的文学艺术作品，演绎作品当然应得到完整的版权保护，但由于演绎作品的创作以原创为基础，因此当然不得损害原作的版权。

关于实用艺术作品和工业品外观设计，公约在第 2 条第 7 款规定：各成员国得通过国内立法规定其法律在何种程度上适用于实用艺术用品以及工业品平面设计和立体设计，以及此种作品和平面与立体设计受到保护的条件。公约的上述规定说明，实用艺术作品和工业品外观设计是公约各成员国必须保护的客体，但和上面两种保护客体不同，公约并没有要求成员国必须给予实用艺术作品和工业品外观设计以版权保护，这也就是说，只要保护期不低于自作品完成时起 25 年，各成员国可以自行规定不依版权法，而依其他法律（如专利法或专门法等）保护实用艺术作品和工业品外观设计，并且还可以规定特殊的受保护条件（如新颖性和实用性等）。

可以选择给予保护的作品包括官方文件、讲演、演说或其他同类性质的作品以及民间文学艺术作品。官方文件指成员国立法、行政或司法性质的官方文件以及这些文件的正式译本。对于此类作品，绝大多数国家（包括我国）都不给予版权保护，其目的是为了使法律、法规等官方文件及其正式译文的复制不受任何限制，可以广为传播。对于讲课、演说或其他同类性质的作品，保护与否关键看成员国版权法是否有“固定要求”的保留。如果有此保留，此类作品自然被排除在保护范围之外，如果没有，则享有版权保护。至于民间文学和艺术作品，虽然多数国家认为对其保护非常有必要而将其列为版权保护的作品之一，但由于实际保护时常常遇到诸如作者难以确定、举证困难、保护将阻碍再创作等困难，各国对此类作品的保护尚处于摸索阶段。

《伯尔尼公约》明确规定，版权保护不适用于日常新闻或纯属报刊消息性质的社会新闻，理由是这类东西缺乏构成作品条件的创造性因素。

2. 公约保护的权利内容。《伯尔尼公约》赋予权利主体以精神权利和经济权利。

(1) 精神权利。公约对作者精神权利的规定不是1886年就有的，而是1928年罗马修订会上增加的内容。其具体包括：①作者有主张自己是作品创作者的权利；②作者有反对对其作品进行任何有损其声誉的歪曲、篡改或其他更改，或者对作品有其他贬损行为的权利。这两项权利内容与我国著作权法中的署名权和保护作品完整权相当。

(2) 经济权利。公约要求各成员国必须授予的经济权利共有以下八项：[1] ①复制权，即享有授权以任何方式和采取任何形式复制作品的专有权利。②翻译权，即在其原作的整个保护期内，享有翻译和授权他人翻译其作品的专有权利。③公演权。戏剧作品、音乐戏剧作品和音乐作品的作者享有授权公开表演和演奏其作品，包括用各种手段或方法公开表演和演奏的专有权利；授权将其作品的演出向公众进行任何传送的专有权利。④广播权包括授权广播其作品，或以无线传送信号、声音或图像的任何方法向公众传播其作品；授权原广播组织以外的另一组织通过有线传送或转播的方式向公众传送广播的作品；授权通过扩音器或传送信号、声音或图像的任何其他类似设备向公众传送广播的作品。⑤公开朗诵权包括授权公开朗诵其作品，包括用任何手段和方法公开朗诵；授权将其作品的朗诵向公众进行任何播送。⑥改编权。文学和艺术作品的作者享有对其作品进行改编、乐曲改编或其他变动的专有权利。⑦电影权包括授权将这些作品改编和复制成电影作品，以及发行经过如此改编或复制的作品；授权公开演出如此改编或复制的作品，并以有线方式向公众播送。⑧录制权。成员国可就其本国情况，对音乐作品作者及允许其歌词与音乐作品一同录音的歌词作者，授权将上述音乐作品以及有歌词的音乐作品进行录音的专有权利规定保留及条件。

3. 权利限制。“权利限制”指的是有的行为本来应属侵犯了版权人的权利，但由于法律把这部分行为规定为侵权的“例外”，从而不属于侵权。因此，有些国家的版

---

〔1〕 在《伯尔尼公约》关于经济权利的列举中，还有一项“追续权”，其含义是作者或作者死后，国家法律授权的人或机构，对于艺术作品原作、作家或作曲者的原稿，享有权利从作者第一次将作品转移以后的任何销售中享受利益。但公约同时规定，成员国对是否保护“追续权”有选择的自由，因此这项权利不是公约的最低要求。

权法中把“权利限制”称为“专有权所控制的行为之例外”。从本质上讲，版权法中的权利限制是对版权人利益和广大公众利益加以平衡的结果，因为为鼓励和促进人们的创造积极性，版权人的利益需要得到保护，但为使这种创作成果广为传播以及鼓励和促进在这些创造成果基础上的再创造，版权人的利益不应是无止境的。鉴于此，各国的版权法均程度不同地对版权人的专有权利作出限制。但是，如果各成员国无限扩大权利限制的范围，又会使有关公约提供的最低限度的保护水平受影响。因此，《伯尔尼公约》以及所有实质性版权公约都在对成员国提出最低要求的同时，把各国版权法权利限制的条款限定在一定范围内。在《伯尔尼公约》中，这种对权利限制的限制表现为下列几种情形：

(1) 对“合理使用范围”的限制。公约允许的合理使用仅包括以下几种：①成员国法律可以允许在某些特殊情况下复制文学和艺术作品。“特殊情况”的范围由成员国确定。各国版权法通常规定为：个人为学习、研究或欣赏的需要，图书馆为保存版本的需要，为教学和科研的需要等。②从一部合法公之于众的作品中摘出引文，包括以报刊提要形式引用报纸期刊的文章，只要符合合理使用的惯例，在为达到目的的正当需要范围内就属合法，但引用时应注明作品出处，如果原出处上有作者姓名，也应同时注明。③为教育目的利用作品，但也须符合合理使用的惯例以及须指明出处。④成员国的法律可以允许通过报刊、广播或向公众有线传播，复制报纸、期刊上的讨论经济、政治或宗教的时事性文章，或者具有同样性质的广播作品，但以对这种复制、广播或有线传播未明确予以保留的为限，并且均应说明出处。⑤报道时事时使用作品。

(2) 对广播权和录制权强制许可的限制。允许成员国立法以强制许可取代版权人享有的广播专有权和录制专有权，但不得因此损害作者的精神权利和获得合理报酬的权利。所谓“以强制许可取代版权人享有的广播专有权和录制专有权”，是指成员国可以通过立法规定广播和录制版权作品的条件。广播组织和录制者可以事先不经版权人许可，只要按法律规定的条件广播或录制版权作品，就视为已得到版权人的许可，不视为侵权。

4. 作品的保护期。对作品的保护期，公约在第7条针对不同作品作出了不同规定：①一般作品的保护期限为作者有生之年及其死后50年。②电影作品的保护期限为作品在作者同意下公之于众之日起50年。如果自作品完成后50年内尚未公之于众，则自作品完成后50年期满。③不具名作品和假名作品的保护期限为自其合法公之于众之日起50年。如果根据作者采用的假名可以毫无疑问地推定作者的身份，或者如果在公之于众后50年内作者身份公开，则保护期限为作者有生之年及其死后50年。但是，成员国没有义务保护有充分理由推定其作者已死去50年的不具名作品或假名作品。④摄影作品和作为艺术作品保护的实用艺术作品的保护期限不应少于自该作品完成之日算起的25年。

5. 公约的追溯力。《伯尔尼公约》在第18条规定，本公约适用于所有在本公约开始生效时尚未因保护期满而在其来源国进入公有领域的作品。这也就是说，一个国家对其加入公约之前已进入该国公有领域的作品，只要在加入时该作品在来源国仍受保护，该国就有保护这些作品的义务。

考虑到上述追溯力条款对于一些本身经济和文化不发达的国家来说，在参加公约后会感到因突然支付大量外国版税而增加的外汇负担，因而会影响到这些国家加入伯尔尼公约的积极性。因此，为使这种突然增加的负担有可能减轻，公约允许成员国之间通过现有的或将要缔结的双边或多边条约来限制公约追溯力在他们相互间的适用。

四、《与贸易有关的知识产权协议》

《与贸易有关的知识产权协议》（Agreement on Trade-Related Aspects of Intellectual Property Rights，以下简称 TRIPs 协议）是关贸总协定乌拉圭回合谈判的 21 个最后文件之一，于 1994 年 4 月 15 日由各国代表在摩洛哥的马拉喀什签字，并于 1995 年 1 月 1 日起生效，由同时成立的世界贸易组织管理。

TRIPs 协议由序言以及 7 个部分共 73 个条款构成。在序言部分，协定开宗明义地说明了其缔结的目的在于促进对知识产权有效和充分的保护，以减少对国际贸易的扭曲和阻力，同时保证知识产权执法的措施与程序不至于变成合法贸易的障碍。总的来说，《知识产权协定》是一个高标准、严要求的协定，它的生效标志着知识产权国际保护制度进入了统一标准的新阶段，在推动各国知识产权立法和司法活动方面起了重要作用，同时，亦协调了发达国家因对本国知识产权在域外受保护现状不满而与发展中国家产生的种种利益冲突。

（一）普遍义务和基本原则

1. 普遍义务。TRIPs 协议第 1 条第 1 款规定："成员均应使本协定的规定生效。"这一规定首先明确了协定的各项实质性规定均为成员知识产权国内立法的最低标准，其根本目的是要将各成员知识产权的保护水平提高到协定的水平上来。TRIPs 协议强有力的争端预防和解决机制确保了这一目标的实现。

但是，由于在 TRIPs 协议的谈判过程中，发达国家成员的主张始终占上风，因此 TRIPs 协议更多体现的是发达国家成员的意志，这就给发展中国家成员特别是最不发达成员在配合 TRIPs 规定的知识产权保护的广度与深度上提出了很多的难题。为了给发展中国家成员以及最不发达成员在全面实施 TRIPs 协议之前有一个准备的时间，TRIPs 协议第六部分特别规定了"过渡性安排"，其主要内容包括：①任何成员在建立世界贸易组织协定生效之日（即 1995 年 1 月 1 日）以后的一年内，均无义务适用 TRIPs 协议的规定。②任何发展中国家成员以及正处于从中央计划经济向市场经济过渡过程以及正在进行知识产权制度结构性改革，而面临知识产权法律的准备和实施的特殊问题的任何成员，有权再延迟 4 年（即总共可延迟 5 年）适用 TRIPs 协议。③至于最不发达国家成员，不要求它们在建立世界贸易组织协定生效之日起 10 年内适用 TRIPs 协议。④考虑到 TRIPs 协议在产品专利保护方面有许多超前保护的内容，对发展中国家成员有可能构成一定的困难，所以，如果一个发展中国家成员根据TRIPs协议规定必须扩大其产品专利保护的技术领域，那么它在该技术领域适用TRIPs协议第二部分关于专利保护的规定可再延迟5年，即统共可延迟10年在该技术领域适用TRIPs协议关于专利保护的规定。

除享有上述权利外，在过渡期内，成员也必须履行下列义务：①不得增加或扩大各成员国内立法与TRIPs协议之间的不一致，即在TRIPs协议生效之后，立即“冻结”各成员国内立法与TRIPs协议之间的差距，并且在未来的将来只允许缩小这一差距；②发达国家成员应向发展中成员及最不发达成员提供技术和财务合作。这类合作应包括协助后者制定保护知识产权、知识产权执法以及防止知识产权滥用的国内立法，还应包括支持建立或健全与此有关的国内官方及代理机构，其中包括对人员的培训。

2. 基本原则。国民待遇原则和最惠国待遇原则是TRIPs协议的首要基本原则。TRIPs协议国民待遇原则的基本含义是：各成员在知识产权保护上，对其他成员之国民提供的待遇，不得低于其本国国民。但《伯尔尼公约》第6条和《罗马公约》第16条第1款B项所允许的成员国在特殊场合以互惠原则取代国民待遇原则的规定依然有效。

根据《伯尔尼公约》第6条的规定，允许在非成员国版权保护水平太低的情况下，对其因“作品国籍”原应享有的国民待遇，代之以近似互惠的保护，即成员国对因“作品国籍”而应予保护的作品无须给予比首次出版国所给予的更广泛的保护。作出这一规定的原因是依据《伯尔尼公约》“双国籍国民待遇原则”中的“作品国籍标准”，对作者为非成员国国民而首次出版于某一成员国的作品，成员国应为其提供国民待遇。而该作品作者所在国有时版权保护水平极低，甚至有的连版权法都没有，因此成员国的作品在这些国家可能肆无忌惮地被“盗版”。在这种情况下，要求成员国为其国民的作品提供完全的国民待遇似乎太不公平，因此，公约作出上述以近似“互惠”取代国民待遇的规定。之所以采用“近似互惠”的提法，是因为如果完全互惠，即成员国提供的保护应与作者所在国给予成员国国民的保护相当，包括对无版权法之国的作品将完全不予保护，而不是公约要求的“无须给予比首次出版国所给予的更广泛的保护”。

《罗马公约》第16条第1款B项的内容与《伯尔尼公约》第6条相同，只不过受限制保护的主体不是作者而是广播组织，受限制的权利不是版权而是“向公众传播电视的权利”。

根据TRIPs协议的最惠国待遇原则，在知识产权的保护上，某一成员提供其他国国民的任何利益、优惠、特权或豁免，均应无条件地适用于全体其他成员之国民。

但是，与WTO的最惠国待遇一样，TRIPs协议的最惠国原则也有例外。具体地说，例外包括如下四项：①由一般性司法协助及法律实施的国际协定引申出的且并非专为保护知识产权的；②《伯尔尼公约》和《罗马公约》允许的按互惠原则提供的优惠；③TRIPs 协议未加规定的表演者权、录音制作者权和广播组织权；④建立 WTO 协定生效之前业已生效的保护知识产权国际协定中产生的。

此外，上述国民待遇和最惠国待遇的规定不适用于由世界知识产权组织主持缔结的多边协定中有关获得或维持知识产权的程序。这也就是说，这些多边协定中规定的给予缔约国在程序上的优惠待遇，没有加入这些多边协定的世界贸易组织的成员是不能依据国民待遇或最惠国待遇原则要求享受的。例如，如果一个成员是《国际承认用于专利程序的微生物保存布达佩斯条约》的缔约国，它的国民在该条约另一个缔约国申请微生物发明专利时，可以无需将微生物样品提交该缔约国的保存单位收藏，而只要提交"国际保存单位"收藏就可以了。但是没有加入布达佩斯条约的成员的国民，不能要求享受这种程序上的优惠。

（二）成员保护知识产权的义务范围

在对成员保护知识产权的义务作出具体规定之前，TRIPs 协议首先将《保护工业产权巴黎公约》1967 年斯德哥尔摩文本第 1 ~ 12 条以及第 19 条、《保护文学艺术作品伯尔尼公约》1971 年巴黎文本第 1 ~ 21 条以及公约的附件（第 6 条之二关于精神权利的规定除外）、《保护表演者、录音制品制作者和广播组织罗马公约》以及《关于集成电路知识产权条约》第 2 ~ 7 条（第 6 条第 3 款关于强制许可的规定除外）、第 12 条及第 16 条第 3 款全部纳入到《知识产权协定》中，成为世界贸易组织成员必须予以保护的最低标准。

但是，TRIPs 协议和《罗马公约》之间的关系受到最惠国待遇原则例外之三，即 TRIPs 协议未加规定的表演者权、录音制作者权和广播组织权属于最惠国待遇例外的限制，这也就是说，TRIPs 协议并未将《罗马公约》的全部实质性规定纳入。事实上，TRIPs 协议在版权的相关权利部分只对《罗马公约》的部分实质性规定进行了重复和少许的改变。这样对相互寻求邻接权保护的 WTO 成员来说，如果双方均为《罗马公约》成员国，应相互提供《罗马公约》水平的保护；但如果双方或任何一方不是《罗马公约》的成员国 ，那么只需相互提供 TRIPs 协议水平的邻接权保护即可。

在上述被纳入的公约内容基础上，TRIPs 协议又在以下几个方面进一步明确了成员保护知识产权的最低水平。

1. 版权和相关权利。在版权保护方面，TRIPs 协议在以下几个方面对《伯尔尼公约》进行了补充：①在保护客体方面，将计算机程序和有独创性的数据汇编明确列为版权保护的对象；②在权利内容方面，增加了计算机程序和电影作品的出租权；③延长了某些作品的保护期。TRIPs 协议第 12 条规定："除摄影作品和实用艺术作品外，如果某作品的保护期并非按自然人有生之年计算，则保护期不得少于经许可而出版之年年终起 50 年，若作品在创作后 50 年内没有出版，则保护期应不少于作品创作之年年终起 50 年。"而按照此前的《伯尔尼公约》，电影作品、不具名作品和假名作品的保护期为该作品合法公之于众之日起 50 年。而合法公之于众除出版外，还包括很多其他方式，如公开表演、公开朗诵或向公众传播，那么如果有人采用非出版的方式将上述作品公之于众，按照《伯尔尼公约》保护期已经开始起算，而按照TRIPs协议则保护期还没有开始起算，必须等到将来出版时才起算。

TRIPs协议对版权相关权利（著作邻接权）的规定在很大程度上参考了《罗马公约》的内容。其首先规定：①对将表演录制在唱片之上，表演者有权禁止下列未经其授权的行为：录制其未录制的表演并翻录这些录制品；以无线方式广播和向公众播出其现场表演。②录音制品制作者应有权授权或禁止对其录音制品直接或间接的复制。③广播组织有权禁止未经其授权的下列行为：录制其广播；复制此录音制品；通过无线方式重播其广播；将其电视广播节目向公众传播。④允许成员在《罗马公约》允许的范围内，对上述的表演者、录音制品制作者和广播组织的权利规定条件、限制、例外和保留。这几方面的规定基本上是对《罗马公约》内容的重申。

在上述内容的基础上，TRIPs协议又在两个方面提高了对版权相关权利的保护水平：①延长了权利保护期限，规定了对表演者和录制者的保护期限，应从录制或节目表演当年年底算起至少持续50年；对广播组织的保护期限，应为广播开始之年年底算起至少持续20年。②将《伯尔尼公约》第18条关于追溯力的规定比照适用于表演者权及录音制品制作者权。这就是说，对世界贸易组织的成员来说，TRIPs协议对其生效之前已经进入该国公有领域的表演和录音制品，只要该表演和录音制品在其来源国仍受保护，该国就有保护这些表演和录音制品的义务。

2. 商标。TRIPs协议第一次给商标下了一个明确的定义，即任何能够将一企业的商品和服务与其他企业的商品或服务区分开的标记或标记的组合，包括文字、字母、数字、图形要素、色彩的组合以及上述内容的组合。

TRIPs协议确认了《巴黎公约》第6条之五列举的拒绝商标注册的理由。此外还规定，不应以使用作为提出申请或作为注册的条件，不能以使用商标的商品或服务的性质为理由，拒绝商标注册。商标一旦批准注册，其所有人就应享有专有权，防止任何第三人未经许可，在贸易中使用与其注册商标相同或近似的标记于该商标所注册的相同或类似的商品或服务上。但上述权利不应损害任何已经存在的在先权利，在承认根据使用可获得商标权的成员中，在先权利中还包括根据使用获得的商标权。

与《巴黎公约》相比，TRIPs协议扩大了对驰名商标的特殊保护，具体表现在两方面：一方面，《巴黎公约》第6条之二关于驰名商标的保护原则可以扩大适用于服务标记，确认某一商标是否驰名，要看相关公众对其的知晓程度，包括在该成员地域内因宣传而使公众知晓的程度；另一方面，将相对保护扩大为绝对保护，即驰名商标特殊保护的规定还应比照适用于与该商标注册的商品或服务不相类似的商品或服务。

商标首次注册以及每次续展，其期限均不得少于7年。商标的注册应可无限地续展。

在商标的转让问题上，TRIPs协议不允许商标的强制许可。商标权人有权自行决定是否允许商标连同商标所属的经营一道转让或不同时转让。这一规定比《巴黎公约》更为灵活，对商标权人更为有利。因为《巴黎公约》还允许成员国要求转让商标的同时必须一同转让该商标所属的坐落在该国的商行或商誉，而TRIPs协议则完全允许商标权人自行决定是否连同商标所属的经营一道转让其商标。可以说，TRIPs协议的规定进一步肯定了商标作为一种独立的无形财产的法律地位，这也是知识产权理论发展的一个体现。

3. 地理标志。地理标志（Geographical Indication）是指表示一种商品的产地在某一成员领土内，或者在该领土内的某一地区或地方的标志，而某种商品的特定品质、名声或者其特色主要与其地理来源有关。

在TRIPs协议之前，有关的知识产权公约以及关贸总协定中从未有过“地理标志”的提法，倒是《巴黎公约》中曾提到“产地标志”，《关贸总协定》第9条提到“原产地标志（Marks of Origin）”，作为关贸总协定基本原则的最惠国待遇和国民待遇中，也有对“原产于（originating in）”某国商品不同待遇的规定，并且乌拉圭回合谈判的最终文件中还包括一个“原产地规则协议（Agreement on Rules of Origin）”。显然，产地标志一直是贸易问题注重的焦点之一。那么，产地标志或原产地标志与TRIPs协议中的“地理标志 ”有何不同呢？概括来讲，二者的区别大致表现在两方面：①标志方式上的不同。产地标志是指制造国落款，如“中国制造”或“MADE IN CHINA”。而地理标志的方式却有三种可能，第一种是某一成员领土，如“中国丝绸”；第二种是该领土内某一地区，如“中国新疆葡萄干”；第三种是该领土内某一地区内的一个地方，如“中国江西景德镇瓷器”。②标志意义的不同。产地标志仅仅表明商品的来源，在国际贸易中，它是统计贸易顺逆差的关键。而地理标志的主要意义在于将某种商品的特定品质、名声或特色通过地理标志表现出来，这是产地标志没有也无意表达的内容。也正由于地理标志与特定商品的品质、名声或特色有内在本质的联系，因此，对地理标志的滥用或者足以使人产生误解的利用不仅可能导致消费者的误认误购，而且还可能产生与有权使用人之间的不正当竞争。

根据TRIPs协议，各成员有义务对地理标志提供法律保护，使利害有关各方能阻止在商品的名称或外观上使用任何方法，以一种误导公众关于产地的方式明示或暗示有关商品来源于真正来源地以外的地区的行为以及《巴黎公约（1967年文本）》第10条之二所规定的不公平竞争行为。

如果某些商品的商标含有或由地理标志组成，而该商品并非来源于该标志所表示的地域，如果在某一成员国内在这种商品上使用有这样标志的商标，对该商品的真正起源地具有误导公众的性质，那么该成员应拒绝该商标的注册或使注册无效。

鉴于对酒类商品的地理标志保护具有特别的重要性，TRIPs协议特别要求各成员采用法律手段，防止任何人使用一种地理标志来表示并非来源于该标志所指地方的葡萄酒或烈酒。

4. 工业品外观设计。TRIPs协议要求各成员对独立创作的、具有新颖性或原创性的工业品外观设计提供保护。各成员可以规定，外观设计的保护不应延及主要由技术或功能考虑所做成的外观设计。各成员应保证对纺织品外观设计获得保护的要求，尤其是关于费用、审查或公布的要求，不应不合理地损害求得这种保护的机会。

受保护的工业品外观设计的所有人应有权阻止第三人未经其许可，为商业目的而制造、复制或进口载有或体现有受保护的外观设计的复制品或实质上是复制品的货物。

成员可自行确定用工业产权法或通过版权法来保护工业品外观设计，但其保护期至少为10年。

5. 专利。在TRIPs协议第二部分的谈判过程中，发达国家和发展中国家分歧最大的就是涉及专利保护的问题，可以说，发达国家竭力把知识产权问题纳入乌拉圭回合的谈判议程的主要目的就是希望取得TRIPs协议第二部分专利一节所规定的内容。

（1）专利保护客体。关于这个问题，TRIPs协议首先原则性地规定，除了某些例外或条件，对一切技术领域内具有新颖性和创造性并能付诸工业应用的任何发明，不论是产品还是方法，均有可能获得专利，而且专利的保护和专利权的享有，不能因发明地点、技术领域、产品是进口或在本地制造，而有任何歧视。

上述前半段的规定是针对在TRIPs协议之前，有相当一部分国家并不对一切领域的发明都授予专利，特别是对药品和化学物质不授予专利，而只授予药品和化学物质的制造方法专利权。这使得美国等少数工业大国极为不满，认为这使自己的利益蒙受了巨大损失。上述后半段的规定则主要针对两种情况：一种是针对美国的，因为美国对他国国民在美国领土外作出的发明给予歧视，使他们不能像美国人那样适用发明在先原则；另一种则针对发展中国家，原因是许多发展中国家对产品是进口而非在本国制造的外国人在本国享有的专利给予歧视。协定的上述规定解决了所有这些问题，在某种程度上可以缓解有关国家由此可能发生的贸易摩擦。

尽管有上述原则性规定，但是在扩大专利保护客体范围和保护力度上，发达国家和发展中国家之间仍然存在较大的分歧。作为主要的知识和技术的生产国和出口国，西方主要发达国家竭力想在世界范围内保护其知识产权以回收利润，因此，他们主张强化知识产权的国际保护。这当中以美国的手段最为著名，其通过《综合贸易与竞争法》中的“超级301条款”，将知识产权的保护与国际贸易挂钩，借助健全有效的国际贸易法律机制来达到保护其知识产权的目的。而发展中国家为了发展本国的经济，自然只能降低对一些有关国计民生的重大技术的保护。体现在药品、食品和农用化学制品上即是如此，因为如果提高投入化肥、药品的成本，专利保护将潜在地不利于一国的粮食安全（基本口粮供应不足），或不利于贫穷人口的健康（他们将对受专利保护的药品支付更多的金钱）。发展中国家与发达国家的这种对立也反映在乌拉圭回合的谈判中，发展中国家要求对医药、化工、食品和动植物品种允许有例外，可以不予以专利保护，而美国则在谈判期间对巴西、中国等挥舞其“超级301”大棒，以制裁相威胁以强迫发展中国家加大对知识产权的保护力度。在欧盟的同时加压下，发展中国家最终接受了除动植物品种外其他均予以专利保护的文本。不过，经发展中国家的一再坚持，以及考虑到发展中国家的实际困难，TRIPs 协议在“过渡性安排”部分给予了发展中国家将专利保护扩大适用于新技术领域的一共 10 年的过渡期。但是，这项过渡期安排又受到 TRIPs 协议第 70 条第 8、9 款的限制。

TRIPs 协议第 70 条第 8 款就是所谓的“邮箱制度”。这一条款规定，对于那些原先专利制度不保护药品和农业化学产品的成员，即使根据协定“过渡性安排”可以延迟承担授予这些产品专利的义务，但也应在 1995 年 1 月 1 日即建立一个“邮箱”存放这一方面的专利申请，并保证存放中的申请不会丧失新颖性。一旦这些国家的专利法开始保护药品和农用化学产品，存放在邮箱中的专利申请就可以立即进入专利审查阶段。

TRIPs 协议第 70 条第 9 款称之为“独占销售权制度”。它要求对于已由其一成员批准专利并且已在该成员国内销售的药品和农用化学产品，其他成员均应授予其在本国境内的“独占销售权”，而不管该成员是否根据协定“过渡性安排”尚不承担授予这些产品专利的义务。TRIPs 协议规定“独占销售权”的期限是获得市场准入后 5 年，或是持续到该产品的专利申请被授予或被驳回之日，两期限以较短的为准。

作为专利客体的例外，TRIPs 协议规定只能包含如下两项：①为人类或动物的治疗所用的诊断方法、治疗方法和外科手术方法；②植物和动物（不包括微生物）以及生产植物或动物的主要是生物的方法，但成员应对植物新品种提供法律保护。

（2）专有权的内容。和《巴黎公约》相比，TRIPs 协议在专利权内容方面增加了专利进口权、提供销售权，并且还要求成员将对方法专利的保护至少延及依该方法而直接获得的产品。

专利进口权指的是进口国的专利权人有权阻止他人未经许可进口与其专利产品相同的产品，不管进口的产品在国外是否享有合法的专利权，并且如果该商品在国外享有合法专利权，那么国外的专利权人与进口国的专利权人是否为同一个人也在所不问。

TRIPs 协议的“提供销售权”和我国 2000 年《专利法》修正案中的“许诺销售权”是同一含义，通常是指在非法销售行为实际进行前所进行的一些特定行为，包括发布广告、展览、公开演示、寄送价目表、拍卖公告、招标公告以及达成销售协议等表明销售专利产品意向的行为。在没有这项权利之前，专利法只赋予权利人以“销售权”，但仅仅有销售权专利权人尚不足以制止侵权行为。因为实践中，专利权人对销售行为的控制是比较困难的，如果一定要等到销售行为完成才能采取措施，可能侵权产品早已扩散，要查明侵权产品的流向、控制侵权产品的流通，就将更加困难。即使是能够了解侵权产品的流向，对善意的再销售者或使用者，专利权人恐怕也无法要求其承担赔偿责任，而且非法销售专利产品的人可能在完成销售行为后迅速撤离，专利权人又不知制造者是谁，因此其制止侵权行为的努力可能会两头落空。如果在销售行为未及实施、非法销售行为尚在准备阶段即采取措施，控制侵权行为的膨胀和蔓延，就将大大提高专利权人制止侵权的效率，降低制止侵权的成本，从而更加有效地维护专利权人的权利。[1] 有鉴于此，TRIPs 协议增加了“提供销售权”，以增加专利权人制止侵权行为的机会，以便更好地维护自己的合法权益。

至于对方法专利的保护，《巴黎公约》仅禁止他人未经许可使用该方法本身，却不禁止他人使用或者销售依照该方法直接获得的产品。从实际效果上看，这样的专有权对权利人是没有多大意义的，因为专利方法是否被人使用，被什么人使用，专利权人是很难发现制止的，而比较容易发现的对依专利方法直接获得之产品的使用和销售又不属于权利人的制止范围。因此，TRIPs 协议将对方法专利的保护扩大至依该方法直接获得之产品是非常必要的，此外，TRIPs 协议规定“至少是依照该方法直接获得的产品”，说明 TRIPs 协议的这项规定只是最低要求，成员还可以通过国内立法将对方法专利的保护进一步扩大，如扩大到依照该方法所直接获得的原始产品经过加工后所得到的产品。

（3）专利的保护期。TRIPs 协议规定应不少于自提交专利申请之日起的 20 年终止。

（4）专利强制许可。依据 TRIPs 协议，成员可以在以下三种情形下颁发专利强制许可：①成员进入国家紧急状态或在其他特别紧急情况下；②为了公共利益的需要；③意图使用人已经努力向专利权人要求依合理的商业条款及条件获得许可，但在合理的期限内未获许可。在前两种情形下，无需事先以合理条件与专利权人协商，但有关人员应在获得强制许可后立即通知专利权人。

在允许强制许可的同时，TRIPs 协议也规定了成员批准强制许可的极为苛刻的条件，包括：①强制许可的官方授权应该根据个案的具体情况分别予以考虑。②强制许可的范围和期限均应局限于原先允许使用时的目的之内，如果所使用的是半导体技术，则仅应进行公共的非商业性使用，或经司法或行政程序已确定为反不正当竞争行为而给予救济的使用。③强制许可必须不是独占的。④除非是与从事使用的那部分企业或商誉一并转让，否则强制许可不得转让。⑤强制许可的目的应主要为供应批准许可的成员域内市场之需，不能供出口。⑥在适当保护强制许可人的合法利益的前提下，一旦导致强制许可的情形不复存在并且又很难发生，则应中止该强制许可。主管当局应有权主动要求审查导致强制许可的情况是否继续存在。⑦强制许可应该是有偿的。⑧强制许可的法律效力以及任何规范强制许可使用费的决定，均应接受司法审查或上级机关的其他独立审查。⑨ 为了开发一项专利（“派生发明”或“第二专利”）而批准对另一专利（“原发明”或“第一专利”）的强制许可必须符合下列条件：派生发明应当是具有相当经济效益的重大技术进步；原发明人应有权按合理条款取得派生发明的交叉许可；除非与派生专利一起转让，否则强制许可是不能转让的。

---

〔1〕 衣庆云：“浅析‘许诺销售’”，载《知识产权》2001 年第 2 期。

6. 集成电路布图设计。集成电路技术作为微电子技术的核心，是目前发展非常迅速的一种新技术，它广泛地应用于许多领域，包括高级数据处理设备以及许许多多的日常用品，如电视机、洗衣机等。具体而言，集成电路俗称半导体芯片，其是指一种产品在它的最终形态或中间形态，其中众多元件（其中至少有一个是有源元件）和部分或全部互连集成在一块材料之中和/或之上，以执行某种电子功能。

对集成电路的布图设计专门立法实施知识产权保护，始于美国1984年的《半导体芯片保护法》，此后主要是在美国的推进下开始了国际化的进程，至今已有美国、日本、欧共体等27个国家和地区颁布了专门立法，此外，还有两个重要的国际公约涉及集成电路布图设计的保护，这即是1989年在世界知识产权组织的主持下于华盛顿缔结的《关于集成电路知识产权条约》（简称《集成电路条约》或《华盛顿条约》）和1991年关贸总协定乌拉圭回合达成的《与贸易有关的知识产权协定》（TRIPs协议）。

目前，《集成电路条约》的签字国有8个，全是发展中国家（包括中国），西方一些发达国家因对其中关于保护标准的规定不满意，拒绝签字。条约规定有5个国家批准既可生效，但迄今只有一个国家批准，因此该条约至今未能生效。然而，《与贸易有关的知识产权协定》规定，世界贸易组织成员同意依照《集成电路条约》第2～7条（第6条第3款除外）、第12条及第16条第3款对集成电路布图设计提供保护，并补充了一些规定。因此，尽管集成电路条约本身尚未生效，但是就世界贸易组织的成员而言，该条约由于知识产权协定的规定而已经在成员中实施。

（1）《集成电路条约》的主要内容。《集成电路条约》规定，每一缔约方有义务保证在其领土内按照条约规定对布图设计（拓扑图）给予知识产权保护。而所谓布图设计，系指集成电路中众多元件（其中至少有一个是有源元件）和其部分或全部集成电路互连的三维配置，或者是指为集成电路的制造而准备的这样的三维配置。

布图设计要受到保护必须具有原创性，即该布图设计是其创作者自己的智力劳动成果。但这种原创性与版权法所说的原创性并不相同，因为条约要求布图设计在其创作时在布图设计创作者和集成电路制造者中都不是常规的设计。这就是说，它比版权法对原创性的要求更高。因此，由常规的元件和互连组合而成的布图设计，只有在其组合作为一个整体符合上述原创性的条件时，才能受到保护。

对于上述客体用什么法律形式来保护的问题，《集成电路条约》规定，缔约方可以自由通过布图设计的专门法律，或通过关于版权、专利、实用新型、工业品外观设计、不正当竞争的法律，或者通过其他法律或任何上述法律的组合来提供保护。

在权利人享有的权利内容方面，《集成电路条约》赋予权利人以布图设计的复制权、布图设计及含有该布图设计的集成电路的销售权、提供销售权和进口权，同时又对权利作出如下限制：①规定下列三种行为属于合理使用：其一，第三人为私人目的或纯粹为了评价、分析、研究或教学之目的而进行的复制；其二，二次创作，即第三人在评价或分析受保护的布图设计（第一设计）的基础上，创作出符合条约所规定原创性的布图设计（第二设计）的（在美国法中，此种行为称成为“反向工程”），该第三人可以在集成电路中采用第二设计，或者对第二设计进行复制、为商业目的进口、销售或以其他方式供销该设计等上述受保护的行为，而不视为侵犯第一设计权利持有人的权利；其三，第三人的独立创作，即对于由第三人独立创作出的相同的具有原创性的布图设计，权利持有人不得行使其权利。②强制许可。③善意获得，即对于为商业目的，从事进口、销售或以其他方式供销任何含有非法复制的布图设计的集成电路或任何含有这样的集成电路的物品的行为，如果进行或者指示进行该行为的人在获得该集成电路或含有这样的集成电路的物品时，不知道或者没有合理的根据知道该集成电路包含有非法复制的布图设计的，任何缔约方不应认为这种行为非法。④权利用尽，即权利持有人或经其同意投放市场的布图设计或含有此项布图设计的集成电路，可以不经权利持有人许可，合法地进行再销售或进出口。

关于权利的保护期限，《集成电路条约》规定至少为 8 年，但保护期限从何时起算，条约没有作出明确的规定，只是说在布图设计在世界某地已单独地或作为某集成电路的组成部分进行普通商业实施以前，任何缔约方均有不保护该布图设计的自由；此外，条约还规定，布图设计成为以正当方式向主管机关提出登记申请的内容或者登记的内容以前，任何缔约方均有不保护该布图设计的自由。这说明布图设计获得保护是以商业实施为条件，还是以登记为条件，由各缔约方自行决定。事实上，这两种方式都有国家采用。

如果实行登记制，条约又规定任何缔约方均可要求权利持有人在世界任何地方首次商业实施集成电路的布图设计之日起一定期限内提出登记申请，但这一期限自首次商业实施起不应少于 2 年。此外，对于登记申请，缔约方可以要求其附具该布图设计的副本或图样，当该集成电路已商业实施时，可以要求其提交该集成电路的样品并附具确定该集成电路旨在执行的电子功能的定义材料；但是，申请人在其提交的材料足以确认该布图设计时，可免交副本或图样中与该集成电路的制造方式有关的部分。

（2）TRIPs 协议对集成电路布图设计保护的强化。与《集成电路条约》相比，TRIPs 协议对集成电路布图设计保护水平的提高表现在以下几个方面：①扩大了权利保护范围。《集成电路条约》只保护布图设计和含有受保护布图设计的集成电路，但不保护含有受保护集成电路的物品，这与美国等发达国家的保护标准不一致，因此成为这些国家不参加集成电路条约的一个重要原因。因此，TRIPs 协议在吸纳《集成电路条约》关于保护标准的规定时，顺应发达国家的要求，最终还是将保护对象扩大到了含有受保护集成电路的物品。②将《集成电路条约》8 年的保护期延长为 10 年。此外，TRIPs 协议还允许成员将布图设计的保护期限规定为自创作完成之日起 15 年。③对善意侵权作出了补充规定，规定善意侵权人在收到该布图设计系非法复制的明确通知后，仍可以就其现有存货或订单继续实施其行为，但有责任向权利持有人支付报酬，其数额应与根据自由谈判达成协议应支付的许可费相当。

7. 对未披露的信息的保护。根据 TRIPs 协议，未披露的信息要得到保护必须符合三个条件：①信息是秘密的，即信息整体或者其组成部分的确切组合不是通常从事该信息行业界的人所普遍知悉或容易获得的；②该信息因为秘密而具有商业上的价值；③合法控制信息的人为了保守该信息的秘密性，已经根据情况采取了适当的措施。

合法控制符合上述条件的信息的自然人和法人有权制止他人未经其许可，以违反诚实的商业惯例的方式公开、获得或使用该信息。

如果成员要求呈送未公开的试验或其他数据，作为批准农业化学产品上市销售的条件，如果这种数据的获得包含了相当大的努力，则有关成员应当加以保护，以防止不正当的商业使用或公开。

8. 许可协议中对反竞争行为的控制。TRIPs 协议明确规定，各成员可以立法规定在有关市场的特定情形下，在授予许可中某些对竞争有不利影响的惯例或条款构成对知识产权的滥用。各成员可以根据其有关法律和条例采取适当措施，以防止或控制这种惯例。

对于什么是反竞争的惯例，各成员之间尤其是在发展中国家和发达国家之间，一直存在很大的争议，TRIPs 协议没有对“反竞争的惯例”下明确的定义而只以举例方式列举了如下三个，即排他性的反授条款、阻止对知识产权的有效性提出异议的条款、强制性的一揽子授予许可。

（三）知识产权的实施

《巴黎公约》和《伯尔尼公约》涉及知识产权实施的规定很少，而由于各成员的程序和执行制度不同，各公约的实体规定很可能因此而失去作用。基于这种原因，在欧美企业组织代表的要求下，TRIPs 协议的第三部分专门涉及知识产权的实施，共有 21 条之多，这在知识产权国际公约中是一个创举。

1. 一般义务。各成员应保证其国内法能提供协定第三部分所规定的执法程序，以便能采取有效行动，制止任何侵犯协定所规定的知识产权的行为。这种执法程序必须包括迅速防止侵权的救济和遏制进一步侵权的救济。此外，知识产权的执法程序应当公平合理，不应当不必要地复杂或花费过高，或者规定不合理的期限或不应当的拖延。

2. 民事和行政程序及救济。各成员应向权利持有人提供关于执行知识产权的民事司法程序，包括及时得到足够详细的书面通知、委托代理人、举证的权利、陈述的机会等。一旦发生侵权，成员的司法机关应有权责令停止侵权，向权利持有人支付损害赔偿，对侵权的商品进行处理，禁止其进入商业渠道或命令将侵权商品予以销毁。

3. 临时措施。各成员的司法机关应当有权在侵权行为发生之初采取临时措施，以制止侵权行为继续进行或防止有关证据被销毁。

4. 关于边境措施的特殊要求。权利持有人如有适当的证据怀疑假冒商标的商品或盗版商品有可能进口，可以书面向进口国主管行政或司法当局提出，由海关中止放行被怀疑侵权的商品。申请人应提供保证金或相当的担保，其数额应足以保护被告和该主管机关，并防止滥用。申请人对因错误扣押商品而造成的进口方的损失应予以赔偿。

5. 刑事程序。各成员必须规定刑事程序和刑罚，而且应至少适用于商业规模的故意假冒商标或版权盗版，适用的救济包括：监禁、罚金、扣押、没收、销毁侵权产品以及主要用于犯罪的任何材料和工具。

（四）知识产权的取得、维持及相关程序

各成员可以要求将符合合理手续和遵守合理程序作为获得或维持知识产权的一个条件，但这些程序和手续应与知识产权协定的规定相一致。

如果知识产权的获得需要经过授权或注册，各成员应保证在符合获得权利的实质性条件的前提下，授权或注册的程序能在合理的期间内批准授权或注册，以免不正当地缩短保护期限。

（五）TRIPs 协议的修订

前文已经提到，TRIPs 协议在平衡药品专利权与公共健康需要的冲突时存在一系列的妥协，但并未从根本上解决这种冲突。因此，在 TRIPs 协议生效后，药品专利和公共健康之争也一直没有停止，这种争论的结果集中地体现在《多哈宣言》和《总理事会决议》以及 2005 年 12 月 6 日通过的《修改〈TRIPs 协议〉有关公共健康条款的决议》中。

2001 年 3 月，60 个发展中国家联合发表了一份声明，指出 TRIPs 协议对药品专利的保护法则“不应与世贸成员国发展本国医疗卫生事业的愿望相抵触”。在此基础上，2001 年 11 月 14 日 WTO 第四届部长级会议通过了《〈TRIPs 协议〉与公共健康宣言》（简称《多哈宣言》）。[1] 宣言中主要明确了以下几个问题：①“TRIPs 协议不会也不应阻止成员们采取保护公共卫生的措施”，WTO 成员有权充分使用 TRIPs 协议中为此规定的灵活性条款；

这些灵活性包括：①在适用解释国际公法的习惯性规则时，TRIPs 协议每一条款都应根据该协定所表述的对象和目的予以理解，特别是其目标和原则中的对象和目的；②每一成员有权发放强制许可，并有权决定发放此类许可所依据的理由；③每一成员有权决定何种情况构成了国家紧急情况或其他极端紧急情况，各方理解公共卫生危机，包括与艾滋病、肺结核、疟疾和其他传染性疾病有关的危机，相当于国家紧急情况或其他极端紧急情况；④TRIPs 协议中与知识产权的权利用尽问题有关的规定的作用是，在符合第 3 条和第 4 条有关最惠国待遇和国民待遇规定的前提下，使

---

〔1〕 See “Declaration on the TRIPs Agreement and Public Health”, www. wto. org/english/thewto_ e/minist_ e/min01_ e/mindecl_ TRIPs_ e. htm.

每一成员有权为此种权利用尽而建立自己的体制而不受质疑。[1] ②“每一成员有权发放强制许可，并有权决定发放此类许可所依据的理由”；③对于医药制品，最不发达国家成员在2016年1月1日前，不必实施或适用TRIPs协定第二部分第5节和第7节或执行此两节下所规定的权利；④授权进行新一轮的关于药品专利和公共健康问题的谈判。

根据《多哈宣言》的上述授权，WTO多哈回合上启动了针对TRIPs协议的谈判，2003年8月30日，WTO总理事会在瑞士日内瓦通过了《关于实施TRIPs协议与公共健康多哈宣言第6段的总理事会决议》（简称《总理事会决议》）。该协议的核心内容是：①允许“符合条件的进口成员方”[2] 可以以强制许可的方式，向“出口成员方”[3] 进口非专利药品；②当“符合条件的进口成员方”对同一产品行使强制许可时，只要“出口成员方”已因这些产品向专利持有人支付过报酬，进口成员方可不履行TRIPs协议第31条第h项的义务，即不需要再支付报酬；③为了公共健康目的，发达国家成员方保证依照TRIPs协议第67条提供技术协作，包括与其他相关政府间组织协作；④承诺TRIPs协议理事会将于2003年底启动修改TRIPs协议的准备工作，并争取在6个月内完成对TRIPs协议的修改。

2005年12月6日在香港举行的WTO第六次部长级会议上，各成员一致通过了《修改〈TRIPs协议〉的议定书》，修订了TRIPs协议第31条f项的规定，

TRIPs协议第31条f项原来规定：利用强制许可生产的产品应当主要为供应授权国的国内市场。即在TRIPs协议第31条后插入第31条之二，允许利用强制许可生产的药品出口到缺乏生产能力的国家，在《“TRIPs协议”附件》的附录里规定了关于医药行业生产能力的评估，明确了“没有或缺乏医药生产能力”的含义。WTO各成员国应于2007年12月1日前批准上述修正案。[4]

五、知识产权国际保护的新发展

知识产权国际保护到了TRIPs协议生效时已经进入了高标准的时代，但是，由于TRIPs协议首次涉及知识产权的执法问题，相关规定比较原则化，因而制约力有限。为了进一步强化知识产权国际保护的严要求，知识产权多边合作也取得了一些新的进展，《反假冒贸易协定草案》（ACTA）和《跨太平洋伙伴关系协议》（TPP）的知识产权政策是其中最具有代表性的成果。

---

〔1〕参见张娟：“TRIPs协议下药品专利保护与公共健康危机的冲突与对策研究”，苏州大学2004年硕士学位论文。

〔2〕“符合条件的进口成员方”指任何最不发达成员国家方，以及任何向TRIPs协议理事会发出通知，表明其希望使用此制度作为进口方意愿的成员方。参见《总理事会决议》第1条b项。

〔3〕“出口成员方”指使用《总理事会决议》中确定的制度生产医药产品并将其出口到“符合条件的进口成员方”的成员方。参见《总理事会决议》第1条c项。

〔4〕我国于2007年11月30日递交了通过该修订案的批准书。参见“中国递交《修改〈与贸易有关的知识产权协议〉议定书》批准书”，载人民网 http：//world. people. com. cn/GB/57507/6595399. html.

（一）《反假冒贸易协定》（ACTA）

2007 年 10 月 23 日，美欧表示将与一些主要贸易伙伴将寻求谈判一个新的更高基准的知识产权执法协定，并强调该谈判不属于任何现有的国际组织的一部分。2010 年 10 月，《反假冒贸易协定》（Anti-Counterfeiting Trade Agreement，以下简称 ACTA）草案文本主要争议方美国和欧盟迅速达成妥协，于 2010 年 11 月 15 日公布了最终草案文本，自 2011 年 5 月 1 日起开放签署。

ACTA 共有六章 45 条，分别是"初始条款和一般定义"、"知识产权执法的法律框架"、"执法实践"、"国际合作"、"机构安排"和"最后条款"。根据 ACTA 的文本内容以及缔约方的期望，ACTA 的目标是为了设定新的知识产权执法国际标准，期望通过促进国际合作和更有效的国际执法，来打击激增的假冒和盗版商品。因此，ACTA 核心是其第二章"知识产权执法的法律框架"，其条款在全部条款中占将近一半，这部分的内容具体包括：

1. 民事措施。

（1）扩张适用于第三方的禁令和临时强制措施。就法院的最终禁令而言，TRIPs 协定第 44 条虽然涉及禁令对第三方的适用，但仅是很有限的适用，即 TRIPs 协定规则下的禁令对善意第三方可不适用。对于临时强制措施，TRIPs 协定第 50 条完全未提第三方，据此完全可以推定这类措施仅适用于侵权嫌疑人。而 ACTA 第 8 条、第 12 条则分别将禁令和临时强制措施都扩展适用于侵权嫌疑人以外的任何第三方，且未规定需要考虑其是否"知道或应当知道"侵权。可见，无论是对最终禁令还是对临时强制措施，TRIPs 都扩大了适用范围。按照 TRIPs 协定的规定，各国仅对有主观过错的第三方才有义务颁布禁令。而此情形在多数国家实已构成第三人间接侵权，对其颁布禁令并无特别。但是，根据 ACTA 最终禁令直接施加于任何第三方而不考虑其主观过错，即包括善意第三方，其打击面远远广于 TRIPs 协定。

至于临时措施，TRIPs 协定完全未将其适用于第三方。而 ACTA 却明确其对第三方的适用。总体来说，ACTA 大幅扩展了各类强制措施的打击范围。这就意味着在侵权争端中，权利人可借助司法资源限制乃至排除更多的相关方，并能更轻易地在更大范围内阻止有争议的产品进入市场。有学者甚至认为："网络服务商作为第三方也在 ACTA 强制措施的打击范围之内。"

（2）更严厉的损害赔偿计算方法。ACTA 的规定在不同层面超越了 TRIPs 协定所确立的标准，概而言之有三：①它将 TRIPs 协定中的选择性制度规定为强制性义务，即成员方必须赋予司法机关权力以保证某些赔偿的实现，如权利人的利润损失、法定赔偿、律师费等。②对于版权和商标，新增了 TRIPs 协定未曾规定的更严厉的赔偿方法，如"侵权货物价值"、"推定计算法"。尤其是后者，要求对权利人的补偿是"足够"而不止是 TRIPs 协定所规定的"能够"。③它要求推定计算法构成通常赔偿方法的替代方案供权利人选择。

依照 ACTA，权利人在版权、商标等领域主张赔偿的能力得到了全面提升，这反映在两个方面：①可供其选择的赔偿方法更多且更严厉。其中，以下两种计算方式备受质疑：一是根据“以市场价格得出的侵权货物价值”来计算权利人的利润损失。这种算法得出的赔偿额通常远高于权利人实际的利润损失，因为并非有多少侵权货物就代表权利人实际减少了多少以市场价售出的货物。二是“推定计算法”，将“侵权货物总量乘以单位利润”的数额推定为权利人的损失，这也存在夸大损失的问题。因为很多被指侵权的货物可能尚未售出，在采取销毁等措施后并不会给权利人带来实际损失，却被计入赔偿基数。②ACTA 使权利人能主动选择更有利于自己的赔偿方式，而选择上述两种计算方法都可使权利人避免本应承担的其所受实际损失的举证责任。

此外，ACTA 还在禁令和赔偿以外的补充救济措施方面加大了力度，其第 10 条增加了对侵权物及相关原材料、工具采取销毁措施的情形，而减少了“排除出商业渠道”的适用空间。后者在 TRIPs 协定中更是主要的选项。

2. 边境措施。

（1）将知识产权的边境措施扩大适用于过境贸易。TRIPs 协定第三部分第三节是专门关于边境措施的规定。TRIPs 协定并不要求将边境措施适用于过境货物，只是要求根据进口国的法律判定侵权时才可适用。而 ACTA 则有针对性地扩大了边境措施的适用范围，使仅仅路过或在某国转口的产品也会受到该国立法的评判并进而被采取边境强制措施。事实上，在目的国合法的货物在过境国可能是非法的，但过境国作为中转地本不受该批货物的任何影响，赋予其查扣过境货物的权力反而会扭曲正常贸易。不过，ACTA 对其强势的边境规则也有限制，其第 13 条规定边境措施不适用于专利和未披露信息。

（2）降低海关“依职权”启动措施的门槛。TRIPs 协定第 58 条规定，成员方“可”赋予主管机关（海关等）依职权主动采取措施的权力，但以海关取得存在侵权的“初步证据”为前提。而根据 ACTA 第 16 条之规定，成员方“应”赋予海关依职权启动措施的权力，并且不需要“初步证据”而只需存在“怀疑”。可见，在 TRIPs 协定中赋予海关依职权启动的权力并非成员方的强制性义务，而在 ACTA 中则是强制性的。更重要的是，ACTA 将此类程序的启动门槛大幅降低，只需“怀疑”侵权，而该标准带有极强的主观因素，几乎不需任何客观依据。

3. 刑事措施。

（1）宽泛界定“商业规模”以降低追究刑事责任的门槛。TRIPs 协定第 61 条规定成员方采取刑事措施的基本门槛之一是针对“商业规模”的行为，但未界定何为“商业规模”。ACTA 第 23 条第 1 款进一步对“商业规模”作了界定，要求其至少包括“为了直接或间接经济或商业利益的商业活动”。

（2）扩大刑事措施的适用范围。根据 TRIPs 协定第 61 条的规定，成员方仅有义务针对假冒商标和版权侵权行为进行刑事处罚，至于其他种类的知识产权侵权则由成员方自行决定。而根据 ACTA 第 23 条的规定，成员方有义务采取刑事措施的情形大大增加，如进口、使用侵权商品标签和包装、侵犯邻接权、非法复制公开放映的电影等行为都是新增的受打击的行为。

4. 数字环境下的专门执法措施。TRIPs 协定中完全没有针对网络行为的规定，ACTA 对此专门以一节规定了特别规则，其中具有突破性的主要是第 27 条第 4 款。该款规定成员方可对网络服务商施加以下义务：若权利人针对网络中的商标或版权和邻接权侵权提起合法请求，则网络服务商应针对有侵权嫌疑的账号迅速披露足以确定其用户身份的信息。这就为网络运营商设定了全新的义务，即使其未成为诉讼中的一方，也要承担某种提交证据的义务。该项规则不仅在 TRIPs 协定中难觅踪影，而且在其他条约中也极为罕见。

ACTA 在很大程度上突破了现有知识产权国际保护的一些规则，丰富了知识产权执法手段，强化了执法力度。从性质上讲，ACTA 并非一个全面的知识产权国际公约，其目的是旨在通过加强合作和强化制裁以“改善知识产权执法实践”。但是，截至 2014 年底，只有日本政府于 2012 年 10 月 5 日正式交存了已获国会通过的 ACTA 批准书，而 ACTA 第 40 条的规定，该协定在至少 6 个缔约国获得批准并交存批准书、接受书或同意书 30 天后才生效，因此，ACTA 的前景如何还尚待观察。

（二）《跨太平洋伙伴关系协议》（TPP）的知识产权政策

《跨太平洋伙伴关系协议》（Trans-Pacific Partnership Agreement，以下简称 TPP）是由智利、新西兰、新加坡和文莱四国于 2005 年 7 月签订的《跨太平洋战略经济伙伴关系协议》（TPSEP）演变而来的。协议最初是这亚太四国间就货物、服务、知识产权贸易和投资等相关领域给予互惠的经济合作协定，由于初始成员国为 4 个，故又称为 P4 协议。随着 2009 年 11 月美国正式宣布参与 TPP 谈判，之后澳大利亚、秘鲁、越南、马来西亚、墨西哥、加拿大和日本相继加入，标志着 TPP 合作目标已经从达成基本优惠贸易安排，拓展为建立全方位的区域经济合作“范本”。

TPP 协定共有 29 章内容，议题涵盖市场准入、服务业开放、贸易壁垒、检验检疫、竞争、电子商务、环境、政府采购、透明度、知识产权、劳工权益、贸易救济措施、争端解决等。其中，谈判的一大难点和焦点便是在于知识产权，就知识产权保护问题，各方利益并不一致，存在明显的分歧。由于 TPP 谈判采取闭门磋商的方式进行，谈判高度保密，目前尚未达成任何正式文本，只能通过 2013 年 8 月网上泄露出来的《TPP 知识产权保护草案》来对知识产权保护的相关问题进行研究。

《TPP 知识产权保护草案》一共 16 条外加 1 个附件，分为总则、合作、商标、地理标志、专利、农业化学品、工业设计、版权及其邻接权、知识产权执法等章节。整个知识产权草案展示出来，TPP 将建立一个国际化的法律和执行机制，甚至要求修改某些成员国国内法。不管是在知识产权的保护范围还是在保护的程度上，草案都比 TRIPs 协议更加严格，具体体现在以下几方面。

1. 纳入更多已有知识产权国际公约。草案总则规定 TPP 成员在明确表示履行 TRIPs 协定（包括 2005 年 12 月修改）项下义务的同时，还应该在谈判中的知识产权保护草案生效之前加入以下10个国际公约：《专利合作公约》（包括1979年的修订版）、《保护工业产权巴黎公约》、《保护文学和艺术作品伯尔尼公约》、《关于播送由人造卫星传播载有节目的信号的公约》、《商标国际注册马德里协定》、《布达佩斯公约》（包括1980年的修订版）、《保护植物新品种国际公约》、《新加坡商标法条约》、《世界知识产权组织著作权条约》、《世界知识产权组织表演和录音制品条约》。协议草案正式生效之前，参与谈判各方代表都应当努力争取加入《专利法条约》和《工业品外观设计国际注册海牙协定》。

2. 商标。对于商标，草案一方面扩大了商标注册条件的范围，不再把视觉可感知性作为商标注册的一个条件，另一方面则是强化世界知名商标的保护。具体而言，在商标注册类型上，TPP谈判各方不再认定商标必须是在视觉上能够感知的，声音和气味也可以被注册成商标。集体商标以及证明商标都应当列入受保护的范畴，相关组织应当明确对地理标志提供商标的保护形式；除此之外，有关商标的大小、位置还有使用风格等，在有关商品及服务通用名称等载体的使用上，都不能够影响甚至侵害该商标的使用性和有效性。对于驰名商标，即使该商标并没有在某一国境内完成注册，没有及时收录到该国驰名商标目录中或者是该国缺乏对这类驰名商标的认知，但只要该国是TPP的成员国，就应当对此驰名商标进行必要的救济和保护。此外，驰名商标在遭受侵害时，受保护范围将扩大，与它不相类似的或不同的商品或服务也应受到同样的保护。各方都应当及时采取有效手段和措施，来制止因驰名商标相似商标的使用而造成乱局，避免给驰名商标所代表的商品或服务带来负面影响。

3. 版权。版权方面，《TPP知识产权草案》禁止未经允许对他人作品进行复制，保护范围扩大到了文件临时储存，包括对电子文件保护，即对打开网页、点击网络上的音乐或其他内容而产生的临时副本也应提供保护。草案要求TPP谈判国阻止规避数字封锁，这项义务要求缔约方通过禁止侵权人突破数字化封锁而阻止版权侵权。此外，TPP草案规定了更长的版权期限。TRIPs协议作为大多数国家坚持的知识产权保护的最低门槛，规定期限为作者有生之年加50年。草案的建议是所有TPP缔约国将版权保护期限延长为作者有生之年加死后70年（个人）或95～120年（公司）。

4. 专利。专利方面，草案通过拓宽专利权授予范围、保护期限、限制异议程序等规定加大对专利的保护力度。专利，只要有新颖性、创造性和实用性，缔约方应对所有技术领域的该发明（不论是产品还是加工工序）授予专利。草案就保护期倾向于延长，多于TRIPs规定的至少20年，并试图弥补在专利行政审批中延误的时间。此外，草案规定了限制专利审批前的异议程序，大大增加了成员方反对一项专利的成本和其他负担。TRIPs协议把针对人类或动物疾病的诊断、治疗和外科手术方法的专利排除在外，然而，在《TPP知识产权保护草案》当中，也要求缔约方对这些医药方面技术给予专利保护。

5. 知识产权执法措施。TPP草案专章规定了知识产权执法措施，并加大了现有责任条款追究力度，加大了对盗版行为的打击力度，必要时给予刑事上的处罚。为了拓展缔约国内知识产权执法力度，草案新增边境措施，权利所有人可以向各谈判国成员提交申请，申请禁止涉嫌侵权的假冒和盗版货物进入关境之中，除非执法机关有合法的理由，否则不能对中止放行的程序进行阻碍。对于所有的港口，参与谈判的各方应保证都能够进行中止放行的申请，至少在 1 年之内，该商品在申请日起，不得进入港口，该期限在与受保护著作权或商标权的有效期相同，应该参考较短的时间段。草案还纳入数字环境下的执法措施，明确互联网服务提供者的责任，缔约方应确保其法律中有关民事和刑事的执法程序同样适用于数字环境下的商标、著作权及邻接权侵权行为，包括为防止侵权的快速救济措施和震慑未来侵权的相关措施。草案采纳了美国《数字千年版权法》（DMCA）安全港条款，要求缔约方应在法律上鼓励网络服务提供者与著作权人进行配合，以阻止未经授权的有关版权材料的储存和传输。此外，在民事司法中，对民事赔偿的判决应考虑被侵权产品的进出口，给予权利人选择“先行赔付”的权利。针对刑事保护仿冒，明确了“商业规模”的含义，增加了公共场所盗录影视作品的刑事责任，提出对犯罪嫌疑人给予“实刑”的要求。

从上述内容可以看出，《TPP 知识产权草案》涉及多项知识产权客体，详细规定了各种知识产权保护客体的管理和执法措施，可以被视为当今国际知识产权保护的最高水平。但面对如此的高标准、严要求，经济发展水平参差不齐的 TPP 成员之间也存在较大分歧，其最终协议文本的形成必然还将经过漫长的谈判博弈和相互妥协才有望达成。

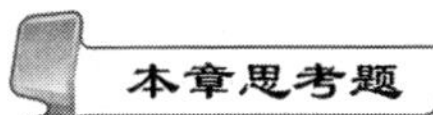

1. 国际许可贸易的含义、特点、种类。
2. 不得反控条款是哪一类许可协议的特有条款？我国对该条款的效力有何规定？
3. 各国对许可协议的限制性商业条款有哪些观点？我国对此作何规定？
4. 知识产权国际保护的途径有哪些？各自有什么特点？
5. 简述《保护工业产权巴黎公约》、《保护文学艺术作品伯尔尼公约》和《与贸易有关的知识产权协议》的基本原则。
6. 《保护工业产权巴黎公约》对专利和商标的保护有哪些最低要求？
7. 《保护文学艺术作品伯尔尼公约》保护的客体范围和权利内容是什么？
8. 《与贸易有关的知识产权协议》在著作权和专利权保护方面有哪些更高水平的要求？
9. 为了适应 TRIPs 协议的要求，我国商标法在驰名商标的保护方面有了哪些新的规定？
10. TRIPs 协议 2005 年修订案涉及哪些内容？有何意义？

第八章 国际投资法

✣学习目的与要求

国际投资法是国际经济法的一个重要分支。通过本章的学习，同学们应当了解国际投资的类型、国际投资法的基本框架，以及国际投资协定的发展趋势；理解外国直接投资的概念、特点，跨国公司地位和法律问题，外资准入和国家安全审查制度；掌握国际投资待遇标准及其发展，国际投资保险制度，国际投资争议解决及投资者—国家争端解决（ISDS）变化趋势等。

第一节 国际投资和国际投资法概述

一、国际投资概述

（一）国际投资的含义

国际投资是一种超越国界的资本活动，是投资者为获取预期收益而从事的跨国或境外的资本交易活动。按照国际投资的形式和性质分类，国际投资包括国际直接投资（International direct investment）和国际间接投资（International indirect investment）。

1. 国际直接投资，也称外国直接投资（Foreign Direct Investment，FDI），是以拥有或控制企业经营管理权为核心，以获取长期利益为目的的投资活动。国际货币基金组织（IMF）在《国际收支平衡手册》（第六版）（Balance of Payment，以下简称BMP6）将“直接投资”（Direct Investment）定义为“一种跨境投资的分类，与在一个经济体的居民对居住在另一个经济体的企业拥有控制权或者对其管理有重大影响相关”。[1]

根据经合组织（OECD）的《外国直接投资的标准定义》（第四版）（Benchmark

---

〔1〕 IMF: *Balance of Payments and International Investment Position Manual*, 6th ed. (2008), para. 6. 8.

Definition of Foreign Direct Investment, Four Edition)[1]，外国直接投资表现为，某一个经济体的居民企业（直接投资者）通过居住在其以外经济体的企业（直接投资企业）建立长期利益的目标。长期利益意味着在直接投资者和直接投资企业之间存在长期关系，并对企业管理具有重大影响。[2] 居住在另一个经济体的投资者直接或者间接拥有在一个经济体的居民企业10%或者以上的投票权，通常被视为存在上述关系。[3]

联合国贸易与发展会议（United Nations Conference on Trade and Development, UNCTAD）在1999年出版的国际投资协议系列研究报告中定义了直接投资和证券投资，即“传统上，在一个公司的投资分为直接投资和证券投资。当投资者拥有的股权足以使它控制一个公司时，就被视为直接投资。而提供给投资者回报但不能控制公司的投资被视为证券投资。由于一个投资者可能不需要拥有多数股份就可以控制一个公司，因此，被界定为直接投资所要求的股权拥有程度可以随情况的不同而改变”。[4]

世界贸易组织（WTO）秘书处在1996年发表的《贸易与外国直接投资》的报告中列举了三种主要类型的外国直接投资（FDI）：①股本/股权资本（Equity Capital）；②利润再投资（Reinvested Earnings）；③涉及跨国公司和附属企业的短期或长期资金借贷的其他资本（intra-company loans）。[5] UNCTAD现在基本上采用WTO的方法将FDI分为三种类型，即股本/股权资本（equity capital）、利润再投资（reinvested earnings）和其他资本（other capital）（主要是公司内部贷款 mainly intra-company loans）。[6]

2. 国际间接投资，也称外国间接投资（Foreign Indirect Investment），是指投资者通过购买外国股票、其他有价证券或提供贷款等方式使投资资本增值的经济活动。根据IMF的《国际收支平衡手册》（第六版），在国际账户中，投资按其功能分为五种：直接投资（direct investment）、证券投资（Portfolio Investment）、金融衍生工具（储备除外）和雇员股票期权（financial derivatives [other than reserves] and employee stock options）、其他投资和储备资产。[7] 直接投资之外的投资通常被称为间接投资。

---

[1] OECD首次发布《外国直接投资的标准定义》是在1983年，专门用于外国直接投资的界定，经过了1990、1992、1996和2008年四次修改。其中，第三章对外国直接投资、直接投资企业、外国直接投资者等主要概念作出了详细的规定。

[2] OECD: *Benchmark Definition of Foreign Direct Investment*, 4th ed. (2008), para. 117.

[3] 有些人认为，在某些情况下，拥有10%这样少的投票权并不能是其施加重要影响，而在另外的情况下，投资者虽然拥有低于10%的投票权，但却对企业管理具有有效的发言权。

[4] *Scope and Definition*, UNCTAD Series on Issues in International Investment Agreements, UN New York and Geneva, 1999, p. 8.

[5] *Trade and Foreign Direct Investment, New report by the WTO*, PRESS/57, 9 October, 1996, http://www.wto.org/english/news_e/pres96_e/pr057_e.htm, 2009. 12. 15.

[6] http://www.unctad.org/templates/Page.asp?intItemID=3147&lang=1, 2009. 12. 15.

[7] IMF: *Balance of Payments and International Investment Position Manual*, 6th ed. (2008), para. 6. 1.

国际直接投资注重对企业在国外资产的控制权、所有权、经营权和剩余价值的索取权，而国际间接投资则注重投资的利息高低和收益的稳定性。[1]

二、国际投资法的概念、渊源

（一）国际投资法的概念和特征

传统的国际投资法理论认为，国际投资法是调整跨国私人直接投资关系的有关国内法和国际法规范的总称。国内法规范包括资本输入国的外国投资法和资本输出国的对外投资法；国际法规范主要是指国家间基于投资促进和保护而签订的双边投资条约、区域性多边投资条约和世界性多边投资条约。随着发达国家推动的投资自由化浪潮在全球范围内兴起，发达国家已经尝试将国际投资法规则扩大适用到间接投资，例如，美国《2004年BIT范本》和《2012年BIT范本》第1条“投资定义”，在“资产”形式中还增加了期货、期权，以及其他衍生金融工具，这是纯粹的间接投资。[2]

国际投资法的主要特征如下：

1. 国际投资法调整的国际投资关系，主要是国际私人投资关系，即所涉及的是自然人、法人、其他民间组织、企业团体和机构（其活动是以商业目的为基础）所作的投资。广义的国际投资关系，既包括各国政府之间或国际金融组织与国家之间的资金融通关系，如（政府）官方投资、国际货币基金组织或世界银行的贷款或援助等，也包括各国私人跨越国境的投资关系，即国际私人投资关系；目前，国际投资法调整的对象主要是后者。

2. 国际投资法主要调整国际私人直接投资关系。如前所述，国际私人投资可分为直接投资和间接投资。传统国际投资法的调整对象限于国际私人直接投资关系，而国际私人间接投资关系，一般由国际金融法和各国证券法等调整。但是，随着资

---

〔1〕 张为付：《国际直接投资（FDI）比较研究》，人民出版社2008年版，第4页。

〔2〕 “investment” means every asset that an investor owns or controls, directly or indirectly, that has the characteristics of an investment, including such characteristics as the commitment of capital or other resources, the expectation of gain or profit, or the assumption of risk. Forms that an investment may take include:

(a) an enterprise;

(b) shares, stock, and other forms of equity participation in an enterprise;

(c) bonds, debentures, other debt instruments, and loans;

(d) futures, options, and other derivatives;

(e) turnkey, construction, management, production, concession, revenue-sharing, and other similar contracts;

(f) intellectual property rights;

(g) licenses, authorizations, permits, and similar rights conferred pursuant to domestic law;

(h) other tangible or intangible, movable or immovable property, and related property rights, such as leases, mortgages, liens, and pledges.

本市场的高度发达，大量对外投资行为既有直接投资的内涵，又有间接投资的手法和特点；同时，由于资本市场风险大、技术要求高，一些投资机构的国际投资行为往往兼有直接投资和间接投资的特征。国际直接投资和间接投资的这种融合趋势，成为当代国际投资法的一个显著标志。

3. 国际投资法既包括国内法规范，也包括国际法规范；既有实体法规范，又有程序法规范；既有公法规范，又有私法规范；他们之间相互补充，构成统一的国际投资法律体系。

（二）国际投资法的渊源

国际投资法既然包括国内法规范和国际法规范，其渊源也就包括国内法渊源和国际法渊源这两个方面，具体来说，国际投资法的渊源有以下几种：

1. 国内立法。主要包括资本输入国的外国投资法、资本输出国的海外投资法，以及各国国内与投资相关的法律法规。

2. 国际条约。主要包括双边投资条约（BITs）和其他国际投资协议（IIAs），后者包括区域性多边投资条约、自由贸易协定（FTA）中的投资章节和投资条款，以及世界性多边投资条约。

3. 其他渊源。主要包括国际商业惯例以及一些国际组织作出的有关决议和制定的有关指南、守则等。

三、国际投资法的体系

国际投资法是由调整国际投资关系的各国投资法和国际投资协定（IIAs）综合形成的一个法律体系，具体表现为：

（一）各国投资法

1. 资本输入国的“外国投资法”。外国投资法是指资本输入国为吸收和利用外国投资而建立的有关保护、鼓励和管理外国投资的法律规范的总称。有关保护外国投资的法律制度主要涉及征收或国有化及其补偿、投资本金和利润的兑换和汇出、外国投资和外国投资者的待遇以及稳定性保证等规定。根据各国法律实践，各国国内立法赋予外国投资者的权利主要有投资选择权、企业经营管理的自主权、财产所有权、利润的处理权和汇出权、税收优惠权和诉讼请求权等。有关鼓励外国投资的法律制度，包括投资促进和投资便利化措施。投资促进主要包括税收优惠（免税、减税和低税率）和金融、行政以及关税返还方面的优惠。有关管理外国投资的法律制度，主要包括外国投资准入、经营条件、安全审查、事前、事中和事后监管、利润转移及限制等制度。无论发达国家还是发展中国家，都可能作为资本输入国，因此，他们都有适用于外国投资的法律，但在内容和形式上却有区别。

在形式上，发展中国家较多颁布专门适用于外国投资的法律。例如，以统一投资法或投资法典形式出现的印尼、智利、墨西哥、阿根廷等国的《外国投资法》，刚果、突尼斯、加蓬等国的《投资法》，菲律宾的《外资企业管理法》，以及希腊的《投资及外国资本保护法》；在发达国家中，除了日本、加拿大、澳大利亚有专门调整外国投资的法律外，其余大部分发达国家适用于外国投资的法律属于一般性法律，同样适用于国内投资。例如，美国迄今没有一部正式的外国投资法，外国投资者与美国国民享受同等待遇，外国投资活动通过一般国内法来调整的。

在内容上，发展中国家比较注意制定有关投资审批、外汇管制、税收课征等法律规范，例如，拉丁美洲国家在审查外国投资方面已形成较为完善的制度；发达国家则着重制定有关国家安全、环境保护、反垄断、反腐败等法律规范。例如，美国2007年通过了《外国投资与国家安全法案》（Foreign Investment and National Security Act，以下简称"FINSA"）[1] 及其实施细则《2008年外国人合并、收购、接管规定》[2]。FINSA对外资进入美国予以全方位的要求和管制，并对外资并购涉及的国家安全问题给予最新的诠释。其实施细则主要对外资并购涉及国家安全的原则、范围、标准和程序等作了明确规定，并在审查制度的实体规定和程序规定上均有新的发展。再如美国的反托拉斯法，该法适用于所有发生在美国或对美国市场构成影响，但发生在美国领土以外的行为。

中国自改革开放三十多年来建立了以《中华人民共和国中外合资经营企业法》、《中华人民共和国中外合作经营企业法》、《中华人民共和国外资企业法》即"外资三法"为基础的外资法体系。随着国内外形势发展，现行"外资三法"已经难以适应全面深化改革和进一步扩大开放的需要。为贯彻落实党的十八届三中、四中全会精神，根据《十二届全国人大常委会立法规划》和《国务院2014年立法工作计划》，商务部启动了《中外合资经营企业法》、《中外合作经营企业法》、《外资企业法》修改工作，"外资三法"修改的基本方向是"三法合一"，制定一部统一的《外国投资法》。2015年1月19日，商务部公布《中华人民共和国外国投资法（草案征求意见稿）》（以下简称"《外国投资法》草案"），向社会公开征求意见。商务部将《外国投资法》定位为一部深化体制改革的法，扩大对外开放的法，促进外商投资的法，规范外资管理的法。《外国投资法》草案不仅体现了内外双轨和外资三法的合一，而且借鉴了西方发达国家较为成熟的外国投资管理经验，实行准入前国民待遇加负面清单的管理模式，确立"有限许可加全面报告"的管理制度，完善外资国家安全审查制度，加强事中事后监管，加强投资促进和保护，为外国投资者来华投资创造稳定、透明和可预期的法律环境。[3][4]

---

[1] Foreign Investment and National Security Act Of 2007, Pub. L. No. 110 - 49 (July 26, 2007).

[2] Regulations Pertaining to Mergers, Acquisitions, and Takeovers by Foreign Persons 2008, 31 C. F. R. Part 800.

[3] "商务部就《中华人民共和国外国投资法（草案征求意见稿）》公开征求意见"，http://www.fdi.gov.cn/1800000121_21_74322_0_7.html，2015年1月20日访问。

[4] "商务部新闻发言人孙继文就《中华人民共和国外国投资法（草案征求意见稿）》公开征求意见发表谈话"，http://www.mofcom.gov.cn/article/difang/henan/201502/20150200901414.shtml，2015年2月25日访问。

2. 资本输出国对外投资法。所谓“对外投资”，也称境外投资或海外投资（overseas investment），是国内资本再生产过程在国际范围的延伸，是生产资本国际运动的重要形式。对外投资法是指资本输出国为维护本国经济和社会利益而制定的有关保护、鼓励和管理本国私人境外投资的法律规范的总称。

资本输出国鼓励本国投资者对外投资的措施主要有：财政性金融支持，如政府提供的优惠贷款；税收优惠政策，包括税收抵免、税收饶让抵免、免税政策或延期纳税等；信息服务，如投资情报和咨询服务措施；技术援助，如为海外投资企业培训技术人员等。美国早在1953年就成立了小企业管理局（SBA），主要为中小企业向海外发展中国家投资提供直接投资贷款，以及为到友好的发展中国家投资的合法投资人提供担保或保险贷款和直接贷款。[1] 日本国际协力银行（JBIC）将出口信贷和开发援助、支持进口和海外投资结合起来，通过提供股权和贷款两种形式对海外投资项目予以支持。[2]

海外投资保险制度是资本输出国保护和鼓励本国私人对外投资的重要法律制度。海外投资有各种风险，包括商业风险和政治风险。海外投资保险制度，是指资本输出国政府对本国海外私人投资者可能遇到的政治风险提供法律保证，一旦所担保的风险事故发生，投资者就可依照协议，在专门机构取得补偿。海外投资保证制度的目的是增强投资者的信心，从而扩大海外投资的进行。美国是最早实行这一制度的国家。

作为资本输出国的发达国家奉行“投资自由化”政策，除了对涉及国防、高新技术及一些敏感行业的投资会有严格限制外，一般不对本国的海外投资实行审批而是采用登记/备案制。例如，根据日本《外汇与外贸法》（the Foreign Exchange and Foreign Trade Act）的规定，对某些涉及国家安全[3]、共同秩序[4]、公共安全[5]的特殊工业的外国直接投资要求事前申报、实行审查。[6] 但是，与“事前审批”相比，发达国家更注重“事后监管”。

近年来，中国对外投资的高速增长引人注目。2013年，中国对外投资达1010亿美元，较上年增长15%，仅居美、日之后，为全球第三大对外投资国。[7] 目前，中国对企业对外直接投资采取分级管理、多元审批体制，主管部门包括国家发改委、

---

〔1〕 孙元媛：“美国对外投资政策概述”，载《技术与市场》2008年第10期。

〔2〕 吕海彬：“金融机构支持‘走出去’战略的经验比较及启示——就美日中政策性金融机构而谈”，载《北方经贸》2007年第6期。

〔3〕 主要是指武器、航空机械、核能、宇宙开发、专用于军事的可能性高的产品制造业。

〔4〕 主要是指电力、煤气、供热、通讯、广播、自来水、铁路、旅客运输业。

〔5〕 主要是指生物学制剂制造业、保安业。

〔6〕 http：//www. meti. go. jp/english/report/downloadfiles/2008WhitePaper/4 - 4. pdf，2010年5月1日访问。

〔7〕 UNCTAD：World Investment Report 2014，Chapter II Regional Investment Trends，p. 47.

商务部以及国家外汇管理局。2014年发改委发布了“9号令”即《境外投资项目核准和备案管理办法》，取代了2004年的《境外投资项目核准管理办法》；商务部也发布了“3号令”，取代了2009年的《境外投资管理办法》，对境外投资的审批制度进行改革，将“全面核准”改为“备案为主、核准为辅”。国家外汇管理局2009年《境内机构对外直接投资外汇管理规定》仍然适用。

（二）国际投资协定（IIAs）

1. 双边投资条约（BITs）。双边投资条约是指资本输出国与资本输入国之间签订的以促进、鼓励、保护或保证国际私人投资为目的并约定双方权利与义务关系的书面协议，即以双边条约的形式确定投资者待遇，确保投资安全。20世纪90年代以来，双边投资条约以前所未有的速度继续增长，发展中国家已经由过去纯粹作为资本输入国转变为兼具资本输入国与资本输出国身份，双边投资条约已构成了现行国际投资法律框架的主要支柱。根据联合国贸发会《2014年世界投资报告》，截止到2013年底，世界上共有2902个双边投资条约。[1] 从1980年至今，中国已签订了130个双边投资保护协定，其中生效的协定有103个。[2]

中加两国政府从1994年启动谈判以来，历时18年，终于在2012年9月签署了《中加投资保护协定》。2014年9月，加拿大完成了《中加投资保护协定》（FIPA）的国内批准程序，该协定已于2014年10月1日生效。中美两国于2008年6月正式宣布启动中美BIT谈判，2014年底前就协定文本的核心问题和主要条款达成一致，2015年启动负面清单谈判。在中美BIT谈判已进入快车道的同时，中国和欧盟也于2013年6月启动了BIT谈判，在市场准入方面，欧盟效仿美国，提出就“准入前国民待遇”和“负面清单”管理模式进行谈判并特别关注服务业（如金融、电信、邮政快递等）的开放；此外，提出公平竞争、环境、劳工与企业社会责任等可持续发展议题。

2. 世界性多边投资条约。

（1）《多边投资担保机构公约》（Convention Establishing the Multilateral Investment Guarantee Agency），又称《汉城公约》，1985年10月在汉城召开的世界银行年会上通过，并于1988年4月12日生效。这是继华盛顿公约之后第二个正式有效的有关国际投资保护的国际公约。中国已于1988年4月30日批准了该公约，成为公约的原始缔约国。截至目前，公约有181个成员国，其中，工业化国家（也称发达国家）25个，发展中国家156个。[3] 根据公约建立的多边投资担保机构（以下简称MIGA）是世界银行集团（World Bank Group）的成员，它的主要任务是为到发展中国家参与直

[1] UNCTAD：“The World Investment Report 2009-Transnational Corporations, Agricultural Production and Development”, p. 32.

[2] http：//tfs. mofcom. gov. cn/column/2010. shtml，2010年5月1日访问。

[3] http：//www. miga. org/whoweare/index. cfm？stid＝1789，2015年2月25日访问。

接投资的外国私人投资者提供非商业风险（政治风险）的担保；除此之外，机构还开展辅助活动，以促进投资流动。

（2）《解决国家和他国国民投资争议公约》（Convention on the Settlement of Investment Disputes between States and Nationals of Other States），又称《华盛顿公约》，1962年由世界银行主持起草了“初步草案”，经过数年的论战和反复修改，发达国家和发展中国家终于达成了妥协性的共识，拟定了公约的正式文本。1965年3月18日，《公约》由世界银行执行董事会通过，并在美国华盛顿开放签字。1966年10月14日，《公约》正式生效。中国政府于1990年2月9日签署了该公约，它于1993年2月6日正式对我国生效。截至目前，《公约》的签字国已有159个，其中正式缔约国为150个。[1] 根据公约建立的解决争议国际中心（ICSID）是世界银行集团（World Bank Group）的成员，专门为外国投资者与东道国政府之间投资争议提供国际解决的途径，包括调解和仲裁两种方式。

（3）世界贸易组织（WTO）[2] 与投资有关的协议：①《与贸易有关的投资措施》（Agreement of Trade – Related Investment Measures，简称TRIMs）是乌拉圭回合多边贸易谈判的三个新议题之一。随着WTO的成立和运作，该协议已对成员国生效。它是第一个对投资措施进行国际管制的多边条约，标志着各国引导和管辖外资的权力开始受到多边纪律的约束。但是，TRIMs并没有为外国投资者设立新的保护和救济，也没有为投资自由化制定计划或进程。多哈回合谈判虽然认识到投资议题的重要性，但是2004年“新加坡议题”遭到抛弃，WTO将投资问题整体纳入其组织框架的努力终止。[3] ②《服务贸易总协定》（GATS）首次将服务贸易纳入多边管制，它规定的以商业存在方式提供服务必须遵守的多边纪律相当于一个国际投资条约。所谓以商业存在的方式提供服务，是指以任何类型的商业或专业机构在他国提供服务[4]，是国际投资者拓展跨国服务的主要形式之一。③《与贸易有关的知识产权协议》（TRIPs）把对外国投资者的知识产权的认可和保护作为涉及外资待遇的一个首要问题，成为各国外资法的重要组成部分。由于知识产权日益成为重要的投资形式，知识产权的国际保护对于推动国际投资的发展，特别是技术密集型国际投资的发展，有着重大意义。④《补贴与反补贴协议》（ASCM）主要针对的是向出口和替代进口活动中提供的补贴，但该协议的实施也会影响到东道国的投资环境，进而影响国际

---

〔1〕 https：//icsid. worldbank. org/apps/ICSIDWEB/about/Pages/Database – of – Member – States. aspx? tab = AtoE&rdo = CSO&ViewMembership = All，2015年2月25日访问。

〔2〕 截止到2014年6月26日，WTO共有160个成员，https：//www. wto. org/english/thewto_ e/whatis_ e/tif_ e/org6_ e. htm，2015年1月25日访问。

〔3〕 See Decision of the WTO Gerneral Council of 1 August 2004 on the Doha Agenda Work Program（available at <http：//www. wro. org>）.

〔4〕《服务贸易总协定》第28条（d）商业存在指任何类型的商业或专业机构，包括为提供服务而在一成员领土内①组建、收购或维持一法人；或②创建或维持一分支机构或代表处。

直接投资。例如，如果有关国家采取的投资激励措施是以外资企业的出口实绩或国内含量为条件而给予的补贴，或者该补贴对其他成员国的利益造成不利影响，将会受到该协议的制约。[1]

（4）经合组织（OECD）《多边投资协定》（Multilateral Agreement on Investment，简称 MAI）（草案）是发达国家在新的历史条件下，力图制定世界性投资条约的又一尝试。1995 年 5 月，OECD 部长理事会作出决议，成立了由成员国代表组成的《多边投资协议》谈判组，试图使投资规则朝着约束力更强、更加自由化的方向发展，以便更多地体现资本输出国集团的利益，并最终使之成为在全球适用的国际投资规则，实现其在新的统一规则形成过程中起决定作用的目的。为此，该协定也被称为“外国投资者的权利法案”。OECD 就 MAI 的谈判于 1998 年失败后，意图将之“移师”WTO。2001 年 11 月，在多哈召开的 WTO 第四次部长会议议定，由下届部长会议决定是否发动投资议题的谈判。2003 年 9 月，WTO 第五次部长级会议坎昆会议无果而终。2004 年 8 月，多哈回合达成框架协议并就谈判进程规定了时间表，但仍然没有解决贸易与投资关系、贸易与竞争政策的相互作用以及政府采购透明度等问题，这表明在 WTO 框架下建立多边投资协议时机还不成熟，但有关多边投资立法的深层次探讨仍在继续。

实际上，OECD 推动资本自由化的努力从来没有中断。早在 1961 年经济合作与发展组织（OECD）就制定了两个约束性文件《资本流动自由化法典》（The OECD Code of Liberalization of Capital Movements）[2] 和《经常项目无形交易自由化法典》（Code of Liberalization of Current Invisible Operations）[3]，其目的是要逐渐放松对于流入和流出的资本和经常项目支付的管制，但是这种自由化要受到各国的国别保留、一般例外以及暂时背离的限制。也就是说，上述两个法典确立了成员国逐步实行非歧视的资本流动自由化和经常项目无形交易（主要指服务）自由化的义务。这两个法典的最近一次修订是在 2013 年 7 月，对现有 34 个成员国生效。[4]

3. 传统区域性投资条约。某一区域的国家或者国际组织，为了避免竞争，协同步调，采取共同立场，以区域性多边协定或条约的形式，制定调整涉及本区域的资

[1] 卢进勇、余劲松、齐春生主编：《国际投资条约与协定新论》，人民出版社 2007 年版，第 195 页。

[2] http://www.oecd.org/investment/investment-policy/CapitalMovements_WebEnglish.pdf，2015 年 3 月 1 日访问。

[3] http://www.oecd.org/daf/fin/private-pensions/InvisibleOperations_WebEnglish.pdf，2015 年 3 月 1 日访问。

[4] 根据世界银行的国际收支手册（BOP Manual），国际收支（BOP）包括两个主要的账户/项目（two main accounts）：经常项目（Current Account）和资本及财政项目（Capital Account and Financial Account）。经常项目无形交易主要是指服务，包括：商业和工业、与外国的交易、运输业、保险和私人养老金、银行和金融服务、资金收入（营业收益、股票收益、孳息、租金）、旅游业、电影、个人收支、公共收支。

本跨国流动的行为规范或行动准则。区域性多边投资条约是指区域性国家或国际经济组织旨在协调成员外国投资法律而签订的多边条约。此类条约主要涉及各国投资政策自由化、投资待遇标准、投资保护与投资争议解决以及与外国投资者经营相关的，如不正当支付、限制性商业惯例、信息公开、转移定价、环境保护、就业与劳资关系等问题。此外，还包括对发展水平较低的国家的一些例外和特殊承诺条款。主要有 1970 年安第斯条约组织签订的《安第斯共同市场外国投资规则》、1980 年阿拉伯国家的《阿拉伯资本投资协议》及 1981 年伊斯兰会议组织的《伊斯兰会议组织投资协议》等关于资本自由流动的原则性规定、1994 年签署于里斯本的《欧洲能源宪章条约》、亚太经合组织的《非约束性投资原则》、1998 年东盟国家签订的东盟投资区域框架协议等。

1994 年签署的《能源宪章条约》（ECT）是各国合作解决国际能源问题的一个里程碑，是目前能源领域唯一的多边条约。该条约内容涵盖能源主权、能源投资、能源市场准入、能源过境运输等方面，旨在为建立开放和有效的能源市场创造有利条件，鼓励私人资本流向能源行业，同时确认国家对自然资源的主权，主张有效利用能源和保护环境。[1] ECT 为能源投资、能源过境、能源贸易提供了必要的法律保障，是同时覆盖投资保护和贸易的多边协定。

4. 自由贸易协定（FTA）中的投资规定。20 世纪 90 年代以来，以推动贸易自由化和投资便利化为核心的全球区域经济合作发展迅猛。自由贸易协定的内容突破了传统的货物贸易范围，扩展到服务贸易、投资、竞争、政府采购、知识产权保护、环境保护以及劳工标准等领域。

（1）北美自由贸易协定（NAFTA）。《北美自由贸易协定》（NAFTA）是第一个具有广泛和深远影响的含有投资章节的区域贸易协定（RTA）。NAFTA 中投资规范的核心内容是在第五部分第 11 章，共分三个部分，一是国际投资的实体性内容；二是投资者与东道国争议解决机制的程序性问题；三是定义。NAFTA 的实体投资规则主要由国民待遇、符合国际法的待遇标准、征用条件、最惠国待遇四大投资保护支柱及其例外所构成。投资者与东道国争议解决的程序规则是 NAFTA 最具创新之处，规定了一缔约国的投资者无需其所属国卷入，可以在无仲裁协议的情况下就另一缔约国或其所属的地方当局违反 NAFTA 投资规则而导致其损害的行为提请仲裁。该投资者无论是以其自己的名义，还是以其拥有所有权或为其控制的位于东道国的企业的名义，都可以提出申请。

---

〔1〕 白中红：《〈能源宪章条约〉争端解决机制研究》，武汉大学出版社 2012 年版，第 15 页。

(2)《中国—东盟全面经济合作框架协议投资协议》。中国与东盟自贸区是中国对外商谈的第一个自贸区，也是东盟整体对外商谈的第一个自贸区。[1] 2009年8月15日，中国商务部部长陈德铭与东盟10国的经贸部长共同签署了《中国—东盟全面经济合作框架协议投资协议》(以下简称《投资协议》)与《中国与东盟全面经济合作框架协议》(2002-11)、《货物贸易协议》(2004-11)、《服务贸易协议》(2007-01)、《争端解决机制协议》(2004-11)共同构成了中国—东盟自由贸易区(CAFTA)法律制度框架。《投资协议》的目的是促进中国—东盟自贸区内的资本流动和改善区外投资环境，建立一个自由、便利、透明并具有竞争力的投资体制。该协议共27个条款，在投资待遇上包括了：投资待遇(国民待遇、最惠国待遇和公平待遇)，征收、损失补偿和投资转移，透明度，投资便利化和投资自由，仲裁解决投资争端等条款，为中国和东盟各国提供了全面性的法律投资保障制度。

(3)晚近自由贸易协定(FTA)的发展和"超大型区域协定"(Megaregional agreements)。

第一,《美韩自贸协定》(KORUS FTA)[2]。《美韩自贸协定》是晚近自由贸易协定的典范。美韩自贸协定自2012年3月15日生效，是继NAFTA之后20年来，商业上最重要的协议。KORUS FTA涵盖贸易和投资问题，在投资方面采用准入前国民待遇与负面清单模式，对美韩两国经济发展以及美国的亚太再平衡政策都将产生深远的影响。

第二,《欧韩自贸协定》(EU-South Korea FTA)[3] 与《欧加贸易协定》(CETA)[4]。《欧洲联盟运作条约》[5] 第三部分"联盟的政策和内部行动"的第四编

---

〔1〕 按照《中国—东盟全面经济合作框架协议》的时间框架，2010年1月1日，中国—东盟自贸区正式启动，它是世界第三大自由贸易区、人口最多的自由贸易区，也是发展中国家之间最大的自由贸易区。

〔2〕 The U. S. -S (KORUS FTA): Provisions and Implications.

〔3〕 EU-South Korea Free Trade Agreement (EU-South Korea FTA).

〔4〕 Consolidated Canada-Europe Trade Agreement Text, Published on 26 September 2014.

〔5〕《里斯本条约》(Treaty of Lisbon) 生效后，原《欧共体条约》(Treaty establishing the European Community) 更名为《欧洲联盟运作条约》(Treaty on the Functioning of the European Union)，参见 http://en. wikipedia. org/wiki/Treaty_ of_ Lisbon，2010年4月25日访问。

“人员、服务和资本自由”中第四章关于“资本和支付”[1] 第63[2]、64[3]、65[4]、66条[5]是关于资本自由流动及其例外的规定。《欧洲联盟运作条约》第五部分“联盟的对外行动”的第二编“共同贸易政策”[6] 的第206[7]、207条[8]保留了《欧盟宪法条约（草案）》将外国直接投资纳入欧盟对外贸易政策中的规定，成为欧盟的排他性权能。[9]《里斯本条约》生效后，各成员国将原本属于自身权能的、制定与FDI有关政策（即包括缔结国际协定等具有法律约束力的行为）的权力让渡给了欧盟，由欧盟进行排他的、统一的处理。成员国除非根据欧盟的授权所为或者是为执行欧盟的法律法令，否则无权就FDI采取主权行为，尤其是各成员国不得单独缔结投资协定。

《欧韩自贸协定》（EU - South Korea FTA）已于2011年7月1日生效，它是《里

---

〔1〕 Part Three—Policies and Internal Actions of the Union…Title IV — Free movement of persons, services and capital…Chapter 4 — Capital and payments.

〔2〕 原《欧共体条约》第56条（ex Article 56 TEC），规定：①在本章框架内，禁止对各成员国之间和各成员国和第三国之间的资本流动采取任何限制措施；②在本章框架内，禁止对各成员国之间和各成员国和第三国之间的日常支付采取任何限制措施。

〔3〕 原《欧共体条约》第57条（ex Article 57 TEC），规定：①第56条规定不得损害1993年12月31日根据国家或联盟的法律对第三国的任何限制，这些限制涉及针对或者来自第三国的资本流动，包括直接投资（包括不动产、设业）、金融服务的规定，或者证券市场的准入。1999年12月31日根据成员国法存在于保加利亚、爱沙尼亚和匈牙利的限制。②在不损害条约的其他章节的情况下为实现成员国和第三国之间的资本自由流动的目标做最大程度的努力，欧盟议会和欧盟理事会将按照一般立法程序采取针对或来自第三国的资本流动的措施，包括直接投资（包括不动产、设业），金融服务的规定，或者证券市场的准入。③虽有第2款，但只有理事会根据一项特别的立法程序获得一致通过，并经欧盟议会协商后，才可以采取构成联盟法律针对或者来自第三国的资本流动自由化规定倒退的措施。

〔4〕 原《欧共体条约》第58条（ex Article 58 TEC）。

〔5〕 原《欧共体条约》第59条（ex Article 59 TEC）。

〔6〕 Part Five—The Union's External Action…Title II—Common commercial policy.

〔7〕 原《欧共体条约》第131条（ex Article 131 TEC）规定，通过依照第28～32条建立关税同盟，联盟应基于共同利益，对世界贸易的协调发展，逐步取消国际贸易方面和外国直接投资方面的限制，以及削减关税和其他非关税壁垒做出贡献。

〔8〕 原《欧共体条约》第133条（ex Article 133 TEC）规定：①共同贸易政策应建立在统一原则的基础上，特别是涉及税率变化、关于货物贸易和服务贸易的关税和贸易协定的缔结，以及知识产权贸易，外国直接投资，实现统一的自由化措施，出口政策和贸易保护措施包括针对倾销和补贴的措施。共同贸易措施应在欧盟的对外行动的目标和各项原则范围内实施。……④第3款所指的谈判和缔结协议，理事会应以特定多数同意通过有关决定。对于涉及服务贸易领域和知识产权贸易方面，以及外国直接投资的谈判和签订协议，如果这类协定包含有要求全体一致同意制定内部规则的要求，理事会应以全体一致同意通过有关决定。……⑥依照本条而履行在共同贸易政策领域的权限不得损害联盟和各成员国之间的权限划分，也不得导致各成员国立法或管理规定的统一，只要条约排除这种统一。

〔9〕 参见《欧盟宪法条约（草案）》第314条和第315条。

斯本条约》生效以来欧洲签署的首个重要协定。在投资方面采用传统的准入后国民待遇与正面清单模式，并更注重跨境服务贸易、金融服务和投资之间的协调。

2014 年 9 月 26 日，欧盟加拿大结束了历经 5 年的谈判，达成了《全面经济贸易协定》（Comprehensive Economic and Trade Agreement），也称《欧加贸易协定》（CETA）。CETA 是欧盟迄今对外谈判的最为全面的双边自由贸易协定。其“投资规则”规定在第 10 章及其附件里，第 10 章共有 6 节 43 条，分别是：范围和定义，投资的设立（市场准入、禁止业绩要求等），非歧视待遇（国民待遇、最惠国待遇、高管国籍等），投资保护（公平和公正待遇、赔偿损失、征收等），保留和例外（例外、利益拒绝等），投资者—国家争端解决（ISDS）。CETA 的投资规则超越了其成员国先前签订的1400 多个双边投资协定（BITs）的传统欧式 BIT，借鉴了美国 2012 年范本，如采用准入前国民待遇与负面清单模式，并且详细规定了 ISDS 条款，同时在实体和程序上均有不少创新。CETA 是欧盟第一个含有投资章节的 FTA，反映了国际投资协定发展的新潮流。

第三，中韩、中澳自贸协定。2014 年 11 月 10 日，中韩自由贸易协定完成实质性谈判，根据谈判成果，在开放水平方面，中韩贸易自由化比例均超过“税目 90%、贸易额 85%”，协定范围涵盖货物贸易、服务贸易、投资和规则等共 17 个领域。中方首次承诺以“准入前国民待遇和负面清单”管理模式开展服务贸易和投资谈判。2014 年 11 月 17 日，中国与澳大利亚共同确认实质性结束中澳自由贸易协定谈判。协定范围涵盖货物贸易、服务贸易、投资和规则共十多个领域，包含了电子商务、政府采购等“21 世纪经贸议题”。

第四，TPP、TTIP、RCEP。根据联合国贸发会《2014 年世界投资报告》，截止到 2013 年底，全球国际投资协定（IIAs）的数量接近 3240 个。[1] 虽然在数量上，双边投资协议仍然占主导地位，但就对经济的重要性来讲，区域协议变得越来越重要。其谈判所涉问题的深度和广度日益增加，被越来越多地添加新的议题。例如，在谈判中纳入可持续发展内容，更加自由化以及加强某些投资保护内容的条款等。一些正在谈判的“超大型区域协定”，如 TPP、TTIP、RCEP 等，一方面可能促进现有国际投资条约的整合，另一方面也可能因与现有国际投资协定体系重叠而造成更多的矛盾，特别是由于“超大型区域协定”可能纳入投资仲裁内容，投资者国家争端解决机制（ISDS）将成为公众关注焦点。[2]

《跨太平洋经济伙伴关系协定》（Trans-Pacific Partnership Agreement，TPP）是由环绕太平洋的国家主导的一项区域贸易协定。该协定在 2002 年由智利、新西兰和新

---

〔1〕 UNCTAD：“The World Investment Report 2014—Investment in the SDGs：an Action Plan”，overview，p. xxiii.

〔2〕 联合国贸发会：《2014 年世界投资报告（概述）》，第 20 页，http：//unctad. org/en/PublicationsLibrary/wir2014_ overview_ ch. pdf，2014 年 11 月 10 日访问。

加坡三国发起，2005 年 7 月 18 日，三国签署了《跨太平洋战略经济伙伴协定》(Trans-Pacific Strategic Economic Partnership Partnership Agreement，TPSEPA)，同年 8 月，文莱也作为创始成员签署了该协议（简称 P4 协议）。之后在美国的加入和推动下，增加到 12 个成员国，包括澳大利亚、加拿大、马来西亚，墨西哥、秘鲁、越南、韩国和日本。TPP 投资规则在第 12 章及其 9 个附件，共 29 条，基本上以美国 2012 年 BIT 范本为蓝本，内容包括适用范围、投资待遇、取消限制、征收和补偿、争端解决。[1] 此外，还涉及各成员主张公共政策例外（如环境、健康和安全）的限制；对跨国公司的一些“公司道德标准”的要求，如劳工标准、环保标准、保护人权、社区关系和反腐败措施等。TPP 被称为“21 世纪贸易协定”，不仅作为美国“重返亚太”的战略经济中的重要一环，它的高标准化、美式价值化等特点还体现了它重塑全球贸易规则的目标。

2013 年 6 月，美欧正式宣布启动“跨大西洋贸易与投资伙伴协议”（Transatlantic Trade and Investment Partnership，简称 TTIP）的谈判。TPP 和 TTIP 的谈判不仅涉及参加成员的经济总量占全球 GDP 的 60%，更重要的是，与 TPP 谈判的特点一样，TTIP 也是开放的标准高、涵盖的领域广、规则要求严。协议一旦达成，将对全球贸易投资自由化和区域经济的一体化进程产生重要而深远的影响。[2] TTIP 很可能为国有企业设定全球标准，包括所有制透明、阻止非平等待遇、采取措施纠正扭曲性国家补贴等，保证国有企业按照市场规则运行。[3]

2012 年 11 月，《区域全面经济伙伴关系协定》（RCEP）谈判正式启动，参加方包括东盟 10 国、中国、澳大利亚、印度、日本、韩国、新西兰等 16 方，谈判议题涵盖货物、服务、投资及协议框架等，RCEP 目标是在 2015 年底前达成一个现代、全面、高质量和互惠的经济伙伴关系协定，建设拥有 30 亿人口、15 万亿美元 GDP 总额的全球最大贸易区。与 TPP 的高标准、新议题相比，RCEP 更强调以传统议题为谈判重点，更强调根据参与国的不同发展水平，给予其适当的开放与调适弹性，帮助 RCEP 中的发展中国家能够完全参与谈判、履行 RCEP 下的义务，并得以享有 RCEP 的具体利益。

（三）除国际投资条约外，关于跨国投资的国际法制还包括国际商业惯例以及一些国际组织作出的有关决议和制定的有关指南、守则等

首先，有关国际组织作出的涉及跨国投资法律问题的决议，其中最主要的是联合国大会通过的建立国际经济新秩序的决议。例如，1974 年通过的《各国经济权利

---

〔1〕 2012 年 6 月 13 日，美公民贸易运动（Citizens Trade Campaign）于当日在其网站上公布泄露的《TPP 投资协议草案》文本。

〔2〕“高虎城：TPP 和 TTIP 谈判进程的资讯交流机制运作正常”，http：//big5. china. com. cn/v/zhuanti/2015lianghui/2015 - 03/07/content_ 34983463. htm，2015 年 3 月 12 日访问。

〔3〕 江洋、王义桅：“TTIP 的经济与战略效应”，载《国际问题研究》2014 年第 6 期 。

和义务宪章》。其次，一些国际组织制定的有关国际法律问题的“指南”，例如，世界银行和国际货币基金组织联合行政委员会（即发展委员会）1992 年颁布的《外国直接投资待遇指南》也是国际投资法的重要渊源。最后，联合国经社理事会 1982 年起草的《跨国公司行动守则（草案）》是直接调整跨国公司活动的行为规范。从 1993 年起，由联合国贸发会议接手守则的谈判事项，至今没有实质性进展。

第二节 国际直接投资和国际直接投资企业的类型

一、国际直接投资的类型

（一）绿地投资和跨国并购

按照进入模式划分，国际直接投资包括绿地投资和跨国并购。

1. 绿地投资（Greenfield investment）。也称新建企业，是指外国投资者向东道国输出资本（包括自有资本或中长期信贷资本），直接创办新企业，并对该企业的经营管理拥有管理权或控制权。通过这种方式组建的新企业，可以是合资经营企业、合作经营企业或外商独资企业。其特点是：投资金额大、建设周期长，投资风险高。

2. 跨国并购（International Mergers and Acquisitions）。又称国际并购，或者越界并购（Cross - Border Mergers），是指外国企业为了某种经济目的，通过一定的渠道、手段或支付方式，兼并或收购东道国企业的全部或者部分股份或资产，对东道国企业参股、相对控股或控股，最终取得东道国企业的经营管理权或实际控制权的企业经济行为。20 世纪 90 年代以来，发达国家之间、发达国家对发展中国家以及发展中国家之间的以创建为主的跨国投资方式发生了实质性变化，越来越多的国际直接投资采取了并购形式。跨国并购的优势在于：①并购大幅度降低了企业创建发展的风险和成本，因为企业通过并购企业避免了小规模的成本劣势以及高额的转付成本，从而有效地降低了进入新行业的壁垒；②企业也摆脱了筹措资金方面的限制；③跨国并购可有效利用被并购企业的相关经营资源，如分销渠道，还可获取被并购企业的商标、商誉等无形资产，以及利用企业特有资产等。全球范围内跨国并购重组谋求扩大企业规模已成为当今诸多产业的发展趋势。

（二）主权财富基金

1953 年，科威特成立了投资委员会（The Kuwait Investment Board，现改为 The Kuwait Investment Authority，简称 KIA），利用超额石油收益进行全球投资，成为主权财富基金的鼻祖。最近十几年，主权财富基金获得了飞速发展，但依然没有一个普遍的达成共识的定义。事实上，基于当前全球主权财富基金成立背景和组织结构的多样性与复杂性，要想统一地给主权财富基金下一个明确清晰的定义确实比较困难。

美国财政部的解释是，主权财富基金是指使用外汇资产设立的政府投资工具，这些外汇资产同货币当局（即中央银行或财政部的相关部门）掌控的官方外汇储备相分离。[1]

经济发展与合作组织（OECD）对于主权财富基金的定义比较简单，认为它是由一国政府直接或间接拥有和管理的，并以实现金融发展与稳定等国家目标为投资目的的一系列资产组合。[2]

国际货币基金组织（IMF）下属的主权财富基金工作组将主权财富基金定义为：是由政府所有或控制的具有特殊意图的公共投资基金或安排；这类基金出于中长期宏观经济和金融目标而持有、管理及运作资产，并运用一系列投资策略投资于外国金融资产。[3] 主权财富基金的定义排除了出于传统国际收支或货币政策目的而由货币当局持有的外汇储备资产、传统意义上的国有企业、政府雇员养老基金（由雇主/雇员出资）或为个人利益而管理的资产。

尽管这些定义不完全一致，但仍然可以看出一些共性：①投资主体是政府。主权财富基金最大的特点就在于其政府投资背景。主权财富基金都是由政府出资设立的，政府拥有主权财富基金的所有权和监督管理权，这也就容易引起投资接受国对主权财富基金的投资目的产生疑虑和争论，怀疑主权财富基金的投资是否具有政治目的或战略目标，而不是以纯盈利的目的进行投资。但必须指出的是，绝大多数主权财富基金都通过立法或基金章程明确了基金运营的独立性和遵循商业化原则。②以投资为日的，主权财富基金以多元化投资为手段，该基金的资产组合包括股票、债券、不动产、能源或其他投资工具等，不论其组织结构形式表现为公司、基金或者是资产池等多种类型，在世界范围内获取投资资产的增值。

虽然绝大多数主权财富基金都宣称实行商业化的运营方式，在管理上与政府脱钩，谋求市场化运作手段和多元化投资策略的可持续的、长远的投资方针。但由于其天然的政府背景，信息披露制度的不完善，大多数主权财富基金的信息透明度都偏低。这容易引起投资接受国特别是西方发达国家的不安和质疑，可能造成其在跨境投资中受到种种限制，制约主权财富基金的发展。

面对 SWFs 对外投资不断增长的趋势，各国出于国家安全利益考虑而制定的各类投资门槛与审查程序存在一定的合理性，但同时也对目前国际投资规制所倡导的“投资自由化”与“投资便宜化”原则形成挑战。2008 年 6 月，经济合作与发展组织（OECD）发布了题为《主权财富基金及接受国政策报告》（Sovereign Wealth Funds and Recipient Country Policies）的报告。该报告包括一个《部长级会议宣言》、《OECD 关于投资自由化的一般政策》以及《与国家安全有关的接受国投资政策指

---

〔1〕 U. S. Department of the Treasury “Appendix 3” in Semi Annual Report on International Economic and Exchange Rate Policies, June 2007, available at http: //www. treasury. gov/resource – center/international/exchange – rate – policies/Documents/2007_ Appendix – 3. pdf.

〔2〕 OECD, Sovereign Wealth and Pension Fund issues, Working Papers, January 2008, p. 2.

〔3〕 Sovereign Wealth Funds General Accepted Principle and Practices, available at http: //www. iwg – swf. org/pubs/eng/santiagoprinciples. pdf.

引》，要求投资接受国平等地对待各个投资实体的投资，并对投资接受国可能采取的单边措施提出了限制性意见。

总的来说，主权财富基金主权财富基金是一类特殊的基金。[1] 。从设立目的上看，它以投资收益为目标，不同于公益型基金。从发行方式上看，不同于公募和私募基金，不进行公开和私下的发行。从投资对象上看，可以投资于股票、债券、期货、权证、货币市场甚至固定资产等广泛领域。从资本来源和运用地域上看，其资本来源于国内并投资于国内外任何区域。

（三）特许经营权

法律赋予或者通过合同取得的特许经营权，包括勘探、耕作、提炼或开发自然资源的特许权。相对于绿地投资和跨国并购这种股权参与的形式而言，特许经营权是一种非股权参与[2]的形式。从东道国获取特许经营权的主要模式是BOT和PPP。

1. BOT模式。BOT是“建设（Build）—运营（Operate）—移交（Transfer）”的英文缩写，它是指政府通过合同授予私营企业一定期限的特许经营权，许可其融资和建设特定的公用基础设施，并准许其进行经营管理和商业利用，如通过向用户收取费用或出售项目产品等方式来清偿贷款、回收投资并赚取利润，特许期届满时将基础设施无偿移交给政府。世界上最著名的BOT项目是英吉利海峡隧道。我国第一次BOT模式的实践运用是在1984年，当时深圳以中外合作方式从国外引进商业贷款，成功兴建了广东沙角电厂。从1995年开始，国家计委批复广西来宾电厂二期工程采用BOT模式建设，使该项目成为我国第一个经国家批准的BOT试点项目。目前，BOT模式在国内基础设施或公共工程建设上应用非常普遍。不仅如此，柬埔寨甘再水电站是中国水电建设集团公司首个以BOT模式进行的境外水电投资项目，也是柬埔寨国内最大的引进外资项目。

BOT模式具有如下法律特征：①BOT模式适用于规模宏大、投融资风险高、收入来源稳定，且通常为东道国带有垄断性经营的基础设施项目；②政府允许外国投资者以BOT模式进入，实质上就是东道国政府授予外国投资者特许权，以特许协议的方式将本属于政府的一部分社会管理职能在一定期限内转移给项目公司；③BOT模式是一种高风险的投资、贷款活动，其筹资方式是将传统的股本投资与项目融资结合在一起的一种较新型的国际投融资方式；④BOT模式围绕项目投融资、建设、运营、移交构成一项复杂的系统工程；⑤随时变形，非常灵活。随着BOT模式在不同国家和地区的应用，又演变出二十多种变种BOT。如BOO（建设—拥有—运营）、

[1] 张明坤：“论主权财富基金的监管”，载《政治与法律》2008年第7期。

[2] 非股权参与（Non-Equity Participation），又称直接投资无股化，是指国际投资者通过与东道国的企业建立某些业务关系来取得某种程度的实际控制权，实现本公司的经营目标。这种方式也称为“事实上的控制”，主要指跨国公司在东道国不参与股份，而是通过资金、技术、管理、销售等方面的相互联系以达到为东道国提供服务、控制东道国企业，并从中获得相应的利润的目的。

BOOT（建设—拥有—运营—移交）、BOLT（建设—拥有—租赁—移交）、BRT（建设—出租—移交）等。

BOT 项目牵涉到许多关键的相互协调与合作的关系人，主要有：①政府及其授权部门；②项目联营集团（项目主办人）；③项目公司；④项目贷款人（银行或财团）；⑤项目工程建筑承包商；⑥项目原材料供应商；⑦项目工程设计公司；⑧项目投资回报和贷款偿还的担保人；⑨保险公司；⑩项目的经营管理人；⑪项目产品、服务的购买人或设施使用人；⑫其他可能的参与人。

BOT 项目是由一系列的法律文件组合而成的有机整体，包括招投标文件、特许协议、安慰函（即就政府表示支持、承诺、保证等所作的相关的法律解释）、股东协议、项目融资文件、设计合同、物资供应合同、保险合同、产品购买合同、转让移交合同等。其中，政府与项目公司之间的特许协议是最基本的，构成了国际 BOT 运作方式的核心，也是签订其他相关合同的前提。

2. PPP 模式。PPP 即 Public-Private Partnerships，译为公私合作制，或公私伙伴关系，其实质是政府通过给予私营公司长期的特许经营权和收益权来加快基础设施建设及有效运营。广义的 PPP 泛指公共部门与私营部门为提供公共产品或服务而建立的合作关系；而狭义的 PPP 更强调政府在项目中的所有权（有股份），以及与企业合作过程中的风险分担和利益共享。[1] PPP 模式没有固定的投资模式，根据每个项目的特点、所在地的投资环境，各参与主体的具体情况，形成每个项目自身的投资模式，包括服务合同、管理合同、租赁合同、特许、BOT、BOO、BOOT、反转 BOOT、混合经营、出售。例如，1998 年英国政府采用 PPP 方式保证了伦敦地铁网络在未来 30 年拥有足够的投资。再如，北京地铁 4 号线项目、北京奥运国家体育场（“鸟巢”）的建设都是比较典型的 PPP 模式。

在 PPP 中，政府部门或地方政府通过政府采购的形式与中标单位组建的特殊目的公司签订特许合同（特殊目的公司一般是由中标的建筑公司、服务经营公司或对项目进行投资的第三方组成的股份有限公司），由特殊目的公司负责筹资建设及经营。政府通常与提供贷款的金融机构达成一个直接协议，这个协议不是对项目进行担保的协议，而是一个向借贷机构承诺将按与特殊目的公司签订的合同支付有关费用的协定。这个协议使特殊目的公司能比较顺利地获得金融机构的贷款。

相比早年较为流行的 BOT 模式，PPP 的含义更为广泛，且更强调政府在项目中的参与（如占股份），更强调政府与企业的长期合作与发挥各自优势，共享收益、共担风险和社会责任。在典型的 BOT 项目中，私人部门按政府指定的技术规格和业主要求建设有关资产和进行营运，再向资产的最终使用者收取费用。在 PPP 项目中，公共部门购买的是服务，而非资产，公共部门根据私人部门是否有达到政府所列明

〔1〕 Francois Lichere, Boris Martor: “On the development of public-private partnerships in Africa: current reforms and future prospects”, *International Business Law Journal*, 2007.

的服务水平要求而向该私人部门付款。PPP 模式是一种优化的项目融资与实施模式，以各参与方的“双赢”或“多赢”作为合作的基本理念。

【案例】在柬埔寨甘再 BOT 水电站项目中，柬埔寨工业矿产能源部（Ministry of Industry Mine and Energy，MIME）和中水国际签订了为期44年的特许协议。约定中水国际负责项目的设计、融资、保险、施工、运行、维护、管理以及购电协议（Power Purchase Agreement，PPA）期满后移交。柬埔寨国家电力公司按“照付不议”原则购买电站全部电量。中水国际作为项目发起人，在柬埔寨注册成立项目公司，并由该项目公司具体负责该项目的设计、建设与运营。协议还涉及项目特许经营期限的规定、项目建设的规定、土地征收和使用的规定、项目融资义务及利润分配、税收规定、协议双方的责任义务等内容，保证了经营期内开发商享有稳定的政策。[1]

3. 特许协议是获得特许经营权的核心法律文件。联合国国际贸易法委员会工作组关于《私人融资基础设施项目示范条文草案》对特许协议所下的定义是：特许协议是指订约当局与特许公司之间签订的规定实施某一基础设施项目的范围和条件的有法律约束力的合同。

特许协议是东道国政府与外国投资者之间签订的通常为自然资源的开发或公用事业的建设为目的的一种协议，这种协议历经百年并且不断演变，至今还是现代国际投资关系中一种重要的法律形式。

二、国际直接投资企业的类型

（一）合资经营企业

1. 概念。合资经营企业，简称合营企业（joint venture），是指两个或两个以上当事人，为实现特定的商业目的，共同投资、共同经营、共担风险、共负盈亏的一种企业形式。国际合营企业则是由一个或多个外国投资者（法人或自然人）同东道国的政府、法人或自然人按法定或约定的比例共同出资，共同经营特定业务，共同分享利润，共同承担亏损的企业。[2] 这类企业的合资各方通常以长线投资为目标，而不是仅就某项交易或较短时间的合作为最终目的。

关于合营企业的法律性质，英美法系国家认为，合营者之间的关系是一种人合关系，而非资合关系，因此，合营企业在法律上是一种合伙（Partnership），是一种非法人性质的商业组织形式，有关其权利与义务关系应适用（或类推适用）关于合伙的规定。与此相反，不少大陆法系国家认为合营企业在法律上属于法人（Juridical Person），而不是合伙，因此把合营企业纳入公司法范畴。例如，比利时、德国和日本。另外，还有些国家如法国、科威特等认为，合营企业是“经济利益的组合”，具有合伙与法人双重特性，即合营企业是一种独立的法人实体，但合营者对企业的债

〔1〕 戴春宁主编：《中国对外投资项目案例分析——中国进出口银行海外投资项目精选》，清华大学出版社2009年版，第111页。

〔2〕 余劲松、吴志攀主编：《国际经济法》，北京大学出版社、高等教育出版社2000年版，第51页。

务负无限连带责任。前东欧国家对合营企业的法律性质则不作限定，允许合营企业根据实际需要，采取各种法人或非法人的组织形式。如波兰、匈牙利。

2. 合营企业的类型。根据联合国工业发展组织编写的《发展中国家合营企业协议指南》，合营企业依其法律性质的不同可以分为以下两种基本类型：

（1）股份式合营企业（Equity Joint Venture），是指由合营者相互协商为经营共同事业而组成的法律实体。这种类型的合营企业具有独立的法律人格；合营者的出资分成股份，各方按照自己出资的比例对企业行使一定的权利，承担一定的义务；企业有一定的管理机构，作为法人的代表。

（2）契约式合营企业（contractual joint venture）。契约式合营企业是指合营各方根据合营契约经营共同事业的经济组织。这种类型的合营企业，往往不具有法人资格，合营各方不是以股份形式出资，也不按股份分担风险和盈亏，而是根据合营契约的约定对企业享受一定的权利和承担一定的义务，并对其所出资产保留其合伙的权利。

3. 合营企业的组织形式。由于各国法律对合营企业的法律性质的认定各不相同，因而，举办合营企业所采取的组织形式也各式各样，大体上可归纳为公司和合伙两类。在国际投资的实践中，组成为公司的合营企业主要采取有限责任公司和股份有限公司两种基本形式。如德国法规定，外国合营者与德国合营者举办的合资企业，可以组成股份有限公司或有限责任公司。

合资企业采取合伙形式，强调的是“人的联合”。各国法律虽不尽一致，但基本原则是相同的。英美等国认为，合资企业虽与合伙有所不同，但合资企业不是法人实体，类似合伙，合资企业合营各方的权利义务关系适用或类似适用有关合伙的规定。[1]例如，美国法规定，美国合资企业受美国合伙人法律的规范，然而有些适用于合伙人组织的法律和原则则不一定同样适用于合资企业。根据法国和英国的法律，所有合资企业不论其业务范围宽窄，均应被视为合伙人组织并受相应的法律规范。[2]实践中，非法人式中外合作经营企业通常采取合伙或准合伙形式。

（二）合作经营企业

1. 概念。合作经营企业（cooperative enterprise），简称合作企业，是指两个或两个以上国家的当事人为实现特定的商业目的，根据合同的约定投资和经营，并依照合同的约定分享权益和分担风险及亏损。

2. 合作经营企业的类型。合作企业从法律性质上讲，是一种契约式合营企业（contractual joint venture）或非股权式合营企业（non-equity joint venture）。国际上通常是将它们作为一种无法人资格的合伙来对待，在法律上，一般适用合伙法或有关

---

〔1〕 徐景和等主编：《中国利用外资法律理论与实务》（上·总论篇），人民法院出版社1999年版，第96页。

〔2〕 王贵国：《国际投资法》，法律出版社2008年版，第218页。

合伙的规定。

在国际实践中，契约式合营除了合作经营企业这种类型之外，还有一类是没有组成实体的合作经营。通常是指两个或两个以上国家的企业基于合同进行合作，共同从事某项产品的研究、制造、销售或者某个项目的经营，合作者之间依合同的约定投入资金、技术或设备以及劳务，并依合同的约定分享权益和分担风险。这种契约式合营一般属于国际合作生产的范畴，在苏联、东欧与西欧国家间的东西方工业合作中尤为常见。其具体方式从共同生产零部件、共同制造产品、专业化协作到项目合作或联合投标等，种类繁多，但它们都具有下述基本特征：①合作以合同为基础；②合作不组成经济实体，更不组成法律实体，而单纯基于合同而活动；③合作关系一般不受公司法或企业法支配。[1]例如，中外合作生产、中外合作销售、中外合作开发等合作方式就属于这种类型。

（三）独资经营企业

独资子公司（Wholly-owned Subsidiary），又称独资企业，或外资企业（Wholly Foreign-Owned Enterprise），英文直译为“完全归外国人所有的企业”。相对于合资经营企业、合作经营企业而言，独资企业是指按照东道国法律在东道国设立的，由外国投资者提供全部或大部分资本的企业。事实上，各国法律对一个企业中外资构成比例达到多少才视为外资企业有不同的规定。有的国家认为，凡外资占大部分的企业，均是外资企业；而有的国家则严格限定在全部资本由外国投资者所有的才是外资企业，例如中国。

根据各国外资法和公司法的规定，外资企业可以组成法人实体，采取有限责任公司和股份有限公司等形式，也可以采取合伙、无限公司、两合公司等形式。但从国际投资的实践来看，外资企业大多具有独立法人资格，采用有限责任公司和股份有限公司的组织形式。

（四）企业分支机构

从法律上讲，分支机构并不具有独立的法人资格，所以，东道国对外国的分支机构只有属地管辖权，对分支机构在国外的财产没有属人管辖权。分支机构作为外国投资者在东道国设立的一种商业组织，有以下特点：①分支机构没有独立的名称和章程，只能以设立它的总公司的名义开展生产经营活动；②分支机构的主要业务活动由总公司决定，由于其所代表的公司信誉较高，资产较多，其所能从事的业务范围也可能较广；③分支机构的资产完全由总公司投入，分支机构的生产经营活动引起的法律后果最终由总公司承担。许多国际性银行在海外投资均采用建立分支机构的形式，而不是建立子公司，因为投资者向银行存款或从银行购买有价证券时，均希望银行有足够的资产作为担保，以减少投资的风险。另外，设立分支机构的程序比设立子公司简便，只需要向当地行政机关提交关于公司的业务范围、性质、公

---

〔1〕 余劲松主编：《国际投资法》，法律出版社2007年版，第48页。

司的注册资本、资产负债表和授权书[1]等文件即可注册。

例如，根据日本《外汇和外贸法》第26条第2款第5项的规定，“对内直接投资”包括在日本建立分支机构或者对在日本的分支机构的性质或商业目的进行重大改变。[2] 该法第23条第2款还规定，“对外直接投资”包括支付资金开设或扩充分公司、办事处、工厂或其他单位（以下简称分支机构）。[3]

（五）中国法的规定

根据“外资三法”的规定，中国外商投资企业的形式为中外合资经营企业、中外合作经营企业和外资企业。中外合资经营企业的形式为有限责任公司。[4] 中外合作经营企业可以是有限责任公司，也可以是不具有法人资格的合作企业。[5] 外资企业的组织形式为有限责任公司，经批准也可以为其他责任形式。[6] 另外，《外国企业或者个人在中国境内设立合伙企业管理办法》规范了外国企业或者个人在中国境内设立合伙企业的行为，便于外国企业或者个人以设立合伙企业的方式在中国境内投资，扩大对外经济合作和技术交流。长期以来，虽然外商投资股份有限公司实质上是一种特殊形式的中外合资经营企业[7]，但《中外合资经营企业法》及其实施细则未作专门的规定，而是在1995年1月10日外经贸部（现中国商务部）发布的《关于设立外商投资股份有限公司若干问题的暂行规定》中给予了认可。由于“外资三法”对外商投资企业的公司治理结构作出特殊规定，从而导致内外资企业的公司治理割裂。2006年《公司法》虽然原则性规定“外商投资的有限责任公司和股份有

[1] 授权书（Power of Attorney），主要说明授权分支经理可从事的业务和行政职权和范围。

[2] Article 26 (Definition of Inward Direct Investment, etc.) (2) v.: Establishment of the Branch Offices, etc. in Japan or substantial change of the kind or business purpose of the Branch Offices, etc. in Japan (limited to establishment or change specified by Cabinet Order, which is conducted by those listed in item 1 or 2 of the preceding paragraph).

[3] Article 23 (Outward Direct Investment) (2) The "outward direct investment" set forth in the preceding paragraph shall mean acquisition of securities issued by a juridical person established pursuant to foreign laws and regulations or loan of money to the juridical person, which is specified by Cabinet Order as an act committed to establish a permanent economic relationship with the juridical person, or payment of funds pertaining to the establishment or expansion of branch offices, factories or other offices (hereinafter referred to as the "Branch Offices, etc.") in a foreign state, which is conducted by a resident.

[4] 《中外合资经营企业法》第4条。

[5] 《中外合作经营企业法》第2条规定：中外合作者举办合作企业，应当依照本法的规定，在合作企业合同中约定投资或者合作条件、收益或者产品的分配、风险和亏损的分担、经营管理的方式和合作企业终止时财产的归属等事项。合作企业符合中国法律关于法人条件的规定的，依法取得中国法人资格。

《中外合作经营企业法实施细则》第4条规定：合作企业包括依法取得中国法人资格的合作企业和不具有法人资格的合作企业。不具有法人资格的合作企业，本实施细则第九章有特别规定的，从其规定。

[6] 《外资企业法实施细则》第18条第1款。

[7] 外商投资股份有限公司与其他中外合资经营企业一样，是依中国法律在中国境内设立的外商投资企业，是由中外投资者共同投资、共同经营、共担风险的企业，是股份式合营企业。

限公司适用公司法”，但也留出“有关外商投资的法律另有规定的适用其规定”的例外。[1]

2015年公布的《外国投资法（草案征求意见稿）》不再将外商投资企业的组织形式和经营活动作为主要规范对象。就外商投资企业的组织形式和经营活动，按照内外资一致的原则，统一适用《公司法》、《证券法》、《合伙企业法》等设立内部治理机构，不再适用独立的制度。“草案”也不再按区分企业类型分别适用不同的规则，无论外国投资者设立何种类型的企业、通过何种方式在中国投资，原则上均适用统一的《外国投资法》。

根据《外国投资法（草案征求意见稿）》第157条第1款规定：“本法生效前依法存续的外国投资企业，在本法生效后3年内应按照《公司法》、《合伙企业法》、《个人独资企业法》等法律法规变更企业组织形式和组织机构，但企业既有经营期限在本法生效后3年内届满且拟延长经营期限的，应在企业既有经营期限内进行变更。”就中外合资经营企业而言，其最高权力机构将不再是董事会，因根据《公司法》对股东会、董事会职权的规定重构公司治理架构。就中外合作经营企业而言，非法人制合作企业需变更为有限责任公司或外商投资合伙企业，中外合作经营企业的最高权力机构同样将不再是董事会或联合管理委员会，而一律适用《公司法》或《合伙企业法》的相关规定。另外，根据《外商投资创业投资企业管理规定》设立的非法人制的外商投资创业投资企业，在实践中一直比照中外合作企业进行管理，上述变更可能将同样适用。[2]

根据《外国投资法（草案征求意见稿）》的规定，《外国投资法》实施后，外资三法将被废止。《中外合资经营企业法》及其实施细则中关于合资企业的经营利润必须依照注册资本比例进行分配的规定也将随之被废止。也就是说，合资企业的经营利润不再必须依照各方注册资本比例进行分配，未来中外合资各方可根据《公司法》的相关规定自由约定利润分配的比例与方式。

第三节　国际投资保险制度

一、海外投资保证制度的概念和特征

为了保护本国的私人海外投资免受东道国的政治风险的影响，战后各主要资本输出国都先后建立了为私人海外投资的政治风险提供担保的海外投资保证制度。现

---

〔1〕《中华人民共和国公司法》第217条规定：“外商投资的有限责任公司和股份有限公司适用本法；有关外商投资的法律另有规定的，适用其规定。”

〔2〕“《外国投资法（草案征求意见稿）》系列研究之三：对现有外商投资企业可能的影响”，http://www.sinotf.com/GB/News/1002/2015-01-29/xNMDAwMDE4NzExNw.html，2015年2月25日访问。

在，海外投资保证制度已经成为资本输出国保护与鼓励私人海外投资的重要的国内法制度。

海外投资保证制度，一般又可称作海外投资保险制度，是指资本输出国政府对本国海外投资者在海外投资可能遇到的政治风险提供保证或保险，投资者向本国投资保险机构申请保险后，若承保的政治风险发生，致使投资者遭受损失，则由国内保险机构补偿其损失的法律制度。海外投资保证制度不同于普通的民间保险制度。

从实质上看，海外投资保证制度是一种政府保证，有以下显著特征：①海外投资保险是由政府机构或公营公司承保的，它与私营保险公司不同，不是以营利为目的，而是以保护投资为目的。海外投资保险责任的真正承担人不是一般的民间保险机构，而是国家，国家通过授权其特设机构具体办理有关业务，以最终实现海外投资保证的任务。②海外投资保险的对象，仅限于符合特定条件的海外私人直接投资。例如，作为保险对象的海外投资不仅须经东道国批准，而且还必须对资本输出国经济有利。③海外投资保险的范围，只限于国有化或征收险、外汇险、战争险等政治性风险。④海外投资保险的任务，不只是同普通民间保险一样进行事后补偿，更重要的是事前防患于未然。

二、国别海外投资保证制度

（一）海外投资保险机构

依据各国的立法与实践，实施海外投资保险业务的有政府机构、政府公司或公营公司等。

美国海外私人公司（OPIC）是美国投资保险的执行机构，根据1969年《对外援助法》成立于1969年。《对外援助法》第231～240条规定了海外私人投资公司的设立目的，组织管理，投资保险和其他业务，保险签发权限、直接投资权限和储备金，收入和收益，保险担保和融资项目的一般条款，定义，一般规定和权力，小企业发展等事项。OPIC是联邦政府中一个独立机构，不隶属于任何其他行政部门。它是一家自负盈亏的政府机构，为美国私人企业在154个发展中国家和新兴经济体的投资，提供政治风险担保、项目融资以及其他服务。OPIC主要在以下四个方面帮助美国私人投资者扩大海外投资，减少相关风险：①提供贷款和贷款担保为企业融资；②支持那些为美国公司投资海外项目而投入的私人基金；③为投资可能产生的一系列政治风险提供担保；④为美国工商界提供尽可能多的海外投资机会。美国海外私人投资公司除以投资保险为主业外，还按公司规定的条件对私人投资提供资助，尤其是鼓励美国中小企业在发展中国家进行海外直接投资，以开发正在成长中的市场潜力。[1] 其具体经营范围规定在《对外援助法》第234条第1～8款。

---

〔1〕 http：//www.opic.gov/，2009年12月10日访问。

德国部际联合委员会（IMA）[1] 负责出口信用保险和投资担保的审批工作，同时授权普华永道德国审计公司（PwC）和裕利安宜信用保险公司（Euler Hermes），作为执行机构共同处理联邦政府的出口信用保险和对外投资担保的具体事宜。事实上，联邦德国财政部是法定保险人，只有财政部批准，才能承担保险责任。

在2001年4月日本成立“出口和投资保险组织”（NEXI）以前，日本是由通商产业省贸易局承办投资保险业务的。该局是一个政府机构，但在财政上具有独立性，其宗旨是担保国际贸易和其他对外交易中其他普通保险者所不能承保的风险，以促进国际经济交往的发展。该局所承担的保险业务，除海外投资保险外，还有其他多种风险，如普通出口保险、出口收入险、出口票据风险、出口证券保险、外汇风险保险等。NEXI成立后，作为独立的管理贸易保险的机构，使贸易保险完全从政府的直接经营中脱离出来。NEXI直接运营保险业务的承保和理赔，为了更好地增强自身的抗风险实力，NEXI向日本经济产业省进行再保险。这样一来，日本经济产业省只负责制定保险政策并由贸易经济协力局负责再保险业务，成为一个真正的管理者。

法国也实行官办保险，经济与财政部为其真正保险人，但它实行海外工业投资与海外商业投资保证两种体制并存的双轨保险制，授权法国外贸银行和法国外贸保险公司分别为其代理相应保险业务。法国对外贸易保险公司（La Compagnie Française d' Assurance pour le Commerce Extérieur，COFACE）建立于1946年，由法国政府建立，1994年私有化，2002年为法国大众银行集团Natixis控股，在经营信用保险业务的同时，也代表政府承保大额的民事、军事出口合同。在全球67个国家建立了子公司和分支机构，通过专业经纪人、信用联盟等方式在其他32个国家建立商业代理处。政府信用担保由公共担保理事会（DGP）负责管理，由国家财政支出，盈利入国家财政账户。从职能上看，法国对外投资保险是由保险人Coface和融资支持机构Natixis银行来完成的。[2]

中国出口信用保险公司成立于2001年12月18日，是“从事政策性出口信用保险业务的国有独资保险公司”。[3]

---

〔1〕德国部际联合会（IMA）由德国联邦经济与技术部牵头，有联邦财政部（BMF）、外交部（AA）和联邦经济合作与发展部（BMZ）参加，其成员还包括普华永道德国审计公司（PwC）和裕利安宜信用保险公司（Euler Hermes），以及来自对外经济领域和银行业界（包括复兴信贷银行进出口分行[KfW IPEX Bank]、AKA出口信贷有限公司）和联邦审计署（Bundesrechnungshof）的专家代表组成。

〔2〕Loi n°97 – 1239 du 29 décembre 1997 de Finances rectificative pour 1997，Article 41，I.

〔3〕《关于组建出口信用保险公司的通知》，http：//www.lawyee.net/Act/Act_ Display.asp? RID = 79263&KeyWord =，2010年3月11日访问。

（二）承保条件

1．合格投资者。

（1）本国国民。本国国民是指根据本国法律取得本国国籍的自然人。有的国家还附加对国民的住所或居所的要求。例如，德国和英国。

（2）本国公司、合伙或其他社团。大多数国家都允许依本国法律设立的、具有或不具有法人资格的、营利或非营利的公司、企业、合伙或其他社团作为投保人，如美国、英国、德国等。但日本只限于法人可以投保[1]。此外，还必须符合资本控制要求等。

（3）符合一定条件的外国公司、合伙、社团。外国公司、合伙、社团作为投保人，一般有严格的限制。依美国法规定，依外国法设立的外国公司、合伙、社团，其资产的全部或至少95%为美国公民、公司、合伙或社团所有者，才可作为合格投保者。[2] 有些国家则不允许外国公司、合伙或社团投保。根据法国法规定，投保人须是法国法承认的向国外投资的项目持续3～20年的企业或者银行。由于我国没有专门的海外保险立法，中国出口信用保险公司的相关业务规定便成为投资保险的唯一依据。目前，中国出口信用保险公司规定的合格投资者为：境内（不含港、澳、台地区）注册成立的非金融机构法人；在境外（含港、澳、台地区）注册成立的非金融机构法人，其实际控制权由中资法人掌握；境内外金融机构；其他经批准的法人和自然人。[3]

2．合格投资的条件。

（1）合格的投资一般只限于新项目的投资。例如，根据美国《对外援助法》第231条第2款的规定，OPIC承保条件承保下列投资：①新项目的投资，但在一定条件下旧企业的扩大、扩建和发展投资，可视为新项目的投资；②经美国总统同意的在不发达友好国家和地区进行并由私人投资公司认可的投资；③同美国订有投资保

---

〔1〕余劲松：《国际投资法》，法律出版社2007年版，第203页。

〔2〕根据《对外援助法》第238条第3款的规定，合格投资者是指：①美国公民；②美国公民拥有实质控制权的根据美国、州或地区，以及哥伦比亚特区法律创建的公司、合伙及包括非营利组织在内的其他组织；③由一个或多个美国公民、公司、合伙或其他组织全资拥有的外国公司、合伙或其他组织，然而，一个外国公司中除美国以外业主拥有的股本发行和认购总数低于5%时，则确定该公司的投资者资格时不予考虑股份问题，该规定也适用于在签发保险或担保时对贷款投资的资格作出的最终认定。在其他情形中，投资者必须在保险或担保签发时起至提出索赔申请时始终为合格投资者。

〔3〕资料来源：海外投资保险简介及操作流程，http：//wms. mofcom. gov. cn/aarticle/subject/fxff/subject-kt/200907/20090706422315. html，2010年3月15日访问。

护协定的国家和地区的投资项目并经东道国政府批准的项目。[1] 根据法国保险法的规定，对于已经实施的投资项目，在实施24个月内申请投资担保也是可以的[2]，但要求该项投资投保时与投资之初的风险没有明显变化[3]。

（2）合格的投资必须符合投资者本国的利益。几乎所有的国家都规定了投资项目必须符合本国的经济、政治和社会利益，这也是被保险人投保的前提条件。例如，美国规定，OPIC在承保一项投资时，必须考虑该项投资项目最终是否有利于美国经济，包括对美国工人就业、国际收支平衡及美国经济发展目标的有利影响。另外，为了避免本国经济利益的损失以及出于一些政治目的的考量，美国、法国和日本等国家还规定出了一些不能参保的投资项目。例如，根据美国《对外援助法》第231条第3款k～n项规定，OPIC可以拒绝承保的投资有对环境、健康、安全有重大损害

---

〔1〕 Sec231…The 218 Corporation, in determining whether to provide insurance, financing, or reinsurance for a project, shall especially—①be guided by the economic and social development impact and benefits of such a project and the ways in which such a project complements, or is compatible with, other development assistance programs or projects of the United States or other donors; ②give preferential consideration to investment projects in less developed countries that have per capita incomes of MYM984 or less in 1986 United States dollars, and restrict its activities with respect to investment projects in less developed countries that have per capita incomes of MYM4, 269 or more in 1986 United States dollars (other than countries designated as beneficiary countries under section 212 of the Caribbean Basin Economic Recovery Act (19 U. S. C. 2702), Ireland, and Northern Ireland); and 219 (3) 220 ensures that the project is consistent with the provisions of section 117 220 (as so redesignated by the Special Foreign Assistance Act of 1986), section 118, and section 119 of this Act relating to the environment and natural resources of, and tropical forests and endangered species 220 in, developing countries, and consistent with the intent of regulations issued pursuant to sections 118 and 119 of this Act.

〔2〕 Code des assurances Titre IV, Chapitre II, Section V, Paragraphe 3 : Opérations d'investissement Article R442-9-1

〔3〕 法国保险法R442-9-1第4款第2项明显将风险加剧的情形排除在外。

的投资项目等。[1] 当然，一些国家法律中也要求投资项目能够促进东道国的经济发展、加强两国间的友好关系，如美国、德国、日本。

（3）合格的投资形式上多样化，几乎没有限制。根据美国《对外援助法》第238条的规定，"投资"包含资金、货物、服务、专利、工序、技术的贡献或承诺，包括如下形式：①对已批准的项目发放的一笔或多笔贷款；②对该项目所有权份额进行的收购；③对该项目特许权使用费、收入或利润分配的参与；④根据租约或其他合同提供的商品或服务。[2] 再如，德国承保的投资形式包括德国企业以资金、实物或其他方式参股境外企业，德国企业境外分公司或工厂的增资、为境外企业提供类似参股的贷款（基础设施行业和能源开发项目），赢利回收等。申请担保之前的投资及利润回收不在担保范畴内。此外，参股项目利润回收风险担保限制在每年10%，最高50%，整个担保期贷款项目的利润回收风险担保限制在100%。原则上，投资担保没有项目金额和国别的限制。最后，中国出口信用保险公司承保：海外投资的适保投资主体通过独资新设、合资新设、收购、兼并、参股、注资、增资、再投资、股权置换及其他方式在中国境外设立企业或取得既有企业所有权、经营管理权、产

---

〔1〕 Sec 231…（k）①to decline to issue any contract of insurance or reinsurance, or any guaranty, or to enter into any agreement to provide financing for an eligible investor's proposed investment if the Corporation determines that such investment is likely to cause such investor (or the sponsor of an investment project in which such investor is involved) significantly to reduce the number of his employees in the United States because he is replacing his United States production with production from such investment which involves substantially the same product for substantially the same market as his United States production; and②to monitor conformance with the representations of the investor on which the Corporation relied in making the determination required by clause ①;

（l）to decline to issue any contract of insurance or reinsurance, or any guaranty, or to enter into any agreement to provide financing for an eligible investor's proposed investment if the Corporation determines that such investment is likely to cause a significant reduction in the number of employees in the United States;

（m）to refuse to insure, reinsure, or finance any investment subject to performance requirements which would reduce substantially the positive trade benefits likely to accrue to the United States from the investment; and

（n）to refuse to insure, reinsure, guarantee, or finance any investment in connection with a project which the Corporation determines will pose an unreasonable or major environmental, health, or safety hazard, or will result in the significant degradation of national parks or similar protected areas. h the Corporation relied in making the determination required by clause①;

〔2〕 Sec. 238. Definitions. —As used in this title— (a) the term "investment" includes any contribution or commitment of funds, commodities, services, patents, processes, or techniques, in the form of①a loan or loans to an approved project, ②the purchase of a share of ownership in any such project, ③participation in royalties, earnings, or profits of any such project, and④the furnishing of commodities or services pursuant to a lease or other contract.

品支配权及其他相关权益的经济活动可投保海外投资保险。[1]

中国出口信用保险公司承保的合格投资要求包括以下方面：①投资内容。可以享受保障的项目必须符合中国国家政策和经济、战略利益。②投资类型。直接投资可以是在东道国的直接投资，也可以是通过第三国或地区而间接在东道国的直接投资。包括股权投资、股东贷款、股东担保等；金融机构贷款；以及其他经批准的投资形式。③投资要求：符合上述特征，能够体现在项目企业账面上所有者权益（股权担保，可保收益，但最多不能超过股本的200%）及负债（债权保单，利息不超过本金的135%）的任何投资。④单边政策：不要求投资东道国与我国签署双边投保协定，但签署了双边投保协定的项目可享受优惠政策，特殊情况下不要求建交。

3. 合格的东道国。从各国的海外投资的法律规定和实践来看，东道国的合格与否首先要取决于各国的对外投资的保险制度模式。例如，美国规定，只有在符合以下条件的国家里的投资才可予以承保：①必须是事先已与美国政府订有双边投资保证协定的国家。保证一旦保险事故发生，美国政府可依条约向东道国行使代位求偿权。②美国鼓励私人资本和技术参与到欠发达国家和地区，以及从非市场经济向市场经济转型国家的投资。[2] 当然，美国还规定投资必须经过东道国事先批准同意，投保才视为合格。又如，法国则较为灵活，规定原则上应当以法国与投资东道国签订的保护投资条约作为 COFACE 承保的前提，但是可以根据个案情况（au cas par cas）而有所背离。[3] 再如，德国规定更为灵活：①德国与投资所在国签订有双边投资促进与保护协定；或者②虽没有此类保护协定，但相关国家现行的法律法规使该项投资可享有充分的法律保护；③投资所在国当前经济政治形势及德国外交机构的评价；④被担保人须取得投资项目必需的许可，并遵守德国及相关国家现行的法律法规。

---

[1] 具体包括：①股权类投资，包括货币、实物、知识产权或技术等出资方式的股本投资以及股东贷款、股东担保等。②债权类投资，包括境内外金融机构为海外（来华）投资提供的各种形式的融资以及中资（外资）金融机构对中国境外（境内）项目的融资等。③其他投资，包括合作经营、产品分成、管理合同、技术服务以及其他经批准的投资形式。

[2] Sec. 231. Creation, Purpose and Policy. —To mobilize and facilitate the participation of United States private capital and skills in the economic and social development of less developed countries and areas, and countries in transition from nonmarket to market economies, 206 thereby complementing the development assistance objectives of the United States, there is hereby created the Overseas Private Investment Corporation (hereinafter called the "Corporation"), which shall be an agency of the United States under the policy guidance of the Secretary of State.

[3] Myriam Crosnier, "Guarantee des investissements" Coface PublishPaper cofamag N°5 p. 32; Code des assurances Titre IV, Chapitre II, Section V, Paragraphe 3: Opérations dínvestissement Article R442 – 9 – 1.

4. 承保险别。目前，各国的投资保证或保险的范围主要限于国有化或征收险[1]、外汇险[2]、战争险[3]、违约险等政治性风险。

美国《对外援助法》第234条第1款规定，“投资保险”包括：①禁止汇兑险，指东道国货币不能自由兑换成外汇的风险。主要包括以下情况：东道国实行外汇管制，或因其他突发事变而无法进行外汇业务，致使投资人在东道国的投资收益或因变卖投资财产而获得的当地货币不能兑换成美元汇回美国。②征收险，指东道国执行征用、没收、国有化等政策，在投资人并无过错的情况下，单方执行对投资项目部分资产的征用、没收，致使该项目受到重大的不利影响，难以继续经营，从而造成投资方损失的风险。③战争暴力险，是指东道国内部发生革命、战争、内乱、暴动或骚乱而使投资者的有形资产遭到损失的风险，并不包括无形资产和证券、档案文件、债券及现金的损失。④由前述A、B、C造成的营业中断的损失。[4]

法国COFACE承保的风险由政治风险和汇兑风险[5]，包括：①所有权受到侵犯，即无法实施与投资相关的权利、权利部分或全部受损，以及无法正常运营；②不支付或者资金不能汇出的风险。

德国承保的政治风险主要指：①投资所在国有关法律法规出现根本性改变，如将投资收归国有、没收财产或其他侵害造成与没收财产相当的结果；②投资所在国国家或国家主导及控制的部门违背承诺；③投资所在国发生战争、其他武装冲突、叛乱及动乱；④投资所在国实行收支禁止、拖延债务清偿；⑤外汇汇兑困难等。

中国出口信用保险公司主要承保对外直接投资中的汇兑限制、征收、战争及政治暴乱、政府违约等政治风险。政府违约险是指投资所在国政府非法地或者不合理

---

〔1〕 征收险是指东道国政府实行国有化或征收而使投保者遭受损失的保险种类。遭受这类风险时，无论是直接剥夺投资者财产权的直接征收，还是采取种种变相的手段侵占投资者的财产，致使企业不能正常经营的间接征收，由承保人负责赔偿。

〔2〕 外汇险主要是禁止外汇兑换的风险和禁止投资者将原本、利润及其他正当收益自由兑换成外汇，并转移出境的风险。

〔3〕 战争险与内乱险是指由于战争、革命、暴动和内乱的原因致使投资者在东道国的财产受到损害时，而由于承保人负责赔偿的保险种类。

〔4〕 Sec. 234. Investment Insurance and Other Programs. —The Corporation is hereby authorized to do the following: (a) 249 INVESTMENT INSURANCE. — (1) To issue insurance, upon such terms and conditions as the Corporation may determine, to eligible investors assuring protection in whole or in part against any or all of the following risks with respect to projects which the Corporation has approved— (A) inability to convert into United States dollars other currencies, or credits in such currencies, received as earnings or profits from the approved project, as repayment or return of the investment therein, in whole or in part, or as compensation for the sale or disposition of all or any part thereof; (B) loss of investment, in whole or in part, in the approved project due to expropriation or confiscation by action of a foreign government or any political subdivision thereof; (C) loss due to war, revolution, insurrection or civil strife; and (D) loss due to business interruption caused by any of the risks set forth in subparagraphs (A), (B), and (C).

〔5〕 Code des assurances Titre IV, Chapitre II, Section V, Paragraphe 1.

地取消、违反、不履行或者拒绝承认其出具、签订的与投资相关的特定担保、保证或特许权协议等。在违约险中，违约主体规定为东道国政府（中央政府及省级政府）及保险人认可的其他主体（评级与东道国主体相当，或由东道国政府提供支持的当地企业）；承保的义务为违约主体与投资者或项目企业签署的协议项下应由违约主体履行的义务，主要包括付款义务、回购义务、支持义务（如供水供电）等；认定程序为依约先行仲裁或诉讼，并获得胜诉裁决；赔付金额依裁决确认。

三、多边投资担保机构（MIGA）的投资担保制度

MIGA 的业务主要包括两大类，即投资担保和投资促进。前者是核心业务，即 MIGA 对国际投资所遇到的政治风险予以担保。后者是指由 MIGA 开展的对发放担保有辅助作用的活动，属于非担保业务，主要有：开展跨国投资研究；传播有关发展中国家成员国的投资机会的信息；经成员国请求，提供旨在改善投资条件的技术援助和咨询；与国际金融公司等促进国际投资的机构协作，消除存在于成员国之间阻碍投资流动的障碍；鼓励友好解决投资者与东道国之间的争议，促进和推动在成员国之间缔结投资保护条约等。本文主要介绍 MIGA 的投资担保制度。

（一）承保范围

《多边投资担保机构公约》[1] 在第 11 条（a）（b）中规定了 MIGA 主要承保以下五种风险：

1. 货币汇兑险（Currency Transfer Risk）。由于东道国政府的责任而采取的任何措施，限制将其货币转换成可自由使用货币或担保权人可接受的另一货币，并汇出东道国境外，包括东道国政府未能在合理的时间内对该保险人提出的此类汇兑申请做出行动。东道国政府的限制措施，是指限制转移的一切新措施，无论是直接的还是间接的，法律上规定的或是事实上存在的；同时，东道国的这些措施既包括积极行为，也包括消极的不作为。此外，MIGA 在其业务细则中还规定，MIGA 对于投资者在东道国货币兑换成其他货币时可能受到的汇率歧视也予以担保。[2]

2. 征收和类似措施险（Risk of Expropriation and Similar Measures）。由于东道国政府的责任而采取的任何立法或行政措施，或懈怠行为，其作用为剥夺担保权人对其投资的所有权或控制权，或剥夺其投资中产生的大量效益。但政府为管理其境内

---

〔1〕《多边投资担保机构公约》（the multi：Lateral Investment Guarantee Agency，MIGA），又称《汉城公约》，1988 年成立。至 2014 年 7 月，有 180 个国家加入，我国于 1988 年 4 月加入该公约。

〔2〕《多边投资担保机构业务规则》第 1.23 条，根据《多边投资担保机构公约》第 11 条（a）（i），对于可归因于东道国政府的限制将当地货币兑换成可自由使用的货币或担保权人可接受的其他货币以及/或者限制将当地货币或由当地货币兑换成的该外国货币汇出东道国境外的任何行为所造成的损失，承保签署权人可以提供担保。在所有情况下，这些限制必须适用于代表所担保的投资的收益或回收资本的货币。

的经济活动而通常采取的普遍适用的非歧视性措施不在此列。[1] 由此可见，MIGA所认为的征收险中不仅包括对资产的征收、国有化、征用、没收、查封、扣押和冻结这些东道国政府所进行的直接征收措施；同时也包括阻碍担保权人对这些权利和行使的措施即类似措施，也就是间接征收措施。[2]

3. 违约险（Breach of Contract）。东道国政府对担保权人的违约或毁约，并且，具有下列三个条件之一者：①投资者无法求助于司法或仲裁机关对违约作出裁决；②司法或仲裁机关未能在合理的期限内（不得少于两年）作出判决或裁决；③虽有裁决或判决，但无法执行。[3] 违约险是MIGA的一个创新，目的在于加强东道国和投资者之间合同的稳定性。但违约险主要是针对程序方面的，即东道国政府不仅违反了投资合同，而且拒绝司法。其他国内投资担保机构，如美国海外私人投资公司等，没有这一险别，而将其列入到征收险中。

4. 战争和内乱险（War and Civil Disturbance）。指MIGA对东道国领土内的任何军事行动或内乱提供担保。军事行动既包括不同国家间的战争行为，也包括一国内相互竞争的政府的武装力量之间的战争行动，包括经宣战或未经宣战的战争。而内乱通常是指直接针对政府的、以推翻政府或将其驱逐出某个特定的地区为目的的有组织的暴力行动，包括革命、暴乱、叛乱和军事政变，对于骚乱和民众动乱等形式的内乱也可以承保。根据《多边投资担保机构业务规则》第1.49条的规定，为促进工人、学生或其他特定利益所采取的行动以及针对担保权人的恐怖行为、绑架或类似行为，不具有作为内乱而予以担保的资格。根据《多边投资担保机构业务规则》第1.50条的规定，战争和内乱并不以发生在东道国境内或以东道国政府参加为前提，行为发生在东道国境外，如果其影响或后果及于东道国国境之内，就被视为发生在东道国境内。由于战争险是非东道国所能控制的，东道国政府对此一般不负责任，

---

〔1〕《多边投资担保机构业务规则》第1.36条规定，根据《多边投资担保机构公约》第11条（a）（ii），对于政府基于公共利益为了管理其领土内的经济活动而正常采取的普遍适用的非歧视性措施，例如，正当地课征一般税、关税，正当的价格控制和其他经济控制，正当的环境和劳动立法，维护公共安全的各种措施，不应提供担保。但是，对于东道国政府行使管理权力而采取的但却不符合上述各项标准的措施，尤其是歧视担保权人的措施或蓄意导致没收效果的措施，如引起该投资者抛弃其投资或廉价出售其投资的措施，可以提供担保。

〔2〕《多边投资担保机构业务规则》第1.30条规定，担保除了可以针对剥夺担保权人对其投资所有权或控制权的措施而提供外，还可以针对阻碍担保权人对这些权利和行使的措施而提供。这些措施可能采取违约的形式。就股权投资而言，被担保的权利可以是对红利的利润的权利，对股权利益的控制权和自由处置权。就非股权直接投资而言，这些权利可以是对项目企业所主张收取约定的支付的请求权，将这些请求权转让给第三方的权利以及参与对该投资目的管理的权利。对于妨碍担保权人在东道国内使用其资金或对债务人进行索赔的措施可以提供担保。

〔3〕《多边投资担保机构业务规则》第1.43条规定，根据《多边投资担保机构公约》第11条（a）（iii），担保的给予应限于以下情况：①担保权人无法求助于司法或仲裁机构对毁约或违约的索赔作出决定；或②该司法或仲裁机构未能在担保合同规定的合理期限内作出决定，这个期限从担保权人提取诉讼到该司法或仲裁机构作出最终决定之间不应少于2年；或③终局决定不能执行。

所以，MIGA 在向投资者支付保险金之后，一般不能向东道国索赔。

5. 其他非商业风险。《多边投资担保机构公约》在第 11 条（b）对承保范围作了灵活性的规定，即应投资者与东道国政府联合申请，董事会经特别多数票通过，可将本公约的担保范围扩大到上述（a）项中提及的风险以外的其他特定的非商业风险。但根据《多边投资担保机构业务规则》第 1.55 条，在任何情况下不包括货币的贬值或降低定值。

此外，《多边投资担保机构公约》在第 11 条（c）中还明确规定了担保例外，即：①投资者认可或负有责任的东道国政府的任何行为或懈怠；②担保合同缔结之前发生的东道国政府的任何行为、懈怠和其他任何事件。

（二）合格的投资

合格的投资是指可申请成为 MIGA 担保合同标的的投资，依《多边投资担保机构公约》的规定，投资要具有承保的资格，必须在投资类型、投资资产、投资时间以及投资的东道国几方面符合一定的要求并符合规定的标准。

1. 投资类型。依据《多边投资担保机构公约》第 12 条（a）之规定，MIGA 承保的合格投资既包括股权投资，其中包括股权持有人发放或担保的中长期贷款，也包括非股权直接投资。同时，依《多边投资担保机构公约》第 12 条（b）之规定，董事会经特别多数票通过，可将合格的投资扩大到其他任何中长期形式的投资。但除上述（a）中提及的贷款外，其他贷款只有当他们同 MIGA 承保或将要承保的投资有关时，才算合格。

2. 投资资产。依据《多边投资担保机构业务规则》的规定，合格的投资可以是《多边投资担保机构公约》第 3 条（e）规定范围内的任何可自由使用的货币[1]，或在作出发放担保决定时可自由兑换的其他任何货币。合格的投资除货币投资外，还有实物投资，可以是向投资项目提供的任何具有货币价值的有形或无形资产，如机器、专利、工艺流程、技术、技术服务、管理诀窍、商标以及销售渠道等。

3. 投资时间。依据《多边投资担保机构公约》第 12 条（c）之规定，MIGA 承保的投资只限于新投资，即投保申请注册之后，才开始执行的投资。但在投资开始执行之前，用于评估、规划或勘察而支出的费用，也与以后投入的投资一起，被认

---

〔1〕《多边投资担保机构公约》第 3 条（e）中，“可自由使用货币”指：①国际货币基金组织随时指定的可自由使用的任何货币；②为本公约的目的而指定的其他任何可自由取得和有效使用的货币，由第 30 条所指的董事会经与国际货币基金组织协商，并取得该货币发行国同意之后确定。

为是合格的投资，这主要是鉴于某些行业（如能源、采矿）开发时间较长而规定的。[1] 此外，新投资还包括为使现有投资更新、扩大或发展所进行的任何外汇转移；以及使用现有投资中产生的、原本可以汇出东道国的收益。[2]

4. 投资标准。《多边投资担保机构公约》在第12条（d）中规定了MIGA在担保一项投资时，应对投资项目的经济合理性、合法行进行审查，审查的标准为：①该项投资的经济合理性及其对东道国的贡献；②该项投资是否符合东道国的法令；③该项投资与东道国宣布的发展目标和重点是否相一致；④东道国的投资条件，包括该投资是否得到公正与公平待遇及法律保护。[3] 如果东道国与投资者母国之间订有双边投资条约，则可认为构成了充分的法律保护。[4]

5. 合格东道国。依据《多边投资担保机构公约》第14、15条的规定，合格投资所在的东道国必须同时满足以下条件：①必须是一个发展中国家会员国，因为MIGA只对发展中国家会员国领土内所做投资予以担保。②必须是一个同意担保特定投资风险的国家。公约规定，在东道国同意就指定的风险予以担保之前，MIGA不得缔结任何担保合同。

（三）合格投资者

《多边投资担保机构公约》第13条从投资者的类型、国籍、投资者的所有权以及投资者的经营方式等方面规定了合格投资者应满足的条件。

1. 投资者的类型。《多边投资担保机构公约》规定，凡符合下列条件的自然人和法人，都有资格取得MIGA的担保：①该自然人是东道国以外一会员国的国民；

---

〔1〕《多边投资担保机构业务规则》第1.11条规定，根据《多边投资担保机构公约》第12条（c）款，一项投资只有当其是新的投资时才具有被承保的资格。如果某项投资的实施是在机构对初步的担保申请予以登记之后开始的，或者当投保人决定不提交初步申请时是在机构对根据下述3.20项的规定提交的决定性申请予以登记之后开始的，则该项投资是新的投资。当资产已被转移到项目企业或已承担不可取消的义务负责将这些资产投入投资项目时，应认为投资的实施已经开始。在这些日期之前开支评估、规划和考察费用，并不使后来的投资失去被承保的资格。

〔2〕《多边投资担保机构业务规则》第1.12条规定，承保签署权人可以认为一项对现存项目的投资是新投资，如果该项投资是用来更新、扩展、增强现存项目的财政活力或开发一个现存投资项目。承保签署权人还可以认为某项旨在全部或部分取得一个现存项目企业的投资是新投资，但是这种取得必须：①伴随有该项目的企业扩展、更新或其他增长，②服务于该项目企业的财政调整，尤其是其负债与资产净值比率的改善，或者③有助于东道国公共部门的调整。

〔3〕《多边投资担保机构业务规则》第3.15条规定，如果东道国对外国投资的法律保护是充分的，那么，对投在该东道国境内的一项合格投资可依本章规定予以担保。在对一切险进行评价时，根据《多边投资担保机构公约》第12条（d）（iv），承保签署权人应彻底弄清东道国内的投资条件，包括公正与公平待遇及法律保护对该项投资的适用性。

〔4〕《多边投资担保机构业务规则》第3.16条规定，如果一项投资受到东道国与投资者本国间的双边投资协定条款的保护，应认为该项投资已受到充分的法律保护。在缺少这种双边投资协定时，机构应根据东道国的法律及实践是否符合国际法的情况来确定东道国是否可提供充分的法律保护。进行这种评价应严格保密，评价结果只应告知该有关政府以便使其改善其领土内的投资条件。

②在东道国以外的一会员国注册并设有主要业务地点的法人；③多数资本为东道国以外的一会员国或几个会员国或这些会员国国民所有的法人；④该法人无论是否为私人所有，均在商业基础上营业。由此可见，只有自然人和法人才可作为合格投资者，而对于不具有法人资格的其他经济实体，如合伙、非法人社团和分支机构，则不具备这种资格。[1]

2. 投资者的国籍。《多边投资担保机构公约》关于自然人投资者国籍的认定，原则是东道国以外任何一个会员国的国民。《多边投资担保机构公约》关于法人投资者国籍的认定采用两个标准：①复合标准，即注册登记地和主要经营场所说，旨在避免投保的法人在一会员国登记，但在该会员国没有真正的业务地，也没有在该国经营投资项目。②资本控制标准，即只要法人的多数资本为会员国或其国民所拥有，其他资本由谁拥有则无关紧要。关于国籍的积极冲突问题，《多边投资担保机构公约》第13条（b）规定，如果投资者有一个以上的国籍，会员国国籍应优于非会员国国籍，东道国国籍应优于其他任何会员国国籍。此外，《多边投资担保机构公约》第13条（c）规定了国籍的例外，即特定条件下东道国投资者的资格。此特定条件应包括：①经投资者和东道国联合申请；②董事会经特别多数票通过；③所投资产应是从东道国国外移入的。

3. 投资者的所有权。根据《多边投资担保机构业务规则》第1.17条的规定，在确定投资者所有权时，承保签署权人应注意受益所有权而非登记所有权。就股份公司而言，如果一个人的股份自然对其产生利益并且他具有回收其股份的权利，这个人应被认为是该股份公司的受益所有权人。例如，在经纪人或银行为其客户持有股票的情况下，该客户而不是中间人应被认为是受益所有权人。

（四）担保合同与代位求偿权

一旦MIGA承保的各种非商业风险发生，就会出现两个方面的问题。一方面，投资者根据他与MIGA订立的担保合同向其索赔；另一方面，MIGA支付或同意支付保险金后，根据公约有权代位向有关东道国索赔。

1. 担保合同。担保合同是由MIGA与投资者之间订立的规定双方权利和义务的法律文件。MIGA在缔结担保合同之前，就其指定的承保风险予以担保应取得东道国政府的同意。担保合同在董事会指导下由MIGA总裁批准。担保数额由承包人与投保人约定，但不得超过最高担保额。至于最高担保额的多少，则依投资类型不同而异。合同中所规定的担保期限，不应少于3年，也不应多于15年，在特别情况下经承保人与投保人商定可以为20年，或与投资所批准的较短期限相适应。

---

[1] 有资格取得担保的投资者可以是自然人或法人。按其所受支配的法律的基本方面，不作为法人对待的合伙、非法人社团和分支机构不具有这种资格。在这些情况下，合格性限于个别合伙人、社团的成员或分支机构的所有人。如果其中一部分投资者具有合格性而另一部分投资者不具有合格性，在这种情况下对该投资项目内与合格投资者的股份相应的投资部分可签发担保。

2. 索赔。投资者在向 MIGA 索赔之前要履行一些义务：寻求当地救济[1]，遵守东道国的法律与法令，对其投资项目加以控制，以避免或减少可能的损失，妥善地保存索赔的文档记录，保留投资项目在投保期的账目等。MIGA 支付赔偿的最终决定由总裁根据赔偿委员会的建议作出，赔偿委员会由总裁任命组成，由 MIGA 的首席法律官员主持。赔偿额不得超过投保总额和投资者的实际损失。投保人自己至少应承担投资额的 10% 的风险。[2]

3. 代位求偿权。MIGA 一经向投保人支付或同意支付赔偿，即代位取得投保人对东道国或其他债务人所拥有的有关承保投资的各种权利或索赔权。担保合同应对代位的条款和条件作出规定。各会员国都应当承认 MIGA 的此项权利。MIGA 的代位求偿权是整个公约机制的核心。MIGA 作为代位者所获得的东道国货币的数额，在其使用和兑换方面所享有的待遇，应与投保者取得这种资金时所享有的待遇相同。[3]根据《多边投资担保机构业务规则》第 4.18 条的规定，MIGA 取得的权利、索赔权及其他利益应相当于与该项担保所承保的投资部分相对应的那部分相关权利、索赔权以及其他利益。例如，如果一项担保承保一项投资的 90%，则机构代位和受让的应为该项投资的 90% 的权利。如果 MIGA 追回的款项超过其支付给投资者的，应在扣除必要费用后退还投资者。[4]

---

〔1〕《汉城公约》第 17 条规定，总裁应在董事会指导下，根据担保合同和董事会所能采用的政策，决定对投保人的索赔支付。担保合同应要求投保人在本机构支付之前，寻求在当时条件下合适的、按东道国法律可随时利用的行政补救办法。这类合同可要求在引起索赔的事件发生与索赔支付之间有一段合理的期限间隔。

〔2〕根据《多边投资担保机构业务规则》第 2.14 条的规定，担保合同还应规定担保权人为避免或最大限度地减少承保损失而作出应有的努力的责任以及在发生索赔时或在机构就一项支付努力向东道国求偿时，担保权人与机构进行合作的责任。担保合同尤其应规定担保权人负有以下责任：①遵守东道国的法律和规章。②为避免一项承保的损失发生的可能性以及为最大限度地减少此种损失而行使其对项目企业的控制权。③为提出索赔证明文件而保持适当的记录并根据要求将其呈交给机构。④一经知悉立即将可能导致一项承保损失的发生或明显增加这种损失发生的可能性的事件通知机构。⑤在有可能导致一项承保损失发生的事件迫近时寻求东道国法律中对其可以适用的行政、司法或其他救济，以避免或最大限度地减少这种损失。⑥在导致一项承保损失的事件发生时，寻求各种适用的救济以减少损失数额以及/或者维护担保权人对东道国和其他债务人所拥有的与该项承保投资相关的权利或索赔权。⑦未取得机构的预先同意，不将担保合同或其在投资项目内的权益转让给他人或在代位的条件下放弃权利。⑧在整个担保期限期间，自己承担至少相当于承保投资数额的 10% 部分的风险，并且，对这部分投资不投保除灾害风险以外的其他风险。求助于上述⑤、⑥中提及的救济，其行为本身并不改变投资者对机构所拥有的权利。除上述特别提到的以外，担保合同还可以规定担保权人的其他责任，如定期向机构呈交报告，为机构检查和监督投资项目的提供便利等。

〔3〕《多边投资担保机构公约解说》第 27 条。

〔4〕根据《多边投资担保机构业务规则》第 4.19 条的规定，在某些情况下，机构通过代位以及/或者受让取得的权利可以使机构有权追索超过其对担保权人支付的部分。在这种情况下，机构通常应行使其所取得的这种权利，并将其追回的这种超额部分的款项支付给担保权人（减去费用）。

第四节 保护投资的国际法制

一、双边投资条约及其发展趋势

（一）双边投资条约的类型

1. 友好通商航海条约（Friendship Commerce and Navigation Treaty，简称 FCN 条约）。FCN 是指缔约国间就商业活动和航海自由事宜而签订的双边条约，这类条约的最初含义是全面建立和发展国家间商人往来及经济合作的协议，并非保护投资的专门性条约。美国是历史上最早采用友好通商航海条约的国家，同时采用的时间也最长的。第二次世界大战以前的友好通商航海条约重点是保护商人，而不是保护工业投资者。二战后，国际投资发展迅速，为适应海外私人投资保护的需要，条约的结构发生了根本的变化，开始逐渐转变为主要规定有关投资者的投资活动，其内容可归纳为：①外国投资者的入境、旅行与居留；②个人基本自由权；③关于投资者的待遇标准；④关于外国投资者财产权的保护和尊重；⑤管理与经营企业的权利；⑥对外国投资者的税收待遇；⑦外汇管制与资金转移；⑧关于争议的处理与管辖权。

友好通商航海条约作为促进和保护国际投资的一种方式，曾发挥过一定作用。但由于其本身的一些缺陷，如有关条款较模糊、抽象，争议解决机制软弱，法律效力难以确认，程序性规定缺乏等，使美国在 60 年代以后不再缔结此类条约，从而结束了友好通商航海条约的时代。

2. 投资保证协定（Investment Guarantee Agreement）。因是美国首创并推行，故也称美国式的投资保证协定。二战以后，为了实施复兴欧洲经济的马歇尔计划，美国率先启动了海外投资保险制度。为了配合国内投资保险制度的实施，以美国为代表的一些国家纷纷同发展中国家签订投资保证协定，以担保缔约国投资者在另一缔约国境内投资的政治风险。除了美国外，加拿大也采取这种形式。这种协定通常采用换文的形式。其主要内容为：①承保的范围限于投资的政治风险；②被保证的投资必须是经资本输入国政府根据协议审查批准的投资项目，而且只限于该协定以后的新项目；③确定了代位求偿权，即对于承保国保险机构所承保的财产遭受损失后，可由承保国给予先行补偿，承保国因此而取得代位求偿权，代替投资者向资本输入国提出赔偿要求；④对本协定的解释及发生的争议，应协商解决，协商不成可通过仲裁方法解决。

这种投资保证协定只涉及在投资者母国根据其投资保险制度给予投资者赔偿后，对投资者母国的救济，因而其保护的对象只是单方面的投资，而不是相互的投资。1980 年 10 月 30 日，中国与美国签署了《中华人民共和国和美利坚合众国关于投资保险和投资保证的鼓励投资协议和换文》，规范了美国投资者在中国境内进行投资以及投资保险和保证问题，授权美国海外私人投资公司（OPIC）执行投资保险。1984

年1月18日，中国与加拿大签署了《中华人民共和国和加拿大共和国政府关于投资保险协议》，规范了加拿大投资者在中国境内进行投资的政治风险保险问题，授权加拿大出口发展公司（EDC）负责对在中国境内的投资予以保险。

3．促进与保护投资协定（Agreement for Promotion and Protection of Investment）。最初是欧洲一些发达国家与发展中国家签订的双边投资保护协定，其中以前联邦德国最为典型，因而又称为德国型的促进与保护投资协定。这种协定的特点是：①程序正式，即须通过正式的立法程序，以政府的名义签订，由最高权力机构批准；②适用广泛，这种投资侧重于对相互投资的保护，是双向的保护；③内容具体，通常由序言、正文和结尾三部分组成；④规范全面，其既有实体法，又有程序规范。当代各国签署或者重新签署的双边投资条约几乎都是这种类型。

（二）双边投资条约的新发展

历史上第一个双边投资条约是1959年德国和巴基斯坦签订的，之后发达国家和发展中国家签订了大量的BIT，基本上都是以1967年经合组织（OECD）《对外国财产保护的公约草案》为范本[1]。传统的双边投资条约的核心在“保护”，受益人是投资者。传统BIT条款很少，一般在12～14条，通常由三部分组成：第一部分规定定义，特别是对“投资”和“投资者”的定义 。第二部分由对投资、投资者的实质性保护条款构成。主要包括：投资准入，公平公正待遇（FET），充分保护和安全，保证不采取武断、歧视性待遇，国民待遇和最惠国待遇的保证条款（MFN条款），征收条款，自由汇兑的保证。第三部分涉及争端解决。多数BIT在争端解决上包含两种不同的规定：一种规定东道国与外国投资者争端解决的仲裁程序（投资者—国家仲裁）；另一种BIT争端解决方式规定了两缔约国的仲裁（国家—国家仲裁）。

近十年来，以美、欧、日为代表的发达国家，已经不满足于传统意义上的“保护投资”，开始以投资自由化为目标，以投资协定中的“国民待遇”条款为突破口，要求投资前的国民待遇和负面清单。

此外，伴随着目前各国更愿意在WTO全球规则外缔结双边或区域贸易协定的趋势，各国倾向于将与外国投资有关的条款置于更广泛的框架中进行协商，即通过自由贸易协定（FTA）和超大型区域协定将投资问题与贸易、环境、劳工等更广泛的问题联系起来。

（三）双边投资条约的主要内容

1．投资及投资者的定义。

（1）投资定义。现有双边投资协定的国际实践中，“投资”的定义并未直接规定“直接投资”还是“间接投资”，而是采用“基于资产”（asset-based）或“基于企业”（enterprise-based）的定义模式，将投资表现形式具体化。

广泛的“基于资产”的投资定义在绝大多数国际投资协议和双边投资协议中占

---

〔1〕 Rudolf Dolzer & Margrete Stevens, *Bilateral Investment Treaties*, Martinus Nijhoff Publishers, 1995, p. 2.

主导地位。这样的定义首先表述为，“投资包括‘各种资产’”，表明这个术语包括但不限于一切具有经济价值的东西。还有一些双边投资协议甚至表述为“各种经济利益”，试图在“资产”和“利益”之间寻找区别，这就更宽泛了。其次，这样的投资定义都包含一个主要投资类型的说明性清单。典型的投资协定的投资定义通常包括以下五类：①动产和不动产和其他财产权，如抵押权、留置权、质押权；②公司股份、股票和债券以及任何其他财产权益；③金钱请求权或者任何具有经济价值的请求权；④知识产权和商誉；⑤根据法律或合同赋予的商业特许权，包括勘探、耕作、提炼和开发自然资源的特许权。当然这五类并没有穷尽“各种资产”，因而这种投资的定义是“开放式”的。例如，2003 年中德双边投资协议[1]、2006 年中印双边投资协议[2]、2007 年中韩双边投资协议[3]、2008 年中国和新西兰自由贸易协

〔1〕《中华人民共和国和德意志联邦共和国关于促进和相互保护投资的协定》第 1 条规定，“投资”是指缔约一方投资者在缔约另一方境内直接或间接投入的各种财产，包括但不限于：①动产，不动产及抵押、质押或其他财产权利；②公司的股份、债券、股票或其他形式的参股；③金钱请求权或其他具有经济价值的行为请求权；④知识产权，特别是著作权、专利和工业设计、商标、商名、工艺流程、商业秘密、专有技术和商誉；⑤法律或法律允许依合同授予的商业特许权，包括勘探、耕作、提炼或开发自然资源的特许权；作为投资的财产发生任何形式上的变化，不影响其作为投资的性质。

〔2〕《中华人民共和国政府和印度共和国政府关于促进和保护投资的协定》第 1 条规定，“投资”一词系指依照投资者在其境内作出投资的缔约一方的国内法设立或取得的各种财产，也包括此等投资形式上的变化，包括但不限于：①动产、不动产及抵押、质押、留置等其他财产权利；②公司的股份、债券、股票或对公司的其他类似形式的参股；③金钱请求权或任何其他具有财务价值的履行请求权；④根据各缔约方相关法律取得的知识产权；⑤依法律或合同授予的商业特许权，包括勘探、提炼石油和其他矿物质的特许权。

〔3〕《中华人民共和国政府和大韩民国政府关于促进和保护投资的协定》第 1 条规定，“投资”一词系指缔约一方投资者依照缔约另一方在投资时的法律和法规在缔约另一方领土内所投入的各种财产，特别是，包括但不限于：①动产、不动产和其他财产权利，如抵押、留置、质押、用益物权和类似权利；②公司、企业和中外合营企业的股份、股票、债券、公司债和其他形式的参股；③金钱请求权或其他与投资有关的具有经济价值的行为请求权；④知识产权，包括著作权、商标、专利、工业设计、工艺流程、专有技术、商业秘密、商名和商誉；⑤法律授予的或依照法律通过合同、授权、许可而获得的权利，包括勘探、提炼、耕作或开发自然资源的权利。作为投资的财产发生任何形式上的变化，不影响其作为投资的性质。

议[1]，以及2003年阿塞拜疆和芬兰双边投资协议[2]、2003年伯兹瓦纳和加纳双边投资协议[3]等。

“以企业为基础”的投资定义，起初是将“投资”包括新建或收购一个商业企业，以及拥有使投资者对该企业进行控制的股份。它把投资限定为企业，显然这是将投资定义为直接投资，从而排除了证券投资。[4]后来，NAFTA将投资者拥有或控制的“企业”作为一种投资的类型，并且还将那些和企业活动相关联的传统类型的资产列了一个清单，如包括企业的股本或债券。可见，其包含了证券投资。[5] 2012年9月9日，中国政府与加拿大政府通过历经18年的谈判，最终签订了《中华人民共和国政府和加拿大政府关于促进和相互保护投资的协定》[6]。中加BIT的投资定义属于“基于企业”、封闭式定义类型。

但是，中国绝大多数的双边投资协议和自由贸易协议中关于“投资”定义的概括性说明都是这样描述的：“‘投资’一词系指缔约一方投资者依照缔约另一方的法律和法规在缔约另一方领土内所投入的各种财产，包括但不限于……”例如，中国

---

〔1〕《中华人民共和国政府和新西兰政府自由贸易协定》第135条规定，投资是指一方投资者在另一方境内直接或间接投入的各种资产，包括但不限于：①动产、不动产及抵押、质押等其他财产权利；②股份、债券、股票及其他类型的公司参股；③与投资有关的金钱请求权或其他任何具有经济价值合同行为的给付请求权；④知识产权，特别是版权、专利权和工业设计、商标、商名、工艺流程、贸易和商业秘密、专有技术及商誉；⑤法律或法律允许依合同授予的特许经营权，包括自然资源的勘探、种植、开采或开发的特许权；⑥包括政府发行的债券在内的债券、信用债券、贷款及其他形式的债（在一方主管部门登记的贷款及其他形式的债，不包括在按时偿还无罚息的情况下无利息收益的贸易之债）以及由此衍生出的权利；⑦法律或合同授予的权利，以及依据法律特许及许可授予的权利。投入资产发生任何形式上的变化，不影响其作为投资的性质。投资包括由一方投资者拥有或控制的第三国法人，在另一方境内已设立的投资。本协定的相关规定仅适用于此类投资被另一方征收，而该第三国没有或放弃赔偿请求权的情况。

〔2〕Azerbaijan - Finland BIT (2003), Article 1.

〔3〕Botswana - Ghana BIT (2003), Article 1.

〔4〕Scope and Definition: UNCTAD Series on Issues in International Investment Agreements II, 2011, p. 22.

〔5〕根据NAFTA第1139条规定，“投资”是指①企业；②企业发行的股票；③企业发行的债券，(i) 如果该企业是投资者的附属企业；或 (ii) 如果债券的原始到期期限至少为3年，但不包括国有企业发行的债券，不论原始到期期限长短；④对企业的贷款，(i) 如果该企业是投资者的附属企业；或 (ii) 如果贷款的原始到期期限至少为3年，但不包括对国有企业的贷款，不论原始到期期限长短；⑤在企业中使所有者有权分享企业所得和利润的权益；⑥在企业中使所有者有权分享企业解散时之财产的权益，但不包括第3项和4项所排除的债券和贷款；⑦根据预期获得的或为了经济利益目的或其他商业目的而使用的不动产或其他财产，而不论是有形财产还是无形财产；⑧由于向一方境内投入用于该境内经济活动的资本或其他资产而产生之权益，例如根据：(i) 与投资者位于一方境内之财产有关的合同，包括交钥匙合同或建设合同或特许经营合同，或 (ii) 回报主要依赖企业的生产、收入或利润之合同；但是，“投资”不包括：⑨金钱请求权，系仅源于：(i) 一方境内之国民或企业向另一方境内之企业销售货物或提供服务的商业合同；(ii) 与商业交易有关的授信，如贸易融资，但不包括第4项所指的贷款；或⑩与第1~8项所指各种权益无关的任何其他金钱请求权。

〔6〕参见中央人民政府网站 http://www.gov.cn/gzdt/2012-09/10/content_2220644.htm.

和巴基斯坦FTA[1]、2004年中国和芬兰BIT[2]、2004年中国和瑞典BIT[3]、2005年中国和朝鲜BIT[4]、2007年中国和哥斯达黎加BIT[5]等。此外，还有中国和东盟自贸区投资框架协议。中国—东盟投资协议中“投资”定义也是类似这种模式。[6]

美国《2012年BIT范本》中的“投资”定义沿用了2004年的范本，是当前最宽泛的“投资”定义模式。[7]首先，美国范本在“投资”的一般性概念中将“资产”限定为具有投资的性质，对投资可采取的形式几乎没有限制。其第1条规定，“投资”是指投资者直接或间接拥有或控制的各项资产，该资产具有投资性质，包括资本或其他资产承担、收益或利润预期或风险承担。[8]其次，该范本在具体内容上参照了NAFTA第1139条的列举清单，并取消了限制条件。[9]最后，在“资产”形式中还增加了期货、期权，以及其他衍生金融工具，这是纯粹的间接投资。[10]

（2）投资者定义。现有双边投资条约定义的“投资者”，一般是指具有缔约国国籍的自然人和法人。就自然人而言，缔约一方国民的典型定义是指缔约一方国内法承认为国民或公民的自然人。例如，中墨双边投资协定中的定义是“在缔约另一方领土内已拥有投资的，根据缔约一方可适用的法律，具有其国籍的自然人”。中德双边投资协定中的定义是：“‘投资者’一词，在德意志联邦共和国方面，系指：德意

〔1〕《中华人民共和国政府和巴基斯坦伊斯兰共和国政府自由贸易协定》第9章第46.1条。

〔2〕《中华人民共和国政府和芬兰共和国政府关于鼓励相互保护投资协定》第1条。

〔3〕《中华人民共和国政府和瑞典王国政府关于相互保护投资的协定》第1条。

〔4〕《中华人民共和国政府和朝鲜民主主义人民共和国政府关于促进和保护投资协定》第1条。

〔5〕《中华人民共和国政府和哥斯达黎加共和国政府关于促进和保护投资的协定》第1条。

〔6〕《中华人民共和国政府与东南亚国家联盟成员国政府全面经济合作框架协议投资协议》（参考中译本）的第1条规定，“投资”是指一方投资者根据另一缔约方相关法律、法规和政策在后者境内投入的各种资产，包括但不限于：①动产、不动产及抵押、留置、质押等其他财产权利；②股份、股票、法人债券及此类法人财产的利息；③知识产权，包括关于版权、专利权和实用模型、工业设计、商标和服务商标、地理标识、集成电路设计、商名、贸易秘密、工艺流程、专有技术及商誉等权利；④法律或依合同授予的商业特许经营权，包括自然资源的勘探、培育、开采或开发的特许权；和⑤金钱请求权或任何具有财务价值行为的给付请求权。同时又补充规定，投资收益应被认作投资，投入或再投入资产发生任何形式上的变化，不影响其作为投资的性质。

〔7〕Article 1 Definition “investment” of 2004 and 2012 Model BIT of the US.

〔8〕“investment” means every asset that an investor owns or controls, directly or indirectly, that has the characteristics of an investment, including such characteristics as the commitment of capital or other resources, the expectation of gain or profit, or the assumption of risk…

〔9〕Forms that an investment may take include: ①an enterprise; ②shares, stock, and other forms of equity participation in an enterprise; ③bonds, debentures, other debt instruments, and loans; ④futures, options, and other derivatives; ⑤turnkey, construction, management, production, concession, revenue-sharing, and other similar contracts; ⑥intellectual property rights; ⑦licenses, authorizations, permits, and similar rights conferred pursuant to domestic law; ⑧other tangible or intangible, movable or immovable property, and related property rights, such as leases, mortgages, liens, and pledges.

〔10〕futures, options, and other derivatives.

志联邦共和国基本法意义上的德国人；在中华人民共和国方面，系指：根据中华人民共和国的法律，具有其国籍的自然人。”

就法人而言，在双边投资条约中的定义是很广泛的，包括各种法律实体，如公司、合伙、合营企业、独家业主（sole proprietorship）和托拉斯等。[1] 例如，在中朝双边投资协定中使用的是“经济实体”概念，包括根据缔约任何一方的法律和法规设立或组建且住所在该缔约一方境内的公司、协会、合伙及其他组织。中德双边投资协定中，在德意志联邦共和国方面，系指：“任何住所在德意志联邦共和国境内的法人，具有或不具有法人资格的、营利或非营利的商业公司、其他各种公司和社团。”在中华人民共和国方面，系指：“经济实体，包括根据中华人民共和国的法律法规设立或组建且住所在华境内的公司、协会、合伙及其他组织，不论其是否营利也不论其为有限责任或无限责任。”

2. 投资及投资者的待遇标准。外资待遇又称国际投资者待遇，是指外国投资者（包括投资）在东道国从事投资活动享有权利和承担义务的状况，它明确了外国投资者在东道国的法律地位、权利义务的标准、投资及其收益等管理上的保护程度，以及在特殊情况下国家征用投资财产时的补偿标准等。外资待遇体现于各种双边国际投资条约、区域性投资条约和全球性投资立法中，是这些国际投资立法的重要部分，是国际投资立法的核心条款。由于国际投资涉及国家对外政策、国内政治、经济、社会各方面复杂的利益关系，各国出于对自身利益的考虑，给予外资的待遇标准是不同的。目前，关于外资待遇的标准在各种投资条约中主要体现为两类：一类是绝对待遇标准，包括公正与公平待遇、充分的保护与安全、最低待遇标准；另一类是相对待遇标准，包括最惠国待遇和国民待遇。

（1）公正与公平待遇与最低待遇标准。与最惠国待遇和国民待遇不同，公平公正待遇没有明确的参照标准。由于“公正与公平”是一个弹性的概念，在执行中就有可能被滥用。特别是东道国某些基于对本国环境、公共利益的维护而采取的正当措施也会因适用门槛过低的公正与公平待遇标准而变成违反条约义务的行为，从而极大且不合理地限制东道国行使主权。将习惯国际法作为“公平公正原则”的上限而非底线（a ceiling, not the floor），是美国《2004 年 BIT 范本》的一大创举，在此之前的范本表述为要求东道国“决不得给予低于国际法要求的待遇”，这一变化反映出向有利于保护东道国利益方向的转变。美国《2012 年 BIT 范本》与之相同。[2]

由于许多双边投资协定都确立了投资者与东道国的仲裁管辖机制，使得违反公

〔1〕 曾华群：“变革期双边投资条约实践述评”，载陈安主编：《国际经济法学刊》（第 14 卷第 3 期），北京大学出版社 2007 年版，第 11 页。

〔2〕 US – Australia Free Trade Agreement signed on March 1, 2004. 20; US – Chile Free Trade Agreement signed on June 6, 2003; US – Morocco Free Trade Agreement signed on June 15, 2004; US – Singapore Free Trade Agreement signed on May 6, 2003.

正与公平待遇条款的请求能够得到国际裁判；随着越来越多的投资者援引双边投资协定中的公正与公平待遇条款提起争议解决程序，公正与公平待遇标准在实践中的运用得到加强。由此也引来对公正与公平待遇的解释的争论。[1] 迄今为止，ICSID的仲裁案件已经归纳出几项关于适用公正与公平待遇的具体判断标准，例如，投资者对法律的一致性、稳定性和可预测性的合理期待[2]；透明度[3]；遵守合同义务[4]；程序的正当性[5]；善意原则[6]；免于胁迫或骚扰的情形；等等[7]。此外，ICSID的仲裁案件经常采取目的解释的方法，从双边或多边投资协定的缔约目的出发分析公正与公平待遇的内涵。

20世纪80年代以来，由于投资自由化的浪潮以及发展中国家为吸引外资而做出让步的原因，许多亚洲和拉美国家开始在他们参加的双边投资协定中纳入公正与公平待遇条款。例如，2012年中加BIT第4条最低待遇标准的规定："①任一缔约方应按照国际法，赋予涵盖投资公平和公正待遇并提供全面的保护和安全；②第1款"公平公正待遇"和"全面的保护和安全"的概念并不要求给予由被接受为法律的一般国家实践所确立之国际法要求给予外国人的最低待遇标准之外或额外的待遇；③一项对本协定的其他条款或其他国际协定条款的违反，不能认定对本条款的违反。"[8]

（2）国民待遇与最惠国待遇结合起来提供更高保护的趋势。在国民待遇和最惠国待遇下，外国投资者实际得到的待遇水平取决于东道国给予本国投资者和第三国投资者的待遇水平，这样就有了一个参照系数，便于实际确认。如今，国民待遇和最惠国待遇制度已为多领域的双边条约及多边条约所采用。但对于国民待遇的范围，在双边投资条约中差别较大。例如，美国《2012年BIT范本》将国民待遇和最惠国待遇分别规定；国民待遇和最惠国待遇的适用对象既包括另一方的投资者也包括另一方的投资；国民待遇和最惠国待遇适用于企业的准入阶段；国民待遇不仅适用于双方的中央政府，也适用于双方的地区性政府。但是，美国BIT范本并没有像NAFTA一样，将国民待遇与最惠国待遇"捆绑"在一起，"依其中更优惠者适用"，后者

---

〔1〕 经合组织在2004年发布的题为《国际投资法中的公正与公平待遇》的工作报告中确定了该标准所包含的5项要素，即①适当注意及保护义务；②正当程序，包括不得拒绝司法和不得专断；③透明度要求；④善意原则；⑤自治性的公正要素。

〔2〕 GAMI v. Mexico, Award, 15 November, 2004.

〔3〕 Maffezini v. Spain, Award on the Merits, 13 November, 2000.

〔4〕 Mondev v. United States, Award, 11 October, 2002.

〔5〕 Metalclad v Mexico, Award, 30 August, 2000.

〔6〕 Tecmed v. Mexico, Award, 29 May, 2003.

〔7〕 Total v. Argentina, Decision on Liability, 27 December, 2010.

〔8〕 Foreign Affairs, Trade and Development Canada. Agreement Between the Government of Canada and the Government of the People's Republic of China for the Promotion and Reciprocal Protection of Investments. [EB/OL]. http://www.international.gc.ca/trade-agreements-accords-commerciaux/agr-acc/fipa-apie/china-text-chine.aspx. 2014.1.3.

向投资者提供了更高的保护。

3．征收的限制性条件以及间接征收的认定标准问题。

（1）国有化、征收的限制性条件。国有化、征收及其补偿问题历来是国际投资法中的重大理论和实践问题，也是南北双方存在激烈争议和深刻分歧的问题。近年来的双边投资协定实践表明，东道国对外资实行国有化及征收的权利已在事实上被剥夺了，因为绝大多数双边投资协定规定东道国不得直接或间接地通过等同于征收或国有化的措施，对所涉投资进行征收或国有化，除非：①为了公共利益或公共目的；②采取非歧视的方式；③依照正当法律程序；④给予及时、充分、有效的补偿。根据双边投资条约的实践，下列国有化法律要件中，依使用的频率排序，依次为：赔偿、公共目的、非歧视、正当法律程序、不违反具体承诺（specific undertakings）、全部使用（catch - all）、透明度（clarity）、公平待遇。[1]

（2）间接征收的认定标准问题。当前国际投资仲裁实践表明，东道国被指控实施征收时绝大多数指的就是间接征收，直接的、一次性的传统国有化逐渐被间接征收所代替。为了尽可能地保护其海外投资，发达国家对外签订的多数双边投资条约都有间接征收的规定，并且倾向于扩大间接征收的范围。最近几年，一些主要发达国家逐渐认识到不应无限扩大间接征收的范围，片面强调对外国投资者权益的保护。例如，Metalclad 诉美国案[2]、S. D. Myers 诉加拿大案[3]、Pope & Talbot 诉加拿大案[4]、Methanex 诉美国案[5]都涉及间接征收，使这些国家遭受到巨额索赔请求。2003 年加拿大在其 BIT 范本附录 B 第 13 条对“间接征收”的含义及其认定标准作出专门规定，明确了三个问题：①间接征收产生于东道国的措施；②是否构成间接征收需要通过个案、基于事实的调查认定，考虑的因素包括该措施或该系列措施的特性、经济影响，以及对明确、合理的投资预期的干预程度；③一般而言，缔约一方旨在和适用于保护合法的公共福利目标，如健康、安全、环境的非歧视措施，不构成间接征收，但不能被合理地视为已善意采取和实施的此类措施，不在此限。[6] 美国《2012 年 BIT 范本》也有类似规定。[7]

---

〔1〕 Paul Peters, *Recent Developments in Expropriation Clauses of Asian Investment Treaties*, Asian Yearbook of International Law, Vol. 5, 1995, pp. 56 ~ 67.

〔2〕 Metalclad Corporation v. United Mexican States (ICSID Case No. ARB [AF] /97/1).

〔3〕 S. D. Myers Inc. v. Government of Canada, http://www.naftaclaims.com/disputes_canada_sdmyers.htm, 2008 年 3 月 28 日访问。

〔4〕 Pope &Talbot, Inc v. Canada, http://www.naftaclaims.com/disputes_canada_pope.htm, 2008 年 3 月 28 日访问。

〔5〕 Methanex v. United States, http://www.naftaclaims.com/disputes_us_methanex.htm, 2008 年 3 月 28 日访问。

〔6〕 曾华群：“变革期双边投资条约实践述评”，载陈安主编：《国际经济法学刊》（第 14 卷第 3 期），北京大学出版社 2007 年版，第 22 页。

〔7〕 美国《2012 年 BIT 范本》附录 B 征收。

4. 投资争议的解决。双边投资条约区分缔约国双方关于条约解释和适用问题的争议和缔约国一方与缔约国另一方国民之间的投资争议，分别规定适用不同的争议解决方式。通过国际仲裁解决投资者与东道国之间的争议是当前的主要趋势，这类争议所涉及的范围也越来越宽泛。

(1) 解决投资者—国家争议解决机制（ISDS）。越来越多的 BITs 通过允许外国投资者单方面诉诸国际仲裁机制而给予外国投资高水平的具有强制力的保护标准。根据美国《2012 年 BIT 范本》的规定，投资者和东道国间的争议规定在美国范本 B 节，根据第 24 条第 3 款的规定，投资者与东道国仲裁规则可以是 ICSID 的程序规则，或者“ICSID 附加便利规则”，或者是联合国国际贸易法委员会（UNCITRAL）的规则，还可以是双方同意的其他规则。[1] 根据不同仲裁规则组成的仲裁庭应是独立的，只针对具体个案存在，作裁决时在法律上也不受先例的约束。根据《美国 2012 年 BIT 范本》第 25 条的规定，东道国如果在双边投资协定中作出同意后，外国投资者就可以直接将争端提交国际仲裁庭，而无需东道国另行专门表示同意。除此之外，美国认为还应当建立一种仲裁上诉机制，因为只有第二审才能有效改正第一审的错误。这一建议规定在《美国 2012 年 BIT 范本》第 28 条第 10 款中。

在可提交国际仲裁的事项和国际仲裁管辖权的事先同意上，中国以前的双边投资协定只同意将“就征收补偿的数额发生的争端”提交仲裁，并且只对“征收补偿采取事先单方同意”。例如，中日 1998 年双边投资协定第 11 条的规定。[2] 而近年来，中国对外签订的双边投资协定普遍同意将“因投资发生的任何争议”提交仲裁，而且没有“事先同意”的文字表述。但是这些双边协定通常规定：对于投资者和缔约国之间的投资争议，“根据投资者的要求”或“经投资者选择”，可将争议提交国

---

〔1〕 Article 24: Submission of a Claim to Arbitration …3. Provided that six months have elapsed since the events giving rise to the claim, a claimant may submit a claim referred to in paragraph 1:

(a) under the ICSID Convention and the ICSID Rules of Procedure for Arbitration Proceedings, provided that both the respondent and the non-disputing Party are parties to the ICSID Convention;

(b) under the ICSID Additional Facility Rules, provided that either the respondent or the non-disputing Party is a party to the ICSID Convention;

(c) under the UNCITRAL Arbitration Rules; or

(d) if the claimant and respondent agree, to any other arbitration institution or under any other arbitration rules.

〔2〕《中华人民共和国和日本国关于鼓励和相互保护投资协定》第 11 条第 2 款规定，缔约任何一方或根据其法律和法规其他承担补偿义务者和缔约另一方国民或公司关于第 5 条第 3 款所述的补偿价款的争端，如果当事任何一方提出为解决争端进行协商的 6 个月内未能解决，则根据该国民或公司的要求，可提交参考 1965 年 3 月 18 日在华盛顿签订的《关于解决国家和他国国民之间投资争端公约》（以下称“华盛顿公约”）而组成的调解委员会或仲裁委员会。缔约任何一方和缔约另一方国民或公司关于其他事项的争端，可根据当事双方的同意，提交如上所述的调解委员会或仲裁委员会。

际仲裁。例如，《中德双边投资协定》第9条的规定[1]，还有中芬双边投资协定第9条。[2]

（2）最惠国待遇标准是否适用于投资争议解决的程序事项。前文已经提到，很多双边投资条约包含最惠国条款，在此条款下，东道国给予相关投资的待遇不得低于给其他任何国家的优惠待遇。然而令人困惑的是，投资者是否可以基于最惠国条款援引比其待遇更优惠的第三方的双边投资协议争端解决条款？由于争端解决条款决定了投资者寻求救济的条件，因此，如何解决这一问题对投资者和东道国都有着重要意义。[3]

（3）"保护伞条款"（the umbrella clause）。"保护伞条款"是指在现代双边投资条约中通常有专门条款规定，缔约方应该遵守与投资者在其境内的投资有关的任何义务。[4] 由于该条款引发了是否可以把东道国在合同中的承诺一并放在双边投资条约下加以保护这一问题，所以被称之为"保护伞条款"。该条款实质是把合同性争议"提升"为双边投资条约争议来扩大ICSID管辖权，使得ICSID仲裁庭认为东道国违反与外国投资者签订的投资合同即构成违反BITs的可能性大大增大了。[5] 例如，

---

〔1〕《中华人民共和国和德意志联邦共和国关于促进和相互保护投资的协定》第9条规定，投资者与缔约一方争议解决：①缔约一方与缔约另一方投资者之间就投资产生的任何争议，应尽可能由争议双方当事人友好解决。②如争议自其被争议一方提出之日6个月内，未能解决，应缔约另一方的投资者的请求，可以将争议提交仲裁。③争议应依据1965年3月18日《解决国家和他国国民之间投资争端公约》提交仲裁，除非争议双方同意依据《联合国国际贸易法委员会仲裁规则》或其他仲裁规则设立专设仲裁庭。④专设仲裁庭作出的任何裁决都应是终局的，具有约束力。依据上述公约的程序所作出的裁决应是具有约束力的且只受公约规定的上诉或补救措施的影响。裁决应根据国内法执行。

〔2〕《中华人民共和国政府和芬兰共和国政府关于鼓励和相互保护投资协定》第9条规定：投资者与缔约另一方争议解决：①缔约一方与缔约另一方投资者之间因投资产生的任何争议，应尽可能由有关双方当事人友好解决。②如争议自书面提起之日3个月内未能解决，经投资者选择，该争议可提交：（a）作出投资所在地缔约一方有管辖权的法院；（b）依据1965年3月18日在华盛顿签署的《解决国家和他国国民之间投资争端公约》设立的"解决投资争端国际中心"仲裁；或（c）根据联合国国际贸易法委员会仲裁规则设立的专设仲裁庭，除非争议当事双方另有其他一致同意。③已将争议提交本条第2款（a）所述国内法院的投资者仍可诉诸本条第2款（b）和第2款（c）提及的任一仲裁庭仲裁，条件是该投资者在提交的争议判决作出前已经从国内法院撤回案件。在这种情况下，作为争议一方的缔约方应同意将其与缔约另一方投资者之间的争议根据本条款提交国际仲裁。④第2款（c）提及的仲裁庭应由3名仲裁员组成。仲裁庭应以多数票作出裁决。⑤仲裁庭应依照本协定的规定，争议缔约一方的法律（包括其冲突法规则）和可适用于缔约双方的国际法规则作出裁决。⑥裁决是终局的，对争议双方具有拘束力，且应当根据国内法执行。

〔3〕Jarrod Wong, The Application of Most-Favored-Nation Clauses to Dispute Resolution Provisions in Bilateral Investment Treaties, *Asian Journal of WTO & International Health Law and Policy* 171, 2008, p. 3.

〔4〕例如，美国与厄瓜多尔于1997年5月11日签订的BIT中的第Ⅱ（3）（c）条规定："缔约的任何一方应当遵守其可能订立的与投资有关的任何义务。"

〔5〕陈安主编：《国际投资法的新发展与中国双边投资条约的新实践》，复旦大学出版社2007年版，第232页。

SGS 诉巴基斯坦案[1]和 SGS 诉菲律宾案。

(4)“岔路口条款”(Fork in the road clause)的概念。在解决国际投资争议的过程中，越来越多的国家选择签订有“岔路口条款”的双边投资条约。[2] 这种条款规定：在国际投资争议产生后，投资者有权利在东道国当地救济和国际仲裁之间进行选择；一旦投资者作出选择，即为终局。也就是说，投资者选择了东道国当地救济，不论东道国作出的结论是否有利于投资者，投资者都不得再向国际仲裁庭寻求救济；如果选择了国际仲裁，就不得再在仲裁结果作出的同时或之后寻求东道国当地救济的方法去解决争议。东道国国内法院和国际仲裁，就像摆在投资者面前的通往不同方向的两条路，投资者一旦作出选择，就不能回头再走另外一条，所以这种条款才被形象地称为“岔路口条款”。[3]

双边投资条约中的“岔路口条款”实质是对“当地救济原则”的挑战。因为该条款虽然在表面上给了投资者选择东道国当地救济或者 ICSID 仲裁的自由选择权，但其适用的后果是缔约国或东道国丧失了用尽国内救济的机会，使得争议轻易地被提交到国际仲裁机构。按照 ICSID 仲裁庭的严格解释，只有在诉之于国际仲裁之前，相同当事方之间的相同争端（包括诉讼请求相同和诉讼争执点相同）已经被提交给东道国的国内法院或者行政法庭，“岔路口条款”才予以适用，才会导致丧失寻求国际救济权利的结果。[4]

5. 一般例外。近年来，国际投资协定中的例外条款，大多与具体义务有关，例如，国民待遇例外，国家根本安全例外，公共秩序、审慎措施或税收，其共同特点是较为抽象。例如，加拿大 2003 年外国投资协定范本（FIPA）、加秘 BIT、中加 BIT 都有一般例外条款。一般例外的价值主要在于确保东道国公共政策空间，并允许国家在特定情况下降低投资保护水平。附清单的一般例外条款把这些特定情况成文化，为仲裁庭裁判提供明确指引，以确保东道国对公共事务的规制权利，而仲裁庭在条约解释时就需要在东道国投资保护义务与公共政策目标间建立适当平衡。但是，例外条款究竟能为东道国提供多少公共政策空间，其实是难以预知的。

根据中加 BIT 第 33 条的规定，“一般例外清单”包括文化多样性、不违反本协定的东道国法律实施、保护人类及动植物生命及健康和不可再生自然资源、金融安全、国家安全、不扩散核武器、执行联合国宪章及决议和世界贸易组织决定、国家机密、个人隐私、受竞争法保护的商业秘密。凡是对这些因素具有负面影响的跨国

[1] SGS Société Générale de Surveillance S. A. v. Islamic Republic of Pakistan (ICSID case No. ARB/01/13).

[2] 例如，阿根廷与法国在 1993 年签订的 BIT 第 8 条第 2 款规定：“一旦一个投资者已经将争端提交涉案的缔约方或国际仲裁，那么，其中所选择的这项或那项程序应该是终局的。”

[3] 陈安主编：《国际投资法的新发展与中国双边投资条约的新实践》，复旦大学出版社 2007 年版，第 226 页。

[4] 陈安主编：《国际投资法的新发展与中国双边投资条约的新实践》，复旦大学出版社 2007 年版，第 226 页。

投资行为，都不受本投资协定的保护，缔约国有权采取措施对有关投资行为予以干预或阻止。但是，中加 BIT 的“一般例外条款”不具有可仲裁性，亦无需补偿，唯一受制于本条第 2 款规定“只要相关措施不以武断或不合理之方式适用，或不构成对国际贸易或投资之变相限制”。这对于东道国极为有利。另外，该条关于金融安全的例外，赋予国家金融机构在货币、信贷和汇率政策方面以极高的裁量权，这对东道国来说，无疑也具有重大意义。

美国《2012 年 BIT 范本》第 18 条“基本安全”（Essential Security）提出因“保护根本安全利益”而采取例外措施，其标准非常高。该条规定，本条约不应被解释为要求缔约方提供或允许使用其确定如果披露则会违背其根本安全利益的任何信息；或阻止缔约方使用其认为是履行有关维护或恢复国际和平与安全义务，或者保护其自身根本安全利益的必要措施。该条并未对何为“根本安全利益”、何为“必要”等作出明确定义。也就是说，东道国采取的有关措施是否属于“基本安全例外”，只要缔约国主观上“认为必要”即可，并没有规定其他客观条件。可见，美国对保留其本国的基本安全例外权是极其重视的，是可以自行解释和单方认定的。此外，美国《2012 年 BIT 范本》在金融领域还专门设计了“审慎监管例外”，可排除协定中任何条款所强调的缔约一方所应当履行的义务。该条款是目前 BITs 领域中较为全面的规定。根据美国《2012 年 BIT 范本》第 20 条的规定，“尽管有本协定的其他条款，但这不得阻止一方出于审慎而采取或维持有关金融服务的措施，包括保护投资者、储户、保单持有人或者以金融服务提供者为受托人的信托委托人利益的措施，或者是确保金融体制完整和稳定的措施。如果上述措施不符合本协定的规定，那么他们不能用作该方逃避其在本协定下承诺和义务的手段”。

6. 透明度。美国 2012 范本延续 2004 年范本中对透明度规定的同时，也对部分内容进行了修订和完善，增强了透明度和公众参与的力度，对于保护投资者的利益是很有利的。例如，2012 年范本对东道国在制定规章、条例的过程中，公众参与的具体方式进行了规定：①东道国拟采用的法律、决定必须公布于“单一的全国性发行的期刊”上[1]；②东道国拟采用的规章最少的公布时间为 60 天，在此期间，东道国为公众对其评论提供便利条件；[2] ③要求东道国解释其制定规章、条例的目的与理由，让公众对其发表看法，并在采用最终的规章、条例时，在其政府期刊或网站上对相关规章、条例的修改加以说明。[3] 2012 年范本还增加了有关标准制定的条款，要求缔约一方在标准制定或其非政府组织制定标准时允许另一缔约方的人员参与，但卫生与植物卫生措施和公共采购除外。[4]

---

〔1〕 美国《2012 年 BIT 范本》第 11.3.a 条。

〔2〕 美国《2012 年 BIT 范本》第 11.3.b 条。

〔3〕 美国《2012 年 BIT 范本》第 11.3.c～d 条。

〔4〕 美国《2012 年 BIT 范本》第 11.8 条。

7. 投资与劳工条款。美国是最早将劳工标准纳入区域贸易体制的国家，也是最早将劳工标准条款纳入区域投资体制的国家，其区域投资体制中的劳工标准的出现甚至早于其区域贸易体制中的劳工标准。根据美国《2004 年 BIT 范本》第 13 条的规定，通过削弱或降低劳工法律的保护标准来鼓励投资是不适当的。2005 年之后，美国与乌拉圭、美国与卢旺达签订的 BIT 所包含的劳工标准条款不仅在序言中强调“投资目标应与尊重国际公认的劳动权利相一致”的宗旨，还在正文中规定了“不降低要求”等内容。美国《2012 年 BIT 范本》比 2004 年范本新增加了 3 款规定并对其原有的 2 款规定进行了不同程度的修改。首先，该条中增加了第 1 款用于重申缔约各方在国际劳工组织（ILO）条约中的义务，直接涉及的内容有以下 4 点：①结社自由和有效承认集体谈判权利；②消除一切形式的强迫和强制劳动；③有效废除童工；④消除就业与职业歧视等。其次，变化后的投资劳工条款确保劳动法的有效执行，强化其保护力度，增加了缔约国对于劳工保护的义务。再次，扩大了“劳动法”的定义，从而扩大了保护劳工权利的范围。增加的内容有以下 3 点：①对集体谈判权的有效承认；②有效地废除童工；③消除关于雇佣与职业的歧视。最后，新的范本将原第 1 款中的有关磋商机制的规定进行了修改并独立出来，规定了缔约一方应当在收到另一缔约方磋商请求后 30 天内对磋商请求做出回应。此后，缔约各方应进行磋商，并努力达成一个双方满意的解决方案。但是总体上讲，美国现行有效的 BIT 中的劳工标准不如美国现行有效的 FTA 中适用于投资问题的劳工标准那么强硬，同时也缺乏旨在帮助缔约国提高拉动标准的实施能力的软法机制。例如，美国与秘鲁 FTA、美国与哥伦比亚 FTA、美国与巴拿马 FTA、美国与韩国 FTA 从强制实施义务[1]、私人救济[2]、程序保障[3]、信息公开和提高公众认识[4]等都了比较详细的规定。

8. 扩大了环境保护的义务。美国《2004 年 BIT 范本》第 12 条第 1 款规定，通过削弱或降低国内环境法中的保护标准来鼓励投资是不适当的。美国《2012 年 BIT 范本》首先将多边环境保护协定纳入到缔约方不得放弃和减损其国内环境法的范围之中，扩大了该条款的适用范围。其次，2012 年范本弥补了 2004 年范本中没有规定如何在缔约各方间执行环境法这一缺陷，扩大了各缔约方在环境保护方面的义务，将缔约方的义务从文字层面上升到了实质层面。最后，2012 年范本还对与环境有关

---

〔1〕 美国与秘鲁 FTA 第 17.3.1 条；美国与哥伦比亚 FTA 第 17.3.1 条；美国与巴拿马 FTA 第 16.3.1 条；美韩 FTA 第 19.3.1 条。

〔2〕 美国与秘鲁 FTA 第 17.4.1 条、第 17.4.6 条；美国与哥伦比亚 FTA 第 17.4.1 条和第 17.4.6 条；美国与巴拿马 FTA 第 16.4.1 条、第 16.4.6 条；美韩 FTA 第 19.4.1 条、第 19.4.3 条。

〔3〕 美国与秘鲁 FTA 第 17.4.2 条、第 17.4.3 条；美国与哥伦比亚 FTA 第 17.4.2 条和第 17.4.3 条；美国与巴拿马 FTA 第 16.4.2 条、第 16.4.3 条、第 16.4.8 条；美韩 FTA 第 19.4.2 条。

〔4〕 美国与秘鲁 FTA 第 17.4.7 条；美国与哥伦比亚 FTA 第 17.4.7 条；美国与巴拿马 FTA 第 16.4.7 条；美韩 FTA 第 19.4.4 条。

的争端的磋商程序作出规定，并要求各缔约方在处理有关本条款的各种事项时，为公众参与提供机会。

二、《华盛顿公约》与 ICSID 的仲裁机制

《华盛顿公约》序言阐述了该公约专门为外国投资者与东道国政府之间的投资争议提供国际解决途径，即在东道国国内司法程序之外，另设国际调解和国际仲裁程序。这表明公约用以解决国际投资争议的基本途径有两种：调解程序和仲裁程序。争议当事人可自行商定，择一采用。本文主要介绍仲裁程序。

（一）“ICSID”的创设及其法律地位

《华盛顿公约》第 1 条第 1 款规定：建立“解决投资争议国际中心”（International Center for Settlement of Investment Disputes，ICSID）。ICSID 本身并不直接承担调解和仲裁工作，而只是为解决前述特定国际投资争议提供各种设施和方便；为针对各项具体争议而分别组成的调解委员会或国际仲裁庭，提供必要的基本条件，便于他们开展调解或仲裁工作。ICSID 具有完全的国际法律人格，其法律能力包括缔约能力，取得处理动产、不动产的能力以及法律诉讼能力。ICSID 在完成其任务时，在缔约国领土内享有特定的特权和豁免。[1]

（二）ICSID 管辖的条件

《华盛顿公约》第 25 条第 1 款规定：“ICSID 管辖适用缔约国（或缔约国指派到 ICSID 的该国任何组成部分或机构）和另一缔约国国民之间因投资而产生的任何法律争议，该项争议经双方同意提交给 ICSID。当双方书面同意后，任何一方不得单方面撤销其同意。”由此得出，公约的管辖权的成立应具备三个条件：

1. 主体。一方为缔约国，另一方为缔约他国的国民。具体来讲：

（1）对于作为争议一方的缔约国的要求是：在提交仲裁时或在仲裁程序被提起时，该国必须已正式加入公约。根据《华盛顿公约》的规定，对于某一特定国家，只要在该国或该国国民就某项投资争议提交 ICSID 仲裁时，它参加了《华盛顿公约》，成为该公约缔约国，则《华盛顿公约》就适用于该国，而不管该国或该国国民在作出同意 ICSID 仲裁时，该国是否已是《华盛顿公约》的缔约国。[2] 例如，1968 年假日饭店诉摩洛哥案[3]。

（2）作为争议一方的缔约国，《华盛顿公约》规定还可以包括“该国的任何组成部分或机构”，如其指定的分支机构或代理机构。但条件是，当事人双方在投资协议中所订立的 ICSID 调解或仲裁条款必须取得缔约国的授权或批准，除非缔约国通知

---

〔1〕《华盛顿公约》第 1 章第 6 节“地位、豁免和特权”。

〔2〕《华盛顿公约》第 25 条第 2 款第 1 项规定，在双方同意将争端交付调停或仲裁之日以及在根据第 28 条第 3 款或第 36 条第 3 款将请求予以登记之日，具有作为争端一方的国家以外的某一缔约国国籍的任何自然人，但不包括在上述任一日期也具有作为争端一方的缔约国国籍的任何人；

〔3〕Holiday Inns S. A. and others v. Morocco（ICSID Case No. ARB/72/1）.

ICSID 该下属单位或机构所订立的相关条款不需要缔约国批准。[1]

(3) 关于另一缔约国国民的认定，包括具有缔约他国国籍但不同时具有缔约东道国国籍的自然人，具有缔约他国国籍的法人以及具有缔约东道国国籍但为外国所控制、双方同意当作缔约他国国民看待的法人。[2] 对于法人国籍的判定标准，《华盛顿公约》并未作出规定。实践中，仲裁庭所适用的标准也是各不相同的。例如，在阿姆科诉印度尼西亚案[3]中，仲裁庭采取成立地说；在国际海运代理公司诉几内亚案[4]中，仲裁庭则采用的是控制标准。

2. 争议必须是直接因投资而产生的法律争议。依《华盛顿公约》第 25 条第 1 款的规定，提交中心仲裁的争议必须是直接因投资而产生的法律争议。公约强调：所谓法律争议，必须是关于法律权利或义务的存在与否及其范围，或者是因违反法律义务而引起的赔偿的性质范围。至于“投资”的定义，《华盛顿公约》并未明确规定。因考虑到私人与外国政府实体之间的交易的多样性，使得任何定义都无法将之全部包括。[5] 从实践的效果来看，无论传统类型的投资，还是现代类型的投资，无论是直接投资，还是间接投资，包括一些特定的交易如交钥匙契约、工程契约、管理契约及技术契约等都纳入到了中心的管辖范围中。[6] 由此可见，公约确定争议限于投资争议，但公约对于“投资”做了广义上的解释。

【案例】 在“Tokios Tokeles 诉乌克兰”案[7]中，被申请人乌克兰政府对 ICSID 是否有管辖权提出了异议，其中一项是“本案争议不是直接产生于投资，被指控的乌克兰政府机关的不当行为不是直接针对申请人 Tokios Tokeles 所拥有的物质资产”。根据《乌克兰—立陶宛双边投资协定》第 8 条的规定，一缔约方的投资者可以将与在另一缔约方领土内的投资有关的争议提交仲裁。乌克兰政府认为，ICSID 的争议适用范围比当事人之间的双边投资条约要窄。仲裁庭认为：被申请人错误理解了《公约》第 25 条关于管辖权的要求。因为一项争议直接由投资行为产生，并不要求被指控的政府的不当行为要直接针对投资者的物质财产，只要争议产生于投资本身或投资的经营，就满足了直接性的要求。在本案中，每一项被指控的政府不当行为，诸

---

[1] 根据《华盛顿公约》第 25 条第 3 款的规定，某一缔约国的组成部分或机构表示的同意，须经该缔约国批准，除非该缔约国通知中心不需要予以批准。

[2] 根据《华盛顿公约》第 25 条第 2 款第 2 项的规定，在争端双方同意将争端交付调停或仲裁之日，具有作为争端一方的国家以外的某一缔约国国籍的任何法人，以及在上述日期具有作为争端一方的缔约国国籍的任何法人，而该法人因受外国控制，双方同意为了本公约的目的，应看作是另一缔约国国民。

[3] Amco Asia Corporation and others v. Republic of Indonesia (ICSID Case No. ARB/81/1).

[4] Maritime International Nominees Establishment v. Republic of Guinea (ICSID Case No. ARB/84/4).

[5] ICSID Reports, Vol. 1, 1993, p. 200.

[6] 曹建明、陈治东主编：《国际经济法专论》(第 4 卷)，法律出版社 2000 年版，第 223 页。

[7] Tokios Tokelės v. Ukraine (ICSID Case No. ARB/02/18).

如调查、文件扣押、公开指控为不法行为以及使合同无效的司法诉讼和扣押财产等行为都涉及申请人在乌克兰附属企业的运作。因此，仲裁庭认为本案的争议直接产生于申请人的投资行为。

3. 必须经双方书面同意提交ICSID仲裁解决。《华盛顿公约》第26条规定，争议必须由当事各方书面协议呈交ICSID，当事任何一方一经同意将争议提交ICSID解决，便不得撤回其认可。除非另有声明，当事人双方同意根据该公约将争议提交仲裁，就应当被视为同意此仲裁并排除其他补救办法。《华盛顿公约》第27条又规定，缔约国对于其本国国民和另一缔约国根据该公约已同意提交或已提交仲裁的争议，不得采取“外交保护”或提出国际要求，除非该另一缔约国未能遵守和履行对此项争议所作出的仲裁裁决。这说明ICSID仲裁对外交保护具有排斥作用，由于《华盛顿公约》的目的之一就是不经过投资者母国的介入而使投资争议的解决非政治化，因此，学者们普遍认为，既然外国私人投资者与东道国之间的争议受《华盛顿公约》调整，投资者有能力直接进入国际机构对东道国提起诉讼，而这一国际机构有健全的仲裁和调解规则可供利用，具备高素质的仲裁员和调解员可供挑选，裁决的执行有公约的有力保障，再给予外交保护或提起国际要求就不仅是不必要的也是不正当的。[1]

【资料链接】　外交保护、卡尔沃主义与用尽当地救济

1. 外交保护，是指当本国国民在国外遇到损害，依该外国国内法程序得不到救济时，本国可以通过外交手段向该外国要求适当救济。外交保护是解决外国投资者与东道国政府投资争议的传统方法之一。

国家行使外交保护基于国家的属人管辖权，是国家主权的体现，外交保护因此也就成为国家的主权行为，也就是说，国家是作为国际法的主体行使其国际法上的权利。例如，1924年常设国际法院关于马夫罗马蒂斯在巴勒斯坦的特许权案[2]（Mavrommatis Palestine Concessions Case，1924）的判决，就体现了外交保护的这种主权行为性质。国家在行使外交保护时，并非以投资者的申请为前提，更不是代理投资者向东道国提出权利请求，因而国家一旦行使外交保护，就将本来属于私人投资者与东道国政府之间的投资争议上升为投资母国与东道国政府之间的关系，使得争议政治化，这是外交保护这种争议解决方法的主要特点。由于发达国家常常借口护侨，而滥用外交保护权、干涉东道国内政，曾引起广大发展中国家的强烈不满和反对。著名的“卡尔沃主义”就是反对以滥用外交保护的方式来解决投资争议。

2. 卡尔沃主义（Calvo Doctrine），是国际法学家、原阿根廷外长卡尔沃（Carlo Calvo）在1868年他的《国际法·理论与实践》一书中提出的著名主张，即属于一国

---

〔1〕 刘笋：《WTO法律规则体系对国际投资法的影响》，中国法制出版社2001年版，第288页。

〔2〕 Mavromatis Palestine Concessions (Greece v. U. K.), 1924 P. C. I. J. (ser. A), No. 2, at 11 (Aug. 13), pp. 26 ~27, 29, 36, 40, 45, 317, 412.

领域内的外国人同该国国民有同等受到保护的权利，不应要求更大的保护。当受到任何侵害时，应依赖所在国政府解决，不应由外国人的本国出面要求任何金钱上的补偿。卡尔沃主义的实质就是维护国家主权原则，提倡外国人与本国人待遇平等的原则，反对外国人特权地位，坚持国家属地管辖权的完整性。卡尔沃主义在实践中应用的主要体现就是“卡尔沃条款”，即在法律、条约或契约中订入包含卡尔沃主义精神的条款，从而使得卡尔沃主义发生现实的效力。具体来说，卡尔沃条款由两部分组成：①规定因契约条款所引起的一切争议，均由所在国法院判定，以所在国国内法为准据法，反对国际仲裁或国际司法解决；②规定外国人因契约或其他原因所引起的要求，不能成为国际求偿，外国人须放弃诉求本国政府的外交保护，反对外国政府的代位求偿权，反对投资争议的外交干预。由于卡尔沃条款明确规定外国投资者放弃本国的外交保护，从而引起了关于该条款法律效力的争议。例如，1923年美国与墨西哥之间的北美疏浚工程公司仲裁案[1]（North American Dreding Case），仲裁委员会否认了卡尔沃条款可以剥夺投资者本国的外交保护权，但肯定了投资者有义务求助当地救济的效力。

3. 外交保护的条件。

（1）国籍继续原则。该原则以属人管辖权为前提，要求受到侵害的投资者从受到侵害开始直至争议得到解决的整个过程中始终不间断地具有保护国的国籍。它有两层含义：①投资者应具有保护国的国籍；②在投资者自受到侵害开始直至争议得到解决或至少在提出外交保护时，应连续不断的具有该保护国的国籍。

第一层含义主要是强调提出外交保护的依据，来源于国际法上的间接侵害论。在传统国际法中，外交保护的提出是与国家责任联系在一起的，间接侵害论认为一国对于外国侨民的侵害，事实上是间接侵害了其本国，因而当投资者在东道国受到侵害时，须依据国籍以确定哪一个国家间接地受到了侵害，从而该国可以提出国际请求，行使外交保护权。国际投资中，投资者可能是自然人、法人或其他经济组织等，对于各种类型投资者国籍的确定，在国际私法中有不同的标准。

第二层含义是为了防止投资者在受到侵害后通过变更国籍的方法以选择对自己有利的国家行使外交保护，从而容易导致一些国家特别是发达国家滥用外交保护。正如联合国国际法委员会在第58届会议通过的“外交保护条款草案案文及其评注”中所说，“对国民的损害就是对国家本身的损害这种说法是虚拟的，是夸大其词的。外交保护的许多规则都否定了这种虚拟的正确性，尤其是持续的国籍规则，该规则要求一国证明受损害的国民在损害本身发生之后直到提出求偿之日始终是其国

---

[1] North American Dredging Company of Texas（U. S. A.）v. United Mexican States,（March 31, 1926, concurring opinion by American Commissioner, undated. pp. 21 ~34）.

民”。[1]

（2）用尽当地救济原则。用尽当地救济原则是一项古老的习惯国际法规则，是传统的国家责任法律制度的一部分，其理论是依据国际法有关一个国家在国际层面上引起国际责任前，应有机会在其国际法体系的框架中改正其错误的规则。[2]

“救济”既包括司法机构和程序，也包括行政机构和程序所能提供的救济。但此种行政救济，不包括“旨在获得优惠而不是维护权利的”救济，也不包括恩惠性的救济，除非该救济是随后开展诉讼程序的基本前提条件。[3]

“用尽（exhaustion）”通常应满足以下两个条件：①必须是已利用了东道国所能提供的一切救济手段，包括各种上诉，申诉手段；②必须充分地、正确地使用了国内法中所有可适用的诉讼程序上的各种手段。也就是说，外国投资者在其因投资而发生争议时，应与本国投资者一样在东道国寻求救济，而不应诉诸外交保护或其他国际请求，否则外国投资者就享有了高于本国投资者的利益。然而实践中，一些发达国家基于保护在海外投资的本国投资者的利益，又提出了“用尽当地救济原则”的种种例外。

根据《外交保护条款草案》第15条的规定，例外包括：①不存在合理地可得到的能提供有效救济的当地救济，或当地救济不具有提供此种补救的合理可能性；②救济过程受到不当拖延，且这种不当拖延是由据称应对损害负责的国家造成的；③受损害的个人与据称应对损害负责的国家之间在发生损害之日没有相关联系；④受损害的个人明显地被排除了寻求当地救济的可能性；或⑤据称应对损害负责的国家放弃了用尽当地救济的要求。

在Elettronica Sicula S. P. A.（ELSI）案[4]中，美意《友好通商航海条约》（FCN）虽然规定了两个缔约国之间的国际仲裁，但对投资者用尽当地救济的要求未作任何明确规定。国际法院认为这不能意味着当地救济规则是不适用的。[5] 当条约对一项重要的习惯国际法惯例未作规定时，该规则应当是适用的，因为一个重要的国际法规则不能被默示地忽视。国际法院最后裁定，意大利没有违反FCN的规定，由此驳回了美国的赔偿请求。

根据《华盛顿公约》第26条的规定，缔约国可以要求用尽当地各种行政或司法补救办法，作为其同意根据本公约交付仲裁的一个条件。也就是说，ICSID仲裁机制并没有特别强调用尽当地救济原则的必须适用性，这与大多数国家的双边条约的态

---

[1] “第四章 外交保护”，载《联合国国际法委员会2006年第58届会议报告》，第20页，http：//untreaty. un. org/ilc/reports/2006/2006report. htm.

[2] 张庆麟主编：《国际投资法问题专论》，武汉大学出版社2007年版，第303页。

[3] ［英］詹宁斯、瓦茨修订，王铁崖等译：《奥本海国际法》（第1卷·第1分册），中国大百科全书出版社1998年版，第413～414页。

[4] Elettronica Sicula S. P. A.（ELSI），United States of America v. Italy，Judgment of 20 July 1989.

[5] http：//www. icj－cij. org/docket/files/76/6707. pdf，2009年6月12日访问。

度是一致的。当然，ICSID机制并不排斥用尽当地救济，而且可以和仲裁并存。

综上所述，虽然《华盛顿公约》规定了严格的管辖权条款，但在ICSID实践中，仲裁庭很少因为无管辖权而拒绝受理一个案件。[1]而且双边投资条约的增加促使了投资者与国家之间仲裁的普遍化，成为ICSID案件急增的来源。[2]

（三）ICSID仲裁适用的实体法律

《华盛顿公约》第42条规定了ICSID仲裁法律适用的基本原则：

1. 当事人意思自治原则。即争议当事人享有选择准据法的权利，仲裁庭必须尊重当事人的这种选择，有义务适用当事人所选择的法律。

2. 适用东道国法律或可适用的国际法。即在当事人未达成法律适用协议的情况下，ICSID可直接适用东道国的法律和可能适用的国际法规则。一般而论，应首先适用东道国国内法，如果国内法没有规定的情况下，才可适用国际法规则；但当东道国国内法的规定与国际法规则相冲突时，应以国际法优先。

3. 禁止拒绝裁判原则。即仲裁庭对于提交给他的争议，即使适用的法律欠缺相应的规范，或有关规定含糊不清的情况下，也必须作出实质性的裁决。

4. 公平正义原则。仲裁庭经双方当事人同意，可以不依照法律规定，而根据其他公平合理的标准作出具有拘束力的裁决。

（四）ICSID的仲裁程序及规则

1. 仲裁程序。

（1）提起请求。根据《华盛顿公约》第36条的规定，希望采取仲裁程序的任何缔约国或缔约国的任何国民，应就此向ICSID秘书长提出书面请求（此项请求包括关于发生争议的问题的材料、双方的身份以及它们的“同意”），由秘书长将副本送交另一方。经审查认为符合中心管辖范围的，予以登记；反之，则拒绝登记。秘书长的拒绝登记对请求方来说是终局的，对此裁决没有上诉的可能。

（2）组成仲裁庭。《华盛顿公约》第37～41条规定了仲裁庭的组成。一般地，争议当事方可以从ICSID仲裁员名册中选择仲裁员，也可以选择名册外的人员作仲裁员组成仲裁庭。根据《华盛顿公约》规定，仲裁庭人数必须为奇数（一人或数人），而且大多数人不得为当事方任何一方所属国国民。如果双方对仲裁员的人数和任命方法不能取得一致时，仲裁庭应由3名仲裁员组成，由每一方各任命仲裁员1名，第3名由双方协议从仲裁小组的成员中任命，并担任庭长。如在申请登记后90天内尚未组成仲裁庭，ICSID行政理事会主席经任何一方请求，可以指定仲裁员。仲裁庭有

---

〔1〕 Kathleen S. McArthur, Pablo A. Ormachea: *International Investor—State Arbitration: An Empirical Analysis Of ICSID Decisions On Jurisdiction*, 2009 University of Texas School of Law Publications Inc., 28 REVLITIG 559, Westlaw, p. 4.

〔2〕 Kathleen S. McArthur, Pablo A. Ormachea: *International Investor—State Arbitration: An Empirical Analysis Of ICSID Decisions On Jurisdiction*, 2009 University of Texas School of Law Publications Inc., 28 REVLITIG 559, Westlaw, p. 5.

权自行决定本身的权限。

（3）仲裁裁决。根据《华盛顿公约》第48条的规定，裁决的作出应以全体仲裁庭成员的多数票决定；应以书面做成，由投赞成票的成员签字；裁决应处理提交仲裁庭的每一个问题，并说明所根据的理由；仲裁庭的任何成员可以在裁决上附上他个人的意见（不论他是否同意多数人的意见），或陈述他的不同意见；ICSID未经双方的同意不得公布裁决。

2．仲裁规则。仲裁程序和有关事项，受行政理事会通过的《调解程序规则》和《仲裁程序规则》支配。不过，除规则中重申的强行规则外，当事方可以约定适用其他规则。[1] 2006年4月5日，ICSID新修改的《ICSID仲裁程序规则》和《ICSID仲裁（附加便利）规则》开始生效。[2]

3．仲裁裁决的承认与执行。ICSID所作裁决在各缔约国获得承认与执行是《华盛顿公约》机制的重要内容。原因是ICSID仲裁庭就外国投资者与东道国之间关于投资的争议作出裁决后，解决了争议本身的是非曲直问题以及各当事方的权利和责任问题，但是，争议的最终解决和当事人权益的最后实现还有赖于裁决的承认与执行，它是仲裁程序的必然延伸。故有人将其称之为争议的“第二次解决”。[3]《华盛顿公约》关于裁决承认与执行的规定具有独到之处，其特点归纳如下：

（1）ICSID裁决的强制性和终局性。《华盛顿公约》第53条第1款规定：“裁决对双方有拘束力，不得进行任何上诉或采取其他除公约规定外的补救方法。除依照本公约有关规定予以停止执行的情况外，每一方应遵守和履行裁决的规定。”这一规定主要是针对当事人的，解决了裁决对当事人的效力问题，规定当事人有遵守和履行裁决的义务。

《华盛顿公约》第54条第1款规定：“每一缔约国应承认依照本公约作出的裁决具有约束力，并在其领土内履行该裁决所加的金钱上的义务，如同该裁决是该国法院的最后判决一样……”这一规定主要是针对缔约国的，每一缔约国应将裁决视为本国法院的终局判决，强调每一缔约国都应予承认和执行，缔约国既不能进行实质性或程序性的审查，也不得以任何理由（包括公共秩序保留）拒绝承认和执行裁决。

---

〔1〕 根据《华盛顿公约》第44条的规定，任何仲裁程序应依照本节规定，以及除双方另有协议外，依照双方同意提交仲裁之日有效的仲裁规则进行。如发生任何本节或仲裁规则或双方同意的任何规则未作规定的程序问题，则该问题应由法庭决定。

〔2〕 这次修改着重在如下三方面增强ICSID仲裁程序的透明性和允许第三方参与：①在裁决书内容的披露上，将ICSID秘书处“可以”公布裁决书法律规则方面的摘要改为“应该”“立即”公布裁决书的法律推理部分的摘要（《仲裁程序规则》第48条，《附加便利规则》第53.3条）。②在口头辩论阶段，将允许第三方参与的条件由“经过双方当事人同意”改为“除非当事人一方反对，否则，经过与ICSID秘书长协商”（《仲裁程序规则》第32条，《附加便利规则》第39.2条）。③关于勘察和调查、非争端的第三方的参与，允许非争端方实体提交书面“法庭之友”意见给仲裁庭（《仲裁程序规则》第37条，《附加便利规则》第41.2条）。

〔3〕 陈安主编：《国际投资争端仲裁》，复旦大学出版社2001年版，第262页。

这一规定使裁决具有约束力的范围扩大到《华盛顿公约》的所有缔约国，从而使 ICSID 所作的裁决取得了国际化。

此外，《华盛顿公约》对于争议双方以及任何其他缔约国未能遵守和履行前述义务而导致的法律后果也分别作了规定。首先，如果是私人投资者不执行 ICSID 裁决，则作为争议一方的东道国可以通过本国法院强制执行，也可以请求投资者母国协助强制执行，还可以请求投资者财产所在的任何第三国（只能是缔约国）法院协助强制执行裁决，而且这种执行是无条件的。其次，如果作为争议一方的东道国政府不执行 ICSID 裁决，则导致更为严重的后果：要么是投资者母国恢复行使外交保护或提出国际请求，要么投资者母国在国际法院对东道国提起诉讼。最后，如果当事国之外的缔约国拒绝承认与执行裁决，任何缔约国都可以援引《华盛顿公约》第 64 条的规定到国际法院对拒绝国提起诉讼，要求其承担不遵守《华盛顿公约》的国际责任。

（2）主体的广泛性，承认与执行程序的简单化。《华盛顿公约》第 54 条强调，不仅争议双方当事人应遵守和执行裁决，而且包括投资者母国在内的每一个缔约国都有义务执行中心的裁决。另外，当事人只需向有关法院或其他机构提交一份经秘书长核证无误的裁决副本，缔约国就应予以承认和执行。

（3）ICSID 裁决的承认和执行受执行豁免的影响。《华盛顿公约》第 55 条规定："第 54 条的规定不得解释为背离任何缔约国现行的关于免除该国或任何外国予以执行的法律。"这一规定表明，公约事实上认可了执行豁免。其含义有二：①争议缔约国是否放弃自己的执行豁免权，依本国现行的有关法律；②在其他任何缔约国国内要求承认与执行不利于缔约国的裁决，是否给予该争议缔约国以执行豁免，也依该执行国现行的有关法律。[1] 实践中，虽然一国同意将其与投资者之间的争议提交 ICSID 仲裁解决意味着放弃了管辖豁免，但并不意味着其也放弃了执行豁免，甚至世界上许多主张有限豁免的国家，也从未放弃过执行豁免。

（五）ICSID 裁决撤销制度

根据《华盛顿公约》第 52 条第 1 款的规定，任何一方当事人在裁决作出一定期限内（45 日），可以下列一项或数项理由，向秘书长书面提出撤销裁决的申请：仲裁庭组成不当、仲裁庭明显越权、仲裁庭的成员有受贿行为、有严重违反基本程序规则的情形、裁决未说明所依据的理由。ICSID 行政理事会主席在接到要求后立即从仲裁员名单中任命 3 人组成专门委员会，负责审查此项申请，并作出是否撤销裁决的决定。裁决被撤销后，经任何一方的请求，应将争议提交依《华盛顿公约》新组织的仲裁庭重审。

ICSID 裁决撤销既不同于国内仲裁裁决的撤销，也不同于一般国际商事仲裁裁决的撤销，它具有以下特征：①ICSID 仲裁撤销的独立性。ICSID 的监督机制是内部性的，只受《公约》及 ICSID 其他相关规范的管辖，独立于其他任何国家、国际组织

---

〔1〕 陈安主编：《国际投资争端仲裁》，复旦大学出版社 2001 年版，第 280 页。

或国际公约。②ICSID 裁决撤销的非上诉性。撤销裁决程序不是上诉程序，撤销机构无权审查案件的实质内容，无权改变裁决结果，只能审查撤销理由是否存在并作出是否撤销裁决的决定。③ICSID 裁决撤销的严厉性。撤销是使已生效的裁决全部或部分地失去效力，是对有瑕疵的裁决的一种最严厉的救济手段，只适用于因程序的瑕疵导致的裁决“重大不公”的情形。[1]

三、世界贸易组织（WTO）有关投资的协议

（一）《与贸易有关的投资措施协议》（TRIMs）的法律框架

TRIMs 是 1994 年签署的 GATT 乌拉圭回合谈判一揽子协定中的一个重要协定，由序言、正文和附件组成。正文有 9 个条款。所谓“投资措施”，是指为了促使外国投资者达到某种业绩标准而采取的政策。“与贸易有关的投资措施”是指由东道国政府通过政策法令直接或间接实施的与货物贸易有关的对贸易产生限制和扭曲作用的投资措施。

1. 宗旨和适用范围。TRIMs 的序言部分阐明了该协议的宗旨，即为避免投资措施给贸易带来的限制和扭曲，从而促进世界投资贸易的扩展和逐步自由化，并促进跨国投资，以在确保自由竞争繁荣同时，增进所有贸易伙伴尤其是发展中国家成员的经济增长的目的。根据 TRIMs 第 1 条的规定，协议并非涉及所有的投资措施，而仅适用于与贸易有关的投资措施，即仅对各成员方制定的投资措施中涉及货物贸易进出口的部分作了界定和限制。

2. 鉴别与贸易有关的投资措施的原则。TRIMs 的核心内容，就是规定禁止每个成员实施那些违反 GATT 第 3 条（国民待遇原则）或第 11 条（一般取消数量限制）的与贸易有关的投资措施。为了明确哪些投资措施应被禁止使用，TRIMs 附件的“解释性清单”（也称“例示清单”）中列举了 5 种投资措施。[2] 其中包括两种违反国民待遇原则的与贸易有关的投资措施：①当地含量要求，即要求企业购买或使用最低限度的国产品或任何国内来源的产品。具体表现为，规定有关国产品的具体名称，规定企业购买或使用国产品的数量或金额，规定企业在生产中必须使用的有关国产品的最低比例。②贸易平衡要求，即要求企业购买或使用的进口产品数量或金额，以企业出口当地产品的数量或金额为限。另外 3 种是违反一般取消数量限制原则的与贸易有关的投资措施：③贸易平衡要求，即总体上限制企业当地生产所需或与当地生产相关的产品的进口，或要求企业进口产品的数量或金额以出口当地产品的数量或金额为限。④进口用汇限制，即将企业可使用的外汇限制在与该企业外汇流入相关的水平，以此限制该企业当地生产所需或与当地生产相关的产品的进口。

---

〔1〕 陈安主编：《国际投资争端仲裁》，复旦大学出版社 2001 年版，第 216 页。

〔2〕 各国在 TRIMs 达成时列举了 13 种不符合 GATT 第 3 条和第 11 条规定的投资措施，作为 TRIMs 的例示清单。但作为 TRIMs 正式附件使用的主要是上述描述性的例示清单中有约束力的规定，即 5 种禁止性的投资措施。

⑤国内销售要求，即限制企业出口或供出口的产品销售。

3. 例外规定。

（1）根据 TRIMs 第 3 条的规定，《1994 年关税与贸易总协定》（GATT 1994）中的所有例外都可以视具体情况适用于该协议。

（2）根据 TRIMs 第 4 条的规定，发展中国家成员方可以享受特殊优惠。考虑到发展中国家在贸易和投资方面的实际情况和特殊要求，他们有权暂时背离关于投资措施方面的国民待遇和一般取消数量限制的义务，但其背离的程度及采取的方式，应遵守 GATT 1994 第 18 条“政府对经济发展的援助”、《关于 GATT 1994 国际收支条款的谅解》，以及“东京回合”通过的《关于为国际收支目的而采取的贸易措施宣言》中有关允许成员背离国民待遇和普遍取消数量限制的规定。[1]

4. 通知与过渡安排。依据 TRIMs 第 5 条，各成员方应在 WTO 生效后 90 天内将各自正在实施的与协议不符的一切与贸易有关的投资措施，通知货物贸易理事会，并在一段确定的时间内取消这些投资措施。考虑到各成员国不同的经济发展水平，协议规定了不同的过渡期，发达国家为 2 年，发展中国家 5 年，最不发达国家为 7 年。根据《中国加入工作组报告书》的规定，中国代表确认自加入 WTO 起，按《入世议定书》所列，中国将全面遵守 TRIMs，不援用其中第 5 条，并将取消外汇平衡要求、贸易平衡要求、当地含量要求和出口实绩要求。[2]

中国在加入 WTO 前后，已对外资立法进行了全面修改与补充，凡含有不符合 WTO 协议规定的投资措施的条文均已被取消。

5. 透明度原则。根据 TRIMs 第 6 条的规定，首先，各成员方应重申 GATT 1994 第 10 条（贸易条例的公布与实施）项下承诺的透明度和通知义务，并遵守 1979 年 11 月 28 日实施的“关于通知、协商、争议解决与监督协议”以及 1994 年通过的“关于通知程序的部长决议”中所包含的“通知”义务[3]；其次，各成员方还应向世界贸易组织通告可以找到与贸易有关投资措施的出版物，包括各级政府所使用的相关出版物。但各成员方可不披露会导致妨碍执法、违背公众利益或损害特定企业合法商业利益的信息。

6. 管理执行机构。根据 TRIMs 第 7 条的规定，WTO 成立了与贸易有关的投资措施委员会。该委员会向所有成员方开放。委员会每年至少应召开一次会议。应缔约方的请求，可随时开会。其职责是：执行货物贸易理事会分配的任务，并向成员方提供与 TRIMs 运行和执行有关的任何问题的咨询服务；同时，负责监督 TRIMs 的运行和执行情况，并每年向货物贸易理事会报告这方面的情况。[4]

---

〔1〕 石广生主编：《中国加入世界贸易组织知识读本》，人民出版社 2001 年版，第 157 页。

〔2〕 孙南申：《国际投资法》，中国人民大学出版社 2008 年版，第 179 页。

〔3〕 曹建明、陈治东主编：《国际经济法专论》（第 4 卷），法律出版社 2000 年版，第 43 页。

〔4〕 卢进勇、余劲松、齐春生主编：《国际投资条约与协定新论》，人民出版社 2007 年版，第 187 页。

7. 协商和争议解决。GATT 1994 第22、23 条和《关于争议解决规则与程序的谅解》的规定，适用于 TRIMs 实施中产生的争议，有关争议均可提交 WTO 争议解决机制处理。

【案例】 在中国影响汽车零部件进口措施案[1]中，欧盟认为，中国措施[2]与 WTO 下列规定不一致，包括：GATT 1994 第2.1 条 a 项、b 项，第3.2 条、第3.4 条和第3.5 条，还有第3.1 条所包含的原则；TRIMs 第2.1 条和第2.2 条连同解释性清单第1 条 a 段和第2 条 a 段；《补贴与反补贴协议》（ASCM）第3 条。此外，中国违反了《中国加入议定书》（WT/L/432）第一部分第1.2 段、第7.3 段，《世界贸易组织中国工作组报告》（WP Report）第203 段、第342 段的义务；中国取消或者削弱了欧盟依据 WP Report 第93 段而享有的利益。美国的指控没有涉及 GATT 1994 第3.1 条和 WP Report 第342 段，其余与欧盟一致。加拿大还提出中国违反《原产地规则协议》第2 条，特别是b、c、d 段，其余指控与美国相同。中国则强调上述三个规章以及相关措施实施目的就是为了防止某些汽车企业“逃避”或者“规避”中国海关关税的非法行为。

专家组的结论是，中国措施违反了 GATT 1994 第3.2 条、第3.4 条关于国民待遇的规定，违反了 GATT 1994 第2.1（a）条、第2.1（b）条关于遵守减让表义务的规定，以及中国依据 WP Report 第93 段所承担的义务。

上诉机构支持了专家组报告：①第7.212 段的裁定，认为争议中提及的中国所征收的关税是 GATT 1994 第3.2 条意义上的国内税，而非 GATT 1994 第2.1（b）条意义上的普通关税；②第7.223 部分的裁定，认为争议中提及的中国对进口汽车零部件的征收整车关税的措施不符合 GATT 1994 第3.2 条第一句话的规定，以致中国对进口汽车零部件所征收的国内税与其对国内同类产品所征收的关税有差别；③第7.272 段的裁定，认为争议中提及的中国对进口汽车零部件征收整车关税的措施不符合 GATT 1994 第3.4 条的规定，以致进口零部件所享受的待遇低于中国国内同类国产产品所享受的待遇；④上诉机构认为，没有必要就 DS339、DS340、DS342 案的专家组报告中有关中国对进口汽车零部件所采取的措施违反 GATT 1994 第2.1（a）和（b）条规定的“选择性”裁定作出裁决。[3] 上诉机构在汽车成套/半成套散件（CKD/SKD）

---

〔1〕 China—Measures Affecting Imports of Automobile Parts, WT/DS339/R, WT/DS340, WT/DS/342 (Appellate Body 15 December, 2008).

〔2〕 这些中国措施包括：①《汽车产业发展政策》（Policy Order 8）（国家发展和改革委员会令第8 号，2004 年5 月21 日，简称“第8 号令”）；②《构成整车特征的汽车零部件进口管理办法》（Decree 125）（海关总署、国家发展和改革委员会、财政部、商务部令第125 号，2005 年4 月1 日起正式实施，简称“第125 号令”）；③《进口汽车零部件构成整车特征核定规则》（Announcement 4）（海关总署第4 号公告，自2005 年4 月1 日起施行，简称“第4 号通告”）；以及对上述文件的任何修订、替换、补充，执行上述文件的措施或者其他相关的措施。

〔3〕 http://www.wto.org/english/tratop_e/dispu_e/cases_e/ds340_e.htm，2010 年4 月30 日访问。

进口关税待遇等方面支持了中方的上诉请求，纠正了专家组此前的错误裁决。

对于申诉方提出的中国措施违反 TRIMs 的主张，专家组认为，如果中国使其措施符合了 GATT 1994 第 3.4 条规定的义务，那么它也将消除任何与 TRIMs 的不符之处。因此，专家组针对 TRIMs 条款的申诉采取了司法经济原则。[1]

2009 年 8 月 28 日，由工信部、国家发改委联合下发的第 10 号令，决定废除《汽车产业发展政策》中有关零部件进口管理的相关条款，该决定自 2009 年 9 月 1 日起生效。[2] 也就是说，中国败诉后，很好地执行了 DSB 的裁决，废除了汽车零部件进口管理相关政策，实际下调汽车零部件进口税率至 10%。

（二）《服务贸易总协定》（GATS）

GATS 对服务贸易的定义包括投资，作为服务贸易的一种重要提供方式就是商业存在[3]，即服务性投资。与商品一样，服务既可以通过对外直接投资也可以通过出口贸易进入外国服务业市场。与商品相比较，许多服务必须通过其设在国外附属企业的当地生产才能提供外国服务市场。[4]

GATS 所确立的有关投资的多边纪律，事实上已经适用于各国服务投资领域了。例如，根据 GATS 规定，各国应尽可能地开放国内服务业市场，承担相互给予跨国服务和服务提供者以最惠国待遇和政策法规透明度的一般义务（GATS 第 3 条），同时，以具体承诺的方式明确外国服务和服务提供者能享受市场准入的具体部门、分部门或服务提供方式（GATS 第 16 条）；凡属市场准入的领域，成员国应给予外国服务和服务提供者以国民待遇（GATS 第 17 条）；各成员国不得要求外国服务提供者必须通过特定的法人实体或合营企业才可提供服务，也不得对参加投资的外国资本限定最高股权比例或对个人的或累计的外国资本投资额予以限制。

1. 辨析国际直接投资和国际间接投资的含义。
2. 简述国际直接投资的形式。
3. 简述国际投资法的概念及特征。
4. 简述国际直接投资企业的法律形式。

---

〔1〕 Reports of the Panel, See para. 7. 368.

〔2〕 根据第 10 号令，工信部、国家发改委修改了《汽车产业发展政策》，停止执行第 52、53、55、56、57 条规定；停止执行第 60 条中“对进口整车、零部件的具体管理办法由海关总署会同有关部门制订，报国务院批准后实施”的规定。这意味着，自 2005 年 4 月实施的《构成整车特征的汽车零部件进口管理办法》失效。

〔3〕 根据 GATS 第 28 条规定，“商业存在”是指任何类型的商业或专业机构，包括为了提供服务的目的而在另一成员方境内：①组建、收购或维持一法人；②创建或维持一分支机构或代表处。

〔4〕 孙南申：《国际投资法》，中国人民大学出版社 2008 年版，第 183 页。

5. 简述跨国并购的含义和法律规制。什么是绝对待遇和相对待遇标准?
6. 简述 BOT 和 PPP 的概念、主要法律关系和法律文件。
7. 简述特许协议的概念和性质。
8. 如何理解双边投资协定投资定义的变化?
9. 简述公正与公平待遇和最低待遇标准的概念。
10. 简述准入前国民待遇和负面清单管理模式。
11. 简述国有化、征收的概念和补偿标准。
12. 简述国别海外投资保险制度的主要内容。
13. 简述《多边投资担保机构公约》的投资保险制度。
14. TRIMs 所禁止的投资措施有哪些?
15. 简述 ICSID 的管辖权、ICSID 仲裁的法律适用以及裁决的特点。
16. 什么叫岔路口条款?什么叫保护伞条款?

拓展阅读书目

1. 余劲松主编:《国际投资法》,法律出版社 2014 年版。

2. 史晓丽主编:《国际投资法》,中国政法大学出版社 2009 年版。

3. 王贵国:《国际投资法》,法律出版社 2008 年版。

4. 孙南申:《国际投资法》,人民大学出版社 2008 年版。

5. 张庆麟主编:《国际投资法问题专论》,武汉大学出版社 2007 年版。

6. 余劲松:《跨国公司法律问题专论》,法律出版社 2008 年版。

7. 陈安主编:《国际投资法的新发展与中国双边投资条约的新实践》,复旦大学出版社 2007 年版。

8. 韩秀丽:《中国海外投资的环境保护问题研究——国际投资法视角》,法律出版社 2013 年版

9. 【德】鲁道夫·多尔查、【奥】克里斯托弗·朔伊尔编:《国际投资法原则》,祁欢、施进译,中国政法大学出版社 2014 年版。

10. 陈安主编:《国际投资争端案例精选》,复旦大学出版社 2001 年版。

11. 陈安主编:《国际投资争端仲裁——“解决投资争议国际中心”机制研究》,复旦大学出版社,2001 年版。

12. 王传丽主编:《国际经济法案例分析》,高等教育出版社 2008 年版。

13. 张丽英主编:《国际经济法案例教程》,知识产权出版社 2006 年版。

第九章

国际金融法

✢学习目的与要求

本章的教学目的在于使学生了解国际金融法的概念、体系、主要内容及发展概况。掌握国际融资的主要方式，理解国际融资担保与传统担保的差异，了解银行监管的法律制度，理解金融服务贸易自由化的发展趋势。

✢本章关键词

国际货币制度 国际融资 国际融资担保 银行监管 金融服务贸易自由化

第一节 国际金融法概述

一、国际金融法的概念

国际金融法是调整国际货币金融交易关系的法律规范的总和，是国际经济法的重要组成部分。

国际金融原本附属于国际贸易，仅仅是为国际贸易活动提供融资和清算业务的。因此，早期国际货币资金流动，是作为国际商品交换的媒介而出现的，受国际贸易的规模大小、发展速度等因素的制约。后来，由于资本主义的不断发展，国际贸易和金融业务的不断扩大，国际金融市场的不断开拓，金融工具的不断创新，国际金融才逐渐脱离出来，形成一个独立的体系。与此相适应，调整国际金融关系的法律也就应运而生。

对于国际金融法的概念，可从以下几方面来理解：

1. 国际金融法是调整国际货币金融交易关系的国际法规范和国内法规范的总和。国际金融关系是在国际经济不断发展的基础上形成的一种特定的经济关系，是国内金融活动跨越国界向国际社会延伸的结果。因此，产生了对调整国际货币金融关系的法律需求。但传统的法学分类尚无相应的法的部门能调整这种关系，为此，产生了专以国际货币金融关系为其调整对象的国际金融法。国际金融法以国际货币金融关系为其调整对象，规范着国际金融活动，并随着国际货币金融关系的不断发展而发展，逐步走向完善。

由于金融资产跨越国境流动、交易，就必然涉及一个以上国家和地区的法律规定，还可能涉及国际公约、区域性协定和公认的国际惯例等。因此，对其进行法律调整就不能仅仅依赖于少数几个或几种法律规范，相反，应该通过由众多法律规范组成的法律规范群来完成，在这众多的法律规范中，不仅包括每一个主权国家以国内法形式表现出来的约束其在本国进行涉外金融交往行为的规范，而且还包括有关的国际金融组织以国际公约等形式表现出来的约束所有国家和地区或特定的国家和地区进行国际金融行为的规范。同时，还包括国家间双边或多边条约以及在长期实践中自发形成的，有着一定内容又为各国所普遍认可的国际惯例等，所以说，国际金融法是由众多的法律规范组成的，是各种形式的法律规范的总和。

2. 国际金融法是调整国际货币金融关系的公法规范和私法规范的总和。国际金融活动是在一定的国际货币制度下展开的。现在一般认为国际货币法和国际金融法因其主体和规范的对象不同，应认作是两种法律，但同时这两种法律又是紧密联系的，构成了统一的整体。基于这种认识，就有了广义的国际金融法与狭义的国际金融法之分。国际货币法是指调整国家之间因国际货币管理活动而产生的国际货币关系的法律规范的总和，它规定的是关于国际货币的兑换、流动和汇率方面的法律规则，它构成一国国际货币金融制度的基础，具有典型的公法性质。狭义的国际金融法主要是调整不同国家民事主体之间发生的跨国金融交易活动而产生的国际金融关系，它规定的是关于国际贸易融资、国际贷款融资、国际证券融资、国际租赁融资等金融交易的法律规则。尽管在不同国家的法律中，此类法律制度往往也可能包含有一定的管制法内容，但它在本质上具有私法性质。广义的国际金融法不仅包含狭义的国际金融法，而且还调整政府间发生的国际货币关系，不仅有私法规范，也有公法规范。本文所称国际金融法，即指广义的国际金融法。

3. 国际金融法是国际经济法重要的组成部分。国际货币金融关系是当代国际经济关系的重要组成部分，国家与国家之间乃至整个国际社会经济交往的目标及要求，往往是通过国际金融关系体现出来的，而国际金融关系的细微变化，将直接造成国际经济关系的变化与动荡。货币金融以外的其他国际经济关系，多与国际货币金融关系息息相关，且往往表现为以一定数量的货币转移为中心的国际金融关系。因此，国际金融法历来被视为国际经济秩序的基本内容和重要支柱。一方面，这一制度构成各国对外贸易法制和对外投资法制的基础；另一方面，它又为非贸易性国际金融交易和投资银行跨国业务的发展提供了法律形式。所以，对国际金融关系的规范与调整，说到底就是对国际经济关系的规范与调整，因此，以国际经济关系作为其调整对象的国际经济法应该包含调整国际金融关系的国际金融法在内，国际金融法是国际经济法中不可缺少的组成部分。

国际金融法作为国际经济法的有机组成部分，应该反映出国际经济法中一些最基本的要求，如国际经济法的基本原则、特征、法的渊源等，与国际经济法的其他组成部分，如国际贸易法、国际投资法、国际税法等具有较多的共性并且彼此间相互关联、相互促进、共同作用于国际经济法的发展。但是，应该看到，国际金融关系中需要研究和解决的问题较其他领域内的国际经济关系而言，具有其自身的特性。因此，调整国际金融关系的国际金融法必然存在着自己的特点，对此，无论是从其具体的内容、法律规范、法律约束力等方面，还是从其研究方法、研究手段等方面，均能明显地体现出来。所以，国际金融法又具有相对的独立性。

综上所述，国际金融法是有关国际货币金融关系的国际法规范和国内法规范、公法规范和私法规范的总和，是国际经济法的一个重要组成部分。

二、国际金融法的特点

国际金融法作为上层建筑，反映了货币资金超越国境而流动的国际性或跨国经济关系的性质。国际金融法的本质特点体现在以下几个方面：

（一）主体的广泛性

主体即发生法律关系的当事者。国际金融法的主体，既有国家、地区和国际组织，也有从事跨国经济活动和使用外汇的个人、法人或非法人单位。现汇价实行独立浮动和钉住美元的一些货币国，由其中央银行通过抛售或购进美元来调节市场汇价，参加外汇买卖的有国家和个人、法人或非法人单位。现在一国政府到另一国政府发行公债已很寻常，西方投资者则是各国政府所发国际债券的主要客户。联合国和世界银行等国际组织也在发行国际债券，供个人、法人或非法人单位购买。

一个地区能否成为国际金融活动的主体是有条件的，即需视其是否具有相对独立的货币金融制度而定。如中国香港地区，由于其具有相对独立的货币金融制度，因此，无论香港是同英国还是同中国其他地区的货币金融往来，既不被视为英国的，也不被视为中国的国内往来，而是作为国际货币金融往来[1]。

个人、法人或非法人单位能否成为国际金融法的主体，也是有条件的，即需视其是否与外汇打交道而定。凡使用外汇的个人、法人，或非法人单位，都可成为国际金融法的主体。

（二）客体的复杂性

客体即主体的权利义务所指向的标的。国际金融法的客体包括本国货币、外汇和跨国运转中的货币资金，如大额定期存单、信用卡、信用证等。货币作为国际金融法的客体，必须在国际具有可兑换性。如果是不能自由兑换的货币，其充当国际金融法客体的媒介作用就被极大地限制住了。随着国际金融活动日渐成为国际经济活动最活跃的因素，某些新的客体形式也在发展，如电子 CD 和票据。因此，国际金融法的客体不应限制在一个狭窄的范围内，否则的话，其内容必然残缺不全，不利于适用。据此，本国货币、外汇和跨国运转中的货币资金都应是国际金融法的客体。

（三）内容的实践性

国际金融法规定的是关于涉外货币管理活动和跨国金融交易活动的规则，它在

---

〔1〕 刘丰名：《国际金融法》，中国政法大学出版社 1996 年版，第 7 页。

内容和功能上均具有实践性和技术性特征，它不仅仅为一国既定的国际贸易政策和国际投融资政策提供了法律框架和法律工具，其作用还在于保障国际经济活动的安全与效率。无疑，国际金融法作为一门较为新型的学科，仍处于不断地发展、变化之中，由于国际金融的不断发展、更新，其速度相当之快，致使已有的法律规范乃至法学研究常常落后于实际需要。因此，对国际金融法的研究不可不注意实践的发展。

第二节 国际货币制度

国际货币制度是国际货币关系的集中反映，它构成国际金融活动总的框架。各国之间的货币金融交往，在各个方面都要受到国际货币制度的约束。由于世界上还没有统一的货币，主要以一些主权国家的货币作为国际货币。为了维护国际货币的正常运行，国际货币制度就应运而生了。这种货币制度既可以是自然缓慢发展的结果，也可以是在短期内通过国际协议确定的制度。

一、国际金本位制

最早出现的国际货币制度是国际金本位制。在19世纪后期，由于西方各国普遍实行了金本位制，因而这种货币制度具有了国际性质。它是在各国自发实行金本位制的基础上形成的。

（一）金币本位制

金币本位制是金本位制的最初形态，也是最典型的金本位制，狭义上所称的金本制就是指金币本位制。它的主要特点是：①黄金作为本位货币。用黄金来规定货币的价值量，即每一单位的货币都有其法定的含金量（gold content），各国货币按其含金量来确定彼此间的比价。②金币可以自由铸造，任何人都可以按本币的含金量将金块交给国家造币厂铸成金币。③自由兑换。在市面上流通的其他金属辅币和银行券可以自由地兑换成金币或者等量的黄金。④自由输出入。由于黄金是各国唯一的国际储备资产，国际结算也使用黄金，黄金可以自由输出与输入。各国政府规定的自由铸造、自由兑换与黄金自由输出入是这个货币制度的三个特点。

建立金本位制是以国内立法为基础，由各国颁布法令自行确定本国货币的含金量和对外国货币的比值。要让国际金本位发挥作用，各国必须遵守三项规则：一是要把本国货币与一定量的黄金固定下来，并随时可以兑换黄金；二是黄金可以自由输出、入；三是中央银行或货币当局发行钞票必须有一定的黄金准备。

基本上，各国是在自愿的基础上遵守一定的国际规则，而并没有正式在国际上承担法律义务。因此，一旦出现特殊情况，各国出于本国利益的考虑也可以不遵守这些规则。实际上，国际金本位制作为一种国际货币制度并不是建立在国际法律基础上，没有条约规定各国必须承担一定的国际义务。所以，在上述三项规则中，第三项规则常常被放弃，没有能够被严格遵守。

最早实行金币本位制的国家是英国（1816 年）。从 19 世纪 70 年代到第一次世界大战爆发，许多国家也先后实行金币本位制，从而形成第一个世界性的国际货币制度——国际金本位制。说它是国际制度，并不是指那种通过各国共同制定成文的国际法规所确定的制度，而是因为它是通过各国自发地实行大致相同的金本位制并且是逐渐形成的。只是由于同一种国内法制度的普遍采用，无形中才在国际上形成一种机制，起到了自动调节国际货币关系的作用。因此，国际金本位制表现出两个特征：共同性和松散性。

国际金本位制的形成，使黄金充分发挥出世界货币的职能作用，对于生产的发展、汇率的稳定、国际收支的自动调节、国际资本的流动、国际贸易的发展、各国经济政策的协调都起到了积极的作用。总之，它在当时以金融保障促进了世界经济的发展。

（二）金块本位制

第一次世界大战期间，各国禁止黄金外流，实行浮动汇率，币值很不稳定。战争结束后，各国都需要恢复遭到战争破坏的经济，首先是建立稳定的货币制度。1922 年，世界货币会议决定恢复金本位制。但是，由于当时各国之间黄金分配不均，供应量远远不能满足需要，参战各国的黄金储备大量减少，特别是战前最大的金融帝国——英国和曾经拥有巨额金融资本的法国，它们的经济实力都遭到很大削弱。因此，真正有条件继续实行金本位制的国家只有美国，而英国和法国则不得不采取有限制的金本位制，即金块本位制。在这种制度下：①金币已退出流通界，而专门担当大宗国际收支清算的任务；②国家以一定数量的黄金作准备，发行代表法定含金量的银行券；③银行券进入流通，具有本位币的无限法偿性，但银行券只有在一定的条件下才能兑换成黄金（例如，英国法令规定每一次必须兑换 400 盎司黄金，即 1700 英镑；法国规定持有 215 000 法郎才能向发行银行兑换黄金）。对兑换的最低数额加以规定，大大限制了民间的兑换，缩小了自由兑换的基础，这实际上是在黄金储备不足的条件下企图继续保证币值稳定的一种变通办法。

金块本位制的实行，节约了国内需要的黄金，但也使黄金不再像过去那样充分发挥货币的职能，这就严重削弱了国际金本位制的基础。

（三）金汇兑本位制

一战后，有些国家直接采取了金汇兑本位制，亦称虚金本位制。在这种制度下，①禁止铸造和流通金币；②规定有含金量的银行券作为本位币参加流通，持有者不能将其兑换成黄金，但可用以购买外汇，凭外汇到其发行国兑换黄金；③实行金汇兑本位制的国家，在金块本位制国家或金币本位制国家存放外汇准备基金，并规定本国货币与该国货币的法定汇价，居民可按这一汇价无限制地购买外汇，在所联系的国家兑换黄金；④禁止黄金的输出输入。

这是在黄金和外汇储备不足的情况下，避免兑换黄金，而依靠自由汇兑作为同金本位制维持联系的一种形式。第一次世界大战以后的战败国和其他一些国家曾分别同美元、英镑或法郎挂钩，形成一种货币依附关系，使黄金和外汇更加集中于少数几个国家。比如战败国德国，由于国库黄金被用于战争赔款，1924 年由战前的金币本位制直接改成金汇兑本位制。

从这三种金本位制来看，有个重要的特点是：黄金逐步与货币失去直接联系，特别是金汇兑本位制下，黄金存放国外，实际上扩大了信用创造能力，使货币进一步摆脱了黄金数量的束缚。但黄金存在国外并不安全，本国货币币值要受联系国货币价值波动的影响；在国际经济发生危机时，各国纷纷将外汇兑换成黄金运回本国，引起联系国信用紧缩，使危机加剧。

20 世纪 30 年代的大危机是经济危机与金融危机相互交织的全球性危机，西方各国之间贸易战与货币战达到了空前激烈的地步。这个大危机摧毁了西方国家普遍实行的金块本位制和金汇兑本位制，统一的国际金本位制度也随之瓦解。在西方各国普遍实行纸币流通制度的情况下，它们的货币信用制度危机加深，矛盾重重，建立不起统一的国际货币制度，而纷纷成立货币制度，如英镑、美元集团和法郎集团。在货币集团内部，以一个主要国家的货币作为中心，并以这个货币作为集团内部的储备货币、进行清算，集团内部外汇支付与资金流动完全自由，但是对集团外的收付与结算则受到严格管制，常常要用黄金作为国际结算手段。西方国家从统一的国际货币制度分裂为若干货币集团，各货币集团内部的货币比价、货币波动界限及货币兑换与支付均有统一严密的规定，而对集团外的国际支付则采取严格管制，集团之间壁垒森严，限制重重，在这一时期，不存在统一的国际货币制度。

二、布雷顿森林制度

第二次世界大战即将结束时，为了整顿和改变国际货币领域的混乱局面，保证战后经济的顺利恢复，建立稳定的世界货币秩序，各国迫切要求建立一个政府间国际金融机构来协调国际货币政策，加强国际货币合作。在英美两国的策动下，于 1943 ~ 1944 年之交召集三十多国专家在纽约集会讨论英国提出的凯恩斯方案（Keynes plan）与美国提出的怀特方案（White plan），1944 年 4 月达成“国际货币基金共同声明”，形成国际货币基金协定草案蓝本，该蓝本最终以怀特方案为基础，吸收了一些凯恩斯的主张形成。1944 年 7 月 1 日 ~ 22 日，美、英、法、苏、中等 44 国代表在美国新罕布什尔州布雷顿森林召开会议通过了以“怀特计划”为基础的《国际货币基金协定》和《国际复兴开发银行协定》，合称“布雷顿森林协定”。

《国际货币基金协定》又称“布雷顿森林货币协定”，其 1944 年文本确立的国际货币制度称为“布雷顿森林制度”，它实际上是以美元为中心的金汇兑制度。这是世界货币史上第一次在世界范围内通过国际协议正式建立的货币制度，第一次通过法律文件的形式明确规定了国际货币制度的基本要求，各国的权利、义务以及国际货币关系的行为准则，说明国际货币金融关系已经发展到有条件也有必要建立统一的世界货币制度的程度，突破了长期认为金融货币领域应该保持自由调节和灵活机动的特点的传统观念，为国际货币关系进入统一法律秩序开辟了新纪元。因此，尽管布雷顿森林体系是在主要金融大国的操纵下建立的，但从完全不受国际法规约束到承认若干基本原则和行为准则，不能不说是向前迈进了意义重大的一步。

1944~1971年，这个体系建立后一直在顺利运行。在这期间，它对整顿和改变世界货币领域的混乱局面，保证战后各国经济恢复，建立稳定的世界货币秩序起到了积极作用。

布雷顿森林体制建立了一个以美元为中心的国际货币制度，其主要内容如下：

1. 建立了一个永久性的国际金融机构，即国际货币基金组织（International Monetary Fund，以下简称基金组织），旨在促进国际货币合作，其各项规定构成了战后国际金融领域的基本秩序。

2. 实行以美元为中心的国际金汇兑本位制。布雷顿森林体制以黄金储备为基础，以美元为主要国际货币，并实行"双挂钩"制度：首先，美元与黄金挂钩，各成员国有义务确认美国法定的35美元=1盎司黄金的官价，同时有权随时按此官价以美元向美国政府兑换黄金；其次，其他成员国的货币与美元挂钩，即这些国家的货币以美元的汇率可按各自的含金量来确定，或者不规定含金量而径行确定与美元的比价。这种以黄金为基础、以美元为主要储备货币的黄金—美元本位制度，也称为国际金汇兑本位制。

3. 确立可调整的固定汇率制。各成员国货币对美元的汇率仅被允许在固定汇率的上下各1%的幅度内波动。本国货币对美元固定汇率，未经基金组织同意，不得随意加以改变。成员国对此固定汇率有责任维持，以保证外汇行市的稳定。除非为消除本国国际收支的严重不平衡，否则各成员国不得对本国货币采取贬值或升值措施。

4. 提供资金调节国际收支。基金组织的宗旨之一是为成员国提供资金，以帮助其调整国际收支不平衡，而不致采取有害于本国或国际繁荣的措施。

基金组织向各会员国政府提供贷款，贷款的额度与该会员国缴纳的份额成正比，贷款主要用于解决国际收支不平衡。基金组织提供普通资金账户内贷款的基本做法是：会员国用本国货币向基金组织换购它们所需要的外汇，此举称为"购买"（purchase）或提取（drawing），该会员国还款时，用黄金或外汇买回货币，此举称为购回（repurchase）。

5. 力图取消经常项目的外汇管制。根据《基金协定》第8条的规定，除有该协定允许的例外，各成员国不得限制经常项目的支付，不得采取歧视性的货币措施，并应实行多边支付制度等。

《基金协定》把协助成员国建立经常性交易的多边支付制度作为其宗旨之一，这对发展多边贸易具有重要意义。普遍做到自由的多边结算，需要各国取消（至少是放松）在货币兑换和收付方面的外汇管制。因此，《基金协定》的宗旨同时规定了取消阻碍国际贸易发展的外汇管制。为实现这一宗旨，《基金协定》在题为成员国一般义务的第8条作了如下规定：①各会员国未经该组织核准，不得限制经常性交易的支付；②未经基金组织核准，也不得采取歧视性的差别汇率措施和复汇率制度；③任何会员国对其他会员国在经常性交易中积存的本国货币，在对方为支付经常性交易而要求兑换时，应用特别提款权或对方货币换回。

由于第二次世界大战期间近 90% 的国家都实施外汇管制，《基金协定》在第 14 条规定了一个“过渡办法”，即成员国在必要时可以维持和实施外汇管制，一旦情况许可，即应取消。申请加入基金组织的国家，都得与基金组织商定参加条件。一旦条件允许，即应采取各种可能的措施，与其他成员国建立各种商业上和金融上的安排，以促进国际支付以及稳定汇率制度的建立。

三、《国际货币基金协定》关于特别提款权的规定

《国际货币基金协定》签订以后，战后国际货币关系发生了一系列重大变化，美元危机频繁发生，美元的国际货币地位动摇。为了阻止美国黄金大量外流，同时为了解决国际清偿力不足、难以满足世界贸易增长的需要等问题，国际货币基金组织于 1969 年 9 月第二十四届年会上通过了设立“特别提款权”的决议。这是基金组织成立以来对《国际货币基金协定》的第一次修订，这次修订被称为《特别提款权协定》，通过该协定，基金组织创设了一种实验性质的新储备货币。该协定共 12 条，主要包括以下内容：

1. 特别提款权的概念。所谓特别提款权，是国际货币基金组织在原有的普通贷款权之外，按各国认缴份额的比例分配给会员国的一种使用资金的特别权利。会员国分得的特别提款权是一种账面资产。可以作为会员国的国际储备归还国际货币基金贷款，以及在会员国政府之间偿付国际收支逆差。但它不能兑换黄金，也不能当作现实的货币用于国际贸易和非贸易的支付。

2. 特别提款权的使用。各会员国可以凭特别提款权向基金组织提用资金，因此，特别提款权可与黄金、外汇一起作为国际储备。与普通提款权相比，特别提款权的使用不受条件限制（普通提款权的使用是有条件限制的，而且进入的档次愈高，限制愈严）。成员国在基金组织开设特别提款权账户，作为一种账面资产或记账货币，可用于办理政府间结算，偿付会员国国际收支逆差，此外，特别提款权还可以用于偿还基金组织的贷款，用于援助、捐赠或作为偿还贷款的担保等。但是，必须注意，特别提款权只能在各会员国的金融当局和基金组织、国际清算银行等官方机构之间使用，私人企业不能持有和使用特别提款权。

基金组织成员国经常需要购买特别提款权来履行对基金组织的债务，或可能希望出售特别提款权来调整其储备构成。基金组织可以作为成员国和指定持有者之间的中介，确保特别提款权能够交换可自由使用的货币。二十多年来，特别提款权市场通过自愿交易安排运作。在这种安排下，若干成员国和一个指定持有者在各自安排规定的限额下自愿购买或出售特别提款权。在 2009 年特别提款权分配后，自愿安排的数量和规模扩大，以确保自愿特别提款权市场继续保持流动性。目前，自愿交易安排的数量为32个，其中19个是2009年特别提款权分配后的新安排。[1]

3. 特别提款权的性质与定值。特别提款权不是货币，而是一种权利，一种记账单位，它只存在于基金组织的账面上，它不能兑换黄金，也不能直接用于国际支付。

特别提款权在创设时是一种以黄金定值的记账单位，35单位特别提款权与1盎司黄金等值，即1单位特别提款权含金量为0.888 671克，与1971年12月贬值的1美元等值，人称“纸黄金”（Paper Gold）。由于原规定特别提款权与美元挂钩，对其他货币比价按美元与其他货币比价进行套算，这显然不符合特别提款权作为一种独立国际储备单位的原则。特别是由于美元的两次贬值及主要资本主义国家货币实行浮动汇率制，为了保持特别提款权的稳定，发挥其定值作用，从1974年7月1日起，基金组织宣布特别提款权与黄金脱钩，按一揽子货币定值。当时选择货币篮子中的16种货币标准是从1968～1972年的5年内，商品和劳动出口额占世界总出口额的1%以上的国家货币才可以入选。每种货币在篮子里的比重，大体根据该国出口额占世界总出口额的比例而定，同时还考虑其他经济因素。

1978年7月1日，基金组织对个别货币作了调整，并建立了5年调整一次的制度。为了简化计算手续，便于管理和保持特别提款权价值相对稳定的特点，基金组织自1981年1月1日起，采取5种货币代替过去16种货币，作为计算特别提款权价值的基础。该决议同时规定，确定特别提款权篮子的组成，应选择依5年为期的每一期结束前的12个月内，占国际出口与服务比例最大的五个基金成员国的货币，组成特别提款权货币篮子。1996～2000年期限内，其货币比重分别为：美元39%，德国马克21%，日元18%，法国法郎11%，英镑11%。为适应国际贸易和欧元启动的新需要，基金组织决定，2001～2005年期间，特别提款权由美元、欧元、日元和英镑等四种货币构成。现在各种货币在特别提款权中的比重大约为欧元37.4%、日元9.4%、英镑11.3%、美元41.9%[2]。各种货币所占的比重随着汇率的变动而有所变化，升值的货币会获得更多权重。

这种以多种货币定值的方法，可以利用各种货币汇率之间升降相互抵销，较之以一种货币定值更能保持特别提款权的相对稳定。正因为如此，特别提款权作为一种计价和定值单位，已得到广泛运用。不仅基金组织计算份额使用特别提款权定值，其他一些国际组织进行国际清算，以及私人公司、企业发行证券、签订贷款协议等，也使用特别提款权作为计价单位。此外，特别提款权还被用作国际民事责任索赔的计算标准。例如，1978年《联合国海上货物运输公约》（《汉堡规则》）第6条和第26条就规定海上货物运输责任事故索赔权的计算标准为特别提款权。此外，一些实行钉住浮动汇率的国家也选择特别提款权作为货币定值标准。

---

〔1〕 Special Drawing Rights (SDRs), available at http://www.imf.org/external/np/exr/facts/sdr.htm.

〔2〕 详见 Currency Amounts in New Special Drawing Rights (SDR) Basket, available at http://www.imf.org/external/np/tre/sdr/sdrbasket.htm.

4. 特别提款权的分配。特别提款权不是会员国通过贸易、投资等收入得来的，会员国在分得这项资产时，预先也无须向基金组织缴纳任何基金。根据《基金组织协定》（第15条第1款和第18条），基金组织可以按成员国在基金组织份额的比例向其分配特别提款权。这种分配向每个成员国提供了一项无成本、无条件的国际储备资产[1]。

特别提款权由基金组织根据需要进行分配。分配建议（关于特别提款权分配额占认缴份额的百分比）由基金组织执行董事会总裁提出，建议获得执行董事会同意，经理事会85%的多数票批准决定分配。

特别提款权的普遍分配必须以补充现有储备资产的长期全球需要为基础。关于普遍分配的决定最长可达5年连续基本期，尽管特别提款权普遍分配只进行了三次。第一次分配总额为93亿特别提款权，在1970～1972年期间按年拨付。第二次分配为121亿特别提款权，在1979～1981年期间按年拨付。这两次分配使累计特别提款权分配达到214亿特别提款权。为了减轻金融危机影响，2009年8月28日进行了1612亿特别提款权的第三次特别提款权分配。

另外，对《基金组织协定》的第四次修订于2009年8月10日生效。根据这次修订，进行了特别提款权的特别一次性分配[2]，数额为215亿特别提款权。第四次修订旨在使基金组织所有成员国能在公平基础上参与特别提款权体系并纠正这样的事实，即，1981年后加入基金组织的国家——占现有基金组织成员国数量的1/5以上——在2009年以前从未获得过特别提款权分配。2009年进行的特别提款权普遍分配和特别分配合起来使特别提款权分配累计总额达到约2040亿特别提款权。

四、牙买加制度

20世纪50年代开始，美元危机频繁发生。布雷顿森林体系的诸多缺陷，特别是"特里芬难题"（Triffin Dilemma）的暴露[3]，最终导致了布雷顿森林体系在1973年终结。为了推动国际货币体系的改革，1976年各国在牙买加首都金斯顿举行会议，达成了"牙买加协定"，由此导致了IMF对其协定的第二次修改，形成牙买加体系，

---

〔1〕会员国分配获得的特别提款权既不获取利息，也不支付利息。但是，如果一个成员国的特别提款权持有额超过其分配额，该国就从超出部分获取利息；相反，如果一国持有的特别提款权少于分配额，该国就对不足部分支付利息。

〔2〕普遍分配是指针对所有特别提款权参与国不时进行的分配，特别分配则是特指《基金协定》第四修正案所规定的、针对特定成员国的一次性分配。

〔3〕"特里芬难题"又称为"特里芬悖论"，是美国耶鲁大学教授特里芬在1960年出版的《黄金与美元危机》中提出的一个观点。他认为："由于美元与黄金挂钩，而其他国家的货币与美元挂钩，美元虽然因此而取得了国际核心货币的地位。但是各国为了发展国际贸易，必须用美元作为结算与储备货币，这样就会导致流出美国的货币在海外不断沉淀，对美国来说就会发生长期贸易逆差；而美元作为国际货币核心的前提是必须保持美元币值稳定与坚挺，这又要求美国必须是一个长期贸易顺差国。这两个要求互相矛盾，因此是一个悖论。"这一内在矛盾揭示了布雷顿森林体系的不稳定性和垮台的必然性。

并沿用至今。其主要内容包括：

1. 确认浮动汇率制的合法化。①成员国可以自由选择汇率制度，基金组织承认固定汇率制度和浮动汇率制度并存；②成员国的汇率政策，应受基金组织的监督，防止采取竞争性货币贬值措施；③经总投票权85%的多数通过，认为国际经济条件已经具备时，基金组织可以决定采取稳定而可调整的货币平价制度，即固定汇率制度。

2. 削弱了黄金的国际货币作用。废除了原协定中所有黄金条款，实行黄金非货币化，目的是使黄金与货币完全脱离关系，让黄金成为一种单纯的商品。按照新规定，基金组织为实现黄金非货币化采取了四项措施：①废除黄金官价和对成员国中央银行处理黄金的限制（在旧协定中规定货币当局不得以低于官价卖出，以高价买进），成员国中央银行可按市价从事黄金交易；②黄金不再作为各国货币定值的标准，改由特别提款权表示；③废除了增缴资金等与国际货币基金组织在交易时使用黄金的义务；④基金组织持有的黄金将以市价出售其1/6，另1/6归还成员国，剩余部分依成员国决议处理。

3. 提高了特别提款权的国际储备地位。确认未来将以特别提款权作为主要的国际储备资产，逐步取代美元和黄金的地位；各成员国间的特别提款权的交易和转移无需取得基金组织的同意；成员国之间或对基金组织的某些支付可用特别提款权；不仅在基金组织的一般业务中扩大了特别提款权的使用范围，并且尽量扩大了特别提款权的其他业务使用范围。

4. 扩大对发展中国家的资金融通，放宽对成员国贷款的比例和数额。

《国际货币基金协定》的第二次修订又被称为《牙买加协定》，已于1978年4月1日生效。它为国际货币关系的调整或安排提供了相当大的弹性，有学者认为是没有制度（Non-System），这是不完全正确的，尽管布雷顿森林体系的某些基本规则已经被否定，但国际货币基金组织和《基金协定》仍有效存在，并在许多方面仍然发挥着重要作用。进入20世纪90年代后，基金理事会根据国际货币关系变化的状况，分别于1990年和1997年对《基金协定》进行了第三次和第四次修订，但所涉及的问题有限。现行的国际货币制度正是在1944年《国际货币基金协定》的基础上经过四次修订而形成的。

五、2007年《对会员国政策双边监督的决议》(Bilateral Survillance over Member's Policies——2007 Decision)

如上所述，牙买加制度承认了浮动汇率制度的合法性，允许各国自主选择浮动汇率制度或固定汇率制度。但各成员国仍负有进行国际货币合作以实现汇率稳定的义务，为此，《国际货币基金协定》第4条第1节规定了成员国的一般义务，第1款规定：鉴于国际货币制度的主要目的是提供一个便利国与国之间商品、劳务和资本的交流和保持经济健康增长的体制，鉴于主要目标是继续发展保持金融和经济稳定所必要的有秩序的基本条件，各会员国保证同基金和其他会员国进行合作，以保证有秩序的外汇安排，并促进一个稳定的汇率制度。具体说，各会员国应该：①努力以自己的经济和金融政策来达到促进有秩序的经济增长这个目标，既有合理的价格稳定，又适当照顾自身的境况；②努力通过创造有秩序的基本的经济和金融条件和不会产生反常混乱的货币制度去促进稳定；③避免操纵汇率或国际货币制度来妨碍国际收支有效的调整或取得对其他会员国不公平的竞争优势；④奉行同本节所规定的保证不相矛盾的外汇政策。从“鉴于”、“保证”、“促进”、“尽量”、“努力”等措词来看，基金组织的规定更具建议性，而较少强制性。由于上述规定过于笼统，履行义务的衡量标准相对模糊，国际货币基金组织也从未据此给某一个成员国贴上“汇率操纵国”的标签。

为了监督会员国的相关汇率制度，1976 年《国际货币基金协定》第 4 条第 3 节第 1 项规定，基金组织应监督国际货币体系以保证其有效运行，监督各会员国是否遵守该条第 1 节规定的义务；第 2 项规定，为了履行上述职能，IMF 应对各会员国的汇率政策进行严密的监督，并应制定具体原则，为会员国的汇率政策提供指导。为此，基金组织执行董事会特别通过了一项旨在避免操纵汇率或国际货币体系的决议，即 1977 年《汇率监督决议》（以下简称 1977 年决议），提出了监督会员国汇率政策的三项基本原则：

1. 成员国有义务不得为妨碍国际收支的有效调整或从其他成员国取得不公平的竞争利益而操纵汇率或国际货币制度。

2. 要求会员国在必要时应干预外汇市场，对付失序状况。

3. 要求会员国在采取干预政策时应考虑其他会员国的利益。

由于在汇率操纵判定上需要证明成员国是为了阻止国际收支的有效调整或获得不公平的竞争优势，这几乎是不具可操作性的。在以美国为首的发达国家的推动下，同时作为基金组织中期战略行动之一，2007 年 6 月 15 日，国际货币基金组织通过了《对会员国政策双边监督的决议》（Bilateral Surveillance over Member's Policies——2007 Decision，以下简称 2007 年《决议》）。这一决议取代了 1977 年《汇率监督的决议》，是 30 年来基金组织对汇率监督制度的首次重大修改，也是 IMF 首次对汇率的双边监督作出的全面的政策声明。2007 年《决议》由三个部分和一个附件组成。其中，第一部分规定了基金组织对会员国履行 1976 年《基金协定》第 4 条第 1 节的义务进行监督的范围和形式；第二部分根据 1976 年《基金协定》第 4 条第 3 节第 2 项的要求，规定了指导会员国实施汇率政策的原则，并确定了基金组织在评估会员国遵守这些原则的过程中需要审查并可能需要与会员国讨论的某些情况；第三部分规定了监督程序；附件则明确了汇率操纵的含义。纵观 2007 年《决议》，国际货币基金组织对汇率监督制度的重大修改主要表现为以下几个方面：

1. 引入“外部稳定”概念并将其作为统领原则。所谓外部稳定，是指不会或不大可能导致破坏性汇率变动的国际收支状况。“成员国应避免采用导致外部不稳定的汇率政策”。这一新增的第四项原则颇具争议。

2. 明确"汇率操纵"的含义。只有满足以下两个条件，该会员国才会被认为是为取得对其他会员国不公平的竞争优势而操纵汇率的：①一会员国是为造成汇率低估的严重偏差而实施旨在影响汇率水平并且实际影响了汇率水平的政策；②造成这种偏差的目的在于扩大净出口。

3. 对于基金组织在监督过程中可以视为需要彻底考察并可能有必要与成员国进行商讨的情况，包括：①外汇市场进行持续大规模的单项干预；②以国际收支为目的，不可持续的，或带来过高流动性风险的官方或者准官方借贷，或过度的、长时间的，官方或者准官方的外部资产积累；③a. 出于国际收支目的，实行大幅度强化，和长期维持对经常性交易或支付的限制性或鼓励性措施；b. 出于国际收支目的，实行或大幅修改对资本流入或流出的限制性或鼓励性措施；④出于国际收支目的，实行非正常鼓励和组织资本流动的货币与其他国内金融政策；⑤根本性的汇率失衡；⑥大量持续的经常账户逆差或者顺差；⑦资本流动导致的对外部门的显著脆弱性，包括流动性风险。这 7 项指标把对成员国的监督赋予了一定的可操纵性。

4. 2007 年《决议》认为对话和劝说是双边监督的有效形式，基金组织监督时作出的评估和建议在于帮助成员国作政策选择。

基金组织在 2007 年《决议》序言里强调，新规旨在为会员国履行第 4 条规定的义务提供指导，并没有为会员创建任何新的义务。2007 年《决议》并没有对 1977 年的决议作出根本性的修改，成员国对于汇率制度仍然具有选择自由。但不可否认，其新提的第 4 条原则和 7 项观测指标使其监督范围扩大，并且可操作性有所提高，在一定程度上可能会加强国际货币基金组织监管的成效。

第三节　国际融资的法律制度

国际融资是指在国际金融市场上，运用各种金融手段，通过各种相应的金融机构而进行的资金融通。目前，国际融资已成为一国融资的重要手段之一。其主要的融资方式包括国际贷款融资、国际证券融资、国际融资租赁等，构成国际金融法的核心内容。

一、国际贷款融资的法律制度

（一）国际贷款的概念和特点

20 世纪 80 年代以前，国际信贷是国际融资的主要方式。国际贷款又称"国际借贷"、"国际信贷"，是指不同国家当事人之间基于信用授受而进行的货币资金的有偿让渡，是资金使用权的跨国交易活动。国际贷款一般是通过订立国际贷款协议而进行的。所谓国际贷款协议，是指位于不同国家的当事人之间为一定数额货币的借贷而订立的，明确相互关系中的权利与义务的书面协议。国际贷款的基本特征在于：①国际贷款的借款人与贷款人分属于不同的国家或地区，有关贷款协议的订立、履行和争议解决受到国际惯例、意思自治原则或相关国家法律的支配，这不同于国内贷款。②国际贷款通常使用可兑换货币，而不局限于借款人或贷款人国家的货币。所谓可兑换货币，是指可以自由支付国际收支经常项目，并由该货币发行国承担兑换义务的国际货币。③国际贷款协议还涉及许多复杂的法律问题，如由主权国家政府的借贷行为引起的主权豁免问题，由跨国界交易产生的法律适用和司法管辖问题，由国际贷款交易的特殊性导致违约救济、债权担保的复杂化等。国际贷款协议从不同的角度可作不同的划分，如按贷款期限的长短，国际贷款协议有长期、中期和短期之分；按贷款有无担保，可分为有担保贷款和无担保贷款；按借款人数量的多少，可分为独家贷款协议和银团贷款协议；按贷款利息的种类，国际贷款协议可分为固定利率贷款协议和浮动利率贷款协议；按照贷款资金的来源，国际贷款协议可分为外国贷款协议和欧洲货币贷款协议。由于分类标准不同，一种国际贷款可分别属于几个不同的种类。通常有意义的划分是按贷款主体划分，可分为国际金融机构贷款、政府贷款和国际商业银行贷款。以下分别论述这几种贷款方式。

（二）国际金融机构贷款的法律制度

国际金融机构贷款是指国际金融机构对成员国政府、政府机构或公私企业的贷款。从事国际贷款的国际金融机构可分为全球性国际金融机构和地区性金融机构。全球性金融机构如国际货币基金组织、世界银行集团（包括国际复兴开发银行、国际开发协会、国际金融公司）。地区性国际金融机构目前主要有亚洲开发银行、非洲开发银行、泛美开发银行等。限于篇幅，本文主要介绍两个全球性金融机构——国际货币基金组织和世界银行的贷款制度。

1. 国际货币基金组织的贷款制度。国际货币基金组织是以成员国入股形式组织起来的企业性组织，发放贷款仅是其达到促进国际货币合作、调整国际收支失调的手段之一。因此，基金组织的贷款有许多自己的特点：

（1）贷款对象。国际货币基金组织发放贷款的对象仅仅限于成员国政府，不对私人企业组织贷款。它只与成员国的财政部、中央银行或类似的财政机构往来。

（2）贷款的目的。国际货币基金组织发放贷款的目的是满足成员国国际收支调整的资金需要，但近年来已增设了一些用于成员国经济结构调整及改革的贷款。

（3）贷款方式。基金组织提供普通资金账户内贷款的基本做法是：成员国用本国货币向国际货币基金组织申请换购他们所需要的外汇，还款时以外汇购回本国货币的方式。因此，基金的业务术语中不称成员国向国际货币基金组织“借款”，而称“购买”，或称“提存”，成员国还款时称“购回”。普通资金账户之外的贷款方式与一般意义上的贷款方式相同。

（4）贷款的种类。主要有：普通贷款、中期贷款、出口波动补偿贷款、缓冲库存贷款、补充贷款。另外，国际货币基金组织还设立了结构调整贷款、加强结构调整贷款、补偿和应急贷款。

（5）贷款限额。成员国能申请的贷款，与其在基金中所分得的股份或认缴的股份成正比例。各种贷款一般都规定借用的最高限额。

2. 世界银行集团的贷款制度。世界银行集团（World Bank Group）除包括国际复兴开发银行（IBRD）、国际开发协会（IDA）和国际金融公司（IFC）三个金融机构外，还包括两个非金融机构，即依1965年《华盛顿公约》成立的"解决投资争议国际中心"（ICSID）和依1985年《汉城公约》成立的"多边投资担保机构"（MIGA）。这里仅论及前三个金融机构的贷款问题。

世界银行集团的三个金融机构均属于联合国的专门机构。虽然它们的成立依据和具体职责各不相同，但其基本宗旨是一致的，即通过向成员国特别是发展中国家成员国提供资金和技术援助，以促进其经济发展。实践中，三者在业务上密切联系，但各自依其组织章程的规定开展活动，各司其职。其中，国际复兴开发银行主要向发展中国家提供中、长期贷款；国际开发协会专司向低收入的发展中国家提供长期无息优惠贷款；国际金融公司负责向发展中国家的私人企业提供贷款或直接投资。

世界银行集团自形成以来，通过开展其业务活动，在促进成员国特别是发展中国家的经济发展方面起了十分重要的作用。我国于1980年5月15日恢复在国际复兴开发银行、国际金融公司和国际开发协会的代表权，并从1981年开始利用世行贷款，目前，利用世行贷款的规模日益扩大，已见成效。世行贷款成为我国利用外资的一个主要渠道。

世界银行集团的贷款特点如下：

（1）贷款对象。主要是发展中国家。只限于成员国政府、政府机构或由政府担保的公私企业。国际开发协会信贷只贷给会员国政府，但可以由其转贷。贷款只提供给有偿还能力的成员国。

（2）贷款一般只对成员国的特定项目发放。世界银行的贷款具有明显的开发性，一般只用于成员国的特定开发或建设项目，其重点投放于农业、乡村建设、交通运输、通讯、教育、卫生等经济效益低、建设期限长的基本建设项目。只有在特殊情形下，世界银行才发放非项目贷款，即为支持成员国完善现有的生产设备或实现一定的经济计划而提供的贷款，如结构调整贷款或部门调整贷款、技术援助贷款以及用于支持灾后重建和恢复生产的应急借款等。

（3）贷款期限长，贷款条件较为优惠，并含有一定的宽限期。三者的贷款原则和运作程序基本相同。区别主要在于：复兴开发银行偏重向中等收入国贷款，费率较高但比商业银行低，俗称硬贷款；协会着重向低收入国提供长期优惠贷款（IDA Credit），俗称软贷款；而金融公司的主要业务是向成员国私人企业贷款，但不像世行和协会贷款一样需要政府担保，因而贷款期限较短，利息和费用较高。

（4）贷款的发放通常根据各自的组织章程及有关文件的规定进行，其条件一般比较优惠，但其程序一般比较严格。

（三）政府贷款的法律制度

政府贷款是指一国政府利用财政资金向另一国政府提供的优惠性贷款，是贷款国与借款国之间进行国际经济合作的重要形式，也是援助国向受援国提供经济发展援助的重要形式。

政府贷款自二战后发展迅速。美国1948年实施“马歇尔计划”，对西欧的恢复、发展和美国资本、商品的输出，起到了重要的作用。20世纪60年代以后，发达国家的政府贷款主要流入发展中国家。1974～1981年，随着石油美元的兴起，石油输出国援助非产油发展中国家550亿美元，其中68%是双边性质的赠与，开创了“南南援助”的先河。借用外国政府贷款一直是我国利用外资的重要组成部分，也是中国经济发展中不可替代的角色。改革开放30年来，中国利用外国政府贷款协议金额达600亿元、涉及26个国家和区域性金融机构。

1. 政府贷款的主要特点：

（1）贷款期限长、利率低，贷款条件优惠，具有援助性质。政府贷款的期限一般都长达20～30年，而且还有一定年限的宽限期。利率一般较低，有的为无息或含有一定比例的赠予成分。

（2）限定用途。政府贷款一般都对贷款的使用目的有明确规定，例如，规定贷款只能用于特定的项目工程，或规定贷款的全部或一部分只能用于购买贷款国的商品、技术和劳务，以增加贷款国的出口贸易。

（3）政府贷款的程序较复杂。一般先由借款国提出有关贷款的计划建议书，经过贷款国专家实地考察、评估后，才开始谈判。谈判成功后，签订贷款协议书。从协议谈判、签约到使用贷款，往往需要较长时间。

2. 政府贷款机构，一般由以下单位组成：

（1）确定贷款的机构。负责选择确定项目，多为政府职能部门，如法国、奥地利为财政部，加拿大、丹麦、意大利为外交部。也有由专职的对外援助机构承担，如澳大利亚的国际发展援助局、芬兰的国际开发署等。有的国家需要几个部门共同研究确定提供贷款的项目，如比利时由外交部、外贸部和发展合作部共同决定，英国由贸工部、海外开发署、出口信贷担保局共同决定。

（2）负责签订贷款协议的执行机构。一般由银行代理，如奥地利监督银行、比利时通用银行、意大利中央中期信贷银行、英国皇冠代理银行。也有的由国家的非银行金融机构承担，如澳大利亚出口信贷保险公司、加拿大出口发展公司等。还有的国家专门有担保机构，如芬兰的信贷担保局、英国的出口信贷担保局等，负责对贷款进行担保。

（四）国际商业银行贷款的法律制度

国际商业银行贷款又称国际银行贷款，是指分属于不同国家的商业银行贷款人与借款人之间的贷款。国际商业银行贷款是国际金融市场上的重要融资形式，对促进各国经济的发展起着十分重要的作用。国际商业银行贷款的贷款人往往是一国的大商业银行或大型跨国银行，借款人可以是各国的银行、公私企业、政府机构、国际机构。从国际资本市场的流动来看，国际贷款的主要形式为商业银行贷款，从商业银行贷款来看，其中又以银团贷款和项目贷款最为典型，它体现了现代国际融资中国际贷款的基本特点和基本发展方向。

1. 国际银团贷款。国际银团贷款，是指由数家直至数十家各国银行联合起来，组成一个银行集团（即银团），按统一的贷款条件向同一借款人提供贷款。国际银团贷款适于一些资金额度大、期限长、风险大、技术性强的借贷交易。采用这种贷款方式具有其他贷款方式无法比拟的优点：对借款人来说，他可以从多家银行获得贷款，容易筹集到巨额资金；对各贷款银行来说，与银团其他成员共同提供这笔贷款，既可以使自己的奖金得到充分利用，又避免承担过大的贷款风险。

银团贷款自20世纪60年代以来已成为国际上筹集中长期资金的主要途径。组织银团贷款一般要经过以下几个步骤：

（1）选择经理银行。组织银团贷款的第一步是借款人选出一家牵头经理银行，由该银行负责组织贷款事宜。经理银行择定以后，借款人通常要交给经理银行一份委托书，委托其代为物色愿意提供贷款的银行。经理银行收到委托书以后，则要向贷款人递交一份义务承担书，表明其愿意承担组织银团贷款的义务。

（2）征求参加者。经理银行和借款人一起起草一份关于借款人经济状况的信息备忘录，分发给那些对贷款感兴趣的银行，邀请这些银行参与贷款。

（3）谈判借贷条件，签订贷款协议。由经理银行把愿意参加银团贷款的银行召集在一起，组成一个银团，然后和借款人具体谈判借款条件，双方就具体贷款条件达成一致以后，签署贷款协议。

国际银团贷款基本上可以分为直接式银团贷款和间接式银团贷款两种方式。①直接式银团贷款是指在牵头银行（或经理银行）的组织下，各个贷款银行或通过其代理人分别和借款人签订贷款协议，按照协议所规定的统一条件向借款人发放贷款。各个贷款银行与借款人直接发生借贷法律关系，仅就各自承诺的贷款份额向借款人负责，相互之间不负连带责任。②间接式银团贷款是指由牵头银行（或经理银行）单独与借款人签订贷款协议，向借款人提供贷款，然后由牵头银行把参与贷款权分别转让给其他愿意提供贷款的银行，这些银行即成为参与贷款银行，它们以持有的参与证书作为债权证明文件。在间接式银团贷款中，借款人、牵头银行与参与银行之间的关系取决于转让贷款参与权的方法。

牵头银行将参与贷款权转让给其他银行的方法通常有以下几种：

（1）合同更新（Novation）或替代（Substitution）。由借款人、牵头银行和参与银行三方就贷款的转让达成一项协议，约定牵头银行在贷款协议项下的部分义务改由参与银行来承担。这种做法实际上是借款人与参与银行订立新的贷款协议，以参与银行承担的贷款义务更新可替代牵头银行在原贷款协议项下的部分贷款义务。这时，借款人和参与银行之间基于新的贷款协议形成债权债务关系；牵头银行和参与银行虽然都是借款人的债权人，但它们各自与借款人存在独立的合同关系，相互之间不负连带责任。

(2) 转贷款 (Sub-loan)。转贷款是指牵头银行以借款方式将参与贷款权授予其他贷款银行。在这种方式下，参与银行所承担的贷款不是直接贷给借款人，而是贷给牵头银行，据此，只有牵头银行与借款人之间存在直接的合同关系，各参与银行与借款人之间并不存在直接的合同关系。牵头银行与参与银行之间则依贷款合同形成债权债务关系。需要注意的是，参与银行向牵头银行提供的贷款通常都约定为无追索权贷款，即以借款人还本付息作为牵头银行向各参与行履行还本付息的前提。如果借款人拒不还款，各参与银行均无权向牵头银行追索，当然更无权追诉借款人。反之，只要借款人依约还款，牵头银行即应将借款人的偿还额在各参与银行之间按各自的参与比例分配，即使牵头银行破产，各参与银行也有权就借款人的偿还款优先受偿。

(3) 让与 (Assignment)。让与方式是指牵头银行将其根据贷款协议应获得的收益或可以行使的请求权部分或全部转让给其他参与银行。一般来说，让与并不需要取得债务人的同意，但让与人只能将其权利让与给受让人，而不能转移其对债务人的义务。

(4) 隐名代理 (Undisclosed Agency)。牵头银行受银团其他成员之托，但不披露其代理人的身份，以本人的身份与借款人签订贷款协议，因此，只有牵头银行与借款人之间存在直接的权利义务关系。一旦发生借款人违约，只有牵头银行有权行使救济权；反之，如果牵头银行违约，借款人也只能对牵头银行行使请求权。但是，如果这种隐形代理关系被公开或被揭露，借款人即可选择向牵头银行或参与银行要求履行贷款义务。

2. 项目贷款。项目贷款 (Project Loan) 是指对某一特定的工程项目发放的贷款，以项目建成后的经济收益还本付息。项目贷款是为了适应国际上一些大型工程项目，如石油、天然气、煤炭等自然资源开发以及交通运输、电力、农林等项目的巨额资金的需求而逐步发展起来的，是目前国际上最常用的融资方式之一。由于这类项目所需的资金往往高达数十亿美元，风险也很大，传统的融资方式已难以满足这类大型项目对资金的需求，由此便产生了这种新的筹资方式。

项目贷款与传统的贷款方式的主要区别是:

(1) 从贷款对象看，传统的贷款方式是贷款人把资金贷给借款人，借款人有权自主决定将资金投入某一项目，偿还贷款的义务由借款人承担。进行项目贷款时，项目主办人一般都专门为该项目的筹资和经营成立一家新的公司，此公司在项目所在国登记注册并且受当地法律的管辖。贷款人把资金贷给项目公司，由该项目公司承担偿还贷款的义务，而不是直接贷给该项目的主办人。

(2) 从还款来源看，在传统的贷款方式中，贷款人看重的是借款人的信用，而不是用贷款所兴建的项目的成败。虽然项目的成败会影响借款人的还债能力，但对贷款人来说，借款人的其他资产也可供还债。项目贷款的主办人则是以项目建成并投入营运以后所得的收益作为还款来源，因此，贷款人所看重的是该项目的经营及其所取得的收益，项目的成败对于贷款人是否能收回贷款具有决定性的意义。项目主办人一般只在项目中投入自己的部分资产，并将项目资产同自己的其他资产相分割。即使项目的日后收益不足以还清贷款，项目主办人也不承担从其所有的其他资产和收益中偿还全部贷款的义务，而仅以其投在该项目公司中的资产偿还。

（3）从贷款担保来看，在传统的贷款方式中，以银行或政府提供的信用担保居多，在项目贷款中，通常是以主办项目的资产和收益为贷款人设定担保。由此可见，项目贷款的主办人已经将原来应由他承担的还债义务，部分地转移到该工程项目上，也就等于把本应由借款人承担的风险部分地转移给贷款人，由借贷双方共同承担项目风险。项目贷款既可以由单独一家银行承担，也可以采用银团贷款方式。在国际商业贷款实务中，由于大型工程项目所需资金数额巨大、期限长、风险大，单独一家银行承担全部贷款较困难，所以，比较常见的项目贷款是银团贷款。

项目贷款可以分为无追索权项目贷款和有限追索权项目贷款两种类型：

（1）无追索权项目贷款。无追索权项目贷款又称纯粹项目贷款，是指贷款人对项目主办人没有任何追索权，即由贷款人将资金提供给主办人专为该项目而成立的公司，以项目建成后所产生的收益作为还本付息的来源。贷款人可以在该项目的资产上设定担保权益，但无权再要求主办人提供任何信用担保，如果项目中途停建或经营失败，其资产或收益不足以清偿全部贷款，贷款人亦无权向项目主办人追索。由于无限追索权项目贷款对贷款人的风险太大，因此贷款人一般很少采用这种方式。

（2）有限追索权项目贷款。在这种项目贷款方式下，贷款人为了减少贷款的风险，除要求以贷款项目的收益作为偿还债务来源，并在该项目资产上设定担保物权以外，还要求与项目有利害关系的第三人提供各种担保，当项目不能完工或经营失败，项目本身的资产或收益不足以清偿债务时，贷款人就有权向项目主办人和这些担保人追索。项目主办人和担保人对项目债务所负的责任，仅以贷款合同和担保合同所规定的金额为限。

近年来，随着外商对我国基础设施投资的增加，我国也出现了一些以项目融资形式筹措国外资金的项目，主要是中外合作经营的电力项目。2000 年，国家已经批准可行性报告并且采用项目融资方式的项目有：广东珠海电厂、山东日照电厂、山东中华电力、上海闸北电厂、河北邯峰电厂、安徽合肥二电厂等。外商投资特许权项目一般也采用项目融资方式，如广西来宾电厂 B 厂、湖南长沙电厂、成都自来水六厂等。国家计委和外汇局 1997 年 4 月还发布了《境外进行项目融资管理暂行办法》，以规范项目融资行为。

二、国际证券融资的法律制度

20 世纪 80 年代以来，国际金融市场上出现了“融资证券化”特征，即融资由银行贷款转向具有流动性的债务工具，筹资者除向银行贷款外，更多的是通过发行债券、股票及其他商业票据等方式，在证券市场上直接向国际社会筹集资金。

（一）国际证券的概念和特点

国际证券（Internationa1 Securities）既是国际间接投资的一种重要形式，也是国际融资的一种重要手段。近年来，随着世界经济一体化、国际投资证券化以及国际借贷证券化趋势的形成和发展，国际证券作为一种融资手段在国际金融领域日益占据重要地位。

国际证券是指发行人在其本国境外或国际金融市场上发行并流通的，以发行地所在国货币或其他可兑换货币为面值的证券。它除了具有证券的一般特征外，还具有一些与国内证券不同的特点，主要表现在以下几方面：

1. 证券的发行人和投资者分属于不同的国家。在通常情况下，国际证券的发行人即筹资者是一国的政府、金融机构或公私企业，其购买者是属于另一国法律管辖的投资机构或个人。因此说，国际证券是一种国际融资工具。而国内证券一般是本国政府和本国公司面向本国投资者发行的证券，故属于一种国内融资手段。

2. 证券的发行地不在发行人所在国境内。国际证券一般不是在发行人所在国的国内市场发行并流通的证券。它通常是由一国的政府、金融机构、公司企业在本国境外或国际金融市场上市并流通的。

3. 证券以发行地所在国货币或其他可兑换货币为面值。国际证券与国内证券不同，它一般不以发行人所在国货币确定面值，而是以发行地所在国货币或某一种（或多种）可兑换货币确定面值，故属于外汇的范畴。

（二）国际证券的种类

国际证券可依不同的标准作不同的分类。依其持有人所享权利性质的不同，国际证券可分为国际股票和国际债券两类。

1. 国际股票。国际股票是指各国股份公司在境外发行并交易的股票。这类股票的发行人大都是在世界各地设有分支机构或子公司，业务规模巨大的国际托拉斯和跨国公司，如美国的通用汽车公司、埃克森石油公司、国际商用机器公司、国际电话电报公司等。我国公司发行的境内上市外资股和境外上市外资股均系国际股票。国际股票多在国际金融中心（如纽约、伦敦、东京、我国香港地区等地）交易所挂牌交易。

2. 国际债券。国际债券是指一国政府机构、金融机构，工商业或国际金融组织，为筹集资金在国际金融市场上发行的债券。按面值货币与发行地的关系，国际债券可分为外国债券与欧洲债券两大类。

所谓外国债券（Foreign bond），是指发行人在其本国以外某一个国家发行的，以发行地所在国货币为面值的债券。其特点是债券发行人在一个国家，债券面值货币和发行市场属另一个国家，如中国在日本发行的日元债券就属于外国债券。

所谓欧洲债券（Euro Bonds），是指一国发行人在外国的离岸市场（Off-shore market）发行的，不以发行地所在国货币计值的债券。欧洲债券是20世纪60年代以后才开始出现的一种新型国际债券，其最初表现形式为在欧洲发行的以美元为计值货币的债券，即欧洲美元债券。现欧洲债券发行的地域范围已不限于欧洲。它除了欧洲金融中心的债券市场以外，还包括亚洲，中东等地区的国际债券市场。因此，经济合作与发展组织在《金融市场趋势》一书中将欧洲债券定义为“在两个或两个以上国家的金融市场发行的，可以用任何一种货币命值的债券”。如中国在伦敦市场发行的美元债券就属于欧洲债券。

外国债券与欧洲债券相比，两者具有以下不同点：

(1) 在发行市场方面，外国债券由一国的发行人到另一国传统的国际债券市场上发行；而欧洲债券一般是在债券面值货币发行国以外的国家的离岸市场上发行的，它通常涉及3个以上国家，即债券发行人所在国、债券发行地所在国、债券面值货币发行国，而且，往往是在两个或两个以上国家的资本市场上同时发行。

(2) 在发行方式方面，外国债券一般由发行地所在国的证券公司、金融公司或银行承销；而欧洲债券则由欧洲债券市场一家或几家大银行牵头，组成一个由十几家或几十家国际性银行和证券公司参加的世界范围的承销辛迪加，同时在一国或多国发行销售。

(3) 在面值货币方面，外国债券只能使用发行地所在国货币；而欧洲债券的发行则可以根据货币的汇率、利率和集资的用途，从发行地所在国货币以外的自由兑换货币中选择任何一种合适的货币。

(4) 在法律管制方面，外国债券的发行必须接受发行地所在国有关法律的管制和约束，并须经过发行人所在国有关当局的批准或注册，手续较繁琐；而欧洲债券实际上是一种无国籍债券，各东道国对这种以外币计值的债券，在发行上往往没有特别的登记、披露等要求，而货币母国（除日本、德国、比利时等）对于使用其货币计值但在境外发行的债券一般也不予限制。但在债券发行协议中都明确规定发生纠纷时以哪国法律为准。

(5) 在税收方面，外国债券的发行及投资者所获利息的税收问题，受发行地所在国有关税收法令调整；而欧洲债券的发行则无需纳税，也没有利息预扣税。不过，也存在一些例外情形。例如，有的国家如美国规定，除非在美国履行注册手续，否则不得在该国率先发售一笔欧洲债券。有的国家禁止或限制使用本国货币计值发行欧洲债券，如比利时。

(三) 国际证券的发行

国际证券的发行有私募发行和公募发行之分，与二者相关的法律制度也互不相同。

1. 国际证券的私募发行（Private Placement）。这种发行方式又称国际证券的直接发行，是指证券发行人直接向特定投资者销售证券的证券发行方式，通过私募方式发行的证券不得公开向其他投资者销售，发行后也不得进入公开的证券市场流通、买卖。国际证券的私募发行是与国际证券市场投资团体化发展的趋势相一致的一种发行方式，其发行对象一般不是社会公众投资者，而是一些机构投资者。如投资银行、保险公司、投资基金会等机构。它们都是熟悉证券市场情况的专家，一般均能自行对发行人的资信状况和财务状况进行调查，并对投资风险有较强的判断能力。

因此，各国法律对私募发行的法律管制较为宽松，一般不要求发行人就证券发行向证券管理部门登记或注册，也不要求发行人在发行证券之前对与自己和发行有关的情况作充分的披露。另外，证券私募发行的筹备时间短、费用低、手续简单，比证券公募发行方式简便易行，这是私募发行的好处。但私募发行也存在着需向投资人提供高于市场平均条件的特殊优厚条件、发行者的经营管理易受干预、证券难以转让等缺点。

2. 国际证券的公募发行（Public P1acement)。这种发行方式又称“证券的公开发行”，是指证券发行人公开向社会公众即不特定的投资者推销证券的证券发行方式。公募发行的证券可以在公开的证券市场流通、买卖。由于公募发行涉及的投资者范围广泛，一些大众投资者可能与发行人毫无联系，事先并不了解发行人和证券发行的真实情况。因此，从保护投资者利益出发，各国证券法或公司法对证券的公募发行都有比较严格的要求，如要求发行者必须具有较高的社会信誉，发行时必须向政府主管部门提出申请，呈交发行证券的说明书，并进行登记。发行人在说明书中要如实披露其财务状况和经营状况以及证券发行条件等重要事实。投资者凭借发行人披露的情况，作出是否购买证券的决定。如果发行人对有关重要情况作了不正确的说明或有欺诈行为，须承担民事乃至刑事责任。

虽然公募发行证券的这些限制和要求会增加发行人的发行成本，但是它可以提高发行人在国际证券市场上的知名度，扩大社会影响，可以分散债权或股权，避免大的债权人或持股者干预、控制集资者，可以筹集到巨额资金。并且由于公募发行的证券可以在流通市场进行买卖转让，具有较高的流动性，因而易于被社会投资者所接受。

三、资产证券化

（一）资产证券化的概念

资产证券化是20世纪最引人注目的金融创新之一，它起源于70年代美国的抵押贷款证券化，逐渐发展到其他金融资产的证券化。

资产证券化（Asset Securitization）是指将缺乏流动性但能在未来产生可预见的稳定现金流的资产或资产集合，经过一定的结构安排，把它转化为在金融市场上可以销售的证券。作为一基重要的金融创新，证券化改变了传统的投融资体制，带来了金融领域的巨大变革。短短的三十几年间，它不仅风靡美国资本市场，还越出国界，渐渐为各国所认识和运用，成为备受瞩目的新型融资工具。它被认为“不仅引导了一场金融革命，还改变了美国和世界的金融风貌”。

广义的资产证券化可分为实体资产证券化、现金资产证券化、证券资产证券化和信贷资产证券化四大类业务。实体资产的证券化是以实物资产和无形资产为基础发行证券并上市的过程；证券资产的证券化，就是将证券作为基础资产，再以该证券的现金流或与现金流相关的变量为基础发行的证券；现金资产的证券化是指现金的持有者通过证券投资将现金转换成证券的过程；信贷资产证券化就是把缺乏流动性但具有未来现金流收入的信贷资产，经过重组形成资产池，并以此为基础发行证券。它实质上是应收账款的再融资，狭义的资产证券化一般指的就是信贷资产证券化。

依据产生现金流的证券化资产的类型不同，资产证券化可分为住房抵押贷款证券化（mortgage-backed securitization，简称 MBS）和资产支持证券化（asset-backed securitization，简称 ABS）两大类。其区别在于：前者的基础资产是住房抵押贷款，而后者的基础资产则是除住房抵押贷款以外的其他资产。

（二）资产证券化的特点

1. 资产证券化是一种结构融资手段。发行人需要构造一个交易结构才能实现融资目的。资产证券化采取了复杂的交易结构：首先，资产的持有者（也就是资金的需求者，后文称为发起人）将其一部分资产（拟证券化的资产）转让给一个中介机构（特设机构 Special Purpose Vehicle，SPV），使拟证券化的资产与发起人的其他资产隔离，即使发起人发生破产，也不会影响证券投资者对证券化资产的利益；其次，中介机构以被转让的资产为基础发行证券；最后，由信用增级机构和信用评级机构对资产支持证券（Asset Backed Security，ABS）进行信用增级和信用评级，从而使资产支持证券能够在证券市场上出售流通。

2. 资产证券化是一种流动性风险管理手段。用于证券化的资产通常都是不能随时出售变现的，但根据合同或事先约定而具有可预见未来现金收入的资产，通过证券化，发起人能将流动性低的资产转换为流动性高的、标准化的证券工具，增加资产的流动性。

3. 资产证券化是一种表外融资方式。按照真实出售标准，发行人利用资产证券化进行融资，将原来应收账款的收益和风险转移出去，证券化的资产就从其资产负债表中剔除并确认收益与损失，属于表外业务，不会增加筹资人资产负债表的规模。

4. 资产证券化是一种只依赖于资产信用的融资方式。资产支持证券本息的偿还只以证券化的基础资产为偿付基础，这部分资产由于已与发起人的其他财产破产隔离，因此，证券的偿付基础不包括发起人的其他资产。除非发起人同时作为资产证券化的信用增强者。但这时，发起人也只承担合同规定的信用增强义务。

（三）资产证券化交易结构的法律分析

1. 筛选可证券化的资产，组建资产池。资产证券化交易的发起人通过选取、整合可用于证券化的资产并组合成为资产池。这些资产除要求可以产生稳定的可预测的现金流外，还必须具有同质性，以便进行汇集来组建资产池。这种同质性在法律上就体现为要求资产具有标准化的合约文件。以 MBS 为例，这里的资产就是银行享有的相对于购房业主的住房抵押贷款债权。银行发放住房抵押贷款，取得贷款债权，同时，借款人将房屋抵押给银行，银行成为抵押权人。住房抵押贷款合同是贷款银行与借款人之间权利义务的依据。为了便利资产证券化的开展，方便发起人将不同银行享有的住宅抵押贷款债权集合成资产池，客观上要求贷款合同的标准化，因此，规范住宅抵押贷款一级市场规范的法律制度是非常必要的。

2. 组建特设机构（Special Purpose Vehicle，SPV）。SPV 作为证券化产品的发行人，是资产证券化交易结构的中心，是首先需要组建的。在选择设立 SPV 的形式时，必须考虑两个因素：一是各国法律关于商事主体形式的规定；二是各国税法的相关规定。一般而言，SPV 可以采取的形式有公司、信托、有限合伙等形式。在证券化交易过程中，选择一个税收负担很小或没有纳税义务的主体作为证券化资产的购买者也是非常重要的。

3. 资产由原始权益人转移给 SPV。原始权益人将资产组合转移给 SPV，这一阶段是证券化过程中的关键。在实践中，一般是采取出售的方式。基础资产（即原始权益人对原始债务人享有的债权）从原始权益人转移到 SPV 手中，在英美法上叫让与，大陆法上叫债权转让，直接体现为一个契约。这样的转移在是否要征得债务人的同意、是否要通知债务人的问题上，各国法律有不同的规定，这些规定会影响证券化的成本甚至其经济上的可行性。

4. SPV 进行信用增级和证券评级。SPV 在获得资产组合后，会对资产池中的资产采取信用增级手段，并聘请权威的评级机构对其准备发行的证券给予资信评级。

信用增级（Credit Enhancement）可以通过内部增级和外部增级两种方式。对应这两种方式，信用增级机构可以是发起人、SPV 或独立的第三方。第三方机构包括：政府机构、保险公司、金融担保公司等。信用增级可使 SPV 准备发行的证券获得更高的资信评级，从而有利于降低筹资成本、吸引投资者。

信用评级机构是指为资产支持证券提供信用评级服务的机构。通过对资产支持证券所包含的信用风险的市场评估，发布权威性意见，为投资者进行有效的投资决策提供合理、可靠的依据。除了初次评级，还要对该资产支持证券在整个存续期内的业绩进行“追踪”监督，及时发现新的风险因素，并作出是否需要升级、维持原状或降级的决定，以维护投资者的利益。

5. 资产支持证券的发行和交易。SPV 作为发行人向证券监管机构注册或经其核准后，发行资产支持证券。经与投资银行签订承销协议，由投资银行负责资产支持证券的承销。

（四）资产证券化的原理

资产证券化的三个核心原理是：资产重组原理、风险隔离原理和信用增级原理。

1. 资产重组原理就是通过资产的重新组合和配置，实现资产的重新分割和组合，以达到资产证券化对资产的特殊要求。

2. 风险隔离原理就是在资产证券化中，通过资产池的风险和其他资产（主要是基础资产原始所有人的其次产）的风险进行隔离，把原始权益人/发起人不愿或不能担的风险转移到愿意承担的人那里，同时让证券投资者只承担他们所愿意承担的风险，而不是原始权益人/发起人所面临的所有风险，从而提高资本运营和配置效率，给资产证券化参与各方带来收益。

3. 信用增级原理是指发行人运用各种方法和手段，提高证券的信用等级，保证能按时、准确地支付投资者者利息和本金，提高证券的可接受程度。信用增级是减少资产证券风险的有效手段，同时也是区别于传统证券发行的特征之一。

（五）资产证券化与次贷危机

2007年下半年，一场起源于美国的次贷危机，进而席卷全球的金融危机和经济危机，使世界的目光聚集在了华尔街各大投行所研发的一系列复杂的高风险金融衍生产品上。真正应了资产证券化“改变世界金融风貌”一语。次贷危机发端于“次级按揭贷款”市场。美国抵押贷款市场根据借款人的信用评级划分为优质贷款市场（Prime Market）、近优质贷款市场（ALT—A Market）和次级贷款市场（Subprime Market）。由于次级贷款对借款人的信用要求较优惠级贷款低，借款者信用记录较差，因此，次级贷款面临的风险较发放优惠贷款的一般商业银行高。在激烈的市场竞争下，各次贷机构为了增大自身信贷市场份额而大力向信用评级更低的居民发放次贷。

因为高风险的存在，美国金融机构发出次级贷款之后，又把这些贷款转卖给了房利美（Fannie Mae，联邦国民抵押贷款协会）与房地美（Freddie Mac，联邦住房贷款抵押公司）。这两家公司负责建立美国房地产贷款的二级市场，其发行的以房地产为抵押品的债券（Mortgage Backed Securities）总额高达几万亿美元。

这样，贷款成为证券，在增加流动性的同时还蒙上了投资产品的光环。他们把这些长期的房地产按揭打成包，做成MBS债券，但是，以次级房贷为抵押品的MBS债券评级不高，达不到最低投资等级BBB，难以脱手。于是，金融创新再度点石成金：将MBS债券按照可能出现违约的几率分割成不同等级的“块”（Tranche），一举化身为CDOs（Collateralized Debt Obligations，债务抵押凭证）。其中，风险最低的叫高级（Senior tranche），其次则为“中级”（Mezzanine）和“普通”（Equity）。

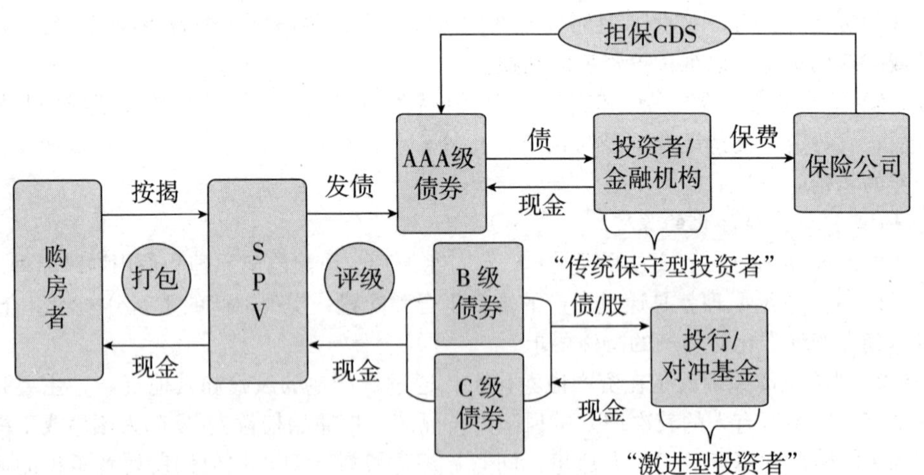

图1　证券化产品分级示意图

这样不同级别的“块”可以有不同的评级，投资银行将各种不同收益及信用评级的证券产品，销售给了世界各国的对冲基金、商业银行、保险公司等不同风险偏好的各类投资者。次级贷款就在这样的资产证券化层层包装流转下形成了一个利益链条，同时也形成了风险锁链。那么一旦这些债券出现大批量的违约风险，各国投资者都会随之遭受重大损失。这也是美国的次级贷款危机发生之后能够涉及世界各国的一条导火线。

资产证券化在世界资本市场波澜壮阔的发展催生了我国对这一金融创新工具的探索。从20世纪90年代至今，我国已陆续有了珠海高速公路收费、中远北美航线的航运收入、中集应收账款的证券化等成功案例[1]，2005年底，国开行41.7727亿元的信贷资产支持证券和建行30.19亿元的个人住房抵押贷款支持证券在银行间市场顺利发行，这是我国首批政策规范下的资产支持证券，标志着我国信贷资产证券化试点工作取得了阶段性成果[2]。

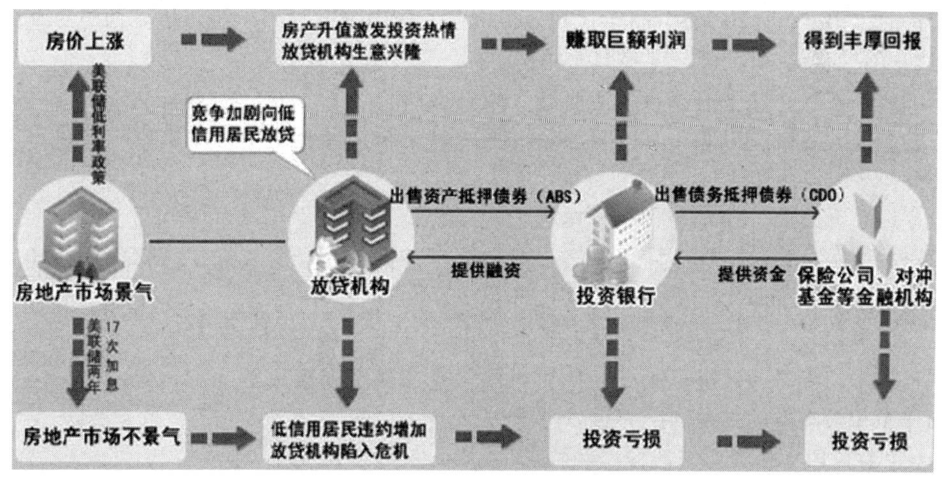

图2　次贷危机传导示意图[3]

2005年4月20日，中国人民银行和中国银行业监督管理委员会联合发布了《信贷资产证券化试点管理办法》，引导金融机构规范、审慎地开展信贷资产证券化业务。此次次贷危机的爆发进一步暴露了全球资产证券化业务监管政策中所存在的问

〔1〕《中国大陆资产证券化年度报告（2006年）》，来源于信托法律网 http://trustlaws.net.

〔2〕《中国大陆资产证券化年度报告（2006年）》，来源于信托法律网 http://trustlaws.net.

〔3〕图表来源于陈昕晔等：“酝酿 扩散 转移 发散：次贷危机传导路线图”，载《环球》2008年第3期。

题，巴塞尔委员会对《资本协议Ⅱ》进行了修改，并于2009年7月对外发布了正式修订稿，其中重点之一即是关于资产证券化业务的资本计提标准、监督检查和信息披露要求。为及时汲取巴塞尔委员会《资本协议Ⅱ》对资产证券化业务的最新要求和做法，银监会2010年2月5日发布了《商业银行资产证券化风险暴露监管资本计量指引》，进一步规范商业银行资产证券化风险暴露的监管资本计量，促进资产证券化的规范、健康发展。

四、国际融资租赁的法律制度

（一）融资租赁的产生

租赁这一既古老又崭新的交易方式，随着商品经济的发展，其形式和内容也处于不断的变化之中。现代意义上的租赁与古老的、以不动产为主要内容的传统租赁相比已不大相同，它是将金融信贷、商品交易和出租三者结合在一起，通过租物的形式达到融资的目的。由于它具有融通资金的机能，因而被称为融资租赁。

美国是现代租赁业的发源地。1952年5月，世界上第一家专业性租赁公司——美国人H. 叙思费尔德创立的美国租赁公司诞生，开创了通过融通资金为企业提供新设备的出租方式。20世纪60年代初，租赁业务跨出美国国界，相继传到西方一些发达国家，如英、法、德、日等国，并进而扩展到一些发展中国家。从20世纪80年代起，西方各工业发达国家的租赁业进入较高级阶段，不少发展中国家的租赁业亦有了一个较大发展。20世纪90年代以来到21世纪初，世界租赁市场基本保持稳定增长态势[1]。

1981年2月，中信公司与日本东方租赁公司合资成立了第一家租赁公司——中国东方租赁公司；同年7月，中信公司与国内有关单位合资成立了国营的中国租赁公司，这标志着现代租赁业在我国的诞生。

融资租赁业在中国产生、发展的20年来，为开辟我国引进外资渠道、引进国外先进技术及设备、促进企业产品销售、探索企业融资新渠道等为我国经济建设多方面作了积极有益的尝试和巨大贡献。

（二）国际融资租赁的概念和特点

融资租赁亦称金融租赁，是指出租人根据承租人对租赁物的特定要求和对供货人的选择，出资向供货人购买承租人已经选定的机器设备，出租给承租人使用，并按双方商定的租赁期限收取租金。租期内，出租人拥有法律上的所有权，承租人以按期支付租金为条件享有该设备的使用权，并负责设备的维修、保养及保险。租赁物以动产为主，租期较长，约为设备使用年限的80%。租赁期满，承租人可按约定选择退租、续租和留购租赁物。

当上述融资租赁业务跨越国界，在分属于两个或两个以上国家的租赁三方当事人之间进行时，就成为国际融资租赁（International Financial Lease）。国际融资租赁

---

〔1〕 参见刘敬东：《国际融资租赁交易中的法律问题》，中国人民公安大学出版社2002年版，第28页。

有三种情况：①出租人和承租人在同一国家，而设备供应商在另一国家；②出租人和设备供应商在同一国家，而承租人在另一国家；③出租人、承租人和设备供应商分属3个不同的国家。

国际融资租赁除了具有当事人分属不同国家、租赁标的物作跨国流动这些涉外因素以外，与一般意义上的融资租赁并无本质的区别，它具有如下法律特征：

1. 具有鲜明的信贷融资性质。这是融资租赁最根本的特性。当企业需要筹借资金添置设备时，出租人并不是直接向其提供贷款，而是根据企业的选择购入设备，出租给企业使用，将商品信贷和资金信贷相结合，以融物的形式达到融资的目的，它可以提供一般中、长期信贷所不能提供的融资便利。所以，国际融资租赁在当今国际经济活动中，已被企业当作一种获得资本设备使用权的筹资方式，一种采用信贷方式融通中、长期资金的有效手段。

2. 租赁设备的所有权与使用权相分离，在国际融资租赁业务中，租赁设备由出租人融资购买，出租人是租赁设备的所有权人，在租赁期内，其所有权不可侵犯。承租人以按期支付租金为条件，在租赁期内享有使用权，设备的所有权和使用权相分离。只有在租赁期满后，由承租人按设备残值作价买下，设备所有权才转移给承租人。如果租赁期满后，承租人采取续租或退租方式，则设备所有权仍属于出租人。

3. 国际融资租赁是自成一类的三边贸易。一项国际融资租赁交易至少同时涉及三方当事人，即出租人、承租人和供货人，并至少由2个合同即国际贸易合同和国际租赁合同将三方当事人有机地联系在一起，形成自成一类的三边贸易。租赁合同的订立是供货合同签订的前提，即有租才有买。而同时，供货合同的履行又是租赁合同履行的前提，即设备交付之后才可能发生租赁。租赁和贸易密不可分。

4. 国际融资租赁业务在税收及会计处理上具有独特性。在国际融资租赁业务中，税收上，作为设备所有权人的出租人可享受到投资减税的优惠待遇。而承租人支付的租金也可作为费用在成本中列支，承租人可以此减低应纳税所得额，获得纳税方面的好处。在财会处理上，承租人承租使用的设备，一般不视作资产购入，通常也不体现在资产负债表中，因而不会影响企业对外举债的能力。

第四节 国际贷款协议的共同条款

一、陈述与保证条款

陈述与保证条款是借款人就其与贷款协议有关的事实，包括其法律状况、财务及商务状况等作出说明，并保证其所作说明的真实性的条款。由于所陈述的内容是涉及贷款协议是否有效和可强制执行及贷款人的各项权利能否实现的重要事实，因此，贷款人十分关心这一条款的订立和履行。借款人陈述与保证的事项越多，对贷款人就越有利。

借款人关于法律事项的说明，是为了使贷款人确信该项贷款的效力在法律上不会遇到来自借款人方面的阻碍。比较常见的说明事项如：借款人是依法成立、有效存在且具有良好信誉的法律实体，具有订约资格；贷款协议的签订和履行不违反法律、法规、借款人的公司章程及对借款人有拘束力的其他合同；贷款协议是合法有效的，并可按其条款的规定强制执行；若借款人是政府或政府机构，往往需要保证其借款行为属于商业行为。

借款人关于其财务和商务状况的说明，是为了使贷款人确信借款人有良好的资信和还款能力。常见的如：不存在对借款人的财产构成重大不利影响的诉讼，也不存在此类诉讼的威胁；经过审计的财务报表真实反映了借款人的财务状况，不存在未披露的重大负债等。

如果借款人的实际情况与行为和他所作的陈述与保证不相符合，这就构成违约，贷款人有权中止提供贷款或要求提前还款。

二、先决条件条款

先决条件是指贷款人发放贷款须以借款人满足有关约定的条件为前提。从国际贷款协议的履行过程来看，贷款人一开始就必须履行提供资金的义务，而借款人偿还债务（还本付息）往往需要比较长的时间。为了保护自己的利益，贷款人都要求在贷款协议中规定某些先决条件，只有借款人满足这些先决条件，贷款人才履行贷款的义务。

先决条件应在贷款协议中明确规定，尽管其范围因具体协议而异，但其内容通常可分为两类。

（一）涉及贷款协议项下全部义务的先决条件

这类先决条件是指，只有某些条件成熟，才能使贷款协议生效或要求贷款人开始履行全部的贷款义务。这部分先决条件多为借款人必须提供落实陈述与保证各项具体内容的书证和文件等。为此，借款人通常需要准备下列法律文件：借款人的组织章程和营业执照，主要用来证明其经营性质和范围；借款人最高权力机构（如股东大会或董事会的决议）批准该贷款协议的文件，用以证明借款人已获得合法授权；借款人所在国外汇主管当局的批准书，用以证明借款人从国外借款没有违反本国的外汇管理法；贷款人要求提供的保函或其他担保文书，以及由借款人所属国律师和起草该贷款协议律师出具的法律意见书，等等。

（二）涉及提供每一笔款项的先决条件

国际贷款协议往往规定贷款人分期提供贷款。在第一次放款之后，借款人的有关状况可能会朝着不利于贷款人的方向变化。有鉴于此，贷款人往往在贷款协议中规定，在借款人提取每一笔款项之前，还必须满足以下各项先决条件：借款人在订约时所作的陈述和保证，仍保持真实无误；借款人的财务状况和经营状况没有发生实质性的不利变化；没有发生违约事件或可能构成违约的其他事件；没有出现任何情况使得借款人履行贷款协议项下的义务受到限制，等等。

三、约定事项条款

约定事项是借款人在贷款期限内承诺的作为或不作为义务。约定事项的内容因借款人或贷款事项的不同而有所不同，其中有些事项是各类贷款人所共同要求的，对双方当事人都是利益攸关的，主要包括：

（一）消极担保条款（Negative Pledge）

这一条款规定，借款人在偿还全部贷款之前，不得在自己（有时还包括其子公司）的资产及收益上，为其他债权人维持或设定任何担保物权。消极担保条款意在限制借款人为另一债权人设定担保权益，从而使无担保权益的贷款人在受偿顺序上位于其他担保权益的债权人之后。

消极担保条款的约定对于保持贷款人的有利受偿地位及保持借款人的清偿能力都起到了较强的保障作用，但消极担保条款在适用上往往受到一些例外的限制，如借款人在为其他债权人设定担保物权时，也按比例给予贷款人同等的担保权益；在订约前已设定的担保物权；在借款人资产上存在的法定留置权；等等。

（二）平等位次条款（Pari Passu）

在国际贷款协议中，平等位次条款往往与消极担保条款同时存在，互为补充。即消极担保条款旨在使贷款人的受偿权不逊于其他有担保权益的债权人；而平等位次条款则是为了使贷款人的受偿权不落后于其他无担保权益的债权人。因此，平等位次条款要求借款人保证无担保的贷款债权人至少应与借款人的其他无担保债权人处于按比例平等的受偿地位，不得以任何借口不适当地歧视贷款人的受偿权利。

平等位次条款的作用主要在于当借款公司破产时，应保证所有的无担保债权人处于平等的受偿地位。当然，法律另有规定的，应依法律规定。例如，许多国家的法律都规定，国家税收和职工工资应优先于其他任何债权，如果借款人是政府或政府机构，平等位次条款的作用则在于防止将其有限的外汇全部支付给其他无担保债权人，使贷款人未能获得同等的受偿机会。

（三）财务约定事项（Financial Covenent）

这一条款主要规定借款人应定期向贷款人报告自身的财务状况和经营状况，并遵守各项约定的财务指标：如保证其负债率不超过一定比率，而使其净资产值保持在一定数额以上；保证其资产的流动比率和速动比率不低于一定比值，以使其始终具有足够的流动资产支付流动负债，而不必变卖固定资产还债；保证其最低周转资本（流动资产减去流动负债后的余额）不低于一定数额，以保持其应付日常周转的净流动资产需要；保证其每年对股东的分派利润不超过其可分配利润的一定比例，以防止其分光现金资产，影响还贷条件；等等。

（四）贷款的用途

除某些用于特别目的的贷款外，国际商业贷款一般都不限制用途。但从法律的角度考虑，对贷款的用途应注意以下问题：贷款不能用于非法目的，如用于资助法律禁止的进口，用于资助危及某一友好国家的军事行动等，根据某些国家的判例，用于非法目的的贷款应认定为无效；贷款不能用于收购公司；不能用于资助侵权行为及违约行为；等等。如果借款人利用贷款从事上述违法活动，必然导致贷款协议无效，使其无法得到强制执行。

（五）保持资产条款

保持资产条款又称“限制资产处置条款”。订立该条款的目的在于要求借款人以适当的方法维持其现有及将来取得的财产，并对其处分资产及收益行为作适当的限制，使借款人保持较强的清偿能力。依此条款，借款人须承诺以下义务：①非经贷款人同意，借款人不得出售、转让、出租或以其他方式处置其资产的全部或大部分，但借款人为日常经营而从事的商品处分或类似财产处分不在此限；②借款人有义务对其企业资产向保险公司投保，以保障其资产不因意外危险而损失。限制资产处置条款意在防止借款人不适当地转移、贬损或丧失其资产，使贷款人的受偿利益受到威胁。

除以上各项条款外，比较常见的约定事项还有：①未经贷款人书面同意，借款人不得改变其经营性质和范围，因为贷款人在提供贷款时，已将借款人的经营性质和范围作为证明其还款能力的重要依据。如果随意改变，可能导致借款人经营状况和财务状况的恶化，或招致有关部门的处罚。②禁止借款人与其他公司、企业合并，以免借款人的资信及资产和负债发生重大变化，对偿还贷款产生不利影响。③禁止借款人过度举债等。

四、违约事件

违约事件条款是国际贷款协议中最重要的债权保障措施之一，只要发生贷款协议所规定的任何违约事件，贷款人即可根据违约的程度采取相应的救济措施，以便及时、有效地保护自身的利益。

（一）违约事件的种类

违约事件大致可分为实际违约和预期违约两类。

1. 实际违约。实际违约是指借款人违反贷款协议本身的规定，包括：①到期不能还本付息。依约定的日期还本付息是借款人最基本的义务，违反该项约定，即构成借款人的根本违约。但在实践中，对于借款人轻微的违约行为，只要其财务状况仍然良好，贷款人通常给予借款人一定的宽限期，以便借款人作出适当的补救。②违反陈述与保证条款，但在许多情况下，不包括微小失实的情形。③违反约定事项，并且在贷款人指定的宽限期内未能纠正该违约状态。④其他事件。除了上述明确列举的违约事件外，贷款协议通常还将违反协议规定且未能在一定的期限内作出适当补救的其他事件总括性地规定为“其他违约事件”。

2. 预期违约。预期违约又称先兆性违约。虽然借款人并非实际违约，但这些事件的发生足以表明借款人的财务状况正在恶化，最终势必导致实际违约，因此，贷款协议也将此类事件规定为违约事件，以便贷款人据此及时采取救济措施，以充分保护自己的贷款权益。

（1）连锁违约。又称交叉违约或串连违约，是指借款人虽未直接违反本贷款协议，但由于其在其他债权债务关系中违约，或其他债务被宣告加速到期，因此也视为对本贷款协议的违反，构成本贷款协议的违约事件。订立交叉违约条款，可以防止借款人的其他债权人从借款人处优先受到清偿，并使同一种类的债权人处于同等地位。

（2）借款人丧失清偿能力，借款人被宣告破产或以书面承认自己无力清偿到期债务或主动向其他债权人转让其财产等都已明显地构成借款人丧失清偿能力的预期违约事件。此外，如果借款人的其他债权人已通过法院取得对借款人财产的扣押令状或强制执行命令，也视为借款人丧失清偿能力。因为借款人丧失清偿能力之后，届时必然导致实际违约。

（3）借款人的财产被征用。借款人的企业或其主要财产被征用或国有化，往往无法及时获得充分和有效的补偿，其履约能力必然受到严重影响，甚至导致无力履约。

（4）借款人的状况发生重大的不利变化。这是对事先无法预料的违约事件所作的总括性规定。即规定无论是由于政治、经济还是金融方面的原因，使借款人的状况发生重大不利变化，从而可能导致实际违约事件时，可以将这种不利变化作为违约事件。如借款人所在地发生军事行动或经济严重不景气，对借款人的业务活动造成重大影响等。

（二）对违约事件的救济

一旦发生违约事件，贷款人可同时或单独采取合同上的救济和法律上的救济。

当出现借款人违约事件时，贷款人可以采取合同上的救济措施，即进行内部救济，也可以采取法律规定的救济措施，即外部救济。

内部救济是在贷款协议中规定的，当出现违约事件时，贷款人可以采取的救济措施，包括：①对尚未提取的贷款暂时中止提取或取消；②对已提取但尚未到期的贷款，可宣告贷款加速到期，要求借款人立即偿还；③对已经到期仍不偿还的贷款，可要求借款人支付违约利息。

外部救济即法律规定的救济方法，包括：①解除贷款协议。借款人的违约行为属根本性违约，贷款人可解除贷款协议。②请求损害赔偿。损害赔偿请求可单独提出，也可与其他救济方法合并运用。如果借款人的违约未达到根本违约程度，贷款人只能请求损害赔偿。③请求实际履行。如借款人拒不偿还到期贷款本息，贷款人有权提起诉讼，请求法院判令借款人实际履行，支付已到期的贷款本息。

国际贷款协议中常订有“累加救济”条款，主要规定协议中约定的救济方法是累加在法律规定的救济方法之上的，以防止借款人把内部救济方法解释为唯一的救济方法而排除外部救济的可能。此外，有的贷款协议和一些国家的法律往往还规定，对未按期偿还的借款，如果贷款行持有借款人的存款，那么，可以将未偿还贷款和借款人的存款互相冲抵，这就是所谓的“抵销救济”方式。

在实践中，如果借款人只有轻微的违约行为，对贷款人的权利未造成严重损害，而其信用良好，贷款人一般不立即采取上述救济措施，而是放弃其可以主张的权利，以免借款人陷入交叉违约的困境。贷款人放弃权利可以用书面形式表示，也可以用口头方式或行动来表示。例如，贷款人明知借款人的某种违约事件，而仍旧提供贷款，这种行为可以视为弃权。

第五节 国际融资担保

国际融资担保是指借款人或第三人以自己的财产或信用，对外国贷款人（持券人）作出的承诺，当借款人不履行或不能履行偿债义务时，以担保标的偿还债务。国际融资担保运用十分普遍，是国际融资的前提条件。

国际融资担保主要可分为信用担保（人的担保）和物权担保（物的担保）两大类。此外，国际融资活动中还有许多在经济效果上起担保作用的其他担保方式，如在贷款协议中订入消极保证条款、设定从属之债等。

一、国际融资的信用担保

信用担保又称为人的担保，是指借款人或第三人以自己的资信为偿还贷款债务的保证。信用担保的具体方法有：保证、备用信用证、安慰信。从法律上讲，信用担保属于债法的范畴，大陆法系国家将之归为民法债篇，英美法系国家将之归为合同法。

（一）保证

1. 保证的概念和法律特征。国际融资中的保证是由保证人与贷款人约定由保证人在借款人不履行债务时按约定履行债务或承担责任的一种信用担保形式。依各国有关法律规定，保证一般具有如下特征：①从属性。保证协议是为确保贷款协议的履行而订立的协议。贷款协议是主协议，保证协议是从协议，保证协议以贷款协议的有效存在为前提，以贷款协议规定的债务范围为界限，并随着贷款协议的消灭而消灭。②次位性或补充性。即相对于主债务人而言，保证人是从债务人。其因提供信用担保而承担的责任，具有明显的次位性。只有当主债务人到期不能偿还或拒不偿还贷款本息时，债权人才有权要求保证人依约代为履行清偿义务。③或然性。由保证本身的补充性所决定。保证人是否实际承担保证责任，完全取决于主债务人的履约情况，因而具有或然性。如果主债务人适当履行了偿债义务。保证人的保证责任便可免除。否则，保证人就应当依约承担保证责任。

2. 保证人的资格。保证是国际融资活动中使用最广泛的担保方式之一。有人曾形象地将保证人比作偿还贷款的另一个口袋，即当借款人口袋中的钱不足以偿还贷款时，贷款人有权根据保证合同要求保证人代为偿还。因此，保证人的信用至关重要，这往往是贷款人在决定是否给予贷款时所要考虑的一个重要因素。从理论上讲，自然人、公司企业、政府机构、国际组织均可担任保证人。但由于国际借贷一般所涉金额较大、风险较多，使得自然人作为保证人几乎成为不可能。只有在某些特殊情况下，贷款人才要求个人提供人担保。例如，对规模较小的私营公司的贷款，贷款人一般要求该公司的所有人提供保证，以便了解真正的借款人的资信。国际金融组织一般不会从事商业借贷担保，因为可能削弱其放贷能力。国家以国库作为商业借贷担保既不符合商业惯例，也会使国家过多暴露于金融风险。因此，在国际借贷实务中，保证人通常是银行类金融机构或信誉好、实力雄厚的公司。在公司为保证人的情况下，公司的保证资格、保证权利及其范围一般由公司所在国法律或公司章程限定，违反法律规定和公司章程的保证无效。在西方国家，公司对外提供保证的行为长期以来受“越权原则”的严格限制。依此原则，公司为保证的资格须在公司章程中有明确规定，且其保证行为须与其业务有关并能给公司带来收益，否则，其保证应属越权行为而归于无效。需要注意的是，自然人、法人为国际贷款提供跨国担保，一般须事先得到其所在国政府或主管部门的批准或授权。

3. 保证范围。保证的范围为当事人约定的范围，一般限于主债务（如贷款）及利息、违约金、损害赔偿金和实现债权的费用。但不应超出主债务的范围。有时也可能加诸保证人其他义务，如要求国家保证人提供配套资金或所需偿债外汇，免除有关税金；要求保证人不采取有损借款人偿债能力或业务经营的任何措施等。

4. 保证形式。在只有一个保证人的情况下，可分为一般保证和连带保证。一般保证是保证人在借款人不履行债务时负清偿之责，具有从属性和补充性，故除保证人放弃先诉抗辩权外，贷款人在就借款人的财产强制执行而无效果之前，不得对保证人主张保证责任的履行。连带保证是保证人与借款人连带负债务履行责任的保证，在借款人不履行债务时，贷款人可直接向保证人请求给付，保证人不得拒绝。

在保证人为复数时，保证可划分为共同保证（Joint Guarantee）、按份保证（Several Guarantee）、共同按份保证（Joint and several Guarantees）。按共同保证的形式，每一保证人都对全部贷款债务承担清偿责任，贷款人可以向任何一个保证人或所有保证人提出全部清偿的要求。但依此种形式，贷款人只有一个诉权。也就是说，贷款人只能提起一次诉讼，他可以起诉所有保证人（共同被告），也可以起诉其中某一个保证人，如果他对其中之一的保证人提起诉讼，却未能从判决中得到全部清偿时，他也不能再对其他保证人起诉。根据按份保证，每一保证人对全部贷款债务按一定比例承担清偿责任。贷款人只能就每个保证人承担的责任提出清偿请求。贷款人对每一个保证人都有一个诉权，有多少个保证人就可以提起多少次诉讼。共同按份保证吸收了上述两种方式对贷款人有利的部分。贷款人可以分别对每一个保证人提出清偿所有债务的请求，也可以对所有保证人提出清偿请求，并可以提起相应的诉讼。贷款人在这种形式下选择余地较大，权益较能得到保护。因此，共同按份保证在国际金融界被普遍采用。

（二）备用信用证

备用信用证是开证行（担保人）应客户（借款人）要求开立的以贷款人为受益人的付款凭证，承诺在受益人出示信用证所规定的违约证明和票据时即向受益人付款。备用信用证于20世纪50年代在美国兴起，源于美国银行规避法律禁止为客户出具保证或保函之类的限制，后为英国、澳大利亚等国的银行所接受。

备用信用证的最大特点是它独立于作为它的基础的借贷合同。如果开证行经审查认为证明符合信用证的规定，开证行即可付款。开证行不负责审查是否确实存在不履行贷款协议义务的违约事件。

备用信用证虽然也是一种债权担保的方式，但与一般的保证相比，有以下区别：

1. 对价要求不同。英美法系国家对商业合同都有对价要求，提供保证也不例外。但对于备用信用证，各国均无此要求，各国普遍接受的《跟单信用证统一惯例》也未对信用证作要求。

2. 可撤销性不同。备用信用证可约定为可撤销或不可撤销，如果约定不明，则视为不可撤销。可撤销的信用证无需受益人（贷款人）同意，在贷款议付之前的任何时候都可被修改或撤销，这种撤销是无条件的。可撤销的备用信用证对贷款人担保作用不大。保证也是可以撤销或不可撤销的。但即使是可以撤销的，也不是无条件的，是否撤销取决于某些事件的发生，如贷款人未经保证人同意就延长贷款期限等。

3. 承担的责任不同。由于备用信用证独立于贷款债务，因此，担保人就是主债务人，其义务的履行不受借款人的任何影响，即使后者的行为在法律上是无效的。而保证人处于次债务人的地位，一般在被保证人不履行其义务时代为履行。

4. 付款条件不同。备用信用证的开证银行不负任何审查借款人是否真正违约的义务。只要贷款人提示的证件合格，开证分行必须支付规定的款项。开证行业务与作为信用证基础的借贷交易完全独立，不会卷入借款人和贷款人之间的争议。而在保证合同项下，保证人只有在借款人实际违约或无力清偿时才需履行，保证人也可能被牵入保证人和受益人的纠纷之中。

（三）安慰信

安慰信通常是指母公司为其子公司或一国政府为其下属政府机构的借款而写给贷款人表示愿意敦促借款人还款的书面文件。安慰信通常在保证人不愿意接受法律约束时使用。其原因可能是公司章程限制担保或担保人不愿在资产负债表中把担保债务作为“或有债务”列举出来等。取而代之的是以安慰信的形式向债权人对其债务的发行作出道义上的或具有法律责任的承诺。最早，安慰信在德国被广泛地应用于银行融资。其最初的原因是为了逃避母公司为子公司借款提供担保而必须缴纳的2%的资本投资税；该税种在1972年即被取消，但这一商业习惯却被沿袭下来。

目前，安慰信作为获取资金的一种手段，已在世界范围内得到广泛的应用。最常见的是子公司筹资时由其母公司向债权人开具安慰信，承诺向其子公司提供资金或承诺在子公司未清偿其债务期间不出售子公司的权益等，以表示支持之意，故有时也可称为支持信。但由于各国法律对安慰信的性质及法律效力等均未作明确的规定，安慰信的效力和作用主要取决于其内容。所以，安慰信的法律效力是不确定的。实践中，安慰信的内容常常模棱两可，在解释上见仁见智，即使在同一国家，不同的法院对同一份安慰信的效力也常存在不同的理解和判断。为了消除或减少对安慰信的歧义，应尽量在安慰信中明确出信人的真实意愿。

（四）见索即付担保

1. 见索即付担保的含义。见索即付又称凭要求即付，是20世纪50年代兴起的信用担保的一种新形式，是银行应借款人请求开立的以贷款人为受益人的书面保证，只要贷款人向开证行提出付款的书面请求，银行就应当向贷款人支付约定的金额。

2. 见索即付担保的特点。①独立性。见索即付担保是非从属性的独立担保。担保人承担的义务独立于基础合同，担保人不能以基础合同所产生的抗辩事由对抗受益人。②无条件性。在受益人按照担保合同的规定索赔时，保证人必须无条件承担赔付责任，因此有人称它为“自动担保”，还有的称之为“自杀保函”。③担保人承担第一位付款责任。在传统的保证方式下，保证人处于从债务人或第二位债务人的地位，仅在主债务人被强制执行后仍然不能履行债务时，保证人才承担保证责任。而在见索即付担保中，担保人对受益人承担无条件的第一位的赔付责任，不享有先诉抗辩权。只要贷款人索偿符合约定的条件，担保人即应付款。④单据化。确定赔付责任时，保证人只审查受益人所提交的单据是否符合合同和保函的规定，是否表面相符，而不对基础合同履约情况进行调查，也不核定受益人所受实际损失的多少。担保人依约付款后，即可向债务人追偿款项。

二、国际融资的物权担保

国际融资的物权担保是指借款人或第三人以保证债务清偿为目的，而在自己的财产上（特定物或权利）为贷款人所设定的一种优先受偿权。从法律上讲，物权担保属于财产法或物权法的范畴，大陆法系国家将之称为担保物权；英美法系国家称之为担保权益（Secured Interest）。物权担保可分为动产担保和不动产担保两大类。

（一）动产担保

国际融资中的动产担保，是指借款人或第三人以自己的动产向贷款人所作的履行债务的担保。它主要分为动产质押与动产抵押两种。

1. 动产质押。动产质押一般是指由债务人或第三人将其动产的占有转移给债权人作为履行债务的担保，如债务人不能清偿其债务，债权人有权依法将该动产出售以得到优先受偿。债务人或第三人为出质人，债权人为质权人，移交的财产或权利为质物。权利质押的质物包括汇票、本票、支票、债券、存款单、仓单、提单，依法可以转让的股份、股票以及知识产权中的财产权等。

动产质押，各国通例应以书面为之，质押合同自质物移交质权人占有时生效。权利质押，则可依其性质，有的可以凭交付票证而成立质押，如票据、存单、提单等；有的则须另立合同，有时还须登记，如股票或股份出质，应向证券机构登记或记载于股东名册之中，以知识产权中的财产权出质，应向知识产权管理机构办理出质登记。

质押具有从属性的特点。它仅以确保主债务的履行为目的，以主债务的存在为前提，并随着主债务的消灭而消灭。质押的设定以移转质物占有为要件，未移转占有或已返还占有均不构成质押关系的有效存在。若以法定特定质物设定质押，除移转占有，还需办理质押登记方为有效。质权的优先顺序正是以质押有效设定的时间先后排列的，即“设定在先，权利在先”。但与抵押权登记不同的是，除非法律规定以登记为质押生效要件，质权的优先顺序并不受登记的影响。

质权人受偿时，质物价款超过债权金额的归出质人所有，不足部分由债务人清偿。就动产而言，质权人可就质物折价、拍卖或变卖受偿。就权利质押而言，质权人实现债权的方式则因质物不同而不同，如票据的兑现、仓单或提单的提货，股票和股份、知识产权使用权的享有等；也可依法转让质物实现债权。

2. 动产抵押。在某些情况下采用动产质押不可行，如借款人要使用机器设备、物料等进行生产，如果因借贷而将其占有移交给贷款人，借款企业就无法生产，这时则可采用抵押。抵押是指债务人或第三人不转移动产和不动产的占有，而将其作为债权的担保。在债务人不履行债务时，债权人有权依法以该财产折价或以拍卖、变卖该财产的价款优先受偿。在抵押法律关系中，债务人或第三人是抵押人，债权人是抵押权人，提供担保的财产是抵押物。在国际借贷实务中，动产抵押主要适用于工农业开发项目的借贷上，作为动产抵押的标的物通常为工农业设施和产品，如机器、车辆、农产品、家畜、原油等。有时飞机和船舶也可以作为抵押的标的。

由于抵押权的设定无需移转抵押物的占有，为了证明抵押权的存在，减少争议，各国法律普遍要求抵押权应以书面形式成立。一些动产和不动产如建筑物、地产或土地使用权及其孳生物（如林木）、交通工具等抵押，需要经过法定部门的登记，登记后抵押合同才能生效。其他财产抵押，抵押合同签字则可生效。各国法律对抵押登记都有规定，它是使抵押权完善化的方式，其意义主要在于使抵押产生法律效力，特别是通过抵押公示，使抵押人得以对抗善意第三人，同时也有利于维护交易安全，另外还可以确定清偿顺序的先后。

关于抵押物的清偿，抵押物作为债权的担保，可能超过或低于债权金额。超过部分应退还抵押人，不足部分应由债务人清偿。同一财产有两个以上抵押权人时，就会发生受偿顺序问题，例如，我国法律规定抵押合同登记生效的，按登记的先后顺序清偿；顺序相同的，按债权比例清偿。不必登记的，若登记，按登记的先后顺序清偿；未登记，按债权比例清偿；登记的先于未登记的受偿。倘若抵押物可能灭失，那么抵押权是否随之消灭？我国法律规定抵押权随抵押物的灭失而消灭，但因灭失所得的赔偿金应作为抵押财产。

（二）不动产担保

不动产担保即在不动产上设置的物权担保。不动产如房屋及其他地上定着物、林木、土地使用权等。在国际借贷中，由于各国法律对拍卖或变卖不动产有比较严格的限制，因此用得不多。我国法律允许以特定的不动产对外担保。

（三）浮动担保

浮动担保又称浮动抵押，是指借款人以其现有的和将来取得的全部财产或某类资产，为贷款人的利益而设定的一种物权担保。

浮动担保的法律特征表现为：①它是以债务人某一类或全部财产而设定的担保，不论这些财产是现有的还是将来的，也不论是企业的有形资产，如厂房及基础设施、机器设备等固定资产，原材料、物资等流动资产，应收款等未来收入，还是知识产权等无形资产。②担保物的价值或形态在设定时并非确定，而是处于浮动不定的状态，即在日常经营中经常变化，时增时减、时进时出。因此，相对于特定化的物权担保而称浮动担保。③浮动担保不移转占有，执行担保前，债务人可以任意处分已提供担保的资产，有利于发挥资产的使用价值。④浮动担保于约定事件发生时方转化为固定担保，其约定事项通常包括借款人违约、破产或停业清算等。

浮动担保起源于19世纪的英国，后来逐渐为其他国家所接受。浮动担保在国际项目融资中较为多见。这主要是因为：在国际项目融资下，借款人往往无法提供与巨额贷款相应的固定担保，在这种情况下，以该项目的全部资产及未来收益提供浮动担保对借贷双方都有好处。对债务人（借款人）来说，设定浮动担保之后，他仍然可以自由占有处分已供担保之用的企业资产，使得债务人在融通资金的同时充分发挥担保物的增值功能。对债权人（贷款人）而言，浮动担保也具有其他担保形式所不具有的优点：当债务人违约时，债权人可以直接接管企业，这种救济方法在项目融资中尤为重要。而且浮动担保的覆盖面广，包括企业的一切资产，不会由于动产等资产没有登记而无效。

但是，浮动担保也有不利于债权人的一面。由于浮动担保的担保物被固定之前，债务人可以自由处分担保物，且在个别资产上还可以设定有优先效力的特定担保，从而在借款人过度处分其资产或过多设定有优先效力的特定担保给其他债权人时，浮动担保对债权人的保护较为薄弱。因此，在国际融资实务中，出现了特定担保与浮动担保相结合的混合担保。如先就公司的重要固定资产设定特定担保，再就其余资产补充设定浮动担保。或者借助消极担保条款、违约条款等对借款人处分其资产作出限制。

三、国际融资担保的其他方式

（一）具有信用担保作用的规约条款

国际融资协议和担保协议中有一类运用相当普遍的规约条款。它们对有关借款方的资信的各个方面的内容作出规定，实际上就是要贷款方以自己的资信向贷款方作出还款保证。消极担保条款和平等比例条款是两个使用最为广泛的规约条款。消极担保条款是禁止借款人在自己的资产上设立有利于其他债权人的担保物权。其最简单的形式是：在贷款协议（或债券）有效期间，借款人不得在其资产或收入上设定抵押权、质权、留置权或其他担保物权。平等比例条款则规定借款人必须使无物权担保的贷款人与其他无物权担保的债权人处于平等的受偿地位，不得厚此薄彼。在借款人破产的情况下，平等比例条款使无担保权益的各债权人都可根据各自债权在债权总额中所占比例平等地从借款人的财产中得到清偿。为了使借款人始终保有清偿其债务的资产，贷款人还须要求在贷款和担保协议中订立资产处分限制条款，规定借款人无论在什么交易中都不得以出售、转让、租赁等手段处分其资产。此外，由于合并常引起债务人身份的变化，贷款人常要求贷款在合并条款中承诺：除满足一定条件，他将不与第三人合并。

（二）从属之债

从属之债是指同一债务人的某个或某些债权人同意在其他债权人受偿之前不请求债务人进行清偿。这种约定也称为后受偿协议，根据协议可以优先受偿者称为先受偿债权人，同意在该债权人之后受偿者称为后受偿债权人。显然，先受偿债权人获得了一种实现其债权的保障，它是由后受偿债权人以其应受偿的债权所担保的，在客观上具有保证借款人还款的经济效果。根据当事人所作的不同安排，可分为不完全从属之债和完全从属之债两类。前者指债务人在其清算、破产等程序开始前，仍应向后受偿债权人清偿，清算、破产程序一开始，后受偿债权人即停止受偿，直到先受偿债权人完全受偿以后，他才可以重新受偿。完全从属之债是指在先受偿债权人得到完全清偿以前，后受偿债权人不得受偿。尽管在法律上对当事人之间关于从属之债的安排是否构成物权担保还存在争议，但贷款人通过这种安排而成为借款人的先受偿债权人，无疑对贷款人收回贷款仍有好处。

第六节　跨国银行监管的法律制度

一、跨国银行监管的成因

20世纪60年代以后，跨国银行和集团银行的涌现以及离岸金融市场的形成，打破了原有的国际金融格局。一方面，银行业在全球范围内的竞争日趋激烈，银行经营的不稳定性增强，甚至造成全球性的动荡；另一方面，由于各国银行在经营管理标准上差异很大，造成国际金融市场上银行业不平等竞争。同时，现代金融业的发展使各国金融机构紧密联系，相互依存，一家银行出现问题往往会使整个金融体系周转不灵，乃至诱发危机。20世纪80年代以后出现的金融创新，使新的融资工具和融资形式层出不穷，与此同时，利率、汇率风险乃至国家风险也越来越大，一些传统的业务如担保、租赁等也越做越大，这些业务多属资产负债表外项目，都有较大风险。

跨国银行相互渗透，网络遍布全球。各国政府当局对其境外金融机构的管理与控制离不开东道国的协助。同时，跨国银行对东道国的经济产生影响，东道国对外资银行也有必要进行管理和监督。但由于跨国银行自身的特殊性，东道国对其管理与控制同样也需要国际合作。此外，跨国银行为了追逐高额利润，往往忽视对风险的考虑，加之跨国银行之间资本流量大，相互依赖性强，即便一国对本国的跨国银行进行严格管制，也难回避其他国家银行出现风险时的连带风险。这样，跨国银行的经营风险实际上已成为一个国际性问题。因此，有必要加强国际合作，对跨国金融机构制定若干共同遵守的安全准则，确保各国银行在平等的基础上进行竞争。

二、巴塞尔体系

1974 年 6 月 26 日，西德联邦银行监管处在发现 Herstatt 银行的外汇交易风险超过其资本金的 3 倍后撤销了其银行许可证，德国以外的银行由于其与 Herstatt 银行未清算的交易而损失惨重，直接导致了国际外汇交易层面的崩溃。

1974 年 10 月，纽约的富兰克林国民银行也耗尽了巨额外汇损失后关闭了大门。3 个月后，为了应对这些问题和国际金融市场上的其他困扰，十国集团的中央银行行长成立了银行业条例和监督制度委员会（Committee On Banking Regulations and Supervisory Practices，简称巴塞尔委员会）。[1] 该委员会设立的目的，是为了成员间进行更紧密的合作，就银行业监督问题提供一个正式的讨论场所，达成一致意见或协议，并且努力改善有关从事国际银行活动的银行监督工作。为此，委员会的工作主要是致力于：①改善对国际银行监督技巧的效能；②提出任何影响从事国际银行业务的问题；③为改善全世界银行监管工作，同世界各国监管机构交换信息和意见。

巴塞尔委员会自 1975 年成立以来，对跨国银行的监管提出了一系列原则、规则、标准和建议，统称为巴塞尔体系。主要包括：1979 年《对银行国际业务的并表监管》，1980 年《银行外汇头寸的监管》，1983 年《对银行国外机构的监管原则》（巴塞尔协定），1986 年《银行表外风险管理》，1988 年 7 月颁布、1997 年 4 月修订的《统一资本衡量与资本标准的国际协议》，1991 年《大额信用风险的衡量与管理》，1990 年《银行监管当局的信息交流》（巴塞尔补充协定），1991 年《将一般储备金/一般呆账金纳入资本的建议》，1992 年《对国际银行集团及其境外机构的最低监管标准》，1994 年《衍生产品风险管理准则》，1996 年《跨国银行监管》，1997 年《有效银行监管的核心原则》，1997 年《利率风险管理原则》，等等。

巴塞尔委员会发表的各类监管文件大致可分为两类，一是最低标准，二是最佳做法。在重大监管问题上，若各成员国能达成一致，委员会则努力形成最低标准，如《对银行国外机构的监管原则》（Basel Concordat，又称《巴塞尔协定》）和《资本协议》（Basel Accord，即《巴塞尔协议》）。若各国监管方式各异，且无法求同，委员会在总结各国成功的监管经验的基础上，制定出仅具指导意义的最佳原则，供有关各方参考。

---

〔1〕 "History of the Basel Committee", available at http://www.bis.org/bcbs/history.htm.

三、巴塞尔协议的主要内容

（一）巴塞尔资本协议Ⅰ（International Convergence of Capital Measurement and Capital Standards，即1988年《统一资本衡量与资本标准的国际协议》）

1. 资本的组成。《巴塞尔资本协议Ⅰ》将银行资本分为核心资本（Core capital）和附属资本（supplementary capital）。核心资本包括实收资本（已发行并缴足的普通股，永久非累积性优先权）和公开储备；附属资本包括未公开的储备、资产重估储备、普通准备金或普通呆账准备金、债务性资本工具及初级长期债券。核心资本在各国银行的账目上公开发表，其价值相对稳定，同银行的盈利率和竞争能力密切相关，能作为衡量资本充足率的基础。所以，《巴塞尔协议》规定在资本构成中，核心资本所占比重不得低于50%。

2. 巴塞尔协议规定了银行各类资产的风险权重。银行资产的性质不同，风险的大小也不相同，如库存现金，无风险可言，信用贷款比抵押贷款的风险高，对政府机构的贷款比对普通企业贷款的风险低。所以，协议将表内项目的风险划分为从“无风险”到“十足风险”四级。

《巴塞尔资本协议Ⅰ》还将表外业务纳入监管范围，按表外业务的信用换算系数分为“无风险”到“十足风险”四级，即0%、20%、50%和100%。这是国际银行监管领域的一大突破。

3.《巴塞尔协议Ⅰ》的核心内容是确立统一的资本充足率标准。所谓资本充足率，为资本与风险资产之间的比，即资本充足率＝资本/风险资产×100%。协议将银行资本与风险资产的目标标准比率定为8%，其中核心资本至少为4%，要求各银行在1992年底达到这一水准，资本对资产的比率越高，意味着资产的安全性越高，构成其资产来源的负债拥有更为可靠的保障。提高银行资本对资产的比率，可以限制银行从事过度的资产扩张或持有高风险的资产，从而达到保证银行经营安全的目的。

4. 过渡期和实施的安排。为顺利过渡到新的监管体系，《巴塞尔协议Ⅰ》规定了一个5年期的过渡期，即从1987年底至1992年底，并且确立了一个在1990年底实现的中期目标，以便让各银行调整和建立所需的资本基础。

（二）《有效银行监管核心原则》（Core principles for effective banking supervision）

经过多年的实践，巴塞尔委员会制定的一系列原则、规则、标准和建议已被许多国家广为接受，但是国际金融市场风险频频发生，一些国际知名银行（如巴林银行）倒闭案说明，仅仅靠达到资本充足率的规定，不足以充分防范金融风险。为此，巴塞尔委员会于1997年9月发布了《有效银行监管核心原则》[1]，强调应对银行业进行全方位、多角度的风险监控，将建立银行业监管的有效系统作为实现有效监管的重要前提，并注重建立银行自身的风险防范约束机制。

---

〔1〕巴塞尔委员会分别于2006年和2012年对该原则进行了修订，2012年版本详见Core principles for effective banking supervision, available at http://www.bis.org/publ/bcbs230.htm.

1. 有效银行监管的先决条件。《核心原则》第1条明确规定，一个有效的银行监管体系中，参与银行组织监管的每个机构必须要有明确的责任和目标，并享有工作上的自主权和充分的资源；必须具有关于银行监管的适当法律框架，包括银行机构的许可规则和持续性监管规则，监管者实施法律和执行审慎监管权的规定以及对监管者的法律保护，此外，还应建立监管信息分享安排及信息保密制度等。

2. 发照程序和对机构变动的审批。为了形成一个健康的金融体系，避免不合格者进入银行业市场，《核心原则》第2~5条从市场准入管制的角度对新设银行机构的许可程序及现存银行结构变化的审批两个方面确立了四项基本原则，具体包括：①明确界定银行业务范围原则。这一原则要求，有效银行监管必须明确界定被监管对象，包括明确规定已获得执照并接受银行监管的各类机构可以从事的业务范围，严格控制“银行”一词的使用。②严格许可和审批标准原则。这一原则要求，发照机关必须有权制定许可标准，并拒绝一切不符合标准的申请。许可程序至少应包括审查银行的所有权结构、审查董事和高级管理人员的资格，审查经营计划和内部控制以及审查包括资本金在内的预计财务状况等；当报批的所有者是外国银行时，还应事先获得其母国监管当局的批准。③控制银行股权转让原则。依此原则，银行监管者必须有权审查和拒绝银行向其他方面转让大量股权或控制权的申请。④控制银行的重大收购与投资原则。依此原则，银行监管者必须有权建立标准，用以审查银行的重大收购与投资，并确保其附属机构或组织结构不会给银行带来过高的风险或影响有效的监管。

3. 持续性银行监管的安排。《核心原则》第6~21条，这是关键部分，包括三个方面：①审慎法规与要求的制定与实施，可细分为资本充足率、信用风险管理、市场风险管理、其他风险管理和内部控制等。其指出银行监管的一项重要任务，就是要通过制定并实施审慎监管法规与要求，确保银行管理层能够识别，监测与控制其业务的内在风险。②持续性银行监管方法，可以通过现场检查或非现场检查或聘用外部审计人员、综合并表监管等方法来实施。银行监管者都应与银行管理层保持经常性接触，全面了解该机构的经营情况，必须具备在单个和并表的基础上收集、审查和分析各家银行的审计报告和统计报表的手段，必须有办法通过现场检查利用外部审计师对监管信息进行核实。③银行机构的信息要求，银行监管者必须确保银行根据统一的会计政策和做法保持完备的会计记录，从而使监管者能客观而公正地了解银行的财务状况和盈利水平。

4. 监管者的正式权力。为了加大银行监管的力度，将监管贯穿于银行运行的全过程，《核心原则》突破了巴塞尔体制的现有框架，正式而明确地涉及问题银行的处理和市场退出管制，并对银行监管者的正式权力提出了原则要求。《核心原则》规定，银行监管者必须掌握完善的监管手段，以便在银行未能满足审慎要求（如最低资本充足率）或当存款人的安全受到威胁时采取及时的纠正措施和行动。在紧急情况下，这些措施应包括吊销银行执照或建议吊销其执照。

5. 跨国银行业。《核心原则》要求银行监管者实施全球性并表监管，母国与东道国建立联系，交换信息，加强监管的国际合作，确保对跨国银行进行充分的监管。

第一，母国监管者的责任。作为实施并表监管的一部分。银行监管者必须对其活跃的国际性银行实施全球性并表监管，必须对这些银行组织在世界各地从事的所有业务，尤其是其外国分行、附属机构和合资机构从事的各项业务，进行充分的监控并适用适当的审慎准则。并表监管的一个关键因素是与各有关监管者，特别是东道国监管当局建立联系并交换信息。

第二，东道国监管当局的责任，《核心原则》从审慎监管的角度，要求东道国银行监管者必须要求外国银行按东道国国内机构所遵循的同样的高标准从事当地业务，并有权分享母国监管当局为实施并表监管的目的所需的信息。

（三）巴塞尔资本协议Ⅱ（Basel II：International Convergence of Capital Measurement and Capital Standards：a Revised Framework，June 2004）

1988年的《巴塞尔资本协议Ⅰ》无疑对提高商业银行信用风险和市场风险管理能力具有划时代的意义。然而，随着技术进步和金融创新，巴塞尔委员会认识到有必要对协议进行大刀阔斧的修改。首先，自1988年《巴塞尔资本协议Ⅰ》出台以来，商业银行防范风险的能力、监管部门的监管方法和金融市场的运作方式都发生了巨大的变化，新的风险管理技术的快速发展已经使得该协议明显过时。其次，众多的金融创新常常被用来规避资本协议的规则，金融创新的出现降低了协议的有效性。事实上，在发达国家中，该协议已逐渐丧失了约束力。

1999年6月3日，巴塞尔委员会公布了《新资本充足率框架征求意见稿》，拟对1988年的《统一资本衡量和资本标准的国际协议》进行修订，这次修订的目的是“旨在改进监管部门规定的资本标准对风险的反映方式，更好地应付近年来的风险创新，也旨在肯定在风险衡量和风险控制方面已经取得的进展”。此后，委员会又于2001年1月和2003年4月相继发布了经过修正的两个征求意见稿，在全球范围内征求银行界与监管部门的意见，最终在2004年6月定稿，确定了新的银行监管框架，即《巴塞尔资本协议II》，并决定于2006年底在10国集团开始实施。此后，25个欧盟成员国、澳大利亚、新加坡等发达国家和中国香港地区也表示将利用新协议对商业银行进行监管，部分发展中国家也表示将采取积极措施克服困难、实施新协议。

与1988年资本协议相比，巴塞尔资本协议Ⅱ的内容更广、更复杂，推出了具有开创性内容的三大支柱：最低资本要求（Minimum Capital Requirements）、监管部门监督检查（Supervisory Review Process）和市场纪律（Market Discipline），要求资本监管更为准确地反映银行经营的风险状况，进一步提高金融体系的安全性和稳健性。

1. 第一支柱——最低资本要求（Minimum Capital Requirements）。相对于1988年的巴塞尔资本协议，巴塞尔资本协议Ⅱ中的最低资本要求仍然包括三个方面：资本的定义、最低资本充足比率和风险的衡量。其中，前两个方面基本维持1988年《巴塞尔资本协议I》的现有规则，而将风险衡量的范围拓展到包括信用风险、市场风险、操作风险在内的三大风险。它要求授权机构根据其信用风险、市场风险和操作风险持有最低要求的资本，这就使得风险的测量方法更全面、更精细。

2. 第二支柱——监管部门的监督检查（Supervisory Review Process）。委员会认为，监管当局的监督检查是最低资本规定和市场纪律的重要补充。具体包括：①监管当局监督检查的四大原则。原则一：银行应具备与其风险状况相适应的评估总量资本的一整套程序，以及维持资本水平的战略。原则二：监管当局应检查和评价银行内部资本充足率的评估情况及其战略，以及银行监测和确保满足监管资本比率的能力。若对最终结果不满足，监管当局应采取适当的监管措施。原则三：监管当局应希望银行的资本高于最低监管资本比率，并应有能力要求银行持有高于最低标准的资本。原则四：监管当局应争取及早干预从而避免银行的资本低于抵御风险所需的最低水平，如果资本得不到保护或恢复，则需迅速采取补救措施。②监管当局检查各项最低标准的遵守情况。银行要披露计算信用及操作风险最低资本的内部方法的特点。作为监管当局检查内容之一，监管当局必须确保上述条件自始至终得到满足。委员会认为，对最低标准和资格条件的检查是第二支柱下监管检查的有机组成部分。③监管当局监督检查的其他内容包括监督检查的透明度以及对换银行账簿利率风险的处理。

3. 第三支柱——市场纪律（market discipline）。《巴塞尔资本协议Ⅱ》在总结市场实践的基础上，对市场纪律提出了更加严格和清晰的要求。市场纪律约束的潜在作用在于强化资本监管和保障金融体系的安全性和稳健性。市场纪律能使银行提高自动进行资本合理调控内部风险的能力。市场纪律可以促使银行保证雄厚的资本基础来防范潜在的风险损失，推动银行和金融体系的稳定发展。有效的市场纪律当然要求银行建立一定的信息披露制度，以便投资者充分估计银行的风险管理水平和债务清偿能力。应该披露的相关信息包括银行当前的资本充足率、财务状况、经营业绩、战略管理等，这显然有助于银行不断加强自身的风险管理与内部控制。

（四）巴塞尔资本协议Ⅲ（Basel III: International framework for liquidity risk measurement, standards and monitoring）

2007年以来的金融危机暴露了现行国际金融监管体系的内在缺陷，并在全球范围内引起了对既往监管理念、监管方式和监管有效性的深刻反思。

为了进一步加强对银行部门的监督和风险管理，巴塞尔银行监督委员会以巴塞尔资本协议Ⅱ为基础，制定了一套全面的改革措施，即巴塞尔资本协议Ⅲ。2010年9月12日，巴塞尔银行监管委员会召开央行行长及监管当局负责人会议，就巴塞尔资本协议Ⅲ的基本框架达成一致[1]，2010年11月，二十国集团领导人首尔峰会正式通过了该框架。2011年6月发布了第三版巴塞尔协议——《更具稳健性的银行和银

〔1〕 Group of Governors and Heads of Supervision announces higher global minimum capital standards, available at http://www.bis.org/press/p100912.htm.

行体系的全球监管框架》（Basel Ⅲ: A global regulatory framework for more resilient banks and banking systems-revised version June 2011）[1]。2013 年 6 月，巴塞尔委员会发布了由其高层决策委员会（the Group of Central Bank Governors and Heads of Supervision，GHOS）授权的修订后的流动性覆盖率 Liquidity Coverage Ratio（LCR）文本，即《流动性覆盖率和流动性监测工具》（Basel Ⅲ: The Liquidity Coverage Ratio and liquidity risk monitoring tools）[2]，流动性覆盖率（LCR）是巴塞尔委员会改革的一个重要组成部分，这是 G20 领导人批准的对银行资本充足率和流动性的国际监管标准。这两份文件共同构成了巴塞尔委员会为增强银行体系稳健性而进行的全球资本和流动性监管制度的改革方案的主要内容。

1. 提高资本充足率监管标准。在最低资本金比率方面，全球各商业银行的一级资本充足率下限将从现行的4%上调至6%，其中，由普通股构成的“核心”一级资本占银行风险资产的下限将从现行的2%提高至4.5%。总资本充足率仍为8%。《巴塞尔资本协议Ⅲ》对一级资本提出了新的限制性定义，规定一级资本只包括普通股和永久优先股，并要求各家银行最迟在2017年底完全接受针对一级资本的最新定义。

待新标准实施后，正常情况下，商业银行的普通股、一级资本和总资本充足率应分别达到7%、8.5%和10.5%（参见下表）。

巴塞尔资本协议Ⅲ关于资本充足率的要求

资本要求和留存缓冲（所有数字为百分比）			
	普通股（扣除之后）/风险加权资产	核心资本/风险加权资产	总资本/风险资产
最低资本要求	4.5	6.0	8.0
资本留存缓冲	2.5		
最低资本要求+资本留存缓冲	7.0	8.5	10.5
逆周期缓冲范围	0~2.5		
系统重要性银行资本要求	1		

Source from “Basel Committee on Banking Supervision, Group of Governors and Heads of Supervision Announces Higher Global Minimum Capital Standards”, Sep. 12, 2010.

---

〔1〕 Basel Ⅲ: A global regulatory framework for more resilient banks and banking systems-revised version June 2011, available at http://www.bis.org/publ/bcbs189.htm.

〔2〕 Basel Ⅲ: The Liquidity Coverage Ratio and liquidity risk monitoring tools, available at http://www.bis.org/publ/bcbs238.htm.

2. 资本留存缓冲纳入资本框架。为进一步提高银行自身应对风险的能力，以保证发生危机时不必依靠政府救助，《巴塞尔资本协议Ⅲ》要求银行必须设立资本缓冲资金。按照规定，银行需保留不低于银行风险资产2.5%的资本缓冲资金，如达不到要求，则银行的派息、回购股票和发放奖金等将受到限制。此规定从2016年1月开始执行，于2019年1月完全生效。

3. 引入了逆周期资本要求的概念。巴塞尔委员会还特别提出了一个逆周期的资本缓冲要求，要求各银行须设立不低于风险资产2.5%的资本留存缓冲，即在经济繁荣时期，银行应额外划拨0～2.5%的逆周期缓冲资本，以防止信贷过度增长，同时，在经济不景气时，帮助吸收亏损风险，此部分资本由普通股和其他可完全吸收亏损的资本构成。"逆周期缓冲"是基于宏观审慎目标——要求银行在信贷过分充足的情况下居安思危、未雨绸缪。

4. 引入杠杆率监管标准。本危机之前，金融工具创新以及低利率的市场环境导致银行体系积累了过高的杠杆率，使得资本充足率与杠杆率的背离程度不断扩大。危机期间，商业银行的去杠杆化过程显著放大了金融体系脆弱性的负面影响。为此，巴塞尔委员会决定引入基于规模、与具体资产风险无关的杠杆率监管指标，作为资本充足率的补充。2009年12月发布了杠杆率计算方法的征求意见稿，2010年7月巴塞尔委员会就杠杆率计算方法与监管标准达成共识，自2011年初，按照3%的标准（一级资本/总资产）开始监控杠杆率的变化，2013年初开始进入过渡期，2018年正式纳入第一支柱框架。

5. 强化了流动性监管。《巴塞尔资本协议Ⅲ》引进了流动性覆盖比率[1]和净稳定融资比率[2]两个检测指标，以及其他一些辅助性的监测工具，以更好地获得关于银行现金流、资产负债结构的信息。新的流动性监管框架和逆周期、注重系统性风险防范的思路一起，从宏观和微观两方面为审慎监管奠定了良好基础，并分阶段做了渐进安排，其中，流动性偿付比率（LCR）自2011年进入观察期，并于2015年达到最低标准；净稳定资金比率（NSFR）自2012年进入观察期，并在2018年以前达到最低标准。委员会将在过渡时期制定严格的报告程序并进行监控，在必要时发布这些结果。

6. 确定新监管标准的实施过渡期。鉴于目前全球经济复苏存在不确定性，为防止过快引入新的银行监管国际标准对经济复苏潜在的不利影响，按照G20领导人的要求，巴塞尔委员会从宏观和微观两个层面对国际新监管标准实施可能带来的影响进行了评估。根据评估结果，9月12日召开的中央银行行长和监管当局负责人

---

〔1〕 流动性覆盖率主要描述短期（30天以内）特定压力情境下，银行所持有的无变现障碍的、高质量的流动性资产数量，以此应对资金流失的能力。

〔2〕 净稳定融资比率主要考核的是银行中长期（1年以上）的流动性，即各项资产和业务融资，至少具有与它们流动性风险状况相匹配的满足最低限额的稳定资金来源。

(GHOS)会议决定设立为期8年(2011~2018年)的过渡期安排。各成员国应在2013年之前完成相应的国内立法工作,为实施新监管标准奠定基础,并从2013年初开始实施新的资本监管标准,随后逐步向新标准接轨,各项规则的最终落实期虽有所不同,但最晚均于2019年1月1日实施。

《巴塞尔资本协议III》体现了微观审慎监管与宏观审慎监管有机结合的监管理念,按照资本监管和流动性监管并重、资本数量和质量同步提高、资本充足率与杠杆率并行、长期影响与短期效应统筹兼顾的总体要求,确立了国际银行业监管的新标杆。

第七节 金融服务贸易自由化

金融服务贸易的开放,被纳入到世界贸易组织(WTO)关于服务贸易开放的整体框架之中进行讨论和谈判。与金融服务贸易有关的规则与纪律包含在《服务贸易总协定》(GATS)、《金融服务附录》、《有关金融服务的谅解书》、《金融服务协议》等文件中,这些多边性的国际协议构成了金融服务贸易的法律框架。其中,最重要的是1997年达成的《金融服务协议》。对金融服务贸易的自由化起到了重要的推动作用,将使占全球金融服务贸易95%的金融服务贸易纳入逐步自由化的准则。金融服务自由化是指一个国家或地区逐步减少或消除各种金融服务贸易的贸易限制和贸易壁垒,使金融服务贸易活动逐步纳入自由竞争法则的轨道,使贸易体制逐步由保护贸易体制向自由贸易体制转变的过程和状态。与其他类似概念相比,金融服务贸易自由化更侧重于一国金融市场的对外开放,强调各个国家应逐步取消限制金融服务贸易的贸易壁垒和贸易保护体制,在金融服务活动中坚持自由竞争的市场经济基本原则。

一、金融服务的定义及主要方式

(一)金融服务的定义

在WTO法律规则体系下,"金融服务"是指:由一成员方的金融服务提供者提供的任何金融性质的服务。金融服务附录中重述的金融服务贸易的范围和定义,与GATS第1条第2款所定义的范围相同,即指下列金融服务方式的提供:①跨境交付(cross-border supply),即从一成员方境内向任何其他成员方境内提供。如一国银行向另一国客户提供贷款服务,一国保险公司向另一国客户提供货物运输保险服务。②境外消费(consumption abroad),即在成员方境内向来自任何其他成员方的消费者提供。其特点是服务者在其本国境内提供金融服务,而服务消费者来自另一成员国,如一国银行对另一国消费者个人的旅行支票进行支付。③商业存在(commercial presence),即一成员方的服务提供者到另一成员方境内建立合营企业或分支机构来提供服务。如一国银行或保险公司在另一国开设分支机构。这是目前国际金融服务中为数最多、规模最大的一种形式，许多跨国银行和其他金融机构都已经或计划在全球范围内开设分支机构，使其业务不断扩大和发展。④自然人流动（movement of personal），即一国自然人到外国境内，单独或受雇于外国公司机构，向外国提供服务，这类服务在金融服务贸易中所占的比例较小，多为与银行、保险有关的辅助性金融服务，如金融咨询和风险评估等，但它们也是金融服务中不可缺少的部分。这里规范的金融服务不包括政府为实施其职能所需要的服务，具体是指：各成员方的中央银行、货币权力机构或任何其他从事与货币或汇率政策有关的公共机构进行的活动；有关社会安全和公共退休计划的各项活动；由公共机构为财务、担保或使用政府财政资金所进行的其他活动。

（二）业务范围

1. 保险及与保险有关的服务。如直接保险（人寿保险和非人寿保险）、再保险和分保险，保险中介诸如经纪和代理机构，以及附带保险服务如咨询、保险精算、风险评估和理赔服务。

2. 银行及其他金融服务业务。包括：①公众储蓄及其他存款业务；②各类借贷，包括消费借贷、抵押贷款、信用贷款、保理及贸易融资等；③融资租赁；④支付和货币汇兑业务，包括信用卡、旅行支票、银行汇票等；⑤担保和保管业务；⑥自营或代理客户买卖下列可转让工具业务，包括场内交易或场外交易，例如：货币市场工具（如支票、汇票和存款单等），外汇，衍生金融工具（包括期货和期权交易），汇率和利率工具的交易（包括掉期交易、远期汇率合同等），可转让证券，其他可转让的证券和金融资产，包括金银；⑦证券发行和有关发行服务，包括认购和承销（不论是公募还是私募），及提供与证券发行有关的服务；⑧货币经纪，如现金或有价证券的管理，各种形式的集体投资的管理，养老基金的管理、监督、保存和信托业务；⑨金融资产的结算和清算服务，包括证券、衍生金融工具业务和其他可转让票据业务；⑩金融信息的提供和转让，其他金融服务提供者提供的金融数据处理和相关的软件；⑪与上述所列金融服务业务有关的咨询、中介和其他辅助性金融服务业务，包括信贷咨询和分析，投资和有价证券的研究和建议，对兼并收购、公司改组及战略的咨询业务等。这里，关于金融服务贸易范围和定义的规定，目的是明确纳入金融服务贸易法律制度的规范对象，有助于区分金融服务的原产地，使各成员方在对来自不同产地的金融服务提供市场准入和实施金融监管时有章可循。

二、适用于金融服务贸易自由化的法律规则

（一）一般义务和纪律

1. 最惠国待遇（Most Favored Nation Treatment，MFN）。《服务贸易总协定》第2条第1款规定：对于本协定所涵盖的任何措施，每一成员对于任何其他成员的服务和服务提供者，应立即和无条件地给予不低于其给予任何其他国家同类服务和服务提供者的待遇。但是，在《服务贸易总协定》生效时，成员方如果根据该协定中《关于第2条豁免的附件》所规定的条件，援引有关最惠国待遇的例外，则可以在谈

判确定本国第一份服务贸易减让表的同时，列出最惠国待遇例外清单，从而有权继续在特定的服务部门给予特定国家以更优惠的待遇。这些例外只能一次确定，且例外清单中的内容不得增加。由于服务贸易中不存在关税壁垒，最惠国待遇原则的作用是保证不在不同国家的服务和服务提供者之间造成歧视，尤其是确保《服务贸易总协定》成员作出的市场准入和国民待遇承诺在各个成员之间平等适用，从而扩大自由贸易的范围。然而，各成员受其发展水平和贸易实力的限制，在开放服务市场方面存在很大的差距，金融服务尤其突出。美国和欧盟等发达国家的金融市场相对开放，而大多数发展中国家的金融市场却长期在政府的严格管制之下。这一差距的存在使最惠国待遇成为服务贸易多边谈判中最困难的问题。问题的关键是“白搭车”(free-rider)：由于适用最惠国待遇原则，许多国家不需要在开放金融市场方面作出让步却可以享受其他国家给予的优惠。在乌拉圭回合谈判中，美国对许多国家金融服务自由化程度不满，拒绝以最惠国待遇原则作为它金融服务具体承诺的基础，而主张适用对等原则，以迫使其他国家开放金融市场，美国的态度曾一度使谈判陷入僵局。为避免把金融服务排斥在多边贸易体制之外，作为一种妥协，总协定(GATS) 允许成员方在一定时期内维持与最惠国待遇不相符的措施，并将这些措施列入上述第 2 条第 2 款所称“免除最惠国待遇义务清单”中。

2. 透明度原则与货物贸易不同，阻碍服务贸易自由化的主要障碍不是关税，而是法规。一般而言，关税具有较高的确定性和透明性，而通过国内法措施的限制往往具有较大的隐蔽性，因此，在服务贸易特别需要强调透明度原则，以防止成员方采取的某种国内措施构成国际服务贸易壁垒（非关税壁垒)。《服务贸易总协定》第 3 条规定：①除非存在紧急情况或属于不宜公开的机密资料，各成员方应在协定生效时，立即公布其所有涉及或影响服务贸易的法律、法规等有关措施，包括成员方签字加入的有关服务贸易的国际协定。机密资料指一旦公布将妨碍法律实施或违背公共利益、损害国营或私人企业合法商业利益的信息资料。②成员方在制定对服务贸易有重大影响的新的法律、行政法规、命令时，或对现行法律、行政法规、命令作任何修改时，应立即或至少每年一次向服务贸易理事会报告。③每一成员方在其他成员方要求提供所采取的有关服务贸易的措施或其参与的有关与服务贸易有国际协定资料时，应立即予以答复。每一成员方还应在《世界贸易组织协定》生效后 2 年内，建立 1 个或多个咨询机构，以便向其他成员方提供所需资料和向服务贸易理事会提供报告。上述时间限制对发展中国家成员可适当放宽。④任何成员方如认为其他成员方采取的措施影响《服务贸易总协定》的实施，可通报服务贸易理事会予以处理。

3. 发展中国家更多参与原则。世界贸易组织成员中，发展中国家占有非常重要的地位。世界贸易组织对发展中国家、特别是被列为“最不发达”的国家和地区制定了种种优惠措施，以使他们能够更多地参与到国际经济体系中来，从国际合作与分工中尽可能多地获益。GATS 除了要求发达国家建立联络点，以便发展中国家的服务提供者获取市场准入方面的资料（GATS 第 4 条第 2 款），还在以下各方面规定给予发展中国家更多的参与权利和参与机会：GATS 的第 4 条第 1 款规定，应通过不同成员方所商定的具体承诺来推动发展中国家成员方进一步参与国际贸易，这些承诺应包括：①增强发展中国家成员方国内服务的能力、效率与竞争力，特别是要通过基于商业条件的技术引进途径。②改善发展中国家成员方进入分销渠道和信息网络。③对发展中国家成员方实行有利的部门准入与出口提供方式。GATS 的第 4 条第 2 款规定，发达国家成员方及其他有可能的成员方，应在世界贸易组织协定生效后 2 年内建立联系点，以便发展中国家成员方服务提供者获取有关市场进入的资料。这些资料包括：①服务提供的商业与技术事项。②有关登记、认可和获得服务业专业资格方面的信息。③获得服务技术的可能性。GATS 的第 4 条第 3 款规定，对本条第 1、2 款的实施，应特别优先考虑最不发达国家成员方。鉴于它们的特别经济状况以及它们在发展经济、贸易和财政上的需要，对它们在接受本协定的特定义务方面存在严重困难，因而应给予特殊的考虑。

4. 发展中国家逐步自由化原则。发展中国家的逐步自由化原则，事实上是世界贸易组织对发展中国家优惠待遇的体现。逐步自由化原则的含义是，发展中国家在和其他成员方同样负有逐步开放本国市场的义务的同时，市场开放的进程可以比发达国家相应缓慢。对于服务贸易，允许其根据国内服务业发展状况、竞争力，决定是否开放以及如何开放某一服务业，并允许对服务业实行一定程度的补贴和保护。即使在开放服务市场后，如果外国服务业大量进入造成国内服务业严重损害，也可以采取保护措施。为了实现服务贸易的逐步自由化原则，《服务贸易总协定》第 19 条规定：①为了逐步实现服务贸易自由化的目的，在《世界贸易组织协定》生效后的 5 年内，应开始并在此之后定期举行多边谈判，以减少或消除各成员方的有关措施对服务贸易产生的不利影响。这种谈判应当本着平等互利的原则进行，通过谈判实现所有成员权利与义务的全面平衡。②服务贸易自由化的进程，应考虑到每一成员方相应的国内政策目标和服务部门的发展水平。对发展中国家成员方，应体现适当的灵活性，具体表现在：当发展中国家得少开放一些服务部门、放宽较少类型的交易、逐步扩大市场准入以及在市场准入方面附加某些条件时，应当充分考虑其要求的合理性。③服务贸易理事会应为今后的谈判确立谈判的准则和程序。今后的谈判应在先前谈判中各成员方承诺的自由化义务的基础上进行，并应给予最不发达国家以特殊待遇。④每一回合的双边或多边谈判，都应推进服务贸易自由化的进程。

（二）具体承诺

服务贸易总协定下的市场准入和国民待遇的规定，不同于货物贸易下的规定，在 GATS 下，它们属于成员方的特定义务，即因成员方的具体承诺而对该特定的成员方形成义务。并且，两者存在紧密的联系，一方面，国民待遇以市场准入为前提，另一方面，只有市场准入以后，才有可能给予国民待遇。

1. 市场准入。所谓市场准入，是指一成员方允许另一成员方的货物、劳务与资本参与本国市场的程度，这是国家通过实施各种法律、法规和规章对本国市场对外开放程度的一种宏观掌握和控制。金融服务贸易中的市场准入原则是指允许成员方的金融服务者进入本国市场，本国已承诺的所有金融业务要对所有成员方开放。其特点如下：①市场准入是各缔约方承担的特定义务或称具体承诺，而不是一般义务。因此，是否承担市场准入的义务，必须取决于缔约方之间双边或多边谈判达成的协议；而且，即便某一缔约方已经就市场准入问题作出了承诺，仍可在承担市场准入的部门中根据自己的经济发展水平施加一定的期限、限制和条件，但前提是这些期限、限制和条件已规定在其作出的市场准入承诺表中。②在各成员方已作出市场准入承诺的部门中，禁止采用的限制措施主要是数量限制。由于各国经济实力发展不均衡，各国对金融业的开放程度差异很大，并且各国在不同的服务门类中的比较优势错综复杂。这就决定了，市场开放要一步一步进行，允许各成员方根据本国情况对不同门类的市场进入规定条件、作出限制。所以，在服务贸易总协定中，市场准入不是作为一般性的原则而是具体的义务，这一具体义务只有通过双边或多边贸易谈判达成具体的协议，逐项列入具体承诺表内，才能为各成员方所贯彻。鉴于此，《服务贸易总协定》的市场准入条款中列出了6种影响市场准入的限制措施。具体包括：限制服务提供者的数量，限制服务交易或资产总值，限制服务网点总数或服务产出总量，限制特定服务部门或服务提供者可以雇用的人数，限制或要求通过特定类型的法律实体提供服务，限制外国资本参与的比例或外国资本的投资总额。因此，从该条规定可以看出，除在减让表中明确列明外，成员方不得对其他成员的服务或服务提供者实施这些限制措施。

2. 国民待遇。国民待遇原则是世界贸易组织的基本原则之一。服务贸易领域中的国民待遇与货物贸易中的国民待遇有所不同，它不是一项每一成员方都必须遵守的适用于所有服务部门的普遍义务。每个成员方只在其承诺计划表中所承诺的范围内，给予另一成员方的服务和服务提供者以国民待遇。服务贸易中的国民待遇原则并不要求对内外服务和服务提供者的待遇在形式上必须完全一致，而是以是否从实质上给予内外服务和服务提供者平等待遇来确定该成员方是否遵守了国民待遇原则。根据《服务贸易总协定》第17条的规定，服务贸易中的国民待遇原则的内容包括：①每一成员方按照它所递交的承诺计划表中的服务部门以及明确表示的各种适用条件和资格，给予其他成员方的服务和服务提供者以不低于本国相同服务和服务提供者的待遇。②上述给予另一成员方服务和服务提供者的待遇在形式上可以与提供给本国相同服务和服务提供者的待遇不同。无论采取相同还是不同形式，只要不造成对其他成员方服务和服务提供者事实上的歧视，就不属于违反国民待遇。③无论形式上是否相同，只要给予内外不同的服务或服务提供者的待遇改变了双方的竞争条件，造成的结果实际上有利于国内的服务和服务提供者，将被视为违反国民待遇原则。根据国民待遇条款，每一个成员方应在其承诺表所列服务部门或分部门中，根据该表内所述的任何条件和资格，给予其他方的服务和服务提供者，就所有影响服务提供的措施而言，其待遇不低于本国相同服务和服务提供者。这样就把国民待遇原则作为各成员方具体承诺的义务而不是一般性义务，其优点是可以使分歧较小的国家早日达成协议。

（三）例外规定

1. 一般例外。详见第五章《世界贸易组织多边贸易体制》一章的分析。

2. 区域经济一体化的例外。GATS 第 5 条规定：本协定不得阻止任何成员参加或达成在参加方之间实现服务贸易自由化的协定。按照目前的主流观点，区域经济一体化和全球范围的经济一体化在追求更加开放的贸易体制方面是互补的，而不是相互替代的，认同区域经济一体化超前于世界经济一体化。截至 2010 年 4 月 1 日，依据 GATS 第 5 条“经济一体化”的规定，向 WTO 通知并已生效的区域经济一体化协定共 73 个。

3. 审慎例外金融监管与金融自由化是 GATS 在金融领域里的两大目标。一方面，金融服务由于其战略的重要性和政治的敏感性，在服务贸易谈判中一直是一个特殊的和备受争议的部门。它不仅是国际服务贸易中最大的部门，而且“是现代经济的脊梁——任何不严重依赖于（无论是直接或不直接）金融部门所提供的服务的经济活动，都很难想象”。金融行业所具有的这种“公共性”特点使它不同于其他行业，需要特殊的监管。不仅如此，监管对于处于开放条件下的金融业更加重要。金融服务自由化如果不辅之以有效监管，则更容易引起金融乃至整个经济的动荡。正因为如此，在 GATS 的谈判过程中，各国政府普遍感到对金融服务应当给予特别对待，对金融业应进行严密规制。所以，GATS《金融服务附录》第 2 条第 1 款对金融服务的国内法规作了进一步规定：“不管本协定任何其他条款作何规定，不应阻止一成员为谨慎原因而采取相应措施。包括为保护投资者、存款人、投保人或金融服务提供者对其负有托管责任的人而采取的措施，或为确保金融体系的统一和稳定而采取的措施。如果这些措施不符合本协定条款，则它们不应用来逃避该成员本协定下的承诺或义务。”这就是通常所说的“审慎例外”（prudential carve out）。因此，一方面，任何市场准入和国民待遇义务都受基于谨慎原因而采取的措施的约束；另一方面，如果这些措施与 GATS 规定不一致，它们不能成为违反 GATS 承诺或义务的方法或借口。这包含两层意思：①如果这些谨慎措施是符合 GATS 规定的，无论在任何情况下都可取代 GATS 中的其他条款；②如果此类措施与 GATS 不一致，则必须证明采取措施的这一方有逃避承诺的意图，否则仍可被视为是合法的措施。这一审慎例外，目的是使成员国政府能够保护本国金融体系的安全和存款人、投资者的利益。此条款的重要性在于 WTO 推进金融服务贸易自由化的同时能认识到审慎监管的重要性，它实际上规定了如何处理金融服务贸易自由化与保持稳定而高效的金融体制这一主要矛盾的指导原则。事实上，由于开放金融市场与国家安全、经济稳定和文化传统息息相关，各国在这一领域或多或少设置了一定的壁垒，即使像美国、日本这样的发达国家也不例外，更不用说相对落后的发展中国家了。所以，总协定仅作为一原则性的协议，并不要求各缔约方在所有领域实现自由化，而承认各国只在承诺的部门对外开放。同时，从服务贸易条款看，多数条款只是对几项原则提出了明确要求，具体实施日期则没有规定，因为有一个“逐步自由化”的过程。这种“自由化”的过程，是要根据各缔约方自身的条件通过与其他缔约方进行“实质性”谈判来决定的。

本章思考题

1. 国际金融法的调整对象是什么？它有哪些特点？
2. 布雷顿森林货币制度的主要内容有哪些？
3. 牙买加货币制度的变化主要体现在哪些方面？
4. 国际资金融通有哪些方式？试就各种方式的特点、利弊作一分析。
5. 简述国际证券的概念、特征及种类。
6. 试比较分析注册制与核准制的利弊。
7. 国际贷款协议生效需要具备哪些先决条件？
8. 国际货款协议中规定的借款人违约事件有哪些？贷款人可采取哪些救济措施？
9. 陈述和保证条款的主要内容是什么？它有什么作用？
10. 试分析巴塞尔资本协议的演变与发展趋势。
11. 关于特别提款权，下列哪些选项是正确的？

A. 甲国可以用特别提款权偿还国际货币基金组织为其渡过金融危机提供的贷款

B. 甲乙两国的贸易公司可将特别提款权用于两公司间国际货物买卖的支付

C. 甲乙两国可将特别提款权用于两国政府间结算

D. 甲国可以将特别提款权用于国际储备

12. 实践中，国际融资担保存在多种不同的形式，如银行保函、备用信用证、浮动担保等，中国法律对其中一些担保形式没有相应的规定。根据国际惯例，关于各类融资担保，下列哪些选项是正确的？

A. 备用信用证项下的付款义务只有在开证行对借款人的违约事实进行实质审查后才产生

B. 大公司出具的担保意愿书具有很强的法律效力

C. 见索即付保函独立于基础合同

D. 浮动担保中用于担保的财产的价值是变化的

第十章
国际税法

✣学习目的与要求

随着国际经济的发展和国际经济交往规模的扩大，从事跨国经济交易活动的当事人都不可避免地会遇到同一个问题：即同时面对不同国家的税收管辖与税收征收。相对于各国政府而言，也面临着如何利用税收手段既努力促进国际经贸合作与发展，又有效维护国家税收主权利益的矛盾。国际税法即是为协调与解决上述矛盾与问题应运而生的，它是国际经济法的一个重要分支，它同国际经济法的其他分支一样，是一个崭新的法律部门。目前，国际税法主要通过国际税收协调与合作来调整跨国税收征纳过程中产生的国际税收分配矛盾，协调各国税收管辖权冲突，解决国际重复征税与国际重叠征税，防止国际逃税与国际避税，禁止税收歧视等，以为国际经贸合作与发展创造一个宽松和谐、公平合理的国际税收环境，从而促进国际经济贸易和国际经济交往的进一步发展。

第一节 国际税法概述

一、国际税法的概念和法律特征

国际税法是国际经济法的重要组成部分，它同国际经济法的其他各个分支一样，是一个崭新的法律部门。国际税法的出现是国际经济交往发展到一定历史阶段的产物，是在第二次世界大战以后随着世界经济的迅猛发展和国际经济贸易往来的日益频繁而产生的。

（一）国际税法的概念

由于对国际税法所调整的对象——国际税收关系认识不一，狭义的国际税法学说认为国际税法只调整国家间的税收分配关系，此学说以德国学者李卜特（G. Lippert）为代表；而广义的国际税法学说则认为国际税法不仅调整国家间的税收分配关系，还调整国家与跨国纳税人之间的税收征纳关系，此学说以瑞士学者尼奇勒（A. A. Knechtle）为主要代表。[1] 目前，广义的国际税法学说已得到各国学者的

〔1〕 高尔森主编：《国际税法》，法律出版社 1993 年版，第 1 ~2 页。

普遍赞同。

关于国际税法的基本含义，尽管我国国内学者的具体表述不尽相同，但其实质上并无区别。比如，高尔森教授认为："国际税法（International Tax Law）是调整国际税收关系，即国家间税收分配关系，以及国家与跨国纳税人之间税收征纳关系的各种法律规范的总称。"[1] 廖益新教授将国际税法定义为："国际税法是适用于调整在跨国征税对象（即跨国所得和跨国财产价值）上存在的国际税收分配关系的各种法律规范的总称。"[2] 刘剑文教授关于国际税法的定义则表述为："国际税法是调整在国家与国际社会协调相关税收的过程中所产生的国家涉外税收征纳关系和国家间税收分配关系的法律规范的总称。"[3]

本书认为，国际税法的调整对象为国际税收关系，它具有双重含义：包括国际经济活动中主权国家与跨国纳税人之间的税收征纳关系，以及由此而产生的有关国家间的税收分配关系。其中，国家间的税收分配关系是国际税法调整的核心；形成这个核心的基础是国家与跨国纳税人之间的税收征纳关系，它反映了各国的征税权及其征税制度，理应囊括在国际税法的调整范围之中。因而，本书对国际税法的概念均是从广义国际税法的角度加以理解的；对国际税法的定义则更倾向于使用高尔森教授的界定，它不仅符合广义国际税法的基本含义，而且简洁、具体、规范。

（二）国际税法的特征

和国际税法的调整对象相联系，国家在国际税收关系中具有举足轻重的作用，因而国际税法具有较强的公法性质。因此，与国际经济法的其他分支及相邻法律部门相比较，国际税法的法律特征主要表现在以下几个方面：

1. 主体的特殊性。国际税法的主体有两个：一为国家，二为跨国纳税人。作为国际税法主体的国家具有双重属性：①一般主权性的主体。作为主权国家，国家在国际税法上既享有权利，又负有义务。例如，在国际税收条约的谈判、签订与实施过程中，国家即是以一般主权性主体存在的。这时的国家与国际经济法其他分支中的国家主体是一致的。②特殊的征税主体。国家作为主体对跨国纳税人行使征税权时是征税主体，只享有征税的权利而不承担任何义务。这时的国家则与国际经济法其他分支中的国家主体不一致。作为国际税法主体的跨国纳税人（包括自然人与法人），同时对两个或两个以上国家承担纳税义务，而不享有权利。这与国际经济法其他分支中作为主体的自然人和法人既享有权利又承担义务有所不同。

2. 客体的跨国性。国际税法的客体是纳税人的跨国所得（transnational income），这是国际税法与其他相邻法律部门又一个完全不同的地方。跨国所得主要包括两类：一是本国居民来源于国外的所得；二是非本国居民取自本国境内的所得。只有在存

---

〔1〕 高尔森主编：《国际税法》，法律出版社1993年版，第3页。

〔2〕 廖益新主编：《国际税法学》，北京大学出版社2001年版，第9页。

〔3〕 刘剑文主编：《国际税法学》，北京大学出版社2004年版，第14页。

在着跨国所得的情况下，才会发生国家与跨国纳税人的税收征纳关系，从而，才会出现国家间的税收分配关系。因此，国际税法所涉及的税种主要是各国的所得税及少数国家的一般财产税与遗产税，而很少涉及其他税种。近年来，随着社会保障税在发达国家的盛行，国际税法也开始涉及社会保障税这一新的税种。但无论是遗产税、社会保障税，还是其他一般财产税，它们都和所得税一样是对人税，因而容易导致国家税收管辖权之间的冲突。

3. 法律规范的多样性。国际税法所包括的法律规范种类最多。国际税法既包括国际法规范，又包括国内法规范，这与国际经济法的其他分支相同。但是，国际经济法的其他分支的法律规范只限于实体法规范，而国际税法除了实体法规范之外，还有冲突法规范，如“不动产及其收益由所在国征税”就是一个典型的冲突规范。

4. 权利义务的非完全对等性。如前所述，在国际税收法律关系中，国家主要享有征税的权利，而跨国纳税人则负有纳税的义务，其权利义务是不完全对等的。这也和国际经济法其他分支中主体之间权利义务基本相等完全不同。尽管近年来，人们愈来愈关注纳税人权利的研究，但也更多的是从宪政的角度来关注和保护纳税人的基本权利，而并不直接否认在税收关系中国家的征税权和纳税人承担纳税义务的基本规范。[1]

二、国际税法的法律渊源与基本原则

（一）法律渊源

1. 国际税收协定。目前，国际税法的渊源主要表现为国际税收条约或协定。自1843年法国和比利时缔结的第一个双边税收协定到20世纪90年代末，世界上业已生效的双边税收协定已有三千五百多个，[2] 此外还有少数多边税收条约，如北欧税收公约和中国2013年新签署的《多边税收征管互助公约》。[3]

2. 涉外税法。各国的涉外税法（Foreign-related Tax Law），尤其是涉外所得税法，是国际税法的又一重要渊源。国际税收条约的许多法律规范或内容，都必须通过相关国家国内税法的配合与落实才能发生实际效力。况且，许多国家的涉外税法都有旨在避免重复征税，防止国际逃税、避税等内容的规定。因此，国际税收关系

---

〔1〕例如，我国台湾地区学者黄俊杰在其《纳税人权利之保护》一书中即认为：“从法律之观点，人民之金钱给付，系作为财政国中国家财政收入之核心要素，国家经由课税权之行使，将人民财产权转换成公法之强制性财政收入。由此可知，在财政国家中，税捐系国家不可或缺之金钱要素。”从而，“‘纳税’宪法制度之形成，……首先应系税捐基本权之肯认，以有效实践纳税者之权利保护。至于国家课税权之行使，则仍应受到人民税捐基本权之限制。”参见黄俊杰：《纳税人权利之保护》，北京大学出版社2004年版，第2页。

〔2〕参见中国国际税收研究会福州市税务学会主办：《国际税讯》，1997年12月第16期，第5页。转引自廖益新主编：《国际税法学》，北京大学出版社2001年版，第8页。

〔3〕参见“中国政府正式签署《多边税收征管互助公约》”，载新华网 http://news.xinhuanet.com/politics/2013-08/27/c_117116485.htm，2014年12月10访问。

的调整必须依赖于国际法规范和国内法规范的相互配合才能完成。

3. 其他渊源。国际惯例也是国际税法的渊源，外交使领馆人员的税收豁免原则、外国人税收待遇的无差别原则等都是国际税收方面的惯例。此外，其他国际条约或协定中有关税收问题的规定，国际法院关于税收纠纷的判例等，也可作为国际税法的渊源。

（二）基本原则

主权原则、公平互利原则、共谋国际发展原则等国际经济法的原则，也是国际税法所必须遵循的基本原则。但作为国际税法所特有的原则，最主要、最为各国所公认的则是以下两项原则：税收管辖权独立原则和税收公平原则。

1. 税收管辖权独立原则。税收管辖权独立原则是国家主权原则在税收领域的直接体现，因此也被称为国家税收主权原则，[1] 它要求在国际税收关系中，各国都必须互相尊重与承认对方国家的税收管辖权。一国的税收管辖权是完全独立自主的，不受任何其他国家的干扰与侵犯；一国也不得以行使本国的税收管辖权为由侵犯或剥夺其他国家的税收管辖权。有关国家间在税收管辖方面的冲突与矛盾，应由相关国家在承认对方管辖权的前提下互相协商，共同寻求解决的方法与途径。

2. 税收公平原则。税收公平原则是公平互利、共谋国际发展的国际法原则的体现与补充。税收公平包括国家间税收分配公平和跨国税收征纳公平两部分内容。[2] 而对跨国纳税人的税收征纳公平又包含横向公平和纵向公平两个方面。横向公平，是指对同等收入的纳税人在相同的情况下应当同等征税；纵向公平，是指对高收入者应当比低收入者征收更多的税。这是一种表象的不公平，却体现了实质的公平。与此同时，税收公平原则还要求在国际税收领域消除国际重复征税，防止国际逃税、避税，对外国人实行无差别待遇，利用税收手段鼓励向发展中国家投资等。因为上述问题的反面都是有悖于公平原则的：国际重复征税的存在，相对于国内纳税人来说，就是对跨国纳税人的不公平；对国际逃税和避税的纵容，就是对奉公守法者的不公平；对外国纳税人的税收歧视，本身就是一种不公平；发展中国家与发达国家处于一个不公平的起跑线上，发展中国家争取国际经济新秩序的斗争本身就包含着建立一个公平的、合理的国际税收关系。因此，国际税法的目的与任务就在于建立一个公平合理的国际税收关系，从而为国际经济合作与经贸往来创造良好的条件。

3. 其他税收原则。近年来，国内税法中的税收中性原则和税收效率原则，也被一些学者引入了国际税法领域。[3]

本书也认为，这些原来只在国内税收关系中起重要作用的基本原则，在现代国

---

〔1〕 Brian J. Arnold & Michael J. McIntyre, *International Tax Primer*, Kluwer Law International, 1995, p. 3. 转引自刘剑文主编：《国际税法学》，北京大学出版社 2004 年版，第 54 页。

〔2〕 刘剑文主编：《国际税法》，北京大学出版社 1999 年版，第 18 页。

〔3〕 参见刘剑文主编：《国际税法学》，北京大学出版社 2004 年版，第 59 ~ 63 页。

际税收关系中也具有了越来越重要的意义。所谓国际税收中性原则，是指国际税收体制不应对涉外纳税人跨国经济活动的区位选择以及企业的组织形式等产生影响。一个中性的国际税收体制应既不鼓励、也不阻碍纳税人选择在国内进行投资还是向国外进行投资，是在国内工作还是到国外工作，或者是消费外国产品还是消费本国产品。[1] 而税收效率原则要求以最小的费用获取最大的税收收入，并利用税收的经济调控作用最大限度地促进经济的发展，或者最大限度地减轻税收对经济发展的妨碍。[2]

三、国际税法的主要内容

国际税法的产生是基于各国税收管辖权独立与国际经济一体化的冲突和矛盾。税收管辖权的积极冲突导致国际重复征税及国际重叠征税的产生；税收管辖权的消极冲突带来国际逃税和国际避税现象的蔓延。因此，消除或避免国际重复征税与国际重叠征税，打击国际逃税和国际避税，成为国际税法最重要的两大核心任务。目前，解决这两大问题的主要途径：一是通过各国国内税法，尤其是其涉外税法作出的单方规范；二是通过国际税收协调，尤其是采用双边税收协定对彼此的税收管辖权作出合理的划分。由此，国际税法一般涵盖以下几个方面的主要内容：①税收管辖权法律制度；②国际重复征税与国际重叠征税；③国际逃税与国际避税；④国际税收协调与合作；⑤涉外税收法律制度。由于后两个部分的相关内容往往是对前三个部分所涉具体法律制度的囊括与总结，并且基于本书篇幅所限，所以我们只选取前三个部分做重点介绍，后两个部分的主要内容将融合贯穿于这三个部分的实体制度之中；而在结构上，为了保证国际税收法律制度的完整性，将对第四个部分做扼要的介绍，第五个部分则不再纳入。

第二节 税收管辖权法律制度

一、税收管辖权概述

（一）税收管辖权的含义

税收管辖权（Tax jurisdiction）是指一国政府对一定的人或对象征税的权力。简单地说，税收管辖权就是一国政府行使的征税权力。一国政府可以自行决定对哪些人征税、征何种税以及征多少税等。国际税收关系中一系列矛盾和问题的产生，都与国家行使税收管辖权有着密切的联系，因此，税收管辖权是国际税法所要研究的

---

〔1〕 Lorraine Eden, *Taxing Multinationals: Transfer Pricing and Corporate Income Taxation in North America*, University of Toronto Press, 1998, p. 74. 转引自刘剑文主编：《国际税法学》，北京大学出版社 2004 年版，第 59 页。

〔2〕 刘剑文主编：《国际税法学》，北京大学出版社 2004 年版，第 61 页。

一项重要内容。

一国政府行使税收管辖权的依据源于国家主权。国家主权这一国际法上最为重要的概念一般包含独立权、平等权、管辖权和自卫权等基本权利内容。主权国家具有的这些基本权利已明确记载于《联合国宪章》、《国家权利义务宣言》等具有普遍国际法律效力的国际公约或国际法律文件中，且为长期以来的国际关系实践所确认。[1] "所谓管辖权，是指国家对其领土内或境内的一切人和事物，除国际上公认的享有豁免权者外，有行使管辖的权力。"[2] "管辖权是国家对其领域内的一切人和物行使国家主权的表现。"[3]

主权国家对其领域范围之内的一切人与事物都有行使法律管辖的权力，这是国家主权的重要属性，而税收管辖权即是国家主权在税收领域的体现，是国家主权的重要内容。因此，税收管辖权具有类似于主权的固有属性，它对外表现为一种完全独立自主的、不受任何干预的权力。一国政府完全可以根据本国的经济、政治和法律传统等实际情况，按照自己的意志确定适合本国的税收制度，规定纳税人和征税对象的范围。正因为如此，税收管辖权独立原则，才会为世界各国所普遍接受与遵循。

(二) 税收管辖权的基本理论原则

税收管辖权中最重要的基本理论原则是"居住国原则"和"来源国原则"。目前，世界上大多数国家普遍兼采这两种不同的管辖权原则来规定本国的税收管辖权范围。这两种税收管辖权理论，来源于主权国的"属人原则"(Principle of person)和"属地原则"(Principle of territoriality)。众所周知，主权国家是按照属人原则和属地原则行使其管辖权的。与此相适应，作为国家主权重要内容之一的税收管辖权，各国也是以纳税人或征税对象是否与自己的领土主权存在某种属人性质或属地性质的连结因素为依据来行使权力的。当纳税人与征税国之间存在某种属人性质的连结因素时，征税国则按"居住国原则"对该纳税人行使征税权；当征税对象与征税国存在某种属地性质的连结因素时，征税国则按"来源国原则"对该征税对象的所有人行使征税权。下面将分别阐述这两个原则。

1. 居住国原则。居住国原则(Principle of residence state)，也称"居住原则"或"居民税收管辖权原则"，它是指一国政府对于本国税法上的居民纳税人来自境内境外的全部财产和收入(即环球所得)实行征税的原则。

在这里，最重要的是怎样确认居民纳税人。按照属人原则，目前各国税法都是以"税收居所"作为属人性质的连结因素来确定纳税居民的。税收居所(Tax residence)是国际税法上的一个重要概念，它是指纳税人与征税国之间存在着的以人身

[1] 廖益新主编：《国际税法学》，北京大学出版社2001年版，第27页。

[2] 周忠海：《国际经济关系中的法律问题》，中国政法大学出版社1993年版，第30页。

[3] 王铁崖主编：《国际法》，法律出版社1981年版，第94页。

隶属关系为特征的法律事实。在自然人方面，表现为纳税人在征税国境内是否拥有住所、居所或具有征税国的国籍；在法人方面，表现为纳税人是否在征税国注册或者其实际管理和控制中心或总机构等是否设在征税国境内。国际税法上将这类属人性质的连结因素通称为“税收居所”。与征税国存在这种税收居所联系的纳税人，就是该国税法上的居民纳税人（Resident of tax payer），而这个征税国也相应地称为该纳税人的居住国（Residence state）。基于纳税人在本国境内存在税收居所这一事实，居住国政府则可以要求该居民纳税人就其来源于境内和境外的各种收入，即世界范围内的所得，承担纳税义务，这就是居住国原则。由于这种纳税义务不受国境的限制，有些国家也称之为无限纳税义务（Unlimited tax liability）。因此，国家根据纳税人在本国境内拥有税收居所这一连结因素而要求其承担无限纳税义务的权力，就是所谓的居民税收管辖权（Tax jurisdiction over residents）。

2. 来源国原则。来源国原则（Principle of source state），也称“领土原则”或“来源地税收管辖权原则”。它是指一国政府针对非居民纳税人就其来源于该国境内的所得征税的原则。

依国家主权的属地原则，国家对其领土范围内的人与物具有属地管辖权。税收管辖权上的属地性质，是指纳税人的各种所得与征税国之间存在着经济上的源泉关系。这种源泉关系主要表现在其所得直接来源于该征税国的某种地域标志，例如，不动产所得来源的不动产所在地；营业利润所得来源的营业机构所在地；劳务报酬所得来源的劳务提供地；股息、利息、租金等所得来源的债务人或支付人所在地；等等。这些表示属地性质的地域标志连结因素，国际税法上通称为“所得来源地”或“所得来源国”（Source state）。基于这种所得来源地标志，所得来源国政府就有权要求获取该种所得的非居民（Nonresident）纳税人就这部分所得承担纳税义务，这就是来源国原则。由于非居民纳税人仅就来源于征税国的所得部分纳税，其他所得不向该国纳税，因而其承担的是有限的纳税义务（Limited tax liability）。因此，国家根据非居民纳税人在本国境内存在着所得来源地这一连结因素而要求其承担有限纳税义务的权力，就是所谓的收入来源地税收管辖权（Tax jurisdiction over the area）。

综上所述，根据税收管辖权的“居住国原则”与“来源国原则”，居民税收管辖权和收入来源地税收管辖权是国家税收管辖权的两种不同表现形式。世界上大多数国家在所得税方面都同时行使这两种税收管辖权：作为居住国要求本国的居民纳税人就其世界范围的环球所得承担无限纳税义务；作为来源国要求从其境内取得收入的非居民承担有限的纳税义务。这样可以尽最大可能扩大本国的征税范围。当然，世界上也有少数国家仅依所得来源地行使税收管辖权，而放弃居民税收管辖权，以鼓励资本输出与输入。

二、居民税收管辖权的确认

（一）纳税人居民身份的确认

居民税收管辖权的行使，是以纳税人与征税国之间存在税收居所这一法律事实为前提条件的。因此，对于纳税人居民身份的判定，即确定纳税人与征税国之间是否存在某种税收居所联系的法律事实，成为各国税法的重要内容。

1. 自然人居民身份的确认。各国税法上判定自然人的居民身份，主要有以下标准：

（1）住所标准。凡在一国拥有住所的自然人，便是该国的居民纳税人。住所（Domicile）一般是指一个自然人设立其生活根据地并愿意永久定居的场所，通常为配偶和家庭所在地。由于住所体现了自然人与某一特定区域的内在联系，具有永久性和稳定性，易于识别，故许多国家如法国、瑞士、德国等均以住所作为确定自然人居民身份的标准。

例如，法国法律规定，凡在法国国内有住所的个人，均为法国税法规定的居民。所谓“有住所”，是指在法国国内有利害关系的中心地点和有5年以上的经常居所；作为所有权人、使用收益权人和租赁人，在法国国内居住并有主要停留地。[1] 我国《个人所得税法》也明确规定，在中国境内有住所的个人为居民纳税人。所谓在中国境内有住所的个人，是指因户籍、家庭、经济利益关系而在中国境内习惯性居住的个人。[2]

（2）居所标准。居所（Residence）一般指一个人经常性居住的场所，但并不具有永久居住的性质。按照居所标准，凡在一国拥有居所的自然人，便是该国的居民纳税人。例如，英国、加拿大、澳大利亚等国即以居所作为判定自然人居民身份的重要标志。但居所标准往往缺乏某种客观统一的识别标志，以致同一国法院作出的判决也会前后不一、相互矛盾。

譬如，加拿大税务法院就分别在1949年的鲁塞尔诉国家财政部长案和1950年的麦德隆诉国家财政部长案中对一个人在加拿大境内拥有住宅是否构成居所作出了前后不一的判决。在前一案件的判决中，加拿大税务法院认为，一个人当其离开加拿大期间仍在加拿大境内保留有住房，这对确认个人的居民身份具有重要意义。而在后一案件中，一个生活在美国但经常往返于美国和加拿大之间航程的船长，虽然其在加拿大境内拥有一幢住宅，并且每年偕同夫人来此住宅度假两周，法院却不认为他在加拿大有居所。[3]

不过，本书则以为，加拿大法院在对待这两个案件的判决中，并没有前后不一，相互矛盾。从表面看，这两个案件似乎都针对纳税人的房屋是否构成在加拿大境内拥有居所的问题，但这两个案件的最大不同在于，前一案例中的鲁塞尔是加拿大人，后一案例中的麦德隆是美国人。这只能说明一个问题，即加拿大法院在判决中并非

---

〔1〕 李泳：《国际税收的法律与实务》，上海译文出版社1996年版，第29页。

〔2〕 参见我国《个人所得税法》第1条；我国《个人所得税法实施条例》第2条。

〔3〕 1949/1950. Dominion Tax Cases（CCH），Canada. 转引自高尔森主编：《国际税法》，法律出版社1993年版，第44～45页。

仅依房屋作为判断税收居所的唯一标志，实际上还综合考虑了纳税人的国籍。许多国家在判定纳税人的税收居所身份时都兼采两种以上的标准，故加拿大法院这样做也就不足为奇了。

（3）居留时间标准。以自然人在征税国境内居住或停留是否超过一定的时间期限，作为划分纳税居民与非居民的标准。这一标准可以弥补居所标准的不足。但在居留时间的期限上，各国规定不一，有的为半年，如英国、印度、印尼等；有的为一年，如中国、巴西、新西兰、日本等。

（4）国籍标准。即以自然人的国籍来确定纳税居民的身份，实行所谓公民税收管辖权（Tax jurisdiction over citizens）。凡系一国公民，无论其是否居住在国籍国境内，都是该国的居民纳税人。国籍是最早用于判定居民身份的标准，但随着经济的国际化，人们脱离其国籍国活动的现象愈益普遍，故越来越多的国家已摒弃国籍标准。现仅有美国、菲律宾、墨西哥等少数国家仍坚持以国籍标准确认自然人的居民身份。

目前，同时采用住所（或居所）与居留时间两项标准，是国际上确定自然人居民身份最通常的做法。中国也是同时采用住所与居留时间两项标准。[1]

此外，各国尚有居住意愿等其他各种税收居所标准，在此不再一一赘述。

1924 年美国库克诉泰特案（Cook v. Tait）

［案情］ 原告库克是一名在墨西哥城拥有居所并居住在该城的美国公民，他被要求依美国国内收入法将其收入转回美国缴纳所得税。原告被征了 1193.38 美元的税款。但原告认为，其取得收入的财产位于墨西哥城，遂在支付税金后提起诉讼。原告的这一辩解遭到了美国联邦最高法院的否定。法院认为，税收管辖权的基础不在于财产的位置在美国国内或在国外，也不取决于该公民的居所位于美国国内还是国外，关键在于被告作为公民同美国之间存在的特殊关系。恰恰是这种关系决定了美国政府对于那些居住在国外且财产也在国外的美国公民拥有税收管辖权。[2]

［法理分析］ 在本案中，美国法院以库克是美国公民为由，确认他应就来源于墨西哥（即美国境外）的财产承担纳税义务。这种以公民身份确定纳税居民的做法，常被称之为公民税收管辖权。但其实所谓的公民税收管辖权并不是独立于居民税收管辖权和来源地税收管辖权之外的第三种税收管辖权。公民税收管辖权的实质是以自然人的国籍或公民身份为客观标志而要求其承担全球纳税义务，因而本质上仍然是一种属人性质的居民税收管辖权。只不过其确定居民身份的标准并非住所、居所或财产所在地，而是采用“国籍”而已。

2. 法人居民身份的确认。各国税法上对法人或公司的居民身份认定，主要有以

---

〔1〕 参见我国《个人所得税法》第 1 条；我国《个人所得税法实施条例》第 3 条。

〔2〕 陈大钢：《国际税法原理》，上海财经大学出版社 1997 年版，第 27 页。

下几种标准：

（1）法人注册成立地标准。即法人的居民身份依法人在何国依法注册成立而定。因法人注册地只有一个，所以这一标准的优点是法律地位明确、易于识别，但其缺点是往往不能真实地反映法人的实际经营活动场所，并且还可为纳税人避税创造条件。采用这一标准的国家主要有美国、加拿大等。

（2）法人实际管理和控制中心所在地标准。法人的居民身份决定于法人的实际管理和控制中心设立在哪个国家。董事会或股东大会所在地是判定实际管理中心所在地的重要标志。采用这一标准的国家主要以英国、德国、希腊、瑞士为代表。

比如，在1906年的比尔斯联合矿业有限公司诉荷奥一案中，原告公司在南非注册成立，其产品的开发与销售也多在南非进行，但该公司的大部分股东却居住在英国，董事会会议也多在英国举行，公司的经营与管理决策均在英国作出。英国法院据此认定，该公司为英国居民公司，应承担纳税义务。[1]

（3）法人总机构所在地标准。法人的总机构指的是负责管理和控制企业的日常经营业务活动的中心机构。采用总机构标准，法人的总机构设在哪一国，该企业则为哪国的居民公司。采用这一标准的主要有日本、法国等。

此外，尚有法人主要经营活动所在地标准、法人资本控制标准等。由于没有任何一个确定法人居民身份的标准是完美无缺的，所以实践中许多国家往往兼用两个或两个以上的标准来确定本国税法上的居民公司。我国原《外商投资企业和外国企业所得税法》（现已失效）实际上就是以法人注册地和总机构两个标准结合使用来判定法人的居民身份的。[2]但《企业所得税法》则兼采了注册地和实际管理机构所在地标准来确定法人的税收居民身份。[3]

（二）居民税收管辖权冲突的协调

由于各国税法确定纳税居民身份采用的标准不一致，当纳税人跨越国境从事国际经济活动时，就有可能被两个以上的国家同时认定为本国的纳税居民，从而产生居民税收管辖权的冲突。在居民税收管辖权冲突下的纳税人，将同时对两个或两个以上的国家承担无限纳税义务，其税收负担之重可想而知。因此，在国际税收领域，必须解决居民税收管辖权冲突问题，目前只能由有关国家间通过双边税收协定来协调解决。

1. 关于自然人居民身份冲突的协调。关于自然人居民身份的冲突，也称双重居所冲突，一般有两种可供选择的解决办法：①由缔约双方通过协商确定该纳税人应

---

〔1〕 高尔森主编：《国际税法》，法律出版社1993年版，第48~49页。

〔2〕 参见我国原《外商投资企业和外国企业所得税法》（现已失效）第2、3条；《外商投资企业和外国企业所得税法实施细则》（现已失效）第5条。

〔3〕 参见我国《企业所得税法》第2条。

为哪一方的居民。如中国同日本、美国等国家签订的双边税收协定即采用这一办法。[1] ②采用《经合组织范本》[2] 或《联合国范本》[3] 所提供的先后顺序来确定自然人的居民身份。

依《经合组织范本》和《联合国范本》（以下简称两个范本）的规定，同时是缔约国双方居民的个人，其身份确定方法如下：①应认为是其有永久性住所所在国的居民；如果在两个国家同时有永久性住所，或者在其中任何一国都没有永久性住所，应认为是与其个人和经济关系更密切（重要利益中心）所在国的居民。②如果其重要利益中心所在国无法确定，应认为是其有习惯性居处所在国的居民。③如果其在两个国家都有，或者都没有习惯性居处，应认为是其国民所在国的居民。④如果其同时是两个国家的国民，或者不是其中任何一国的国民，应由缔约国双方主管当局通过协商解决。[4]

2. 关于法人居民身份冲突的协调。关于法人居民身份冲突的解决方式也有两种：①由缔约国双方协商确定某一具体法人的居民身份归属；②在税收协定中预先确定一种解决冲突时应依据的标准。两个范本均以实际管理机构所在国为居住国，[5] 而我国与日本、法国等国家签订的税收协定则以总机构所在国作为解决法人居民身份冲突的标准。[6]

三、收入来源地税收管辖权的行使

收入来源地税收管辖权是征税国基于有关的收益或所得来源于本国境内的法律事实，针对非居民行使的征税权。征税国对非居民主张收入来源地税收管辖权的依据在于国家主权的属地原则，也即认定纳税人收益或所得来源于征税国境内。因此，关于收入来源地的识别判定，就成为收入来源地税收管辖权的重要内容。

纳税人的各项收益与所得从性质上一般被划分为四类：营业所得、劳务所得、投资所得和财产所得。由于各国税法对不同种类性质所得的来源地采用的判定标准与识别原则不一致，因而在跨国所得上，各国也往往产生税收管辖权冲突。下面分别就上述四种所得来说明各国对非居民行使收入来源地税收管辖权的法律实践和国际税法上的协调原则。

---

〔1〕 参见中华人民共和国财政部税务总局编：《中国对外税收协定集》（第1辑），中国财政经济出版社1985年版，第58、83页。

〔2〕《经合组织范本》，全称为《关于对所得和资本避免双重征税协定范本》，因由经济合作与发展组织所制定，故简称《经合组织范本》或OECD范本。

〔3〕《联合国范本》，全称为《发达国家与发展中国家关于双重税收的协定范本》，因由联合国所制定，故简称《联合国范本》或UN范本。

〔4〕 参见《联合国范本》第4条第2款；《经合组织范本》第4条第2款。

〔5〕 参见《联合国范本》、《经合组织范本》第4条第3款。

〔6〕 参见中华人民共和国财政部税务总局编：《中国对外税收协定集》（第1辑），中国财政经济出版社1985年版，第58页；中华人民共和国财政部税务总局编：《中国对外税收协定集》（第2辑），中国财政经济出版社1987年版，第32页。

（一）对非居民营业所得的征税

营业所得（Business income），又称营业利润或经营所得，一般指纳税人从事工业生产、交通运输、农林牧业、金融、商业和服务性行业等企业经营性质的活动而取得的纯收益。在国际税法上，对非居民营业所得的征税，目前各国都普遍接受并实行常设机构原则。

所谓常设机构原则（Permanent establishment principle），是指来源国仅对非居民纳税人通过在境内常设机构而获取的工商营业利润实行征税的原则。

两个范本第7条第1款均对常设机构原则作出了规定：缔约国一方企业的利润应仅在该国征税，但该企业通过设在缔约国另一方的常设机构进行营业的除外。如果该企业通过在缔约国另一方的常设机构进行营业，其利润可以在另一国征税，但其利润应仅以属于该常设机构的为限。

这表明非居民纳税人在来源国境内是否设有常设机构是来源国对非居民纳税人取自本国境内的营业所得进行征税的前提条件。因此，常设机构在国际税法上是一个非常重要的概念。对常设机构范围的扩大或缩小、对常设机构利润的归属与核算原则的不同，都将会直接影响缔约国双方的税收权利益。所以，虽然常设机构原则对居住国与来源国之间在跨国营业利润上的征税权益分配作了明确划分，但在具体的实施过程中，仍有许多问题需要加以解决。

1. 常设机构的概念和范围。根据两个范本之规定，缔约国一方居民在缔约国另一方从事经营活动，可以基于某种物的因素或人的因素而构成常设机构。

（1）场所型常设机构。从物之因素而言，常设机构首先是指一个企业进行其全部或部分生产、经营的固定场所。这种固定场所必须具备固定性、长期性、营业性三大特征。一般包括：管理场所；分支机构；办事处；工厂；车间或作业场所；矿场、油井或气井、采石场或任何开采自然资源的场所以及建筑安装工地；等等。[1]而商品库存、陈列、展销，为采购货物或收集情报而保有的场所，以及其他具有准备性、辅助性的固定场所则不构成常设机构。

比如，甲国的M公司在乙国设有一分公司，在丙国设有一常驻代办处。1996年10月，M公司在丁国又举办了一次为期3个月的商品展销会。已知甲国与乙、丙、丁三国均签订有双边税收协定。则依协定规定，M国在乙国设立的分公司、在丙国设立的代办处均在东道国构成常设机构，而在丁国的展销会则不构成常设机构。

在国际税收实践中，常设机构的认定往往成为各国对非居民企业进行税收征收的门槛值；也常常成为跨国纳税人与来源地国税收当局产生国际税收纠纷的焦点问

---

〔1〕关于建筑安装工地，《联合国范本》规定以连续为期6个月以上构成常设机构；《经合组织范本》规定以12个月以上为限。我国对外签订的税收协定早期一般采用《联合国范本》6个月的规定，而晚近的则多以12个月或18个月为准，这也反映了中国从单纯的资本输入国地位转向兼具资本输入与资本输出的双重地位。

题。下述荷兰股份有限公司输油管案即具有典型意义。

一家荷兰股份有限公司通过它设置的地下管道向德国的两个地点供应石油产品。所有油管归荷兰公司所有，并通过荷兰境内的电子计算机遥控。荷兰公司没有向德国派驻人员，所有技术、推销人员都在荷兰。德国地段油管的维护与修理则均由独立的承包商担任。德国税务机关认为荷兰公司利用德国境内油管输送石油已构成常设机构，遂决定向荷兰公司征税。荷兰公司不服，起诉至德国税务法院，申辩不存在设置常设机构的问题，其在德国也没有应税的经营资产。德国税务法院驳回了其申辩，荷兰公司又上诉至德国最高税务法院。德国最高税务法院认为，常设机构是进行类似于公司主要机构营业活动的场所，其构成条件包括经营性、固定性和时间上的连续性。据此地下输油管道符合常设机构标准，荷兰公司应在德国承担纳税义务。[1]

本案争议的焦点在于荷兰设置在德国境内的地下石油输送管道是否构成常设机构？依两个范本之列举，显然没有“管道”类的常设机构，但众所周知，范本的列举并不是限定性的。因而，“管道”是否构成常设机构，只能依常设机构的概念和特征来判断。如前所述，从物之因素而言，常设机构首先是指一个企业进行其全部或部分生产、经营的固定场所，这种固定场所必须具备固定性、长期性、经营性三大特征。在这里，地下石油管道具有固定性、长期性是毋庸置疑的，问题是它是否具有“经营性”，尤其是在荷兰公司没有派驻或雇佣工作人员的情况下。类似的案例还有诸如无人售货机、信息或技术设备的跨境设置等。由此，“人员”因素常常成为这些设施是否构成常设机构的分歧焦点。但另一方面，我们也必须注意到，即使不在当地派驻人员，并不等于这些设施没有“人员”管理或经营，跨境遥控或依赖第三方维护管理同样可以达到经营的目的，最为重要的是，缔约国一方企业通过这些跨境设施在缔约国另一方获得了“经营收入”。因此，从维护来源地税收管辖权出发，对于国际税收实践中的类似案例，法院一般的最后判决都会认定这些设施构成常设机构。

（2）代表型常设机构。从人之因素而言，缔约国一方企业在缔约国另一方境内并未通过某种固定的营业场所从事营业活动，但如果其在另一方境内通过特定的营业代理人开展业务，仍有可能构成常设机构的存在。按照两个范本之规定，缔约国一方企业通过依附于该企业的非独立代理人在缔约国另一方从事特定性质的营业活动，如依授权代表该企业签订合同等，一般构成在缔约国另一方设有常设机构。但是，如果缔约国一方企业在另一方境内通过独立地位的代理人进行营业，并不构成在另一方设有常设机构，除非这种代理人的活动全部或几乎全部是代表该企业。

2. 常设机构利润范围的确定与核算。对常设机构利润范围的确定一般采取“实

---

〔1〕 参见李金龙主编：《税收案例评析》，山东大学出版社2000年版，第134、139～140页。转引自刘剑文主编：《国际税法学》，北京大学出版社2004年版，第105～106页。

际联系原则”和“引力原则”；对已归属于常设机构范围的利润的核算则采用“独立企业原则”和“收入费用分配原则”。

实际联系原则（Effectively connected principle），是指非居民企业通过其设在来源国境内的常设机构的活动实现的营业利润，以及与常设机构有关联的其他所得（如常设机构对其他企业的投资、贷款所获的股息、利息收益以及特许权使用费等），可以归属于该常设机构的利润范围。至于非居民企业未通过常设机构而取得的营业利润和与常设机构并无实际联系的其他所得，应排除在常设机构的利润范围之外。

引力原则（Principle of the force of attraction），则是指非居民企业在来源国设有常设机构的情况下，非居民企业在来源国所取得的其他营业所得，尽管未通过该常设机构的活动而取得，只要产生这些所得的营业活动本身属于该常设机构的营业范围，来源国都可以将它们归纳入常设机构的利润项下征税。

例如，甲国A公司在乙国首都建立一办事处，主要用于接收、发送货物及订立合同、提供售后服务。A公司董事长在乙国参加地区性经济论坛会议期间，与B公司签订了销售A公司产品的合同。产品的运输提供均由B公司负责。A公司在乙国的办事处并不知情，但在纳税时却被要求将A公司与B公司直接订立合同产生的利润纳入应税所得。A公司的办事处对此表示不同意，认为其总机构A公司的利润与该办事处没有联系，不应由其纳税。乙国的税务机关则认为，A公司与B公司订立合同的营业活动属于该办事处的经营范围，故应由该办事处纳税。双方因此发生争议。[1]在本案中，A公司办事处所持有的观点为实际联系原则，乙国税务机关所持有的观点即引力原则。采用引力原则，有利于扩大来源国的税收管辖权，但从税务行政的角度考虑，则存在着适用上的困难。因此，从各国实践看，大多数国家在确定常设机构的利润归属时均采用实际联系原则，两个范本也基本倾向于实际联系原则。[2]

独立企业原则是指常设机构虽然在法律地位上不具有独立法人资格，只是总公司或总机构的派出机构，但来源国却将其视为独立的纳税实体，要求其按照正常的市场交易原则来与其他企业及其总机构进行经济交往，并以此来核定常设机构的应得利润。

收入费用分配原则指常设机构在计算利润扣除成本费用时，允许其分摊总机构的部分管理费用。但这部分费用必须是总机构为常设机构的营业所发生的或与常设机构的生产经营有关的费用。独立企业原则与收入费用分配原则的适用都是为了合理而正确地计算常设机构的营业利润，从而维护来源国的税收权益。

3. 常设机构原则的例外——对国际海运和航空运输业利润的征税。上述常设机构原则，不适用于国际海运和航空运输业。这是因为国际运输涉及的国家众多，如

---

〔1〕汤树梅主编：《国际经济法案例分析》，中国人民大学出版社2000年版，第123~124页。

〔2〕《联合国范本》列入了引力原则，《经合组织范本》未列入引力原则。

按常设机构原则征税将有碍于国际运输业的发展。按照两个《范本》的原则，对从事国际海运和航空运输企业的利润，应仅由企业的实际管理机构所在国一方独占征税。这一特殊原则已为世界上大多数国家所签订的税收协定所接受。

（二）对非居民劳务所得的征税

个人劳务所得（income from service）包括独立劳务所得和非独立个人劳务所得两类。独立个人劳务所得（income from independent personal service），指个人独立地从事某种专业性劳务和其他独立性活动所取得的收入。非独立个人劳务所得（income from dependent personal service），是指个人由于受雇于他人从事劳动工作所得的报酬，包括工资、薪金和各种劳动津贴等。

1. 对非居民独立劳务所得的征税。对跨国独立劳务所得的课税，国际税法上一般遵循“固定基地原则”（principle of fixed base）和“183 天规则”（183 days rule）。所谓“固定基地”，是指个人进行专业性劳务的场所，其意义几乎相当于常设机构。“183 天规则”和“固定基地原则”是指来源国对非居民纳税人的独立个人劳务所得征税，应以提供劳务的非居民个人某一会计年度在境内连续或累计停留达 183 天或在境内设有经营从事这类独立劳务活动的固定基地为前提条件。[1] 中国在对外签订的税收协定中，也多数采用的是“固定基地原则”与“183 天规则”。随着中国加入世贸组织后，国际服务贸易的开放使得上述征税原则将更具现实意义。

2. 对非居民非独立个人劳务所得的征税。对跨国非独立个人劳务所得的征税，总的原则是由作为收入来源国一方从源征税。

但两大范本均规定，同时具备下述三个要件的，应当由其居住国征税：①收款人在某一会计年度内在缔约国另一方境内停留累计不超过 183 天；②有关的劳务报酬并非由缔约国另一方居住的雇主或代表该雇主支付的；③该项劳务报酬不是由雇主设在缔约国另一方境内的常设机构或固定基地所负担。[2] 上述三个条件，必须同时具备，缺一不可。

此外，对特殊情况下的个人劳务所得，如跨国取得收入的董事、演员、运动员、退休人员、政府职员以及留学生、实习生等特定人员，双边税收协定往往采取特殊的征税规则。

（三）对非居民投资所得的征税

投资所得（income from investment），是指纳税人从事各种间接投资活动而取得的如股息、利息、特许权使用费等收益。来源国对非居民纳税人的投资所得，一般都采取从源预提的方式征税，国际上将此种征税通称为预提税，即由支付人在向非居民支付投资所得款项时按税法规定代为扣缴应纳税款，是所得税的一种源泉控制征

---

〔1〕《经合组织范本》中没有“183 天”的规定，只有固定基地的规定；并且在其后来的修订中已将有关“固定基地”的规定删去，相关内容纳入“常设机构”的范畴。

〔2〕参见《联合国范本》、《经合组织范本》第 15 条。

收方式。由于此类所得的成本、费用计算复杂，所以预提税都仅就收入总额（毛收入）计税，不扣除成本、费用，因此预提税的税率一般都比较低。比如，在我国，原《外商投资企业和外国企业所得税法》对一般的企业所得税是按33%计征，而对投资所得的预提税则是按20%计征。[1]《中华人民共和国企业所得税法》则将企业所得税降为25%，而预提税依然是20%。[2]

为了合理划分来源国与居住国的税收权益，双边税收协定一般都采用“税收分享原则”对跨国投资所得进行税收征收，即来源国依据协定的限制税率规定对投资所得进行预提税征收，而居住国对海外投资所得在来源国已经征过的税要给予承认，并采取相应的避免重复征收的措施，这样即可以确保来源国和居住国都可以享受到对投资收益的税收征税。比如，我国在国内税法中规定的20%的预提税税率，在双边税收协定中依限制税率则往往只在10%左右。

（四）对非居民财产所得的征税

对非居民财产所得，特别是针对非居民运用不动产与转让不动产所取得的收入，各国的通行做法都是由财产所在国征税，但对转让从事国际运输的船舶或飞机，以及属于经营上述船舶或飞机的动产所获的收益，应仅由转让者的居住国一方独占征税。而对非居民运用或转让动产所取得的收入，则由双边税收协定具体划分。

四、电子商务与税收管辖权

随着国际互联网的发展，跨国电子商务交易越来越频繁。电子商务交易的无址化、虚拟化特征，使得传统的国际税法原则在电子商务环境下的适用受到越来越严峻的挑战，而其实质依然是各国在新经济条件下如何行使其税收管辖权的问题。比如，关税及其他流转税在跨国电子商务交易中应如何进行征收，网上交易所得的性质应怎样划分，对国际避税的监管更加复杂、艰巨，等等。但其中最引人注目的问题即是对前述常设机构原则的挑战。

常设机构原则适用的前提在于企业在来源国有某种基于物的因素或人的因素所构成的具有物理空间形态的“场所”的存在，这是来源国据以征税的客观标志所在。而电子商务与传统贸易的最大区别即在于它的虚拟性。通过跨国电子商务交易，贸易商可以从来源国获取巨大营业利润，却不用在来源国设置任何具有物理空间形态的“场所或机构”，从而使来源国的征税权失去了任何可以依据的客观标志。

比如，欧洲一家公司通过互联网销售货物和劳务给日本顾客，并在日本设置辅助机构用于接受订货和售后服务。这种辅助机构一无存货，二不代表外国公司对外签订合同，依法不能认定为常设机构。故日本税务机关无法对这家欧洲公司来源于本国的收入征税。[3]

---

〔1〕 参见原《外商投资企业和外国企业所得税法》第5条和第19条。

〔2〕 参见《中华人民共和国企业所得税法》第4条。

〔3〕 汤树梅主编：《国际经济法案例分析》，中国人民大学出版社2000年版，第122页。

为此，发达国家多主张对跨国电子商务交易给予免税，而发展中国家基于维护自身税收权益则主张对通过跨国电子商务交易所获利润应适用常设机构原则对其征税，但对如何适用常设机构原则，却尚未找到最佳途径。有的主张扩大常设机构范围，将网址或支持网址的服务器作为常设机构来认定从而实现其征税；有的主张以网络传输信息的二进制单位比特（bit）为征收对象征收比特税；还有的学者提出“虚拟常设机构”的主张；也有学者提出将纯粹的网上交易视为权利转让从而依投资所得进行预提税征收；等等。

上述各种主张虽各有其合理性，但在实践中均会产生这样或那样的问题，比如，网址具有不确定性，销售商可以不将网址设在来源国境内，而将其设在本国或任何第三国境内从而逃避来源国的税收管辖；而征收比特税，无法区分单位数量网络信息的应税收入，从而不适用于所得税的征收；虚拟常设机构的主张，因缺乏客观标志而不具有可操作性；预提税方案则因模糊网上交易的所得性质而被认为违反税收中性原则，遭到发达国家的强烈反对。因此，对于跨国电子商务交易所得如何适用常设机构原则的问题，是一个值得进一步探讨与研究的新课题，也是广大发展中国家在新经济形势下如何维护来源国税收权益的新问题。

第三节 国际重复征税与国际重叠征税

一、国际重复征税与国际重叠征税的含义及其区别

学界关于国际重复征税与国际重叠征税的名称与含义均有较大的分歧。这种分歧首先体现在名称上的不同。除了国际重复征税与国际重叠征税的命名外，还有法律意义的国际重复征税与经济意义的国际重复征税，狭义的国际重复征税和广义的国际重复征税之谓，另外，许多学者还称之为国际双重征税和国际双层征税等。除了名称的不同外，学者们的分歧还主要表现在对国际重复征税的概念范围是否应涵盖国际重叠征税方面。其实，也正是因为学者们对国际重复征税概念范围的认识不一，才产生了上述不同的称谓。比如，高尔森教授和那力教授一直是采用国际重复征税与国际重叠征税的概念。[1]张勇和李泳两位学者则只强调国际双重征税的解决，但也同时认为国际双重征税分为法律的双重征税和经济性的双重征税。[2] 而廖益新教授则认为“国际重复征税概念应该包括法律性质的和经济性质的两种不同类型的重复征税现象”，强调不仅要重视对法律性重复征税的解决，也要注重对经济性重复

〔1〕 高尔森主编：《国际税法》，法律出版社 1993 年版，第 79 ~ 121 页；那力编著：《国际税法学》，吉林大学出版社 1999 年版，第 70 ~ 113 页。

〔2〕 张勇：《国际税法导论》，中国政法大学出版社 1989 年版，第 118 ~ 151 页；李泳：《国际税收的法律与实务》，上海译文出版社 1996 年版，第 29、49 ~ 68 页。

征税的解决。[1] 刘剑文教授采用了“国际双重征税”的称谓，其主要观点倾向于“狭义的国际双重征税专指法律性国际双重征税，而广义的概念则将经济性国际双重征税包括进来”，[2] 但在教材章节的编排上仍然使用的是“法律性双重征税”和“经济性双重征税”的概念。

本书以为，综观不同学者的观点与分歧，虽然表面看起来很复杂，但其在本质上并没有直接的冲突。尽管学者们采用了诸多不同的称谓，但所谓国际双重征税或国际重复征税，以及法律性的国际重复征税或说狭义的国际重复征税，都是指基于各国管辖权冲突而造成对跨国纳税人两次或两次以上的多次征税现象；而国际双层征税或国际重叠征税，以及经济性的国际重复征税或说广义的国际重复征税，都是指不同国家对跨国股东及其所控公司之间的多次征税现象。至于“重复”与“双重”和“重叠”与“双层”的差异，前者更加强调两个以上国家的多次征税，后者则认为这两类现象都主要发生在两个国家之间，而两个以上国家之间多次征收的现象较少发生而已。故此，为了表述的方便及避免概念的混淆，也为了涵盖两个以上国家的多次征税现象，本书对上述两个概念均统一采用“国际重复征税”和“国际重叠征税”的称谓。

（一）国际重复征税的定义与类型

国际重复征税（International double taxation），也称国际双重征税，是指两个或两个以上国家或地区各自依据自己的税收管辖权按同一税种对同一纳税人的同一征税对象在同一征税期限内同时征税。

国际重复征税是国际税收关系的焦点，也是国际税法的核心。国际税法的许多法律规范都是解决国际重复征税现象的规范。国际重复征税的产生又与国家税收管辖权有着直接的联系。只有在两个或两个以上的国家或地区对同一纳税人都行使税收管辖权的情况下，才会产生国际重复征税。因此，税收管辖权的冲突是产生国际重复征税的根本原因。国家间税收管辖权的冲突主要表现为以下三种类型：

1. 居民税收管辖权之间的冲突。居民税收管辖权之间的冲突主要是由于有关国家确定税收居所的标准不一致，致使一个纳税人在两个或两个以上国家同时被认定为居民纳税人，从而在这些国家都负有无限纳税义务。居民税收管辖权的冲突发生的情况相对较少，且目前国际上自然人与法人的税收居所冲突都已有了各自解决的规则。关于这一点，已在上一节介绍过，此处不再赘述。

2. 来源地税收管辖权之间的冲突。当一个纳税主体的同一笔所得被两个或两个以上的国家同时认为来源于本国，该纳税人应在两个或两个以上国家就同一笔所得承担有限纳税义务时，则产生了来源地税收管辖权之间的冲突。其产生的原因在于有关国家对同一种所得采取的确认来源地标准不同。这一类型的税收管辖权冲突发

---

〔1〕 廖益新主编：《国际税法学》，北京大学出版社 2001 年版，第 123 ~ 132 页。

〔2〕 刘剑文主编：《国际税法学》，北京大学出版社 2004 年版，第 141 ~ 147 页。

生的概率更少，目前国际上尚无固定的解决规则，只能由有关国家协商解决。

3. 居民税收管辖权与来源地税收管辖权之间的冲突。当纳税人在其居住国以外的其他国家进行经济活动或其他活动而取得收益时，其居住国要对其行使居民税收管辖权，作为居民纳税人，他要对居住国负无限纳税义务；而来源国要对其行使来源地税收管辖权，作为非居民纳税人，他要对来源国负担有限纳税义务。因此，该纳税人在来源国所取得的这笔收益必须同时向来源国与居住国承担纳税义务，来源地税收管辖权与居住国税收管辖权之间的冲突由此产生。这种情形之下的重复征税是大量的、普遍的并经常存在的，一般所说的国际重复征税即指这一类型，这也是国际税法所要着重解决的问题。如无特别说明，下述国际重复征税均指这一类型的国际重复征税。

（二）国际重叠征税的含义及与国际重复征税的区别

国际重叠征税（International double tax imposition），也称国际双层征税，[1]是指两个或两个以上国家对同一税源的所得在具有某种经济联系的不同纳税人手中各征一次税的现象。

重叠征税主要发生在公司与股东之间。由于公司与股东（包括个人股东与法人股东）在法律上都具有各自独立的人格地位，公司所获利润一般应当依法缴纳所得税，税后利润以股息的形式分配给股东后，股东依法又应当缴纳个人所得税或公司所得税。于是，同一所得在公司和股东手中被各征一次税，重叠征税由此产生。如果公司与股东在同一国内，则为国内重叠征税；如果公司在一国，股东在另一国，即为国际重叠征税。此外，又由于公司的股东可能也是一家公司，该公司又有自己的股东，因此，在母公司与子公司之间、子公司与孙公司之间，以及孙公司与重孙公司之间等，同一税源的所得都可能被各征一次税，所以，重叠征税中多层次征税的现象是很普遍的。

国际重叠征税与国际重复征税的相同之处在于同一来源的所得在不同的税收管辖下被多次征税，但它们之间也有着本质的不同。其最主要的区别在于：

1. 产生的原因不同。国际重复征税是基于国家间的管辖权冲突，这种冲突往往直接体现在同一纳税期限内；而国际重叠征税则是由于国家税制结构导致的，其主要体现在不同国家税收管辖权的先后叠加。管辖权冲突实际上即是各国税收法律制度的冲突，而管辖权叠加是基于不同国家经济税制结构的差异造成的。这也是国际重复征税被称为狭义的国际重复征税或法律上的国际重复征税，而国际重叠征税则被称作广义的国际重复征税或经济上的国际重复征税的主要原因。

2. 纳税主体不同。国际重复征税是不同国家对同一纳税人的同一所得两次或多次征税；而国际重叠征税则是不同国家对不同纳税人的同一税源所得两次或多次征税。这是国际重复征税与国际重叠征税之间最基本、最重要的区别。

---

〔1〕 陈安主编：《国际税法》，鹭江出版社 1987 年版，第 76 页。

3. 其他方面的诸多不同。重复征税没有国内重复征税，其有时只涉及个人纳税人，而与公司无关；但重叠征税有国内、国际之分，重叠征税涉及的纳税人中，至少有一个为公司。另外，国际重复征税只涉及同一税种，而国际重叠征税则有可能涉及不同税种。

目前，国际社会已经有了行之有效的、并为各国所普遍接受的解决国际重复征税的办法，但对国际重叠征税尚无普遍适用的解决办法。因此，国际重叠征税问题是国际税法亟待研究与解决的又一重要课题。

二、国际重复征税与国际重叠征税的消极影响

（一）国际重复征税的不利影响

国际重复征税的存在，首先有悖税收公平原则。相对于国内纳税人来说，跨国纳税人要同时承担来源国与居住国的双重纳税义务，担负更沉重的税负。因此，国际重复征税被视为对跨国投资与商业活动的歧视。由于过重税负的存在，国际重复征税严重影响跨国投资者的积极性，从而阻碍国际资本流转、商品流通和经济技术交流，所以，国际重复征税的存在成为国际经济正常交往的重要障碍，避免和消除国际重复征税具有极为重要的意义。

避免国际重复征税可以减轻跨国纳税人的税负，消除对国际投资的畏惧心理，促进国际资本的跨国流动，既有利于发达国家输出资本，也有利于广大发展中国家吸引资金与技术，从而促进国际经济的发展。同时，国际重复征税的消除还有助于协调国家间的税收分配关系，增强国际经济技术及科教、文化、体育等领域的合作。

（二）国际重叠征税的不利影响

国际重叠征税的存在对国际税收关系及国际经济关系也会产生许多负面影响，主要表现在以下几个方面：

1. 国际重叠征税造成跨国纳税人税负过重，影响国际投资的积极性。同一笔所得被多次征税，使纳税人负担过重，所获得利润甚少，必然使其在国际投资面前徘徊不定、举步维艰。

2. 国际重叠征税的存在，使公司尽量不分配股息或少分配股息，不仅对公司本身的发展不利，股东所在国不能按时收到投资收益，对国际收支平衡也会产生不利影响。

3. 国际重叠征税的存在，使公司尽量使用借贷资本而不愿过多吸收股份资本。因为借贷资本利息可以作为成本从应纳税所得中扣除，使公司的应纳税额减少；但股份资本的股息则不能作为成本扣除，只能从税后利润中支付，由此必将增加产品成本，不利于国家财政收入。同时，借贷资本过多还会影响资本结构，对国际经济的正常发展不利。

因此，国际重叠征税的存在不利于国际经济的顺利发展，消除和避免国际重叠征税意义重大。

三、避免国际重复征税的方法

国际重复征税既源于税收管辖权冲突，因此从逻辑而言，限制各国的税收管辖权，如各国只行使单一的居民税收管辖权，或仅行使来源地税收管辖权，就可以有效地避免税收管辖权冲突，从而完全避免国际重复征税的产生。然而，这既涉及国家主权，又涉及国家的财政利益，实践中几乎没有国家愿意放弃任何一种管辖权。因此，目前避免国际重复征税的唯一解决办法只能是在相互承认对方国家税收管辖权的基础上由双方各自通过国内立法或通过双边税收协定来协商解决。所以，相互承认对方的税收管辖权是避免国际重复征税的前提。由此，居住国首先就要承认来源国的优先征税权；而来源国也必须作出一定的让步与限制，以保证居住国的居民税收管辖权不至于在事实上落空，否则都是对对方国家税收管辖权不予承认的表现。

与此相联系，在国际税收的实践中，避免国际重复征税的具体方法主要有以下几种：

（一）运用冲突规范划分征税权

运用冲突规范将某一征税对象的征税权完全划归一方或分配给双方，从而在一定程度或范围上避免国际重复征税。这是国际税收协定中常用的一般方法，也是某些国家的国内税法中所采用的办法。比如，我们在上一节中已介绍过的常设机构原则，对国际海运和航空运输业利润的征税原则，对个人劳务所得征税的固定基地原则和183天规则，对投资所得的税收分享原则等，都是运用冲突规范划分征税权的做法。所以，利用国内法冲突规范与国际法冲突规范划分征税权，是消除国际重复征税的重要方法之一。

（二）免税法（Exemption method）

免税法，是指居住国政府对本国居民来源于国外的所得和位于国外的财产免于征税。免税法的实行，可以使跨国纳税人在收入来源国已经纳税的那部分所得，不用再向居住国政府纳税，从而避免重复征税。目前，免税法主要在各国国内法中加以规定，如法国、丹麦、瑞士等欧洲大陆法系及拉美的一些国家。有时，免税法也作为避免国际重复征税的方法被列入国际税收协定之中。

由于具体操作方式及结果的不同，免税法可分为全部免税法和累进免税法两种。

1. 全部免税法（Full exemption），也称全额免税法，是指居住国在确定纳税人的应税所得及其适用税率时，完全不考虑应免予征税的国外所得部分。其计算公式为：

居住国应征所得税税额 = 居民的国内所得 × 适用税率

2. 累进免税法（Exemption with progression），是指居住国在确定纳税人的国内应税所得的适用税率时，将应免予征税的国外所得部分考虑进去，但对国外所得部分却不予实际征收。其计算公式为：

居住国应征所得税税额 = 居民的国内外总所得 × 适用税率 ×（国内所得 ÷ 国内外总所得）

假定某跨国纳税人来自国内外的全部应税所得共计40万元，其中，居住国所得为30万元，收入来源国所得为10万元。收入来源国实行30%的比例税率；居住国实行20%～50%的累进税率，30万元所得的适用税率为35%，40万元的适用税率为40%。[1]该纳税人在不同情况下的纳税额分别如下：

	来源国纳税	居住国纳税	两国共纳税
无免税	3万（10万×30%）	16万（40万×40%）	19万元
全部免税	3万（10万×30%）	10.5万（30万×35%）	13.5万元
累进免税	3万（10万×30%）	12万（30万×40%）	15万元

可见采用累进免税法，相对于全部免税法而言，不仅可以多增加税收收入，以避免因对国外所得免税而使国内所得适用较低的税率，更重要的是还可以表明本国并未放弃居民税收管辖权。居住国只是在承认来源国有优先征税权的基础上对本国居民税收管辖权采取一定的限制措施以避免重复征税，减轻纳税人的负担，但并未从根本上放弃本国的居民税收管辖权。因此，在实行免税制的国家中，很少有采用全部免税法的，大多实行累进免税法。需要注意的是，采用累进免税法，必须以居住国实行累进税率为前提，否则即无实际意义。

（三）抵免法（Foreign tax credit）

抵免法也称外国税收抵免，指纳税人可将已在收入来源国实际缴纳的所得税税款在应当向居住国缴纳的所得税税额内扣除。其基本计算公式为：

居住国应征所得税税额＝居民的跨国总所得×居住国所得税税率－允许抵免的已向来源国缴纳的所得税税款

居住国对本国居民纳税人的国外税收实行抵免，既承认了来源国税收管辖权优先地位，又不放弃居民税收管辖权的行使，从而避免了国际重复征税，即如果来源国实际上并未向跨国纳税人征税，则居住国要按本国税法依法征税。居住国是否对纳税人的国外税收实行抵免，是以纳税人是否实际向来源国纳税为前提的。因此，抵免法为世界上大多数国家所普遍采用，也是国际税收协定所采用最多的避免国际重复征税的方法。中国也是采用抵免法的国家之一。

目前，在国际税收实践中，实行抵免法的国家的普遍做法是实行限额抵免（ordinary credit），也称一般抵免，即居住国允许跨国纳税人扣除其国外已纳税款的最大数额为国外所得部分按居住国所得税税法计算的应纳税额。其基本计算公式为：

抵免限额＝跨国总所得按居住国税法计算的应纳税额×（国外应税所得÷跨国总所得）

实行限额抵免的理论根据在于：税收抵免的目的在于消除重复征税，抵免国没有义务用本国的财政收入去补贴外国税收；规定外国税收抵免的最大限额，既可以达到避免重复征税的目的，又可以防止过量的国外税收抵免额造成对国内税收收入

---

〔1〕高尔森主编：《国际税法》，法律出版社1993年版，第89页。

的不良影响。

抵免限额（limitation on credit）的计算，在各国依不同情况还有分国限额、综合限额与分项限额之分。

1. 分国限额（per country limitation），即分别对待本国居民从各个不同的国家取得的所得，一国一个抵免限额，不得互相抵补。其计算公式为：

分国限额＝国内外全部应税所得按居住国税法计算的应纳税额×（某一外国的应税所得÷国内外全部应税所得）

2. 综合限额（overall limitation），即将本国居民在国外所取得的全部所得当作一个整体计算抵免限额，各国共用一个限额。其计算公式为：

综合限额＝国内外全部应税所得按居住国税法计算的应纳税额×（国外全部应税所得÷国内外全部应税所得）

对跨国纳税人来说，分国限额与综合限额各有利弊。当纳税人在高税率国和低税率国均有投资的情况下，综合限额优于分国限额；当纳税人在国外的投资，出现有的赢利，有的亏损时，分国限额则又优于综合限额。

例1：甲国A公司国内应纳税所得额为100万元，来自乙国分公司的应纳税所得额为20万元，来自丙国分公司的应纳税所得额也是20万元。甲、乙、丙三国的所得税税率分别为46%、60%和30%。[1] 则该公司在乙国纳税12万元，在丙国纳税6万元。

（1）如果甲国采用分国限额抵免法避免国际重复征税，则：

乙国限额＝(140×46%)×(20÷140)＝9.2万元

丙国限额＝(140×46%)×(20÷140)＝9.2万元

A公司向甲国纳税额＝(140×46%)－9.2－6＝49.2万元

（2）如果甲国采用综合限额抵免法避免国际重复征税，则：

综合限额＝(140×46%)×(40÷140)＝18.4万元

A公司向甲国纳税额＝(140×46%)－12－6＝46.4万元

例2：甲国B公司国内应纳税所得额为100万元，来自乙国分公司的应纳税所得额为20万元，来自丙国分公司的应纳税所得额也为20万元，而丁国分公司则亏损10万元。甲、乙、丙、丁四国的所得税税率分别为46%、60%、30%和50%。则该公司在乙国纳税12万元，在丙国纳税6万元，在丁国不用纳税。

（1）如果甲国采用分国限额抵免法避免国际重复征税，则：

乙国限额＝(130×46%)×(20÷130)＝9.2万元

丙国限额＝(130×46%)×(20÷130)＝9.2万元

丁国限额＝0

B公司向甲国纳税额＝(130×46%)－9.2－6－0＝44.6万元

---

〔1〕 高尔森主编：《国际税法》，法律出版社1993年版，第102页。

（2）如果甲国采用综合限额抵免法避免国际重复征税，则：

综合限额＝(130×46%)×(30÷130)＝13.8 万元

B 公司向甲国纳税额＝(130×46%)－13.8＝46 万元

此外，在某些实行分类所得税制的国家，还有分项限额的抵免方法。即将纳税人的国外所得按不同项目或类别分别计算抵免限额。其计算公式为：

分项限额＝国内外该项全部应纳税所得额按居住国税法计算的应纳税额×（国外某一专项应纳税所得额÷国内外该项全部应纳税所得额）

分项限额与综合限额、分国限额相结合，又可分为分国不分项限额、分国分项限额和综合不分项限额、综合分项限额四种类型。我国的税收实践中，对法人的国外税收抵免采用的是分国不分项限额，而对自然人的国外税收抵免则适用的是分国分项限额。[1]

（四）扣除法和减税法

1. 扣除法是指居住国在对跨国纳税人征税时，允许本国居民将国外已纳税款视为一般费用支出从本国应纳税总所得中扣除。其计算公式为：

居住国应征所得税税额＝(居民跨国总所得－国外已纳税额)×居住国适用税率

某跨国纳税人有国内外应税所得 12.7 万元，已知其在来源国缴纳所得税 5 万元。居住国所得税税率为 40%，如果居住国不考虑重复征税，则该纳税人应向居住国纳税 5.08 万元（12.7×40%）；如果居住国采用扣除法避免重复征税，则该跨国纳税人只需向居住国纳税 3.08 万元［（12.7－5）×40%］。

2. 减税法是居住国对于其本国居民来源于国外的所得进行征税时给予一定的减征照顾。如对应纳税额只征 90% 或 85% 等。

扣除法与减税法都是作为避免国际重复征税的辅助措施出现的，其防止重复征税的效果不如免税法与抵免法，只能在一定程度上对国际重复征税有所缓解。

四、国际重叠征税的解决办法

关于对国际重叠征税的解决办法，目前尚无各国普遍适用的国际法规范。实践中，一些国家为鼓励国际投资而单方面在国内法中谋求解决途径，另外，尚有一部分国际税收协定中有关于解决国际重叠征税的规定。这些解决办法主要是从两个方面着手的：一是由收取股息所在国采取措施；二是由付出股息所在国采取措施。

（一）股息收入国所采取的措施

1. 对来自国外的股息减免所得税。对母公司或个人股东从国外的子公司或投资公司所收取的股息，收取股息的所在国对这部分股息不再征收公司所得税或个人所得税，或者减征股息应缴纳的所得税，这自然可以从根本上避免国际重叠征税或对其有所缓解。在具体操作中，各国做法有所不同。在对股息进行减免税时，有的国

---

[1] 参见《企业所得税法实施条例》第 78 条；原《外商投资企业和外国企业所得税法实施细则》第 84 条；《个人所得税法实施条例》第 32 条。

家不附带任何条件，完全减免；有的则要求附带一定的条件。比如，要求收息公司持有付息公司股份的比例达到一定数量，持股须达到一定期限，或收取股息必须进行再分配等各种条件。

2. 准许国内母公司与国外子公司合并报税（Consolidated tax return）。准许母子公司合并报税，事实上就是对子公司付给母公司的股息免征所得税，从而避免重叠征税。而准许国内母公司与国外子公司合并报税，则避免了国际重叠征税。凡允许母子公司合并报税的国家所规定的必备条件都是母公司在子公司须持有较高比例的股份，一般规定的持股比例都在80%～90%，甚至高达100%，低的也在50%以上。此外，有的还规定须经财政部长批准等其他条件。

3. 对外国所征收的公司所得税实行间接抵免。间接抵免（indirect credit）是指母公司所在国对子公司向东道国缴纳的公司所得税所给予的税收抵免。由于母公司的股息收益出自子公司的税后利润，如果母公司所在国先对子公司付出的股息部分所承担的向东道国缴纳的所得税实行抵免，然后再向母公司所收取的股息征收所得税，则可以避免国际重叠征税。对此种抵免称为“间接抵免”，是相对于避免国际重复征税的“抵免法”而言的。因为避免国际重复征税的抵免是对同一纳税人采取的措施（一般为总公司与分公司之间，两者是同一法人），而避免国际重叠征税的抵免是针对母公司与子公司这两个位于不同国家的独立法人而采取的，并且基于重叠征税的抵免额需要从母公司所收取的股息来倒推计算，所以在国际税法上将前一种抵免称为“直接抵免”（direct credit），将后一种抵免称为“间接抵免”。

按国际通行原则，享受间接抵免必须符合下列条件：①享受者为法人股东，而非自然人股东；②法人股东须是直接投资者，而非证券投资者；③该直接投资者必须拥有付出股息的子公司一定数量的股份。

间接抵免的复杂性在于收取股息的公司并非都持有付息公司100%的股份；而付息公司也并非都将100%的税后利润作为股息进行分配。因此，股息收取国在进行抵免之前，须先算出收取股息公司（即母公司）可获得的间接抵免额，该间接抵免额即为支付股息公司（即子公司）向东道国缴纳的所得税按比例属于股息承担的份额。其计算公式为：

间接抵免额＝母公司的股息/子公司的税后所得×子公司向东道国缴纳的所得税款

这一公式只适用于一般间接抵免，如系多层间接抵免，则须另加一补充公式，即：

间接抵免额＝母公司的股息/子公司的税后所得×（子公司东道国所得税＋属于子公司承担的孙公司东道国所得税）

比如，对于三层公司，则应先按前述第一个公式计算出子公司对孙公司的间接抵免额（即属于子公司承担的孙公司东道国所得税），然后再按补充公式计算母公司对子公司及孙公司的间接抵免额。如系四层、五层公司，计算时则需依次再增加计算一至两个层次。

间接抵免额计算出以后，并非一定如额抵免。一般国家在直接抵免中关于抵免限额的规定，也同样适用于间接抵免，即实际抵免额不得超过国外所得应向提供抵免国缴纳的所得税额。因此，母公司的国外所得额为股息与间接抵免额之和，然后再以母公司的国外所得额依母公司所在国的税法计算出抵免限额。当抵免限额大于或等于间接抵免额时，间接抵免额可以完全如额抵免；如果抵免限额小于间接抵免额时，则间接抵免额不能完全得到抵免，其最大抵免限度即以抵免限额为界。请看如下实例：

科迪佳公司1998年度有国内应税所得20万元。其国外子公司该年获利10万元，向东道国纳税3万元，税后利润7万元，支付科迪佳公司股息2.1万元。已知科迪佳公司所属国国内公司所得税税率为50%。

（1）当科迪佳公司所在国不考虑国际重叠征税的负担时，科迪佳公司应向本国缴纳11.5万元的公司所得税。

科迪佳公司所收股息应承担的东道国税收 $=2.1/7\times3=0.9$ 万元

科迪佳公司的国外应税所得 $=2.1+0.9=3$ 万元

科迪佳公司应向本国纳税 $=(20+3)\times50\%=11.5$ 万元

（2）当科迪佳公司所在国采用免税法避免国际重叠征税时，科迪佳公司应向本国缴纳公司所得税10万元。

科迪佳公司应向本国纳税 $=20\times50\%=10$ 万元

（3）当科迪佳公司所在国采用间接抵免法避免国际重叠征税时，科迪佳公司应向本国纳税10.6万元。

间接抵免额 $=2.1/7\times3=0.9$ 万元

科迪佳公司的国外应税所得 $=2.1+0.9=3$ 万元

间接抵免限额 $=3\times50\%=1.5$ 万元

科迪佳公司应向本国纳税 $=(20+3)\times50\%-0.9=10.6$ 万元

不过需注意的是：为了说明问题，我们这里只举了一个纯粹的例子。而实践中投资东道国往往会对本国企业支付出境的股息征收预提税，而股息收入国一般又会依据双边税收协定或本国税法的规定，对已征收的预提税给予直接抵免。因此，直接抵免与间接抵免在实践中往往是同时使用的。

我国税法对国际重叠征税一直未采取解决措施，只是在少数双边税收协定中应缔约对方的要求而列入了间接抵免法。但2007年颁布的《企业所得税法》第一次在我国税法中明确规定了对国际重叠征税可以采用间接抵免的方式进行抵扣。[1]

（二）股息付出国所采取的措施

股息付出国主要以双税率制和折算制来解决国际重叠征税。

---

〔1〕 参见《企业所得税法》第24条。

1. 双税率制（two-rate system）。双税率制也称分割税率制（dual rate system/split-rate system），是指对公司利润中的积累部分和分配部分实行不同的公司所得税率，用于分配的利润税率低，用于积累的利润税率高。由于用于分配的利润适用较低的所得税率，股东收到的股息就更多，股东再依本国税法交纳所得税后的净股息自然也会较多，这样就在一定程度上缓和了国际重叠征税。

2. 折算制（imputation system）。折算制也称冲抵制（credit system），是指股东所收取股息后应交纳的所得税税额可以用一部分付息公司已缴纳的公司所得税款予以冲抵。具体做法是：①付息公司在所在国交纳公司所得税后，其税后利润用于分配股息；②股东收到股息后，付息公司所在国国库按股东所收股息的一定比例退税给股东；③股东再以所收股息与所退税款之和为基数向本国政府依税法缴纳公司所得税或个人所得税。

折算制通过付息国退出一部分付息公司所得税的办法可以对国际重叠征税起到一定的缓解作用。需注意的是，折算制本是一些国家用于解决国内重叠征税的办法。如果以其解决国际重叠征税，一般须以双边税收协定加以规定，并且还另有许多附带条件的限制。

五、税收饶让抵免

税收饶让抵免也称税收饶让（tax sparing），是指居住国政府对本国纳税人国外所得因来源国给予税收减免而未缴纳的税款视同已纳税款而给予抵免的制度。在以抵免法避免国际重复征税或国际重叠征税时，按照外国税收抵免制度的规定，只有在收入来源国实际交纳的所得税税款，居住国才给予税收抵免。近几十年来，广大发展中国家为了吸引外资，发展本国经济，纷纷对外来投资实行大量的税收优惠。然而，跨国纳税人因享受优惠政策而获得减免的税款却由于在来源国未实际缴纳而必须如实向居住国政府纳税。这样，国际投资者不能从来源国的优惠政策中得到实惠，而来源国却将一笔本可征收的税收拱手让给了居住国国库，使其吸引外来投资的优惠政策却起不到应有的作用。因此，在国际税收实践中，发展中国家（多为来源国）纷纷要求发达国家（多为居住国）给予税收饶让。

例如，甲国居民公司A在某纳税年度内有所得150万元，其中50万元为来自设在乙国境内的分公司B的经营所得。已知甲国公司所得税率为40%的比例税率，乙国的公司所得税率为30%，分公司B的50万元所得在乙国享受减半征税的优惠，实际缴纳乙国所得税额7.5万元。在甲乙两国间的税收协定规定甲国应实行饶让抵免的条件下，甲国对其居民公司A在该纳税年度境内外所得应征所得税额为：①甲国允许抵免的A公司已缴纳给乙国所得税额为15万元（7.5×2或7.5+7.5）；②甲国对来源于乙国所得的抵免限额为20万元（50×40%）；③甲国应征公司所得税额为45万元［（100+50）×40%-15］。从上述计算过程可知，尽管A公司实际缴纳乙国税额为7.5万元，但居住国甲国在实行饶让抵免的情况下，实际允许A公司抵免的乙国税额中包括了因享受减免优惠而未缴纳的7.5万元税款。如果甲国不提供饶让抵免，认定A公司已缴纳给乙国税额仅限于其实际缴纳的7.5万元，并依此数额进行抵扣，则A公司最终应纳居住国甲国税额将为52.5万元。与甲国实行饶让抵免情况下的45万元相比，相差7.5万元。这表明在居住国甲国没有实行饶让抵免的条件下，作为来源地国乙国给予A公司的减免税优惠7.5万元，并未使跨国纳税人A公司真正受惠，而是全部转化为居住国甲国的税收收入。[1]

税收饶让抵免已不同于一般的税收抵免，其目的不再是为了避免国际重复征税，而是为了使来源国的税收优惠收到实效，使国际投资者从来源国的税收优惠政策中得到实惠。因此，税收饶让抵免是一种特殊的抵免制度，它的实行可以使国际投资者和来源国均得到好处。因而，税收饶让抵免的关键在于居住国（即发达国家）是否同意采取这一特殊制度。由于作为资本输出的发达国家一般都对本国资本输出持鼓励态度，所以大多数发达国家都同意实行税收饶让。从1964年日本同意给予斯里兰卡税收饶让以来，实行税收饶让的国家已经越来越多。但是，发达国家又都坚持税收饶让必须在双边税收协定中进行安排。因此，税收饶让在越来越多的税收协定中成为谈判与签约的一项重要内容。

需注意的是，由于税收饶让还是一个正在形成与发展中的特殊抵免制度，因而并不是所有的发达国家都承认并实行这一制度，比如美国即是一个坚决拒绝实行税收饶让的国家。而在承认税收饶让的国家中，对实行饶让的具体范围和程度也分歧不一。两个范本也未对税收饶让抵免作出任何规定。近年来，随着发展中国家经济的逐步发展，发达国家对于是否应继续给予发展中国家税收饶让抵免又提出了一些新的看法和意见，要求重新评价税收饶让抵免的现实意义。

第四节　国际逃税与国际避税

一、国际逃税与国际避税的含义与异同

逃税与避税问题几乎是与税收的产生相伴而生的。而第二次世界大战以后，随着国际商业关系联系的日益紧密，特别是跨国公司的大量涌现，逃税与避税也越来越国际化。尤其是国际避税港的逐渐增多与资本输出国的赋税越来越重所形成的强烈反差，使国际逃税与避税现象越来越严重。目前，国际逃税与国际避税问题已日益受到国际社会与各国政府的关注，同时它们也不可避免地成为国际税法迫切需要解决的问题之一。

国际逃税和国际避税是各国国内逃税和避税活动在国际范围的延伸和发展。由于各国对逃税和避税本身的认识具有较大差异，因而也导致人们对国际逃税和国际避税的认识有各种不同的看法。尤其是对避税的概念和性质，学界分歧较大，至少

〔1〕 廖益新主编：《国际税法学》，北京大学出版社2001年版，第337～338页。

有合法说、非法说、中性说等不同观点，还有的学者甚至认为避税是一种“脱法”行为。[1]从联合国税收专家小组对逃税和避税所作的解释，也可看出人们对避税概念界定的模糊性。该解释指出：“严格意义上的逃税，是指纳税人故意或有意识地不遵守征税国法律的行为。从广义上说，逃税行为一般也包括那种纳税人因疏忽或过失而没有履行法律规定应尽的纳税义务的情形，尽管纳税人没有为逃税目的而采取有意地隐蔽的手段。相对而言，避税则是一个不甚明确的概念，很难用能够为人们所普遍接受的措辞对它作出定义。但是，一般地说，避税可以被认为是采取某种利用法律上的漏洞或含糊之处的方式来安排自己的事务，以致减少纳税人本应承担的纳税数额。而这种做法实际并没有违反法律。虽然避税行为可能被认为是不道德的，但避税所使用的方式是合法的，而且纳税人的行为不具有欺诈的性质。”[2]

尽管人们对逃税和避税的认识分歧较大，但从上述联合国税收专家组的解释可以看出，通说一般认为逃税是非法行为，而避税至少是不直接违反法律的，或说其形式是不违法的。因此，从这一角度出发，我们给国际逃税和国际避税定义为：

国际逃税（International tax evasion），是指跨国纳税人采取某种非法的手段或措施，以减少或逃避就其跨国所得本应承担的纳税义务，从而违反国际税法的行为。

国际避税（International tax avoidance），是指跨国纳税人利用各国税法的差异或国际税收协定的漏洞，通过各种形式上不违法的方式，以减少或躲避就其跨国所得本应承担的纳税义务的行为。

可见国际逃税与避税的目的与动机都是为了减轻或消除税负，但是二者在性质上却有不同之处。国际逃税是纳税人在纳税义务发生以后，以各种非法手段来逃避税负，具有欺诈的性质，是非法行为。而国际避税则是纳税人在纳税义务发生以前，以各种形式的合法的手段来安排自己的经济和税收事务，从而达到逃避交税的目的，其行为是不直接违法的，不具有欺诈性。因此，对于逃税行为，当事人应承担相关的法律责任；而对于避税，各国一般只能以完善和修改有关税法或税收协定的方式来解决。

二、国际逃税与国际避税产生的原因及其危害

（一）原因

二战后，国际逃税与国际避税大量产生并迅速发展蔓延，究其主、客观原因，主要表现在以下几个方面：

1. 追逐利润最大化，是国际投资者从事国际逃税与避税的主观原因。追求利润最大化是任何投资者的最终目标，多获利、少纳税当然也是所有跨国纳税人的共同

---

〔1〕参见刘剑文、丁一：“避税之法理新探（上）”，载《涉外税务》2003年第8期。

〔2〕See *U. N. Manual for the Negotiation of Bilateral Treaties between Developed and Developing Countries*, U. N. Publication, 1979, p. 22. 转引自刘剑文主编：《国际税法》，北京大学出版社1999年版，第105页。

目标。因此，为了达到少纳税的目的，投资者们有的不惜铤而走险，从事国际逃税；有的不惜挖空心思进行所谓的“税收筹划”，从事国际避税。

2. 各国税收制度的差异为国际投资者从事国际逃税和避税提供了客观上的便利。税收制度属于各国的内政，因而各国都依据本国的具体情况与政策来制定自己的税收制度。因此，不同国家之间在税收制度上就会存在较大差异。比如，税收管辖权所采取的原则不同，税种与征税对象不同，税率的高低与种类不同，扣除项目的内容不同，优惠措施不同，等等。这些差异都为跨国纳税人逃税和避税提供了可乘之机。此外，各国税务当局在税收管理方面的有效性及各国之间的税务合作程度等诸多因素也会被跨国纳税人所利用。

3. 二战后的几十年里，国际避税港的大量出现和大多数资本输出国竞相提高所得税税率又从客观上促进了国际逃税与避税的迅速增长。战后，一方面是世界主要发达资本主义各国所得税制度的大发展，各国所得税税率的提高已达到了登峰造极的地步；另一方面，世界上一些国家与地区为了吸引资本，促进本地经济的繁荣，又纷纷降低税率，甚至对许多商品与所得不征税，于是大量的避税港出现了。这两方面的剧烈反差就使得大量的国际投资者纷纷利用避税港来从事国际逃税与避税。

4. 国际交通和通讯的便捷性，尤其是电子信息技术的发展，也为国际逃税、避税提供了想象的空间和操作的便利条件。

（二）危害

国际逃税与国际避税，虽然在性质上不尽相同，但其危害却是相同的。

1. 严重损害有关国家的税收利益。逃税与避税的结果自然是有关国家该收的税不能按时收上来，国家的财政利益受到严重损害。值得注意的是，国际逃税与避税不仅在资本输出国大量存在，目前在发展中国家也越来越多。跨国纳税人主要利用发展中国家缺乏国际税收经验及涉外征管的不完善、征管水平与技术的落后等弱点，在享受税收优惠的同时进行逃税、避税。因此，国际逃税、避税不仅损害资本输出国的利益，也严重损害作为资本输入国的发展中国家的税收利益。

2. 造成国际资本的不正常移转，引起国际经济关系的混乱。抽逃资金、转移利润等逃税、避税的惯用手法，使大量资金从一国流转到另一国，就会引起国际资金的不正常流动，造成国际资金流通秩序的混乱。当有关国家的国际收支出现巨额逆差时，则不得不采取限制本国资金外流的措施，从而影响国际经济活动的正常运转。

3. 违背税收公平原则，损害税法的尊严。大量逃税、避税的存在使逃税者在国际市场上获得不正当的竞争地位，而其他守法经营者则会处于竞争的劣势。因此，国际逃税与避税的存在就是对守法者的不公平，严重违背税收公平原则，从而也将动摇税法在纳税人心目中的尊严地位。

综上所述，国际逃税与避税对国际税收关系和国际经济关系都危害极深，如何有效地防止国际逃税与避税，是国际税法的又一重要任务。

三、国际逃税与国际避税的主要方式

要有效地防止国际逃税与避税，就必须对跨国纳税人如何逃税与避税有所了解，才能有针对性地采取措施。

（一）跨国纳税人从事国际逃税的主要方式

跨国纳税人进行国际逃税的方式多种多样，最常见的主要有：

1. 不向税务机关报送纳税资料，隐匿应税所得。即不履行填报纳税申报单的义务，隐匿其应税财产与所得。主要是对跨国纳税人在国外拥有的财产或获得的股息、利息以及薪金、报酬等收入进行隐匿。常用的方法有进行无记名证券投资，收入转移到国外银行，用外国银行为客户保密等条件使国内税务当局无法稽查。

2. 谎报所得和虚构扣除。谎报所得表现为以多报少或不如实说明所得的性质，将一种所得谎报为另一种所得，以达到少纳税的目的。比如将贷款利息作投资股息申报，或正好相反。

虚报成本费用等扣除项目以减少应税所得是纳税人最常采用的一种逃税方式。比如多摊折旧，虚列利息支出，虚构佣金、技术使用费和交际应酬费等以少报多、无中生有的各种手段。

3. 伪造账册及收付凭证。伪造账册主要是指设双账。一套账簿为伪造的虚假账目，以应付东道国税务当局的检查；一套为反映企业真实的经营状况的账簿，但严格保密，自行掌握。

伪造收付凭证主要是在购入时多开发票，在售出时少开发票或不开发票，从而达到少交税的目的。企业的收支凭证是建立账册的原始凭证与依据。因此，建假账总是与伪造收付凭证相联系的，假账必定是以假凭证为基础的。

此外，跨国纳税人还可以通过逃离应纳税国家，转移收入或财产的所有权，滥用税收优惠与税收抵免等方式进行国际逃税。

（二）跨国纳税人从事国际避税的主要方式

跨国纳税人进行国际避税的方式更是花样繁多，手法各异，比较典型的主要有以下几种：

1. 通过纳税主体的跨国移动进行国际避税。在自然人方面，跨国纳税人往往以移居国外、压缩居留时间及改变国籍等方式来变更税收居所，以达到规避在某一国承担居民纳税人的义务。更有甚者，采取不购置住所（长期住在旅馆、船舶或游艇上）、出境、流动性居留等方式，设法使其不成为任何国家的居民纳税人，以逃避税收征管。这种人在国际上被称作“税收逃难者”（A tax refugee）。

在法人方面，跨国纳税人也往往通过选择或变更税收居所的方式进行避税。比如选择在低税国家注册、变换董事会会议地点或变动主要决策人员居住地及改变决策中心等。

2. 跨国联属企业通过转移定价与不合理分摊成本费用进行避税。联属企业（Affiliated group），又称关联企业（Related enterprises），一般指存在着一定的股权关系或控制关系的企业，包括总公司和分公司、母公司和子公司以及受同一公司控制的各个子公司与分公司。跨国联属企业即指分布在不同国家之间的有各种股权关系或控制关系的关联企业。由于跨国联属企业之间存在共同的利益关系，它们往往通过制定内部的非正常交易办法与费用分摊原则来安排各企业之间的经营事务，将利润从高税国家转移到低税国家，从而达到国际避税的目的。联属企业跨国转移利润最常见的手法有两种，即转移定价与不合理分摊成本费用。

（1）转移定价。转移定价（transfer pricing）也称转让定价，是指跨国联属企业之间通过人为不合理的交易价格来达到避税的一种常用手段。转移定价主要发生在股权控制达到一定程度的母、子公司之间，或在同一母公司控制下的两个子公司之间。

独立企业之间的经济交易一般都是根据市场竞争的原则，按公平交易价格实现的。而联属企业之间在同一集团利益的支配下就完全可能背离市场竞争原则，在商品、资本、技术、劳务、信贷及租赁等各种交易中采用人为地抬高或压低交易价格的办法，把利润从高税率国转移到低税率国，从而达到少交税的目的。

例如，跨国公司布朗国际集团有三个关联公司 A、B、C，分别设在甲、乙、丙三个国家，三个国家的公司所得税税率分别为 50%、30% 和 20%。A 公司为 B 公司生产组装电视机用的零部件。现 A 公司以 200 万美元的成本生产了一批零部件，本应以 240 万美元的价格直接售给 B 公司，经 B 公司组装后按 300 万美元的总价格投放市场。为了减轻税负，A 公司将该批货物以 210 万美元卖给 C 公司，C 公司转手以 280 万美元的价格卖给 B 公司，B 公司经组装后以 300 万美元的总价格投放市场。[1]

通过这一低一高的两次人为作价，布朗国际集团公司减少纳税 13 万美元；同时，甲国减少财政收入 15 万美元，乙国减少财政收入 12 万美元，而丙国则增加财政收入 14 万美元。

（2）不合理分摊成本与费用。众所周知，根据常设机构原则，常设机构在核算利润时，可以合理地分摊总机构的一部分管理费用。而跨国联属企业的总机构与分支机构之间则常利用这一原则，通过不合理地分摊成本和费用的方式，人为地增加某一机构的成本和费用开支，从而减少赢利，达到逃避该机构所在国国家税收的目的。

法国 GRE 公司是一个跨国集团公司，除在中国深圳设有一个分支机构外，还在世界各地拥有数十家分支机构和控股子公司。1994 年，GRE 公司研究出一项专有技术，其开发成本为 2 亿法郎。此项技术研究出来以后陆续在 GRE 公司下属的几个分支机构使用，深圳分支机构是最后一个使用该项技术的，但 GRE 公司出于税收的考虑，将该项技术开发成本的 40% 分摊于深圳分支机构账下，人为地提高了深圳分支机构的产品成本，达到了减少缴纳中国所得税的目的。

---

〔1〕 卢福财、匡小平主编：《企业国际避税策略》，江西高校出版社 1995 年版，第 70～71 页。

转移定价与不合理分摊成本费用是跨国联属企业经常采用的两种逃避国际税收的方式，只是其分别用于不同的联属企业之间。转移定价常常用于母、子公司或同一母公司之下的子公司之间；不合理分摊成本费用则经常用于总公司与分公司之间。在实践中，跨国纳税人还往往将这两种手段相互结合使用。例如，位于高税国家的母公司通过抬高价格向在低税国家的子公司购进某种技术，然后将此种技术使用于第三国的分支机构。这样通过转移定价可以减少母公司所在国的税负，而通过把较高的成本费用分摊在分支机构的办法，又可以逃避分支机构所在国的税收。

3. 跨国纳税人利用避税港进行国际避税。避税港（tax haven），一般是指那些对财产和所得不征税或按很低的税率征税的国家或地区。避税港一般都具有政治稳定、交通和通讯便利、商业环境宽松、法律制度健全及有严格的银行保密法与商业秘密法等特点，纳税人正是利用这些特点在避税港进行避税活动的。巴哈马、摩纳哥、百慕大、开曼群岛、巴拿马、哥斯达黎加、瑞士、卢森堡、荷兰等国和我国香港、澳门地区，都是世界各国公认的避税港。

跨国纳税人利用避税港实现避税，主要是通过在避税港设立“基地公司”（Base Company）的形式，将在避税港境外的财产和所得汇集在基地公司账户下，以达到逃避所在国税收的目的。所谓基地公司，是指那些在避税港设立而实际受外国股东控制的公司，这类公司的全部或主要的经营活动是在避税港境外进行的。

跨国纳税人通过基地公司避税的具体方式主要有以下几种：①利用基地公司虚构中转销售业务，实现利润的跨国转移。比如，一笔本应从甲国销往乙国的货物，现在以低价从甲国销往设于避税港的基地公司，再以高价从基地公司销往乙国，而货物实际上仍直接从甲国运往乙国。这样该笔货物的大部分利润都从甲国公司转移到了基地公司。所以，跨国纳税人在采用这一方式时一般都与转移定价和不合理分摊成本费用等手段结合使用。②利用基地公司作为持股公司，将联属企业各子公司的利润以股息的形式汇集于基地公司，从而达到以免缴或缓缴母公司所在国税收的目的。③利用基地公司为信托公司，将避税港以外的财产虚构成基地公司的信托财产，其财产经营所得即可获得免税或少纳税的好处。

此外，跨国纳税人还通过以基地公司为保险公司、金融公司、专利公司、服务公司等形式来从事国际避税活动。

转让定价和在避税港设立基地公司，是跨国公司最常使用的两大国际避税手法；而且，跨国公司还经常将这两大手法结合使用。

4. 跨国投资人有意弱化股份投资进行国际避税。当跨国企业需要资金时，跨国投资人往往采用减少股份投资，而更多采用贷款投资的形式以达到避税的目的。其原因为：

（1）股份投资的股息不能从应税所得中扣除，只能从税后利润中分配；而贷款利息可以从应税所得中以费用列支扣除。

（2）股份资本往往面临两次以上的重叠征税，而目前许多国家对跨国重叠征税都不予以解决。

(3) 股息一般都要被征收预提税。利息虽然也征预提税，但往往税率更低，况且不少国家都免征利息税。

因此，跨国投资人尤其是跨国集团公司，就利用两种融资形式的国际税负差异，把本应以股份形式投入的资金转为采用贷款方式提供，以此达到少缴税的目的。这类避税安排通常被称作“隐蔽的股份投资”或“资本弱化”(Thin capitalization)。

四、国际逃避与国际避税的防范

由于国际逃税、避税危害极大，因此，各国政府及国际组织对反逃税、反避税都极为重视。目前，对国际逃税与避税的防止主要还是以各国的国内法救济措施为主，以国际法救济措施为辅。

(一) 国内法防止国际逃税与避税的措施

在国内法防止国际逃税与避税方面，主要有一般国内法律措施和特别国内法律措施两种。诸如健全国际税收征管制度、重视税务情报收集、加强对跨国纳税人经济交易活动的税务监督等，虽为一般性措施，不具有特别针对性，但对防止国际逃税、避税具有十分积极的意义。

1. 一般国内法律措施。具体而言，一般国内法律措施主要包括以下内容：

(1) 加强国际税务申报制度。许多国家在国内税法上都明确规定跨国纳税人应定期向税务当局申报其国内外的经营活动与财产所得情况。作为一项法定义务，无论跨国纳税人实际上应否纳税都必须申报。同时，有些国家还规定纳税人有就有关国外事实负有举证责任的义务。比如，除非纳税人能够证明有相反事实的存在，否则对避税港所作出的某些付款项目应推定为虚假的支付，不得从应税所得中扣除。

(2) 强化税务会计审查制度。强化会计审查制度是加强对纳税人经营活动税务监督的重要手段。各国一般都规定，会计报表（尤其是股份公司会计报表）必须经公证会计师或注册会计师审核才有效。我国也规定，外资企业的会计决算报告，应附送中国注册会计师的查账报告。[1] 此外，一般还规定税务机构、政府经济发展局、商业犯罪调查局等，有检查、监督企业常年会计账目的权力。总之，健全的会计、审计制度是对国际逃税与避税的有力打击。

(3) 实行评估所得征税制度。许多国家都对不能提供准确的成本费用凭证，因而无法正确计算应税所得的纳税人和每年所得额较小不便计算应税所得的纳税人，采取评估所得征税制度。评估办法一般是依照同行业纳税人的正常或平均利润水平核定应税所得。实行评估所得征税制度，也是对国际逃税与避税最直接有力的打击。

2. 特别国内法律措施。除一般国内法律措施外，各国还针对跨国纳税人惯常采用的几种国际逃税、避税方式，有针对性地采取一些特别国内法律措施来防止国际逃税与避税。

---

〔1〕 原《外商投资企业和外国企业所得税法实施细则》第95条第1款。

（1）防止跨国联属企业利用转移定价和不合理分摊成本费用进行国际逃税、避税的法律措施。对于转移定价与不合理分摊成本费用，各国主要采用正常交易原则，也称独立竞争原则或转让定价税制来对跨国联属企业之间的国际收入与费用进行合理的分配与调整。所谓正常交易原则（Principle of arm's length），是指将跨国联属企业的总机构与分支机构、母公司与子公司以及分支机构或子公司相互之间的关系，当作独立竞争的企业之间的关系来处理。按照这一原则，联属企业各个经济实体之间的营业往来，都应按照公平的市场交易价格计算。如果有人为地抬价或压价，有关国家的税务当局则可依据这种公平市场价格，重新调整其应得收入和应承担的费用。因此，独立竞争原则的关键是找到一种真正独立的、公平的市场价格标准。在这方面，美国在其《国内收入法》第 482 节中对诸如贷款、劳务、货物销售、财物租赁、技术转让等各项交易都规定了较为具体的方法与评判标准。比如，在货物销售方面，税务机关可以按照可比非受控价格法、转售价格法、成本加成法以及其他合理方法依次进行审定和调整。[1] 这些方法与标准，有的已得到有关国际组织的认可与采纳，并为许多国家在国内立法中所仿效。我国税法也引进了独立竞争原则的有关规定。[2]

鉴于上述正常交易原则是对跨国联属企业的转让定价进行事后调整，在执行中存在诸多困难，比如，真正具有可比性的第三方独立的交易价格难以寻求，价格调整需对具体交易逐项审查等，对跨国联属企业的经营决策更是存在巨大的不确定性。因此，近年来，在美国、加拿大、日本、德国等发达国家开始实施并推行“预约定价协议制”。其基本做法是跨国联属企业在开始内部交易之前，向税务机关提出申请并报送有关材料；税务机关经过认真审查，确定联属企业间交易价格的幅度，并和企业签订定价协议。跨国联属企业在开始内部交易时，应遵照协议确定的价格进行。预约定价协议制的核心在于税务机关对跨国联属企业的内部交易定价进行事先确认，避免了事后调整的繁琐和困难，也使企业能预知行为的后果而无后顾之忧。所以，预约定价协议制一经推出，即受到了征纳双方的欢迎，其前景可观。我国在 2001 年修订的《税收征收管理法》及其实施细则中，不仅保留和细化了原有的正常交易原则，还新引进了预约定价协议制，在现行有效的《企业所得税法》及其实施条例中也有类似规定。[3]

同时，各国也注意到预约定价协议制并不可能完全取代正常交易原则，为了克服传统的正常交易原则在适用中存在的困难和问题，美国和经合组织成员国在推行

〔1〕 高尔森主编：《国际税法》，法律出版社 1993 年版，第 135～136 页。

〔2〕 参见《企业所得税法》第 41～48 条；《企业所得税法实施条例》第 109～123 条。参见原《外商投资企业和外国企业所得税法》第 13 条；《国外商投资企业和外国企业所得税法实施细则》第 52～58 条。

〔3〕 参见《税收征收管理法》第 36 条；《税收征收管理法实施细则》第 51～56 条。

预约定价协议制的同时，也开始着手对传统的转让定价税制进行改革。比如，适当放宽和弹性处理正常交易原则中的可比性要求，扩大正常交易原则下可比对象的范围；增补以利润比较为依据的有关管制转移定价新方法，如可比利润法、利润分劈法和交易净利润法等；赋予税务机关在采用各种管制方法上更大的灵活性等。尤其是美国在1994年修订的转移定价税制中提出了“最佳方法原则”，授予税务机关可根据具体情况，在传统的比较价格法和新的利润比较法中选择适用最合适的转移定价调整方法，不再有适用顺序上的限制。[1]

（2）防止跨国纳税人利用避税港进行逃税、避税的法律措施。针对跨国纳税人利用避税港逃避税收的做法，各国也采取了不少反避税的措施与方法。其主要倾向是适当延伸和扩大居民税收管辖权范围，并结合独立竞争原则，防止纳税人的逃税、避税行为。比如，美国是最早针对避税港采取反避税措施的国家，其做法是取消延迟纳税，即凡是受控制的外国公司的利润，无论是否以股息分配形式汇回美国母公司，都应计入母公司的应纳税所得中征税，不准延期纳税。由于这一反避税措施是针对受控制的外国公司利润，因而也被称为“受控外国公司税制”。取消延迟纳税对美国设在避税港的基地公司是一个有力的打击。这一做法后来为日本、加拿大、德国等许多国家所效仿，我国2007年颁布的《企业所得税法》也正式纳入了“受控外国公司税制”。[2]此外，英国以采用直接阻止设立基地公司的做法实行反避税。而比利时则以禁止非正常的利润转移来制止基地公司的设立，从而达到反避税的目的。

（3）防止纳税人通过变更税收居所逃税、避税的法律措施。针对变更税收居所逃避税收的行为，许多国家都在税法反避税条款中特别规定：纳税人的某些行为有事先取得政府同意的义务；国家对本国居民移居国外的自由加以不同程度的限制，并且多数国家都要求本国居民在移居外国前必须缴清全部税款。

（4）防止跨国投资人弱化股份资本逃避税收的法律措施。针对跨国投资人故意弱化公司股份资本而增加贷款融资比例以逃避纳税义务的行为，一些国家已开始采取各种不同的措施以限制股东对公司的过高的贷款融资安排。比如，有的通过特别税收立法规定贷款不得超过公司注册资本一定的比例，即所谓的“安全岛”法则；有的运用独立竞争原则对贷款利息进行必要的调查；有的适用税法上的“滥用法律行为”防止过高的贷款安排。总之，虽然措施各不相同，但其效果都在于限制在以贷款融资掩盖股份融资情况下公司付给贷款股东的利息，不得从公司应税所得中列支扣除，而股东取得的贷款利息应视为股息处理。我国《企业所得税法》也引入了类似“安全岛”法则的规定。[3]

最后需注意的是，各国在长期的反避税实践中逐步认识到：国际避税是跨国纳

---

〔1〕 陈安主编：《国际经济法概论》，北京大学出版社2001年版，第509页。

〔2〕 参见《企业所得税法》第45条，《企业所得税法实施条例》第116～118条。

〔3〕 参见《企业所得税法》第46条，《企业所得税法实施条例》第119条。

税人在谋取税收利益的前提下，从经营形式上进行安排的行为；因而其表面上均符合税法的要求，这时要想再从形式上找出破绽、发现避税线索，无异于缘木求鱼。可行的办法是：撇开形式上的安排，抓住国际避税者谋求税收利益的实质，以达到反避税的效果。由此，各国近年来纷纷发展出“实质重于形式”的国际反避税原则应用于实践。下面试以美国的一起反避税案为例进行分析。

美国S公司国际避税案

[案情] 美国S公司与荷兰的两家子公司共同组成一家境外合伙企业P，S公司投入50%的资金，其余的资金由其在荷兰的两家子公司向荷兰A银行贷款后入股，P企业主要从事证券投资业务。合伙契约规定：当P企业赢利时，荷兰的两家公司享有利润的95%，当P企业亏损时，S公司承担90%的亏损。第二年，美国税务局进行核查后认定S公司规避美国税法，责令S公司就P公司的所有利润申报纳税。S公司不服，遂向美国税务法院提起诉讼。在该案中，美国税务局及税务法院均认为，S公司在荷兰设立的P企业在经营上无存在必要，纯属“导管公司”。实质上，S公司只是直接从荷兰A银行借款后进行证券投资，合伙契约的规定使得S公司得不到利润，却要承担损失。其实质是在赢利时逃避纳税，亏损时转入S公司抵消其应税所得。因而最后法院依据“实质重于形式”的原则判定P合伙企业不存在；S公司应就其通过P合伙企业进行证券投资的所有利润纳税。[1]

[法理分析] 在本案中，美国S公司与其荷兰的两家子公司共同出资设立合伙企业P，这本身既不违反美国法律，也不违背荷兰的相关立法。而P企业本身的经营活动及与其关联企业S以及S在荷兰的两家子公司之间均不存在诸如转让定价、资本弱化、利用避税地进行避税等现象。因而S公司自认为其不存在任何避税问题。但美国税务法院却认为S公司与其两家荷兰子公司之间的合伙契约之约定违背常理：S公司基本上只承担亏损而不享有赢利，这不符合资本追逐利润的本性，而其实质是为了使P企业在赢利时将利润转入荷兰的子公司从而逃避美国的税收征管；当P企业亏损时则由S公司承担，以减少S公司本身的企业应纳税所得，从而也减少了S公司本身应向美国政府缴纳的公司所得税额。其最后结果是，无论P企业赢利还是亏损，S公司都可以成功地逃避其应负的纳税义务。因而美国法院最后认定S公司实质上存在避税行为，应就P企业的所有收入所得进行纳税。

从这一案例中，我们可以清楚地看到，如果过多地纠缠于避税的具体形式，防止国际避税往往难以奏效。世界上的避税形式可以说千千万万，而各国税法的反避税措施规定却总是有限的，但如果以“实质重于形式”的反避税原则加以规范，则可以达到防微杜渐的根本效果。

---

〔1〕 汤树梅主编：《国际经济法案例分析》，中国人民大学出版社2000年版，第137页。

我国税法除正常交易原则以外，过去一直缺乏对避税的防范性规定。《企业所得税法》则专门设置了“特别纳税调整”一章，对转让定价、资本弱化以及利用避税港避税等都进行了明确规定，并且也有类似“实质重于形式”的兜底条款规范。[1]

特别值得注意的是，国家税务总局2014年12月2日最新发布的《一般反避税管理办法（试行）》于2015年2月1日起实施。[2]该《管理办法》不仅对《企业所得税法》第47条和《企业所得税法实施条例》第120条所规范的“不具有合理商业目的和经济实质”的税收安排作为“特别纳税调整”的对象，而且还第一次在我国现行税收法律规范中使用了“避税安排”、“反避税调查”、“实质重于形式的原则”等典型用语。这不仅表明我国税法已充分吸收和借鉴了其他国家反避税的经验和方法，而且一改过去对使用“避税”和“反避税”概念的迂回态度，体现了我国法律打击避税的坚定决心和正式确定反避税合法性的主张。

（二）国际法防止国际逃税与避税的措施

通过国内法防止国际逃税与避税，固然意义重大，但也存在较大的局限性。因为国际逃税和国际避税必然涉及两个或两个以上国家的税法体制，如果单靠一国国内法采取措施还不足以完全解决问题，还需要有关国家间的相互配合，通过国际法上的双边或多边救济措施方可奏效。比如，单就转让定价税制而言，税务机关要认定纳税企业存在转让定价的行为，必须依赖于大量的税收情报与资料，对企业境外所得收入的税收调整与征收，也都必须得到对方国家的配合与认可。目前，国际法上防止逃税与避税的主要救济措施包括以下两个方面：

1. 税务情报交换制度。跨国纳税人往往利用国内税务当局的不知情进行逃税，因此，建立税收情报交换制度是国际合作防止逃税、避税最基本的措施。在这方面，两个范本都对一般情报交换的原则有所规定：缔约国之间有相互提供有关税收情报的义务；情报交换的范围包括缔约国税收立法与稽征管理方面的发展变化、反避税的新经验与新方法，以及具体纳税人的详细情况等；缔约国有对所获情报进行保密的义务等。此外，情报交换的具体方法分为例行的交换、经特别请求的交换与一方主动提供三种。

2. 跨国税务合作。除了税收情报交换之外，在税务行政方面实行跨国合作是国际法防止逃税、避税的又一重要内容。目前，在这方面的合作主要限于在征税方面的相互协助，包括缔约国一方代表另一方执行某些征税行为。比如，代为送达纳税通知书、传送纳税申报单与财务报表，对有关纳税人及其财产实施税收保全措施以及代为征收税款等内容。

长期以来，基于传统的主权观念和国家间相互利益的冲突，跨国税务合作在深

---

〔1〕 参见《企业所得税法》第六章第41～48条。

〔2〕 参见国家税务总局网站 http://hd.chinatax.gov.cn/guoshui/action/GetArticleView1.do?id=483630&flag=1，2015年3月3日访问。

度与广度方面都还有待于更大的发展。但是，目前在一些发达国家之间已开始在实践中采用双方互派常驻代表的办法，对某些特定税务事项开展联合调查。自2010年美国颁布并实施《海外账户税收合规法案》和2011年《多边税收征管互助公约》的生效及中国的加入，使原有的国际税收合作状况有了极大的改观，这也足以说明各主权国家在防止国际逃、避税方面的合作已经逐步走向深入。

《海外账户税收合规法案》(Foreign Account Tax Compliance Act，简称FATCA)，美国国会于2010年3月通过，2014年7月正式实施。依据该法案，不仅美国的税收居民应就其海外资产披露纳税，即使与美国没有任何关系的外国金融机构，也负有和美国政府合作以披露特定的美国企业和个人账户的义务。[1]虽然美国的这一做法引发了其他各主权国家的反弹，但基于国际反逃、避税的需要，各国还是纷纷和美国政府就此达成了合作协议。中美双方也已就此达成了合作意向，作为互惠安排，这也有利于中国政府掌握中国居民海外账户信息，实现信息共享。[2]

《多边税收征管互助公约》则是一项旨在通过国际税收征管互助合作，以打击国际逃、避税的多边条约，也堪称是国际税收领域的第一个国际公约，其意义重大。早在1988年1月，欧洲委员会和经合组织即已在法国的斯特拉斯堡共同制定了该公约，但当时只针对组织内的成员国开放，并于1995年4月生效；美国金融危机之后，国际社会进一步呼吁加强税收征管合作，打击国际逃、避税，在此背景下，欧洲委员会和经合组织遂于2010年5月将该公约修改后向全球所有国家开放，并于2011年6月开始生效。[3]《多边税收征管互助公约》共6章32条，规定的征管协作形式包括情报交换、税款追缴和文书送达，目前全球已有超过60个以上的国家已经或承诺签署该公约，中国也已于2013年8月正式签署了该公约。[4]《多边税收征管互助公约》的诞生与实施，对于国际税收合作无疑有着划时代的重要意义。至此，国际税收情报交换和税款征缴的相互合作不仅从双边走向了多边，其更大的亮点还在于实行以税收情报自动交换作为全球税收情报交换的新标准。这充分标志着跨国税务合作无论从深度上还是从广度上都迈上了一个新的台阶！

---

〔1〕“美国海外账户纳税法案”，载凤凰财经网 http://finance.ifeng.com/a/20140630/12624477_0.shtml，2015年1月18日访问。

〔2〕“美国海外账户纳税法案执行在即 中国金融机构宜及早准备”，载新华网 http://news.xinhuanet.com/world/2013-08/15/c_116959260.htm，2015年1月22日访问。

〔3〕背景资料：《多边税收征管互助公约》，载新华网 http://news.xinhuanet.com/world/2013-08/27/c_117116539.htm，2015年2月1日访问。

〔4〕“中国政府正式签署《多边税收征管互助公约》”，载中国政府网 http://www.gov.cn/jrzg/2013-08/27/content_2475152.htm，2015年2月1日访问。

第五节 国际税收协定

一、国际税收协定概述

国际税收协定（International taxation agreement），是有关主权国家间通过政府协商谈判而缔结的旨在调整彼此间税收权利义务关系的书面协定。国际税收协定是国际法上调整国家间税收分配关系最主要的法律表现形式，也是国家间协调税制差异和利益冲突、进行国际税务合作的有效形式。

目前，国际税收协定的目的与内容已不仅限于避免国际重复征税，而是开始扩展到包括征税权的划分、反对税收歧视、防止国际逃税与避税等多项内容。并且，国际税收协定还成为广大发展中国家争取与实现税收饶让等合理税收权益的最佳途径。因此，从世界历史上第一个税收协定诞生至今，国际税收协定无论从数量上，还是从内容上，都已经有了巨大发展。而以强调居民税收管辖权为主的《关于对所得和资本避免双重征税的协定范本》（Model Convention for the Avoidance of Double Taxation with Respect to Taxes on Income and on Capital，简称《经合组织范本》或"OECD 范本"）和以强调来源地税收管辖权为主的《发达国家与发展中国家关于双重税收的协定范本》（Model Double Taxation Convention between Developed and Developing Countries，简称《联合国范本》或"UN 范本"）的诞生，更是标志着国际税收协定在质量上也已走向成熟化与规范化。

二、国际税收协定的主要内容

（一）结构

由于受两大范本的影响，各国所缔结的税收协定在条款顺序、结构安排上逐渐趋向一致。除协定名称和序言之外，国际税收协定的体系结构大致包括以下几个方面：

1. 协定范围。协定范围包括人的范围与税种范围。人的范围一般适用于缔约国一方或双方的居民；税种范围一般明确规定本协定适用于缔约国双方现行的哪些税种及将来实质相同或相似的税种。

2. 定义。定义条款包括一般定义与特定用语的解释。一般定义主要明确协定基本用语的含义，如"人"、"公司"、"缔约国一方企业"和"缔约国另一方企业"、"国际运输"、"主管当局"等；特定用语的解释主要是对"居民"、"常设机构"等重要概念的内涵与外延的限定。

3. 对所得的征税。这一条款主要是对各项所得作出课税安排，解决缔约国间关于各项所得在征税权上如何划分的问题是协定的核心。其内容主要包括：①不动产所得；②营业利润；③航运、内河运输和空运所得；④联属企业所得；⑤股息；⑥利息；⑦特许权使用费；⑧财产收益；⑨独立个人劳务所得；⑩非独立个人劳务所得；⑪董事费和高级人员报酬；⑫表演家和运动员的所得；⑬退休金和社会保险金；⑭为政府服务的报酬和退休金；⑮学生和学徒收到的款项；⑯其他所得。

4. 对财产的征税。该条主要对不动产与各种动产的征税权进行划分。必须说明的是，《联合国范本》对该条的内容未作强制性规定，协定是否包括对财产征税，待缔约国双方谈判确定。

5. 消除双重征税的方法。这部分规定了消除双重征税（即重复征税）的两种主要方法：免税法和抵免法，由缔约国双方协商选择使用。在选择以抵免法消除重复征税时，有些国家间的税收协定也在此处对有关税收饶让抵免的问题进行规定。

6. 特别规定。这部分主要是关于国际税收上的无差别待遇、相互协商程序、情报交换、外交代表及领事官员税收豁免等特殊事项的规定。

7. 最后规定。这里主要涉及协定的生效和终止、文字效力等问题的规定。

（二）内容

国际税收协定最重要、最核心的内容，主要包括以下几个方面的问题：

1. 避免和消除国际重复征税。避免和消除国际重复征税主要涉及两个方面的内容：关于征税权的划分和消除重复征税的方法。

由于国际重复征税的产生是各国税收管辖权交叉重叠的结果，因此，国际税收协定的主要任务就是对跨国纳税人的各项所得的征税权在各缔约国之间进行公平合理的划分，分别规定某项所得该由哪国取得优先或独占的征税权，对某项所得的征税权应进行哪些限制，以此来协调国家间的税收管辖关系，避免国际重复征税的产生。因而，征税权的划分是各缔约国谈判的重点与争执的焦点。

征税权的划分主要涉及营业所得、投资所得、劳务所得和财产所得。关于跨国纳税人的营业所得，国际税收协定一般都规定应由居住国行使征税权，但来源于常设机构的营业所得除外，即应由收入来源国优先行使征税权；关于跨国纳税人的投资所得，一般都规定采用税收分享原则，即在承认来源国对非居民纳税人的投资所得拥有优先征税权的基础上，同时又对来源国的征税权加以某些限制。比如，来源国应将预提税的税率适当降低，以保证居住国能分享一部分征税利益；关于跨国纳税人的个人劳务所得，协定一般规定仅由居住国或来源国单独行使征税权；关于跨国纳税人的不动产所得，一般规定应由不动产所在地一方的缔约国优先行使征税权。而动产交易则一般由居住国行使征税权。

在征税权划分的基础上，对于缔约国一方优先征税的税款，缔约国另一方就应采取相应的措施避免重复征税，国际税收协定一般都提供两种最常用的解决国际重复征税的方法，即免税法和抵免法。

2. 税收无差别待遇。所谓税收无差别待遇，即反对税收歧视，其主要含义是保证缔约国一方给予缔约国另一方纳税居民的待遇不低于给本国居民的待遇。无差别待遇原则是国际税法上的一项重要原则，无差别待遇条款也成为国际税收协定的重要内容。两大范本的第 24 条均是关于无差别待遇（non-discrimination treatment）的规定，具体包括：①缔约国一方企业在缔约国另一方常设机构的负担，不应高于进行同样活动的另一方企业；②缔约国一方的企业如为另一方居民全部或部分、直接或间接控制者，该企业的税负和有关条件不应与另一方同类企业有所不同或更重；③除收支两企业有特殊的关系者外，缔约国一方企业支付给缔约国另一方居民的利息、特许权使用费和其他款项，在确定该企业应纳税所得额时，应与在相同情况下支付给缔约国一方居民同样给予扣除。

总之，无差别待遇条款的总原则是使缔约国双方的国民在相同或类似条件下所享受的税收待遇相同，以便于双方国民在平等的基础上进行经济竞争。但是，协定也规定，缔约国一方由于公民地位或家庭负担等原因，在税收上给予本国居民的个人扣除、优惠和减除，并非必须给予缔约国另一方居民。这已构成对无差别待遇的合理例外。

3. 防止国际逃税与避税。由于跨国纳税人利用各国税制的差异及立法的疏漏与不完善之处进行国际逃税、避税的活动日益猖獗，因而防止国际逃税和国际避税已成为国际税收协定的重要内容。但目前对此问题的国际合作还仅限于利用情报交换这一手段。而对于情报交换的范围，国际税收协定一般都不列出具体项目，而仅作出原则性的规定，主要包括：交换为实施税收协定的规定所需要的情报；交换与税收协定有关税种的国内法律的情报；交换防止税收欺诈、偷漏税的情报；等等。

4. 税收饶让抵免。如前所述，尽管两大范本均未对税收饶让抵免作出任何规定，但基于实践的需要，在许多双边税收协定中，尤其是在发达国家与发展中国家之间以及发展中国家相互之间的双边税收协定中都纳入了税收饶让抵免条款的规范。

三、国际税收协定的实施

国际税收协定一经缔结，就将通过缔约各国得到实施。不能实施或未经实施的国际税收协定无异于一纸空文；而实施不当或被他人滥用，则又与缔结国际税收协定的初衷不相符。

（一）国内税法与国际税收协定的关系

国际税收协定在各缔约国内的有效实施，首先遇到的问题是国际税收协定的法律效力问题。按照国际法的基本原则，国际条约一经缔结并由有关国家批准后，即具有法律效力。国际税收协定也同样如此，经缔约各方签字并经缔约国批准即生效。但是，已经生效的国际税收协定与各国国内税法还有一个如何相互协调的关系问题。

首先，国际税收协定与国内税法是相互补充、相互配合的。国际税收协定的有效实施往往依赖于国内税法，需要国内税法的进一步明确与配合才能适用。国内税法在碰到复杂的国际税收问题时，也常常需要国际税收协定的规范才能加以解决。其次，当国际税收协定与国内税法产生矛盾与冲突时，无论是按照“条约必须遵守”的国际法原则，还是依据国际税收协定本身的特点，都应当是国际税收协定优于国内税法。但是也须注意，国际税收协定尽管优于国内税法，也不能完全脱离国内税法，必须以国内税法为基础。凡国内税法中没有开征的税种，在税收协定中一般不能列入。此外，国际税收协定也不能代替国内税法，更不能干涉国内税法的制定与变更。

（二）利用第三国税约

在国际税收协定的实施过程中，另一个应引起足够重视的问题是“利用第三国税约”的问题。所谓利用第三国税约（Treaty Shopping），是指在两国没有签订税收协定或签订的税收协定对纳税人提供优惠利益较少的情况下，纳税人利用第三国与对方国家签订的税收协定来享受协定所规定的优惠待遇。[1]

纳税人要想利用第三国与对方国家签订的税收协定来享受协定所规定的优惠待遇，一般需要通过在第三国设立子公司来实现。这种以利用第三国税约为目的而设立的子公司通常称之为直接导管公司（Direct conduit company）。有时，纳税人因其本国与第三国也没有签订税收协定或无法获得较多税收优惠时，需要寻求在第四国设立一个子公司，该子公司再在第三国设立孙公司来获得第三国与别国所签税收协定的优惠利益。这种方式被称为设立借助导管公司（Stepping-stone company）或踏脚石公司。所以，跨国纳税人通常都是以设立直接导管公司或设立借助导管公司的办法来达到利用第三国税约的目的。

试以荷属安的列斯群岛避税港结构模式为例，一家美国公司欲从外国贷款人处筹措借款，其首先在荷属安的列斯群岛注册登记设立一家海外金融公司作为导管公司。该安的列斯群岛金融公司在诸如卢森堡或日内瓦等国际金融中心发行以美元计价的无记名债券。该首笔借款的收入再由该金融公司转贷给其美国母公司，而美国母公司对该金融公司的债务在第二笔借款中作为该金融公司向最终贷款人发行债券的担保。根据荷属安的列斯群岛与美国签订的所得税条约的规定，美国借款人支付给安的列斯群岛金融公司的利息在美国免予缴纳预提税。而荷属安的列斯群岛对金融公司支付给外国贷款人的利息免予征收预提税。在这种情况下，无论是美国借款人还是外国贷款人，实际上都滥用了美国与荷属安的列斯群岛之间的税收条约以达到规避上述两笔借款利息所应承担的纳税义务的目的。[2]

第三国税约的存在将使不该享有税收优惠待遇的纳税人享有税收协定的待遇，从而扰乱国际税收秩序，侵害缔约国的财政利益。因此，在国际税收协定的实施中，必须对这一问题给予足够的重视，并采取一定的防范措施。目前，世界上一些国家已注意这一问题并开始采取一定的措施加以防止。比如，在国内税法中设立专门的反利用第三国税约的条款，或者适用国内税法的反避税条款与反滥用税约条款来防范纳税人利用第三国税约。另外，在签订税收协定时，也可以通过避免与各国公认的避税港所在国签订协定或在协定中明确规定某些情形下不得享受协定优惠待遇等

〔1〕高尔森主编：《国际税法》，法律出版社 1993 年版，第 194 页。

〔2〕李泳：“试论国际税收条约滥用的法律防范措施”，载丁伟、朱榄叶主编：《当代国际法学理论与实践研究文集·国际经济法卷》，中国法制出版社 2002 年版，第 302 ~ 303 页。

办法来防止纳税人利用第三国税约。在前述实例中，如果美国避免与著名的避税港荷属安的列斯群岛签订税收协定，或虽签订协定但在协定中作出必要的限制性规定，则该税收协定的优惠利益则不会被滥用。

四、中国对外双边税收协定的实践

中国进入国际税收领域的时间较晚。20 世纪 80 年代初，在完善国内税制的基础上，中国陆续同日本、美国、英国、法国、比利时等国家签订了避免双重征税和防止逃避税的协定。随着我国对外开放的深入发展，我国对外签订的国际税收协定也愈益增多。截至 2007 年底，中国已先后同世界上近 90 个国家和地区签订了双边税收协定，其中绝大多数已经生效执行。[1]

（一）中国对外签订税收协定的基本原则

中国作为发展中国家，在对外签订税收协定的过程中，既要维护国家的基本权益，又要有利于吸引外资和引进技术，促进对外经济技术合作与交流。因此，中国在对外税收协定的谈判与签约过程中，一贯主张并坚持的重点主要包括以下内容：

1. 强调收入来源国税收管辖权优先原则。作为发展中国家，我国迫切需要吸引资金与技术。因此，这就必然存在资金、技术的单向流入和利润收入的单向流出，中国在客观上处于来源国的地位。因而，我国在对外税收协定的谈判中始终强调来源国税收管辖权优先原则：协定的签约中尽量采用《联合国范本》的模式；不接受资本输出国缩小常设机构范围的要求；不同意特许权使用费由居住国独占征税的规定；对于其他财产所得，不同意居住国独占征税权，等等。这些措施都有效地维护了我国的正当权益，同时也符合广大发展中国家的利益。

2. 坚持平等互利、友好协商原则。中国在强调来源国征税权优先的基础上，本着平等互利、友好协商的原则，也充分体现和照顾对方国家利益与要求，在一定范围内作出合理的让步。比如，在一定程度上缩小来源地的征税范围，在所有的税收协定中都未采用“引力原则”，在海运、空运所得上尊重居住国的征税权；对投资所得适当降低预提税税率，确保资本输出国也能分享部分税收利益。

3. 要求资本输出国提供税收饶让抵免。对外来投资实行税收减免优惠，是中国对外开放的一项重要政策，也是我国涉外税收立法的重要内容，为了使这些税收优惠措施收到实效，切实起到鼓励跨国投资者来我国投资的作用，我国在税收协定的谈判与签约过程中，一直坚持要求资本输出国提供税收饶收抵免，将我国税法和行政法规所规定的减免税以及在税收协定中接受限制税率所减少的税收，由对方国家视同已征税而给予抵免。与发展中国家签订的双边税收协定，则一般相互给予税收饶让。目前，中国对外签订的双边税收协定中，除美国等少数国家以外，绝大多数国家都在不同程度上对我国提供了税收饶让抵免。但是，随着 2007 年 3 月我国《企

---

〔1〕 资料来源于国家税务总局网站 http：//www. chinatax. gov. cn/n810341/n810770/index. html，2015 年 1 月 18 日访问。

业所得税法》的颁布，原外资企业和外国企业享有的大量税收优惠基本取消，我国在未来双边税收协定的缔结与修订中，是否还有必要继续坚持这一原则值得商榷。

另外需要注意的是，随着中国经济实力的增强以及“走出去”战略的实施，中国在国际经济中的总体地位有所变化，即从过去以资本输入为主的国家发展为既有资本输入又有资本输出的国家。由此，近一二十年来，我国在双边税收协定的签订中会更加灵活地秉持和实施上述基本原则，比如，在对常设机构范围的确定、税收饶让抵免的规范方面等，都有了一定程度的宽松与灵活处置，甚至有我们单方给予对方国家税收饶让抵免的规定。

（二）中国对外双边税收协定的待遇

中国对外签订的双边税收协定基本上是采用的《联合国范本》的条文结构。考虑国际的通行做法及对方国家的合理要求，我国在缔结的税收协定中，按照所得的不同种类，分别作出了一些优于国内税法规定的税收待遇，以利于相互间经济与文化交流。

1. 对常设机构的限定。对常设机构的确定，中国对外签订的税收协定一般都是按照《联合国范本》的规定，从物的因素和人的因素两个方面加以限定的。特别是关于承包建筑、安装、勘探等工程的场所，协定多以连续存在 6 个月以上者才视为常设机构的规定，相比国内税法规定的类似工程无论期限长短均视为常设机构的待遇要优惠得多。

2. 对预提税的征税限定。对于股息、利息、特许权使用费等消极投资所得征收的预提税，我国在对外签订的税收协定中，都按照缔约国双方税收权益分享的原则，实施限制税率征税。一般规定的预提税的限制税率均不超过 10%。这比国内税法规定的 20% 的预提税税率无疑也优惠得多。

3. 对个人劳务所得的征税限定。我国在对外签订的税收协定中，对个人劳务所得的征税，也采取国际通行做法，分别对独立个人劳务所得与非独立个人劳务所得实行不同的税收待遇。

对于独立的个人劳务所得，应仅由居住国行使征税权。但是，如果取得独立劳务所得的个人在来源国设有固定基地或者连续或累计停留超过 183 天者，则应由来源国征税。这相对于国内税法规定的只要在中国境内有个人独立劳务所得而无论有无固定基地与停留时间长短均应依法征税，也要优惠许多。

对于非独立个人劳务所得，中国对外签订的税收协定一般规定原则上应由来源国行使征税权。但是，如果该个人在一个纳税年度内在来源国连续或累计停留不足 183 天，并且该劳务报酬既非来源国的居民所支付，也非雇主设在来源国的常设机构或固定基地所负担，则该非独立个人劳务所得应由其居住国行使征税权，来源国不得征税。此处的 183 天规定，相对于中国国内税法 90 天的规定，也是一种优惠待遇。

综上，国际税法作为国际经济法的重要分支，其旨在协调国际税收矛盾，这一矛盾的核心在于国家间的税收管辖权冲突。税收管辖权的积极冲突表现为国际重复征税与国际重叠征税，消极冲突表现为国际逃税与国际避税。目前，国际税法主要通过有关国家间缔结双边或多边的国际税收协定来消除和缓解国际重复征税与国际重叠征税，防止国际逃税与国际避税，禁止税收歧视。在这方面，《经合组织范本》与《联合国范本》是各国缔结税收协定时的重要指南与参考依据。

本章思考题

1. 国际税法的调整对象、法律特征及基本原则是什么？

2. 如何理解税收管辖权的基本理论原则？确定纳税人居民身份的标准有哪些？跨国劳务所得与投资所得的征税权划分通常是如何行使的？

3. 怎样全面理解常设机构原则？

4. 国际重复征税与国际重叠征税有何异同？其解决方法分别有哪些？直接抵免与间接抵免分别在哪种情况下使用？什么是税收饶让抵免？

5. 国际逃税与国际避税有何异同？跨国纳税人进行国际避税的主要方式有哪些？如何通过国际法和国内法来进行反避税？

6. 什么是正常交易原则？应如何深入理解该原则？

7. 美国《海外账户税收合规法案》的实施和中国加入《多边税收征管互助公约》对于防止国际逃、避税有何重要意义？

8. 国际税收协定的内容通常有哪些？什么是利用第三国税约？

第十一章
国际竞争法

✣学习目的与要求

国际竞争法学是目前正在兴起并且日益重要的一门新型学科。竞争法以垄断协议、滥用市场支配地位以及经营者集中为主要规制对象，以维护市场竞争秩序、提高经济效益、保护消费者权益和社会公共利益为目的，是市场经济国家的一项基本法律制度。国际竞争法的主要渊源是国内竞争法，竞争法基于规制跨国垄断行为的需要产生了域外管辖效力，是其成为国际法的法理基础。通过本章学习，不仅要对国际竞争法的基本概念和特点、法律渊源、体系、实体法规范与程序法规范有初步掌握，还要学会运用比较法学与经济分析方法对国际竞争法的理论和具体案例进行分析和归纳。

第一节　竞争和垄断的起源

一、社会发展中的竞争和垄断

“竞争”已经成为我们日常生活中司空见惯的一个现象，也是各种媒体中频繁出现的概念之一。和“竞争”一词对应的英语是“competition”，意指“人或者组织为了获取某种任何其他不能拥有的东西而进行角逐的状态”。[1] 在现代汉语中，“竞争”是指“为了自己方面的利益而跟人争胜”。[2] 《辞海》中对于“竞争”一词的解释也是“互相争胜”。我国关于“竞争”一词的最早记载出现在《庄子·齐物论》中，表述为“有竞有争”。[3]后世对于“竞”和“争”两字一般解释为：并逐曰竞，角胜为争。[4]

在特定的历史条件下，由于可供利用的各种资源总是有限的，各种社会主体为了争取有限的资源就不可避免地要进行竞争。无论在自然界还是人类社会，可以说竞争无时不在、无处不在。与自然界的弱肉强食的丛林竞争法则相比较，人类作为

---

〔1〕 See *Oxford Advanced Learner's Dictionary of Current English*, 6th edition, Oxford University Press, 2000.

〔2〕 《现代汉语词典》，商务印书馆 2005 年版，第 726 页。

〔3〕 参见《辞海》，上海辞书出版社 1999 年版，第 5069 页。

〔4〕 参见庄周：《庄子选集》，人民文学出版社 2001 年版，第 30 页。

具有社会性的高级动物，人类社会的竞争一方面具有丛林竞争的原始性，另一方面又显示出人类社会特有的理性。人类能够意识到自身的生存依赖于彼此之间的相互合作，依赖于人与自然界之间的协调发展。如果听任竞争无限制地进行下去，人类社会就会变得和动物界一样永远充满杀戮和无休止的战争，而这样的社会绝不是人类追求的生活模式。当人类走出了为生存谋食的原始社会，当社会生产能够产生足够多的生活资料供人们共同生存时，人类社会分化出阶级，出现了剥削，导致了国家的出现。人类社会的发展其实就是一部不同族群、不同国家为了控制更多的资源，不断进行竞争，在竞争中推动生产力发展和社会进步的过程。在这一进程中，人类社会逐渐走向理性，通过有意识地确立一定的竞争规范，确保有能力的人享受更多社会资源，同时还要让能力次一点的人拥有最起码的生活保障。正如哲学家本尼狄克特·斯宾诺萨所言："在自然状态中，仇恨、妒忌和战争可以说是不可避免的，但是人会力图克服这种悲惨的状态。……人之内在的理性力量会驱使他们放弃自然状态，并用一种和平且理性的方式安排其生活。"〔1〕

人类对于竞争的渴望与厌恶都是与生俱来并且同时存在的。在不同社会发展阶段，不但不同阶级之间会出现尊重竞争或者排斥竞争的不同选择，即便是同一阶级内部的各个阶层，随着其自身能力与社会地位的改变，也会出现对于竞争的完全不同的态度。在社会资源有限的前提条件下，拥有资源的人总想尽可能地排斥竞争，而不拥有资源的人总想通过竞争来拥有这些资源，这是社会发展恒久不变的规律。假设这种争夺资源的角逐能够公平地展开，那么资源就会向最能够合理运用它并且最能产生效率的地方流动。因为一旦拥有这些资源的人或者组织不能合理运用资源，就会有更有实力、更能合理运用它的人与之竞争，导致资源最终向更有实力、更能合理运用它的人或者组织流动。但是，一般情况下，拥有资源的人即便不能合理运用资源，也不愿意别人去抢夺他的资源，相反，他会运用各种手段去维护自己对于资源的占有，阻止资源的流动。不管在哪种社会形态下，如果不对这种争夺资源的角逐进行必要的规制，就可能导致争夺资源的各方会采取不正当的竞争手段。为了使得竞争能够公平有序地进行，为了使资源能够更合理、更有效率地流动，就需要制定一个竞争规则。

与"竞争"密切相关的另一个概念是"垄断"。"垄断"一词相当于英语中的"monopoly"，是希腊语"monos"（单一）和"polein"（贩卖）的合成词，原意是指"独自占有对某物的交易"。日本和我国台湾地区的竞争法中仍在使用的"独占"一词就清楚地表达了"垄断"一词的原意。当某一社会主体获得对于某种资源的支配之后，就会本能地排斥竞争，试图长期拥有这种资源，这就是谋求垄断。从理论上说，只要有竞争就必然会出现胜利者和失败者，因为人与人之间是不可能绝对平等

〔1〕［美］E. 博登海默：《法理学——法律哲学与法律方法》，邓正来译，中国政法大学出版社 2004 年版，第 56 页。

的，即便是两强相遇，最后结果也必然是某一方败下阵来。所以，竞争的最后结果只有一个胜利者，这个胜利者就是垄断者。因此，可以说，竞争必然会导致垄断，而垄断又反过来会限制竞争，竞争和垄断是一对孪生兄弟，相辅相成。

人类历史上关于垄断的记载古已有之，并且从一开始就表现出对垄断的极大厌恶，对谋求垄断的行为进行惩罚，这一点在东西方并没有差别。《孟子・公孙丑》中记载有“有贱丈夫焉，必求龙断而登之，以左右望而罔市利”，指的就是一个商人站在集市的高地上操纵贸易，这个被季孙称为“贱丈夫”的商人因为谋求垄断被罚以重税。[1] 在西方，希腊哲学家亚里士多德在《政治学》中就有关于垄断案件的记载。其中一则事例是说，有位西西里人，由于他手头握有一笔存款，便把铁矿的铁全部买进，等到各地商人前来购买铁时，由于他垄断了铁的出售，毫不费力地就获取了200%的利润，后来，国王狄奥尼修斯将这个商人流放。[2]

公元前5世纪，罗马帝国的《谷物法》中也有对违反商品自然流动、制定垄断价格或者人为地操纵价格行为进行制裁的规定。除了《谷物法》之外，罗马时代还存在其他一些专门禁止人为操纵粮食和日用品的价格，对违法商人进行罚款或者体罚的记载。但是，罗马帝国衰落后，欧洲进入自给自足的自然经济时期，商业活动萧条，关于垄断的历史记载也渐趋减少。

1215年英国制定了著名的《大宪章》（Magna Carta），其中有关于禁止垄断的规定。16世纪以后，在英国出现了新型反垄断潮流，表现为对国王特权的反对运动，其中代表性的判例是1602年的答西诉阿林一案。该案起因于国王将制造扑克牌的专有权限赋予某大臣。王座裁判所认为女王的特权限制了竞争，造成扑克牌价格上升，违反了公共利益。最后，王座裁判所作出判决，女王不可利用特权将垄断权赋予某一个人，无论是谁都可以制造扑克牌。[3]

普通法关于限制竞争行为违法的原则最初就是通过对国王特权的否定而形成的。1624年，英国制定了最初的《反垄断法》（Statute of Monopolies），禁止国王特权，唯一许可的就是对发明专利的专属权利。英国是近代最早形成反垄断思想的国家，这其中既有罗马法的影响，又有市民的权利意识的兴起，还有随着资本主义的萌芽带来的对于营业自由的要求。普通法中禁止限制竞争行为的习惯形成了英美法系关于禁止限制竞争行为的法律传统，并对现代美国竞争法（反托拉斯法）的诞生产生了重要影响。

除了英国之外，法国在18世纪末期的大革命前后，也出现了禁止垄断、废除身份拘禁以及保障选择职业和营业自由的法律，1810年《拿破仑刑法典》中就包含有

---

〔1〕朱熹：《孟子集注》，齐鲁书社1992年版，第58页。

〔2〕［古希腊］亚里士多德：《政治学》，颜一、秦典华译，中国人民大学出版社2003年版，第22～23页。

〔3〕［日］伊从宽：《独占禁止政策と独占禁止法》，日本比较法研究所1997年版，第5页。

禁止卡特尔行为的条款，并一直保留到现在。19 世纪以前欧洲的反垄断法律，主要是禁止封建的、集团式的拘禁以及政治经济特权，保护个人的营业自由，这和早期罗马法中从保护消费者以及社会公正角度禁止垄断的出发点已经有所不同。保护营业自由和消费者利益相关联，符合社会公共利益，和亚当·斯密的近代经济学考虑的方法已经比较接近，是资本主义的兴起在政治和法律上的反映。

二、竞争在经济发展中的地位和作用

竞争存在于政治、经济、社会生活的各个领域，但是经济领域的竞争是一切竞争的起点，一切竞争最终都是关于经济利益的竞争。在经济领域，如果存在人为阻止资源合理流动的各种因素，资源的合理配置以及公平竞争就不可能真正出现。人类社会发展史已经表明，资源配置的方式主要有两种：第一种是通过市场，让资源通过各种社会主体的公平竞争向更具有竞争优势、更能合理运用它的一方流动。近代经济学的产生使人们相信市场这只“看不见的手”能够最合理地配置资源，而政府只应充当“守夜人”的角色。第二种是通过国家或者政府来配置。出于市场竞争的无序性和残酷性，人们有理由期待通过更合理的安排和更周密的计划来进行资源配置。一般情况下，政府多由社会精英组成，并且比其他社会组织更能够代表民意，人们相信政府能够通过周密、合理的计划，使得资源向最有利于社会公众利益的方向进行配置。基于对资源配置中市场和政府的不同认识，产生了市场经济和计划经济这两种截然不同的经济体制，并导致了资本主义市场经济和社会主义计划经济持续半个多世纪的体制博弈。

实行市场经济的国家基于对市场的信任，极力排斥政府对于市场的干预，尽可能地通过自由竞争促使资源的合理流动，进而推动社会生产力的进步和发展。实行计划经济的国家则推行由社会精英组成的政府制订详细周密的计划，促使资源有计划地向需要它的地方流动。毫无疑问，计划经济的出发点是好的，但问题是政府本身的知识是有限的，无论多么贤能的政府，都不可能制订出一个统揽社会经济各个领域的详细计划。为了制订计划并且执行这些计划，就需要不断地扩大政府机构，不停地扩充公职人员队伍，于是计划经济体制就不可避免地导致政府机构臃肿、政府权力不断扩大的局面。当采用计划进行资源配置时，由于政府享有配置资源的巨大权力，必然会导致各种社会主体趋向于依附政府甚至勾结政府，通过政府权力而不是通过市场竞争来获取竞争优势。更重要的是，虽然计划经济的初衷是好的，但不管是制订计划还是执行计划都需要通过构成政府的人员去实行，而无论如何强调道德纪律约束都不能保证所有公职人员始终能够秉公办事。因为构成政府的人员也有其自身利益，当出于社会公共利益来制订、执行计划的初衷与个人或者组织的自身利益发生冲突时，就很难保证计划制订或执行的公正性或公益性，特别是当政府权力的使用没有边界，并且没有一个有约束力的制衡力量时，权力的滥用甚至权力的腐败几乎是不可避免的。计划经济的设计者们在赋予政府一个无所不知、无所不能的全职角色的同时，基本上忽略了对于政府权力边界的设置以及对于权力制衡的制度设计。由此导致的问题是，一旦计划的制订或执行的某一个环节出现偏差，整个计划的效率性和公正性便不复存在，反而导致计划经济体制下资源配置的扭曲以及经济发展的缓慢。这一切不仅有违于设计经济计划的良好初衷，而且是奉行计划经济理念的人所始料未及的。正如哈耶克所指出的那样："集体主义思想的悲剧在于：它起初把理性推向至高无上的地位，却以毁灭理性而告终，因为它误解了理性成长所依据的那个过程。"〔1〕

由于计划经济推崇社会生产的每一个环节都按照既定计划进行，所以计划经济体制下不可能存在真正的市场竞争。事实上，在奉行计划经济的原社会主义国家不仅排斥竞争，甚至连市场本身也遭到否定。社会发展史已经表明，在经过长达半个多世纪的制度竞争之后，计划经济终于退出了历史舞台。我国经过新中国成立后30年的计划经济实践，又经过改革开放以来近十几年的探索，在1993年正式宣告实行社会主义市场经济。不管是社会主义市场经济还是资本主义市场经济，在尊重市场在资源配置中的基础作用这一点而言是一致的。但是，市场不是万能的，正如不可能存在万能的政府及计划一样，市场本身的无序性和竞争的残酷性必然导致各种市场势力为了获取自身利益的最大化而采取各种手段去打击对手，排除或者限制竞争。实行市场经济就需要确立一套市场竞争规则，通过法律途径保障公平的竞争秩序以及通过合法竞争所取得的成果。只有这样，才能保证各种社会主体发挥自身的创新精神和聪明才智，确保资源真正向能合理运用并能产生更大效率的地方流动。因此，市场经济本身又是法治经济。法治经济不仅要通过市场竞争来实现资源的合理配置，还要通过制定法律来限制或排除政府对于市场的不当干预。

现在，人们已经不再怀疑竞争在社会经济发展的重要作用，竞争的好处可以从以下几个方面来表述：①竞争导致资源的流动偏向有利于消费者的方向，产生所谓"配置效率"，降低商品或服务的价格水平。②这种消费者取向的价值判断会激发市场主体不断地进行创新，促使经营者根据市场需要研发新产品，从而提高人们的生活质量和水平。③对于市场主体来说，竞争的存在会不停地制造一种压力，使得经营者始终保持谨慎的企业家意识，促进社会经济的不断发展。④奉行经济竞争的国家可以不断地提高生产效率和生产力水平，促进原材料以及人力资本等资源渠道的多样化。要维持公平竞争，就要先制定一个公平的竞争规则。竞争规则就是规定竞争可以采取什么方式和不可以采用什么方式的规则。这好比要进行一场公平的拳击比赛，首先需要一个比赛场地，还需要一套比赛规则，需要一个公正的裁判员。市场经济就是这样的一个赛场，在这个赛场中，市场就是一个竞争平台，比赛规则就是竞争法，而裁判员就是政府。出于公平竞争的需要，裁判员不能和比赛的任何一方有任何利益上的联系，否则比赛就失去了公正的基础。

〔1〕［英］弗里德里希·奥古斯特·马·哈耶克：《通往奴役之路》，王明毅等译，中国社会科学出版社1997年版，第157页。

第二节 国际竞争法的概念

一、竞争

竞争既不表现为一个具体的存在体，也不是一个自然范畴，而是一个文化构造。只有当人们的语言、训练以及经验赋予它一定的含义时，人们才能够看到这种被称为“竞争”的东西。[1] 作为法学研究的对象，外国学者将“竞争”定义为“在同一时间内针对特定的一组顾客从事同种商品生产或服务的经营者之间的关系”；[2] “竞争是指为获取优胜进行的斗争或竞赛，在经济领域内意味着在市场上争夺顾客和交易机会”。[3] 我国学者将“竞争”定义为“有着不同经济利益的两个以上的经营者，为了争取利益最大化，以其他利害关系人为对手，采取能够争取交易机会的商业策略、争夺市场的行为”；[4] “市场主体争取交易机会或者获取交易上的优势（竞争优势）的活动”[5] 等。从上述定义可以看出，竞争一般被界定为企业或者经营者之间进行角逐的关系、行为或者状态。

关于竞争的概念，一些国家的法律进行了明确规定。日本竞争法（禁止独占法）第2条规定：“本法所称‘竞争’，是指两个以上的经营者在通常的事业活动范围内并且在对该事业活动的设施或形态没有作重要改变的前提下，实施下列行为或可以实施下列行为的状态：①提供给同一个需求人同种或类似的商品或服务的；②接受同一个供给人提供的同种或类似的商品或服务的。”我国台湾地区的竞争法（公平交易法）第4条规定：“本法所称竞争，谓二以上事业在市场上以较有利之价格、数量、品质、服务或其他条件，争取交易机会之行为。”但是，世界上绝大多数国家的法律并没有对“竞争”作出明确定义。

本书将“竞争”定义为：竞争是在市场经济条件下，市场主体之间为了争取自身利益最大化而进行的争夺交易机会的行为。原因如下：

1. 虽然在一些古典文献中就有关于竞争和垄断的记载，英国普通法也早就存在对限制竞争行为进行禁止的相关规定，但是作为一部独立的经济法律，却是在资本主义国家建立之后才产生的，资本主义国家奉行的市场经济是竞争法产生的基础。因为市场经济本身就是竞争经济，市场经济要求通过竞争实现资源的合理配置，通过价格的自我调节机制使得商品生产及服务的提供达到最佳效率。无论是在自给自

---

〔1〕 David J. Gerber, *Law and Competition in Twentieth Century Europe: Protecting Prometheus*, New York, Oxford University Press, 1998, p. 10.

〔2〕 D. G. Goyder, *EC Competition Law*, 4th ed., New York, Oxford University Press, 2003, p. 8.

〔3〕 Richard Whish, *Competition Law*, 6th ed., New York, Oxford University Press, 2009, p. 3.

〔4〕 杨紫烜主编：《经济法》，北京大学出版社、高等教育出版社1999年版，第171页。

〔5〕 孔祥俊：《反不正当竞争法新论》，人民法院出版社2001年版，第1页。

足的自然经济条件下，还是在计划经济条件下，都不需要竞争法。所以，谈论竞争法就不能撇开市场经济，竞争只有在市场经济中才可能真正存在，只有市场经济国家才需要竞争法，研究竞争和竞争法必须在市场经济体制的前提下才能够展开。

2. 市场竞争的主体是企业或者经营者，但是能够直接或者间接地限制竞争的并不限于企业或者经营者。人类社会发展史表明，能够实施限制竞争的还有来自专制王权或者政府的所作所为，后者在某种程度上对竞争的危害更大，具有从根本上扼杀竞争、从制度上窒息竞争的客观后果。“私人垄断很少是完全的垄断，更难长时期地存在下去，或者私人垄断通常不能忽视潜在的竞争。而国家的垄断则是一个受到国家保护的垄断——保护它不致受到潜在的竞争和有效批评。”[1]

因传统的竞争法往往只规定了从事商品生产或者服务的经营者才能作为竞争法的适用对象，而政府即便进行了某种限制竞争行为，也因其主权身份或者行使行政职能可以得到豁免。事实上，来自经营者以及来自政府的竞争限制共同构成了限制竞争的两种重要方式，只对经营者从事的限制竞争行为进行规制本身就具有一定的局限性。现在，发达国家已经改变了对于政府行为的完全豁免立场，开始通过判例或者颁布指南等逐步扩大竞争法的适用范围。原社会主义国家在向市场经济过渡时制定的竞争法更前进一步，直接规定禁止政府等行政部门从事限制竞争行为。因此，不管是自然人还是企业、政府或者其他组织，只要是以市场主体的身份参与或者限制市场竞争，就应该作为市场竞争主体对待。

3. 竞争的直接动机是为了获取交易机会，根本目的是为了自身利益的最大化。在市场经济条件下，由于社会化大生产的需要，每个主体都与其他市场主体之间结成分工与合作的社会关系，每个主体又都随时会面临来自其他主体的竞争。如果不存在市场进入障碍，只要某一行业有利可图，利益驱动就会促使新的主体参与到既有的竞争中来，原有的竞争格局就会被打破，在新一轮竞争中，那些效率低下或者无法提供更低价格的优质商品或服务的经营者就会被淘汰出局。市场经济条件下是不需要任何人为的力量去推动竞争的，所要防止的恰恰是人为地设置市场进入门槛，排除或限制竞争。与政治、社会生活中的竞争是为了争夺权力或者地位等有所不同，在经济领域中，每个市场主体的根本目的是为了获取更多的交易机会，实现自身利益的最大化，这既是生存的需要，也是生存的本能。

对于竞争是一种“关系”、“行为”还是“状态”，应客观地进行具体分析。应该说，这三个名词都体现了竞争的一种形态。“关系”和“状态”表明了竞争的静态特征，强调竞争是市场主体相互之间存在的一种表现形式。“行为”一词勾画出了竞争的动态特征，强调竞争是通过行为来进行的。当市场主体的竞争“行为”成为常态时，就体现出市场主体之间的“关系”或者“状态”。因此，竞争首先表现为行

---

[1] ［英］弗里德里希·奥古斯特·冯·哈耶克：《通往奴役之路》，王明毅等译，中国社会科学出版社1997年版，第188页。

为，行为是竞争最根本的特征。从立法角度来看，早期美国竞争法曾经一度以规制垄断状态为中心，但是自20世纪80年代以来，国际竞争法的实施理念发生了很大改变。现在包括美国在内的绝大多数国家都不再坚持强调状态的所谓“构造主义”规制理念，而采用“行为主义”规制理念。行为主义规制理念强调对经营者的具体限制竞争行为进行规制，体现了竞争和行为之间更为密切的联系。因此，本书在对竞争的定义中采用了“行为”的提法。

二、竞争法

世界上第一部现代意义上的竞争法是1890年美国颁布的《谢尔曼法》，该法对于限制州际及与外国之间贸易的联合、共谋以及垄断或企图垄断行为作出禁止性规定。由于《谢尔曼法》非常简短和抽象，1914年美国又颁布了更为具体的《克莱顿法》及《联邦贸易委员会法》，合称为美国反托拉斯法。第二次世界大战结束后，在美军控制下的日本于1947年制定了《禁止独占法》，用于解散推动日本军国主义战争的巨型财阀、促进日本经济民主化。1957年，德国在欧洲国家中率先制定了《反对限制竞争法》，此后一些欧洲国家陆续制定了本国的竞争法。随着欧洲经济一体化进程的加快，欧洲联盟作为一个整体，其竞争法律制度取得了越来越重要的进步与发展。现在，欧盟竞争法已经成为国际竞争法中的重要组成部分。20世纪80年代以来，竞争法在发展中国家以及原社会主义国家迅速普及，包括俄罗斯、乌克兰、哈萨克斯坦、越南等在内的原社会主义国家都制定了竞争法。迄今为止，全世界已经制定或者正在制定其竞争法的国家或地区达到了一百多个。2007年8月30日，我国第十届全国人大常委会第二十九次会议通过《中华人民共和国反垄断法》（以下简称《反垄断法》）即我国的竞争法，《反垄断法》于2008年8月1日正式实施。

各国关于竞争法的提法各异，但是具体的规制内容与对象大体一致。竞争法主要调整两个层面的关系。一是横向关系，即平等市场主体之间的竞争关系。这是竞争法要调整的主要法律关系，传统的竞争法就是调整平等主体之间的竞争关系，确立市场竞争秩序。二是纵向关系，即政府等行政机关、组织和市场主体之间的关系。这又包括两层意思：①竞争法要确立竞争主管机关对于市场竞争的监督管理关系。竞争法需要一个特定的主管机关去实施，竞争主管机关依照职权进行市场竞争的监督管理职能就形成了市场竞争管理关系。②竞争法还要防止政府等行政机关对市场竞争的任意干涉，这种问题在一些发展中国家和市场转轨国家特别突出。广义上看，市场竞争管理关系既包括竞争主管机关对于市场竞争的监督管理，又包括防止政府等行政机关对市场竞争的不当干预。所以，可以概括地说，竞争法是调整市场竞争关系以及市场竞争管理关系的法律规范的总称。

我国学界对竞争法的分类不仅有广义和狭义的划分，还有形式意义的竞争法与实质意义的竞争法的划分。前者认为广义的竞争法包括反垄断法和反不正当竞争法，而狭义的竞争法就是指反垄断法。[1] 我国台湾学者何之迈教授也持此观点。[2] 按照后者的划分方法，形式意义上的竞争法是指以“竞争法”或者以其三大组成部分的名称直接命名的竞争法典，而实质意义上的竞争法不仅包括成文的竞争法典，还包括和竞争有关的各项法律、法规、规章等在内的法律规范的总和。[3]

从国际上来看，虽然各国的竞争法制都有其特殊的产生背景，但是竞争法所调整的对象主要包括垄断协议、市场支配地位的滥用、经营者集中在内的实体法以及程序法规范。反不正当竞争法更多属于民商事法律范畴，在一些国家甚至是作为知识产权法的一部分出现的。本书采用习惯提法，将国际竞争法的规制范畴定位在包括垄断协议、市场支配地位的滥用以及经营者集中规制在内所谓竞争法“三大支柱”的制度体系。

实践中常有“竞争政策”的提法，这是一个和竞争法处于不同层次上的概念。准确地说，竞争政策在内容上比竞争法更加宏观，是指一国政府为了确保经济发展，提高经济效益，鼓励和促进竞争的各项法律和政策的总和。所以，竞争法只是竞争政策的一部分，或者说是一个主要组成部分。除竞争法之外，西方国家自20世纪70年代以来实行公共部门放松管制及国有企业民营化的措施，我国改革开放后实施的各项简政放权以及国有、公共企业的改制措施，各国实行的贸易自由化以及投资自由化的各项措施，都可以理解成广义的竞争政策。竞争政策的核心是鼓励和促进竞争，是与强调产业保护与扶持的“产业政策”相对而言的。竞争政策与产业政策既对立又统一，共同构成国家的宏观经济政策，服务于国家发展经济、提升产业竞争力的宏观目标。竞争法作为竞争政策的主要组成部分，一般会受到国家宏观经济政策的影响，这决定了竞争法不同于其他法律、具有政策性强的特有属性。

三、国际竞争法的提法的由来

关于国际竞争法的最早提法出现在“国际竞争网络”（ICN）的相关会议和报告书中，该组织的原名是国际竞争政策顾问委员会（ICPAC），成立于1997年，2001年改名为“国际竞争网络”，宗旨是探讨全球竞争问题。2000年底，国际竞争网络召开了“国际竞争法和政策”年会，这是最早出现的关于“国际竞争法”的提法。2006年1月，Martyn D. Taylor 教授出版了专著《国际竞争法》，探讨在 WTO 框架下成立国际竞争法规范的可能性。[4] 我国国内关于国际竞争法的最早提法是刘宁元教授等所著的《国际反垄断法》。[5] 但是，相关论著中都没有解释“国际竞争法”提法的由来。由于传统的竞争法概念主要针对维护市场竞争秩序、促进公平竞争的国内经

---

〔1〕 王晓晔：《竞争法学》，社会科学文献出版社2007年版，第3页。
〔2〕 何之迈：《公平交易法专论》，中国政法大学出版社2004年版，第3~4页。
〔3〕 种明钊主编：《竞争法学》，高等教育出版社2002年版，第16页。
〔4〕 Martyn D. Taylor, *International Competition Law*, New York, Cambridge University Press, 2006.
〔5〕 刘宁元、司平平、林燕萍：《国际反垄断法》，上海人民出版社2009年版。

济立法，其效力范围一般也局限在一国的领土范围内，而目前国际上尚不存在一部规制跨国竞争行为的国际竞争法律规范。因此，对于“国际竞争法”这一概念，需要运用历史的、发展的眼光看待，需要对竞争法律的发展变化以及国际法发展的方向进行客观分析。

1. 随着市场经济在世界范围内的确立，竞争法已经成为各国维持市场经济制度和公平竞争秩序的一部具有普遍性的法律。自现代意义上的竞争法在美国诞生以来，竞争法首先在西方资本主义国家得到推广，成为发达国家维护市场经济秩序、保护公平竞争和促进经济发展效率的一项基本法律制度。特别是欧盟竞争法的形成与发展，突破了传统竞争法的限于一国境内的效力范围，事实上具有了某种国际法的性质。20世纪70年代以来，一些亚洲国家如印度、巴基斯坦、菲律宾以及韩国等制定了竞争法，使得竞争法开始向欧美以外的国家扩展。20世纪80、90年代，随着社会主义国家阵营的解体，原社会主义国家也纷纷制定了竞争法，竞争法再次在世界范围内扩大影响，成为跨越资本主义国家和社会主义国家，包括发达国家和发展中国家的具有普遍价值的法律。进入新世纪以来，亚洲金融危机进一步推动亚洲国家的竞争立法潮流，印度尼西亚、泰国、新加坡、越南、老挝等国相继制定了本国竞争法。特别是随着我国《反垄断法》的出台，大大丰富了国际竞争法的内容，促进了国际竞争法律制度的发展。

2. 国内竞争法的适用正在突破国内范围，越来越具有国际法律规范的性质。竞争法本来是国内法，对于发生在国外的垄断行为往往不予规制。美国联邦最高法院早在1909年的美国橡胶公司诉联合水果公司一案中就明确认定反托拉斯法不适用于国外发生的行为。但是，随着经济全球化进程的加快，企业的生产经营活动已经突破了国界的限制，跨国企业凭借其强大的资金、技术优势很容易在一国相关市场上获得支配地位，并进而利用这种市场支配地位限制其他企业的竞争、操纵商品价格、损害消费者的利益。特别是跨国企业进行的垄断行为可以避开一国的国内法规制，使得国内竞争法对于跨国企业的垄断行为显得无能为力。为了规制这种跨国垄断行为，美国法院率先提出“效果原则”，将美国竞争法（反托拉斯法）适用于在国外发生但是对国内市场竞争产生不利影响的限制竞争行为。

现在，各国普遍沿用美国的司法实践经验，规定本国内竞争法的域外适用效力，这就是竞争法的“域外管辖”。但是，由于各国国家利益以及对于限制竞争效果的判断标准各不相同，竞争法域外适用时不可避免地产生管辖权冲突。1997年美欧之间围绕波音收购麦道公司案以及2001年美国通用电气收购霍尼韦尔案发生的争执就是这一冲突的典型体现。为了协调各国竞争法域外适用可能引发的法律冲突，发达国家通过竞争主管当局之间的执法合作来处理可能触及对方利益的反垄断案件。竞争法域外适用表明国内竞争法正在迈出国界，延伸到对国内市场产生限制竞争效果的境外商业行为。这种域外管辖的理论和实践也印证了“国际法的国内化以及国内法的国际化”的国际法发展趋势，使竞争法成为一部越来越具有国际法性质的国内立法。

3. 随着经济国家化的快速发展，跨国反竞争行为的盛行对于建立国际竞争规则提出了新的要求，国际上设立竞争法律规范的努力方兴未艾。国际上最初探讨制定跨国公司行为规范的尝试是在1946年联合国经济与社会理事会倡议设立的国际贸易组织（ITO）宪章中，当时就已经拟定了包括规范企业竞争行为的国际竞争规则。但是，由于设立ITO的决议案在美国国会被否决，设立ITO的构想胎死腹中，国际上设立竞争规则的设想也随之夭折。〔1〕

WTO成立以后，发达国家成员代表继续呼吁在WTO框架内设立新的竞争规则。在1996年12月的新加坡部长会议上，WTO设立了研究贸易与竞争政策的工作组，探讨在多边贸易体制中导入竞争规则，并于1999年10月提交了《关于贸易与竞争政策相互作用报告书》。2001年11月开始的多哈回合谈判中，工作组围绕WTO竞争规则的透明性、无差别、程序公正等原则以及对“核心卡特尔”的规制问题达成了一致意见，并声明将在之后召开的坎昆会议进一步落实。但是，由于各国对于WTO框架下导入竞争规则的分歧太大，特别是由于发展中国家的反对，在2003年9月的坎昆会议上，竞争议题没有通过。2004年7月，WTO部长宣言作出了删除在多哈回合多边贸易谈判中讨论贸易与竞争政策议题的决定。〔2〕

WTO框架下探讨导入竞争规则的努力无功而返，表明至少目前在国际上设立统一竞争规则的客观条件尚不成熟。但这并不表示国际上不需要统一的竞争规则，当今国际贸易的快速发展已经将各国经济紧密地联系在一起，跨国反竞争行为的增多决定了需要约束这些行为的国际竞争规则。在国际上制定一套维护国际市场竞争秩序、规制跨国限制竞争行为的竞争规则是非常必要的，在多边谈判中讨论建立统一的竞争法律规范只是一个时间问题。

综上所述，竞争法作为一部国内法律，其调整的社会关系现在已经突破了国内法范围，更多地具有调整某种国际关系的性质。进入21世纪之后，竞争法的调整对象更有扩大之势，竞争法在世界范围内的普及深刻地影响着跨国商业行为以及各国经济贸易的发展。现在，国际上关于竞争政策的交流与合作日益频繁，竞争法的规制手段也日益趋于一致，这些都为国际竞争法的形成与发展奠定了理论与实践基础。我国有学者认为，如果调整国际关系的某国立法在国际上实现了其域外效力，其适用范围在两国或两国以上，那么它们就在这种条件下转化为国际法；反之，它们就是国内法的一部分。〔3〕本书使用“国际竞争法”这一提法便是基于这种对宏观国际

〔1〕 Mitsuo Matsushita, Thomas J. Schoenbaum, Petros C. Mavroides, *The World Trade Organization, Law, Practice, and Policy*, New York: Oxford University Press, 2003, pp. 1 ~ 3.

〔2〕 WTO Ministerial Conference, 4th Session, Doha, 9 ~ 14 November, 2001, WT/MIN (01) DEC/1; WTO Doha Work Programme, Decision Adopted by the General Council on August 1st, 2004, WT/L/579.

〔3〕 黄进：《宏观国际法学论》，武汉大学出版社2007年版，第9页。

法学的理解和认同。未来国际社会需要一部统一的国际竞争规则，这是国际法发展的必然趋势。可以说，“国际竞争法”是具有前瞻性的一种提法，代表了竞争法发展的趋势和方向。

按照刘宁元教授的提法，国际竞争法是调整国际竞争关系的各种法律规范、法律制度的总和，是以反垄断法和竞争关系作为研究对象的一个法律部门和法学学科。国际竞争法得以存在的坚实基础是各国为规范国际竞争秩序而缔结的条约。[1] 必须指出，由于国际上尚没有设立一部规定国际竞争规则的条约或协定，所谓国际竞争法，主要还是以国内竞争法为载体，通过国内竞争法的域外管辖以及各国竞争主管当局的执法合作来实现的。而所谓“国际竞争关系”，应该建立在国内竞争法调整的市场竞争关系基础之上，以这种市场竞争关系跨越了一国国界、对其他国家产生了限制或排除竞争效果为前提。国际竞争法是隶属于国际经济法的一个相对独立的法律部门，是一个正在形成的新兴法学学科，其理论和实践中的问题仍有待学界进一步深入探讨。

第三节　国际竞争法的渊源与体系

一、国际竞争法的渊源

自从人类的贸易活动跨出国门，各种商品就开始在世界范围内流动。科技进步以及交通运输工具的不断改进加快了各国之间的贸易往来，也使得国家之间的贸易竞争日趋激烈。与大多数国际贸易法律产生于商业交往中的惯例有所不同，竞争法一开始就表现为公权力对商人们操纵价格等限制竞争行为的干涉。后来，由于国王的专制权利成为限制商品流通的主要障碍，竞争法又通过资产阶级争取商业自由、限制王权的立法斗争表现出来。在社会化大生产推动全球一体化的市场形成之后，竞争法才开始具有调整某种国际竞争关系的功能。可以说，国际竞争法形成于经济全球化的现代资本主义时期，是应市场经济在世界取得主导地位之后，为了维护国际市场上的竞争秩序和公平交易规则而产生的。国际竞争法的渊源包括以下几个组成部分：

（一）国内立法

竞争法一开始就是通过国内立法的形式出现的，国内竞争立法一直是国际竞争法的主要组成部分。作为国内立法的竞争法又包括很多法律规范，从广义上看，一些国家甚至在宪法或者民法典中确立了确保公平交易的最高原则。例如，《美国联邦宪法》第一章的州际通商条款就明确规定，各州通过立法的形式限制竞争并影响到州际通商时，联邦议会可以撤销或者宣布其无效。1994 年制定的《俄罗斯联邦宪法》

---

〔1〕 刘宁元、司平平、林燕萍：《国际反垄断法》，上海人民出版社 2009 年版，第 40～51 页。

第8条规定，俄罗斯联邦保护经济市场的统一，保护商品、服务及金融资产的自由流动，鼓励竞争以及维护经济活动的自由。欧洲《设立欧盟条约》第3条第1款g项确立了要设立保障竞争不受到损害的欧盟市场体制的最高规范。此外，一些国家的民法典中也确立了和竞争有关的条款。例如，《德国民法典》第138条第1款规定违反善良风俗的法律行为无效，另外，《法国民法典》第6条以及《日本民法典》第90条也有相关规定。1994年通过的《俄罗斯民法典》第3条第1款规定，俄罗斯联邦境内的商品、服务及金融资产流通自由，除了依据联邦法律保护国民安全、生活、健康以及保护环境及文化所必需之外，禁止限制商品和服务的流通。

虽然一些国家的宪法及民法典中确立了关于竞争的基本规范，但是竞争规则的主要载体还是各国的竞争法。由于产生的时代背景不同，各个时期制定的竞争法既有共性，又有不同特征。在竞争法的习惯提法上，美国称为“反托拉斯法”，德国称为“反对限制竞争法”，日本称为“禁止独占法”，韩国以及我国台湾地区称为“公平交易法”，我国则称为“反垄断法”。现在一般性的提法是“竞争法”，这是源于欧盟竞争法的一种提法。在立法体系上，既有以德国、瑞士、日本以及我国为代表的将反不正当竞争法和反垄断法进行分别立法的国家，也有以美国为代表的只有反垄断法或反托拉斯法的国家。尽管各国竞争法的提法及法律体系各异，在内容体系上却基本趋同。各国竞争法均以规制垄断协议、滥用市场支配地位以及经营者集中为主，这成为国际竞争法的“三大支柱”。

（二）国际条约

国际条约中最早规定反不正当竞争的当属1883年缔结的《保护工业产权巴黎公约》，该公约规定成员国在工业知识产权领域具有反不正当竞争的义务。GATT/WTO法律确立的自由贸易、互不歧视、确保公平及透明的市场准入等多边贸易原则本身都是为了促进公平竞争，防止贸易保护主义以及维护成员方平等的交易机会，其精神实质和国际竞争法是完全一致的。不过WTO主要是针对成员方政府间可能采取限制贸易的各种关税或者非关税措施，而国际竞争法则主要是针对企业的限制竞争行为。在一国境内，如果经营者为了排除竞争对手以低于成本的价格销售商品，要受到竞争法的掠夺性价格的规制。在WTO法律框架内，如果某国企业以低于国内正常销售价格将产品销往另一成员方并且对其相关产业造成了实质性损害，就构成倾销，受到损害的成员方可以依据WTO法律发起反倾销措施。在某种意义上说，倾销是国内市场的掠夺性价格行为在国际市场的延伸，WTO反倾销协定和国际竞争法的掠夺性价格规制相对应，构成国际法或国内法中防范不公平竞争的法律规范。

WTO法律中除了货物贸易协定之外，在服务贸易协定及知识产权领域都包含若干禁止限制竞争行为的规定。例如，《服务贸易总协定》（GATS）第7条明确规定成员方的一些垄断性服务部门对其他成员方不得提供与GATS第2条规定的最惠国待遇（MFN）不一致的服务贸易措施。《与贸易有关的知识产权协议》（TRIPs协议）第8条规定，对于知识产权拥有者因滥用权限而限制了贸易或者对国际技术转移产生不利影响的行为有必要采取适当措施；TRIPs 协定第 40 条第 8 款还针对知识产权拥有者行使知识产权的行为所造成的限制竞争、贸易以及技术转移等问题，授予成员方以控制的权力。但是，目前 WTO 法律关于竞争的规定比较分散，也不存在实施竞争规则的统一程序法规定。

（三）双边条约

由于国内竞争法的域外适用容易引发冲突，发达国家早就通过竞争主管当局之间的双边合作来避免竞争法实施中的管辖权冲突以及执法分歧。1991 年 9 月，美国与欧盟之间签署《美国政府和欧洲共同体委员会关于适用竞争法的协定》。1998 年 6 月，美国和欧盟之间又签署了《美国政府和欧洲共同体之间关于在执行竞争法中适用积极礼让原则的协定》。通过这两个协定，美国和欧盟之间确立了双边竞争执法合作的信息交流、管辖权原则以及礼让原则。根据礼让原则，缔约一方的利益在缔约另一方的领土上受到损害时，有权要求对方根据自己的竞争法进行审理；缔约一方要求在对方领土上适用本国法律时，应同时允许对方竞争主管机构干预发生在自己领域内的限制竞争的案件。[1]

竞争执法的双边合作确立了在处理涉及对方利益的案件时竞争主管机关之间进行合作的法律框架，避免了执法过程中由于单方面适用本国竞争法而引发的管辖权冲突。现在，竞争法双边合作协议主要在发达国家之间展开，除上述美欧合作协议之外，美国还和德国（1976 年）、澳大利亚（1982 年，1999 年改定）、加拿大（1995 年，2004 年改定）、日本（1999 年）、以色列（1999 年）、墨西哥（2000 年）以及巴西（1999 年）等国之间签署了竞争法双边合作执法协议。[2] 欧盟也和加拿大（1999 年）、日本（2003 年）之间就竞争法的实施签署了双边合作协议。[3] 日本除了和美国、欧盟以及加拿大签署了竞争法双边协议外，还与墨西哥、新加坡、泰国、印度尼西亚等国通过签署经济协作协议的形式确立了双边合作事项。[4]

随着发展中国家的竞争法立法以及关于域外管辖制度的导入，近年来，发达国家已经转向和发展中国家开展竞争法实施中的合作。在统一的多边竞争规则难以在短期达成的背景下，竞争法双边执法合作成为国际竞争法发展的一个重要特征。双边竞争合作协议也成为国际竞争法的法律渊源之一。

---

〔1〕 Agreement between the Government of the United States of American and the Commission of the European Communities on the Application of Positive Comity Principles in the Enforcement of their Competition Law. Available at http：//www. ftc. gov/bc/us – ec – pc. shtm.

〔2〕 FTC, International Antitrust and Consumer Protection Cooperation Agreements, July 1, 2009. Available at http：//www. ftc. gov/oia/agreements. shtm.

〔3〕 European Competition website, "Bilateral Relations on Competition issues", July 1, 2009. Available at http：//ec. europa. eu/competition/international/bilateral/index. html.

〔4〕 参见日本公正交易委员会（JFTC）国际合作网 http：//www. jftc. go. jp/kokusai/kaigaiindex. html.

（四）国际组织的竞争法范本及报告书

国际上关于设立一套竞争规则的讨论由来已久。1964 年成立的联合国贸易发展会议（UNCTAD）多次进行竞争政策的讨论。1981 年，UNCTAD 制定了“关于规制限制性商业行为的法律范本草案”，之后 UNCTAD 又对草案进行了多次修订，2007 年，UNCTAD 公布了新版竞争法范本。[1] UNCTAD 的竞争法范本包括两大部分，第一部分简洁地归纳了竞争法的基本法律框架，第二部分则比较分析了各国竞争法的具体规定，并对竞争法的基本法律框架进行了详细的解释。

经济合作与发展组织（OECD）也非常重视国际竞争规则的探讨，早在 1967 年就提出了《成员国间就影响国际贸易的限制竞争行为进行合作的推荐意见》，以推进成员国在竞争政策领域的合作。1999 年，OECD 与世界银行一起又推出了《竞争政策法的设计与实施框架》，针对竞争法的主要规制内容进行了详细归纳。[2] OECD 还多次举办竞争法国际论坛并设立竞争委员会，公布了很多具有影响力的政策报告。

近年来，国际竞争网络（ICN）也是一个比较引人注目的国际组织。该组织在美国政府的倡导下成立，面对全世界开放，目的是推进世界各国在竞争政策领域的协调和合作，减少各国在竞争法实施过程中的法律冲突和降低企业向各国申报的成本。ICN 在 2002 年推出的《竞争倡导和竞争政策》以及《合并申报程序的推荐意见》等都具有很大的影响力。[3]

值得一提的是，OECD、UNCTAD 以及 ICN 等国际组织制定的竞争法范本以及出台的各种报告书都只是为各国竞争政策合作提供参考，其本身并不具有法律约束力。随着国际经济一体化程度的加深，这些国际组织的意见报告书内容日益广泛，对发达国家和发展中国家的竞争立法与政策实施所产生的影响力也将越来越大。

二、国际竞争法的规制体系

国际竞争法最初是从规制经营者达成操纵价格的垄断协议以及滥用支配地位的行为开始的，随着企业跨国经营活动的扩大及跨国合并行为的增加，以控制企业合并为主的经营者集中规制成为一项越来越重要的内容。垄断协议、市场支配地位的滥用以及经营者集中规制成为国际竞争法的三大支柱，也是现今各国竞争法制的共同规制对象。由于各国立法背景及法制文化的差异，各国对三大支柱的语言表述也不同。习惯上对垄断协议、市场支配地位的滥用及经营者集中的称呼是基于欧盟竞争法的提法。国际竞争法的规制体系参考图 3。

---

〔1〕 NCTAD, *Model Law on Competition*, *Series on Issues in Competition Law and Policy*, United Nations, New York and Geneva, 2007, p. 12.

〔2〕 R. Shyam Khemani, *A Framework for the Design and Implementation of Competition Policy and Law*, OECD & World Bank, 1999.

〔3〕 相关报告书参见国际竞争网络官方网站 http://www.internationalcompetitionnetwork.org/.

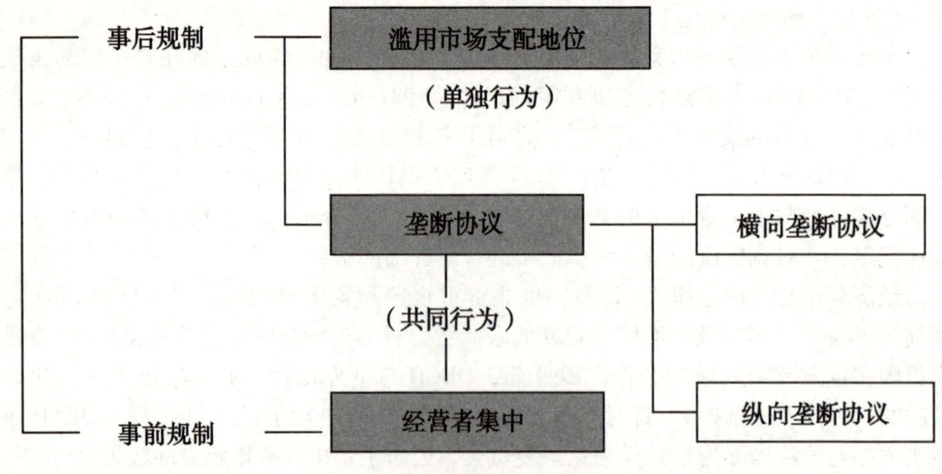

图3 国际竞争法的三大支柱

如图3所示，三大支柱按照规制时间先后可以区分为事前规制和事后规制。垄断协议及市场支配地位的滥用属于事后规制，即只有在经营者从事了该垄断行为的情况下，竞争主管机关才介入调查处理。经营者集中由于涉及企业组织结构的变化，如果进行事后规制，就会增加企业的成本并加重执法难度，所以国际上对于经营者集中行为都实行事前规制制度，也就是说，经营者只有在取得竞争主管机关的许可之后才可以进行企业合并等集中行为。

三大支柱按照主体多寡可以划分为单独行为及共同行为。单独行为往往由一个经营者进行，一般情况下只有具备一定的市场支配地位的经营者才能够从事。因此，单独行为主要是指单个企业滥用其市场支配地位的行为。但是欧盟竞争法关于市场支配地位的滥用并不限于单个企业，多个企业如果具有协作关系，以它们具有共同支配地位论处。共同行为是由两个或者两个以上的经营者从事，包括垄断协议和经营者集中两个方面。垄断协议又可以划分为横向垄断协议及纵向垄断协议，前者是指生产经营相同或者具有代替效果的商品、具有竞争关系的经营者之间达成的垄断协议；后者是指处于产业链上下游、不具有直接竞争关系的经营者之间的垄断协议。经营者集中主要指两个或者两个以上经营者通过企业合并等方式形成具有控制关系的经营实体的行为。经营者集中按照经营者之间是否具有竞争关系或上下游关系，又可以分为横向集中、纵向集中及混合集中。

以上的三大支柱是国际竞争法的基本规制体系。从国际竞争法的发展历史来看，其规制范围一直存在不断扩大的趋势。特别是20世纪90年代以来，由于原社会主义国家向市场经济过渡，这些国家制定了用以培育市场及维护市场经济秩序的竞争法。但是，由于原社会主义国家在旧体制下形成了政企不分、公私合一的经济体制，在市场经济过渡期内如何防止行政权力对于市场的任意干预成为一个重要问题。在原社会主义国家，纯粹的私营企业一般比较弱小，在市场中能够从事垄断行为的基本上都是国有企业甚至是政府等行政机关。因此，原社会主义国家制定竞争法时所面对的主要课题就是所谓“行政性限制竞争行为”（我国习惯上称之为“行政性垄断”）的规制问题。由此，市场经济转轨国家在制定竞争法时，除了规定了传统竞争法的三大支柱外，还增加了对“行政性限制竞争行为”的规制。但是，由于传统竞争法主要以规制私营企业的垄断行为为主，当其规制范围扩大到行政性限制竞争行为后，如何实施这种规制就成为一个很大的问题。市场经济转轨国家普遍存在着司法不独立以及执法能力较弱等问题，而行政性限制竞争行为往往并不单是一个经济问题，如何规制行政性限制竞争行为是市场经济转轨国家所面临的一个长期并且艰巨的任务。

第四节　国际竞争法的实体法规范

一、垄断协议规制

（一）垄断协议规制概述

垄断协议是在国际竞争法中历史最悠久的规制对象。在市场经济体制下，竞争是实现经济发展和技术进步、提高商品及服务质量、维护消费者利益、提高经济效益的主要手段。经营者为了获取最大利益，总想尽可能地降低生产经营成本，以优质产品、服务和低廉价格取得消费者的信任，扩大自己的市场份额。在残酷的市场竞争中，那些不能降低成本和提高生产经营效率、无法满足消费者需求的企业将遭到消费者的抛弃并被市场淘汰。这种优胜劣汰的市场机制是提高生产力水平、促进社会经济发展、激励经营者不断地进行创新的主要动力。但是，激烈的市场竞争也会促使经营者想方设法地躲避竞争。如果经营者之间能就商品或者服务的价格、数量等达成协议，就不仅能够避免竞争，还能够维持高额利润，这无疑对经营者具有很大的诱惑力。这种协议在反垄断法上就是垄断协议。

垄断协议可以划分为横向垄断协议和纵向垄断协议。所谓横向垄断协议，就是指具有竞争关系的经营者之间为了避免竞争，获取垄断利益，达成具有限制竞争效果的协议、决定或者其他协调一致行为。所谓“协议”，一般是指经营者之间达成的书面或口头的合意。“决定”一般是指企业团体或者行业协会订立的具有限制竞争效果的决定，和协议并没有明显的区别。在寡头市场上，由于经营者的数目有限，经营者对彼此的竞争策略都比较清楚，并不需要通过某种明示的正式协议，只要采取某种暗示或心照不宣的方式就可以达到共同提高价格、限制产量或销售量等目的。这种心照不宣或者协调一致的行为比协议或决定更加隐秘，并且不容易发现。国际竞争法的垄断协议规制不仅包括经营者之间达成的明示或者暗示的垄断协议、决定，还包括各种具有限制竞争效果的协调一致行为。

纵向垄断协议一般是指处于产业链上下游的经营者之间达成的具有限制竞争效

果的垄断协议。实践中，纵向垄断协议基本上发生在流通领域，表现为原材料供应商和生产商、生产商和销售商、批发商和零售商之间的协议行为。由于达成纵向垄断协议的经营者之间往往没有直接竞争关系，因而纵向垄断协议的限制竞争效果没有横向垄断协议明显。在流通领域，经营者为了保证流通顺畅，与上下游企业之间签订长期的供货协议，对于实行纵向一体化战略的经营者而言是有利的，也有利于消费者获得稳定的售后服务。但是，经营者通过这种协议限制下游经营者的价格竞争，或者要求下游的流通企业不要经营其竞争对手的产品，就有可能会限制下游经营者的自由定价权或排除其他经营者进入该流通渠道的机会。因此，对于纵向垄断协议的限制竞争效果，应当视具体情况进行具体分析。

各国竞争法关于垄断协议的提法各异。美国《谢尔曼法》第 1 条规定：任何契约、以托拉斯形式或其他形式的联合或共谋，用来限制州际或与外国之间的贸易或商业，是非法的。这里的“契约、联合或共谋”就是指垄断协议。《欧盟竞争法》第 81 条规定：所有可能影响成员国间的贸易，并以阻碍、限制或扭曲共同市场内的竞争为目的或有此效果的企业间协议、企业协会的决议和协调一致行为，均被视为与共同体市场不相容而被禁止。这里的“协议、决议和协调一致行为”也是指垄断协议。我国《反垄断法》第 13 条第 2 款规定：“本法所称垄断协议，是指排除、限制竞争的协议、决定或者其他协同行为。”这里的“协议、决定或者其他协同行为”是我国《反垄断法》对垄断协议的表述。

（二）横向垄断协议

横向垄断协议俗称卡特尔，最初是同行工商业企业间为了回避因经济萧条以及过度竞争造成的损害，通过企业间合作寻求自保的一种经济合作形式。在欧盟竞争法的发展变化中，形成了对所谓“核心卡特尔”（hardcore cartel）的规制理念。所谓“核心卡特尔”，是指各种卡特尔行为中限制竞争效果最为明显、危害性极大的垄断协议行为，由于这种行为唯一的目的就是排斥竞争、获取垄断利益，对消费者或者社会公共利益没有任何益处，因而是竞争法严格禁止的对象。比较典型的“核心卡特尔”包括价格卡特尔、限制产量或者销售量、分割市场、联合抵制交易、串通投标等行为。对于横向垄断协议行为，美国司法判例中形成了“本身违法原则”（per se illegal）。所谓“本身违法原则”，是指行为本身即具有严重的违法效果，只要企业从事了该行为，不需要进行进一步的审查即可断定其违法并追究法律责任的审判原则。“本身违法原则”和欧盟法中的“核心卡特尔”规制具有异曲同工之处。

我国《反垄断法》第 13 条对横向垄断协议行为作出禁止性规定，该条第 1 款规定：“禁止具有竞争关系的经营者达成以下垄断协议：①固定或者变更商品价格；②限制商品的生产数量或者销售数量；③分割销售市场或者原材料采购市场；④限制购买新技术、新设备或者限制开发新技术、新产品；⑤联合抵制交易；⑥国务院反垄断执法机构认定的其他垄断协议。”从法条上看，我国《反垄断法》对于横向垄断协议似乎采纳了“本身违法原则”，但是根据《反垄断法》第 15 条的规定，经营者如果能够证明其所达成的协定满足该条所规定的条件，可以豁免《反垄断法》第13条的适用。所定的条件不仅包括发达国家的竞争法历史上曾经适用豁免的中小企业卡特尔、合理化卡特尔、不景气卡特尔以及出口卡特尔，还增加了为实现节约能源、保护环境、救灾救助等社会公益性质的协议，即社会公益卡特尔的豁免机制。这使我国《反垄断法》的横向垄断协议规制相当宽松，即使是所谓“核心卡特尔”行为，只要符合所列的豁免条件，并且经营者能够证明协议不会严重限制相关市场的竞争，能够使消费者分享协议产生的利益，都有可能得到豁免。因此，我国《反垄断法》事实上并不存在“核心卡特尔”规制或者适用“本身违法原则”的规定，这可能会加大我国反垄断执法机关的执法成本，使《反垄断法》的实施面临更多不确定性。

属于“核心卡特尔”的行为具体包括以下各种行为：

1. 固定价格。固定价格通常也称为“价格卡特尔”，是指经营者之间针对同种竞争商品执行统一价格的共同行为。固定价格协议直接消除了经营者之间的价格竞争，是各种垄断协议中危害最大的垄断行为。固定价格的具体形式包括：①达成提高价格的协议；②达成计算价格的标准模式的协议；③达成维持具有竞争性但非同一产品的价格的固定比例的协议；④消除价格折扣或者建立统一折扣标准的协议；⑤达成针对消费者的评价条件的协议；⑥达成目的在于限制供给维持高价、消除市场上的低价产品的协议；⑦达成没有通知其他卡特尔成员时不可以降低价格的协议；⑧达成固守公开价格的协议；⑨达成议定价格条件未改变就不可以出售的协议；⑩达成从协商的开始时间执行统一价格的协议。此外，固定价格协议还包括确立探知以及处罚背叛协议行为者的体制等。[1]

2. 限制产量和销售量。在市场经济条件下，如果经营者能够控制某一商品的生产量或者销售量，就意味着经营者可以通过减少商品供给来维持一个供小于求的局面。由于商品供不应求，价格就会上升，在市场供需关系上利益向供方倾斜，经营者成为垄断利益获得者，而消费者成为竞争者。因此，经营者之间达成限制产量或消费量的协议会严重削弱经营者之间的竞争，扭曲市场供需关系，损害消费者的利益。一般来说，在只有少数的3~4家企业从事生产或经营的寡头市场上最容易实施限制产量或者销售量。寡头市场区别于由多数企业构成的竞争市场以及只有一家企业经营的垄断市场。在竞争市场中，由于没有一家企业能够支配整个市场，各企业都无法预测其他企业的经营战略，只能根据市场信号决定自己的价格行为，无法进行产量和销售量的限制。在垄断市场上，垄断企业往往不需要顾及顾客及其他潜在竞争者的反应就可以独自采取价格行动，不需要通过限制产量和销售量的方式来提高价格。在寡头市场上，少数的几家企业能够根据竞争对手的行为预测其经营战略，

---

〔1〕 R. Shyam Khemani, *A Framework for the Design and Implementation of Competition Policy and Law*, OECD& World Bank, 1999, pp. 22~23.

进而决定自己应当采取的经营对策。寡头市场克服了垄断市场中垄断者可能滥用市场支配地位的问题，又可以避免竞争市场中的无序竞争可能带来的混乱，有利于形成规模效应。寡头竞争在一些具有准入门槛的公共服务领域或者在卡特尔成员具有明显市场支配地位的情况下容易发生。如果寡头企业之间达成限制产量或销售量的协议，就会导致寡头市场转变为垄断市场，损害消费者的利益，因而同样是各国竞争法规制的重点对象。

3. 分割市场。在市场经济条件下，打破各行业间的经营壁垒，促进商品的自由流通是确保市场竞争和消费者利益的前提条件。如果经营者能够划分市场，则在各自的市场范围内，经营者就成为垄断者，就可以自由地决定销售价格，获取垄断利益。一般来说，分割市场多发生在销售领域，经营者通过分割销售市场可以取得某个销售领域的垄断地位。分割市场也可能发生在生产领域，表现在对于不同顾客的划分。例如，经营者之间可以通过对不同年龄层的顾客进行划分，决定彼此生产经营的产品销售对象，在这种情况下，针对特定顾客对象的商品就成为唯一产品，具有了制定垄断价格的可能性。分割市场在进入门槛较高的行业领域最容易发生，如果某行业进入门槛很低，即使经营者之间达成某个分割市场协议，也会由于新进入者的“不守规则”使得原有分割市场协议难以持久进行。

4. 联合抵制交易。联合抵制交易是指经营者之间达成拒绝同其他具有竞争关系的经营者、供应商或者销售商进行交易的协议行为。联合抵制交易主要表现为经营者共同抵制新竞争者的行为，也可能表现为建立合营企业或者签订合作协议。具有竞争关系的经营者常常会基于共同利益去排除或者限制另一个竞争者。如果市场上的某些经营者具有相似的经营成本，即使他们没有明确地达成固定价格或限制产量的卡特尔协议，也可能会采取协调一致的共同行为来抵制一个新进入者。特别是当新进入者比现有经营者更富有效率或者成本更低时，共同利益会驱使现有竞争者联合起来抵制新进入的竞争者，至少要提高新进入者的经营成本。通常情况下，实施联合抵制交易的经营者需要拥有一定的市场支配地位或者独占某种竞争条件，并且这种抵制行为除了参与的经营者之外，对其他供应商、消费者以及被拒绝交易的经营者而言没有任何益处。如果不具备这一条件，一般不宜适用“本身违法原则”进行处理。

5. 串通投标。公共建设项目实行招标投标是现代国家节约行政开支，提高经费利用效率，在公共建设领域导入竞争的一项重要举措。在公共基础建设中实行公开招标，让符合条件的经营者提交基于成本及利润核算的投标申请书，招标机关根据经营者的竞标条件选择其中具有较好资质并且以较低价格投标的经营者承担项目的建设。实行串通投标的本质在于参与投标的经营者通过协议，商定由某一家经营者提出一个很高的投标价格，其他经营者则配合提出更高的投标价格，促成前者中标，而事成之后再由前者将中标项目分包给后者，大家共享投标项目的利润。串通投标也可以采用“轮流坐庄”的方式，在一个招标投标项目中多家捧一家，下次再共同支持另一家中标，这样就可以不必竞争，确保大家都能收获高额投标利益。因此，串通投标是严重的违法行为，受到各国竞争主管机关的严厉规制。实践中，不仅存在经营者之间的横向串通投标行为，还盛行招标机关官员参与串通投标的行为，特别是在盛行“关系”及“协作”文化并且招标投标制度不健全的亚洲国家，招标机关的官员参与串通投标的现象特别突出。

（三）纵向垄断协议

达成纵向垄断协议的经营者之间一般不具有竞争关系，在某种程度上，纵向垄断协议本身具有加强经营整合、提高销售水平及售后服务等促进竞争效果。纵向垄断协议可以分为纵向价格协议和非价格协议。前者又可以分为固定转售价格、限定最高转售价格与限定最低转售价格行为，后者也可以分为排他性交易、特许协议及附条件交易等行为。一般来说，国际竞争法对纵向价格协议的规制比较严厉，而对非价格协议的规制相对比较宽松。在纵向价格协议中，对固定转售价格或限定最低转售价格行为一般比较严厉，对限定最高转售价格的行为持比较宽松的规制立场。在纵向非价格协议中，对排他性交易或者特许协议一般比较宽松，对附条件交易行为的规制则相对比较严格。纵向非价格协议规制与市场支配地位的滥用规制有某种程度的交叉，区分的标准就看上下游企业之间是否存在协议。对于具有市场支配地位的经营者单独从事的排他性交易及附条件交易行为，可以按照市场支配地位的滥用进行处理。

对于纵向垄断协议，除了固定转售价格行为之外，国际上一般采用“合理的原则”进行判断。所谓“合理的原则”，是美国判例法中形成的司法审判原则，是指针对某些既有限制竞争效果同时又具有一定经济合理性的协议行为，通过对其限制竞争效果及所产生的经济效率进行综合判断以决定是否违法的审判原则。我国《反垄断法》第14条规定：“禁止经营者与交易相对人达成下列垄断协议：①固定向第三人转售商品的价格；②限定向第三人转售商品的最低价格；③国务院反垄断执法机构认定的其他垄断协议。”从法条上看，我国《反垄断法》只对固定转售价格以及限定最低转售价格的纵向价格行为作出禁止性规定，对于限定最高转售价格以及非价格协议行为没有明确规定。但是，与横向垄断协议规制相同，上述纵向协议行为在符合《反垄断法》第15条规定的条件下，只要经营者能够证明所达成的纵向协议不会严重限制相关市场的竞争，并且能够使消费者分享由此产生的利益，就可以得到《反垄断法》的适用豁免。这决定了我国《反垄断法》对于纵向垄断协议基本上采取了“合理的原则”的规制立场。

现在，国际竞争法规制的纵向垄断协议主要包括以下几种行为：

1. 固定转售价格。固定转售价格是指生产商向销售商或者批发商向零售商销售商品时，固定向第三者出售商品的协议行为。由于上游生产商或者批发商固定了下游销售商或零售商的转售价格，使得同一商品在不同区域或者时间里执行统一销售价格，大大限制了销售商或者零售商根据市场情况进行价格竞争的可能性，剥夺了消费者选择商品的自由，因而固定转售价格是各国竞争法重点规制的纵向垄断协议行为。实践中，某些商品上常常贴有“建议价格”，这种建议价格一般是生产商提供的参考价格，对于销售商并没有约束力，也不会限制销售商之间的价格竞争，所以不被国际竞争法所禁止。

2. 限制转售最低价格。限制转售最低价格是指生产商向销售商或者批发商向零售商销售商品时，限定向第三者销售商品最低价格的协议行为。和固定价格一样，限制转售最低价格限制了下游销售商的定价自由，损害了消费者利益，特别是在市场上没有替代商品的情况下，限制转售最低价格协议事实上可以维持一个高价格。因此，在德国和欧盟竞争法中，都对限制转售最低价格的协议行为进行严格规制。

3. 排他性交易。排他性交易是指经营者之间签订的下游经营者（销售商或零售商）只针对特定区域或者特定顾客群体销售上游经营者（生产商或批发商）的商品，或者只从上游经营者购买商品的协议行为。排他性交易包括独家销售以及独家购买两种形式，虽然都具有一定的排除其他竞争者、限制竞争的意图，但往往也会加强商品服务的一体化经营，提高流通效率和售后服务。如果市场上还存在其他竞争商品，在流通市场还存在其他流通渠道，经营者之间的排他性交易行为反而有利于形成品牌间竞争。因而，对于排他性交易行为，一般根据具体情况，适用“合理的原则”进行分析。

4. 附条件交易。附条件交易一般表现为下游经营者从上游经营者购买商品时，要接受与主商品无关的商品或者其他交易条件。如果附加的商品或服务是使用主商品时所必需的，这种附条件交易一般不视为违法行为。但是，如果附加的商品或者条件是为了排除其他竞争者提供的替代商品或者服务，就构成对其他竞争者的竞争限制。如果上游经营者具有市场支配地位，这种附条件交易就构成了市场支配地位的滥用，适用有关搭售交易的规制。

二、滥用市场支配地位规制

（一）滥用市场支配地位规制概述

在市场经济体制下，经营者通过自己的努力，不断地提高生产经营效率、提高产量或销售量，不断地推出新产品以满足消费者的需求，这本身是经营者锐意进取精神以及竞争力的表现。经营者基于自身的竞争力，在激烈的市场竞争中获得消费者的信赖，不断地扩大市场份额，而经营效率低下的经营者不断地被蚕食甚至被淘汰，这都是市场竞争的本来要素。只要经营者是凭借自身的竞争力，通过合法的途径成为市场竞争中的优胜者，这本来无可厚非。但是，当经营者成为市场上的垄断者时，其进取意识就会减弱，不愿意再投入大量资金与人力进行研发新产品或者新技术，转而利用自身的市场支配地位压制其他竞争者或者确定垄断价格剥削消费者。国际竞争法的市场支配地位的滥用规制正是为了确保市场竞争机制不会因经营者滥用其市场支配地位而受损，为了保护消费者利益以及社会公共利益不受垄断企业的侵害而设置的。但是，国际竞争法对于经营者通过合法竞争取得市场支配地位本身并不禁止，只是对经营者利用市场支配地位从事的滥用行为进行规制。

滥用市场支配地位的规制理论在欧盟一体化过程中逐渐成为欧盟竞争法的主导理念。《欧共体条约》第 82 条规定，一个或者多个在共同市场内或者其中的相当一部分地域内占有优势地位的企业滥用这种地位的任何行为，可能影响成员国间贸易的，因与共同市场不相容而被禁止；特别是禁止包含下列内容的滥用行为：①直接或间接地实行不公平的购买或者销售价格或者其他不公平的交易条件的；②限制生产、市场或者技术发展，损害消费者利益的；③在相同的交易情形下，对交易相对人实行不同的交易条件，因而置其于不利的竞争地位的；④要求对方当事人接受与合同主题在本质上或者商业惯例上无关联的附加义务，作为签订合同的前提条件的。美国《谢尔曼法》第 2 条规定："任何人垄断或者企图垄断，或与他人联合、共谋州际或与外国间的商业与贸易，是严重犯罪。"这里的"垄断或者企图垄断"相当于对市场支配地位的滥用的规制。

一般情况下，市场支配地位的滥用通常是由单个企业实施。但是，欧盟竞争法不仅有对单个企业滥用市场支配地位的规制，还存在对多个经营者滥用共同支配地位的规制。这主要是因为，在寡头市场上，寡头企业不需要借助于明示或者暗示的协议形式就可以心照不宣地联合从事某种垄断行为，这种情况下，由于很难举证它们之间的"协议"，因而很难适用垄断协议进行规制，适用共同支配地位的滥用规制能够克服这一问题。我国《反垄断法》在立法过程中参照了欧盟竞争法的相关规定，也引入了"共同支配地位"的提法，《反垄断法》第 19 条规定，一个经营者在相关市场的市场份额达到 1/2 的；两个经营者在相关市场的市场份额合计达到 2/3 的；三个经营者在相关市场的市场份额合计达到 3/4 的，可以推定该经营者具有或者经营者共同具有市场支配地位。复数的经营者中如果有经营者的市场份额不足 1/10 时，不应当推定该经营者具有市场支配地位。

（二）市场支配地位的确定

我国《反垄断法》第 17 条第 2 款规定："本法所称市场支配地位，是指经营者在相关市场内具有能够控制商品价格、数量或者其他交易条件，或者能够阻碍、影响其他经营者进入相关市场能力的市场地位。"判断经营者是否具有市场支配地位，首先要界定一个相关市场。相关市场可以划分为商品市场和地理市场。商品市场是指由相同商品或者具有相互替代效果的一组商品构成的一个产品市场。地理市场指与某一商品或者服务进行有效竞争的地理区域或者空间范围。界定相关市场直接影响到对企业是否具有市场支配地位的评价，如果对相关市场界定过大，经营者的市场份额相对就小。相反，如果对相关市场的范围界定越小，经营者的市场份额就相对就越大。因此，经营者是否具有市场支配地位的判断，关键在于相关市场的界定，而界定相关市场具有很大的随意性。

实践中，界定相关市场主要从需求替代或者从供给替代的角度出发，判断一件商品或者一组商品对于消费者或者供应商产生的替代效果。由于竞争主管机关对于相关市场范围界定的主观随意性比较大，美国在1982年公布的合并指南中首创了一套划分商品市场或者地理市场的SSNIP（微小但是实质性的非临时涨价）测试法。[1]该方法先假定某个垄断企业小幅度地（一般在5%～10%之间）提高商品价格，如果使用该商品的顾客转向相邻替代商品或者转向从其他地区购买该商品，那么就可以将该相关市场扩大到可替代商品或者扩及被转移地区。重复进行这种测试，直到即使小幅度上调商品价格后，消费者也不会转向其他替代商品或者不会有其他地区的相同商品进入该市场，那么该商品市场或者地理市场就基本上可以确定下来。该方法避免了竞争主管机关在界定相关市场上的主观随意性，被世界各国反垄断当局借鉴。但是，运用该方法对于竞争主管当局的经济学知识以及计算、统计能力提出了较高要求，同时还需要能够获得比较客观的市场数据。

在确定了相关市场之后，需要考察相关市场中经营者的市场份额、竞争对手的数量以及竞争力、进入相关市场的障碍等因素，来判断经营者是否具有支配地位。一般来说，各国都将相关市场经营者的市场份额作为判断是否具有支配地位的主要参考依据，但是市场份额达到何种程度才能构成支配地位并没有统一标准。以欧盟为例，通过判例确立了市场份额超过50%的企业就达到市场支配地位的要求。[2]世界银行和OECD认为一个企业的市场份额如果低于35%，一般不具有减少产量或者将价格提升到竞争水平以上的能力；如果一个企业的市场份额超过了65%，就可以认为处于市场支配地位。[3]

实践中，市场份额只是一个相对的数值，在判断企业是否具有支配地位时，还要结合所在行业的市场竞争状况。在市场进入门槛较低、竞争对手具有较强竞争力的市场上，即使处于第一位的经营者具有很高的市场份额，也不意味着该经营者就具有市场支配地位，更不意味着该经营者具有滥用支配地位的能力。

（三）滥用市场支配地位的行为

经营者滥用市场支配地位的行为可以分成剥削性滥用和排他性滥用。剥削性滥用是指拥有市场支配地位的经营者利用其支配地位，向流通企业或者消费者收取过高价格、实行差别性价格或者向供应商支付过低价格的行为。比较典型的剥削性滥用行为就是制定垄断高价或低价以及差别性价格。排他性滥用是指拥有市场支配地位的经营者为了排斥竞争者，采取拒绝与竞争对手进行交易、提高竞争对手进入市场的成本、进行掠夺性定价等压制竞争的行为。排他性滥用和剥削性滥用之间并没有明显的界限，但是前者主要表现为垄断企业运用自身市场支配力或技术条件，设

---

[1] SSNIP是“small but significant and non-transitory increase in price”的缩写。See US Department of Justice & Federal Trade Commission, Horizontal Merger Guidelines (1992, revised 1997).

[2] HoffmanLa Roche & Co. v. Commission (Vitamins), [1979] ECR461 & AKZO Chemie BV v. Commission, [1991] ECRI-3359.

[3] R. Shyam Khemani, *A Framework for the Design and Implementation of Competition Policy and Law*, OECD& World Bank, 1999, pp. 71～72.

置进入障碍或加大竞争对手的经营成本，排除或限制竞争对手。排他性滥用的典型代表是拒绝交易、掠夺性定价、搭售、拒绝使用关键设施等行为。

1. 垄断高价或低价。垄断高价或低价是指具有市场支配地位的经营者利用其市场支配地位，进行高价销售或者低价购买的行为。当拥有市场支配地位的经营者制定垄断高价时，市场上由于没有替代商品或者由于竞争企业的生产能力所限，无法及时提供大量的替代商品，下游经营者或消费者没有其他选择，只有接受这种垄断价格。当拥有市场支配地位的经营者实行低价购买时，同样由于该经营者垄断了市场销售渠道或者不存在其他有足够收购能力的竞争者，上游经营者没有其他选择，只能接受该垄断低价。对于垄断高价或低价的认定，困难在于如何判断垄断企业制定的是超出竞争水平的垄断高价或低价，因为竞争主管机关很难把握垄断企业的经营成本。垄断高价或低价经常发生在一些公共行业，由于这些行业的自然垄断属性，进入这些行业会存在法律上或者事实上的障碍，造成市场上不可能存在有力的竞争者。对于公共行业领域内的垄断高价或低价，传统做法是实行一定的价格管制，例如，我国对于专营专卖行业以及铁路、石油、天然气、供水、供电等领域实行的政府指导价格。

2. 歧视性价格。歧视性价格是指具有市场支配地位的经营者对于条件相同的经营者或消费者实行不同价格，或者在供给成本不同的情况下对消费者实行相同价格的行为。经营者实施不同价格的原因可能是基于成本，也可能是基于产品质量的不同，还可能是因为交易对方进行批量购买的回扣，或者是因为买卖双方签订了长期购买合同而实行的打折。不管是哪种情况，对于经营者来说，实行不同价格可能具有稳定客源、减低销售成本的益处，而且这种行为未必对消费者不利。当然，实行不同价格也可能被利用于排挤市场中的竞争对手。例如，经营者利用低价拉拢竞争企业的顾客，或者通过回扣或者签订长期合同来阻碍竞争对手的进入。因此，对于歧视性价格的违法判断非常困难，实践中一般根据个案进行具体分析。

3. 拒绝交易。拒绝交易行为表现为垄断企业为了排斥在上下游与其竞争的竞争对手，不向其提供相关原材料或者封锁销售网络，排除或限制上下游竞争企业的经营活动。对于垄断企业的拒绝交易行为，要具体问题具体分析，如果被其拒绝交易的竞争对手可以从其他渠道获得原材料或者流通渠道，垄断企业的拒绝交易行为并不会妨碍竞争，反而可能会促进竞争。如果垄断企业对于不接受其垄断价格的流通企业或者消费者拒绝提供相关商品，而流通企业或者消费者又无法从其他渠道去购买该商品，这种拒绝交易构成市场支配地位的滥用。

4. 掠夺性定价。掠夺性定价是垄断企业为了打击其竞争对手，以低于成本的价格销售商品，将竞争对手驱逐出市场的行为。确定掠夺性定价时，要考察垄断企业是否在一个较长的时期内（一般不低于半年）持续性地降价销售，其降价销售的目的是否是要排除竞争对手。经营者为了兜售季节性商品或者新鲜食品等进行临时性降价的行为不属于掠夺性定价。认定掠夺性定价的关键在于如何判断垄断企业降价销售的目的。如果垄断企业通过降价销售将其竞争对手驱逐出市场后又提高了价格，则无疑可以证明该垄断企业先前的降价销售目的就是为了排除竞争者。

5. 搭售行为。搭售是指垄断企业在销售主商品时附带性地销售与主商品无关联的另一商品的行为。如果附带销售的商品和主要商品在功能上或构造上存在某种联系，没有附带商品的话，主要商品就不能使用或者其功能会受到限制的，就不能称为搭售。垄断企业进行搭售的目的往往是利用其在主要商品市场上的支配地位，通过搭售无关联的另一商品，在被搭售商品市场上获取支配地位，进而排除或打击竞争对手。例如，电信服务企业通过搭售电信终端产品，就可以将其在电信服务市场上的支配地位扩大到电信终端产品市场上，从而将生产电话机、电传等终端设备的企业排挤出市场。这种利用在垄断市场上的支配力来获取在另一非垄断市场上的支配地位的做法习惯中被称为"杠杆效应"或"传导效应"，是典型的滥用支配地位行为。

6. 拒绝使用关键设施。拒绝使用关键设施是指垄断企业凭借其拥有的且竞争对手从事竞争所必需的关键设备、网络或者技术平台，在没有合理理由的情况下拒绝其使用的行为。拒绝使用关键设施主要表现在需要使用线路、轨道、管道、机场及网络等基础设施才能提供相关商品或服务的公共领域，如果拥有这些设施的垄断企业拒绝其他竞争对手使用这些设施，就会大大限制这一领域内的市场竞争，使垄断企业可以获取高额利润。在信息产业，如果垄断企业拥有某一技术平台（如微软电脑操作系统 OS）或者知识产权，就可以通过拒绝其竞争对手使用这一技术平台或者知识产权，达到排除和限制竞争的目的。当然，对于拒绝使用关键设施行为，也应该视具体产业进行分析，适用过严可能会打击经营者研发新技术、新产品或者投资基础设施的积极性。如果关键设施本身就是垄断企业依靠自有资本投资建设，或者这些关键设施的承受能力有限或者存在其他合理的理由，不能认为这种拒绝使用关键设施的行为违法。

三、经营者集中规制

（一）经营者集中规制概述

经营者集中是指经营者之间通过合并、持有股份或者资产、合同以及人事安排等方式结合成一个紧密经营实体的情形或者行为。"集中"相当于英语中的"concentration"，和经营者集中相似的另一个说法是"企业并购"，简称为"M&A"，来自于英语中"merger"（合并）及"acquisition"（收购）的合称。习惯中也常用"企业合并"表示经营者集中，其实企业合并只是经营者集中的一种形式。只要经营者之间发生某种形式的结合，形成一个企业拥有另一个企业的控制权或者能够对其生产经营产生实质性的影响，就构成竞争法中的经营者集中。

在经济全球化背景下，经营者通过企业合并、收购股份或资产等方式进行资源整合，扩大企业规模，这本来是经营者提高竞争实力，达到快速占领市场目的的重要战略。由于面临来自全球市场的竞争，经营者之间进行适度集中也有利于经营者提高研发能力，推出新产品或提高服务质量，将集中产生的效率最终回馈给消费者。但是，经营者集中可能会减少市场上的竞争者，加强经营者的市场支配地位或者导致经营者控制产业上下游的资源或流通渠道，从而具有排除或限制市场竞争的可能性。从经营者集中规制的发展历程来看，早期的竞争法受到构造主义学说影响，对经营者集中实行严格的规制立场。20 世纪 70 年代以来，受新自由主义思潮的影响，发达国家对于经营者集中的规制立场发生了很大变化。现在，各国对于国内市场的经营者集中规制日益宽松，将重点转移至跨国企业之间的各种集中行为。

对经营者集中的规制不同于垄断协议以及市场支配地位的滥用。垄断协议以及滥用市场支配地位对于竞争秩序的破坏以及消费者利益的损害比较直接，可以设定明确的违法标准去衡量，因而适合事后规制。而经营者集中并不会立即带来产品价格的上升或下降，对消费者利益也不产生直接影响，很难设定一个固定的违法标准去衡量。因而，对经营者集中的规制不适合事后规制，需要在进行集中之前对集中可能产生的各种效果作出预测。由于集中既具有提高经济效益、促进创新以及加强产业竞争力的正面效果，又具有排除或限制竞争的负面效果，使得经营者集中规制成为国家产业政策和竞争政策相互交织和冲突的领域。对经营者集中的规制程度往往体现着国家的产业政策导向和竞争政策的实施力度，具有很强的政策性和不确定性。

20 世纪 80 年代以来，跨国公司的对外投资从传统的绿地投资转向通过并购东道国企业来扩大市场份额的行为。作为一起规模巨大的跨国并购，可能要向多个国家的竞争主管机关申请，并且可能引发竞争法域外管辖中的法律冲突。现在，发达国家已经形成了竞争主管机关之间就具体案件进行相互通报及协作调查等国际竞争合作执法的倾向，一些国际组织（如国际竞争网络 ICN 等）也在寻求通过设立共同的申报程序等措施来协调目前分散的集中审查问题。但是，由于各国竞争法的实施理念以及国家利益的不同，这种竞争执法合作不可能解决各国的根本利益冲突，如何处理竞争法域外管辖过程中的法律冲突问题仍然是国际竞争法面临的重大挑战。

（二）经营者集中的申报和审查

经营者实施集中前一般都会对对象企业或者产业进行周密考察，在实施集中时会发生经营者组织结构的变化和内部整合。一旦经营者集中之后被宣布为违法，将带来巨大的经营风险及执法成本。因此，国际上多数国家对于经营者集中都实行事前申报审查制度，但并非所有集中行为都要向竞争主管机关申报，只有那些具有一定规模，可能产生市场支配地位并进而限制或排除市场竞争效果的经营者集中才需要申报。为此，设立一个相对明确的申报标准就成为经营者集中规制的重要环节。

关于经营者集中的申报，由于各行业情况以及各国经济规模不同，国际上没有一个统一的标准。各国大都根据经营者的年销售额，制定一个适用于各行业的一般标准进行测算。例如，我国《反垄断法》颁布实施后，国务院制定了《关于经营者集中申报标准的规定》（2008 年国务院令第 529 号），其第 3 条第 1 款规定在满足下列条件之一的情况下，需要向反垄断执法机构进行申报：①参与集中的所有经营者上一会计年度在全球范围内的营业额合计超过100亿元人民币，并且其中至少两个经营者上一会计年度在中国境内的营业额均超过4亿元人民币；②参与集中的所有经营者上一会计年度在中国境内的营业额合计超过20亿元人民币，并且其中至少两个经营者上一会计年度在中国境内的营业额均超过4亿元人民币。从我国《反垄断法》的申报标准来看，不仅强调经营者在全球市场中的规模，还强调参加集中的经营者在中国市场的规模。

在符合申报条件的情况下，参加集中的经营者要向竞争主管机关提交申请，一般来说，对于集中的审查分为两个阶段。第一阶段为初期审查，在这一阶段，竞争主管机关对经营者提交的申请材料进行快速审查，如果认为集中不具有限制竞争的效果就立即通知经营者可以实施集中。如果竞争主管机关在初期审查中认为集中可能产生排除或限制竞争的效果，就要进行第二阶段的实质审查。在实质审查阶段，竞争主管机关要对集中可能产生的各种有益效果和损害竞争效果进行综合评估。竞争主管机关要考查相关市场上经营者的市场份额与竞争状况、集中带来的相关市场集中度的变化、集中对市场进入的影响、集中的经济效率性与竞争限制效果等多重因素。集中审查的诸要素中，参加集中的经营者的市场份额以及集中前后相关市场集中度的变化反映了相关市场构造的基本情况，是判断集中是否会产生排除或限制竞争影响的一个关键因素。在判断经营者集中度变化这一点上，目前国际上普遍借鉴美国竞争执法经验，通过HHI指数的变化来进行测试。

HHI指数等于某一相关市场中各个企业的市场份额的平方之和。美国1992年公布1997年修订的《企业合并指南》将之作为衡量市场集中度变化的主要依据。指南根据HHI指数将市场集中度分成三类：①HHI小于1000时为低集中度市场，在低集中度市场一般对企业合并行为不予限制；②HHI指数大于1000但是小于1800时为中集中度市场，在中集中度市场，如果企业合并后HHI指数上升小于100，该合并一般能够通过审查，而如果合并后HHI指数上升大于100，就可能通不过审查；③HHI指数大于1800时为高集中度市场，在高集中度市场，企业合并后HHI指数上升小于50时一般可以通过审查，但是如果合并后HHI指数上升在50~100之间就可能通不过审查，而如果合并后HHI上升大于100则不予批准。当然，对HHI指数的测试只是确立一个参考标准，实践中还要考虑其他多种因素。

在竞争法的实施初期，由于受传统构造主义学说的影响，对集中进行规制的出发点就是阻止垄断企业的产生。随着产业组织经济学的发展以及人们对市场竞争认识的逐步深化，现在各国竞争法的经营者集中规制转变为审查集中是否会加强经营者在相关市场上的支配地位以及是否实质性地限制竞争。以美国反托拉斯法为例，《克莱顿法》第7条规定禁止“可能实质性地减少竞争”的企业合并和收购，《欧盟竞争法》的企业合并指南也规定审查标准是看合并是否会“显著地阻碍有效竞争”。我国《反垄断法》第28条规定：“经营者集中具有或者可能具有排除、限制竞争效果的，国务院反垄断执法机构应当作出禁止经营者集中的决定……” 据此，我国《反垄断法》确立了经营者集中规制的“排除、限制竞争效果”违法标准。当然，这并不是说具有限制竞争效果的经营者集中都必须加以禁止，在经营者愿意就集中可能产生的限制竞争效果予以事先排除或承诺采取减少竞争限制效果的补救措施的情况下，竞争主管机关可以附条件地批准经营者集中。

（三）经营者集中的类型

按照参加集中的经营者之间的行业关系，经营者集中分为横向集中、纵向集中以及混合集中。经济全球化的背景下，为了增强竞争实力和提高资源整合能力，经营者不停地追求企业规模以及经营范围的扩大，一项经营者集中可能既包括横向集中也包括纵向集中。因此，对集中的分类不是一个严格标准，主要是为了评价集中所产生效果的需要。

1. 横向集中。横向集中是指同行业具有竞争关系的经营者之间进行的集中。横向集中多发生在处于同一产业层次、生产或提供同种商品或者具有替代关系的商品的经营者之间，也常被称为横向合并。横向集中可以直接地消灭竞争对手，改变市场构造，进而获取市场支配地位，具有明显的限制竞争效果，因此，各国竞争法都将横向集中作为规制重点。一般来说，横向集中可能产生两种效果：①由于集中减少了市场中的竞争者数量，使得市场中尚存的少数企业之间更容易协调，加剧了寡头企业从事联合限制竞争行为的可能性，这种效果被称为“协调效果”（coordinated interaction）。②集中造成某一个企业市场份额大增，处于市场支配地位，助长该企业从事垄断的可能性，这种效果被称为“单独效果”（unilateral effect）。竞争主管机关多从这两种效果来分析经营者集中产生的排除或限制竞争的影响。

2. 纵向集中。纵向集中是指处于产业链上下游经营者之间进行的集中。纵向集中也常称为纵向合并。典型的纵向集中如生产商和原材料供应商、生产商和销售商、批发商和零售商之间的合并等。纵向集中的经营者之间由于不存在直接竞争关系，反而可能加强上下游企业之间的经营整合，促进不同品牌企业之间的竞争，因而各国对纵向集中的规制较为宽松。但是，纵向集中有可能造成中间生产商对上游原材料市场或者下游流通市场的控制，进而使得具有竞争关系的经营者无法购得原材料或者利用现有的销售渠道，产生封锁市场的可能性。实践中，如果纵向集中并未造成这种市场封闭效果，一般不为竞争主管机关所禁止。

3. 混合集中。混合集中是指既不存在市场竞争关系，也不存在上下游关系的经营者之间的集中。混合集中表现为企业经营范围的横向扩张，一般并不改变现有的市场构造，对于市场竞争的限制效果更小。例如，我国比亚迪汽车公司最初是从事电池生产的一家民营企业，通过收购西安秦川汽车有限公司后进入汽车市场，就是比较经典的混合集中。国际竞争法对于混合集中更加宽容，除非混合集中造成经营者在所合并产业的市场支配地位并可能实质性地限制竞争，一般不予规制。

第五节 国际竞争法的程序法规范

一、竞争主管机关

（一）竞争主管机关的特点

竞争法是现代国家用于维护市场经济体制的基本法律制度，是在传统民商法保护私有财产权以及契约自由的同时，通过政府的行政手段确保交易双方的实质公平，维护消费者权益和社会公共利益。竞争法的主要功能体现在规制大企业的垄断行为，确保中小企业和消费者在与大企业进行交易时利益不受到损害。由于大企业一般具有强大的经济、财政实力，在一些国家甚至能够影响或者操纵政府的政策方向，所以对于竞争主管机关有着不同于其他行政机关的特殊要求。国际竞争法的实施主要通过国内的竞争主管机关来进行，竞争主管机关具有以下特征：

1. 拥有准立法权和准司法权。由于竞争法面对的主要是大企业的垄断行为，需要竞争主管机关具有很大的行政权力才能保证法律的正确实施。理论上，竞争主管机关需要具有准司法权以及准立法权。①所谓准立法权，是指竞争主管机关要具有能独立地起草、制定竞争规则的权利。虽然竞争法需要由国家立法部门来制定和颁布，但是竞争法的实施需要大量的实施细则，需要明确具体的判断标准，这些实施细则以及判断标准一般要由竞争主管机关根据实际需要来制定。针对竞争执法过程中出现的问题，竞争主管机关需要制定具有一定行政约束力的规章、指南。在一些特殊行业，由于可能存在行业监管，竞争主管机关还需要和行业监管部门一道制定适用竞争法的规则、方法等。②所谓准司法权，是指竞争主管机关在调查审理违法案件时，需要具有独立办案的行政权力。具体而言，竞争主管机关可以进入经营者的经营场所进行调查取证，可以查阅经营者的活动证据、会计账簿、业务函电等文件资料，可以查封、扣押涉嫌违法的相关经营证据，可以查询经营者的银行账户等。准司法权还意味着竞争主管机关确认经营者的行为违法后，可以依法作出具有强制力的决定，命令经营者停止违法行为，没收违法所得并进行罚款，责令经营者执行竞争主管机关作出的行政裁决等。

2. 具有独立性和权威性。竞争政策在经济发展的不同阶段具有不同的侧重点，一国竞争政策的实施常常会受到来自其他行政部门基于产业政策等宏观经济政策的影响和制约。为了保证竞争政策的贯彻和实施，竞争主管机关需要具有很强的独立性和权威性。

第一，所谓独立性，是指竞争主管机关要能够独立于其他国家行政机关，要能够独立地制定竞争规则与执法。独立性体现在两个方面：①在人事任免上的独立；②在财政预算上的独立。竞争主管机关要保证能够独立调查和审理垄断案件，其人事任命必须能够独立于其他政府机关。理论上说，竞争主管机关的负责人要由国家元首任命，经国家权力机关批准。竞争主管机关的主要责任人员要从知名的法学家或经济学家中选任，竞争主管机关的职员要从国家公务员中选聘。非经国家权力机关的弹劾或罢免，任何人或机关不得随意更换竞争主管机关的主要责任人员。除了人事任免之外，竞争主管机关要有独立的财政预算，其行政经费来自于政府财政拨款，任何人或机关不得随意克扣或者减少竞争主管机关的财政经费。

第二，所谓权威性，是指竞争主管机关在国家行政机关中要处于一个较高的位置，要保证竞争主管机关制定的竞争政策不受其他机关的干涉。一般来说，要求竞争主管机关直属于国家元首，对国家元首负责，并采用独立行政委员会的组织形式。独立行政委员会通常是指设置在政府部局之外、受国家元首直接指挥和监督、具有相当大的独立性并采取合议制的行政机关。在美国，如联邦贸易委员会、联邦通信委员会、联邦能源委员会等。委员会实行奇数委员制，裁决时出现意见不一致的情况下，由委员长一票决定或者采取少数服从多数的制度。[1] 对竞争主管机关的裁决不服时，只能上诉到有管辖权限的法院，通过司法程序解决。

（二）竞争主管机关的主要模式

现在，世界各国大都设立一个独立的竞争主管机关来负责实施竞争法。但是，由于各国的政治、行政体制的差异，也由于各国经济发展水平以及对竞争政策的理解与认识不同，各国竞争主管机关的组织构造及行政权限存在巨大差异。特别是在具有惯例法传统的英美法系国家以及具有成文法传统的大陆法系国家之间，竞争法的实施体制及竞争主管机关的权限设置等有较大差异，形成了美欧两大不同模式。

美国竞争法一直由司法部反托拉斯局和联邦贸易委员会主导，两个行政机关之间有具体的职能分工。司法部反托拉斯局主要负责实施《谢尔曼法》以及《克莱顿法》，可以对反垄断案件进行民事执法或刑事执法。联邦贸易委员会本来只负责实施《联邦贸易委员会法》，但是通过对该法第5条的解释，联邦贸易委员将其执法权限已经扩大到包括《谢尔曼法》及《克莱顿法》在内的所有违法行为。[2] 但是联邦贸易委员会不具有刑事管辖权，涉及刑事案件问题一般要交由反托拉斯局处理。在反托拉斯法的实施中，美国法院起着至关重要的作用。法院不仅可以直接受理私人提起的反托拉斯民事诉讼，还受理司法部提起的民事或者刑事诉讼，还可以对联邦贸易委员会的行政裁决进行司法审查。因此，在美国反托拉斯法的实施中，法院起着最终的决定作用，形成了竞争执法的司法主导模式。

欧盟竞争法主要由欧洲委员会竞争总局以及成员国竞争主管机关负责执行，但欧洲委员会和成员国竞争主管机关在具体职能上有所不同。欧洲委员会对于欧盟竞

---

〔1〕 UNCTAD, *Model Law on Competition*, United Nations, Geneva, 2003, TD/B/RBP/CONF5/7/Rev. 1, pp. 53 ~ 55.

〔2〕 ［美］赫伯特·霍温坎普：《联邦反托拉斯政策：竞争法律及其实践》，许光耀、江山、王晨译，法律出版社2009年版，第647 ~ 653页。

争法的执法享有广泛的权力，可以调查欧盟境内涉嫌违反垄断协议、市场支配地位的滥用以及经营者集中规制的违法行为并给予处罚。成员国竞争主管机关只对本国范围内的违反《欧盟竞争法》第81条和第82条的违法行为享有执法权限，对于经营者集中的审查权限集中于欧洲委员会。与美国竞争法实施的司法主导模式不同，欧盟竞争法形成了主要以追究行政责任为主的行政主导型法律实施机制。私人只能依据成员国国内法律规定提起有关违反竞争法的民事诉讼，而且成员国中的多数国家甚至没有规定对违反竞争法的刑事责任追究。经营者对欧洲委员会的行政裁决不服时可以提请司法审查，但是欧洲法院一般倾向于尊重行政机关的决定，司法审查对于行政裁决的影响有限。

在我国《反垄断法》起草过程中，如何设置竞争主管机关成为反垄断立法的主要难题之一。我国最终选择了和多数大陆法系国家相似的行政主导型反垄断法实施机制，确立了由现有竞争执法机关分别承担反垄断法执法的同时，在国务院下设反垄断委员会，负责反垄断的领导、组织及协调工作。现我国负责反垄断执法的机构由国家商务部、发改委和工商总局负责，其中，商务部负责经营者集中审查，国家发改委负责与价格相关的垄断协议和滥用市场支配地位的实施，而国家工商总局负责除价格之外的垄断协议和滥用市场支配地位的实施。国务院反垄断委员会并不是一个常设的执法机关，只是一个联合议事机构。从国务院反垄断委员会的构成来看，其不仅包括了商务部、发展与改革委员会和工商行政管理总局这三家反垄断法执法机构，还包括来自工业与信息化部、国资委、交通运输部、财政部、银监会、保监会、证监会与电监会等行政机关的主要责任人。这种“双层多机构”模式既维持了现有竞争执法格局，又可以协调国家竞争政策和产业政策等其他宏观经济政策。

二、违法责任

对于经营者违反竞争法的行为，竞争主管机关可以依法进行调查和处理。在调查期间，如果经营者承认竞争主管机关对自己的违法指控并承诺采取有效措施排除违法行为，竞争主管机关可以决定中止调查改为监督执行。对于经营者违抗或拒绝调查等行为，竞争主管机关可以采取行政强制措施并依法追究法律责任。由于各国的竞争法制不同，对于违反竞争法行为的处理及法律制裁也各不相同。在行政主导型的大陆法系国家，竞争主管机关确认违法事实后，就可以依法对于违法的经营者进行法律制裁；而在司法主导型的英美法系国家，对违法经营者的法律制裁一般通过法院进行。概括而言，国际竞争法的违法责任可以分为行政责任、民事责任和刑事责任三种。

（一）行政责任

违反竞争法的行政责任是指由竞争主管机关对于违法的经营者责令停止违法行为、消除违法效果、恢复市场竞争秩序并进行罚款等处罚措施。在大陆法系国家，对于违反竞争法的行为一般以追究行政责任为主。以欧盟为例，欧洲委员会对于经营者的违法行为拥有广泛的处罚权限，可以命令经营者停止违法行为并可以处罚上一年度全球市场营业额10%以下的罚款。但责令停止违法行为和罚款只适用于经营者已经实施的垄断协议以及市场支配地位的滥用行为，并不适用经营者集中行为。经营者集中主要表现为对市场构造的改变以及对竞争的限制或者排除，并不会对消费者造成直接利益损害。对于集中可能产生的限制竞争效果，竞争主管机关可以要求经营者采取事前救济措施以降低集中可能产生的不利影响，这就是所谓集中救济措施，包括结构性救济和行为性救济。结构性救济主要指通过资产或业务剥离、知识产权的强制转让等方式，以培育市场上的竞争对手，达到维护市场竞争的措施。行为性救济主要通过经营者承诺，包括签订长期供货合同、知识产权许可合同等多种方式，以恢复市场竞争为目标的措施。对于达到申报标准但没有申报，或者没有得到批准却擅自实施集中的行为，竞争主管机关会采取责令停止集中、剥离资产、签订长期购买合同或出售知识产权等强制性措施。我国对于违法实施的经营者集中，反垄断主管机关还可以并处50万元以下的罚款。

垄断协议特别是所谓“核心卡特尔”行为对于社会和消费者的利益损害极大，一直是各国竞争主管机关打击的重点对象。但是，垄断协议一般都在秘密状态下进行，竞争主管机关要查处协议的行为和证据并非易事。1993年，美国司法部公布了宽大制度（Leniency program），后来被世界各国广泛借鉴。所谓宽大制度，是指参加垄断协议的经营者如果主动向竞争主管机关揭发检举违法事实并配合调查取证，在查处垄断协议主犯后，可以免除或者减低对自首者的处罚。宽大制度利用违法经营者逃避处罚的心理，从经营者内部瓦解垄断协议，实践中，对于打击“核心卡特尔”等严重违法行为具有很强的震慑效果，现在宽大制度已经被世界各国竞争主管机关广泛采用。

（二）民事责任

违反竞争法的民事责任是指由于经营者的垄断行为给他人利益造成损害，私人（包括经营者和消费者）向法院提起民事诉讼，法院对违法经营者作出停止侵害以及损害赔偿的处罚决定的制度。由于垄断行为涉及的受害经营者及消费者的广泛性以及损害的不确定性，国际竞争法对于违法行为的民事诉权以及诉讼程序规定都具有一定的特殊性。在欧盟，对于违反欧盟竞争法的民事责任追究只能依据成员国的相关法律规定进行，而成员国国内法律各不相同，整体上，欧盟竞争法的民事责任追究并没有得到很好的执行。

私人提起违反竞争法的民事诉讼制度（以下称为“私诉制度”）在美国最为成熟和完善。美国私诉制度中不仅有激发民众提诉动机的惩罚性“三倍赔偿”（treble damages）制度，还有私人受损较小、缺乏起诉动机时鼓励私人联合起诉的“集团诉讼”（class action）制度。此外，还存在代理律师只有帮助起诉人赢得诉讼才能得到报酬的“风险代理”（contingence fees）制度，原告以及法院可以要求被告或诉外第三人提交证据或信息的“证据开示”（discovery）制度。各种有利于原告的诉讼制度使得私人提起反托拉斯诉讼非常容易，同时也增加了民众为获得三倍赔偿进行“滥诉”的可能性。因此，美国法院通过判例确立了一系列原则来限制原告起诉的条件。例如，通过对诉因、反托拉斯法上的损害证明以及直接购买者要求（即只有直接从垄断者处购买商品的购买者才能够提起固定价格等损害赔偿请求）等对私人提起诉讼的范围和资格进行限制。

我国《反垄断法》第50条规定：“经营者实施垄断行为，给他人造成损失的，依法承担民事责任。”该条笼统规定了经营者违反《反垄断法》要承担民事责任，但是对于能够提起反垄断民事诉讼的主体资格、举证责任、赔偿限额以及司法机关与反垄断法执法机构之间的协调等都没有具体规定。违反《反垄断法》的民事责任可以遵循民事侵权法律的一般原理进行追究，但是由于《反垄断法》中没有明确规定，使得我国《反垄断法》在民事执法方面存在很大的不确定性。

（三）刑事责任

违反竞争法的刑事责任是指由司法机关对经营者严重违反竞争法的行为追究刑事责任的制度。国际上对于违反竞争法的刑事责任追究可以分为对经营者的惩罚以及对经营者主要责任人员的刑事责任追究。由于各国的法制传统以及对于违反竞争法行为的性质认识各异，国际竞争法中对于违法行为的刑事责任追究也出现本质差别。从整体来看，传统大陆法系国家对于违反竞争法行为的刑事责任追究一般都比较消极。例如，欧盟竞争法不存在对违法经营者追究刑事责任的条款，对于违法性质严重的“核心卡特尔”，成员国可以依据国内相关法律提起刑事诉讼，但目前除了英国之外的多数欧盟成员国未引入竞争法的刑事责任制度。

美国竞争法的刑事责任可以说是国际竞争法中最为严厉的刑事处罚。根据《谢尔曼法》第1、2条的规定，经营者从事垄断行为构成犯罪将构成犯罪。对于参与的公司要处以罚款，参与者是自然人的情况下不仅要处以罚款，还可以处以10年以下的监禁。当然，美国司法部反托拉斯局一般只对明显、故意的违法行为提起刑事诉讼，其中大多数是针对明显的价格卡特尔或者串通投标行为。美国对违反《谢尔曼法》的经营者主要责任人员视为犯罪并进行处罚的制度有其特殊的传统文化和法制背景，对自然人处以监禁的刑罚制度对于经营者的主要责任人具有极大的震慑效果，目前，除美国外，尚没有其他国家对于企业负责人追究违反竞争法的刑事责任制度。

我国《反垄断法》在起草过程中曾经规定对于违法情节严重、构成犯罪的，依法追究刑事责任，但是《反垄断法》颁布时删除了这一规定。这使得我国《反垄断法》对于违法的经营者只追究行政责任或者民事责任，不存在追究经营者个人刑事责任的制度。有国内学者认为删除关于经营者刑事责任的规定与国际上加重对“核心卡特尔”等严重违法行为处罚的趋势不符，大大降低了我国《反垄断法》的威慑力。[1] 如果在《反垄断法》中规定违法经营者的刑事责任，就需要对竞争主管机关在刑事诉讼中的诉权等问题作出规定，还需要对刑法等有关条款进行修改。目前，

---

〔1〕 时建中主编：《反垄断法——法典释评与学理探源》，中国人民大学出版社2008年版，前言。

我国《刑法》中只有关于"串通投标罪"（《刑法》第223条）的规定。如何追究垄断行为的刑事责任，是将来需要探讨的问题。

第六节　中国反垄断法的实践综述

一、我国《反垄断法》的立法

我国《反垄断法》于2008年8月1日开始实施。2008年8月3日，国务院颁布第529号令《国务院关于经营者集中申报标准的规定》，完善了我国反垄断法关于经营者集中申报门槛的制度。2009年5月24日，新成立的国务院反垄断委员会颁布了《关于相关市场界定的指南》。自《反垄断法》实施以来，负责反垄断执法的国家商务部、发改委和工商总局在各自职权范围内出台了一系列配套的部门规章。

国家商务部在经营者集中规制方面出台的配套制度包括：商务部令2009年第11号《经营者集中申报办法》、商务部令2009年第12号《经营者集中审查办法》、商务部公告2010年第41号《关于实施经营者集中资产或业务剥离的暂行规定》（现已失效）、商务部公告2011年第55号《关于评估经营者集中竞争影响的暂行规定》、商务部公告2014年第12号《关于经营者集中简易案件适用标准的暂行规定》等。2009年7月15日，商务部会同中国人民银行、银监会、证监会和保监会发布了《金融业经营者集中申报营业额计算办法》。此外，商务部反垄断局还根据工作需要出台了《关于经营者集中申报文件资料的指导意见》（2009年）、《经营者集中反垄断审查办事指南》（2010年）、《关于经营者集中申报的指导意见》（2014年修订）、《关于规划经营者集中案件申报名称的指导意见》（2015年）等相关指南，为企业进行集中申报提供具体指导。

国家工商总局于2009年5月26日公布了《工商行政管理机关查处垄断协议、滥用市场支配地位案件程序规定》，确立了工商总局关于反垄断执法的程序以及根据个案需要授权省级政府工商行政管理局进行反垄断执法的模式（个案授权模式）。2010年12月31日，国家工商总局公布了《工商行政管理机关禁止垄断协议行为的规定》和《工商行政管理机关禁止滥用市场支配地位行为的规定》，分别对其执法范围的垄断协议和滥用市场支配地位行为进行了详细解释。国家发改委于2010年12月29日公布了《反价格垄断规定》，对自己执法范围内的垄断协议、滥用市场支配地位以及行政性限制竞争行为进行了详细解释。同时，发改委还公布了《反价格垄断行政执法程序规定》，规定了发改委进行反价格垄断执法的行政程序和授权省、自治区、直辖市政府价格主管部门直接进行价格垄断执法的模式（直接执法模式）。

在民事执法方面，我国最高人民法院于2012年5月3日公开了《关于审理因垄断行为引发的民事纠纷案件应用法律若干问题的规定》（简称《反垄断民事执法规定》），明确了司法机关受理、实施《反垄断法》的相关原则，并对反垄断司法执法的具体制度作出规定。《反垄断民事执法规定》将第一审垄断民事纠纷案件的受理限定在省、自治区、直辖市人民政府所在地的市、计划单列市中级人民法院以及最高法院指定的中级人民法院管辖；垄断行为受害人可以直接向人民法院提起民事诉讼，也可以在反垄断执法机构对涉嫌垄断行为的处理决定效力确定后，向人民法院提起民事诉讼。《反垄断民事执法规定》还规定了横向垄断协议的被告举证倒置责任和滥用市场支配地位的原告举证责任，公共企业或依法具有独占地位的经营者的市场支配地位认定制度等，降低了个人或企业提起反垄断民事诉讼的门槛，为我国司法机关受理反垄断法民事诉讼案件提供了重要的依据。

二、我国《反垄断法》的实施

我国《反垄断法》实施以来，国务院反垄断执法机构调查、处理了一批涉嫌违法的垄断协议、滥用市场支配地位和经营者集中案件，在国内外引起高度关注。随着反垄断法律制度的逐步完善和一批跨国企业涉嫌垄断案件的查处，我国已经成为与欧盟、美国并驾齐驱的第三大反垄断法司法辖区。

（一）经营者集中规制的实施状况

在经营者集中规制方面，截止到2014年7月底，商务部合计收到经营者集中申报案件994件，立案935件，审结867件。在审结的全部经营者集中案件中，无条件批准的841件（占97%），各类附加限制性条件案件24起，禁止集中案件2起（两者合计占3%）。[1] 根据《反垄断法》第30条的规定，反垄断执法机构要将禁止集中和附加限制性条件许可集中的案件及时向社会公布。从商务部已经公布的禁止类和附加限制性条件批准的经营者集中案件来看，都涉及跨国公司从事的几种行为。以下，仅选择3起予以说明：

1. 在可口可乐收购汇源公司案[2]中，国际饮料行业巨头可口可乐宣称将用24亿美元收购中国果汁行业的领军企业汇源公司。由于双方的营业额超过了国务院经营者集中申报标准，2009年9月18日，可口可乐公司向国家商务部提交了收购申请。11月20日，商务部正式受理。2009年3月18日，商务部发布公告，决定禁止可口可乐公司收购汇源公司。在该收购案中，商务部将相关市场界定在果汁饮料市场。由于可口可乐公司拥有和“汇源果汁”具有竞争关系的“美汁源”品牌，该收购案属于横向集中，同时具有混合集中的特点。商务部认定集中将产生三个效果，分别可以用传导支配效果、品牌效果、抑制创新效果来概括。商务部认为该集中将具有排除、限制竞争效果，将对中国果汁饮料市场有效竞争和果汁产业健康发展产生不利影响。鉴于可口可乐公司没有提供充足的证据证明集中对竞争产生的有利影

---

〔1〕 参见尚明：“全面总结执法经验，不断提高执法效率”，载《中国竞争法律与政策研究报告2014年》，法律出版社2014年版，第1～10页，结合商务部官网上公布的数字，经作者计算得出。

〔2〕 中国商务部2009年第22号公告：“商务部关于禁止可口可乐公司收购中国汇源公司审查决定的公告”，参见商务部官网 http：//fldj. mofcom. gov. cn/article/ztxx/200903/20090306108494. shtml.

响明显大于不利影响或者符合社会公共利益，在规定的时间内，可口可乐公司也没有提出可行的减少不利影响的解决方案。因此，商务部决定禁止此项经营者集中。

2. 松下公司收购三洋公司案[1]是一起涉及两家日本企业在相关电池业务市场上进行集中的案件，该案同时在多个国家被受理审查。松下公司于2009年1月21日向我国商务部提出申请，5月4日商务部正式立案审查。2009年10月30日，商务部作出了附加限制性条件的许可集中决定。在该案中，商务部将涉案产品市场界定为硬币型锂二次电池、民用镍氢电池和车用镍氢电池三个市场，但将地理市场界定为世界市场。商务部审查认为，在上述三个产品市场，松下公司和三洋公司都是很高市场份额的大企业，集中将使得当事企业的市场份额大幅增加，在锂二次电池市场上达到61.6%，在民用镍氢电池市场达到46.3%，在车用镍氢电池市场，松下公司也具有绝对的支配地位。商务部基于市场份额增加所反映的高度市场集中，以及集中后企业的定价能力、购买方力量、对其他竞争对手的排斥作用等考虑因素，最后认为集中将在三个市场产生限制或排除竞争效果。商务部所作附加限制性条件的许可决定中，不仅要求当事方将在中国境内的相关资产进行剥离，还要求其将在日本境内的相关资产进行剥离，此外，还要求松下公司和三洋公司作出相应的承诺等多项救济措施。

3. 三大航运公司联盟案[2]是2014年世界主要国家反垄断当局受理、审查的一起经营者集中案例，引起各方广泛关注。三大航运公司是指丹麦穆勒马士基集团（APM-Maersk）、比利时地中海航运公司（MSC）和法国达飞海运集团公司（CMA），在世界前一百家航运公司中所占标箱（TEU）的市场份额分别达到15%、13.6%和8.6%，稳居世界前三强。[3] 2013年10月，三大航运公司签署协议，拟在英格兰和威尔士设立一家有限责任合伙制的网络中心，统一负责各方欧亚航线、跨大西洋和跨太平洋航线上集装箱班轮的运营性事务。我国商务部认为，三大航运公司实施联盟后，整合了交易方的运营网络，消除了相关市场中主要竞争者之间的有限竞争，可能进一步推高市场进入壁垒，难以产生新的有竞争力的制约力量，因此交易方将形成紧密型联营。此外，三大航运公司通过整合其航线及运力资源，进一步增强其

---

〔1〕 中国商务部2009年第82号公告："关于附条件批准松下公司收购三洋公司反垄断审查决定的公告"，参见商务部官方网站 http：//fldj. mofcom. gov. cn/article/ztxx/200910/20091006593175. shtml.

〔2〕 中国商务部公告2014年第46号："商务部关于禁止马士基、地中海航运、达飞设立网络中心经营者集中反垄断审查决定的公告"，参见商务部官网 http：//fldj. mofcom. gov. cn/article/ztxx/201406/20140600628586. shtml.

〔3〕 世界前一百位航运公司中除了马士基、地中海航运以及达飞占据前三甲之外，居于第四到第十位的航运企业分别是台湾长荣海运（Evergreen Line，4.9%）、中国远洋运输（COSCO，4.3%）、德国赫伯罗特船运（Hapag-Lloyd，4.0%）、中海集运（CSCL，3.6%）、韩国韩进海运（Hanjin Shipping，3.2%）、日本商船三井（MOL，3.2%）、美国总统船公司（APL，3.2%）。See Alpha-liner TOP 100，Operated fleets as Per 03 January 2015，available at：http：//www. alphaliner. com/top100/index. php.

市场控制力，可能挤压其他竞争者的发展空间，使其在未来的竞争中进一步处于劣势地位，这也可能会损害到货主和港口发展的利益。由于交易方提交的救济方案缺少相应的法律依据和可信服的证据支持，我国商务部于2014年6月17日作出了禁止该起集中的决定。

（二）垄断协议规制的实施状况

垄断协议案件历来是各国反垄断当局的执法重点，也是涉及跨国反竞争行为最多的案件。但是，我国《反垄断法》颁布实施以来，反垄断执法机构审查处理的垄断协议案件并不多见。究其原因，①负责垄断协议执法的国家发改委和工商总局一直存在执法分工不明确的争议；②国家发改委和工商总局授权省级政府相关部门负责执法，降低了国务院反垄断执法机构进行执法的必要性并减少了案件数量；③两大部委各自负责《价格法》与《反不正当竞争法》的执法，使得原本适用《反垄断法》的相关案件可以依据现有《价格法》以及《反不正当竞争法》进行处理。

乳粉企业纵向价格案[1]涉及六家从事跨国经营的乳粉企业从事价格协议，是我国发改委适用《反垄断法》查处的涉及纵向价格协议的代表性案例。根据公开报道，在中国市场上，以合生元、美赞臣、多美滋、雅培、富仕兰（美素佳儿）、恒天然、惠氏、贝因美、明治为代表的乳粉生产企业对下游经营者进行了不同形式的维持转售价格行为。具体措施和手段包括：合同约定、直接罚款、变相罚款、扣减返利、限制供货、停止供货等。这些措施和手段均具有惩罚性和约束性，一旦下游经营者不按照涉案企业规定的价格或限定的最低价格进行销售，就会遭到惩罚。发改委认为，涉案企业的上述行为均达到了固定转售商品的价格或限定转售商品的最低价格的效果，事实上达成并实施了销售乳粉的价格垄断协议，违反了《反垄断法》第14条的规定，不正当地维持了乳粉的销售高价，严重排除、限制同一乳粉品牌内的价格竞争，削弱了不同乳粉品牌间的价格竞争，破坏了公平有序的市场竞争秩序，损害了消费者利益。发改委依据《反垄断法》第46条的规定，决定对合生元、美赞臣、多美滋、雅培、富仕兰、恒天然等六家企业共处罚款6.6873亿元，对主动自首并积极整改的惠氏、贝因美以及明治乳业适用宽大政策，免除处罚。

在汽车零部件和轴承价格垄断案[2]中，日立、电装、爱三、三菱电机、三叶、矢崎、古河、住友等8家日本汽车零部件生产企业和不二越、精工、捷太格特、NTN等4家轴承生产企业，在日本和中国上海多次进行双边或多边会谈，互相协商价格，达成订单报价协议并予实施。国家发改委认为，8家汽车零部件企业和4家轴承企业涉嫌达成并实施了汽车零部件、轴承的价格垄断协议，违反了我国《反垄断法》的

---

〔1〕 参见“合生元等乳粉生产企业违反《反垄断法》，限制竞争行为共被处罚6.6873亿元”，国家发改委官方网站 http：//www.sdpc.gov.cn/xwfb/t20130807_552991.htm.

〔2〕 国家发改委：“日本十二家企业实施汽车零部件和轴承价格垄断被国家发改委罚款12.35亿元”，参见发改委官网 http：//www.sdpc.gov.cn/fzgggz/jgjdyfld/jjszhdt/201408/t20140820_622757.html.

规定，排除、限制了市场竞争，不正当地影响了我国汽车零部件及整车、轴承的价格，损害了下游制造商的合法权益和我国消费者利益。两个案件中，当事人多次达成并实施价格垄断协议，违法行为持续时间超过10年，违法情节严重，发改委依法对电装、矢崎、古河、住友、爱三、三菱电机、三叶、精工、NTN公司、NTN公司分别处以上一年度销售额4%、6%和8%的罚款，合计罚款12.35亿元；同时对主动提供重要证据的日立和不二越适用了《反垄断法》减轻或免除处罚的条款。

（三）滥用市场支配地位规制的实施状况

中国《反垄断法》颁布实施以来，各种媒体就中国存在的滥用市场支配地位现象进行了广泛报道和讨论。但是，目前国内针对滥用市场支配地位的案例主要集中于国有垄断经济部门，并且绝大多数是以法院受理、原被告和解或者原告败诉的形式结束。虽然，跨国公司在中国很多产业领域内具有很强的市场势力，但我国反垄断执法机构审查和处理跨国公司滥用市场支配地位的案例尚不多见。2015年2月10日，国家发改委公布了针对美国高通公司滥用知识产权行为的处罚决定，成为反垄断执法机构公开受理和处罚跨国公司滥用的第一起案件。[1]

高通公司是世界上最大的手机芯片制造企业，在无线通讯标准必要专利市场和手机芯片市场占据支配地位，其专利授权和芯片销售模式近年来在美欧韩日和印度等地备受质疑。国家发改委认为，高通公司在无线通信标准必要专利许可市场和手机芯片市场实施了以下滥用市场支配地位的行为：①收取不公平的高价专利许可费。高通公司对我国企业进行专利许可时拒绝提供专利清单，过期专利一直包含在专利组合中并收取许可费。同时，高通公司要求我国被许可人将持有的相关专利向其进行免费反向许可，拒绝在许可费中抵扣反向许可的专利价值或提供其他对价。此外，对于曾被迫接受非标准必要专利一揽子许可的我国被许可人，高通公司在坚持较高许可费率的同时，按整机批发净售价收取专利许可费。②没有正当理由搭售非无线通信标准必要专利许可。在专利许可中，高通公司利用在无线通信标准必要专利许可市场的支配地位，没有正当理由将非无线通信标准必要专利许可进行搭售，我国部分被许可人被迫从高通公司获得非无线通信标准必要专利许可。③在基带芯片销售中附加不合理条件。高通公司将签订和不挑战专利许可协议作为我国被许可人获得其基带芯片供应的条件。由于高通公司在基带芯片市场具有市场支配地位，我国被许可人对其基带芯片高度依赖，高通公司在基带芯片销售时附加不合理条件，使我国被许可人被迫接受不公平、不合理的专利许可条件。

发改委认为，高通公司的上述行为排除、限制了市场竞争，阻碍和抑制了技术创新和发展，损害了消费者利益，违反了我国《反垄断法》关于禁止具有市场支配地位的经营者以不公平的高价销售商品、没有正当理由搭售商品和在交易时附加不

---

〔1〕 国家发改委价格监督检查及反垄断局：“我为对高通公司垄断行为责令整改并罚款60亿元”，参见国家发改委官网 http：//www. sdpc. gov. cn/fzgggz/jgjdyfld/jjszhdt/201502/t20150210_ 663873. html.

合理交易条件的规定。国家发展改革委责令高通公司停止违法行为，依法对高通公司处以2013年度在我国市场销售额8%，总计60.88亿元的行政罚款，同时要求其进行整改。整改措施包括：①对于在我国境内使用而销售的手机，按整机批发净售价的65%收取专利许可费；②向我国被许可人进行专利许可时，将提供专利清单，不得对过期专利收取许可费；③不要求我国被许可人将专利进行免费反向许可；④在进行无线标准必要专利许可时，不得没有正当理由搭售非无线通信标准必要专利许可；⑤销售基带芯片时不要求我国被许可人签订包含不合理条件的许可协议，不将不挑战专利许可协议作为向我国被许可人供应基带芯片的条件。

高通公司全球营业额的一半来自中国市场，发改委针对高通的罚款和整改措施已经触及跨国公司的专利授权模式，在世界各国处理知识产权保护和反垄断监管的实践中树立了中国政府的执法标准和权威，具有引领信息与通信技术产业（ICT）产业反垄断执法的重大意义。

（四）我国反垄断法的民事执法

我国《反垄断法》实施的最初几年间，相关配套制度尚不完善，一般民众缺乏关于反垄断法律的认识和经验，早期的数起反垄断民事案件主要针对国内企业滥用市场支配地位的行为。这些案件由于原告举证不足，或者由于其针对的问题涉及行政性垄断行为，大多以被告撤诉、原被告和解或者原告败诉而告终。2013年初，深圳中院一审审结了华为公司诉美国IDC标准必要专利（SEPs）反垄断案，揭开了国内法院受理、审判跨国公司从事垄断行为的第一案。该案经广东省高院终审审判，成为国内关于滥用知识产权的反垄断民事判决的经典案例。由于信息与通讯产业（即ICT产业）是引领21世纪经济发展的重点行业，世界各国都高度重视，包括美欧日在内的发达国家都面临所谓滥用标准必要专利（SEPs）问题，在这种背景下，我国司法机关率先打破僵局，宣判美国IDC公司的行为违反我国《反垄断法》，在国内外树立了广泛的影响。

本案原告为华为技术有限公司，其以深圳为生产基地，向世界各地通讯运营商、专业网络拥有者以及无线终端用户提供产品及服务。本案被告是美国交互数字公司（IDC），并不进行任何实质性生产，仅以专利许可作为其经营模式。IDC通过全资子公司拥有超过19 500项无线通信技术专利和专利组合，从全世界销售的所有3G移动设备中的一半取得许可费收入。深圳中院一审判决认定被告美国IDC公司在相关市场具有支配地位，并且利用这一地位从事了过高定价、歧视性定价以及将标准必要专利与非必要专利进行捆绑搭售的行为，判处被告停止民事侵权行为，赔偿原告各类经济损失二千余万元。[1] 一审判决公布后，原被告均表示不服，向广东省高院提

〔1〕 深圳中院判决主要参考该院法官叶若思、祝建军、陈文全撰写的“标准必要专利权人滥用市场支配地位构成垄断的认定——评华为公司诉美国IDC公司垄断纠纷案”，载《电子知识产权》2013年第3期。

起上诉。2013 年 10 月 23 日，广东高院公布了终裁判决，驳回上诉，维持原判。[1]

本案判决涉及反垄断法的界定相关市场、管辖权、市场支配地位以及滥用市场支配地位行为的认定等相关问题。在相关市场界定方面，深圳中院将本案相关地域市场界定为中国市场和美国市场，相关商品市场是被告方在 3G 无线通信技术中的 WCDMA、CDMA2000、TD－SCDMA 标准下的每一个必要专利许可市场构成的集合束，认为被告方在中国和美国的 3G 无线通信技术标准中的每一个必要专利许可市场，均构成一个独立的相关市场。广东高院判决认可了原审法院对本案相关市场范围的界定。

在管辖权方面，广东高院引入了美国《克莱顿法》中关于经营者实施垄断行为的实质性违法标准。广东高院认为，由于交互数字公司在中国和美国各自拥有 3G 无线通信技术的标准必要专利权利，其对中国必要专利的授权许可经营行为、相关权利的行使和行为的发生均在中国境内，依法应受我国《反垄断法》规制；其对美国必要专利的授权许可经营行为，直接对华为公司等国内企业在中国境内的生产活动、出口机会以及出口贸易产生重大的、实质性的、可合理预见的排除、限制影响，依法也应受到我国《反垄断法》的规制。由此，广东高院的判决不仅重申了我国《反垄断法》的域外管辖效力的“效果原则”，而且将对我国生产和贸易产生“重大的、实质性的、可合理预见的”排除或限制竞争影响作为法院判断被告违反中国反垄断法的标准，具有重大的开创性意义。

在认定 IDC 公司具有市场支配地位方面，广东高院认为，由于在知识产权与标准相结合的情况下，产品制造商要生产符合标准的产品，实施必要专利必不可少且不可替代，必要专利的专利权人从而获得超越专利权内涵的市场支配力量。IDC 公司作为涉案必要专利许可市场唯一的供给方，其在 3G 标准中的每一个必要专利许可市场具有完全的份额，故其完全具有阻碍或者影响其他经营者进入相关市场的能力。在认定 IDC 是否滥用市场支配地位方面，广东高院认为，与一般财产权利相比，当搭售和捆绑涉及知识产权产品时，由于知识产品通过搭售和捆绑的销售边际成本更低，一揽子许可可以改善效率，因此，一揽子许可未必是违法的，但若该一揽子许可是强迫性的，则违反公平贸易原则且缺乏正当理由。本案被告方利用其必要专利授权许可市场条件下的支配地位，将必要专利与非必要专利搭售，属于滥用市场支配地位的行为，应受到我国反垄断法的规制。因此，广东高院肯定了深圳中院判决中认定 IDC 公司从事了过高定价、歧视性定价以及将标准必要专利与非必要专利进行捆绑搭售的行为，维持原判，驳回上诉。

---

[1] 广东省高级人民法院（2013）粤高法民三终字第 306 号判决。

本章思考题

1. 竞争对于社会经济发展的主要作用是什么？
2. 竞争法的概念是什么？国际竞争法有哪些特点？
3. 国际竞争法的渊源有哪些？
4. 国际竞争法的“三大支柱”是什么？各部分规制主要包括哪些行为？
5. 竞争主管机关的特点是什么？
6. 违反竞争法的责任追究方式有哪些？
7. 简述中国反垄断法实践。

第十二章
国际商事争议的解决

✣学习目的与要求

从事国际商事活动，就不可避免地发生国际商事争议。因此，如何解决国际商事争议对国际商事活动目的的最终实现具有重要作用。本章对国际商事争议解决的主要方式、特点和相关规则进行了较详细的讨论和分析，希望读者能够对国际商事争议的解决有较全面和客观的了解。

第一节　国际商事争议概述

一、“国际商事争议”的界定

顾名思义，国际商事争议〔1〕是指具有国际因素的商事争议。那么，什么是“商事”争议？如何判断一项商事争议是否具有“国际性”？

（一）争议的“商事性”

尽管一些国家签署了规范国际商事行为的国际公约和其他类型的国际文件，但这些国际文件对“商事”（commercial）一词并没有给予明确界定。联合国国际贸易法委员会在这方面做了尝试。1985 年 6 月 21 日通过的《联合国国际商事仲裁示范法》第 1 条注释载明：“‘商事’这个术语应给予广义解释，它包括所有商事性质关系所发生的争议，不问其性质为契约性质与否。商事性质的关系包括但不限于下列交易：供应或交换货物或服务的任何贸易交易；销售协议；商业代理；租赁；建筑工程；咨询、许可、投资和金融；银行；保险；勘探协议或特许；合资企业或其他形式的工业商业合作；空中、海上、铁路或公路的货运或客运。”2002 年 6 月 24 日通过的《联合国国际商事调解示范法》第 1 条对“商事”一词也采纳了同样表述。

---

〔1〕根据我国《民法通则》、《民事诉讼法》以及《合同法》等法律，“民事”是一个广义概念，它包括财产关系和人身关系。商事活动所产生的是财产关系。在有些国家，商事活动特指公司法关系、票据法关系、海商法关系、保险法关系、破产法关系等。但在我国，法律上并没有将商事活动与经济活动区别开来，经济活动就是商事活动。因此，许多学者在表述“国际经济争议”时，使用“国际商事争议”这一措辞。笔者在本章也采用这一通用表述。

两个示范法之所以没有对“商事”一词给予直接定义，而是采取列举形式，“其用意是对该词作广义解释，以涵盖具有商事性质的各种法律关系产生的事项，而无论此种关系是否为合同关系”。[1] 因此，对“商事”一词“不能为之作出硬性定义。”[2]

我国《民法通则》和《合同法》没有对“民事”和“商事”或者“经济”加以区别。《民法通则》和《合同法》均采用了广义的“民事”概念，“民事”行为包括了“商事”或者“经济”行为。但是，为了履行《关于承认和执行外国仲裁裁决的公约》(以下简称《纽约公约》)，我国最高人民法院发布了《关于执行我国加入的〈承认和执行外国仲裁裁决公约〉的通知》。该通知第2项对“商事”一词作出了如下说明：“根据我国加入该公约时所作的商事保留声明，我国仅对按照我国法律属于契约性和非契约性商事法律关系所引起的争议适用该公约。所谓‘契约性和非契约性的商事法律关系’，具体是指由于合同、侵权或者根据有关法律规定而产生的经济上的权利义务关系，例如货物买卖、财产租赁、工程承包、加工承揽、技术转让、合资经营、合作经营、勘探开发自然资源、保险、信贷、劳务、代理、咨询服务和海上、民用航空、铁路、公路的客货运输及产品责任、环境污染、海上事故和所有权争议等，但不包括外国投资者与东道国政府之间的争端。”

从上述规定可以看出，我国基本上采纳了联合国国际贸易法委员会对“商事”一词的解释。此外，根据上述解释，我国对“商事”法律关系的解释基本上等同于经济法律关系。商事法律关系也就是经济法律关系。

(二) 商事争议的“国际性”

我国《民法通则》第八章规定了“涉外民事关系的法律适用”，但没有对涉外民事关系的判断给予界定。2010年发布的《涉外民事关系法律适用法》第8条明确规定：“涉外民事关系的定性，适用法院地法律。”但是，该法也没有对涉外民事关系加以界定。鉴于司法审判的需要，最高人民法院在《关于贯彻执行〈中华人民共和国民法通则〉若干问题的意见（试行)》[3] 和《关于适用〈中华人民共和国民事诉讼法〉的解释》[4] 中将“涉外民事案件”解释为：“凡民事关系的一方或者双方当事人是外国人、无国籍人、外国法人的；民事关系的标的物在外国领域内的；产生、变更或者消灭民事权利义务关系的法律事实发生在外国的，均为涉外民事关系。”[5] 2012年发布的《最高人民法院关于适用〈中华人民共和国涉外民事关系法律适用法〉若干问题的解释（一)》第1条进一步解释为：“民事关系具有下列情形之一的，

---

[1] 《联合国国际贸易法委员会〈国际商事调解示范法〉颁布和使用指南（2002年)》。

[2] 《联合国国际贸易法委员会〈国际商事仲裁示范法〉秘书处说明》，联合国国际贸易法委员会第21届会议，1988年4月11日~22日，纽约。

[3] 1988年1月26日最高人民法院审判委员会讨论通过。

[4] 2014年12月18日最高人民法院审判委员会第1636次会议讨论通过，法释[2015]5号。

[5] 参见最高人民法院《关于贯彻执行〈中华人民共和国民法通则〉若干问题的意见（试行)》第178条，《关于适用〈中华人民共和国民事诉讼法〉的解释》第522条。

人民法院可以认定为涉外民事关系：①当事人一方或双方是外国公民、外国法人或者其他组织、无国籍人；②当事人一方或双方的经常居所地在中华人民共和国领域外；③标的物在中华人民共和国领域外；④产生、变更或者消灭民事关系的法律事实发生在中华人民共和国领域外；⑤可以认定为涉外民事关系的其他情形。”

由此可见，我国对涉外民事案件的认定没有采取单一标准，而是采用了多重标准，即主体国籍涉外标准、主体居所地涉外标准、行为发生地涉外标准、标的物所在地涉外标准以及其他可以被认为涉外民事关系的标准。只要符合任何一个涉外标准，即具有涉外性。我国是民商合一的国家，我国法律并没有将“商事”活动与“民事”活动区别开来，“民事”活动包括了“商事”活动，因此，上述司法解释关于“涉外民事案件”的认定标准也就是“涉外商事案件”的判断标准。

值得注意的是，“涉外性”和“国际性”是两个不同的概念，“国际性”是一个更加广泛的概念，“国际性”包括“涉外性”。“涉外性”是从某个国家角度而言的，中国的涉外商事法律关系就是指中国与外国产生的商事关系。而国际商事法律关系则泛指两个国家之间产生的商事关系。因此，严格来讲，涉外商事法律关系的判断标准并不等同于国际商事关系的判断标准。但是，从最高人民法院的上述司法解释来看，尽管它是关于涉外民事关系的认定标准，但该标准并没有刻意强调民事关系的一方必须是中国国民，因此，该标准实际上也是“国际民事关系”的判断标准。即只要具备上述条件之一，该民事关系即为国际民事关系。

二、国际商事争议的类型

从发生争议的领域，国际商事争议分为：国际贸易争议、国际投资争议、国际金融争议、国际税收争议等。

从国际商事主体的角度，国际商事争议又可以分为平等主体之间的争议和非平等主体之间的争议。具体而言，包括如下几种类型：①国家之间、国家与国际组织之间基于双边或多边国际商事条约的解释和履行所产生的争端。这类争端属于平等主体之间的争端，其解决通常依据所签条约的规定。由于发生争端的当事人是国家、政府或者国际组织，因此，该类争端的解决方式主要是磋商、斡旋、调停等。有的国际条约还设立了专门的争端解决机构，WTO 就是一例。②国家或国际组织与私人（包括法人、非法人组织、自然人）之间的争议。这类纠纷有两种类型：第一种类型发生在国家对私人的国际商事活动进行管理的过程中。例如，国家在对私人采取对外贸易管理措施或者投资管理措施、金融管理措施、税收管理措施过程中发生的纠纷。该类纠纷是管理者与被管理者之间的纠纷，是非平等当事人之间的纠纷，因此，这类纠纷属于国际商事行政纠纷。第二种类型是国家与私人基于相互之间订立的国际商事合同所发生的纠纷。例如，国际政府采购合同纠纷就属于这类纠纷。在这类纠纷中，国家是合同的一方，私人是合同的另一方。③私人（包括法人、非法人组织、自然人）之间所发生的纠纷。该类纠纷主要体现为国际商事合同纠纷，如国际货物买卖合同纠纷、国际货物运输合同纠纷、国际货物运输保险合同纠纷、国际贸易结算合同、国际投资合同纠纷、国际借贷合同纠纷等。在上述类型的纠纷中，第三类纠纷是国际商事活动中最常见的纠纷，因此，本章所论述的国际商事争议的解决主要是指这类纠纷的解决。前两类争端或纠纷的解决参见本书其他章节（如 WTO、国际投资法）。

三、国际商事争议的解决方法

国际商事争议的解决方法由国际商事活动的当事人在合同或协议中协商确定。实践中，常用的解决私人之间国际商事争议的方法有两大类：司法解决方法（诉讼）、非司法解决方法。司法解决方法也称司法诉讼方法，它是指在由争议当事人在一国法院提起诉讼的方法。非司法解决方法是指诉讼之外的争议解决方法，包括协商、调解、仲裁。[1]

在司法解决方法和非司法解决方法中，仲裁和诉讼是独立的争议解决程序。例如，我国《合同法》第 128 条规定："当事人可以通过和解或者调解解决合同争议。当事人不愿和解、调解或者和解、调解不成的，可以根据仲裁协议向仲裁机构申请仲裁。……当事人没有订立仲裁协议或者仲裁协议无效的，可以向人民法院起诉。……"此外，协商和调解既可以作为独立的争议解决程序，也可以与其他争议解决程序（仲裁、诉讼）相结合。我国《仲裁法》和《民事诉讼法》倡导仲裁和调解相结合、诉讼和调解相结合的做法。[2]

对于国际商事争议解决机构，当事人可以选择本国国际商事争议解决机构，也可以选择外国国际商事争议解决机构，还可以选择国际组织下设的国际商事争议解决机构（如国际商会仲裁院等）。

四、国际商事争议的法律适用

法律适用是指解决法律纠纷所适用的法律。目前，规范涉外民事合同法律适用的法律主要是《民法通则》第 145 条[3]和《合同法》第 126 条。[4] 但是，由于这些条文的规定过于简略，缺少可操作性，最高人民法院曾于 2007 年 7 月 23 日发布了

---

〔1〕有学者认为，近年来，仲裁作为解决国际商事争议的方法，被越来越广泛地适用于解决国际商事争议，它既不属于诉讼的方法，也不属于传统意义上的非诉讼方法，而是逐步地演变成为独立于司法方法与非司法方法的一种独特的争议解决方法。参见赵秀文编著：《国际商事仲裁法》，中国人民大学出版社 2004 年版，第 4 页。

〔2〕《仲裁法》第 51 条："仲裁庭在作出裁决前，可以先行调解。当事人自愿调解的，仲裁庭应当调解。调解不成的，应当及时作出裁决。"《民事诉讼法》第 9 条："人民法院审理民事案件，应当根据自愿和合法的原则进行调解；调解不成的，应当及时判决。"

〔3〕《民法通则》第 145 条："涉外合同的当事人可以选择处理合同争议所适用的法律，法律另有规定的除外。涉外合同的当事人没有选择的，适用与合同有最密切联系的国家的法律。"

〔4〕《民法通则》第 145 条及《合同法》第 126 条关于涉外合同法律适用的规定与已失效的《涉外经济合同法》第 5 条的规定基本相同。

《最高人民法院关于审理涉外民事或商事合同纠纷案件法律适用若干问题的规定》。[1]

为了统一规范涉外民事关系的法律适用问题，我国于2010年10月28日发布了《中华人民共和国涉外民事关系法律适用法》（自2011年4月1日起执行，以下简称《涉外民事关系法律适用法》）。《中华人民共和国涉外民事关系法律适用法》是我国关于涉外民事关系法律适用的第一部单行法律，是我国民法的重要组成部分，其旨在明确涉外婚姻家庭、继承、物权、债权、知识产权等民事关系的法律适用，为解决涉外民事争议，维护当事人的合法权益提供依据。关于该法与其他法律之间的关系，该法第2条规定："涉外民事关系适用的法律，依照本法确定。其他法律对涉外民事关系法律适用另有特别规定的，依照其规定。本法和其他法律对涉外民事关系法律适用没有规定的，适用与该涉外民事关系有最密切联系的法律。"第51条规定："《中华人民共和国民法通则》第146条、第147条，《中华人民共和国继承法》第36条，与本法的规定不一致的，适用本法。"此外，《涉外民事关系法律适用法》实施后，最高人民法院制定的司法解释中关于涉外民事关系法律适用的内容，与《涉外民事关系法律适用法》的规定相抵触的，不再适用。[2]

根据上述法律，我国对涉外民事或者商事合同纠纷的法律适用有以下特点：

1. 意思自治原则与强制性原则规定相结合。我国《合同法》第126条第1款规定："涉外合同的当事人可以选择处理合同争议所适用的法律，但法律另有规定的除外。……"该规定表明，解决涉外民事或者商事争议的法律可由当事人协商确定。在进行法律选择时，争议当事人可以选择其中一方所在国家的法律，也可以选择第三国的法律，还可以选择国际公约或者国际惯例。但是，"法律另有规定的除外"这一措词也表明，我国对某些特殊合同可以排除当事人的意思自治，而直接规定其应适用的准据法，即不允许当事人自己选择合同适用的法律。《涉外民事法律关系适用法》第4条也明确规定："中华人民共和国法律对涉外民事关系有强制性规定的，直接适用该强制性规定。"

参考《最高人民法院关于审理涉外民事或商事合同纠纷案件法律适用若干问题的规定》（已失效，以下简称《法律适用若干问题的规定》），在中华人民共和国领域内履行的下列合同，适用中华人民共和国法律：①中外合资经营企业合同；②中外合作经营企业合同；③中外合作勘探、开发自然资源合同；④中外合资经营企业、中外合作经营企业、外商独资企业股份转让合同；⑤外国自然人、法人或者其他组

---

〔1〕《最高人民法院关于审理涉外民事或商事合同纠纷案件法律适用若干问题的规定》（法释［2007］14号）于2007年6月11日最高人民法院审判委员会第1429次会议通过。现虽失效，但在实践中仍有一定参考价值。

〔2〕《最高人民法院关于认真学习贯彻执行〈中华人民共和国涉外民事关系法律适用法〉的通知》（法发［2010］52号）。

织承包经营在中华人民共和国领域内设立的中外合资经营企业、中外合作经营企业的合同；⑥外国自然人、法人或者其他组织购买中华人民共和国领域内的非外商投资企业股东的股权的合同；⑦外国自然人、法人或者其他组织认购中华人民共和国领域内的非外商投资有限责任公司或者股份有限公司增资的合同；⑧外国自然人、法人或者其他组织购买中华人民共和国领域内的非外商投资企业资产的合同；⑨中华人民共和国法律、行政法规规定应适用中华人民共和国法律的其他合同。

2. 适用实体法。实体法是指直接规范法律关系当事人的权利和义务的法律规范。冲突法也称法律适用规范，它只是指明某种法律关系应适用何种法律的规范。如果适用某国法意味着可以适用该国的冲突规范，就会产生反致和转致的问题。反致是指对于某一国际私法案件，法院按照本国的冲突规范本应适用外国法，而该外国法中的冲突规范指定应适用法院地法，法院结果适用了法院地国的实体法。转致是指对于某一国际私法案件，甲国法院按照本国的冲突规范本应适用乙国法，乙国的冲突规范又指定适用丙国法，甲国法院因此适用了丙国实体法。一些学者指出，采用反致会导致恶性循环，有损内国主权等。[1]

为了避免这种现象的发生，我国法律曾规定："涉外民事或商事合同应适用的法律，是指有关国家或地区的实体法，不包括冲突法和程序法。"[2] "涉外民事关系适用的外国法律，不包括该国的法律适用法。"[3] 这意味着，在涉外民事或商事合同法律适用问题上，我国不允许反致或转致。[4] 目前，大多数国家的立法及国际条约均采用我国的上述做法。

3. 法律适用的选择方式。当事人选择法律适用法的方式有两种：明示选择和默示选择。明示选择是指合同当事人在缔结协议时或者在争议发生之后，以文字或者言词明确作出选择合同准据法的意思表示。通行的做法是在合同中约定法律适用条款。默示选择是指当事人在合同中没有明确选择合同的准据法的情况下，由法官根据当事人缔约行为或者一些因素来推定当事人已默示同意该合同受某一特定国家法律的支配。[5] 明示选择因其透明度强和具有稳定性和可预见性，而为各国普遍肯定。[6] 实践中，当事人选择或者变更选择合同争议应适用的法律，应当以明示的方

---

〔1〕韩德培主编：《国际私法》，高等教育出版社、北京大学出版社2007年版，第132、135页。

〔2〕《最高人民法院关于审理涉外民事或商事合同纠纷案件法律适用若干问题的规定》（法释〔2007〕14号）第1条。

〔3〕《中华人民共和国涉外民事关系法律适用法》第9条。

〔4〕"最高法院负责人就审理涉外民商事合同纠纷司法解释答记者问"，载《人民法院报》2007年8月8日，第3版。

〔5〕"最高法院负责人就审理涉外民商事合同纠纷司法解释答记者问"，载《人民法院报》2007年8月8日，第3版。

〔6〕韩德培主编：《国际私法》，高等教育出版社、北京大学出版社2007年版，第202页。

式进行。[1] “当事人依照法律规定可以明示选择涉外民事关系适用的法律。”[2]

在我国的司法实践中，经常遇到这样的情形，即当事人之间并没有预先对法律适用进行选择，原告起诉时依据的法律为某国法律，而被告对法律适用未提出异议，亦以某国法律进行答辩。[3] 实践中，当事人未选择合同争议应适用的法律，但均援引同一国家或者地区的法律且未提出法律适用异议的，应当视为当事人已经就合同争议应适用的法律作出选择。[4] 实际上是采用一种推定的做法。

4. 选择法律适用法的时间。大多数国家规定，对于选择法律适用法的时间，当事人既可以在合同订立时通过合同条款作出选择，也可以在合同订立之后甚至是争议发生之后予以选择。我国法律规定：“当事人在一审法庭辩论终结前通过协商一致，选择或者变更选择合同争议应适用的法律的，人民法院应予准许。”[5] 上述规定表明，我国对选择法律适用法的时间采取较为宽松的态度，即便法院的一审程序已经开始，但在一审法庭辩论结束前，如果当事人就选择法律适用法或者变更法律适用法达成一致，该选择仍然有效。[6] 之所以作出这种规定，考虑的是司法实践中经常发生当事人在一审开庭过程中才作出选择或者改变选择。而且，当事人选择或者变更选择合同争议应适用的法律的时间点为“一审法庭辩论终结前”，考虑的是在涉外民事或商事案件中，如果法律适用（准据法）在当事人之间存在争议，当事人往往会在庭审的辩论阶段对法律适用问题进行激烈的对抗，而经过辩论之后当事人有可能对法律适用达成共识，从而会一致同意适用某一国家或者地区的法律。这样规定既尊重了当事人的权利，也有利于案件的审理。[7]

5. 未作出选择时的法律适用法。我国《合同法》第 126 条第 1 款规定：“……涉外合同的当事人没有选择的，适用与合同有最密切联系的国家的法律。”《涉外民事关系法律适用法》第 41 条也规定：“当事人可以协议选择合同适用的法律。当事人没有选择的，适用履行义务最能体现该合同特征的一方当事人经常居所地法律或者其他与该合同有最密切联系的法律。”

---

〔1〕《最高人民法院关于审理涉外民事或商事合同纠纷案件法律适用若干问题的规定》（法释〔2007〕14号）第 3 条。

〔2〕《中华人民共和国涉外民事关系法律适用法》第 3 条。

〔3〕“最高法院负责人就审理涉外民商事合同纠纷司法解释答记者问”，载《人民法院报》2007 年 8 月 8 日，第 3 版。

〔4〕《最高人民法院关于审理涉外民事或商事合同纠纷案件法律适用若干问题的规定》（法释〔2007〕14号）第 4 条第 2 款。

〔5〕《最高人民法院关于审理涉外民事或商事合同纠纷案件法律适用若干问题的规定》（法释〔2007〕14号）第 4 条。《最高人民法院关于适用〈中华人民共和国涉外民事关系法律适用法〉若干问题的解释（一）》第 8 条也有类似规定。

〔6〕根据《民事诉讼法》第 142 条的规定，法庭辩论终结，应当依法作出判决。

〔7〕“最高法院负责人就审理涉外民商事合同纠纷司法解释答记者问”，载《人民法院报》2007 年 8 月 8 日，第 3 版。

我国法律曾经列举了17类合同的最密切联系地法律。根据《最高人民法院关于审理涉外民事或商事合同纠纷案件法律适用若干问题的规定》第5条，人民法院根据最密切联系原则确定合同争议应适用的法律时，应根据合同的特殊性质，以及某一方当事人履行的义务最能体现合同的本质特性等因素，确定与合同有最密切联系的国家或者地区的法律作为合同的准据法。具体而言：①买卖合同，适用合同订立时卖方住所地法；如果合同是在买方住所地谈判并订立的，或者合同明确规定卖方须在买方住所地履行交货义务的，适用买方住所地法。②来料加工、来件装配以及其他各种加工承揽合同，适用加工承揽人住所地法。③成套设备供应合同，适用设备安装地法。④不动产买卖、租赁或者抵押合同，适用不动产所在地法。⑤动产租赁合同，适用出租人住所地法。⑥动产质押合同，适用质权人住所地法。⑦借款合同，适用贷款人住所地法。⑧保险合同，适用保险人住所地法。⑨融资租赁合同，适用承租人住所地法。⑩建设工程合同，适用建设工程所在地法。⑪仓储、保管合同，适用仓储、保管人住所地法。⑫保证合同，适用保证人住所地法。⑬委托合同，适用受托人住所地法。⑭债券的发行、销售和转让合同，分别适用债券发行地法、债券销售地法和债券转让地法。⑮拍卖合同，适用拍卖举行地法。⑯行纪合同，适用行纪人住所地法。⑰居间合同，适用居间人住所地法。[1]《法律适用若干问题的规定》还特别指出，如果上述合同明显与另一国家或者地区有更密切联系的，应适用该另一国家或者地区的法律。从上述规定可以看出，我国立法虽然没有明确规定使用何种方法，但在理论界和司法实践中普遍认为我们使用的是大陆法系国家的"特征履行"方法。《法律适用若干问题的规定》明确规定了应以"特征履行"来确定合同的准据法。[2]

6. 法律规避的效力。法律规避是指国际民商事关系的当事人为利用某一冲突规范，故意制造某种连接点的构成要素，避开本应适用的强制性或禁止性法律规则，从而使对自己有利的法律得以适用的一种逃法或脱法行为。对于法律规避行为的法律效力，国际上有如下不同理解：所有的法律规避行为均为无效；规避内国法的行为无效，规避外国法的行为有效。但无论如何，如果当事人为了某种特定目的，滥用设立和变更连接点的客观根据的自由，显然不利于法律秩序的稳定。[3]

我国《民法通则》对法律规避问题没有作出明确规定，但《最高人民法院关于贯彻执行〈中华人民共和国民法通则〉若干问题的意见（试行）》第194条对法律规

---

〔1〕已经失效的《最高人民法院关于适用涉外经济合同法若干问题的解答》（1987年10月19日）只规定了13类合同的法律适用问题。《最高人民法院关于审理涉外民事或商事合同纠纷案件法律适用若干问题的规定》（已失效）采纳了《解答》中关于13类合同的大部分规定，并对《解答》中未提及合同的法律适用问题给予明确。

〔2〕"最高法院负责人就审理涉外民商事合同纠纷司法解释答记者问"，载《人民法院报》2007年8月8日，第3版。

〔3〕韩德培主编：《国际私法》，高等教育出版社、北京大学出版社2007年版，第136、138～139页。

避的效力问题予以了界定："当事人规避我国强制性或者禁止性法律规范的行为，不发生适用外国法律的效力。"根据该规定，如果当事人规避了我国的非强制性或者非禁止性法律规范，则法律规避行为是有效的。我国法律对强制性法律规范和禁止性法律规范并没有给予明确的界定，从法理学上而言，强制性法律规范是指必须履行、不允许人们以任何方式加以变更或违反的法律规范。而禁止性法律规范就是指禁止人们作出某种行为或者必须抑制一定行为的法律规范。

值得注意的是，上述司法解释并没有规定规避外国法的行为是否有效？也没有指出在否定规避行为的效力后如何确定合同的准据法。为此，《法律适用若干问题的规定》第6条曾作出了如下补充规定："当事人规避中国法律、行政法规的强制性规定的行为，不发生适用外国法律的效力，该合同争议应当适用中国法律。"但该规定仍然没有明确规避外国法的行为是否有效？有学者指出，国际私法上的法律规避应包括一切法律规避在内，既包括规避本国法，也包括规避外国法。至于法律规避的行为是否有效，应视不同情况而定。首先，规避本国法一律无效。其次，对规避外国法要具体分析、区别对待，如果当事人规避外国法中某些正当的、合理的规定，应该认定规避行为无效；反之，如果规避外国法中反动的规定，则应认定该规避行为有效。[1]

7. 适用外国法的例外——公共利益原则。适用外国法的一个重要例外就是公共秩序保留。"公共秩序"是大陆法系国家的用语，英美法系国家多采用"公共政策"的表述。我国没有采用"公共秩序"或者"公共政策"的措辞，而是采用了"公共利益"的表述。例如，我国《民法通则》第150条规定："依照本章规定适用外国法律或者国际惯例的，不得违背中华人民共和国的社会公共利益。"但是，该规定并没有明确在此种情形下适用哪国法律的问题，因此，《法律适用若干问题的规定》第7条曾对此给予了补充："适用外国法律违反中华人民共和国社会公共利益的，该外国法律不予适用，而应当适用中华人民共和国法律。"《涉外民事关系法律适用法》第5条也规定："外国法律的适用将损害中华人民共和国社会公共利益的，适用中华人民共和国法律。"与各国的做法类似，我国法律对"公共利益"也没有给予界定。但我国大部分法院对"公共政策"持谨慎态度。[2]

8. 外国法的查明。外国法的查明是指一国法院在审理国际民商事案件时，如果依本国冲突规范应适用某一外国实体法，法院则需查明外国法的相关内容。我国法律规定了查明外国法的如下五种途径："①由当事人提供；②由与我国订立司法协助协定的缔约对方的中央机关提供；③由我国驻该国使领馆提供；④由该国驻我国使馆提供；⑤由中外法律专家提供。通过以上途径仍不能查明的，适用中华人民共和

---

〔1〕 韩德培主编：《国际私法》，高等教育出版社、北京大学出版社2007年版，第139页。

〔2〕 万鄂湘主编：《中国涉外商事海事审判指导与研究》（2005年第1辑，总第10辑），人民法院出版社2005年版，第198页。

国法律。"[1] 根据该规定，当事人与人民法院在外国法查明方面均承担相应的义务。但是，该规定并没有明确在哪些情况下当事人承担查明外国法的义务。为此，《涉外民事关系法律适用法》第10条规定："涉外民事关系适用的外国法律，由人民法院、仲裁机构或者行政机关查明。当事人选择适用外国法律的，应当提供该国法律。不能查明外国法律或者该国法律没有规定的，适用中华人民共和国法律。"《法律适用若干问题的规定》第9条和第10条进一步规定："当事人选择或者变更选择合同争议应适用的法律为外国法律时，由当事人提供或者证明该外国法律的相关内容。人民法院根据最密切联系原则确定合同争议应适用的法律为外国法律时，可以依职权查明该外国法律，亦可以要求当事人提供或者证明该外国法律的内容。当事人和人民法院通过适当的途径均不能查明外国法律的内容的，人民法院可以适用中华人民共和国法律。""当事人对查明的外国法律内容经质证后无异议的，人民法院应予确认。当事人有异议的，由人民法院审查认定。"值得注意的是，《法律适用若干问题的规定》并没有对外国法的具体查明途径作规定，原因在于，随着社会的进步以及法律文化交流的不断开展，外国法的查明途径已经不再限于五种途径，《法律适用若干问题的规定》本身很难穷尽所有查明途径，当事人或者人民法院完全可以通过其认为合适的途径来查明外国法的内容。[2]

第二节 国际商事争议解决的非司法方法

一、协商

协商（consultation）是在争议发生后当事人最先选择采用的争议解决方法。它是指争议当事人在争议发生后，在双方自愿的基础上，针对所发生的争议进行口头或书面的磋商或谈判，自行达成和解协议，友好解决纠纷的方式。

协商方式具有如下特点：①磋商在双方当事人自愿的基础上进行，且达成的和解协议易于被各方当事人履行。协商方式的采用、协商的开始、进行与中断、终止完全由双方当事人自己决定，不受另一方当事人或当事人之外的任何人的干预和限制。任何一方当事人均无权强迫另一方当事人必须通过协商解决争议。即使双方当事人在合同或协议中选用了先行协商的方式，这也不意味着必须要以协商方式使争议得到解决。②磋商无须第三者的介入，完全由当事人双方自行解决争议。③磋商根据相关法律和双方签署的合同进行。协商达成的协议应合法，不能违反有关国家的强制性法律规范以及社会公共利益，不得损害第三人的合法权益。④磋商程序简

[1] 《最高人民法院关于贯彻执行〈中华人民共和国民法通则〉若干问题的意见（试行）》第193条。

[2] "最高法院负责人就审理涉外民商事合同纠纷司法解释答记者问"，载《人民法院报》2007年8月8日，第3版。

单、形式灵活。协商不需要遵从严格的法律程序，也无需遵从特定的形式，口头协商方式和书面协商方式均可。⑤协商既可以是一种独立的解决争议的程序，也可以结合其他争议解决程序（如结合仲裁程序[1]或者结合诉讼程序）。例如，我国《仲裁法》第49条和第50条分别规定："当事人申请仲裁后，可以自行和解。达成和解协议的，可以请求仲裁庭根据和解协议作出裁决书，也可以撤回仲裁申请。""当事人达成和解协议，撤回仲裁申请后反悔的，可以根据仲裁协议申请仲裁。"《民事诉讼法》第50条也规定："双方当事人可以自行和解。"⑥在协商基础上达成的和解协议只构成新合同或对原合同的修改补充。只要和解协议符合形式要件即具有法律效力，当事人应严格执行，否则视为违约。

正是由于协商方式不需第三人介入，而且程序简单灵活，因而，大多数当事人在合同中规定，争议发生后先行协商。很少有当事人在发生争议后不与对方当事人协商而直接提起仲裁或诉讼。

二、调解

调解（conciliation）方式主要源于我国，后被一些国家或国际组织采用。

（一）调解与国际商事调解的概念和特点

联合国国际贸易法委员会颁布的《国际商事调解示范法》第1条对"调解"采用了广义概念。该条规定："'调解'系指当事人请求一名或多名第三人（调解人）协助他们设法友好解决他们由于合同引起的或与合同关系或其他法律关系有关的纠纷的过程，而不论其称之为调解、调停或以类似含义的措词相称。调解人无权将解决纠纷的办法强加于当事人。"根据上述规定，调解是指在当事人之外的第三方主持下，由第三方以中间人身份，根据法律规定和合同约定，参考国际惯例，帮助和促使争议各方在互谅互让的基础上达成调解协议，以解决各方争议的解决方式。与磋商和仲裁方式相比，三者均建立在争议双方当事人共同自愿的基础上。

与磋商方法不同的是，调解方式的使用是以争议双方当事人向第三方提出调解请求为基础。而且，主持调解的第三人必须以独立和公正的方式协助解决纠纷。与仲裁方式相比，当事人对调解过程和调解结果都拥有完全的支配权，而且调解过程是非裁决性的。在调解中，调解人本着满足纠纷当事人的需要和利益的目的协助当事人通过谈判达成和解。主持调解的第三方无权将一项解决纠纷的办法强加给当事人。而在仲裁中，当事人委托仲裁庭解决纠纷和对纠纷作出处理，仲裁庭的决定对双方当事人均有约束力。[2]

---

〔1〕有学者将这种形式的磋商称为"商事仲裁和解"。商事仲裁和解是指在仲裁机构受理案件以后，仲裁庭作出终裁裁决之前，双方当事人在自愿的基础上经协商一致，达成和解协议，以解决彼此之间的商事法律争议，从而终结商事仲裁程序的活动。参见谢石松主编：《商事仲裁法学》，高等教育出版社2003年版，第246页。

〔2〕《联合国国际贸易法委员会〈国际商事调解示范法〉颁布和使用指南（2002年）》。

那么，什么是国际商事调解？联合国《国际商事调解示范法》第1条规定："调解如有下列情形，即为国际调解：（a）订立调解协议时，调解协议各方当事人的营业地处于不同的国家；或者（b）各方当事人营业地所在国并非：①履行商业关系中大部分义务的所在国；或②与纠纷标的事项关系最密切的国家。"根据该规定，"达到国际性标准的要求是，调解协议订立时，调解协议当事人的营业地在不同国家，或者商业关系的义务主要部分履行地国或与纠纷标的关系最密切的国家不是当事人设有营业地的国家"。[1] 可见，该示范法采用了多重标准（包括营业地标准）认定调解是否为国际调解。同时，示范法也没有将调解所在地和调解机构作为判断是否为国际调解的标准。因为"当事人常常并不正式指定调解地，而且实际上，调解可以在几个地点进行"。[2]

我国并没有制定单独的调解规则，而是在《民事诉讼法》第八章以及《仲裁法》第51条和第52条中对调解作出相应规定。

（二）调解的类型

调解既可以是一种独立的争议解决程序，也可以与其他争议解决程序相结合。当它被不同的调解人使用或者与不同争端解决程序相结合时，就产生了不同类型的调解。

1. 民间调解。民间调解是指在非司法性和非行政性的民间组织、团体或者个人的主持下进行的调解。[3] 主持调解的这些民间组织、团体或者个人被称为"民间调解人"。经民间调解人主持调解所达成的调解协议只构成一项新合同或对原合同的修改补充，对争议双方当事人具有约束力，各方应严格履行，否则视为违约。

根据民间调解人的不同，民间调解可以分为如下类型：①个人调解。个人调解是指自然人以个人身份作为调解人所进行的调解。该自然人由争议各方共同选定，被选定的自然人通常是相关领域的专家，而且不限国籍。②民间机构调解。一些商会或者行业协会通常设立专门的调解机构，并适用专门的调解规则进行调解。例如，中国国际贸易促进委员会/中国国际商会调解中心及其各分会的调解中心，就属于我国的常设民间调解机构。[4] ③联合调解。联合调解也称共同调解，它是指由中国国

---

〔1〕《联合国国际贸易法委员会〈国际商事调解示范法〉颁布和使用指南（2002年）》。

〔2〕《联合国国际贸易法委员会〈国际商事调解示范法〉颁布和使用指南（2002年）》。

〔3〕尹力：《国际商事调解法律问题研究》，武汉大学出版社2007年版，第16页。

〔4〕中国国际贸易促进委员会/中国国际商会调解中心于1987年在北京成立，并自1992年起陆续在全国各省、市、自治区及一些主要城市的中国国际贸易促进委员会分会设立调解中心（如设在北京分会的"首都调解中心"、设在河北分会的"河北调解中心"、设在上海分会的"上海调解中心"等）。其中，"北京调解中心"是总会的调解机构。各调解中心使用统一的调解规则，在业务上受总会调解中心的指导。调解中心根据当事人之间约定的调解协议受理案件，如果当事人之间没有调解协议，经一方当事人申请在征得他方当事人同意后，也可受理。总会调解中心及各分会调解中心均备有各自的调解员名单，供当事人在个案中指定。

际经济贸易促进委员会/中国国际商会调解中心与国外调解机构共同对一个争议案件进行调解的做法。该做法是由中国国际经济贸易促进委员会与美国仲裁协会于1977年共同开创的解决国际商事争议的新方式。[1] 中国国际经济贸易促进委员会/中国国际商会调解中心先后与德国、美国、阿根廷、英国、瑞典、韩国、加拿大、日本等多个国家和我国香港、澳门地区的相关机构签署了合作协议，建立了合作关系。到目前为止，调解中心已经分别与相关国家共同组建了中加联合调解中心、中韩商事争议调解中心、中美商事调解中心、中意商事调解中心等。此外，调解中心与我国澳门地区还组建了内地与澳门商事争议解决中心。联合调解的程序是，由争议当事人中的一方向另一方发出书面通知，邀请其按照两国调解机构的联合调解规则调解解决争议。如另一方当事人接受了调解邀请，调解程序开始。当事人可以协商选定两国调解机构秘书处中的任何一个作为案件的行政管理机构，如未选定，由被申请人所在国家的秘书处进行管理。秘书处负责组织安排调解会议。调解程序开始后，双方当事人分别在其所在国的调解机构的调解员名册中指定一名调解员。调解员可以单独会见一方当事人，也可以提出和解建议。调解成功则制作调解书，撤销案件。调解员在调解中提出的建议或当事人所作的承认或接受不能作为仲裁或诉讼中的证据。

2. 仲裁机构调解。仲裁机构调解是指由仲裁机构主持进行的调解。它将调解纳入仲裁程序，由仲裁机构在仲裁开始前或在仲裁过程中，征求当事人的意见，当事人同意调解的，进行调解，调解成功则制作调解书，并撤销案件。如当事人不同意调解或调解未成功，则继续进行仲裁。通过此种方式达成的和解，由仲裁机构制作调解书或裁决书，由仲裁员签字并加盖仲裁委员会印章后，送达双方当事人。经双方当事人签收后即发生法律效力。签收前一方反悔的，仲裁机构进行继续仲裁。生效后的仲裁机构制作的调解书与仲裁机构作出的仲裁裁决具有同等法律效力，一方不履行调解书的，另一方有权向法院申请执行。对于仲裁与调解相结合的合理性，有学者认为，仲裁与调解相结合是对自然公正原则或正当程序原则的侵害，且容易使调解程序失控，便于仲裁员真正探到当事人的真实意图，违背仲裁原则，这是危险的。[2]

我国采纳了仲裁机构调解的方式。我国《民事诉讼法》第八章规定了如下制度：①调解不是仲裁的必经程序，而是当事人的自愿程序。当事人自愿调解的，仲裁庭应当当庭调解。②调解人由仲裁院担任。③仲裁庭必须在作出裁决前进行调解。④调解不成的，仲裁机构应当及时作出裁决。⑤调解书与裁决书具有同等法律效力。调解达成协议的，仲裁庭应当制作调解书或者根据协议的结果制作裁决书。调解书

---

〔1〕 1977年有三宗中美当事人之间的合同争议几乎同时提交中国贸促会贸易仲裁委员会和美国仲裁协会仲裁，于是中美两个机构决定在北京进行联合调解，并调解成功。

〔2〕 王生长：《仲裁与调解相结合的理论与实务》，法律出版社2001年版，第161页。

经双方当事人签收后，发生法律效力。在调解书签收前当事人反悔的，仲裁庭应当及时做出裁决。此外，当事人请求不予执行仲裁调解书或者根据当事人之间的和解协议作出的仲裁裁决书的，人民法院不予支持。[1] 在我国的仲裁实践中，有很多仲裁案件通过调解结案。

3. 法庭调解。法庭调解也称法院调解或司法调解，它是指由法院主持进行的调解。目前，已有许多国家的法律规定了法院调解方式，我国也不例外。

我国《民事诉讼法》第八章专门规定了调解问题。法庭调解必须遵守如下规定：①调解不是法院审理案件的必经程序，而是当事人的自愿程序。人民法院审理民事案件，应当根据自愿和合法的原则进行调解；调解不成的，应当及时判决。②调解人由法官担任。人民法院进行调解，可以由审判员一人主持，也可以由合议庭主持，并尽可能就地进行。人民法院进行调解，可以用简便方式通知当事人、证人到庭。调解达成协议，必须双方自愿，不得强迫。调解协议的内容不得违反法律规定。③由法院制作调解书。调解达成协议，人民法院应当制作调解书。调解书应当写明诉讼请求、案件的事实和调解结果。调解书由审判人员、书记员署名，加盖人民法院印章，送达双方当事人。调解书经双方当事人签收后，即具有法律效力。调解未达成协议或者调解书送达前一方反悔的，人民法院应当及时判决。

我国法院审理的许多涉外经济案件都是通过调解解决了当事人之间的纠纷。尽管有各种调解方式，但是，所有调解方式与协商方式一样，都是建立在当事人自愿和互谅互让的基础上。但与协商方式相比，由于有第三方作为调解人，而且调解人具有较多的调解经验，因而有利于调解协议的达成，有利于维护各方当事人的合法权益。此外，与仲裁和诉讼相比，调解方式的明显优势在于程序简单灵活、费用较低。

三、仲裁

（一）仲裁的概念和特点

仲裁（arbitration）是指争议当事人通过协议方式将争议提交第三方（仲裁机构）进行裁决的争议解决方式。仲裁具有如下特点：

1. 仲裁具有自愿性。与协商方式和调解方式类似，仲裁以当事人的共同自愿为前提。即仲裁机构受理仲裁案件必须建立在争议当事人均接受仲裁的前提下，如一方不同意将争议提交仲裁机构，仲裁机构无权受理该项争议。例如，我国《仲裁法》第4条规定：“当事人采用仲裁方式解决纠纷，应当双方自愿，达成仲裁协议。没有仲裁协议，一方申请仲裁的，仲裁委员会不予受理。”

2. 仲裁具有专业性和公正性。“仲裁即把争议提交某人裁决，而不是让具有合法

---

〔1〕《最高人民法院关于适用〈中华人民共和国仲裁法〉若干问题的解释》第28条。该司法解释于2005年12月26日由最高人民法院审判委员会第1375次会议通过，自2006年9月8日起施行。

管辖权的法院审理。"[1] 即仲裁案件由仲裁机构专门审理。争议当事人可以选择常设仲裁机构，也可以选择临时仲裁机构。常设仲裁机构备置仲裁员名单供当事人选择。由于名单中的仲裁员基本上是有关方面的专家，因此，能够保证仲裁裁决的公正性。同时，仲裁机构有权在查明事实的基础上，独立自主地对争议进行裁决，无需征得争议各方当事人的同意。

3. 仲裁裁决具有终局性和可强制执行性。仲裁的司法特征使其区别于谈判、和解以及专家程序等类似机制。[2]《仲裁法》第9条第1款和第57条分别规定："仲裁实行一裁终局的制度。裁决作出后，当事人就同一纠纷再申请仲裁或者向人民法院起诉的，仲裁委员会或者人民法院不予受理。""裁决书自作出之日起发生法律效力。"这意味着，仲裁是一种最终解决争议的方法。仲裁裁决作出后，各方当事人必须执行。如一方不履行仲裁裁决，另一方当事人有权申请法院予以强制执行。如果是涉外仲裁裁决而非内国仲裁裁决，胜诉方可以根据《承认和执行外国仲裁裁决公约》(《纽约公约》) 以及其他双边或者多边条约的规定，要求缔约方有管辖权的法院予以承认和执行该裁决。正因为如此，有学者指出，仲裁同时具有契约性质和司法性质。因为仲裁协议的本质是当事人自愿订立的契约，而仲裁庭根据此项契约作出的仲裁裁决的效力与法院判决的效力相同，具有可以为法院强制执行的性质。[3]

4. 仲裁程序具有简单性和灵活性。仲裁具有比诉讼方式简单的程序规则，有利于较快解决争议。同时，仲裁实行一裁生效，也节省了争议解决的成本和时间。

5. 仲裁程序具有保密性。为保护各方当事人的商业秘密，有助于各方当事人的进一步合作，仲裁通常以不公开方式进行。例如，我国《仲裁法》第40条规定："仲裁不公开进行。当事人协议公开的，可以公开进行，但涉及国家秘密的除外。"

由于仲裁的上述特点，特别是在外国仲裁裁决的承认与执行方面已经达成了《承认和执行外国仲裁裁决的公约》(《纽约公约》)，并有很多国家和地区参加，使得仲裁为更多国家的当事人所选用。

(二) 仲裁的分类

1. 国内仲裁、涉外仲裁、国际仲裁。我国将国内仲裁与涉外仲裁分别开来，《仲裁法》第七章专门设置了"涉外仲裁的特别规定"。虽然我国法律并没有直接规定"国内仲裁"、"涉外仲裁"的认定标准，但《仲裁法》第65条规定："涉外经济贸易、运输和海事中发生的纠纷的仲裁，适用本章规定。……"根据该规定可以推论，在我国，国内仲裁与涉外仲裁的认定标准是仲裁机构处理的案件是否具有涉外性。国内仲裁就是指仲裁机构受理的不具有涉外性的案件。而涉外仲裁就是指仲裁机构

---

[1] [英] 戴维·M. 沃克：《牛津法律大辞典》，光明日报出版社1988年版，第53页。

[2] Emmanuel Gaillard and John Savage, Fouchard, Gaillard, *Goldman on International Commercial Arbitration*, Kluwer Law International, 1999, p. 12.

[3] 赵秀文编著：《国际商事仲裁法》，中国人民大学出版社2004年版，第4页。

就涉外经济贸易、运输和海事案件所进行的仲裁，由此作出的裁决称为涉外仲裁裁决。[1] 无论是国内裁决还是涉外裁决，皆是国内仲裁机构作出的裁决。[2] 如前所述，我国的司法解释对涉外民事案件的认定没有采取单一标准，而是采用了多重标准：主体标准、行为发生地标准、标的物所在地标准。有学者指出，应依据上述司法解释界定涉外仲裁。[3]

关于国际仲裁，我国法律对此没有给予界定。有两个主要的标准被单独或者共同使用来界定国际商事仲裁中的“国际”一词。第一个标准要求对争议的性质进行分析；第二个标准集中于当事人。主要看当事人的国籍或惯常居住地或公司的管理控制地。[4] 联合国国际贸易法委员会于1985年通过的《国际商事仲裁示范法》的“国际仲裁”对上述两个标准均予以采用。该《示范法》第1条第3款作出如下解释：“仲裁如有下列情况即为国际性的：①仲裁协议的当事各方在缔结协议时，他们的营业地点位于不同的国家；②下列地点之一位于当事各方营业地点所在国之外：（a）仲裁协议中或根据仲裁协议确定的仲裁地；（b）商事关系的主要部分将要履行的地点或与争议标的最具有密切联系的地点；③双方当事人已明确约定仲裁协议的标的与一个以上的国家有联系。”从上述规定可以看出，《国际商事仲裁示范法》对“国际”一词的理解是广义的。根据该标准，当仲裁协议的各方当事人在缔结该协议时，其营业地位于不同国家，对该案件的仲裁即为国际仲裁。此外，如果仲裁地点、履约地点或者争议标的地点位于各方当事人营业地所在国以外，或者如果各方当事人明确同意仲裁协议的标的与一个以上国家有关，则对该纠纷的仲裁也为国际仲裁。[5] 国际商会（ICC）早期将国际商事仲裁限定为不同国家之间的公民就所发生的争议提起仲裁的情形。但此后又作出了修改。ICC在其颁布的说明手册中作了如下充分说明[6]：“仲裁的国际性质并不意味着当事人必须具有不同国籍。由于实体的缘故，合同可以超越国界，例如，同一国家的两个公民在另一个国家履行的合同或者一个国家与在其国内经商的外国子公司订立了合同。”从该解释可以看出，国际商

---

〔1〕 孙南申教授也持相同观点。孙南申教授认为，国内仲裁是专门解决国内当事人之间经济争议的仲裁，其所解决的争议不具涉外因素；而涉外仲裁是专门解决当事人之间在涉外经济贸易、运输和海事中发生争议的仲裁，即具有涉外因素的仲裁。参见孙南申：“涉外仲裁司法审查的若干问题研究——以仲裁协议为视角”，载于《法商研究》2007年第6期。

〔2〕 马占军：“论我国仲裁裁决的撤销与不予执行制度的修改与完善——兼评《最高人民法院关于适用〈中华人民共和国仲裁法〉若干问题的解释》的相关规定”，载《法学杂志》2007年第2期。

〔3〕 韩健、宋连斌：“论我国国际商事仲裁机构与法院的关系”，载《仲裁与法律通讯》1997年第4期。

〔4〕 ［美］艾伦·雷德芬等：《国际商事仲裁法律与实践》，林一飞、宋连斌译，北京大学出版社2005年版，第14页。

〔5〕《联合国国际贸易法委员会〈国际商事仲裁示范法〉秘书处的说明》，联合国国际贸易法委员会第21届会议（1988年4月11日~22日）。

〔6〕 李建：“中国法院在国际商事仲裁中的地位和作用”，载《国际法学论丛》，当代世界出版社1999年版，第563页。

会对“国际”的解释也是广义的。

2. 内国仲裁与外国仲裁。从国内立法而言，内国仲裁与外国仲裁的区别向有领域理论和准据法理论。前者以仲裁地在内国还是外国来确定仲裁属内国仲裁还是外国仲裁，后者以仲裁适用的法律是内国法还是外国法为判断标准。[1]《纽约公约》是专门规范外国仲裁裁决在内国的承认与执行的。该公约对“外国仲裁裁决”没有给予定义，但是，该公约第1条第1款规定：“由于自然人或法人间的争议而引起的仲裁裁决，在一个国家的领土内作成，而在另一个国家请求承认和执行时，适用本公约。在一个国家请求承认和执行这个国家不认为是本国裁决的仲裁裁决时，也适用本公约。”该定义为各缔约国判定某项仲裁裁决是否属于外国裁决提供了两项法律标准：①裁决作出地标准，即凡在被请求承认和执行的缔约国本国领土之外的外国领土上作出的仲裁裁决即属外国裁决（在外国作出的裁决）。②非内国裁决标准，即凡依据被请求承认和执行的缔约国的法律不被认为是本国裁决的仲裁裁决也可属于外国裁决（非内国裁决）。[2] 有学者认为，这两种标准不是一种平行关系，而是一种主从关系。非内国裁决标准只是地域标准的补充和扩延，而不能取代地域标准，它的作用在于扩大公约的适用范围。[3]

最高人民法院在《关于执行我国加入的〈承认和执行外国仲裁裁决公约〉的通知》第1条明确规定：“我国对在另一缔约国领土内作出的仲裁裁决的承认和执行适用该公约。”可见，我国只承认，仲裁裁决的作出地在外国即构成适用于《纽约公约》的外国仲裁裁决或者外国仲裁。但何谓“作出地”，公约和我国法律均没有作出进一步的规定和解释。有学者认为，从《纽约公约》的适用角度来看，“裁决作出地”应指仲裁地，仲裁地通常由当事人约定或由仲裁机构、仲裁庭依照仲裁规则和仲裁程序法指定。当事人住所地或居所地、仲裁机构所在地、仲裁开庭地、仲裁裁决书签署地、仲裁裁决书收到地、仲裁裁决书寄送地、仲裁员住所地既不能直接等同或替代裁决作出地，也不能被直接用来判定某项裁决是否属于《纽约公约》所称的“在外国作出的裁决”。[4]

但是，上述司法解释又与我国《民事诉讼法》第283条有所不同。《民事诉讼法》第283条规定：“国外仲裁机构的裁决，需要中华人民共和国人民法院承认和执行的，应当由当事人直接向被执行人住所地或者其财产所在地的中级人民法院申请，人民法院应当依照中华人民共和国缔结或者参加的国际条约，或者按照互惠原则办

[1] 于喜富：《国际商事仲裁的司法监督与协助——兼论中国的立法与司法实践》，知识产权出版社2006年版，第11页。

[2] 黄亚英：“外国仲裁裁决论析——基于《纽约公约》及中国实践的视角”，载《现代法学》2007年第1期。

[3] 杨树明：《国际商事仲裁法》，重庆大学出版社2002年版，第273页。

[4] 黄亚英：“外国仲裁裁决论析——基于《纽约公约》及中国实践的视角”，载《现代法学》2007年第1期。

理。”从该规定可以看出，我国认定“外国仲裁裁决”的根据是作出裁决的仲裁机构，即外国仲裁机构作出的仲裁裁决为外国仲裁裁决。那么，依此类推，内国仲裁就是指国内仲裁机构作出的裁决。内国裁决包括国内裁决和涉外仲裁裁决。此外，我国《仲裁法》第七章在涉外仲裁方面并没有提及仲裁地问题，因此可以理解为，即便中国仲裁机构受理的涉外经济贸易、运输和海事案件在中国领土之外进行仲裁，该仲裁仍然属于中国的涉外仲裁。所以，从相关规定看，我国《仲裁法》对内国仲裁和外国仲裁的认定实质上是采取仲裁机构标准，即中国仲裁机构受理的案件就是内国仲裁，外国仲裁机构受理的案件就是外国仲裁裁决。对于此种做法，也有学者认为，这种做法与国际上通行的仲裁地标准显然相悖。以仲裁机构的国籍确定仲裁是否“涉外”的方法应予改变，正确的方法应当是，首先以仲裁地决定商事仲裁是否内国仲裁，对内国仲裁则以争议是否具有涉外因素确定其是否涉外仲裁，而在内国发生的仲裁是否由中国仲裁机构为之则在所不问。[1] 还有学者认为，外国仲裁裁决应指在我国境外作出的仲裁裁决。此项裁决既包括由外国常设仲裁机构管理下的仲裁庭在我国境外作出的裁决，也应当包括临时仲裁机构（庭）在我国境外作出的裁决；外国仲裁机构裁决并不等同于外国裁决。这里起决定性作用的是仲裁地点是否在我国境外。外国仲裁机构在我国境外作出的裁决为外国仲裁裁决。如果仲裁地点在我国，则仲裁庭适用该外国仲裁机构仲裁规则作出的裁决是我国仲裁裁决，而不是外国仲裁裁决。我国现行立法与实践对外国仲裁机构裁决的国籍的定位不十分明确。有学者建议采用国际上普遍适用的仲裁地点决定国际商事仲裁裁决国籍的标准，将《民事诉讼法》第283条中规定的“国外仲裁机构的裁决”修订为“外国仲裁裁决”。[2]

（三）国内立法和国际立法

目前，大部分国家制定了专门的仲裁法，如瑞典仲裁法、英国仲裁法、美国统一仲裁法、法国仲裁法令等。也有一些国家在民事诉讼法中加以规定，如德国民事诉讼法、日本民事诉讼法等。我国的仲裁立法包括有关仲裁的法律、行政法规、司法解释及我国缔结和参加的国际公约。我国《民事诉讼法》第二十六章对仲裁作出了专章规定。此外，我国还于1994年8月31日通过了《中华人民共和国仲裁法》（以下简称《仲裁法》），该法共有80条，规定了总则、仲裁委员会和仲裁协会、仲裁协议、仲裁程序（申请和受理、仲裁庭的组成、开庭和裁决）、申请撤销裁决、执行、涉外仲裁的特别规定、附则。该法既适用于国内仲裁，也适用于涉外经济贸易、运输和海事中发生的纠纷的仲裁。为澄清《仲裁法》中存在的某些问题，最高人民法院还于2005年12月26日通过了《最高人民法院关于适用〈中华人民共和国仲裁

---

〔1〕 于喜富：《国际商事仲裁的司法监督与协助——兼论中国的立法与司法实践》，知识产权出版社2006年版，第20页。

〔2〕 赵秀文：“国外仲裁机构裁决不等于外国仲裁裁决”，载《法学》2006年第9期。

法〉若干问题的解释》，该司法解释已经从2006年9月8日起施行。

为统一各国仲裁法律，国际社会制定了若干有关国际商事仲裁方面的国际公约，如《日内瓦仲裁条款议定书》、《日内瓦关于执行外国仲裁裁决的公约》、《承认和执行外国仲裁裁决的公约》、《欧洲国际商事仲裁公约》、《美洲国家之间关于国际商事仲裁公约》等。

（四）仲裁协议

仲裁协议是国际商事仲裁的核心内容，它是意思自治原则在国际商事仲裁中的体现。根据意思自治原则，争议当事人在仲裁协议中有权指定受理争议的仲裁机构、仲裁员、仲裁地点、仲裁所适用的程序法及实体法等项内容。

1. 仲裁协议的概念及分类。仲裁协议是指双方当事人将争议提交仲裁机构解决的共同意思表示。仲裁协议包括合同中订立的仲裁条款和以其他书面方式在纠纷发生前或者纠纷发生后达成的请求仲裁的协议。[1] 具体而言，仲裁协议分为两种类型：仲裁条款、仲裁协议书。仲裁条款与仲裁协议书具有同等法律效力。仲裁条款是仲裁协议的基本形式，它是指争议当事人在合同中订立的，载明将日后可能发生的争议提交仲裁机构解决的专门条款。仲裁协议书是指以其他书面方式在纠纷发生前或者纠纷发生后达成的请求仲裁的协议。"其他书面形式"的仲裁协议，包括以合同书、信件和数据电文（包括电报、电传、传真、电子数据交换和电子邮件）等形式达成的请求仲裁的协议。[2]

2. 仲裁协议的形式。实践中，一些仲裁协议是通过口头形式达成的，并得到一些国家法律的承认。但是，大多数国家要求当事人以书面形式订立仲裁协议方为有效。《承认和执行外国仲裁裁决公约》第2条以及《国际商事仲裁示范法》第7条第2款也都要求仲裁协议必须是书面形式。

我国《仲裁法》第16条要求仲裁协议必须采用书面形式。《仲裁法》对"书面"的含义虽然没有给予具体解释，但《最高人民法院关于适用〈中华人民共和国仲裁法〉若干问题的解释》第1条则规定：书面形式包括合同书、信件和数据电文（包括电报、电传、传真、电子数据交换和电子邮件）等形式。该司法解释实际上参照了我国《合同法》第11条对"书面形式"的规定。

3. 仲裁协议的内容和效力。仲裁主要依据当事人的协议而发生，诉讼则是依据法律规定而发生。[3] 因此，有效的仲裁协议是仲裁机构受理案件的法定前提，是有

---

〔1〕《仲裁法》第16条第1款。《联合国国际商事仲裁示范法》第7条也有类似规定："仲裁协议是指当事各方同意将他们之间确定的不论是契约性还是非契约性的法律关系上已经发生或可能发生的一切或者某些争议提交仲裁的协议。仲裁协议可以采取合同中的仲裁条款形式或者单独的协议形式。"

〔2〕《最高人民法院关于适用〈中华人民共和国仲裁法〉若干问题的解释》第1条。该司法解释于2005年12月26日由最高人民法院审判委员会第1375次会议通过，自2006年9月8日起施行。

〔3〕于喜富：《国际商事仲裁的司法监督与协助——兼论中国的立法与司法实践》，知识产权出版社2006年版，第4页。

关争议当事人得以向仲裁机构申请仲裁和仲裁机构得以对提交的争议进行管辖并做出裁决的重要依据。有效的仲裁协议排除了法院对争议的管辖权；反之，如果仲裁协议无效，则排除了仲裁机构的管辖权。因此，仲裁协议效力的正确认定，是各仲裁机构在案件受理和解决仲裁机构与法院管辖冲突中的关键环节。[1]

各国对仲裁协议内容的要求不一，有繁有简。大多数国家只要求当事人表明仲裁的意愿，仲裁协议就是有效的，并不要求仲裁协议必须规定某些特定的内容。联合国《国际商事仲裁示范法》第7条也采取此做法。我国《仲裁法》第16条对仲裁协议的要求相对较为严格，仲裁协议必须具有下列三项内容方为有效：①请求仲裁的意思表示；②仲裁事项；③选定的仲裁委员会。有学者指出，上述严格的仲裁协议内容要求违背了当事人意思自治的原则，不符合国际商事仲裁发展的趋势，不利于中国仲裁事业的发展。[2]

4. 仲裁协议的作用。仲裁协议具有以下效力和作用：

（1）仲裁协议是仲裁机构行使仲裁管辖权的依据。仲裁机构只受理当事人根据双方达成的仲裁协议所提交的争议案件，不受理没有仲裁协议的任何争议案件。我国《仲裁法》第4条明确规定："当事人采用仲裁方式解决纠纷，应当双方自愿，达成仲裁协议。没有仲裁协议，一方申请仲裁的，仲裁委员会不予受理。"

（2）仲裁协议是仲裁机构确定仲裁事项范围的依据。仲裁协议除规定受理案件的仲裁机构外，还应规定仲裁的事项。仲裁机构只能在争议当事人约定的仲裁事项范围内仲裁，不能超越范围。我国《仲裁法》第58条第2项规定，裁决的事项不属于仲裁协议的范围时，仲裁委员会所在地的中级人民法院有权撤销该仲裁裁决。《纽约公约》第5条也规定：如果裁决涉及仲裁协议所没有提到，或者不包括在仲裁协议规定之内的争执，或者裁决协议内含有对仲裁协议范围以外事项的决定，被请求承认和执行裁决的管辖当局有权拒绝承认和执行该项裁决。

（3）仲裁协议排除法院的司法管辖权。仲裁协议排斥司法管辖有两方面的含义：

第一，争议当事人达成仲裁协议后必须受仲裁协议约束，依仲裁协议向双方指定的仲裁机构提出仲裁，而不能向法院提起司法诉讼。[3] 我国《仲裁法》第5条和第26条分别规定："当事人达成仲裁协议，一方向人民法院起诉的，人民法院不予受理，但仲裁协议无效的除外。""当事人达成仲裁协议，一方向人民法院起诉未声

---

〔1〕 朱幼林："浅议对仲裁机构约定不明确的仲裁协议"，载《仲裁通讯》第13期。

〔2〕 蔡鸿达："规范的仲裁条款和国际惯例的探讨"，载《国际商报》1998年2月28日。

〔3〕 例如，我国A公司与英国B公司于某年11月4日签订一份购买大理石板材的出口合同，合同规定采用诉讼方式解决合同争议。合同签订后，双方就有关问题再进行函电磋商，并将争议解决方式改为仲裁方式。后双方因质量问题发生争议，A公司按照11月4日签订的合同的规定向法院提起诉讼，而与此同时，B公司也向仲裁机构提起仲裁申请。在本案中，虽然双方先采用诉讼方式，但因双方在以后的函电磋商中对原先的争议解决方式进行了修改。修改后的仲裁条款构成双方之间的仲裁协议。因此，该案法院不会也不应受理该案件。

明有仲裁协议，人民法院受理后，另一方在首次开庭前提交仲裁协议的，人民法院应当驳回起诉，但仲裁协议无效的除外；另一方在首次开庭前未对人民法院受理该案提出异议的，视为放弃仲裁协议，人民法院应当继续审理。”此外，《最高人民法院关于适用〈中华人民共和国仲裁法〉若干问题的解释》第 7 条还规定：“当事人约定争议可以向仲裁机构申请仲裁也可以向人民法院起诉的，仲裁协议无效。但一方向仲裁机构申请仲裁，另一方未在仲裁法第 20 条第 2 款规定期间内提出异议的除外。”此外，《纽约公约》第 2 条第 3 款还规定：如果缔约国的法院受理一个案件，而就这个案件所涉及的事项，当事人已经达成仲裁协议时，除非法院查明该项协议是无效的、未生效的或不可能执行的，应该依照一方当事人的请求，令当事人将案件提交仲裁。

第二，仲裁机构作出仲裁裁决后，当事人不能就同一纠纷再向法院起诉。例如，我国《民事诉讼法》第 273 条规定：“经中华人民共和国涉外仲裁机构裁决的，当事人不得向人民法院起诉。……”但是，如果仲裁裁决被法院裁定撤销或者不予执行的，当事人可以就同一纠纷向法院提起司法诉讼。我国《仲裁法》第 9 条也有类似规定。

（4）仲裁协议具有独立性。仲裁协议的独立性是指仲裁协议应视为与合同的其他条款分离地、独立地存在的条款或部分，国际商事合同的变更、解除、终止、无效或失效以及存在与否，均不影响仲裁协议的效力，一方当事人仍可依据仲裁协议提交双方约定的仲裁机构仲裁。我国《仲裁法》第 19 条第 1 款明确规定：“仲裁协议独立存在，合同的变更、解除、终止或者无效，不影响仲裁协议的效力。”例如，在一有关工程承包的仲裁案件中，被申请人曾提出，其承包的合同未得到有关部门批准，因此不具有法律效力，合同中的仲裁条款也因此无效。[1] 显然，这一抗辩是不符合上述规定的。此外，《最高人民法院关于适用〈中华人民共和国仲裁法〉若干问题的解释》第 10 条还规定：“合同成立后未生效或者被撤销的，仲裁协议效力的认定适用《仲裁法》第 19 条第 1 款的规定。当事人在订立合同时就争议达成仲裁协议的，合同未成立不影响仲裁协议的效力。”《联合国国际贸易法委员会仲裁规则》第 21 条第 2 款也有类似规定。

（五）仲裁地点

仲裁地点是指争议案件在何地进行仲裁。仲裁地点的确定对争议当事人至关重要，它决定仲裁所要适用的程序法甚至实体法，决定该地仲裁机构作出的仲裁裁决是否能够得到执行。在签订仲裁协议时，争议当事人选择仲裁地点通常主要考虑以下因素：该地点是否在《纽约公约》缔约国领土范围之内；该地有关仲裁程序法的规定及是否可以选择其他仲裁机构的仲裁规则；该地法院对仲裁裁决的干预程度；该地对境外仲裁员选任的要求；仲裁费用；仲裁声誉；等等。在实践中，由于争议

---

〔1〕 林一飞：“仔细阅读仲裁规则，避免无谓的管辖权争议”，载《仲裁通讯》第 4 期。

当事人对本国仲裁方面的法律比较熟悉，通常力争在本国仲裁，其次选择到中立的第三国仲裁。无论在何地仲裁，为使仲裁裁决能够在败诉方国家得到执行，该地必须是《纽约公约》的缔约国。

我国《仲裁法》第6条规定："仲裁委员会应当由当事人协议选定。仲裁不实行级别管辖和地域管辖。"从该条规定可以看出，我国也赋予争议当事人自由选择仲裁地点的权利。

（六）仲裁机构

国际仲裁与国内仲裁一样，是根据当事人的自愿协议，由无利害关系的、非政府的裁决者解决争议的一种方式。[1] 因此，仲裁机构属于非政府组织。正是这样的性质，使得仲裁裁决更加具有公正性。

从组织形式上而言，根据仲裁机构有无固定的办公场所和章程，仲裁机构分为两种类型：临时仲裁机构和常设仲裁机构。提交临时仲裁机构进行的仲裁称临时仲裁，也称特别仲裁；提交常设仲裁机构进行的仲裁称为常设仲裁，也称机构仲裁。

1. 临时仲裁机构。临时仲裁机构是指争议双方当事人根据达成的仲裁协议，在争议发生后，按仲裁地所属国的仲裁法律规定，自行选任仲裁员组成的、仲裁裁决作出后即行解散的仲裁机构。因此，临时仲裁机构也称为"特设仲裁机构"。由于临时仲裁庭具有临时设立的性质，因此，临时仲裁机构没有固定的办公场所，也没有专门的仲裁程序规则，更没有为临时仲裁服务的工作人员和设备等。凡是与仲裁审理有关的事项（如仲裁庭的组成、仲裁地点、仲裁规则等）必须在仲裁协议中予以详细约定。

临时仲裁机构进行临时仲裁的优势在于，争议双方当事人在仲裁员的选任、仲裁程序的决定和适用方面拥有较大的自主权。同时，临时仲裁可以降低争议当事人的成本，因为常设仲裁机构通常会收取仲裁管理费和服务费。但是，由于临时仲裁机构没有固定的组织、地点和仲裁规则，且缺乏相应的行政配备和便利（如文件送达、仲裁场所及记录等），很容易降低仲裁程序的效率。因此，许多争议当事人不愿采用这种仲裁形式。我国《仲裁法》未规定此种形式的仲裁。

2. 常设仲裁机构。常设仲裁机构是依照国际条约或国内法设立的具有固定名称、地址、章程、仲裁程序规则以及组织机构的永久性仲裁机构。常设仲裁机构的优势在于，它有固定的组织机构、组织章程、仲裁程序规则、健全的行政管理制度和完善的设施、可供选择的仲裁员名册等，因此，常设仲裁机构可以为争议当事人提供更好的仲裁服务。但与临时仲裁机构相比，常设仲裁机构的程序比较复杂，且收取的仲裁费用较高。尽管如此，大多数国际商事交易当事人仍然愿意选择在常设仲裁机构进行仲裁。

---

〔1〕 Gary B. Born, *International Commercial Arbitration in the United States—Commentary & Materials*, Kluwer Law and Taxation Publishers, 1994, p. 1.

目前，许多国家根据本国法设立了常设仲裁机构，一些国际组织（如国际商会）也设立了常设仲裁机构。许多常设仲裁机构每年受理大量国际商事仲裁案件，并在国际上产生了重要影响。

我国没有规定临时仲裁机制，主要通过设立常设仲裁机构解决仲裁案件。我国最早只有“中国国际经济贸易仲裁委员会”（CIETAC）和“中国海事仲裁委员会”（CMAC）可以受理涉外案件。但自从《仲裁法》于1995年9月1日实施后，依照《仲裁法》设立的各地仲裁委员会（如北京仲裁委员会、天津仲裁委员会、广州仲裁委员会等）也可以受理涉外案件。[1]

国际上的常设仲裁机构有国际商会仲裁院、斯德哥尔摩商会仲裁院（SCC）、伦敦国际仲裁院（LCIA）、美国仲裁协会（AAA）、日本商事仲裁协会（JCAA）、香港国际仲裁中心（HKAC）、世界知识产权组织仲裁中心、瑞士苏黎世商会仲裁院、新加坡国际仲裁中心（SIAC）、解决国际投资争端国际中心（ICSID）等。

（七）仲裁程序规则及仲裁程序

仲裁程序规则是指争议当事人和仲裁机构对争议进行仲裁所应遵循的规则。它包括仲裁申请的提出、答辩、指定仲裁员、仲裁庭的组成、仲裁审理、仲裁裁决的作出以及仲裁裁决的法律效力等内容。仲裁程序规则是仲裁机构进行仲裁的重要行为准则，是保证仲裁公正和顺利进行的必不可少的规范。

仲裁程序规则分为三种：①当事人或临时仲裁机构制定的临时仲裁规则。②常设仲裁机构制定的仲裁规则。例如，中国国际经济贸易仲裁委员会《仲裁规则》规定了总则、仲裁程序、裁决、简易程序、国内仲裁、附则。中国设在各地的仲裁机构也都制定了各自的仲裁规则。③国际组织制定的仲裁规则。例如，联合国国际贸易法委员会于1976年4月28日通过了《联合国国际贸易法委员会仲裁规则》，供争议当事人自愿采用。该规则规定了总则、仲裁庭的组成、仲裁程序、裁决。由于该规则充分吸收了一些常设仲裁机构仲裁规则的优势，因而得到了很多仲裁机构的承认和采用。

在适用仲裁规则方面，如采用临时仲裁方式，争议当事人可以自由选择仲裁规则。如果在常设仲裁机构仲裁，有的仲裁机构规定，如争议当事人选择该机构作为其争议案件的仲裁机构，则必须适用该机构的仲裁规则；而有的仲裁机构则允许当事人自行决定采用其他国际商事仲裁规则。例如，中国国际经济贸易仲裁委员会《仲裁规则》规定：“凡当事人同意将争议提交仲裁委员会仲裁的，均视为同意按照本规则进行仲裁。当事人约定适用其他仲裁规则，或约定对本规则有关内容进行变

---

〔1〕《国务院办公厅关于贯彻实施〈中华人民共和国仲裁法〉需要明确的几个问题的通知》（国办发［1996］22号）指出：“三、新组建的仲裁委员会的主要职责是受理国内仲裁案件；涉外仲裁案件的当事人自愿选择新组建的仲裁委员会仲裁的，新组建的仲裁委员会可以受理；新组建的仲裁委员会受理的涉外仲裁案件的仲裁收费与国内仲裁案件的仲裁收费应当采用同一标准。”

更的，从其约定，但其约定无法实施或与仲裁地强制性法律规定相抵触者除外。”

1. 仲裁申请。仲裁申请是指争议当事人根据达成的仲裁协议，请求将争议提交仲裁的意思表示。常设仲裁机构对仲裁申请的内容和形式都有一定的要求。我国《仲裁法》第22、23条规定：“当事人申请仲裁，应当向仲裁委员会递交仲裁协议、仲裁申请书及副本。”“仲裁申请书应当载明下列事项：①当事人的姓名、性别、年龄、职业、工作单位和住所，法人或者其他组织的名称、住所和法定代表人或主要负责人的姓名、职务；②仲裁请求和所根据的事实、理由；③证据和证据来源、证人姓名和住所。”第27条规定：“申请人可以放弃或者变更仲裁请求。被申请人可以承认或者反驳仲裁请求，有权提出反请求。”

2. 仲裁案件的受理。仲裁机构受理仲裁案件的前提是争议当事人之间达成的仲裁协议和仲裁申请。仲裁机构在收到仲裁申请后，经过审查认为申请仲裁的手续完备的，即向被申请人发出通知。仲裁机构主要审查仲裁申请是否载明仲裁事项、仲裁机构，仲裁请求的事项是否在仲裁机构的受理权限范围之内。如仲裁协议中未载明仲裁事项或仲裁机构或约定不明确，当事人对此也未达成补充协议，仲裁协议无效，仲裁机构不予受理。我国《仲裁法》第24条规定：“仲裁委员会收到仲裁申请书之日起5日内，认为符合受理条件的，应当受理，并通知当事人；认为不符合受理条件的，应当书面通知当事人不予受理，并说明理由。”第25条第1款规定：“仲裁委员会受理仲裁申请后，应当在仲裁规则规定的期限内将仲裁规则和仲裁员名册送达申请人，并将仲裁申请书副本和仲裁规则、仲裁员名册送达被申请人。”

3. 答辩。一方当事人提交仲裁申请后，大多数常设仲裁机构要求另一方当事人在规定期限内提交答辩书。我国《仲裁法》第24条、第25条和第27条分别规定，仲裁委员会收到仲裁申请书后5日内应当决定是否受理并发出通知。同时，对受理的案件应将仲裁规则和仲裁员名册在规定时间内送交申请人和被申请人。被申请人应在规定期限内提交答辩状。不提交答辩状的，不影响仲裁程序的进行。申请人可以放弃或变更仲裁请求，被申请人可以承认或反驳仲裁请求，有权提出反请求。

4. 仲裁庭的组成。仲裁庭是对当事人提交的争议进行审理的机构，它独立于司法机关和行政机关，也独立于其他仲裁庭。各国仲裁法和仲裁机构的仲裁规则对仲裁庭的组成都有明确规定，包括仲裁员的指定、仲裁员的任命、仲裁员的回避和责任等。

（1）仲裁员资格、回避。仲裁员的角色与律师不同。律师在仲裁程序中代表当事人的利益，而仲裁员是当事人指定的旨在解决争议的裁判官，其职责是独立、公正地解决当事人之间的争议。[1] 根据意思自治原则，争议当事人有权指定审理其案件的仲裁员。仲裁员由自然人担任，但有的国家也允许由法人担任。各国对仲裁员资格普遍有以下要求：具有民事行为能力和民事权利能力；具有公正、独立和无私

〔1〕 赵秀文编著：《国际商事仲裁法》，中国人民大学出版社2004年版，第16页。

的道德品质；具有一定的专业资格和能力。我国《仲裁法》第 13 条和第 67 条对仲裁员资格作出了如下详细规定："仲裁委员会应当从公道正派的人员中聘任仲裁员。仲裁员应当符合下列条件之一：①从事仲裁工作满 8 年的；②从事律师工作满 8 年的；③曾任审判员满 8 年的；④从事法律研究、教学工作并具有高级职称的；⑤具有法律知识、从事经济贸易等专业工作并具有高级职称或者具有同等专业水平的。""涉外仲裁委员会可以从具有法律、经济贸易、科学技术等专门知识的外籍人士中聘任仲裁员。"需要特别指出的是，根据我国法律，法官不得担任仲裁员，因为法官担任仲裁员超出了人民法院和法官的职权范围，不利于依法公正保护诉讼当事人的合法权益。[1]

为保持仲裁的公正，大多数仲裁机构都规定，仲裁员应该在某种情况下回避。我国《仲裁法》第 34 条规定了仲裁员回避的以下四种情况：①仲裁员是本案当事人或者当事人、代理人的近亲属；②仲裁员与本案有利害关系；③与本案当事人、代理人有其他关系，可能影响公正仲裁；④仲裁员私自会见当事人、代理人或者接受当事人、代理人的请客送礼的。国内有学者指出，仲裁进程中回避的对象为"仲裁员"，这显然没有涵盖参与案件审理的全部人员，存在着适用对象过窄的现象。因为《仲裁法》未对专家咨询委员会委员明确规定回避，未对办案秘书、翻译人、鉴定人、勘验人明确规定回避。[2]

（2）仲裁庭的人数。大多数国家或仲裁机构要求仲裁庭应由单数组成（多为一人独任或仲裁员 3 人组成仲裁庭），目的是避免僵持现象的发生。也有的国家规定，在仲裁庭处于一对一的僵持状态时，由公断人作出裁决。公断人由仲裁员之外的第三人担任，通常是在该案所涉及领域有经验的专业人士。但是，由于公断人只是在仲裁员的意见处于一对一的状态时才介入，而以前仲裁审理的程序并没有参与，这样，就需要公断人对所有案情逐一了解，既耗费时间，也使仲裁费用增加。因此，我国《仲裁法》第 30 条和第 32 条分别规定："仲裁庭可以由 3 名仲裁员或者 1 名仲裁员组成。由 3 名仲裁员组成的，设首席仲裁员。""当事人没有在仲裁规则规定的期限内约定仲裁庭的组成方式或者选定仲裁员的，由仲裁委员会主任指定。"此外，独任仲裁员审理仲裁案件可以节省仲裁费用，提高工作效率。

5．开庭审理。大多数国家或仲裁机构在开庭审理方面都有如下共同规定：①以书面审理为主，在当事人要求下也可以进行口头审理。②仲裁不公开进行，经当事人同意方可公开。③当事人在仲裁审理过程中有权辩论和提供证据。④案件审理中至裁决作出前，一方当事人可以请求仲裁庭或法院对争议标的物或有关财产采取临时保全措施。我国《仲裁法》第 39、40 条分别规定："仲裁应当开庭进行。当事人协议不开庭的，仲裁庭可以根据仲裁申请书、答辩书以及其他材料作出裁决。""仲

---

〔1〕《最高人民法院关于现职法官不得担任仲裁员的通知》，2004 年 7 月 13 日。

〔2〕王小莉："关于完善我国仲裁回避制度的几点思考"，载《仲裁研究》2007 年第 1 期。

裁不公开进行。当事人协议公开的，可以公开进行，但涉及国家秘密的除外。”此外，《民事诉讼法》第272条规定：“当事人申请采取保全的，中华人民共和国的涉外仲裁机构应当将当事人的申请，提交被申请人住所地或者财产所在地的中级人民法院裁定。”

6. 裁决。我国《仲裁法》第53条、第55条、第57条对仲裁裁决作出了如下具体规定：①裁决应当按照多数仲裁员的意见作出，少数仲裁员的不同意见可以记入笔录。仲裁庭不能形成多数意见时，裁决应当按照首席仲裁员的意见作出。②仲裁庭仲裁纠纷时，其中一部分事实已经清楚，可以就该部分先行调解。③裁决书自作出之日起发生法律效力。当事人应当履行裁决。一方当事人不履行的，一方当事人可以依照《民事诉讼法》的有关规定向人民法院申请执行。受申请的人民法院应当执行。

（八）法院对仲裁裁决的监督

如上所述，仲裁为一次性裁决，即仲裁裁决作出后即发生法律效力。同时，仲裁也排斥司法管辖。尽管法院并不参加仲裁案件的审理，但是，法院负责仲裁裁决的执行，因此，法院在执行前是否需要对仲裁裁决予以审查以及如何审查至关重要。事实上，大多数国家的仲裁法律都赋予法院一定的监督权，以保证仲裁裁决的公正性。如果仲裁机构在裁决过程中存在违法行为，法院有权撤销仲裁机构作出的裁决或者对仲裁裁决不予执行。

但是，法院对仲裁的监督范围和监督程度是司法监督的核心问题。从监督的范围而言，可以分为实体性事项的监督和程序性事项的监督。实体性事项的监督是指法院对商事仲裁裁决所认定的事实是否清楚、证据是否充分、适用的法律是否适当等几个方面进行审查。[1] 但是，法院过多的干预仲裁，只会导致仲裁信誉的下降，不利于仲裁机构独立仲裁，从而削弱仲裁的作用。因此，大多数国家的法律要求法院以审查仲裁的程序性问题为原则，尽可能减少对仲裁实体审理内容的干预。

我国《仲裁法》第五章至第七章对于法院监督仲裁问题作出了详细规定。该法赋予法院以作出“裁定”的形式对仲裁裁决行使撤销权、中止撤销程序权、不予执行权。

1. 撤销权。撤销仲裁裁决是指法院经当事人申请，对属于法律规定的具有可撤销情形的仲裁裁决，裁定予以撤销的情形。[2] 值得注意的是，我国法律就国内仲裁裁决和涉外仲裁裁决规定了不同的可撤销条件。

《仲裁法》第58条专门规定了国内仲裁裁决的撤销问题。根据该规定，国内仲

---

〔1〕 谢石松主编：《商事仲裁法学)，高等教育出版社2003年版，第300页。

〔2〕 杨成龙：“浅析我国撤销仲裁裁决制度的完善——最高院颁布关于仲裁法适用司法解释之后”，载《法制与社会》2007年第11期。司法解释是指《最高人民法院关于适用〈中华人民共和国仲裁法〉若干问题的解释》（法释〔2006〕7号）。

裁的当事人如提出证据证明裁决有下列情形之一的，可以向仲裁委员会所在地中级人民法院申请撤销裁决：①没有仲裁协议的；[1] ②裁决的事项不属于仲裁协议的范围或者仲裁委员会无权仲裁的；[2] ③仲裁庭的组成或仲裁的程序违反法定程序的；[3] ④裁决所根据的证据是伪造的；⑤对方当事人隐瞒了足以影响公正裁决的证据的；⑥仲裁员在仲裁该案时有索贿受贿，徇私舞弊，枉法裁决行为的。人民法院经组成合议庭审查核实裁决有上述规定的情形之一的，应当裁定撤销。人民法院认为裁决违背社会公共利益的，应当裁定撤销。从上述规定可以看出，法院对国内仲裁裁决的监督范围不仅包括仲裁程序方面的审查，也包括证据方面的审查。[4]

而在涉外仲裁裁决的撤销方面，《仲裁法》则另有不同规定，法院对我国涉外仲裁机构作出的仲裁裁决的监督范围仅限于仲裁程序方面的审查，不包括证据等实体法方面的审查[5]。《仲裁法》第70条规定："当事人提出证据证明涉外仲裁裁决有《民事诉讼法》第258条现第274条第1款规定的情形之一的，经人民法院组成合议庭审查核实，裁定撤销。"《民事诉讼法》第274条（即2007年修改前的第258条）第1款则规定："对中华人民共和国涉外仲裁机构作出的裁决，被申请人提出证据证明仲裁裁决有下列情形之一的，经人民法院组成合议庭审查核实，裁定不予执行：①当事人在合同中没有订有仲裁条款或者事后没有达成书面仲裁协议的；②被申请人没有得到指定仲裁员或者进行仲裁程序的通知，或者由于其他不属于被申请人负责的原因未能陈述意见的；③仲裁庭的组成或者仲裁的程序与仲裁规则不符的；④裁决的事项不属于仲裁协议的范围或者仲裁机构无权仲裁的。人民法院认定执行该裁决违背社会公共利益的，裁定不予执行。"

为了防止法院盲目干预仲裁，我国对法院撤销我国涉外仲裁裁决还建立了报告制度。凡一方当事人向法院申请撤销涉外仲裁裁决，如法院经过审查认为具有《民事诉讼法》规定情形之一的，在裁定撤销裁决或通知仲裁庭重新仲裁之前，须报请本辖区高级人民法院进行审查。如高级人民法院同意撤销裁决或通知仲裁庭重新裁决，应将其审查意见报最高人民法院，待最高人民法院答复后方可撤销仲裁裁决或

---

〔1〕"没有仲裁协议"是指当事人没有达成仲裁协议。仲裁协议被认定无效或者被撤销的，视为没有仲裁协议。见《最高人民法院关于适用〈中华人民共和国仲裁法〉若干问题的解释》第18条。

〔2〕《最高人民法院关于适用〈中华人民共和国仲裁法〉若干问题的解释》第19条规定："当事人以仲裁裁决事项超出仲裁协议范围为由申请撤销仲裁裁决，经审查属实的，人民法院应当撤销仲裁裁决中的超裁部分。但超裁部分与其他裁决事项不可分的，人民法院应当撤销仲裁裁决。"

〔3〕《最高人民法院关于适用〈中华人民共和国仲裁法〉若干问题的解释》第20条规定："仲裁法第58条规定的'违反法定程序'，是指违反仲裁法规定的仲裁程序和当事人选择的仲裁规则可能影响案件正确裁决的情形。"

〔4〕例如，在一案件中，法院撤销了仲裁机构的裁决，认为在仲裁过程中，当事人隐瞒了足以影响公正裁决的证据，造成仲裁庭认定事实失误。见北京市第二中级人民法院《撤销北京仲裁委员会（1998）京仲裁字第003号裁决书的裁定》（［1998］二中经仲字第193号）。

〔5〕有学者认为，应将法院对国内仲裁裁决的监督范围也限在仲裁程序审查方面。

通知仲裁庭重新仲裁。[1]

2. 中止撤销程序权。我国《仲裁法》第61条规定，人民法院受理撤销裁决的申请后，认为可以由仲裁庭重新仲裁的，通知仲裁庭在一定期限内重新仲裁，并裁定中止撤销程序。仲裁庭拒绝重新仲裁的，人民法院应当裁定恢复撤销程序。

3. 中止执行权。我国《仲裁法》第64条规定，一方当事人申请执行裁决，另一方当事人申请撤销裁决的，人民法院应当裁定中止执行。人民法院裁定撤销裁决的，应当裁定终结执行。撤销裁决的申请被裁定驳回的，人民法院应当裁定恢复执行。[2]

4. 法院司法审查结果的效力问题。涉外仲裁裁决司法审查结论的法律效力问题，即人民法院对于当事人申请撤销、不予执行涉外仲裁裁决以及拒绝承认和执行外国仲裁裁决所作出的法院裁定是否发生即时生效法律效力、是否允许当事人上诉（广义上包括抗诉、申诉）的问题。[3]

我国法律作出如下规定：[4] ①当事人向人民法院申请撤销仲裁裁决被驳回后，又在执行程序中以相同理由提出不予执行抗辩的，人民法院不予支持。[5] ②当事人对人民法院撤销仲裁裁决的裁定不服申请再审的，人民法院不予受理。[6] ③对人民法院依法作出的撤销仲裁裁决或驳回当事人申请的裁定，当事人无权上诉。④人民法院依法裁定撤销仲裁裁决的，当事人可以根据双方重新达成的仲裁协议申请仲裁，也可以向人民法院起诉。[7] 概括而言，上述“法院裁定”是具有即时生效的法律效力的，即不能上诉，不能申请再审，也不能抗诉。[8]

（九）仲裁裁决的承认与执行

仲裁裁决的承认与执行是仲裁程序的最后环节。由于仲裁机构属民间性质，因此，其不具有强制执行仲裁裁决的能力。各国法律大多规定，如败诉方不执行仲裁

---

〔1〕《最高人民法院关于人民法院撤销涉外仲裁裁决有关事项的通知》，1998年4月23日，法［1998］40号。

〔2〕《最高人民法院关于适用〈中华人民共和国仲裁法〉若干问题的解释》第25条对此作出进一步解释：“人民法院受理当事人撤销仲裁裁决的申请后，另一方当事人申请执行同一仲裁裁决的，受理执行申请的人民法院应当在受理后裁定中止执行。”

〔3〕傅林涌：“刍议涉外仲裁裁决司法审查结论的法律效力”，载《对外经贸实务》2007年第6期。

〔4〕最高人民法院还发布了与此有关的如下司法解释：《关于当事人因对不予执行仲裁裁决的裁定不服而申请再审人民法院不予受理的批复》、《关于人民检察院对撤销仲裁裁决的民事裁定提起抗诉，人民法院应如何处理问题的批复》。

〔5〕《最高人民法院关于适用〈中华人民共和国仲裁法〉若干问题的解释》第26条。

〔6〕《最高人民法院关于当事人对人民法院撤销仲裁裁决的裁定不服申请再审人民法院是否受理问题的批复》，1999年1月29日。

〔7〕《最高人民法院关于人民法院裁定撤销仲裁裁决或驳回当事人申请后当事人能否上诉问题的批复》，1997年4月23日。

〔8〕傅林涌：“刍议涉外仲裁裁决司法审查结论的法律效力”，载《对外经贸实务》2007年第6期。

裁决，胜诉方有权要求有关国内法院对仲裁裁决予以强制执行。一般情况下，多为败诉方财产所在地法院负责执行。此外，外国仲裁裁决在内国的承认与执行涉及一国的国家主权。因此，外国仲裁裁决的承认和执行有三种途径：①依公约或条约承认与执行裁决；②依照互惠原则承认与执行；③依照国内法承认与执行。[1]

1.《承认和执行外国仲裁裁决公约》。为统一各国在承认和执行外国仲裁裁决方面的分歧，一些国家于1923年在日内瓦签署了《日内瓦仲裁条款议定书》，1927年签署了《日内瓦执行外国仲裁裁决公约》。但上述公约在执行外国仲裁裁决上的条件过于严格，需要制定更加简便的国际公约，方便外国仲裁裁决的执行，保证仲裁裁决的真正有效性，维护胜诉一方当事人的合法权益。为此，联合国经济与社会理事会在纽约召开了有45个国家和有关国际组织的代表参加的国际商事仲裁会议，于1958年6月10日在纽约通过了《承认和执行外国仲裁裁决公约》（简称《纽约公约》），公约于1959年6月7日生效。1923年《日内瓦仲裁条款议定书》、1927年《日内瓦执行外国仲裁裁决公约》在《纽约公约》的缔约国之间不再执行。由于《纽约公约》放宽了条件，简化了程序，使外国仲裁裁决更容易得到执行，因而具有广泛的成员，使得该公约成为国际上影响较大的公约之一。

《纽约公约》共有16条，适用于因自然人或法人之间的争议而产生且在申请承认和执行地所在国以外的国家领土内作出的仲裁裁决。由于《纽约公约》的适用范围较宽，不仅适用于商事仲裁裁决，同时还适用于非商事仲裁裁决。很多国家在加入该公约时对此作出了保留。例如，《美国联邦仲裁法》第202款规定：《纽约公约》在美国仅适用于按美国法律所认为的“非领土性”或“非国内性”的仲裁协议。而且，联邦法庭只能认可执行那些由“被认为是商业性”的关系所产生的外国仲裁协议或仲裁书。[2]

我国于1986年12月2日正式加入《纽约公约》，但提出了如下两项保留[3]：①我国只在互惠基础上对在另一缔约国领土内作出的仲裁裁决的承认和执行适用该公约；②只对根据我国法律认定属于契约性和非契约性商事法律关系引起的争议适用该公约。

外国仲裁裁决在本国执行十分复杂，它不仅涉及争议各方当事人的经济利益，也涉及仲裁地和执行地所在国的国家利益，因此，许多国家对外国仲裁裁决的执行都以外国仲裁裁决首先获得本国承认为前提条件，并且还附加了很多要求。关于拒绝承认和执行外国仲裁裁决的条件，根据《纽约公约》第5条和第6条的规定，一缔约国必须承认和执行另一缔约国的仲裁裁决，除非在下列情况下，方可拒绝承认

---

〔1〕 林一飞编著：《中国国际商事仲裁裁决的执行》，对外经济贸易大学出版社2006年版，第9页。

〔2〕 詹姆斯·吉莫曼：“仲裁书在美国的认可和执行”，载《国际商报》1998年4月11日。

〔3〕 见《全国人民代表大会常务委员会关于我国加入〈承认和执行外国仲裁裁决的公约〉的决定》，1986年12月2日通过。

和执行：①仲裁协议的双方当事人根据对其适用的法律，当时是处于某种无行为能力的情况之下；或者根据双方当事人选定适用的法律或在没有这种选定时，根据作出裁决国家的法律，仲裁协议无效。②作为裁决执行对象的当事人，没有被给予指定仲裁员或进行仲裁程序的适当通知，或者由于其他情况而不能对案件提出意见。③裁决涉及仲裁协议未提到的或不包括在仲裁协议规定范围之内的争议；或者裁决内含有对仲裁协议范围以外事项的决定。但是，对于仲裁协议范围以内事项的决定，如果可以和对于仲裁协议范围以外的事项的决定分开，则该部分的决定仍然可予以承认和执行。④仲裁庭的组成或仲裁程序与当事人间的协议不符，或当事人之间没有这种协议时，与进行仲裁国家的法律不符。⑤裁决对当事人还未产生法律效力，或者裁决的国家或据其法律作出裁决的国家的管辖当局撤销或停止执行。⑥争议的事项依照被请求国的法律，不可以用仲裁方式解决。⑦承认或执行该项裁决将与被请求国的公共政策相抵触。

值得注意的是，一些当事人经常援用公共秩序保留条款（有的国家称公共政策或者公共利益）请求不予承认和执行外国仲裁裁决。由于不同国家的政治制度和文化传统存在差异，各国对公共秩序的解释不尽相同，而且，即便是在同一个国家，其对公共秩序的解释也随时代的不同而有所变化。但是，从整体而言，大多数国家的法院对公共政策的适用采取非常严格的态度。

尽管我国法律对“社会公共利益”没有给予明确的界定，但是，我国的司法实践在适用公共秩序保留条款时采取了从严的态度。在大多数案件中，当事人之所以主张裁决违反公共政策，理由往往仅仅是裁决结果不公平、违反诚信原则，或者执行裁决会影响社会稳定等，这些理由显然不能成立。[1]

2. 我国关于仲裁裁决承认与执行的规定。为执行《纽约公约》，最高人民法院于1987年4月10日发布了《关于执行我国加入的〈承认和执行外国仲裁裁决公约〉的通知》，1995年8月28日发布了《关于人民法院处理与涉外仲裁及外国仲裁事项有关问题的通知》。[2] 此外，我国《民事诉讼法》对外国仲裁裁决在中国的承认和

---

〔1〕 万鄂湘、于喜富：“我国仲裁司法监督制度的最新发展——评最高人民法院关于适用仲裁法的司法解释”，载《法学评论》2007年第1期（总第141期）。

〔2〕 根据该通知，凡起诉到人民法院的涉外、涉港澳和涉台经济、海事海商纠纷案件，如果当事人在合同中订有仲裁条款或者事后达成仲裁协议，人民法院认为该仲裁条款或者仲裁协议无效、失效或者内容不明确无法执行的，在决定受理一方当事人起诉之前，必须报请本辖区所属高级人民法院进行审查；如果高级人民法院同意受理，应将其审查意见报最高人民法院。在最高人民法院未作答复前，可暂不予受理。凡一方当事人向人民法院申请执行我国涉外仲裁机构裁决，或者向人民法院申请承认和执行外国仲裁机构的裁决，如果人民法院认为我国涉外仲裁机构裁决具有《民事诉讼法》第260条规定的情形之一的，或者申请承认和执行的外国仲裁裁决不符合我国参加的国际公约的规定或者不符合互惠原则的，在裁定不予执行或者拒绝承认和执行之前，必须报请本辖区所属高级人民法院进行审查；如果高级人民法院同意不予执行或者拒绝承认和执行，应将其审查意见报最高人民法院。待最高人民法院答复后，方可裁定不予执行或者拒绝承认和执行。

执行也作出了专门规定。

(1) 我国涉外仲裁裁决在国内的执行。我国《仲裁法》第62条以及《民事诉讼法》第273条均规定，一方当事人不履行仲裁裁决的，对方当事人可以向被申请人住所地或者财产所在地的中级人民法院申请执行。值得注意的是，涉外仲裁裁决不予执行的条件与国内仲裁裁决不予执行的条件是有很大差别的。

《民事诉讼法》第237条规定："对依法设立的仲裁机构的裁决，一方当事人不履行的，对方当事人可以向有管辖权的人民法院申请执行。受申请的人民法院应当执行。被申请人提出证据证明仲裁裁决有下列情形之一的，经人民法院组成合议庭审查核实，裁定不予执行：①当事人在合同中没有订有仲裁条款或者事后没有达成书面仲裁协议的；②裁决的事项不属于仲裁协议的范围或者仲裁机构无权仲裁的；③仲裁庭的组成或者仲裁的程序违反法定程序的；④裁决所根据的证据是伪造的；⑤对方当事人向仲裁机构隐瞒了足以影响公正裁决的证据的；⑥仲裁员在仲裁该案时有贪污受贿，徇私舞弊，枉法裁决行为的。人民法院认定执行该裁决违背社会公共利益的，裁定不予执行。裁定书应当送达双方当事人和仲裁机构。仲裁裁决被人民法院裁定不予执行的，当事人可以根据双方达成的书面仲裁协议重新申请仲裁，也可以向人民法院起诉。"显然，该规定第4和第5项是对实体问题的审查。

但是，对于涉外仲裁裁决，法院只能从程序上进行审查是否予以执行。因此，上述第4和第5项不包括在内。《民事诉讼法》第274条规定："对中华人民共和国涉外仲裁机构作出的裁决，被申请人提出证据证明仲裁裁决有下列情形之一的，经人民法院组成合议庭审查核实，裁定不予执行：①当事人在合同中没有订有仲裁条款或者事后没有达成书面仲裁协议的；②被申请人没有得到指定仲裁员或者进行仲裁程序的通知，或者由于其他不属于被申请人负责的原因未能陈述意见的；③仲裁庭的组成或者仲裁的程序与仲裁规则不符的；④裁决的事项不属于仲裁协议的范围或者仲裁机构无权仲裁的。人民法院认定执行该裁决违背社会公共利益的，裁定不予执行。"

(2) 我国涉外仲裁裁决在外国的承认和执行。我国《民事诉讼法》第280条第2款规定："中华人民共和国涉外仲裁机构作出的发生法律效力的仲裁裁决，当事人请求执行的，如果被执行人或者其财产不在中华人民共和国领域内，应当由当事人直接向有管辖权的外国法院申请承认和执行。"

我国已是《纽约公约》的成员国，我国涉外仲裁机构作出的涉外仲裁裁决在公约缔约国内可以申请承认和执行；如果执行程序被申请人所属的国家不是《纽约公约》缔约国，则根据体现互惠原则的双边条约或协定中订立的执行仲裁裁决的内容予以办理。

(3) 外国仲裁裁决在我国的承认与执行。我国《民事诉讼法》第283条的规定："国外仲裁机构的裁决，需要中华人民共和国人民法院承认和执行的，应当由当事人直接向被执行人住所地或者其财产所在地的中级人民法院申请，人民法院应当依照中华人民共和国缔结或者参加的国际条约，或者按照互惠原则办理。”该规定表明，我国根据裁决的作出机构判定一项裁决是否为外国仲裁裁决。如果裁决由外国仲裁机构作出，该裁决即为外国仲裁裁决。

具体而言，我国针对来自不同外国的仲裁裁决作出了如下不同规定：①对于来自《纽约公约》成员方的仲裁裁决，由当事人直接向被执行人住所地（自然人户籍所在地或居住地、法人主要办事机构所在地）或其财产所在地的中级人民法院提出申请，人民法院将依照我国加入的《纽约公约》的规定办理。人民法院对申请进行审查，经审查符合《纽约公约》规定的承认与执行的条件并且没有拒绝执行的条件的，应当裁定承认其效力，并依《民事诉讼法》规定的程序通知被执行人在指定期限内履行，逾期不履行的，予以强制执行。反之，裁定驳回其申请，拒绝承认和执行。[1] ②对于来自与我国订有双边仲裁协议的国家的仲裁裁决，依照双边仲裁协议办理。[2] ③对于来自与我国没有双边或多边仲裁协议的国家的仲裁裁决，依照互惠原则办理。

值得注意的是，尽管我国没有临时仲裁制度，但是，我国关于外国仲裁机构裁决的承认与执行的规定也适用于外国临时仲裁机构作出的仲裁裁决。因为临时仲裁庭的裁决与常设仲裁机构项下的仲裁裁决具有相同的法律效力，均为《纽约公约》规定的裁决。[3] 例如，在德国奥特克公司向我国法院申请承认与执行由临时仲裁庭在伦敦作出的仲裁裁决一案中，武汉海事法院裁决承认与执行由临时仲裁庭在伦敦作出的仲裁裁决。[4]

四、选择性争议解决方法（ADR）

（一）选择性争议解决方法（ADR）及其特点

ADR 发轫于 20 世纪 70 年代中期的美国。[5] 此后，一些国际组织和国家开始越来越多地采用“解决争议的替代方式”（alternative dispute resolution，ADR）方式。例如，国际商会（ICC）已经开始以各种形式提供 ADR 程序。[6]

对于何谓 ADR，国际上有两种不同理解：①ADR 泛指诉讼以外的争议解决方法，包括仲裁、调解等方式。例如，在英格兰和威尔士实行的《民事诉讼程序规则》将

---

〔1〕 最高人民法院《关于执行我国加入的〈承认和执行外国仲裁裁决公约〉的通知》。

〔2〕 我国与许多国家签署的双边司法协助协定都规定了仲裁裁决的相互承认和执行问题。

〔3〕 赵秀文：“从奥特克案看外国临时仲裁裁决在我国的承认与执行”，载《政法论丛》2007 年第 3 期。

〔4〕 万鄂湘主编《中国涉外商事海事审判指导与研究》（2002 年第 1 卷，总第 2 卷），人民法院出版社 2002 年版，第 133 ~ 142 页。

〔5〕 尹力：《国际商事调解法律问题研究》，武汉大学出版社 2007 年版，第 4 页。

〔6〕 陈立彤、李菁译：“备用争议解决方式（ADR）的功能及在国际商事领域的应用”，载《国际商报》1999 年 6 月 20 日。

ADR 解释为“在标准审判程序之外的所有解决争议的方法的总称”。[1] 在美国，ADR 的含义极为广泛，它包括传统的诉讼方式以外的几乎所有争议解决方法。[2] ②ADR泛指仲裁和诉讼之外的争议解决方法。例如，根据国际商会（ICC）的理解，“ADR 只是指那些中立者不会作出可以生效的决定或者裁决的程序”。[3] ADR 是一种是以某种形式协商解决争议的方式[4]。我国大部分学者也持这种观点。ADR、仲裁与司法诉讼属于不同的解决争议的方法，现代意义上的 ADR，并不包括仲裁解决争议的方法。[5] 按照这种理解，通过 ADR 方式达成的协议并不具有法律约束力，因此，如果一方当事人不履行达成的协议，仍然需要以仲裁或诉讼方式解决。概括而言，这种含义上的 ADR 方式具有如下特点：①它是当事人自愿解决争议的方法；②它以解决当事人之间的争议为目的，没有特定规则遵循，具体做法也比较灵活；③ADR 不是解决争议的最终方法，不影响当事人将争议提交法院解决或者根据仲裁协议提交仲裁；④ADR 可以单独使用，也可以在仲裁和司法诉讼程序中使用。[6] 实践中，一些当事人已经在某些合同中约定“ADR——仲裁方式”。例如，香港新机场工程即采用了此种方式，其工程承包合同规定以下顺序的争议解决方式：将争议提交工程师解决；调解；裁判；仲裁。其中，调解、裁判、仲裁由香港国际仲裁中心管理。[7]

（二）选择性争议解决方法（ADR）的类型

如前所述，国际商会将 ADR 理解为仲裁和诉讼之外的争议解决方法。根据国际商会（ICC）制定的《ADR 规则》，ADR 主要有如下方式：

1. 调解和调停。调解和调停是在争议当事人之外的中立第三方的主持下，由第三方以中间人的身份在分清是非和责任的基础上，根据法律规定和合同约定，参考国际惯例，为争议当事人提供解决争议方案及有关意见，促使争议各方在互谅互让基础上达成公平的调解协议，由此解决各方争议的方法。

联合国国际贸易法委员会对 ADR 方法没有给予界定，但对 ADR 与调解方法的关系作出了如下解释[8]：“《国际商事调解示范法》对‘调解’一词是作为一个广义概念使用的，它是指某个人或若干人组成的小组协助当事人友好解决纠纷的过程。

〔1〕木兰、李诚蓉：“英国的争议解决——ADR（其他争议解决方式）的影响”，载《仲裁与法律》2000年第6期。

〔2〕尹力：《国际商事调解法律问题研究》，武汉大学出版社2007年版，第6页。

〔3〕参见国际商会网站 http：//www. iccwbo. org/drs/english/adr/guide. asp. 2015年3月15日访问。

〔4〕陈立彤、李菁译：“备用争议解决方式（ADR）的功能及在国际商事领域的应用”，载《国际商报》1999年6月20日。

〔5〕赵秀文：“论选择性争议解决方法及其适用”，载《法学杂志》2005年第5期。

〔6〕赵秀文编著：《国际商事仲裁法》，中国人民大学出版社2004年版，第5页。

〔7〕朱建林：“ADR 的几种做法”，载《国际商报》1998年9月5日。

〔8〕《联合国国际贸易法委员会〈国际商事调解示范法〉颁布和使用指南（2002年）》。

实践中，通常用调解、调停中立评判、小型审判或类似术语等表述方式来称呼由第三人协助当事人解决纠纷的程序。为了通过调解方法解决纠纷，通常使用各种方法和程序，这些方法和程序可以被视作对传统争议解决方式的替代办法。示范法使用‘调解’一词来涵盖所有这些程序。从业人员按第三人所采用的方法或第三人参与程序的程度的不同来区分这些表述方式。但是，从立法者角度而言，没有必要区分第三人使用的各种程序方法。在某些情况下，不同表述方式只是语言上的用词不同而已，并非反映了所可能使用的每一种程序方法的独特性。总之，所有这些程序都有一个共同特点，即第三人的作用局限于协助当事人解决纠纷，第三人无权将一项具有约束力的裁决强加给当事人。只要“纠纷的替代解决”程序具备这些特点，即涵盖在示范法范围内。示范法并未提及“替代解决办法”这一概念，因为这一概念的含义并未被澄清，它可能被广义理解为包括纠纷司法解决方法以外其他各类替代解决方法（如仲裁），这些方法最后一般都形成一项具有约束力的裁决。因为示范法的范围局限于无约束力类别的解决纠纷方法，所以，示范法仅涉及纠纷的替代解决方法这一概念下所涵盖的部分程序。”从上述表述可以看出，联合国国际贸易法委员会也认为 ADR 方法是涵盖调解方法的。

2．中立者的评价。即由双方当事人聘请一个中立者，由其提供意见。例如，美国公共资源中心提供了一项“中立庭审者协议”制度，[1] 由各方向中立者递交其最佳解决方案，由中立者向各方指出该方案的可行性，如果可行，中立者帮助各方达成和解方案。

3．微型听审。微型听审主要用于解决公司之间的争议。它是指将争议提交一个专门小组，小组成员包括双方公司各自的一名高级管理人员（与争议无关）及一名作为首席的中立的第三人。专门小组对争议进行审理，并作出一致意见。如三人不能达成一致意见，由首席提出一致解决方案。

4．任何其他争议解决方式。任何其他争议解决方式是指上述方法之外的不包括仲裁和诉讼的争议解决方式。

5．综合性争议解决方式。指上述各种 ADR 方式的结合。

第三节　国际商事争议解决的司法方法

一、国际商事诉讼及其特点

国际商事诉讼是国际民事诉讼的一种，它是指国际商事争议当事人将其争议提交某一国家的司法机关——法院予以审理并作出判决的争议解决方法。因此，国际

---

〔1〕 陈立彤、李菁译：“备用争议解决方式（ADR）的功能及在国际商事领域的应用”，载《国际商报》1999 年 6 月 20 日。

商事诉讼是一种通过司法程序解决争议的方式。

与仲裁相比，诉讼具有如下特点：①诉讼必须遵从严格的法律程序。各国法律都明确规定了本国法院必须遵守的司法程序。例如，我国《民事诉讼法》重点规范了管辖、审判组织、回避、诉讼参加人、证据、期间和送达、调解、财产保全和先予执行、对妨害民事诉讼的强制措施、诉讼费用、审判程序、执行程序等。其中，第四编还专门规定了"涉外民事诉讼程序的特别规定"，该编没有规定的，适用《民事诉讼法》的其他规定。②法院对案件的管辖权不完全依赖争议当事人的协议。法院作为国家的司法机关，具有维护法律尊严、维护国家和当事人合法权利的职责。尽管当事人可以协议选择管辖法院，但是某些专属管辖的案件则排除当事人的协议管辖。例如，我国《民事诉讼法》第 34 条规定："合同或者其他财产权益纠纷的当事人可以书面协议选择被告住所地、合同履行地、合同签订地、原告住所地、标的物所在地等与争议有实际联系的地点的人民法院管辖，但不得违反本法对级别管辖和专属管辖的规定。"③诉讼受仲裁的排斥。只要争议当事人约定以仲裁方式解决纠纷，法院就无权受理。案件仲裁裁决作出后，法院也不再受理。例如，我国《民事诉讼法》第 271 条规定："涉外经济贸易、运输和海事中发生的纠纷，当事人在合同中订有仲裁条款或者事后达成书面仲裁协议，提交中华人民共和国涉外仲裁机构或者其他仲裁机构仲裁的，当事人不得向人民法院起诉。当事人在合同中没有订有仲裁条款或者事后没有达成书面仲裁协议的，可以向人民法院起诉。"但是，"仲裁裁决被人民法院裁定不予执行的，当事人可以根据双方达成的书面仲裁协议重新申请仲裁，也可以向人民法院起诉。"[1] ④诉讼具有公开性。大多数案件公开进行审理，个别情况下不公开进行。例如，我国《民事诉讼法》规定：[2] 人民法院审理民事案件，依照法律规定实行合议、回避、公开审判和两审终审制度。人民法院审理民事案件，除涉及国家秘密、个人隐私或者法律另有规定的以外，应当公开进行。离婚案件，涉及商业秘密的案件，当事人申请不公开审理的，可以不公开审理。人民法院对公开审理或者不公开审理的案件，一律公开宣告判决。⑤诉讼通常是两审终审。一方如对法院作出的判决或裁决不服，可以向上一级法院提起上诉。

由于国际商事诉讼相比其他争议解决方式更为复杂，而且法院判决在外国的执行方面比较困难，因此，国际商事诉讼通常是在当事人无法通过协商或调解解决争议，而且也没有达成仲裁协议的情况下采用。但无论如何，它是解决国际商事争议的最终手段之一。

二、国际商事诉讼案件的管辖权

（一）国际商事诉讼案件管辖权的概念

国际商事行为具有涉外因素，通常涉及两个或两上以上国家的当事人，因此，

---

〔1〕《民事诉讼法》第 237 条第 5 款。

〔2〕参见《中华人民共和国民事诉讼法》第 10 条、第 134 条、第 148 条。

在发生纠纷后，哪一国家的法院有权受理案件至关重要。国际商事诉讼案件管辖权就是指由哪一国法院享有审理某一国际商事诉讼案件的资格和权力。它是一个国家的法院审理案件的依据。如果某国法院对某一国际商事纠纷案件没有管辖权，就无权受理该案并作出判决，即便作出判决，其作出的判决不会得到有关国家的承认与执行。国际民事诉讼的各项程序，如向国外当事人送达诉讼文书、调查取证乃至对一国法院生效裁判的承认与执行的司法协助等，均须以确认一国法院对案件具有国际民事诉讼管辖权为前提。〔1〕

（二）确立国际商事诉讼案件管辖权的原则

国际民事诉讼管辖权的目的在于解决某一国民商事案件由何国法院受理和审判的问题。因此，国际商事诉讼案件管辖权是国家主权的一种体现，属国内法规范的范畴。目前，在确立国际商事诉讼案件管辖权方面，各国主要采取以下原则：级别管辖原则、属地管辖原则、属人管辖原则、协议管辖原则和专属管辖原则。我国在涉外民事诉讼（包括国际商事诉讼）管辖权方面采用了级别管辖原则、属地管辖原则、协议管辖原则和专属管辖原则。涉外民事诉讼的被告对法院管辖不提出异议，并应诉答辩的，视为承认该法院为有管辖权的法院，但违反级别管辖和专属管辖规定的除外。〔2〕

1. 级别管辖原则。发生国际商事争议案件后，如果采取司法诉讼方式，首先要确定在那个级别的法院管辖。我国法院的设置依次是设在基层的人民法院、中级人民法院、高级人民法院、最高人民法院。关于涉外合同和侵权纠纷案件，信用证纠纷案件，申请撤销、承认与强制执行国际仲裁裁决的案件，审查有关涉外民商事仲裁条款效力的案件，申请承认和强制执行外国法院民商事判决、裁定的案件，第一审由下列人民法院管辖：①国务院批准设立的经济技术开发区人民法院；②省会、自治区首府、直辖市所在地的中级人民法院；③经济特区、计划单列市中级人民法院；④最高人民法院指定的其他中级人民法院；⑤高级人民法院。上述中级人民法院的区域管辖范围由所在地的高级人民法院确定。对国务院批准设立的经济技术开发区人民法院所作的第一审判决、裁定不服的，其第二审由所在地中级人民法院管辖。涉及香港、澳门特别行政区和台湾地区当事人的民商事纠纷案件的管辖，参照上述规定处理。但发生在与外国接壤的边境省份的边境贸易纠纷案件，涉外房地产案件和涉外知识产权案件，不适用上述规定。〔3〕

在海事诉讼方面，海事和海商纠纷的诉讼案件的一审法院在1984年12月以前是各地中级人民法院。1984年12月以后，随着我国对外经济活动的增多，海事案件大

〔1〕蔡彦敏：“论国际民事诉讼的管辖权”，载《现代法学》1998年第5期。

〔2〕《民事诉讼法》第127条。

〔3〕《最高人民法院关于涉外民商事案件诉讼管辖若干问题的规定》（法释〔2002〕5号，2001年12月25日最高人民法院审判委员会第1203次会议通过）第1、2、4、5条。

量出现，而海商案件又比较复杂，涉及许多方面的专业知识，因此，1984 年 11 月 14 日通过了《关于在沿海港口城市设立海事法院的决定》，授权最高人民法院决定海事法院的设置、变更和撤销。根据该决定，海事法院只管辖第一审海事和海商案件，不受理刑事案件和其他民事案件。对海事法院的判决和裁定的上诉案件由海事法院所在地的高级人民法院管辖。为专门规范海事诉讼的程序，1999 年 12 月 25 日，全国人大通过了《海事诉讼特别程序法》，2000 年 7 月 1 日起生效。该法是对《民事诉讼法》涉及海事诉讼内容的补充和扩大。其主要特点是将过去涉及船舶扣押和拍卖的有关规定纳入其中。此外，还规定了海事强制令、海事证据保全、海事担保、涉外送达、船舶碰撞、共同海损、海上保险的代位求偿权、海事赔偿限制责任基金、海事请求、债券登记和受偿顺序、船舶优先权等。根据 2001 年 8 月 9 日最高人民法院通过的《最高人民法院关于海事法院受理案件范围的若干规定》，海事法院的收案范围包括海事侵权纠纷案件、海商合同纠纷案件、其他海事海商纠纷案件、申请执行海事法院及其上诉审高级人民法院和最高人民法院就海事请求作出的生效法律文书的案件。

2. 专属管辖原则。专属管辖原则是指一国主张其法院对某些案件具有独占的管辖权，任何其他国家的法院对这类案件都无权管辖。专属管辖原则是国家主权原则在国际民事案件管辖权问题上的显著表现。对于与国家及国民根本利益密切相关的诉讼案件，如对涉及国家公共政策或国家重要政治、经济利益的诉讼案件，规定由本国法院专属管辖，而排除其他国家对该案件的管辖权，这是国家主权原则的必然要求。[1] 通常情况下，各国对位于本国境内的不动产纠纷、继承纠纷、租赁纠纷、破产纠纷等都列入专属管辖范围。

根据我国 2012 年修正的《民事诉讼法》第 33 条的规定，属于专属管辖的争议有如下类型：①外商投资合同纠纷。因在中国履行中外合资经营企业合同、中外合作经营企业合同、中外合作勘探开发自然资源合同发生争议提起的诉讼，由中国法院管辖。②不动产纠纷。因不动产纠纷提起的诉讼，由不动产所在地人民法院管辖；③港口作业纠纷。因港口作业中发生纠纷提起的诉讼，由港口所在地人民法院管辖。对于上述专属管辖事项，当事人不得用书面协议选择其他国家法院管辖。值得注意的是，在中华人民共和国境内履行的中外合资经营企业合同、中外合作经营企业合同、中外合作勘探开发自然资源合同，必须适用中华人民共和国法律。[2]

3. 协议管辖原则。协议管辖原则是各国普遍采用的原则，它是当事人意思自治原则在国际民事诉讼管辖权问题上的具体体现。协议管辖是指依照当事人在法律允许的范围内通过协商达成的关于选择管辖法院的协议来确定管辖法院的原则。由此可见，允许当事人协议选择管辖法院，实际等于将各国的国际民商事管辖权交由当

---

〔1〕 蔡彦敏："论国际民事诉讼的管辖权"，载《现代法学》1998 年第 5 期。

〔2〕《合同法》第 126 条第 2 款。

事人重新进行分配，即通过当事人的协议赋予一些法院以管辖权，同时也剥夺一些法院的管辖权。[1]

在协议选择管辖范围上，很多国家将其严格限于涉及财产权的诉讼中。在协议选择管辖的方式上，有的国家只承认明示的协议管辖或书面的协议管辖，而不承认默示的协议管辖或口头的协议管辖。[2] 但有的国家承认如下类型的默示管辖，例如，原告虽然在本无管辖权的法院提起诉讼，但是被告对此并不提出异议而使案件进入审理程序，致使该法院享有管辖权。这种管辖也称为应诉管辖。[3]

我国《民事诉讼法》第 34 条规定："合同或者其他财产权益纠纷的当事人可以书面协议选择被告住所地、合同履行地、合同签订地、原告住所地、标的物所在地等与争议有实际联系的地点的人民法院管辖，但不得违反本法对级别管辖和专属管辖的规定。"我国法律承认默示的协议管辖。[4] 《民事诉讼法》第 127 条第 2 款规定："当事人未提出管辖异议，并应诉答辩的，视为受诉人民法院有管辖权，但违反级别管辖和专属管辖规定的除外。"

4. 属地管辖原则。属地管辖原则又称地域管辖原则。它是指一国对其本国领土范围内的一切人、物、法律行为都具有司法管辖权，但享有司法豁免权者除外。具体而言，属地管辖的确认从以下几方面进行：①被告的住所、居所或营业地在本国领土范围内；②诉讼标的物所在地或被告财产所在地在本国领土范围内；③国际经济合同订立地、履行地、侵权行为发生地在本国领土范围内。以上三方面中，只要满足其中一方面条件，本国法院即拥有司法管辖权。

我国法律对属地管辖作出了如下规定：①协议管辖优先，无协议管辖则适用属地管辖。即如果国际商事当事人没有对管辖法院予以协议，则按照法律规定的属地管辖处理。②原告就被告原则。《民事诉讼法》第 21 条和第 265 条分别规定：对公民提起的民事诉讼，由被告住所地人民法院管辖；被告住所地与经常居住地不一致的，由经常居住地人民法院管辖。对法人或者其他组织提起的民事诉讼，由被告住所地人民法院管辖。但是，因合同纠纷或者其他财产权益纠纷，对在中国领域内没有住所的被告提起的诉讼，如果合同在中国领域内签订或者履行，或者诉讼标的物在中国领域内，或者被告在中国领域内有可供扣押的财产，或者被告在中国领域内设有代表机构，可以由合同签订地、合同履行地、诉讼标的物所在地、可供扣押财产所在地、侵权行为地或者代表机构住所地人民法院管辖。③根据纠纷类型确定管辖地的原则。《民事诉讼法》第 23 ~ 32 条规定：因合同纠纷提起的诉讼，由被告住所地或者合同履行地人民法院管辖。因保险合同纠纷提起的诉讼，由被告住所地或

---

[1] 邓杰："论国际民事诉讼中的协议管辖制度"，载《武汉大学学报（社会科学版）》2002 年第 6 期。

[2] 蔡彦敏："论国际民事诉讼的管辖权"，载《现代法学》1998 年第 5 期。

[3] 李旺：《国际民事诉讼法》，清华大学出版社 2003 年版，第 37 页。

[4] 孙应征主编：《涉外民商事法律原理与实证解析》，人民法院出版社 2004 年版，第 17 页。

者保险标的物所在地人民法院管辖。因票据纠纷提起的诉讼，由票据支付地或者被告住所地人民法院管辖。因铁路、公路、水上、航空运输和联合运输合同纠纷提起的诉讼，由运输始发地、目的地或者被告住所地人民法院管辖。因侵权行为提起的诉讼，由侵权行为地或者被告住所地人民法院管辖。因铁路、公路、水上和航空事故请求损害赔偿提起的诉讼，由事故发生地或者车辆、船舶最先到达地、航空器最先降落地或者被告住所地人民法院管辖。因船舶碰撞或者其他海事损害事故请求损害赔偿提起的诉讼，由碰撞发生地、碰撞船舶最先到达地、加害船舶被扣留地或者被告住所地人民法院管辖。因海难救助费用提起的诉讼，由救助地或者被救助船舶最先到达地人民法院管辖。因共同海损提起的诉讼，由船舶最先到达地、共同海损理算地或者航程终止地的人民法院管辖。

5. 属人管辖原则。属人管辖原则是指根据当事人的国籍来确定法院的管辖权。只要争议当事人一方具有某国国籍，该国法院就可以行使司法管辖权。概括而言，属人管辖就是指国家有权对自己的国民实施管辖。[1] 由于属人管辖导致过多保护本国当事人的利益，因此采用这一原则的国家并不太多。但是，有些属地管辖的国家为了保护本国人的利益，将属人管辖原则作为属地管辖原则的补充。同时，采用属人管辖原则的国家也将属地管辖原则作为补充。

在许多国家，以上确认管辖权的原则是兼用的。

（三）管辖权冲突

各国法院的管辖权根据其国内法而确立，因各国规定不同，有可能发生管辖权冲突。管辖权的积极冲突是指对同一个国际民商事案件，两个或两个以上国家的法院均主张管辖权。管辖权的积极冲突导致管辖权的竞合，进而导致判决两歧或多歧现象，其确定的内容也往往难以得到他国的承认与执行，从而会导致当事人的权利义务关系处于不稳定状态。[2] 管辖权积极冲突还会导致争议当事人挑选法院（forum shopping），即当事人选择对自己有利的法院起诉。管辖权的消极冲突则是指对同一个国际民商事案件，两个或两个以上国家的法院均不主张管辖权。管辖权的消极冲突又会使当事人“投诉无门”，同样使其权利义务关系难以得到确定或保护。[3] 因此，管辖权的积极冲突和消极冲突均不利于国际民商事案件的解决。

为了避免管辖权冲突，统一各国有关国际民商事案件管辖权的国内立法，一些国家签署了多边国际公约，如《布斯塔曼特法典》、《关于法院对民商事管辖权和判决执行的公约》（《卢加诺公约》）、[4] 《关于法院对民商事管辖权和判决执行的公

〔1〕 李旺：《国际民事诉讼法》，清华大学出版社2003年版，第13页。

〔2〕 蔡彦敏：“论国际民事诉讼的管辖权”，载《现代法学》1998年第5期。

〔3〕 蔡彦敏：“论国际民事诉讼的管辖权”，载《现代法学》1998年第5期。

〔4〕 该公约以《布鲁塞尔公约》为蓝本，由欧共体与欧洲自由贸易联盟于1988年在卢加诺缔结。

约》(《布鲁塞尔公约》)、《选择法院协议公约》。[1] 我国没有加入上述国际公约。《布鲁塞尔公约》是一个地区性的国际公约,[2] 它在管辖权方面确立了以双方当事人住所地确定法院管辖权的基本原则。为了解决平行诉讼问题,《布鲁塞尔公约》第21条规定了"先受理原则",该条第1款规定:"相同当事人间就同一诉因在不同缔约国法院起诉时,首先受诉的法院以外的其他法院应主动放弃管辖权,让首先受诉的法院审理。"第23条规定:"属于数个法院有专属管辖权的诉讼,首先受诉的法院以外的其他法院应主动放弃管辖权,让首先受诉的法院审理。""首先受理"的判断则看送达的先后,先送达者为先受理,就可以继续行使管辖权,而其他后受理的法院则应终止管辖。《选择法院协议公约》是第一项全球性的涉及民商事管辖权和判决承认与执行的公约,它与《纽约公约》为并行文书。《纽约公约》以仲裁协议为基础,而《选择法院协议公约》则以选择专审法院协议为基础。如选择法院协议有效,则由所选择的法院作出判决,《公约》缔约国应予以承认和执行。《选择法院协议公约》适用于就民商事事项签订排他性选择法院协议的国际案件,但消费者合同和雇佣合同除外。排他性选择法院协议是指双方或多方当事人排他地指定某一缔约国法院或者某一缔约国的一个或多个具体法院处理因某一特定法律关系而产生或可能产生的争议。排他性选择法院协议指定的缔约国法院应当就协议所涉及事项享有管辖权,除非根据该国法律协议无效。并且,被选择法院不得以争议应当由另一国法院审理为由,拒绝行使管辖权。

我国《民事诉讼法》第35条规定:"两个以上人民法院都有管辖权的诉讼,原告可以向其中一个人民法院起诉;原告向两个以上有管辖权的人民法院起诉的,由最先立案的人民法院管辖。"该规定显然是规范国内诉讼竞合的,即在国内诉讼中,禁止双重诉讼或平行诉讼。在国际民商事诉讼中,我国《民事诉讼法》对此没有作出任何规定,但《最高人民法院关于适用〈中华人民共和国民事诉讼法〉的解释》则规定:"中华人民共和国法院和外国法院都有管辖权的案件,一方当事人向外国法院起诉,而另一方当事人向中华人民共和国法院起诉的,人民法院可予受理。判决后,外国法院申请或者当事人请求人民法院承认和执行外国法院对本案作出的判决、

---

〔1〕1965年11月25日,一些国家在海牙召开的国际私法会议第十次会议上签订了《协议选择法院公约》,但公约至今只有以色列签署,尚未生效。由于参加国有限,1992年,经美国提议,海牙国际私法会议决议起草一个全球性关于管辖权以及承认和执行法院判决方面的公约。自1996年以来,特设委员会定期举行会议。1999年,《民商事管辖权与外国法院判决的承认与执行公约》草案形成,但并未得到大多数国家的认同。2001年6月的特设委员会会议后,各参与公约谈判的成员国出现重大分歧,因此,较实际的目标是先专注于以选用法院协议为基础的司法管辖权以及承认和执行根据该协议作出的判决事宜制定一项涵盖范围较窄的公约。2005年6月14日,海牙国际私法会议第20届外交大会最终通过了《选择法院协议公约》。公约共5章34条,主要规定了适用范围、缔约国法院的管辖权和判决的承认与执行。

〔2〕1968年9月27日由欧洲共同体国家(比利时、联邦德国、法国、意大利、卢森堡和荷兰)在布鲁塞尔签订,1973年2月1日生效。

裁定的，不予准许；但双方共同缔结或者参加的国际条约另有规定的除外。”[1]从上述司法解释可以看出，我国法院在处理国际民商事诉讼管辖权积极冲突时允许平行诉讼。[2]对于中国和外国均有管辖权的案件，中国并没有放弃管辖权，中国法院可以受理。这一规定体现了“平等者之间无管辖权”精神。但是，对于法院在何种情况下可以不受理这类案件，上述法律并没有做出明确说明。因此，这意味着中国法院可以适用不方便原则和一事不再理原则解决管辖权的积极冲突。

三、国际商事诉讼案件的审理程序

我国《民事诉讼法》第二编对审判程序作出了详细规定。

（一）两审终审

我国对民事诉讼采两审终审制。《民事诉讼法》第175条规定：“第二审人民法院的判决、裁定，是终审的判决、裁定。”

对于涉外民商事案件的一审法院，我国作出了特殊规定。根据《最高人民法院关于涉外民商事案件诉讼管辖若干问题的规定》[3] 第1、2、4、5条的规定，有权审理涉外民商事案件的一审法院为：①国务院批准设立的经济技术开发区人民法院；②省会、自治区首府、直辖市所在地的中级人民法院；③经济特区、计划单列市中级人民法院；④最高人民法院指定的其他中级人民法院；⑤高级人民法院。第二审法院则为上述法院的上一级法院。上述中级人民法院的区域管辖范围由所在地的高级人民法院确定。对国务院批准设立的经济技术开发区人民法院所作的第一审判决、裁定不服的，其第二审由所在地中级人民法院管辖。涉及香港、澳门特别行政区和台湾地区当事人的民商事纠纷案件的管辖，参照上述规定处理。但发生在与外国接壤的边境省份的边境贸易纠纷案件，涉外房地产案件和涉外知识产权案件，不适用上述规定。

涉外民商事案件的审理在以下方面具有特别规定：

1. 诉讼期间。诉讼期间是指受诉法院、当事人和其他诉讼参与人单独进行诉讼活动时必须遵守的时间期限。[4] 由于涉外当事人处于其他国家，因此，各国民事诉讼法在诉讼程序的各环节均给予外国人以更长的时间。具体涉及如下期限：①答辩期限。《民事诉讼法》第268条规定：被告在中国领域内没有住所的，人民法院应当将起诉状副本送达被告，并通知被告在收到起诉状副本后30日内提出答辩状。被告申请延期的，是否准许，由人民法院决定。②上诉期限与答辩期限。《民事诉讼法》

---

〔1〕《最高人民法院关于适用〈中华人民共和国民事诉讼法〉的解释》（2014年12月18日最高人民法院审判委员会第1636次会议通过，法释［2015］5号）第306段。

〔2〕李旺主编：《涉外民商事案件管辖权制度研究》，知识产权出版社2004年版，第45页。

〔3〕《最高人民法院关于涉外民商事案件诉讼管辖若干问题的规定》（法释［2002］5号），2001年12月25日最高人民法院审判委员会第1203次会议通过，2002年2月25日公布，自2002年3月1日起施行。

〔4〕韩德培主编：《国际私法》，高等教育出版社、北京大学出版社2007年版，第499页。

第269条规定：在中国领域内没有住所的当事人，不服第一审人民法院判决、裁定的，有权在判决书、裁定书送达之日起30日内提起上诉。被上诉人在收到上诉状副本后，应当在30日内提出答辩状。当事人不能在法定期间提起上诉或者提出答辩状，申请延期的，是否准许，由人民法院决定。③审结期限。《民事诉讼法》第270条规定：人民法院审理涉外民事案件的期间，不受《民事诉讼法》第149条和第176条规定的限制。《民事诉讼法》第149条和第176条是关于非涉外案件审结期限的规定。根据这两条的规定，人民法院适用普通程序审理的案件，应当在立案之日起6个月内审结。有特殊情况需要延长的，由本院院长批准，可以延长6个月；还需要延长的，报请上级人民法院批准。人民法院审理对判决的上诉案件，应当在第二审立案之日起3个月内审结。有特殊情况需要延长的，由本院院长批准。人民法院审理对裁定的上诉案件，应当在第二审立案之日起30日内作出终审裁定。上述期限的规定不适用于涉外案件。而涉外案件的审结期限是多长时间，我国法律并没有作出明确规定。

2. 诉讼保全。我国《民事诉讼法》第81条和第101条规定：利害关系人因情况紧急，不立即申请保全将会使其合法权益受到难以弥补的损害的，可以在提起诉讼或者申请仲裁前向人民法院申请采取财产保全措施。人民法院裁定准许采取诉前保全措施后，申请人应当在30日内提起诉讼。

3. 外国人在民事诉讼中的法律地位。外国人的民事诉讼地位是指外国人在内国进行民事诉讼享有诉讼权利和承担诉讼义务的情况。对于外国人的民事诉讼地位，大多数国家给予国民待遇。我国在《民事诉讼法》中也给予外国人以国民待遇，并辅之以对等待遇。我国《民事诉讼法》第5条规定："外国人、无国籍人、外国企业和组织在人民法院起诉、应诉，同中华人民共和国公民、法人和其他组织有同等的诉讼权利义务。外国法院对中华人民共和国公民、法人和其他组织的民事诉讼权利加以限制的，中华人民共和国法院对该国公民、企业和组织的民事诉讼权利，实行对等原则。"

4. 诉讼代理。在民事诉讼中，委托他人代为诉讼是非常普遍的现象。诉讼代理是指诉讼代理人基于当事人或其法定代理人的授权，以当事人的名义代为实施诉讼行为，而直接对当事人发生法律效力的行为。[1] 我国在国际民事诉讼代理方面作出如下法律规定：①必须出具授权委托书。《民事诉讼法》第59条第1款规定："委托他人代为诉讼，必须向人民法院提交由委托人签名或者盖章的授权委托书。"但是，我国法律对不同人出具的授权委托书有不同要求：其一，侨居在国外的中国公民从国外寄交或者托交的授权委托书，必须经中华人民共和国驻该国的使领馆证明；没有使领馆的，由与中国有外交关系的第三国驻该国的使领馆证明，再转由中国驻该

〔1〕 韩德培主编：《国际私法》，高等教育出版社、北京大学出版社2007年版，第461页。

第三国使领馆证明，或者由当地的爱国华侨团体证明。[1] 其二，在中国领域内没有住所的外国人、无国籍人、外国企业和组织委托中国律师或者其他人代理诉讼，从中国领域外寄交或者托交的授权委托书，应当经所在国公证机关证明，并经中国驻该国使领馆认证，或者履行中国与该所在国订立的有关条约中规定的证明手续后，才具有效力。[2] ②代理人可以是律师、领事或其他人。外国人、无国籍人、外国企业和组织在人民法院起诉、应诉，需要委托律师代理诉讼的，必须委托中国律师。[3]

领事代理是国际民事诉讼中的一项特殊代理制度，它是指一国家的驻外领事，可以依照有关国家的国内立法和有关国际公约的规定，在其管辖范围内的驻在国法院，依职权代表其派遣国国民（包括法人）参与有关的诉讼程序，以保护有关自然人或法人在驻在国的合法权益。[4] 根据我国法律规定，外国人、无国籍人、外国企业和组织也可以委托其本国人或者本国外交人员。《最高人民法院关于适用〈中华人民共和国民事诉讼法〉的解释》第528条规定："涉外民事诉讼中的外籍当事人，可以委托本国人为诉讼代理人，也可以委托本国律师以非律师身份担任诉讼代理人；外国驻华使领馆官员，受本国公民的委托，可以以个人名义担任诉讼代理人，但在诉讼中不享有外交或者领事特权和豁免。"第529条规定："涉外民事诉讼中，外国驻华使领馆授权其本馆官员，在作为当事人的本国国民不在中华人民共和国领域内的情况下，可以以外交代表身份为其本国国民在中华人民共和国聘请中华人民共和国律师或中华人民共和国公民代理民事诉讼。"

5. 诉讼语言。根据《民事诉讼法》第262条的规定，人民法院审理涉外民事案件，应当使用中国通用的语言、文字。当事人要求提供翻译的，可以提供，费用由当事人承担。

（二）审判监督程序

根据《民事诉讼法》第198~200、205~207条的规定，当事人申请再审，应当在判决、裁定发生法律效力后6个月内提出。各级人民法院院长对本院已经发生法律效力的判决、裁定、调解书，发现确有错误，认为需要再审的，应当提交审判委员会讨论决定。最高人民法院对地方各级人民法院已经发生法律效力的判决、裁定，上级人民法院对下级人民法院已经发生法律效力的判决、裁定、调解书，发现确有错误的，有权提审或者指令下级人民法院再审。当事人对已经发生法律效力的判决、裁定、调解书，认为有错误的，可以向上一级人民法院申请再审；当事人一方人数众多或者当事人双方为公民的案件，也可以向原审人民法院申请再审。当事人申请再审的，不停止判决、裁定的执行。但是，当事人的申请符合下列情形之一的，人

---

〔1〕《中华人民共和国民事诉讼法》第59条第3款。

〔2〕《中华人民共和国民事诉讼法》第264条。

〔3〕《中华人民共和国民事诉讼法》第263条。

〔4〕谢石松：《国际民商事纠纷的法律解决程序》，广东人民出版社1996年版，第238页。

民法院应当再审：①有新的证据，足以推翻原判决、裁定的；②原判决、裁定认定事实的主要证据不足的；③原判决、裁定适用法律确有错误的；④人民法院违反法定程序，可能影响案件正确判决、裁定的；⑤审判人员在审理该案件时有贪污受贿，徇私舞弊，枉法裁判行为的。[1] 按照审判监督程序决定再审的案件，裁定中止原判决、裁定、调解书的执行。[2] 人民法院按照审判监督程序再审的案件，发生法律效力的判决、裁定是由第一审法院作出的，按照第一审程序审理，所作的判决、裁定，当事人可以上诉；发生法律效力的判决、裁定是由第二审法院作出的，按照第二审程序审理，所作的判决、裁定，是发生法律效力的判决、裁定；上级人民法院按照审判监督程序提审的，按照第二审程序审理，所作的判决、裁定是发生法律效力的判决、裁定。[3]

有下列情形之一的，当事人可以向人民检察院申请检察建议或者抗诉：①人民法院驳回再审申请的；②人民法院逾期未对再审申请作出裁定的；③再审判决、裁定有明显错误的。人民检察院对当事人的申请应当在3个月内进行审查，作出提出或者不予提出检察建议或者抗诉的决定。当事人不得再次向人民检察院申请检察建议或者抗诉。[4] 此外，检察院也可以对法院判决主动提出抗诉。

四、法院判决的承认与执行

（一）外国法院判决的承认与执行概述

外国法院判决的承认和执行是指一国承认外国法院的判决在本国境内具有与本国法院判决同等的法律效力，并在承认的基础上根据一方当事人的请求或作出判决法院的请求，按照本国法和本国缔结或参加的国际条约规定的条件和程序，在本国境内强制执行外国判决。可见，外国法院判决的承认是执行外国法院判决的必要前提条件。如果没有有关国家的明确承认，外国法院的判决在该国领域内就没有任何法律效力。[5] 承认外国法院判决是执行外国法院判决的前提条件；执行外国法院判决是承认外国法院判决的必然结果。[6] 但承认外国法院判决并不一定导致执行外国法院判决。

在外国法院判决的承认与执行方面，一些国家签署了《关于法院对民商事管辖权和判决执行的公约》（《布鲁塞尔公约》）、《关于法院对民商事管辖权和判决执行

---

〔1〕《中华人民共和国民事诉讼法》第200条共有13项情形，总结为以上5类。

〔2〕《中华人民共和国民事诉讼法》第206条："按照审判监督程序决定再审的案件，裁定中止原判决、裁定、调解书的执行，但追索赡养费、扶养费、抚育费、抚恤金、医疗费用、劳动报酬等案件，可以不中止执行。

〔3〕《中华人民共和国民事诉讼法》第207条。

〔4〕《中华人民共和国民事诉讼法》第209条。

〔5〕李旺：《国际民事诉讼法》，清华大学出版社2003年版，第128页。

〔6〕韩德培主编：《国际私法》，高等教育出版社、北京大学出版社2007年版，第507页。

的公约》（《卢加诺公约》）、《关于承认与执行外国民事和商事判决的公约》、[1]《选择法院协议公约》。我国没有加入上述公约。《布鲁塞尔公约》在承认和执行缔约国法院判决方面，不需要特殊程序，也不对判决作实质审查。但对属于下列情况的判决不予承认：违反承认国公共秩序的判决；债务人没有适当地得到关于诉讼的通知；判决与承认国家机关的同类决定相抵触。[2]《选择法院协议公约》以选择专审法院协议为基础。如选择法院协议有效，则由所选择的法院作出判决，公约缔约国应予以承认和执行。

（二）我国法院判决与外国法院判决的相互承认与执行

1. 我国法院判决在外国的承认与执行。我国《民事诉讼法》第280条第1款规定：我国法院作出的发生法律效力的判决、裁定，如果被执行人或者其财产不在中国领域内，当事人请求执行的，可以由当事人直接向有管辖权的外国法院申请承认和执行，也可以由我国法院依照中国缔结或参加的国际条约规定，或者按照互惠原则，请求外国法院承认和执行。由此可见，我国法院判决在国外的执行请求可以由当事人直接向外国法院提出，也可以由我国法院向外国法院提出。

2. 外国法院判决在我国的承认与执行。请求我国承认和执行外国法院的判决必须遵守如下规定：①请求人可以是当事人，也可以是外国法院，并且只能向我国中级人民法院提出请求。我国《民事诉讼法》第281条规定：外国法院作出的发生法律效力的判决、裁定，需要中华人民共和国人民法院承认和执行的，可以由当事人直接向中华人民共和国有管辖权的中级人民法院申请承认和执行，也可以由外国法院依照该国与中华人民共和国缔结或者参加的国际条约的规定，或者按照互惠原则，请求人民法院承认和执行。②我国法院对外国法院判决予以审查后作出是否给予承认和执行的裁定。我国《民事诉讼法》第282条规定："人民法院对申请或者请求承认和执行的外国法院作出的发生法律效力的判决、裁定，依照中华人民共和国缔结或者参加的国际条约，或者按照互惠原则进行审查后，认为不违反中华人民共和国法律的基本原则或者国家主权、安全、社会公共利益的，裁定承认其效力，需要执行的，发出执行令，依照本法的有关规定执行。违反中华人民共和国法律的基本原则或者国家主权、安全、社会公共利益的，不予承认和执行。"上述规定主要涉及如下问题：其一，法院作出决定的形式。从上述规定可以看出，我国是以法院作出裁定而不是判决的方式认定是否承认和执行外国法院判决。而且，当事人对该裁定不服的，不能提起上诉。其二，审查外国法院判决的标准。根据我国国内法审查相关

---

〔1〕1971年在海牙国际私法会议上通过并签署。这是唯一一个全面规定承认与执行外国法院判决的全球性国际公约，它详细规定了承认与执行外国法院判决的范围、条件和程序以及诉讼竞合时的处理原则等。但该公约的参加国家到目前只有塞浦路斯、荷兰和西班牙，原因是该公约在许多方面没有起到协调各国不同法律制度的作用。

〔2〕徐宏：《国际民事司法协助》，武汉大学出版社2006年版，第236页。

内容。其三，审查内容。我国法院对外国法院作出的判决主要审查以下方面：外国法院的判决和裁定是否违反中国法律的基本原则；或者外国法院的判决是否违反中国的国家主权、安全、社会公共利益。但我国法并没有明确界定“社会公共利益”的含义。③对与我国没有条约关系或互惠关系的，不接受其请求。我国法律规定：当事人向中华人民共和国有管辖权的中级人民法院申请承认和执行外国法院作出的发生法律效力的判决、裁定的，如果该法院所在国与中华人民共和国没有缔结或者共同参加国际条约，也没有互惠关系的，裁定驳回申请。[1]

五、国际贸易行政诉讼

行政诉讼是指当公民、法人或者其他组织认为行政机关和行政机关工作人员的行政行为侵犯其合法权益时向法院提起的诉讼。[2] 国际贸易行政诉讼则是指针对国际贸易行政案件提起的诉讼。国际贸易行政案件包括：有关国际货物贸易的行政案件，有关国际服务贸易的行政案件，与国际贸易有关的知识产权行政案件，其他国际贸易行政案件。[3] 例如，针对反倾销裁定、反补贴裁定、保障措施裁定提起的诉讼即属于该类诉讼。

根据最高人民法院于2002年8月27日通过的《关于审理国际贸易行政案件若干问题的规定》（自2002年10月1日起施行），我国对国际贸易行政案件的审理作出了如下特别规定：

1. 起诉。自然人、法人或者其他组织认为中国具有国家行政职权的机关和组织及其工作人员有关国际贸易的具体行政行为侵犯其合法权益的，可以依照《行政诉讼法》以及其他有关法律、法规的规定，向法院提起行政诉讼。当事人的行为发生在新法生效之前，行政机关在新法生效之后对该行为作出行政处理决定的，当事人可以依照新法的规定提起行政诉讼。

2. 管辖法院。第一审国际贸易行政案件由具有管辖权的中级以上人民法院管辖。法院审理国际贸易行政案件，应当依照《行政诉讼法》，并根据案件具体情况，从以下方面对被诉具体行政行为进行合法性审查：①主要证据是否确实、充分；②适用法律、法规是否正确；③是否违反法定程序；④是否超越职权；⑤是否滥用职权；⑥行政处罚是否显失公正；⑦是否不履行或者拖延履行法定职责。

3. 适用法律。法院审理国际贸易行政案件，应当依据中国法律、行政法规以及地方立法机关在法定立法权限范围内制定的有关或者影响国际贸易的地方性法规。地方性法规适用于本行政区域内发生的国际贸易行政案件。法院审理国际贸易行政案件，参照国务院部门根据法律和国务院的行政法规、决定、命令，在本部门权限

〔1〕《最高人民法院关于适用〈中华人民共和国民事诉讼法〉的解释》第544条第1款。

〔2〕参见《中华人民共和国行政诉讼法》第2条第1款。

〔3〕参见最高人民法院于2002年8月27日通过的《关于审理国际贸易行政案件若干问题的规定》（自2002年10月1日起施行）第1条。

范围内制定的有关或者影响国际贸易的部门规章，以及省、自治区、直辖市和省、自治区的人民政府所在地的市、经济特区所在地的市、国务院批准的较大的市的人民政府根据法律、行政法规和地方性法规制定的有关或者影响国际贸易的地方政府规章。法院审理国际贸易行政案件所适用的法律、行政法规的具体条文存在两种以上的合理解释，其中有一种解释与中国缔结或者参加的国际条约的有关规定相一致的，应当选择与国际条约的有关规定相一致的解释，但中国声明保留的条款除外。

4. 对外国人的待遇。外国人、无国籍人、外国组织在中国进行国际贸易行政诉讼，同中国公民、组织有同等的诉讼权利和义务，但有《行政诉讼法》第99条第2款规定的情形的[1]，适用对等原则。涉及香港特别行政区、澳门特别行政区和台湾地区当事人的国际贸易行政案件，参照上述规定处理。

本章思考题

1. 如何认定一项商事争议的国际性？
2. 国际商事争议有哪些类型？
3. 国际商事争议的解决方法有哪些？
4. 能否选择处理国际商事争议的法律适用法？没有选择时，应如何认定？
5. 试述磋商结果的法律效力。
6. 试述调解结果的法律效力。
7. 试述仲裁方式的特点。
8. 仲裁裁决如何得到承认和执行？
9. 法院如何对仲裁裁决进行监督？
10. 当事人能否选择诉讼管辖地和管辖机构？
11. 试述我国涉外民商事案件的管辖规则。
12. 法院判决如何得到承认和执行？
13. 试述选择性争议解决方式的特点。
14. 试述我国国际贸易行政案件的争议解决规则。

---

〔1〕《中华人民共和国行政诉讼法》（2014年修正）第99条第2款规定：外国法院对中华人民共和国公民、组织的行政诉讼权利加以限制的，人民法院对该国公民、组织的行政诉讼权利，实行对等原则。

主要参考文献

1. [美] 约翰·H. 巴顿、朱迪思·L. 戈尔斯坦、迪莫西·E. 乔斯林、理查德·R. 斯坦伯格:《WTO 贸易体制的演进》，廖诗评译，北京大学出版社 2013 年版。
2. [美] 约翰·H. 杰克逊:《GATT/WTO 法理与实践》，张玉卿等译，新华出版社 2002 年版。
3. 徐红菊:《国际技术转让法学》，知识产权出版社 2012 年版。
4. 国家知识产权培训（湖北）基地主编:《国际贸易中的知识产权保护》，知识产权出版社 2014 年版。
5. 郭寿康、韩立余编著:《国际贸易法》，中国人民大学出版社 2009 年版。
6. 韩立余主编:《国际贸易法案例分析》，中国人民大学出版社 2009 年版。
7. 陈治东:《国际贸易法》，高等教育出版社 2009 年版。
8. 刘瑛:《联合国国际货物销售合同公约解释问题研究》，法律出版社 2009 年版。
9. 高永富、陈晶莹主编:《国际贸易法论丛》（第 1 ~ 3 卷），北京大学出版社 2008 年版。
10. 张荣芳:《经济全球化与国际贸易法专题研究》，中国检察出版社 2008 年版。
11. 梁焕磊编著:《国际货物买卖合同条款解析与应用》，中国纺织出版社 2008 年版。
12. 董有德主编:《国际贸易法》，上海大学出版社 2007 年版。
13. 许军珂:《国际贸易法专题研究——WTO 框架下国际贸易法的新发展》，中国法制出版社 2007 年版。
14. 陈宪民主编:《国际贸易法专论》，北京大学出版社 2007 年版。
15. 陈立虎:《当代国际贸易法》，法律出版社 2007 年版。
16. 丁伟主编:《国际贸易法》，中国政法大学出版社 2006 年版。
17. 刘彤编著:《国际货物买卖法》，对外经济贸易大学出版社 2006 年版。
18. [德] 彼得·施莱希特里姆:《〈联合国国际货物销售合同公约〉评释》，李慧妮编译，北京大学出版社 2006 年版。
19. 王追林编著:《国际贸易法律与实务》，武汉大学出版社 2006 年版。
20. 郭瑜:《国际贸易法》，北京大学出版社 2006 年版。
21. [英] 麦克·布瑞奇:《国际货物销售法律与实务》，林一飞等译，法律出版社 2004 年版。
19. 左海聪:《国际贸易法》，法律出版社 2004 年版。

20. 王贵国：《国际贸易法》，北京大学出版社 2004 年版。
22. 黄东黎：《国际贸易法学》，法律出版社 2004 年版。
23. 杨树明、邓瑞平主编：《国际贸易法学》，法律出版社 2003 年版。
24. ［美］理查德·谢弗、贝弗利·厄尔、菲利伯多·阿格斯蒂：《国际商法》，邹建华主译，人民邮电出版社 2003 年版。
25. 陈笑影主编：《国际贸易法》，立信会计出版社 2003 年版。
26. 李巍：《联合国国际货物销售合同公约评释》，法律出版社 2002 年版。
27. 沈木珠：《国际贸易法研究》，法律出版社 2002 年版。
28. 陈晶莹主编：《国际贸易法案例详解》，对外经济贸易大学出版社 2002 年版。
29. 翁国民编著：《国际贸易法导读》，浙江大学出版社 2001 年版。
30. 赵承壁：《国际货物买卖合同》，对外经济贸易大学出版社 2001 年版。
31. 何力编著：《国际贸易法》，复旦大学出版社 2000 年版。
32. 何茂春：《对外贸易法比较研究》，中国社会科学出版社 2000 年版。
33. 刘笋主编：《国际贸易法学》，中国法制出版社 2000 年版。
34. 单文华主编：《国际贸易法学》，北京大学出版社 2000 年版。
35. 罗玲聪编著：《国际货物贸易法律与实务》，人民法院出版社 2000 年版。
36. 陈晶莹、邓旭主编：《〈2000 年国际贸易术语解释通则〉释解与应用》，对外经济贸易大学出版社 2000 年版。
37. 赵维田：《世贸组织（WTO）的法律制度》，吉林人民出版社 2000 年版。
38. 杨良宜：《国际货物买卖》，中国政法大学出版社 1999 年版。
39. 郭瑜：《国际货物买卖法》，人民法院出版社 1999 年版。
40. 罗丙志：《国际贸易政府管理：一般理论分析及对中国对外贸易政府管理的现实研究》，立信会计出版社 1999 年版。
41. 张玉卿主编：《国际货物买卖统一法：联合国国际货物销售合同公约释义》，中国对外经济贸易出版社 1998 年版。
42. 赵承壁编著：《国际贸易统一法》，法律出版社 1998 年版。
43. 冯大同、焦津洪编著：《国际货物买卖法》，五南图书出版公司 1997 年版。
44. 朱京安：《国际货物买卖的法律调整》，中国统计出版社 1997 年版。
45. 黎孝先主编：《国际贸易实务》，对外经济贸易大学出版社 1998 年版。
46. 朱立南：《国际贸易政策学》，中国人民大学出版社 1996 年版。
47. 赵维田：《最惠国与多边贸易体制》，中国社会科学出版社 1996 年版。
48. 钟建华：《国际货物买卖合同中的法律问题》，人民法院出版社 1995 年版。
49. 黎孝先：《国际货物买卖合同》，香港中流出版公司 1995 年版。
50. 冯大同主编：《国际货物买卖法》，对外贸易教育出版社 1993 年版。
51. ［英］施米托夫：《国际贸易法文选》，赵秀文选译，中国大百科全书出版社 1993 年版。

52. 钱益明编著:《国际货物买卖法律》, 商务印书馆 1992 年版。
53. 薛荣久:《国际贸易政策与措施概论》, 求实出版社 1989 年版。
54. 余劲松:《跨国公司法律问题研究》, 中国政法大学出版社 1989 年版。
55. 姚梅镇主编:《国际经济法概论》, 武汉大学出版社 1989 年版。
56. 姜凤纹:《国际货物买卖中的统一法律问题》, 法律出版社 1988 年版。
57. 王念祖:《发展经济与跨国公司》, 中国对外经济贸易出版社 1983 年版。
58. 沈达明、冯大国、赵宏勋编:《国际商法》, 对外贸易出版社 1982 年版。
59. 李强、杨帆:《国际技术贸易法》, 中国人民公安大学出版社 2003 年版。
60. 王传丽主编:《国际贸易法——国际知识产权法》, 中国政法大学出版社 2003 年版。
61. 汤宗舜:《知识产权的国际保护》, 人民法院出版社 1999 年版。
62. 郑成思:《WTO 知识产权协议逐条讲解》, 中国方正出版社 2001 年版。
63. 王火灿编著:《WTO 与知识产权争端》, 上海人民出版社 2001 年版。
64. 孔祥俊:《WTO 知识产权协定及其国内适用》, 法律出版社 2002 年版。
65. 中华人民共和国科学技术部国际合作司中国技术市场管理促进中心编译:《国际技术转让指南》, 中国政法大学出版社 2000 年版。
66. 陈绍蓉:《国际技术转让法理论与实践》, 人民出版社 1997 年版。
67. 金成华:《国际投资立法发展现状与展望》, 中国法制出版社 2009 年版。
68. 叶兴平、王作辉、闫洪师:《多边国际投资立法: 经验、现状与展望》, 光明日报出版社 2008 年版。
69. 孙南申:《国际投资法》, 中国人民大学出版社 2008 年版。
70. 王贵国:《国际投资法》, 法律出版社 2008 年版。
71. 余劲松:《跨国公司法律问题专论》, 法律出版社 2008 年版。
72. 吴伟央、贺亮、邸智源编著:《跨国公司并购法律实务》, 法律出版社 2007 年版。
73. 李磊:《跨国公司在华并购的法律规制研究》, 中国检察出版社 2007 年版。
74. 余劲松主编:《国际投资法》, 法律出版社 2014 年版。
75. 陈安主编:《国际投资法的新发展与中国双边投资条约的新实践》, 复旦大学出版社 2007 年版。
76. 张庆麟主编:《国际投资法问题专论》, 武汉大学出版社 2007 年版。
77. 辛柏春:《国际投资法研究》, 黑龙江人民出版社 2007 年版。
78. 杨文升:《国际投资准入法律制度》, 辽宁师范大学出版社 2007 年版。
89. 梁丹妮:《〈北美自由贸易协定〉投资争端仲裁机制研究》, 法律出版社 2007 年版。
80. 卢进勇、余劲松、齐春生主编:《国际投资条约与协定新论》, 人民出版社 2007 年版。
81. 张严方主编:《与贸易有关的投资措施协定解读》, 湖南科学技术出版社 2006 年版。
82. 房东：《WTO〈服务贸易总协定〉法律约束力研究》，北京大学出版社 2006 年版。
83. 石静霞：《WTO 服务贸易法专论》，法律出版社 2006 年版。
84. 联合国贸易和发展会议编：《保持国际投资协定的灵活性：保留的使用》，联合国，2006 年。
85. 史晓丽、祁欢：《国际投资法》，中国政法大学出版社 2009 年版。
86. 石静霞、陈卫东：《WTO 国际服务贸易成案研究》，北京大学出版社 2005 年版。
87. 苏旭霞：《国际直接投资自由化与中国外资政策——以 WTO 多边投资框架谈判为背景》，中国商务出版社 2005 年版。
88. 吕岩峰、何志鹏、孙璐：《国际投资法》，高等教育出版社 2005 年版。
89. ［美］拉尔夫·H. 弗尔瑟姆、迈克·W. 戈登、约翰·A. 史帕诺戈：《国际贸易和投资》，法律出版社 2004 年版。
90. 徐泉：《国际贸易投资自由化法律规制研究》，中国检察出版社 2004 年版。
91. 宋军：《跨国并购与经济发展》，中国财政经济出版社 2004 年版。
92. 熊小奇：《海外直接投资风险防范》，经济科学出版社 2004 年版。
93. 汤树梅：《国际投资法的理论与实践》，中国社会科学出版社 2004 年版。
94. 石建勋编著：《突出重围——中国企业跨国发展战略与案例》，中国经济出版社 2004 年版。
95. 陈东：《跨国公司治理中的责任承担机制》，厦门大学出版社 2003 年版。
96. 李钢主编：《国际对外投资政策与实践》，中国对外经济贸易出版社 2003 年版。
97. 杜奇华、卢进勇编著：《中小企业海外投资操作实务》，中国经济出版社 2003 年版。
98. 余劲松主编：《国际经济法问题专论》，武汉大学出版社 2003 年版。
99. 朱延福：《外资国民待遇导论》，中国财政经济出版社 2003 年版。
100. 盛斌：《WTO 与多边投资协议》，天津大学出版社 2003 年版。
101. 陈坤、孙艳、黄岩主编：《国际投资法》，哈尔滨工程大学出版社 2003 年版。
102. 陈安主编：《国际经济法学专论》，高等教育出版社 2002 年版。
103. 刘笋：《国际投资保护的国际法制——若干重要法律问题研究》，法律出版社 2002 年版。
104. 易建明：《国际投资法》，台北翰芦图书出版有限公司 2002 年版。
105. 李万强：《ICSID 仲裁机制研究》，陕西人民出版社 2002 年版。
106. 陈安主编：《国际投资争端案例精选》，复旦大学出版社 2001 年版。
107. 陈安主编：《国际投资争端仲裁——“解决投资争端国际中心”机制研究》，复旦大学出版社 2001 年版。
108. 刘笋：《WTO 法律规则体系对国际投资法的影响》，中国法制出版社 2001 年版。

109. 王贵国:《国际投资法》，北京大学出版社 2001 年版。
110. 李金泽:《跨国公司与法律冲突》，武汉大学出版社 2001 年版。
111. 黄辉编著:《WTO 与国际投资法律实务》，吉林人民出版社 2001 年版。
112. 世界贸易组织秘书处编:《乌拉圭回合协议导读》，索必成、胡盈之译，法律出版社 2000 年版。
113. 余劲松、吴志攀主编:《国际经济法》，北京大学出版社、高等教育出版社 2014 年版。
114. 曹建明、陈治东主编:《国际经济法专论》（第 4 卷），法律出版社 2000 年版。
115. 范剑虹编著:《国际投资法导读》，浙江大学出版社 2000 年版。
116. 邹立刚主编:《国际投资法学》，中国法制出版社 2000 年版。
117. 辛柏春主编:《国际投资法》，黑龙江人民出版社 2000 年版。
118. 陶凯元:《国际服务贸易法律的多边化与中国对外服务贸易法制》，法律出版社 2000 年版。
119. 张宇霖编著:《跨国公司法律问题》，大连海事大学出版社 1999 年版。
120. 慕亚平:《国际投资的法律制度》，广东人民出版社 1999 年版。
121. 曾华群主编:《国际投资法学》，北京大学出版社 1999 年版。
122. 慕亚平:《国际投资的法律问题》，陕西人民出版社 1998 年版。
123. 卢汉林主编:《国际投融资》，武汉大学出版社 1998 年版。
124. 叶兴平:《海外投资法商指南》，五洲传播出版社 1998 年版。
125. 苏号朋、朱家贤主编:《国际投资法律实务与典型案例评析》，经济管理出版社 1997 年版。
126. 孙秋玉、周泳主编:《国际投资纠纷与预防案例分析》，山西经济出版社 1996 年版。
127. 丁伟:《国际投资的法律管制》，上海译文出版社 1996 年版。
128. 陈安主编:《MIGA 与中国：多边投资担保机构述评》，福建人民出版社 1995 年版。
129. 曾华群:《国际投资法概论》，厦门大学出版社 1995 年版。
130. 姚梅镇、余劲松主编:《国际经济法成案研究》，武汉大学出版社 1995 年版。
131. 陈继勇:《美国对外直接投资研究》，武汉大学出版社 1993 年版。
132. 沈四宝编著:《国际投资法》，中国对外经济贸易出版社 1990 年版。
133. 周成新:《国际投资争议的解决方法》，中国政法大学出版社 1989 年版。
134. 姚梅镇主编:《国际投资法成案研究》，武汉大学出版社 1989 年版。
135. 姚梅镇:《国际投资法》，武汉大学出版社 1989 年版。
136. 陈安:《美国对海外投资的法律保护及典型案例分析》，鹭江出版社 1985 年版。
137. 姚梅镇:《国际投资法》，武汉大学出版社 1985 年版。
138. 刘丰名:《国际金融法》，中国政法大学出版社 2007 年版。

139. 李仁真主编:《国际金融法》，武汉大学出版社 2005 年版。
140. 徐冬根:《国际金融法》，高等教育出版社 2006 年版。
141. 韩龙主编:《国际金融法》，法律出版社 2007 年版。
142. 范晓波主编:《国际金融法》，中国政法大学出版社 2005 年版。
143. 杨松:《国际法与国际货币新秩序研究》，北京大学出版社 2002 年版。
144. 杨松:《国际货币基金协定研究》，法律出版社 2000 年版。
145. 葛华勇主编:《国际货币基金组织导读》，中国金融出版社 2002 年版。
146. 张庆麟:《欧元法律问题研究》，武汉大学出版社 2002 年版。
147. 刘胜题:《国际银团贷款法论》，上海财经大学出版社 2004 年版。
148. 蒋先玲:《项目融资法律与实务》，对外经济贸易大学出版社 2004 年版。
149. 刘敬东:《国际融资租赁交易中的法律问题》，中国人民公安大学出版社 2002 年版。
150. 李国安主编:《国际融资担保的创新与借鉴》，北京大学出版社 2005 年版。
151. 韩龙:《世贸组织与金融服务贸易》，人民法院出版社 2003 年版。
152. 高尔森主编:《国际税法》，法律出版社 1993 年版。
153. 李泳:《国际税收的法律与实务》，上海译文出版社 1996 年版。
154. 陈大钢:《国际税法原理》，上海财经大学出版社 1997 年版。
155. 刘剑文主编:《国际税法》，北京大学出版社 1999 年版。
156. 那力:《国际税法学》，吉林大学出版社 1999 年版。
157. 廖益新主编:《国际税法学》，北京大学出版社 2001 年版。
158. 刘剑文主编:《国际税法学》，北京大学出版社 2004 年版。
159. 廖益新主编:《国际税法学》，高等教育出版社 2008 年版。
160. 刘宁元、司平平、林燕萍:《国际反垄断法》，上海人民出版社 2009 年版。
161. 何之迈:《公平交易法专论》，中国政法大学出版社 2004 年版。
162. 黄进:《宏观国际法学论》，武汉大学出版社 2007 年版。
163. 孔祥俊:《反不正当竞争法新论》，人民法院出版社 2001 年版。
164. 时建中主编:《反垄断法——法典释评与学理探源》，中国人民大学出版社 2008 年版。
165. 王晓晔:《竞争法学》，社会科学文献出版社 2007 年版。
166. 种明钊主编:《竞争法学》，高等教育出版社 2002 年版。
167. ［美］赫伯特·霍温坎普:《联邦反托拉斯政策：竞争法律及其实践》，许光耀、江山、王晨译，法律出版社 2009 年版。
168. ［美］E. 博登海默:《法理学：法律哲学与法律方法》，邓正来译，中国政法大学出版社 2004 年版。
169. ［英］哈耶克：《通往奴役之路》，王明毅等译，中国社会科学出版社 1997 年版。

170. ［日］伊从宽：《独占禁止政策と独占禁止法》，日本比较法研究所 1997 年版。
171. ［日］村上正博、栗田诚编：《独占禁止法の手续》，中央经济社 2006 年版。
172. 日本经济法学会年刊：《不公正な取引方法规制の再検討》，有斐阁出版 2009 年版。
173. 尹力：《国际商事调解法律问题研究》，武汉大学出版社 2007 年版。
174. 林一飞编著：《中国国际商事仲裁裁决的执行》，对外经济贸易大学出版社 2006 年版。
175. 赵秀文主编：《国际商事仲裁案例解析》，中国人民大学出版社 2005 年版。
176. 赵秀文编著：《国际商事仲裁法》，中国人民大学出版社 2004 年版。
177. 谢石松主编：《商事仲裁法学》，高等教育出版社 2003 年版。
178. 杨树明主编：《国际商事仲裁法》，重庆大学出版社 2002 年版。
179. 王生长：《仲裁与调解相结合的理论与实务》，法律出版社 2001 年版。
180. 于喜富：《国际商事仲裁的司法监督与协助——兼论中国的立法与司法实践》，知识产权出版社 2006 年版。
181. 李旺主编：《涉外民商事案件管辖权制度研究》，知识产权出版社 2004 年版。
182. 徐卉：《涉外民商事诉讼管辖权冲突研究》，中国政法大学出版社 2001 年版。
183. 肖永平：《肖永平论冲突法》，武汉大学出版社 2002 年版。
184. 李旺：《国际民事诉讼法》，清华大学出版社 2003 年版。
185. 屈广清、欧福永主编：《国际民商事诉讼程序导论》，人民法院出版社 2004 年版。
186. 李双元、谢石松：《国际民事诉讼法概论》，武汉大学出版社 2001 年版。
187. Matthias Herdegen, *Principles of International Economic Law*, Oxford University Press, 2013.
188. Peter Van den Bossche, *Werner Zdouc: The Law and Policy of the World Trade Organization—Text*, *Cases and Materials*, 3rd. Edition, Cambridge University Press, 2013.
189. Organization for Economic Cooperation and Development, *Benchmark Definition of Foreign Direction Investment*, 4th edition, 2008.
190. Independent Evaluation Group—MIGA, 2008Annual report, "Evaluating MIGA's FY05 - 08 Strategic Directions", April15, 2008.
191. Andrew T. Guzman, Alan. Zeller, Bruno, *CISG and Unification of International Trade Law*, Routledge-Cavendish, 2007.
192. Ralph H. Folsom, Michael Wallace Gordon, John A. Spanogle, *International Business Transactions*, Beijing: Law Press, 2005.
193. Carr, Indira, *International Trade Law*, London: Cavendish, 2005.
194. Larry A. Dimatteo, *The Law of International Business Transactions*, Beijing: Peking University Press, 2004.

195. Michael Pryles, Jeff Waincymer, Martin Davies, *International Trade Law*, Law book Co., 2004.

196. Bernardette Griffin, *The Law of International Trade*, London: Butterworths, 2003.

197. Paul Todd, *Cases and Materials on International Trade Law*, London: Sweet & Maxwell, 2002.

198. Raj Bhala, *International Trade Law: Theory and Practice*, New York: Lexis Pub., 2002.

199. Lan Fletcher, *Foundations and Perspectives of International Trade Law*, London: Sweet & Maxwell, 2001.

200. Alan C. Swan, John F. Murphy, *Cases and Materials on The Regulation of International Business and Economic Relations*, 2nd Edition, Matthew Bender, 1999.

201. Ronald A. Brand, *Fundamentals of International Business Transactions*, Boston: Kluwer Law International, 2000.

202. International Monetary Fund (IMF), *Balance of Payments Manual*, 6th Edition, 2008.

203. Organization for Economic Cooperation and Development, *Benchmark Definition of Foreign Direction Investment*, 4th Edition, 2008.

204. UNCTAD Series on Issues in International Investment Agreements, "Host Country Operational Measures", 2001.

205. United Nations Conference on Trade and Employment, "Havana Charter for an International Trade Organization", U. N. Doc. E/Conf. 2/78 (Mar 24, 1948).

206. J. H. Dunning, *Multinational Enterprises and the Global Economy*, Addison Wesley, 1992.

207. OECD, "Relationships between International Investment Agreements", *Working Papers on International Investment*, Number 2004/1.

208. Jurgen Kurtz, "A General Investment Agreement in The WTO? Lessons from Chapter 11 of NAFTA and The OECD Multilateral Agreement on Investment", *Journal of International Economic Law*, Vol. 23, 2002.

209. Kenneth J. Vandevelde, "The Economics of Bilateral Investment Treaties", *Harvard International Law Journal*, Vol. 41, Spring 2000.

210. Independent Evaluation Group——MIGA, 2008 Annual Report, "Evaluating MIGA's FY05 ~ 08 Strategic Directions", April 15, 2008.

211. D. G. Goyder, *EC Competition Law*, 4th edition, New York: Oxford University Press, 2003.

212. David J. Gerber, *Law and Competition in Twentieth Century Europe: Protecting Prometheus*, New York: Oxford University Press, 1998.

213. Mitsuo Matsushita, Thomas J. Schoenbaum, Petros C. Mavroides, *The World Trade Or-*

ganization, *Law*, *Practice*, *and Policy*, New York: Oxford University Press, 2003.

214. Martyn D. Taylor, *International Competition Law*, New York: Cambridge University Press, 2006.

215. Richard Whish, *Competition Law*, 6th edition, New York: Oxford University Press, 2009.